भारतीय संस्कृति

लेखक की अन्य पुस्तकें

भारतीय संस्कृति

नरेंद्र मोहन

प्रकाशक • **प्रभात प्रकाशन प्रा. लि.**
4/19 आसफ अली रोड,
नई दिल्ली-110002
सर्वाधिकार • सुरक्षित
संस्करण • 2025
मूल्य • सात सौ रुपए
मुद्रक • नरुला प्रिंटर्स, दिल्ली

BHARATIYA SANSKRITI (Indian Culture)
by Shri Narendra Mohan ₹ 700.00
Published by Prabhat Prakashan Pvt. Ltd., 4/19 Asaf Ali Road, New Delhi-2
e-mail: prabhatbooks@gmail.com ISBN 978-93-86300-65-2

कुछ ऐसी ही स्थिति उस समय भी उत्पन्न होती है जब व्यक्ति स्वयं तथा स्वयं के समाज की समृद्धि के बारे में सोचता है। वैसे तो जीवन की समग्रता के प्रति हर व्यक्ति का अपना एक पृथक् दृष्टिकोण होगा ही; पर फिर भी, व्यक्ति जब समूह के स्तर पर सोचता है तो समग्रता के प्रति जो चिंतन है उसे भी वह आवश्यक महत्त्व प्रदान करता है, क्योंकि समूह के सहयोग के अभाव में कोई भी व्यक्ति जीवन को समग्रता से न तो जान सकता है, न उसे भोग सकता है। जीवन के रहस्य को उद्घाटित करने के लिए मानव अपने पूर्वजों की अनुभूतियों और अनुभवों का सहारा लेता है और स्वयं की अनुभूतियों और अनुभव का भी। इसी आधार पर व्यक्ति और समाज का व्यक्तित्व निर्मित होता है। इस व्यक्तित्व के निर्माण में जो कुछ भी सहायक है, वही है संस्कृति।

सामूहिक जीवन का जो दृष्टिकोण समग्रता के प्रति है, उसमें कुछ समानताएँ उभरकर सामने आती हैं। ये समानताएँ ही समाज को एक ढाँचा प्रदान करती हैं। व्यक्ति को इस ढाँचे के अंतर्गत हर प्रकार की स्वतंत्रता मिलती है; फिर भी ऐसे व्यक्ति भी इस धरती पर उत्पन्न होते हैं जो समाज द्वारा दिए गए ढाँचे का अतिक्रमण करते हैं और अपनी चेतना का क्रांतिकारी विस्तार करते हैं। अतः, ऐसे व्यक्तियों का भी समूह बन सकता है जिनका विश्वास चेतना के परम स्वातंत्र्य पर हो और जो हर प्रकार के बंधन का परित्याग करना चाहें—बंधन चाहे बाह्यस्फुरित हों या अंतःस्फुरित। बंधन क्या हैं, इसपर भी मतभेद हो सकते हैं तथा जो इस वैमत्य के अधिकार को मान्यता व सम्मान देते हैं, ऐसे व्यक्तियों का भी समूह और समाज बन सकता है, एवं इस समाज की भी अपनी एक संस्कृति हो सकती है। समग्र जीवन के प्रति जो दृष्टि है तथा उस बारे में जो विभिन्नताएँ हैं वे विभिन्नताएँ इसलिए होती हैं, क्योंकि मानव मस्तिष्क की ऐसी ही प्राकृतिक संरचना है। यद्यपि मानव यंत्र नहीं है, मशीन नहीं है और न समाज ही कोई यंत्र या मशीन है; फिर भी लगभग समान अवधारणाएँ, समान दृष्टिकोण, समान चिंतन, समान मान्यताएँ, समान जीवन-दर्शन और समान संकल्प जन्म लेते हैं और पोषण पाते हैं। समग्र जीवन के प्रति जो भी दृष्टिकोण है, जो भी अवधारणाएँ हैं, जो भी संकल्प हैं, उनसे ही अस्मिता का निर्माण होता है। यह अस्मिता एक ओर जहाँ वैयक्तिक होती है, वहीं दूसरी ओर समूह के स्तर पर सामूहिक भी होती है। इस सामूहिक अस्मिता से ही राष्ट्र का जन्म होता है। यदि यह सामूहिक अस्मिता भ्रष्ट हो जाए तो राष्ट्र भी भ्रष्ट हो जाएगा। यदि यह अस्मिता क्षत-विक्षत हो जाए तो राष्ट्र भी क्षत-विक्षत हो जाएगा। यह अस्मिता ही संस्कृति की जन्मदात्री है। एक अर्थ में हमारी अस्मिता ही हमारी

सार विवेचन

संस्कृति का संबंध मानव की अंतर्मुखी दशा से है। जिस कर्म व भाव से हमारे संस्कार सुंदर बनें, जिससे 'कृति' का सौंदर्य तथा दिव्यता अधिक स्पष्टता से प्रकट हो सके, वही है संस्कृति। जो चेतना हमें ऊर्ध्वारोहित करती है, वही है संस्कृति का वैशिष्ट्य। ऊर्ध्वारोहण को प्रेरित करनेवाली चेतना का स्तर हर व्यक्ति में भिन्न-भिन्न होता है; ठीक वैसे ही, जैसेकि हर व्यक्ति की मानसिक संरचना भिन्न-भिन्न होती है। मानसिक संरचना में जो भी कलुष और पशुत्व है, उसे दूर करने के निमित्त किए गए हमारे प्रयास ही हमें संस्कारवान् बनाते हैं तथा इन संस्कारों से ही हमारी सांस्कृतिक चेतना का निर्माण होता है। यह चेतना ही हमारी संस्कृति है। सांस्कृतिक चेतना वैयक्तिक होते हुए भी एक अर्थ में सामूहिक है।

मानव-समूह की कुछ ऐषणाएँ, अभीप्साएँ व लक्ष्य हुआ करते हैं। जिस प्रकार से प्रत्येक मानव का ज़ीवन के प्रति अपना एक निजी दृष्टिकोण होता है, वैसे ही प्रत्येक मानव-समूह भी सहस्रों वर्षों के वैचारिक व व्यावहारिक आदान-प्रदान के बाद जीवन-मूल्यों के प्रति एक समान दृष्टिकोण बना लेता है। ये जीवन-मूल्य अंतर्मुखी भी हो सकते हैं और बहिर्मुखी भी। इन मूल्यों से ही सत्य को समझने, परखने, देखने और उन्हें आत्मसात् करने की शक्ति प्राप्त होती है। जिस प्रकार सत्य को आत्मसात् करने के लिए व्यक्ति तथा समाज के कुछ विशेष संकल्प होते हैं वैसे ही इस संदर्भ में किए जानेवाले चिंतन, मनन और दर्शन का भी अपना एक वैशिष्ट्य होता है और उसका लक्ष्य होता है वास्तविक आनंद की उपलब्धि। इस आनंद को प्राप्त करने के लिए समानदर्शी व्यक्ति एक समूह अथवा व्यवस्था में रहने लगते हैं और परस्पर एक-दूसरे को मान्यता भी देते हैं।

आत्मा है। इस अर्थ में ही संस्कृति को राष्ट्र की आत्मा माना जाता है। संस्कृतिविहीन राष्ट्र की कल्पना राजनीतिक स्तर पर तो की जा सकती है, पर ऐसे राष्ट्र स्थायी नहीं रहते। वे ही राष्ट्र स्थायी रहते हैं जिनका अपना एक सांस्कृतिक वैशिष्ट्य हो। संस्कृति पहले है, अर्थात् अस्मिता पहले है, राष्ट्र बाद में; अत: सांस्कृतिक मूल्यों में आनेवाली गिरावट, आनेवाला क्षरण या मिश्रण राष्ट्र की अवधारणाओं को भी प्रभावित कर सकता है। यही कारण है कि सांस्कृतिक चेतना और सांस्कृतिक जागरण के संदर्भ में हर राष्ट्र सदैव सजग रहता है। जो राष्ट्र अपनी संस्कृति के प्रति सजग नहीं रह पाता, अंतत: वह मिट जाता है। एक और महत्त्वपूर्ण बात यहाँ समझ लेनी आवश्यक है, वह यह कि संस्कृति राजनीतिज्ञों द्वारा गढ़ी गई भौगोलिक सीमाओं को स्वीकार नहीं करती; जबकि राजनीति में भौगोलिक सीमाओं का महत्त्व है। अतएव यदि संस्कृति को समझना है तो राजनीति से ऊपर उठकर चिंतन करना होगा।

वैयक्तिक स्तर पर जहाँ मानव स्वयं को संस्कारवान् और सुसंस्कृत बनाने के लिए सदैव प्रयत्नशील रहता है वहीं सामूहिक स्तर पर यही स्थिति सामूहिक चेतना की भी है। संस्कारवान् कैसे बना जाए, इसके लिए कोई एक निश्चित विधि निर्धारित नहीं की जा सकती, अत: हर व्यक्ति को अपने लिए अपना मार्ग स्वयं खोजना होगा अथवा जो भी मार्ग उपलब्ध हैं, उनमें से कोई एक मार्ग चुनकर उसपर चलना होगा। किसी प्रकार की मान्यताएँ, नीति या निर्देश ऊपर से थोप देने से व्यक्ति वास्तव में संस्कारवान् नहीं बन जाता। संस्कारवान् बनना तो अंतस में होनेवाला रूपांतरण है। जबतक अंतस का रूपांतरण नहीं होता, तबतक व्यक्ति संस्कारित नहीं होता। और केवल वेशभूषा या आचार-विचार आदि के बलबूते ही अंतस में रूपांतरण भी नहीं हो पाता। अंतस में रूपांतरण की विधियाँ तो बिलकुल पृथक् हैं। हर व्यक्ति को ये विधियाँ अपनी-अपनी तरह से खोजनी होंगी। इस संदर्भ में सुझाव दिए जा सकते हैं, संकेत दिए जा सकते हैं; क्या-क्या मार्ग उपलब्ध हैं, क्या-क्या विधियाँ उपलब्ध हैं, इसकी जानकारी कराई जा सकती है। पर अंतत: कौन-सा मार्ग उचित होगा, यह तो हर व्यक्ति, हर समाज तथा हर राष्ट्र को अपने लिए स्वयं ही निर्धारित करना होगा। यह एक नितांत वैयक्तिक खोज है, अत: एक ओर जहाँ वैयक्तिक स्तर पर सजगता की आवश्यकता है, वहीं सामूहिक तथा राष्ट्रीय स्तर पर भी सदैव सजगता की आवश्यकता रहेगी। जिस क्षण हमारी सजगता में कमी आ जाती है, हमारी अस्मिता के समक्ष संकट उत्पन्न हो जाते हैं। ये संकट एक ओर जहाँ बाहर से होनेवाले आक्रमणों के कारण उत्पन्न होते हैं, वहीं हमारी स्वयं की आंतरिक

कमजोरियों से भी उत्पन्न हो जाते हैं। और सबसे बड़ा संकट तो तब उत्पन्न होता है जब बाहर से कोई भी शक्ति अपने दिशा-निर्देश या अपने नियम-कानून जबरन थोपने की चेष्टा करे और हम उसका प्रतिकार न करें। जब-जब ऐसा होगा तब-तब समाज संस्कारवान् न बनकर विकृतिग्रस्त हो जाएगा, बिखर जाएगा। इसीलिए भारतीय मनीषा ने अपनी मान्यताओं और इच्छाओं को दूसरों पर थोपने की कभी कोई चेष्टा नहीं की। चाहे वे व्यक्तिगत मान्यताएँ हों या जीवन-दृष्टि हो, अथवा सामूहिक जीवन-दृष्टि हो या मान्यताएँ।

भारतीय ऋषि ने कभी भी आत्म-स्वतंत्रता के साथ समझौता नहीं किया। नैसर्गिक स्वतंत्रता व शुद्धता ही उसकी सबसे बड़ी शक्ति थी और है। भारतीय ऋषि ने साधना के क्षणों में जो कुछ भी ज्ञान के रूप में प्राप्त किया है, जो कुछ भी उसे अतिमानस में प्रवेश करके उपलब्ध हुआ—चाहे वह ध्वनि के माध्यम से हो, शब्दों के माध्यम से—आकृतियों के माध्यम से, प्रतीकों के माध्यम से अथवा जीवन-दर्शन के माध्यम से—उसकी घोषणा तो उसने सार्वजनिक रूप से की; लेकिन यह कभी भी नहीं कहा कि उसी मार्ग पर सभी चलें। अंत में उसने यही कहा कि अनेक मार्ग हैं, उनमें से कोई एक मार्ग चुनो, "तुम अपना कोई नया मार्ग खोज लो या जैसी तुम्हारी इच्छा हो, वैसा करो।" भारतीय ऋषि ने कथनी-करनी के भेद को हर संभव मिटाने का प्रयत्न किया। इस भारतीय मनीषा के संपर्क में जो भी आया, उसने हमारे ऋषियों की मान्यता को एक मूर्तिमान जीवन-दर्शन के रूप में देखा, जाँचा, परखा और उसकी समीक्षा, आलोचना तथा समालोचना की और फिर जो कुछ भी समझ में आया, उसे स्वीकार किया अथवा अस्वीकार कर दिया। भारतीय ऋषि ने अपने जीवन को सदैव एक प्रयोगशाला बनाया और इस प्रयोगशाला में जो भी उपलब्ध हुआ उसे ज्यों-का-त्यों विश्व के समक्ष प्रस्तुत कर दिया। इन अनुभवों, अनुभूतियों व निष्पत्तियों को कोई स्वीकार करे या न करे, ऐसा कोई भी आग्रह अथवा ऐसी कोई भी चिंता या आकांक्षा इन ऋषियों को नहीं रही। वे सत्यचेता-भर बने, वे द्रष्टा बने और 'सत्य', जिसे उन्होंने खोजा और सार्वकालिक समझा उससे ही स्वयं को संस्कारित किया। इस अहंशून्यता और सत्यान्वेषण ने भारतीय मनीषा की अवधारणाओं व संस्कारों को एक विशेष शाश्वतता प्रदान की। ये ऋषि भारत में जनमे अवश्य, और उन्होंने अपने समस्त प्रयोग भी भारत में किए; पर उनका उद्देश्य रहा उस चरम सत्य का अन्वेषण, जो सर्वव्यापी है। सत्य को न तो कभी देश से बाँधा जा सकता है, न काल से और न किसी एक विचार से। सत्य तो सदैव देश व काल के हर बंधन का अतिक्रमण ही करता है। इसीलिए

भारतीय मनीषा द्वारा गाया गया 'सत्य' मानवमात्र की धरोहर है, काल से परे है तथा देश के बंधन से मुक्त है।

श्रेष्ठ संस्कारों को वैसे भी देश व काल से बाँधा नहीं जा सकता। भारतीय संस्कृति यथार्थ में केवल भारत की ही संस्कृति नहीं है, वह तो मानवमात्र की संस्कृति है। संस्कृति के संदर्भ में जो प्रयोग, ज्ञान, भाव, प्रतीक व चेतना भारतीय ऋषियों ने मानवता के समक्ष प्रस्तुत की, वह भारत में जनमी तो है, पर यह चेतना केवल भारतवासियों के ही निमित्त हो, ऐसा नहीं है। इस संस्कृति की निष्पत्तियाँ तो सार्वकालिक व सार्वदेशिक होने के साथ-ही-साथ प्राणिमात्र के लिए हैं। उदाहरणस्वरूप, 'सर्वभूतहिते रतः' का भाव तो प्राणिमात्र के हित के लिए है। 'एकं सद्विप्रा बहुधा वदन्ति' का जो भाव है वह पूर्ण अहंशून्यता से ही प्रकट हुआ है।

इस संस्कृति की जो समन्वयमूलक दृष्टि तथा विविधता में एकता की जो क्षमता है, वह अन्यत्र नहीं मिलती। समस्त सृष्टि एक ही चैतन्य तथा आत्मतत्त्व का विस्तार है और उसका ही स्वरूप तथा पुरुषार्थ। प्राणिमात्र के कल्याण हेतु वह इसी सत्य का अन्वेषण करती है। भारतीय मनीषा की मान्यता है कि आत्मतत्त्व अपने को सतत अभिव्यक्त करने के लिए किसी भी बंधन को स्वीकार नहीं करता। बंधन किसी भी प्रकार का हो, वह विक्षेप और अशांति को ही उत्पन्न करेगा। इस बंधन से मुक्ति ही मोक्ष है। बंधनों से मुक्त होने के निमित्त और चैतन्य की समस्त विभूतियों को प्रकट करने के लिए जो भी प्रयास मानव द्वारा किया जाता है, वही पुरुषार्थ है। बिना 'तप' के पुरुषार्थ संपन्न ही नहीं हो सकता। 'तप' का अर्थ स्वयं को कष्ट देना नहीं, बल्कि अपनी ऊर्जा को संचयित करके उसे ऊर्ध्वगामी बनाना और अंतस का रूपांतरण करना है।

ऋतं तपः सत्यं तपो।
दमस्तपः स्वाध्यायस्तपः॥

—तैत्तिरीय उपनिषद्, १०-८

बंधन से मुक्त होकर पूर्ण स्वतंत्रता में विचरण करना ही भारत में जनमी संस्कृति का अभीष्ट है। स्वतंत्र होने में वही समर्थ हो सकता है जो स्वयं के अंतस में छिपे 'पशु' को देखने तथा उसे विनष्ट करने के लिए राजी हो जाए। पशुत्व, अनीति तथा अनाचार से तभी मुक्त हुआ जा सकता है जब उसकी उपस्थिति के प्रति सचेतनबोध व सजगता से भर जाया जाए। यह सचेतनबोध ही वह आत्म-जागरण है, जो विविधता में एकता देखने की सामर्थ्य देता है। इस चिंतन में किसीके प्रति भी घृणा नहीं है, सभी के प्रति आदर है; सत्कार, प्रेम व

बंधुत्व का भाव है; पर इसका अर्थ यह नहीं है कि जो पाशविक व तामसिक शक्तियाँ हैं उनकी अधीनता को हम स्वीकार कर लें। पाशविकता, तामसिकता, संकीर्णता, स्वार्थ, अहंकार व मोह तो स्वयं में बंधन हैं। इन सभी बंधनों को नष्ट करना ही होगा, तभी मुक्ति है, तभी मोक्ष है, तभी स्वतंत्रता है। बंधुत्व का मुखौटा ओढ़कर यदि संकीर्णता या अहंकार या पशुता जीवन में प्रवेश करना चाहे तो हम उसका सत्कार नहीं करेंगे, वरन् उसे अस्वीकार करेंगे; ताकि सत्य पर तमस का आवरण न पड़ने पाए। पर, तमस व बंधन के प्रति तथा उसकी अस्वीकृति में उठा हमारा हाथ हमें पशु नहीं बनाएगा, वरन् तमस के साथ हमारा जो युद्ध है वह भी आत्मभाव से भरा हुआ होगा। इस युद्ध में भी हमारा अंतस शांत रहेगा, उद्वेगविहीन होगा और युद्ध भी एक सर्वकल्याणकारी यज्ञ ही बनेगा—यही है भारतीय संस्कृति का रहस्य। हमारा युद्ध तो हानि-लाभ तथा जय-पराजय के भाव का अतिक्रमण करते हुए केवल कर्तव्य कर्म के रूप में ही होगा। इसे ही गीता में 'कर्मयोग' कहा गया है।

भारत में जनमी, यहाँ पोषित व फलित हुई संस्कृति तो अंतस के रूपांतरण के द्वारा अद्वैत की चेतना में निवास करने का एक सफल प्रयोग है। यह अद्वैत का अधिष्ठान है, अर्थात् सभी सुखी हों, आनंद व समृद्धि सभी को प्राप्त हो, सभी का विवेक जाग्रत हो, सभी हर दृष्टि से स्वस्थ हों—'सर्वं आशा मम मित्रं भवन्तु'—का भाव सभी जगह हो, हर स्थिति में हो, 'मा विद्विषावहै', हम किसीसे भी द्वेष न करें का भाव सर्वत्र विराजमान रहे। भारतीय मान्यता है कि एक ही प्राण की सत्ता, जो चैतन्य का ही रूप है, सभी में व्याप्त है। ''यह प्राण ही सभी शरीरों का अन्न है। प्राण में शरीर स्थित है और शरीर में प्राण स्थित है। सभी एक-दूसरे पर आश्रित हैं''—यह भाव है 'तैत्तिरीय उपनिषद्' के ऋषि का। ऐसे ही दिव्य तथा पक्षपातरहित भाव भारतीय उपनिषदों में सर्वत्र मिलते हैं। हमें उन्हें जानना और समझना होगा। इन श्रेष्ठ भावों को निर्भयता के साथ संकल्पबद्ध हो जीवन में उतारना होगा—यही आकांक्षा है भारतीय मनीषा की।

भारतीय संस्कृति में धर्म का वास्तविक प्रारंभ अंतस में छिपी दरिद्रता के बोध से होता है। इस दरिद्रता को समाप्त करके भीतर के सत्य को पहचानना और उसका संपूर्णता से रूपांतरण ही लक्ष्य है इस संस्कृति का। भारत में धर्म एक विज्ञान है, जिसके माध्यम से व्यक्ति अपने पूरे मन व संपूर्ण जीवन को ही नहीं, वरन् अपनी संपूर्ण चेतना को इस भाँति व्यवस्थित कर सकता है कि 'दिव्य संगीत' उत्पन्न हो जाए और सर्वकल्याण व परम आनंद के झरने फूटने लगें। धर्म का अंधविश्वास, पाखंड या कर्मकांड से कोई संबंध नहीं है। धर्म का संबंध

तो विवेक से है। भारतीय ऋषि बाहर का आनंद नहीं, वह तो भीतर का आनंद खोजता है। यदि अंतस में आनंद का स्रोत मिल जाए, भीतर आनंद का झरना फूट पड़े तो बाहर भी उसे हर स्थिति में आनंद ही प्राप्त होगा। यह उपलब्ध होता है स्वयं के प्रति तटस्थ निरीक्षण से और साक्षीभाव से। भारतीय संस्कृति तो हमें आंतरिक परिवर्तन का विज्ञान सिखाती है। यह संस्कृति अंतस का दीपक जलाती है और अंतस को प्रकाश से भर देती है, ताकि मानव स्वयं के सत्य को भलीभाँति जान सके। यह सत्य ही जीवन के विकास में सहायक बनेगा। जीवन का पूरा अनुभव, पूरा आनंद और पूरा सौंदर्य फूल की तरह खिल जाए, पूरा-पूरा विकसित हो जाए—बस यही लक्ष्य है भारतीय संस्कृति का और इस विधा को कभी ब्राह्मण पद्धति से विकसित किया गया, कभी श्रमण से तो कभी योग से। भारतीय संस्कृति की पूर्णता योग मार्ग से परिलक्षित होती है, जहाँ कर्मकांड है ही नहीं। जीवन की इस पूर्णता के प्रति हर मानव होश व बोध से भर जाए। और यह तब संभव होता है जब हम स्वयं के मन तथा स्वयं के चित्त को साक्षीभाव से निहारकर उसे रूपांतरित करने में सफल हों। संस्कारवान् व्यक्ति ही धार्मिक हो सकता है, अत: संस्कारित होना एक गहरी क्रांति है, एक समग्र रूपांतरण है—बाहर की श्रद्धा, निष्ठा, वेशभूषा व कर्तव्य कर्म से कुछ भी नहीं होगा। अंतस न बदले तो सब पाखंड है, मात्र पाखंड।

भारतीय संस्कृति मानव जीवन की ऊर्जा के मूल स्रोत को खोजती है और उसके साथ प्रवाहित होती है। यह संस्कृति जीवन के किसी भी पक्ष को नकारती नहीं, उसे संस्कारित करती है अथवा और अधिक सुंदर करती है एवं और अधिक सर्वहितकारी बनाती है। इसमें सभी के लिए स्थान है, क्योंकि गहरे में स्वयं के अतिरिक्त दूसरा है ही नहीं। बस एक ही प्राणतत्त्व सर्वव्यापी है—एक ही चैतन्य, एक ही आत्मा, एक ही विराट् और एक ही सत्ता का विस्तार और एक ही अस्तित्व। जो इस रहस्य को जान लेगा, वही भारतीय संस्कृति के रहस्य को जान सकेगा।

संस्कृति के दो स्तर हैं। एक है अतिमानस का; जहाँ इस सिद्धांत ने जन्म लिया कि इस जगत् में सर्वत्र एक ही चैतन्य व्याप्त है। संस्कृति का यह स्तर हमें तत्त्वज्ञान की ओर ले जाता है। इस स्तर से सत्य की एक ऐसी खोज प्रारंभ हो जाती है, जहाँ अहं का पूर्णरूप से विसर्जन हो जाता है और एक अर्थ में सभी नाम और सभी रूप समाप्त होकर मात्र अस्तित्व की ही सत्ता रह जाती है। अस्तित्व की सत्ता में भेद दिखाई तो देते हैं, पर वास्तव में भेद होते नहीं हैं। यही है तत्त्वज्ञान।

संस्कृति का एक दूसरा स्तर भी है और वह है लौकिक स्तर। लौकिक स्तर पर भेद की सत्ता है। वैसे तो जो कुछ भी लौकिक स्तर पर है वह स्वयं का अज्ञान ही है, लेकिन सामान्य व्यक्ति लौकिक स्तर पर ही रहता है। जो जीवन को खंड-खंड के रूप में जानते हैं वह स्थिति अतिमानस की स्थिति नहीं है, वह तो लौकिक मानस की चेतना है, अत: अहं के जगत् में रहते हुए इस लौकिक चेतना का भी सम्मान करना होगा। पर, जब हम लौकिक चेतना का सम्मान करें तो हमें इस बात का भी आभास होता रहे कि वास्तविक सत्य कहीं और है। जब हम लौकिक चेतना का अतिक्रमण करके अपने को आत्मतत्त्व से जोड़कर विशेष संस्कारवान् बना लेते हैं तब कहीं कोई वास्तविक भेद नहीं रहता। यह वह तत्त्व है जो अति सूक्ष्म दृष्टि से ही प्राप्त होता है। यह अति सूक्ष्म दृष्टि समाधि की दृष्टि है और इसे हम अंतर्दृष्टि कहकर संबोधित करते हैं; जिसे यह अंतर्दृष्टि प्राप्त हो जाती है वह समष्टि में प्रवेश करने में सफल हो जाता है। समष्टि में तो सभी रूप, सभी गुण, सभी कर्म भाव समाहित हैं; लेकिन जो इस अंतर्दृष्टि को उपलब्ध नहीं होते वे तो लौकिक चेतना में रहेंगे ही और लौकिक संस्कृति से ही अपने को संस्कारवान् बनाने के लिए चेष्टा करेंगे। आत्मविस्मृति के कारण जो दृष्टिहीनता आती है, वह यद्यपि हमें अखंड सत्य को देखने नहीं देती, लेकिन यदि इस विस्मृति को हम दूर करने के लिए प्रयत्नशील हो जाएँ तो, एक अर्थ में, स्वयं को संस्कारवान् बनाने के मार्ग पर चल निकलते हैं। सामान्य व्यक्ति आत्मविस्मृति के कारण चैतन्य को समग्रता में न देखकर खंड-खंड रूप में ही देखता है और एक खंड की सत्ता दूसरे खंड की सत्ता को एक पृथक् सत्ता के रूप में महत्त्व देती है और परिणामत: हम विराट् चैतन्य को खंड-खंड करके देखने लगते हैं और उसी रूप में जीवन को संस्कारित करने लगते हैं। खंड-खंड का यह भाव अहंकार को जन्म देता है और फिर उसके बाद आती हैं स्वार्थ, मोह आदि अन्य विकृतियाँ।

लौकिक दृष्टि के रहते अद्वैत की चेतना में प्रवेश असंभव है। इसका सीधा अर्थ है कि जबतक द्वैत की चेतना है तबतक भेद की चेतना है। अद्वैत के स्तर पर तो कहीं कोई पृथक् अस्तित्व है ही नहीं। वैयक्तिक अस्मिता तो द्वैत के स्तर पर है, और रहेगी। भले ही अतिमानस के चिंतन में नाम, रूप और भेद की कोई सत्ता न हो और वहाँ कोई गुण, कर्म और स्वभाव की सत्ता न हो, पर लौकिक स्तर पर भेद हैं। पर, जो संस्कृति जितनी अधिक अद्वैत की चेतना से दूर होगी और खंड की सत्ता पर आश्रित होगी, वह उतनी ही अधिक स्वार्थ, संकीर्णता और मोहग्रस्त होगी। अत: द्वैत से अद्वैत की ओर की यह यात्रा

भारतीय मनीषा का अभीष्ट है। इस यात्रा के दौरान अनेक पड़ाव हैं। हर पड़ाव व्यक्ति को पहले की अपेक्षा और अधिक संस्कारवान् बनाता है। हर पड़ाव का अपना एक वैशिष्ट्य होता है। यह ठीक है कि जो अद्वैत पर विश्वास करते हैं, वे संस्कृति के इस जगत् का अतिक्रमण कर जाते हैं, लेकिन अद्वैत की चेतना में निवास कितने कर पाएँगे? जिसने अतिमानस में निवास किया और वहाँ निवास करके चरम सत्य को प्राप्त किया, हम भारतीय मनीषा के उस वर्ग की श्रेष्ठता की ओर निहारें और वैसा ही बनने की चेष्टा करें—यही हमारा लक्ष्य होना चाहिए। पर आज ऐसी स्थिति नहीं है।

उचित तो यह है कि जब हम संस्कृति की चर्चा करें तब हम उसके दोनों पक्षों की ओर देखें—अतिमानस की ओर भी और लौकिक स्तर की ओर भी। संस्कृति का एक पक्ष तो अंतर्मुखी है और दूसरा बहिर्मुखी; पर भारतीय मनीषा ने संस्कृति के अंतर्मुखी पक्ष का चुनाव किया और उसे ही आधार बनाकर अपना समस्त सांस्कृतिक और दार्शनिक ताना-बाना बुना है। जिस मानव और समाज का विश्वास इस अंतर्मुखी ताने-बाने पर हो, उसे भारत में जनमी संस्कृति का उपासक कहा जा सकता है, क्योंकि यह अंतर्मुखी पक्ष ही भारतीय संस्कृति का वैशिष्ट्य है और इस पक्ष से ही यह संस्कृति अत्यंत प्राणवान् बनती है। यह वैशिष्ट्य ही भारतीय संस्कृति की आत्मा है। इस अंतर्मुखी पक्ष में मानव और मानव के बीच में कहीं कोई भेद नहीं है। सच तो यह है कि प्राणिमात्र में एक ही चैतन्य का वास है—यही मान्यता है इस संस्कृति की। प्राणिमात्र में तात्त्विक रूप से कहीं कोई विभाजन नहीं है, बस सभी कुछ एक ही परिवार है—'वसुधैव कुटुंबकम्'।

जो इस वसुधा को एक परिवार नहीं मानते, जो स्वार्थ और अहंकार में जीते हैं, वे अज्ञान में निवास करते हैं; क्योंकि तत्त्वज्ञान से यही प्रमाणित हुआ है कि समस्त सृष्टि चैतन्य का ही विस्तार है। भारतीय मनीषा अपने हर निष्कर्ष में चैतन्य के विस्तार के प्रति सजग रही है। अज्ञान उसे छूने न पाए, इसके लिए वह सदैव तपोनिष्ठ रही है। भारतीय मनीषा यह जानती है कि मनुष्य के मन में अज्ञान तथा आसुरी तत्त्वों का निवास है; लेकिन वह इन आसुरी तत्त्वों के प्रति दुर्भावना से ग्रस्त नहीं है। लौकिक स्तर पर जो भेद हैं, उनके प्रति भारतीय मनीषा की जो स्वीकारोक्ति है वह अतिमानस की स्वीकारोक्ति नहीं है, वह तो द्वैत के स्तर की स्वीकारोक्ति है और यह द्वैत स्वयं के अहं से जनमा है। चूँकि यह द्वैत स्वयं से ही जनमा है, अतः उसके प्रति भारतीय मनीषा की कहीं कोई दुर्भावना नहीं है। हाँ, इस अज्ञान के प्रति उसका विरोध अवश्य है; पर यह

विरोध भी प्रेम और आत्मीयता से सराबोर है। भेद की सत्ता का यह विरोध भी शुभ और कल्याण की कामना से प्रेरित है। भारतीय संस्कृति के विरोध भाव का जो रहस्य है वह द्वेष और कलुषरहित तथा इस कामना के साथ है कि जो असत्य व अज्ञान है, अंततः उसका भी उद्धार हो—और वर्तमान में अज्ञान की जो चेतना है अंततः वह भी परमानंद को उपलब्ध हो, उसे भी परम सत्य की अनुभूति हो, वह भी आत्मवान् बने। यही उद्देश्य है भारतीय संस्कृति का।

जिस साहस के साथ भारतीय मनीषा ने परस्पर विरोधी शक्तियों—ज्ञान और अज्ञान, दोनों—को अपनी स्वीकारोक्ति प्रदान की है, उसका मूल कारण है उसकी दृष्टि में जो कुछ भी है वह सभी कुछ 'ब्रह्म' का ही विस्तार है। समस्त नाम, रूप परम चैतन्य के नाम और रूप हैं। समस्त कृतियाँ परम चैतन्य से ही प्रसूत हैं। समस्त शुभ-अशुभ, सत्य-असत्य, ज्ञान-अज्ञान आदि सबकुछ ब्रह्म अर्थात् चैतन्य में ही समाहित है। अपनी समग्रता में यह ब्रह्म शांत स्वरूप है। अपनी समग्रता में यह ब्रह्म परमानंद है। जब ब्रह्म स्वयं को आनंद में अभिव्यक्त करने की इच्छा करता है तभी द्वैत का जन्म होता है। अतः भारतीय संस्कृति के जो प्रेरणास्रोत हैं, उनकी बार-बार यह घोषणा रही है कि अगर परमानंद को प्राप्त करना है तो इच्छाओं का अतिक्रमण करो। जिसने इच्छाओं का जितना अधिक अतिक्रमण कर लिया, वह परमानंद के उतने ही समीप पहुँच गया। इच्छाओं के अतिक्रमण का जो भी विधान है, उन सभी को पुरुषार्थ कहा गया है। इस मनीषा का विश्वास इच्छाओं के दमन पर नहीं है, बल्कि उनके स्वाभाविक अतिक्रमण पर है। जो इस भेद को जानते हैं वे भारतीय संस्कृति के रहस्य को भी जानते हैं।

भारतीय संस्कृति के जो विविध पक्ष हैं वे सभी इतने गहरे हैं कि उन्हें समझने के लिए शब्दों से अधिक अनुभूति की ओर जाना होगा। शब्दों या परिभाषा के माध्यम से भारतीय संस्कृति को समझना लगभग असंभव प्रतीत होता है, अतः उचित यह होगा कि भारतीय संस्कृति के रहस्यों को जो जानना चाहते हैं वे अनुभूति पक्ष को अधिक महत्त्व प्रदान करें। वैसे भी सत्य को जानना-परखना है तो आत्मानुभूति का मार्ग ही श्रेष्ठतम है। भारतीय संस्कृति ने सत्य को अनुभूति के माध्यम से जाना है और इसीलिए स्व अनुभूति ही भारतीय संस्कृति की आधारशिला है। यही वह मार्ग है जिसकी शक्ति से व्यक्ति अपने अंतस के कलुष को धो सकता है और प्रकाशवंत हो स्वयं को संस्कारवान् बनाने की प्रेरणा प्राप्त कर सकता है। जब व्यक्ति एक बार संस्कारवान् हो जाता है और जैसे ही उसके अंतस का दीप जलने लगता है, वह न चाहते हुए भी प्रकाशपुंज की तरह विचरण करने लगता है। प्रकाश और आनंद उसका स्वभाव हो जाता है। संस्कारित होने से आशय ही यह है

कि जो भी श्रेष्ठतम सत्य है, जो भी शाश्वत व दिव्य है, उससे अनुप्राणित व परिपूरित होते चले जाना। संस्कारवान् होना एक सतत प्रक्रिया है। कोई भी व्यक्ति क्षणमात्र में संस्कारित नहीं हो सकता। मानवता व समाज को संस्कारित होने में हजारों वर्ष लग चुके हैं तथा न जाने कितने वर्ष अभी और लगेंगे, जब वास्तव में संस्कारित अर्थात् पूर्ण मानव का जन्म होगा। पूर्ण मानव का अर्थ है पूर्ण भगवत्ता, दिव्यता और परम चैतन्य से परिपूरित मानव समाज। मानव रूपी पुष्प अभी भी पूर्णरूप से पुष्पित नहीं हुआ है, अभी भी उसकी अनेक पंखुड़ियाँ खुलनी बाकी हैं—मानव में जो दिव्यता का वास है, सृजन की जो शक्ति है, उसकी पंखुड़ी-पंखुड़ी खिल उठने में समय लगेगा। सत्य तो यह है कि मानव का संस्कारित होना एक अनंत यात्रा है—सतत ऊर्ध्वारोहित होने की यात्रा। इस यात्रापथ पर चलने के लिए एक विशेष दृष्टि चाहिए। एक बार दृष्टि प्राप्त हो जाए तो फिर किसी भी मार्ग का अनुसरण कोई भी कर सकता है। अंततः हर व्यक्ति संस्कारवान् व एक-दूसरे का पूरक बनेगा तथा एक-दूसरे के प्रति पूर्ण सद्भाव से भरेगा। विशेष दृष्टि से यहाँ आशय है कि मानव की लौकिक दृष्टि को अध्यात्म से जोड़ना होगा। एक अध्यात्म-प्रेरित व अध्यात्म-संचालित दृष्टि ही उसे संस्कारवान् बनाएगी। भारतीय संस्कृति के मूल में आध्यात्मिकता है। इस संस्कृति के भौतिक पक्ष के भीतर झाँकें तो वहाँ भी आध्यात्मिकता मिलेगी। यह भौतिकता अपने आदर्श रूप में सर्वकल्याण के चिंतन से निःसृत है और पुरुषार्थ में उसका महत्त्व है।

भारतीय संस्कृति के आलोचक इस संस्कृति को पाखंड प्रधान व पलायनवादी बताते हैं। पूर्वग्रहरहित हो यदि कोई भी गहराई से अध्ययन करे तो ये दोनों आरोप अनर्गल ही सिद्ध होंगे। यह ठीक है कि भारतीयों के एक बहुत बड़े वर्ग ने पाखंडवाद को भी किन्हीं कारणों से अपना लिया है और अन्य बहुत बड़ा वर्ग पलायनवादी तथा अंधविश्वासी भी बना; पर भारतीय संस्कृति के जो मूलतत्त्व हैं वे न तो अंधविश्वास को पोषण देते हैं और न पाखंड तथा पलायनवाद को। यह एक पृथक् बात है कि इन मूलतत्त्वों की आड़ लेकर एक ऐसा वर्ग विकसित हुआ, जिसमें अनेक दोष थे और आज भी ऐसा वर्ग समाज व भारतीय संस्कृति पर हावी है।

कर्मकांड प्रधान जो ब्राह्मण संस्कृति है, यद्यपि आज उसे ही पाखंड और अंधविश्वास के जन्म व प्रसार के लिए उत्तरदायी माना जाता है और जो पलायनवाद व आत्मपीड़क होने की बुराई है उसके लिए श्रमण संस्कृति को उत्तरदायी माना जाता है; पर सत्य यह है कि ब्राह्मण संस्कृति व श्रमण संस्कृति के प्रवर्तक पाखंड व पलायनवाद के विरोधी थे और पूर्ण जीवन के पक्षधर। कालांतर

में उनके अनुयायियों ने अपने स्वयं के स्वार्थ हेतु पहले संगठन बनाए और बाद में इन संगठनों को शक्तिशाली बनाने के लिए ऐसे नियम व कर्मकांड बनाए कि सत्य तिरोहित हो गया और जीवन अपनी समग्रता से वंचित होकर एकांगी होने लगा। इसके साथ ही, इस यथार्थ को भी विस्मृत किया गया कि श्रमण संस्कृति व ब्राह्मण संस्कृति दोनों ही परस्पर पूरक हैं और दोनों ही मानव जीवन को और अधिक सुंदर, सुखद और आनंदमय बनाने की पक्षधर भी हैं। दोनों का लक्ष्य यही था और है कि मानव और अधिक आनंद व सुख कैसे प्राप्त करे तथा उसके दु:खों का निवारण कैसे हो। समाज विनष्ट हो जाए, मानव का विकास न हो, अज्ञान बढ़े, समृद्धि के प्रति अरुचि हो जाए—ऐसा लक्ष्य न तो श्रमण संस्कृति का था और न ब्राह्मण संस्कृति का।

अपने शुद्ध रूप में भारतीय जीवन-शैली अध्यात्म की बात करती है; क्योंकि उसका अणु-अणु अध्यात्म से सृजित और प्रसूत है। अत: बाह्य भेद कितने ही हों, पर केंद्र पर पहुँचकर सभी एक हैं—'एकोऽहं बहुस्यामि'। यही श्रमण संस्कृति की मान्यता है और यही ब्राह्मण संस्कृति की भी। दोनों में ही सत्य के साक्षात्कार की अटूट व संपूर्ण पक्षधरता है। दोनों का प्रारंभ सत्य की जिज्ञासा से है और लक्ष्य है सत्य की प्राप्ति। सत्य का यह ज्ञान जीवन का विरोधी नहीं है, वह तो जीवन का पोषक और संवर्धक है। यह वह सत्य है जिससे जीवन और अधिक सुंदर तथा संस्कारवान् बनता है। ब्राह्मण संस्कृति का यह संकल्प है कि ब्रह्म अनंत और सतत विकासरत है, अत: हर रूप, हर रचना तथा हर भाव एक दिव्य कृति है, स्वयं ब्रह्म ही है। श्रमण संस्कृति का यह संकल्प है कि यह जो सतत परिवर्तित होता जगत् है, इसमें छिपे सत्य को जानने के लिए हमें हर रचना, नाम, रूप, भाव व कृति की क्षणभंगुरता को समझना होगा। यह क्षणभंगुरता जिस सत्य पर आश्रित है, उसे जानने के लिए अंतर्मुखी होकर साक्षीभाव से देखने का अभ्यास करना होगा; ताकि समस्त अहंभाव विगलित हो जाए। क्षणभंगुरता अर्थात् नश्वरता को पहचाने बिना विकास के द्वार नहीं खुलते। सत्य को जानने की जिज्ञासा भी तभी शांत होगी जब हम साधना के पथ पर निरंतर आगे बढ़ते रहें। यह साधना चाहे कर्मयोगी की हो या काषाय वस्त्र धारण करनेवाले संन्यासी की—पर हर साधना हमें संस्कारवान् बनाए, लक्ष्य तो केवल यही होना चाहिए। जिस मार्ग से हम संस्कारवान् बनते हैं वह मार्ग ही हमारी संस्कृति का प्रतिनिधित्व करता है। जो संस्कारवान् न बना सके, जिसके कारण जड़ता और पशुता बढ़े, अंधकार बढ़े तथा प्रेम का मार्ग अवरुद्ध हो जाए, उसे कोई संस्कृति कैसे कह सकेगा? सभी में एक ही ईशत्व देखने की दृष्टि हमें संकीर्ण बना ही नहीं सकती और न हमें समृद्धि के

मार्ग से विरत कर सकती है। समृद्धि तो ईशत्व का स्वाभाविक गुण है। जो सतत विस्ताररत हो, वही तो ब्रह्म है; लेकिन इस सतत विस्तार से जो भी नए-नए नाम-रूप जन्म ले रहे हैं, यदि वे अहंकार से भरकर अपने अंतस नेत्रों को मूँद लें और उस एकत्व को देखने से इनकार कर दें, जिससे सभी प्रसूत हैं तब यह स्थिति तो अज्ञान तथा असंस्कारवान् होने की स्थिति है। इससे तो संकीर्णता व कटुता बढ़ेगी। अत: विस्ताररत रहते हुए भी व्यक्ति को संस्कारवान् बनने के लिए अंतर्मुखी बनना ही होगा, उसे अपने अंतश्चक्षु सतत खोलकर रखने ही होंगे; अन्यथा द्वैतभाव व अहंकार से उपजी कटुता व विद्वेष से जीवन विशृंखलित होकर बिखर जाएगा तथा समष्टि जो अति सुंदर है, वहाँ नरक प्रतीत होने लगेगा।

संस्कृति का तो एकमात्र उद्देश्य है, विकास में सहायक बनना। संस्कार तो वही उचित हैं जो सर्वतोमुखी विकास में सहयोगी बनें। मानव तभी सुखी रह सकेगा जब वह संतुलित हो। संतुलन प्राप्त करने के लिए उसे चरम सत्य को जानना और समझना होगा। वह सत्य तो चेतना के रूप में सतत विद्यमान है, उसका बोध ही हमें संतुलित करेगा और संस्कारवान् बनाएगा। इस बोध को हम अध्यात्म कहें या कर्मयोग कहें या कोई और नाम दे दें, इससे कुछ भी अंतर नहीं पड़ता। अंतर तब पड़ता है जब सर्वव्यापी व सार्वकालिक चैतन्य के प्रति हम सतत बोध से भरना नहीं चाहते और अहंकार-प्रेरित होकर कर्म करने लगते हैं। सर्वव्यापी चैतन्य का सतत बोध, हर स्थिति में उसके प्रति नमन भाव, हर नाम-रूप व भाव में उसकी ही स्वीकारोक्ति में ही भारतीय संस्कृति का रहस्य छिपा है। इस परम चैतन्य के प्रति हम सजग हैं या नहीं, इसकी कसौटी यह है कि व्यक्ति ने स्वयं के अहं, स्वार्थ व संकीर्णता पर विजय पाई है या नहीं? जो भी कार्य या कृति हमें स्वार्थहीन करे, अहंकारशून्य करे, उदार बनाए और साथ ही सृजन में, विकास में सहायक हो, वही है मानव की संस्कृति का आधार। मानव मन कर्म से विरत तो हो ही नहीं सकता। मौन भी एक प्रकार का कर्म ही तो है। हर कर्म हमें आगे बढ़ा सकता है और पीछे ले जा सकता है। जो कर्म पतन का, क्लेश का, दु:ख व संकीर्णता का, अहंकार व स्वार्थ का कारक है, उसका तो परित्याग ही उचित है। इस परित्याग से ही संस्कृति और ऊर्ध्वारोहण के द्वार खुलते हैं।

भारतीय संस्कृति एक ओर जहाँ सत्य की सतत खोज में रत है और इस खोज के निमित्त जहाँ वह केवल आडंबरों का ही नहीं, बल्कि व्यक्तित्व के हर नाम व रूप के संपूर्ण विसर्जन की पक्षधरता करती है, वहीं दूसरी ओर इस संस्कृति में जैसा अद्भुत समन्वय है, वह मानवता के लिए एक श्रेष्ठतम देन है। इस संस्कृति की विशेषता ही यह है कि वह हर बात, हर पक्ष के लिए राजी है

तथा और तो और, असत्य को भी परमात्मा की छाया के रूप में मान्यता देती है; क्योंकि लक्ष्य है सत्य और असत्य से ऊपर उठकर, उसका अतिक्रमण करके यह जानने की चेष्टा कि पूर्णत्व है क्या? जब सभी ब्रह्ममय है, सभी मार्ग अंततः उस द्वार तक पहुँचा देंगे जहाँ पहुँचकर छलाँग लगाते ही—न साक्षी है, न अनुभव है, न अनुभवकर्ता है—शब्द जहाँ है नहीं, वाणी जहाँ मौन है, चैतन्य भी जहाँ है अथवा नहीं, यह भी कि कौन जानेगा, कैसे जानेगा? अतः सर्व में ईशत्व के दर्शन की ललक ने इस संस्कृति को महान् तो बनाया ही, साथ ही उसे पूर्णरूपेण समन्वयवादी भीं बना दिया। इस संस्कृति में सभी के लिए स्थान है, आदर है। इसमें वैरभाव है ही नहीं। भगवान् बुद्ध ने इस स्थिति को 'अवैर' की संज्ञा दी। बुद्ध की 'करुणा' और महावीर की 'अहिंसा' में कहीं किसीके प्रति भी भेद नहीं है—कुछ वैसे ही जैसे सूर्य जब चमकता है तो उसकी किरणें बिना किसी भेदभाव के सभी पर, चाहे वह श्रेष्ठ हो अथवा निकृष्ट हो, समान भाव से बरसती हैं तथा सभी को प्रकाशित करती हैं। वैदिक ऋषि कहता है—'आत्मवत् सर्वभूतेषु'। सत्य-असत्य सभी ब्रह्मरूप हैं—ऐसा समन्वय प्रधान व उदात्त चिंतन और कहाँ मिलेगा? इस संस्कृति ने मानवता को एक सुस्पष्ट संदेश दिया है कि बीज रूप में सभी ब्रह्म हैं—गहरे तल पर उतरो, परम एकत्व ही पाओगे। भारत ने मानवता को यह जो 'आत्मदृष्टि' दी, वही आधार है भारतीय संस्कृति का। और इस 'आत्मदृष्टि' में ही इस संस्कृति का समस्त रहस्य छिपा हुआ है।

इस पुस्तक में भारतीय संस्कृति के मूलतत्त्वों का संक्षेप में भाष्य करने की चेष्टा की गई है। इस पुस्तक में जो कुछ भी है, वह पहले से ही हमारे आदि ग्रंथों में उपलब्ध है, अतः कोई नई बात प्रस्तुत की गई हो, ऐसा दावा करना उचित नहीं होगा। वैसे भी समष्टि में न कुछ नया होता है और न कुछ पुराना। अस्तित्व जैसा है वैसा ही रहेगा। अस्तित्व की सत्ता को काल से बाँधा नहीं जा सकता और यह वह दार्शनिक सत्य है जो भारतीय संस्कृति पर पूरी तौर पर लागू होता है। इस रहस्य को भारतीय मनीषा ने प्रतीकों के रूप में व्यक्त करने की चेष्टा की है। भारतीय संस्कृति में जो भी प्रतीक हैं उनसे अंधविश्वास पोषित नहीं होता। यह अलग बात है कि स्वयं के अज्ञान के कारण हम उन संकेतों को समझ न पा रहे हों, जो संकेत प्रतीकों के माध्यम से दिए जा रहे हैं; पर हर प्रतीक अंततः परम एकत्व और परम चैतन्य की ओर ही हमें ले जाता है। यह परम एकत्व ही भारतीय संस्कृति का मूलतत्त्व है। जो मेरे गुरुदेव ब्रह्मलीन स्वामी राम ने बताया और सिखाया, संभवतः यही उसका सार है।

—नरेंद्र मोहन

अनुक्रम

अंतर्दृष्टि

ऋतंभरा तत्र प्रज्ञा।

—योगदर्शनम्, १-४८

(जो आत्मस्थ हो जाते हैं, उनकी प्रज्ञा ऋतंभरा में रूपांतरित हो जाती है, अर्थात् वे सत्य का साक्षात्कार करने में समर्थ हो जाते हैं।)

भारतीय संस्कृति का आधारभूत तत्त्व है ऋतंभरा प्रज्ञा; अर्थात् वह प्रज्ञा जोकि सत्य में स्थापित हो। समग्रता ही सत्य है; समष्टि ही सत्य है। जहाँ भेद है वहाँ सत्य का निवास नहीं होता। भेद अज्ञान है। समस्त चराचर में एक ही सत्ता परिव्याप्त है और यह सत्ता स्वयं से कोई भिन्न सत्ता नहीं है। इस समग्रता में द्वैत नहीं है। द्वैत का अतिक्रमण करके जो प्राप्त होता है वही ऋतंभरा प्रज्ञा है और वही समष्टि की अंतर्दृष्टि है तथा उसका वास्तविक स्वरूप भी। लेकिन वह स्वरूप तब उपलब्ध होगा जब अंतर्दृष्टि का भी अतिक्रमण हो जाए, वह भी गिर जाए। अंतर्दृष्टि का समष्टि में लय होते ही केवल समष्टि की ही सत्ता रह जाती है। यह सत्ता अद्वैत है तथा स्वयंभू भी। यह वह स्थिति है जब समष्टि ही समष्टि के साथ समस्त भोग करती है, क्रीड़ा करती है। सभी कुछ समष्टि ही है—ऐसी कुछ स्थिति ऋतंभरा प्रज्ञा में है। ऋतंभरा प्रज्ञा का दूसरा नाम है अंतर्दृष्टि।

भारतीय संस्कृति को समझने में कठिनाई ही यह है कि वह समष्टि में निवास करती है और उसने किसी भी भाव, पदार्थ, विचार अथवा कर्म का परित्याग नहीं किया है। समष्टि में ऐसा कुछ भी नहीं है जोकि इस संस्कृति की परिधि में न आता हो। समस्त पदार्थ, समस्त विचार, समस्त भाव, समस्त आचार, समस्त कर्म, और तो और अकर्म भी, इस संस्कृति के अंग ही हैं; क्योंकि तभी

संपूर्णता तथा समग्रता उपलब्ध होगी। इस समग्रता को देख सकने की क्षमता ही अंतर्दृष्टि है। यह संस्कृति अपने रहस्य केवल उसीके समक्ष व्यक्त करती है जो अंतर्दृष्टि से संपन्न होते हैं। भारत का सांस्कृतिक ताना-बाना एक ओर जहाँ अत्यंत सरल है वहीं दूसरी ओर इतना गूढ़ व रहस्यमय कि जबतक व्यक्ति अंतस के केंद्र की ओर झाँकना और अंतस में प्रवेश करना न सीख ले तबतक वह इस संस्कृति को समझ ही नहीं सकता। लौकिक स्तर पर यह संस्कृति गूढ़ है और अनेक प्रकार के अंतर्विरोधों से भरी हुई भी; पर आंतरिक दृष्टि से यह समष्टि प्रधान है। ऋतंभरा प्रज्ञा से संपन्न होते ही समस्त विरोध व अंतर्विरोध मिट जाते हैं, क्योंकि इसमें सभी की स्वीकारोक्ति है—'एको ब्रह्म द्वितीयो नास्ति' यह समाधि की भाषा है, जिसका लक्ष्य है शुद्ध अद्वैत आनंद में प्रवेश।

जो इस संस्कृति को जानना चाहते हैं, और जो इसे जानने की यात्रा पर निकल पड़े हैं वे इस संस्कृति में जितने घुलेंगे-मिलेंगे, उतना ही वे उसे उपलब्ध कर लेंगे और उससे उतने ही अधिक अनुप्राणित हो जाएँगे। जो भी इससे संघर्ष करेगा, वह इस संस्कृति के गूढ़ रहस्य को नहीं जान सकेगा। यह संस्कृति कभी प्रतीक के माध्यम से अपने को व्यक्त करती है, कभी भाव के माध्यम से, कभी तंत्र के माध्यम से, कभी मंत्र के माध्यम से, कभी कर्म के माध्यम से तो कभी भाव और ध्वनि के माध्यम से। समष्टि ही इस संस्कृति की आधारशिला है। इस संस्कृति का मूलतत्त्व ज्ञेय होते हुए भी अज्ञेय है; क्योंकि यह ज्ञेय उनके लिए है जो इसके प्रति वास्तव में श्रद्धावनत हैं और अज्ञेय उनके लिए, जो इसपर संदेह करते हैं। संदेह करनेवालों के लिए इस संस्कृति में दोष ही दोष हैं। जो इस संस्कृति में घुल-मिल जाते हैं, उससे अनुप्राणित हो जाते हैं, उससे ऊर्जित हो जाते हैं उन्हें एक ऐसी अंतर्दृष्टि प्राप्त होती है जिसमें कहीं कोई भेद नहीं रहता। जो अपने को मिटा दे, उसे ही यह अंतर्दृष्टि उपलब्ध होती है; अर्थात् जो अहंभाव से पूर्णरूप से शून्य हो जाए, अपने को अस्तित्व के साथ पूरी तौर पर जोड़ ले, वही बनेगा ऋतंभरा प्रज्ञा का स्वामी और वही जानेगा भारतीय संस्कृति के रहस्य। लेकिन जो आत्मस्थ होना नहीं जानते, जो केवल बहिर्मुखी चेतना में ही निवास करते हैं और पदार्थ में ही उलझे रहना चाहते हैं, वे सदैव अंतर्विरोधों के सघन जंगल में भटकते रहते हैं। अत: भारतीय संस्कृति को समझने के लिए एक विशेष अंतर्दृष्टि की आवश्यकता है।

भारतीय संस्कृति बहुआयामी भी है और एकांगी भी। यह इतनी अधिक एकांगी है कि उसके लक्ष्य का बोध तभी होता है जब जिसे एक माना जा रहा है, उसका भी लोप हो जाए। तत्त्वज्ञान के स्तर पर भारतीय संस्कृति अद्वैत की

बात करती है। वह ऐसा नहीं कहती कि एक है। वह इतना ही कहकर मौन हो जाती है कि दो नहीं। इस संस्कृति की दृष्टि में जीवन एक अनंत प्रवाह है। न तो हम आदिस्रोत को जानते हैं और न उस तत्त्व को, उस गंतव्य को जहाँ इस अनंत प्रवाह को विसर्जित होना है। हम यह भी नहीं जानते कि इस अनंत प्रवाह में कौन कहाँ खड़ा है; कितना हमारे आगे है, कितना हमारे पीछे। किसीको कुछ भी पता नहीं है। हम जहाँ भी हैं, जिस रूप में भी हैं, स्वयं के निमित्त कल्पना अवश्य कर सकते हैं, एक भ्रांति में निवास अवश्य कर सकते हैं। ये परिकल्पनाएँ हमारी जिज्ञासा तो बढ़ा सकती हैं, सत्य के साक्षात्कार में हमारी सहयोगी नहीं बन सकतीं। समस्त परिकल्पनाएँ सापेक्षिक होती हैं, पर सत्य सापेक्ष नहीं होता। सत्य तो निरपेक्ष है। उसे जानने का कोई उपाय नहीं है। संक्षेप में, यह कहा जा सकता है कि भारतीय संस्कृति निरपेक्ष की उपासना करती है तथा उसका समस्त ताना-बाना निरपेक्ष में बुना गया है और इसीलिए उसे समझने के लिए एक विशेष अंतर्दृष्टि चाहिए। निरपेक्ष को समझने का एक उपाय यह भी है कि अज्ञात में छलाँग लगाई जाए; पर अज्ञात में छलाँग लगाने का साहस हर व्यक्ति नहीं जुटा सकता। अज्ञात में छलाँग वही लगा सकता है जो अपने अहं को ध्वस्त कर दे; खंड-खंड कर दे, ठीक वैसे ही, जैसे बूँद सागर में मिल जाती है। अज्ञात में छलाँग लगाने के उपरांत अहं कुछ उसी प्रकार से विसर्जित हो जाएगा जिस प्रकार बूँद सागर हो गई और सागर ही बूँद हो गया। जो समस्त अस्तित्व का आलिंगन करने और उसे अपना ही रूप समझने के लिए तैयार हो, वही भारतीय संस्कृति के रहस्य को जान सकेगा। जो इस अज्ञात में छलाँग लगाने के लिए तैयार नहीं हैं, जो बूँद की तरह सागर में घुल-मिल जाने के लिए तैयार नहीं, वे शब्दजाल में उलझ जाएँगे, मंत्र-तंत्र में फँस जाएँगे।

भारतीय संस्कृति को समझने के लिए जिस अंतर्दृष्टि की आवश्यकता है, वह लौकिक नहीं है। अंतर्दृष्टि का संबंध लौकिक चेतना से नहीं है, अगर लौकिक चेतना से है भी तो इतना ही कि लौकिक चेतना का प्रारंभिक प्रयोग करते हुए धीरे-धीरे ऊर्जा को इतना ऊर्ध्वारोहित किया जाए कि व्यक्ति समष्टि में प्रवेश कर जाए। यह अंतर्दृष्टि इंद्रिय आश्रित नहीं होती। कोई भी दृष्टि इंद्रिय आश्रित हो भी नहीं सकती। जो दृष्टि इंद्रिय आश्रित होती है, वह सापेक्ष होती है। वह अपनी ऊर्जा कहीं और से प्राप्त करती है; लेकिन अंतर्दृष्टि को तो ऊर्जा अंतस से प्राप्त होती है। अंतस, जो स्वयं में एक निरपेक्ष सत्ता है, उसका ही एक रूप अंतर्दृष्टि है। भारतीय संस्कृति ऋत सत्य की उपासक रही है। भारतीय ऋषि सत्य की खोज के लिए द्वार-द्वार भटके और अंततः उन्होंने पाया कि सत्य को

जानने के लिए सभी मार्ग खुले हुए हैं, पर उन मार्गों पर चलने के लिए जिस विशेष भाव-दशा की आवश्यकता है, उस भाव-दशा में जबतक चेतना प्रवेश नहीं करती तबतक किसी भी मार्ग पर चलकर वे सत्य को नहीं पा सकते। भारतीय संस्कृति के रहस्यों को समझने के लिए जो अंतर्दृष्टि चाहिए, उसका समस्त रहस्य भाव प्रधान चेतना में ही छिपा हुआ है।

सबसे विचित्र बात यह है कि अस्तित्व में ऐसा कुछ भी नहीं है, जो भारतीय संस्कृति का अंग न हो। अस्तित्व के समस्त रूप, उसके समस्त स्वभाव, उसके समस्त गुण, उसके समस्त अवगुण (अगर अवगुण हों तो) का भारतीय संस्कृति से कहीं कोई विरोध नहीं है। हर चेतना उसी परम चेतना का ही अंग है, रूप है। हर भाव परम चेतना का ही रूप है। हर कृति परम कृति की ही कृति है। हर छाया अखंड का ही खंड है। इसीलिए अखंड केवल खंड प्रतीत तो होता है, पर वास्तव में वह खंड है नहीं। वैसे भी जो मूलतः और स्वभावतः अखंड है उसे खंडित करने का कोई उपाय है भी नहीं। जो पूर्ण है, उसे अपूर्ण बनाने का कोई उपाय नहीं है। भारतीय संस्कृति की यह विचित्रता है और यही है उसका रहस्य। और इसीलिए इस संस्कृति में सभी के प्रति एक विशेष राग है, एक विशेष मोह है, एक विशेष आसक्ति है; लेकिन यह आसक्ति, यह मोह, यह राग विराट् का ही राग है, विराट् की ही आसक्ति है, विराट् का ही मोह है। विराट् का यह राग न तो पदार्थगत है, न रूपगत, न भावगत और न कर्मगत। यह राग तो एक प्रकार से स्वयं का उसका स्वभाव है; जिसका उद्देश्य है परम एकत्व में ही सदा-सर्वदा के लिए निवास करते रहना। यथार्थ में कहीं कोई विभाजन है नहीं, फिर भी अनंत विभाजन इस विराट् पर आरोपित व उसपर आश्रित है, अतः इन विभाजनों के प्रति रागबद्ध होते हुए भी यह विराट् वीतरागता से स्वयं को संचालित करता है।

विराट् के इस राग में किसीके प्रति द्वेष नहीं, सभी के प्रति अपनत्व तथा ममत्व है; क्योंकि सभी उसीका अंश हैं। इस सांस्कृतिक वीतरागता से ही अपनत्व और प्रेम की ऐसी रसधार बहती है, ऐसी सुगंध उड़ती है कि उससे समष्टि का अणु-अणु ऊर्जित हो जाता है। इस संस्कृति में कोई पराया नहीं रह जाता। अद्वैत की चेतना हर स्तर पर व्याप्त हो जाती है। भारतीय संस्कृति के इस रहस्यमय पक्ष को समझने के लिए जो अंतर्दृष्टि चाहिए, यदि उस अंतर्दृष्टि को उपलब्ध हुए बिना इस संस्कृति में उतरने की चेष्टा की जाएगी तो केवल विक्षेप, अशांति और अज्ञान ही हाथ लगेगा।

जगत् में जो कुछ भी है, जैसा भी है—बहिर्मुखी, अंतर्मुखी—वह सबका

हर रूप में भारतीय संस्कृति के लिए उपास्य है, वंदनीय है, परमात्मा की विभूति है। इसीलिए भक्तिकालीन संतों ने इस रूप को 'सीय राममय सब जग जानी, करउँ प्रनाम जोरि जुग पानी' माना है। जो कुछ है वह ब्रह्म है—'सर्वं खल्विदं ब्रह्म'। यही वह रहस्य है, यही वह ज्ञान है, यही वह बोध है जो भारतीय संस्कृति को एक ओर जहाँ रहस्यमय बना देता है वहीं दूसरी ओर इतना सरल, इतना विरल कि उससे अणु-अणु आनंद से भर जाता है। जिसने इसे जान लिया, उसके लिए सृष्टि के समस्त रहस्य खुल जाते हैं, उसे एक विशेष अंतर्दृष्टि प्राप्त हो जाती है।

भारतीय संस्कृति को समझने के लिए एक विशेष अंतर्दृष्टि इसलिए चाहिए, क्योंकि इस संस्कृति के जो भी अधिष्ठाता रहे हैं, उन्होंने स्वयं को अतिमानस के स्तर पर संस्कारित करके जीवन के सभी पक्षों को परम ब्रह्म की सत्ता के रूप में स्वीकार किया है। बात चाहे आश्रम-व्यवस्था की हो या चातुर्वर्ण्य सामाजिक व्यवस्था की या योग की या भोग की, या आचार की या विचार की, सभी में भाव को तो प्रधानता दी ही गई है, साथ ही, यह भी श्रद्धापूर्वक स्थापित किया गया है कि किसी भी मार्ग पर चलकर ब्रह्म को उपलब्ध हुआ जा सकता है। भारतीय संस्कृति के लिए ब्रह्म कोई देवता नहीं है और न कोई ऐसी अधिदैविक या अधिभौतिक शक्ति, जिसका निवास मानव चेतना के बाहर हो। भारतीय संस्कृति ने ब्रह्म की कोई सीधी परिभाषा नहीं दी; पर हाँ, इस संस्कृति के उपासकों ने यह व्यवस्था अवश्य की कि जो ब्रह्म जिज्ञासु हैं वे यदि पराक्रम करें, प्रयास करें, अंतर्मुखी हो सकें, स्वयं की चेतना द्वारा अंतस के कलुष को निहार सकें; स्वार्थ, मोह, आसक्ति का परित्याग कर सकें तथा अहंता का विसर्जन कर सकें तो उन्हें एक ऐसी अंतर्दृष्टि प्राप्त हो जाएगी जिससे वे ब्रह्म का साक्षात्कार कर सकते हैं। यहाँ ब्रह्म के साक्षात्कार का अर्थ है, स्वयं ब्रह्म हो जाना। यह ब्रह्म सत्य, शिव और सुंदर है। यह ब्रह्म अपने पुरुषार्थ से स्वयं को व्यक्त करता है और स्वयं के अस्तित्व के धरातल पर ही उसकी समस्त क्रीड़ाएँ होती हैं और फिर वह स्वयं ही अपने आनंद के लिए इन क्रीड़ाओं का अतिक्रमण कर लेता है, उन्हें समेट लेता है। इसकी समस्त क्रीड़ाएँ यज्ञभाव से संचालित हैं। ये क्रीड़ाएँ स्वयं में योगाभ्यास हैं और उनका उद्देश्य है मोक्ष, अर्थात् परम आनंद की उपलब्धि। भारतीय संस्कृति के इस पक्ष को समझने के लिए बहुत खुला हृदय चाहिए, जहाँ कोई पूर्वग्रह, बंधन व अवरोध न हो।

सूर्य कितनी ही प्रखरता से प्रकाशित होता रहे, पर एक व्यक्ति, जिसने अपने नेत्रों पर अपने ही हाथों पट्टी बाँध ली हो उसे तो सूर्य की इस दिव्य प्रभा

से वंचित होना ही पड़ेगा। ऐसी ही स्थिति तब उत्पन्न होगी जब कोई व्यक्ति हीरक मणि से विकीर्ण होती सतरंगी प्रभा का आकलन स्वयं के नेत्रों को बंद करके करने का प्रयास करे। एक दृष्टिहीन व्यक्ति कभी भी दृश्य का सही आकलन नहीं कर सकता और न दृश्य की छटा का आनंद ही ले सकता है। भारतीय ऋषि के लिए यह जीवन-दृष्टि अति महत्त्वपूर्ण है। इस दृष्टि की उपलब्धि आत्मज्ञान से ही संभव है और जिन्हें यह दृष्टि प्राप्त नहीं होती उनका जीवन अंधकार और तमस से आवृत रहता है। 'ईशोपनिषद्' को भारतीय संस्कृति का आधार माना गया है। इस उपनिषद् का ऋषि कहता है—

असुर्या नाम ते लोका अन्धेन तमसावृताः।
ताँ्स्ते प्रेत्याभिगच्छन्ति ये के चात्महनो जनाः॥

इस मंत्र का अभिप्राय है, सर्वत्र व्याप्त ईशत्व को देखने की दृष्टि जिनके पास नहीं होती, जो अकर्मण्यता से ग्रस्त हैं, ऐसे लोग आत्महत्या करते हैं और मरणोपरांत ऐसे लोकों को प्राप्त करते हैं जो अंधकार से आच्छादित होते हैं।

एक कविहृदय ऋषि की यह आलंकारिक भाषा पश्चिम की समझ में आए न आए, पर भारतीय संस्कृति के उपासकों की तो समझ में आ ही जानी चाहिए। एक व्यक्ति, जिसके पास दृष्टि तो है, पर जिसने अपनी आँखें बंद की हुई हैं, उसका तो पतन ही होगा। उपर्युक्त श्लोक में इस पतन की ओर ही संकेत किया गया है। जो व्यक्ति आँखें मूँदकर ज्ञान की उपेक्षा करना चाहते हैं, वे यथार्थ को कभी नहीं समझ सकते। जो मिथ्या जीवन-मूल्यों को अपनी दृष्टि का आधार बनाते हैं वे सदैव विक्षेपों से आच्छादित रहते हैं, मानसिक उद्वेग और अशांति से ग्रस्त रहते हैं तथा अंततः उस आनंद से भी वंचित रह जाते हैं, जिसे प्राप्त करना उनका लक्ष्य होता है।

भारतीय ऋषि बार-बार यह उद्घोष करता है कि जीवन के वास्तविक सत्य को देखने के लिए एक विशेष अंतर्दृष्टि चाहिए। सत्य को वही देख सकेगा, जिसने स्वयं के अंतस को पवित्र कर लिया हो। भारतीय मनीषा जिस दृष्टि की बात करती है, वह मात्र चर्मचक्षुओं की ही दृष्टि नहीं है; वह अंतर्दृष्टि है। सत्य को देखने के निमित्त उसे अंतर्दृष्टि तब प्राप्त होगी जब वह अपने जीवन को अहंकार, स्वार्थ और आसक्ति से शून्य बनाए। भारतीय चिंतन की कामना है—

हिरण्मयेन पात्रेण सत्यस्यापिहितं मुखम्।
तत्त्वं पूषन्नपावृणु सत्यधर्माय दृष्टये॥

—ईशावास्योपनिषद्

यहाँ भी काव्यमयी भाषा है कि 'सत्य का मुख स्वर्णपात्र से ढका हुआ है और पूषण (सर्वपालक सूर्य)! आप मुझे सत्य के दर्शन हेतु उसे अनावृत्त करें, हटा दें।'

प्रार्थना है सूर्य से, और सूर्य दृष्टि का स्वामी है। दृष्टि का अर्थ होता है प्रकाश। जब अंतस का कलुष और अंधकार दूर होगा तब व्यक्ति सत्य के वास्तविक स्वरूप को जान सकेगा। भारतीय मनीषा की यही जीवन-दृष्टि है। इस जीवन-दृष्टि ने ही भारतीय संस्कृति को वैशिष्ट्य प्रदान किया है। मानव को संस्कारवान् बनाने के लिए इस मनीषा ने जो जीवन-मूल्य तथा जो दृष्टि प्रतिपादित की, वह न तो स्वार्थ आधारित रही, न आसक्ति आधारित और न अहं आधारित। अकर्मण्यता को तो उसने कभी समर्थन दिया ही नहीं। जो भी मूल्य प्रतिपादित किए गए, जो भी दृष्टि दी गई, जिसे आधार बनाया गया, उसका उद्देश्य रहा चेतना का ऐसा ऊर्ध्वारोहण कि व्यक्ति स्वयं को समष्टि का अखंड अंग माने और आत्मज्ञान से रूपांतरित होकर जीवन के सभी कार्य करे।

भारतीय ऋषि ने मानव के लिए किसी भी कार्य का न तो वर्जन किया है और न प्रतिपादन। उसने सदैव एक दृष्टि देने की चेष्टा की तथा उसका विश्वास यह रहा कि यदि एक बार अंतस के रूपांतरण से अंतर्दृष्टि प्राप्त हो जाएगी तो व्यक्ति सदैव लोक-कल्याण हेतु, सर्वकल्याण के भाव से ओतप्रोत होकर कर्मपथ पर स्वाभाविक रूप से चलने लगेगा—ठीक उसी प्रकार जैसे सूर्य स्वाभाविक रूप से सभी के कल्याण के लिए प्राणिक ऊर्जा और प्रकाश प्रदान करता है। भारतीय संस्कृति व भारतीय मनीषा के संस्कारों को यदि समझना है तो जिज्ञासु को स्वयं की दृष्टि को उस अतिमानस के स्तर पर लाना होगा, जहाँ भारतीय मनीषा विराजमान है; अन्यथा वह कभी भी उसका सही मूल्यांकन कर ही नहीं सकेगा। जब भारतीय ऋषि कहता है कि 'दृष्टिवान बनो', तब वह चर्मचक्षुओं की दृश्य शक्ति की ओर संकेत नहीं कर रहा होता, उसका संकेत होता है अंतर्दृष्टि के परिमार्जन से, अंतस के शुद्धिकरण से और अहं के परित्याग से। यहाँ दृष्टि से आशय है प्रज्ञाशक्ति से; जिसकी स्तुति 'धी' कहकर गाई गई है—'धियो यो नः प्रचोदयात्'। पूरा मंत्र है—

ओऽम् भूर्भुवः स्वः तत्सवितुर्वरेण्यं
भर्गो देवस्य धीमहि। धियो यो नः प्रचोदयात्॥

हमारी चेतना जब कुछ जानना चाहती है तो वह यह कार्य दो स्तरों पर करती है। एक स्तर बहिर्मुखी है, जिसमें इंद्रियों का प्रयोग होता है। और दूसरा स्तर अंतर्मुखी है—जब चेतना अंतस में झाँकती है, बहुत गहराई में उतरती है

और जहाँ तक उसकी सामर्थ्य है वहाँ तक उतरती जाती है। भारतीय मनीषा का यह मानना है कि हर प्राणी की चेतना के पास अनंत सामर्थ्य है; पर प्राणी अपनी इस अनंत शक्ति से अनभिज्ञ है। अर्थात् उसकी चेतना विक्षेपों से इतनी घिरी हुई है कि वह सुषुप्त अवस्था में ही रहने लगी है। जो प्राणी अपनी चेतना को जाग्रत करने का जितना प्रयास करता है, उतनी ही सफलता उसे मिलती है। चूँकि हर प्राणी के प्रयासों का स्तर पृथक्-पृथक् है, अतः हर प्राणी की चेतना की सामर्थ्य भी पृथक्-पृथक् ही होगी। संसार के विभिन्न प्राणियों में ही नहीं, बल्कि प्रकृति में जो सामर्थ्य-भेद दिखाई देते हैं, उनका यही कारण है। अतः हर प्राणी के पास जो है, उसे उपलब्ध मात्र-भर कर लेना है; पर यह उपलब्धि सरल नहीं है। इसके लिए दृढ़ संकल्प, अथक प्रयास और पूर्वग्रहों से मुक्ति अनिवार्य है। पूर्वग्रहों से मुक्ति के अभाव में संस्कृति सरीखे विषय पर चेतना के अनुभव, उसकी अभिव्यक्ति और उसका रूपांतरण किसी-न-किसी प्रकार से प्रदूषित ही रहेगा। संस्कृति का ही सत्य नहीं, कोई भी सत्य तभी प्रकट होता है जब पूर्वग्रह से मुक्त होकर निरपेक्षता की गहराई में उतरा जा सके। वैसे सत्य तो इतना निष्कपट और सरल होता है कि यदि कोई अपने पूर्वग्रह उसपर थोपना चाहे तो वह सहमत न होते हुए भी ऐसा आचरण करने लगता है जैसेकि वह पूर्वग्रह चिंतन से सहमत हो। सत्य के जो अनंत भाष्य विश्व में उपलब्ध हैं, या सत्य के संदर्भ में जो पूर्वग्रह हैं, उनका यही कारण है। कुल मिलाकर यह समझ लेने की बात है कि सत्य को उपलब्ध होना एक तप है और तप करने की भी एक विधि है। इस तप को हर स्तर पर करना होता है—शरीर, मन, बुद्धि के स्तर पर तो करना ही होता है, साथ ही पूर्वग्रहों तथा अहं से मुक्ति की ओर भी बढ़ना होता है। भारतीय संस्कृति के सत्य को उपलब्ध होना भी एक ऐसा ही तप है।

संस्कृति के बहिर्मुखी तत्त्व को जब हम जानने की चेष्टा करते हैं, तो यह चेष्टा कुछ वैसी ही होती है जैसेकि यह कहा जाए कि लहरें, फेन, भँवर व जलकण की पृथक्-पृथक् सत्ता है और ये सब सागर से भिन्न हैं, उसका भाग नहीं; जबकि सही चिंतन यह होगा कि सागर की उत्तुंग लहरें, उसका फेन, उसकी भँवर व उसके जलकणों में परम एकत्व है। यह समस्त एकत्व ही सागर है। अर्थात् सागर व लहर में कोई भेद नहीं; पर यह स्थिति स्वीकार्य कैसे हो, यह एकत्व प्रधान दृष्टि आए कैसे? यह एकत्व दृष्टि बहिर्मुखी चिंतन व मूल्यांकन से तो आ ही नहीं सकती। समस्त बहिर्मुखी मूल्यांकन भेद की सत्ता का अंग है। हम जितने ही बहिर्मुखी होंगे, उतने ही अधिक भेद की सत्ता में निवास करेंगे और एकत्व से दूर होते चले जाएँगे। एकत्व का अनुभव प्राप्त

करने के लिए हमें भेद की सत्ता का परित्याग करना ही होगा। यह परित्याग एक प्रकार से पूर्वग्रहों का परित्याग है और अंतर्मुखी यात्रा का प्रथम सोपान भी। इस यात्रा में हम जितना गहरे उतरेंगे उतनी ही सूक्ष्म दृष्टि हमें प्राप्त होगी और उसके साथ ही सत्य के प्रति उतनी ही समीपता बढ़ेगी। किसी भी संस्कृति को समझने के लिए जो दृष्टि चाहिए, वह दृष्टि यदि सूक्ष्म नहीं है तो उस संस्कृति के स्तर को समझना असंभव है। किसी भी संस्कृति का क्या स्तर है, यह जाँचना या परख पाना कोई आसान कार्य नहीं है। आसान इसलिए नहीं, क्योंकि हमारे स्वयं के पूर्वग्रह हमारी दृष्टि को प्रभावित करते हैं और हम स्वयं निरपेक्ष नहीं रह पाते। भारतीय संस्कृति को समझ सकने में पश्चिम से जो भूल हुई है, उसका यही एक बहुत बड़ा कारण है। जिसकी चेतना सदैव बाह्य स्तर पर ही मुखरित हुई हो, वह न तो भारतीय संस्कृति के स्वरूप को पहचान सकता है और न उस आधार को, जिससे यह संस्कृति विकसित हुई है।

कुल मिलाकर भारतीय संस्कृति ने अंतर्मुखी विकास को ही महत्त्व दिया है। इस संस्कृति का बहिर्मुखी स्वरूप भी अंतर्मुखी विकास का प्रतिबिंब है। ऐसा नहीं है कि भारतीय मनीषा ने बाह्य जीवन को या भोग की सत्ता को मान्यता नहीं दी; उसने भोग की सत्ता को मान्यता देते हुए यह भी अनुभव प्राप्त किया कि अनंत भोगों से भी न तो तृप्ति प्राप्त हो सकती है और न शांति। अतृप्त, अशांत मन कभी भी परम आनंद को स्पर्श नहीं कर सकता, अतः भोग की निस्सारता का अनुभव अथवा अनुभूति करने के उपरांत ही शांति और आनंद के क्षेत्र में प्रवेश मिलने की संभावना है।

क्या है संस्कृति या क्या है भारतीय संस्कृति? इसे परिभाषाओं से इसीलिए सही रूप से नहीं बाँधा जा सकता, क्योंकि अंतर्मुखी अनुभव व अनुभूतियों को शब्दों से बाँधा नहीं जा सकता। संस्कृति को यदि हम केवल बाह्य दृष्टि से जानने के लिए आतुर रहेंगे तो परिभाषाएँ दी तो जा सकती हैं, पर यह स्थिति अर्ध सत्य की-सी होगी। अर्ध सत्य कभी भी सत्य नहीं होता। अर्ध सत्य अज्ञान है, उसे असत्य भी कहा जा सकता है। जो 'है' वह या तो केवल शुद्ध सत्य है या फिर वह सत्य नहीं है। सत्य कभी भी आधा-अधूरा नहीं होता। अतः यदि संस्कृति के रहस्य को वास्तव में जानना है तो आधे-अधूरे आधारों से उसे जानना एक प्रकार से जानबूझकर अज्ञान में प्रवेश करना होगा। उचित यह होगा कि संस्कृति को संपूर्णता से देखा जाए, अर्थात् उसके बहिर्मुखी व अंतर्मुखी रूपों को गहराई से जानने व समझने की चेष्टा की जाए। पश्चिमी चिंतन को यह दृष्टि स्वीकार नहीं है, वह तो संस्कृति के संदर्भ में अपने सभी

निर्णय इंद्रिय प्रधान चेतना से ही करना चाहता है; जबकि अंतर्मुखी चेतना का संबंध इंद्रियों से है ही नहीं। अंतर्मुखी चेतना में प्रवेश का अर्थ है, अस्तित्व की चेतना में प्रवेश और मन की सत्ता को नकारने की प्रक्रिया का प्रारंभ। जो स्वयं को देह से पृथक् करके द्रष्टा भाव में निवास करने के लिए प्रयत्नशील होते हैं वे ही अंतर्मुखी हो पाते हैं तथा संस्कृति के उस तत्त्व को जान पाते हैं जो सत्य है, शाश्वत है तथा शिव व सुंदर भी है।

संस्कृति में आखिर वह कौन-सा तत्त्व है जो सत्य है, शिव है, सुंदर है तथा शाश्वत भी है? क्या यह मान लिया जाए कि संस्कृति में कुछ भी शाश्वत तत्त्व है ही नहीं? पश्चिम की तो अवधारणा है कि संस्कृति की सत्ता सतत परिवर्तनशील है। पश्चिमी चिंतन संस्कृति को अतिमानस के व्यक्तित्व से नहीं जोड़ता। पश्चिम की मान्यता है कि संस्कृति की परिधि में केवल वही आता है जो जीवन के भौतिक पक्ष से जुड़ा हुआ हो; पर भारतीय दृष्टि इस चिंतन से बहुत भिन्न है। भारतीय चिंतन में संस्कृति के स्थायी तत्त्व अर्थात् आधारभूत तत्त्व को ही मान्यता है। यह आधारभूत तत्त्व अपरिवर्तनशील है, शाश्वत है। यही सत्यं, शिवं और सुंदरम् है। सत्यं शिवं सुंदरम् की प्राप्ति ही है संस्कृति का लक्ष्य। यही है वह कसौटी, जिससे संस्कृति के स्तर को परखा जा सकता है। जिससे सत्य का उद्घाटन, निरूपण व स्थापन नहीं होता, वह संस्कृति नहीं है; वह मात्र कृति है, कर्म है, एक चेष्टा या मात्र भाव है। कोई कृति जब सत्य से अलंकृत होती है अर्थात् सत्य के निकट होती है या सत्य का बोध कराती है तब उसे हम संस्कृति कहकर संबोधित करते हैं और इसके लिए जो भी प्रयास होते हैं, जो कर्म होते हैं, उसे हम पुरुषार्थ कहकर संबोधित करते हैं। संस्कृति वह त्रिवेणी है, जिसमें सत्य भी है, शिवत्व भी है और सौंदर्य भी है। ऐसा सत्य संस्कृति का वाहक नहीं बन सकता जिसमें शिवत्व न हो, सौंदर्य न हो। इसी प्रकार शिवत्व को भी सत्य और उसके सौंदर्य से वंचित नहीं किया जा सकता। शिवत्व का तो जन्म ही सत्य से होता है और उसका उद्घाटन होता है सौंदर्य से। जहाँ सत्य नहीं, वहाँ शिवत्व हो ही नहीं सकता। शिवत्व की अवधारणा व उसके उद्घाटन के लिए सत्य की अनिवार्यता है। शिवत्व का अर्थ होता है सर्वकल्याण, सर्वमंगल और सर्वहित—यही है संस्कृति का वास्तविक उद्घोष, इसीसे होता है संस्कृति की उपयोगिता व उसकी उपादेयता का बोध।

पशुत्व से मनुजत्व की ओर का जो ऊर्ध्वारोहण है वह शिवत्व की अवधारणा पर आश्रित है। अपना पेट तो पशु भी भर लेते हैं। आहार, विहार, निद्रा, भय, मैथुन—ये वृत्तियाँ तो पशुओं में भी हैं। इन्हें पुरुषार्थ नहीं कहा जा

सकता। पशुत्व अर्थात् पशु वृत्ति से जो कुछ भी मानव में अधिक है, वही मानव की संस्कृति है। पशुत्व से मनुजत्व की ओर और फिर मनुजत्व से देवत्व की ओर की जो यात्रा है उस यात्रा का मूलमंत्र और केंद्र है शिवत्व अर्थात् सर्वहित, सर्वकल्याण। मनुजत्व से देवत्व की ओर की इस यात्रा में केवल मानव हित की ही बात नहीं निहित है, वरन् इससे भी बहुत आगे का चिंतन है इस यात्रा में। प्राणिमात्र का ही हित नहीं, इसमें समस्त अस्तित्व के हित का भाव है। इसीलिए भारतीय संस्कृति का उद्घोष है 'सर्वभूतहिते रतः'; अर्थात् सभी का कल्याण हो—यही है भारत का सांस्कृतिक अभियान, यही है भारत की सांस्कृतिक दृष्टि। पर भारतीय दृष्टि केवल सत्य और शिवत्व पर जाकर ही नहीं ठहर जाती। यह दृष्टि अंतस में केवल पशुत्व को निहारकर ही संतुष्ट नहीं है; वह और गहरे उतरती है और अंतस में जितने गहरे वह उतरती है उतना ही उसका बहिर्मुखी स्तर पर ऊर्ध्वारोहण होता है। चेतना के इस ऊर्ध्वारोहण की अभिव्यक्ति ही मानव का वास्तविक सौंदर्य है। भारतीय चेतना ने कृत्रिम सौंदर्य और वास्तविक सौंदर्य के अंतर को पहचाना है और वास्तविक सौंदर्य की स्तुति गाई है। देह का सौंदर्य ही वास्तविक सौंदर्य नहीं है; देह के सौंदर्य से भी अधिक महत्त्वपूर्ण है आत्मा का सौंदर्य। आत्मा का सौंदर्य शाश्वत है, सत्यसिद्ध है, अनिर्वचनीय है—यही है सत्यं शिवं सुंदरम् का सौंदर्य, यही है प्रकृति का सौंदर्य, यही है प्रकृति की संस्कृति।

भारतीय मनीषा सत्यं शिवं सुंदरम् की त्रिमूर्ति को पृथक्-पृथक् करके नहीं देखती। और भी सूक्ष्म बात यह है कि इस त्रिमूर्ति को पृथक् किया ही नहीं जा सकता। इसे न तोड़ा जा सकता है और न इसका पृथक्-पृथक् अनुभव ही संभव है। इस त्रिमूर्ति में परम एकत्व है। यही एकत्व कभी सत्य की प्रभा को विकीर्ण करता है, कभी शिवत्व की प्रभा को और कभी सौंदर्य की प्रभा को। यह एकत्व किरण एक ही है, पर मानव चेतना पर जब वह पड़ती है तब परिवर्तित होकर उसमें से तीनों रंग फूट पड़ते हैं। किसीको सत्य में सौंदर्य दिखाई देता है तो किसीको सौंदर्य में सत्य, किसीको सत्य में शिवत्व दिखाई देता है, किसीको शिवत्व में सत्य। कोई भेद न होते हुए भी स्वयं के आनंद के लिए भेद की सत्ता में निवास, फिर भी सतत एकत्व का बोध, सतत एकत्व में ही रमण और उसीका वरण—यही है कि भारतीय संस्कृति की दृष्टि।

भारतीय चेतना ने संस्कृति को देश और काल से नहीं बाँधा है। उसने संस्कृति को मानव का आभूषण, उसका अलंकरण कहकर प्रतिपादित किया है। मानव तो सार्वकालिक और सार्वदेशिक है, अतः समस्त मानव सुखी हों, सभी

को आनंद प्राप्त हो और सभी का कल्याण हो—यही रहा है भारतीय संस्कृति का मूलमंत्र। इससे भी उचित यह दृष्टिकोण है कि संस्कृति न तो भारतीय है, न अभारतीय; बल्कि वह मानवमात्र की चेतना के ऊर्ध्वारोहण से जुड़ा हुआ तत्त्व है। हर मानव को संस्कारित होना ही होगा। जिस उपाय से बिना किसी भेद-भाव के हर मानव संस्कारित हो सके, उसीसे होगा संस्कृति का बोध।

संस्कृति का बोध विविधता को अंतिम सत्य मान लेने से नहीं हो सकता। बाह्य चेतना में, लौकिक जीवन में विविधता है; पर यह विविधता भी किसी-न-किसी तत्त्व पर आश्रित है और विविधता केवल परिधि में है, केंद्र में नहीं। इस विविधता का आधार शून्य तो हो ही नहीं सकता। अगर इस विविधता को आधार प्रदान करनेवाला कोई एक स्थायी तत्त्व न होगा तो विविधता का बोध हो सकना असंभव है, अतः भारतीय मनीषा की सतत चेष्टा यही रही है कि वह जो विविधता को शाश्वत आधार प्रदान करता है, उसकी खोज और उपलब्धि हो, क्योंकि वही हमें संस्कारवान् बनाता है, उसीके बोध से ही संस्कृति उपजती तथा पोषित होती है और अपनी अनंत विकास-यात्रा पर निकलती है।

पशुत्व से शिवत्व की यह विकास-यात्रा बाहरी जगत् में नहीं की जाती। यह यात्रा एक अंतर्मुखी यात्रा है। इसमें इंद्रियों का प्रयोग नहीं होता। इस अंतर्मुखी यात्रा में इंद्रियों की कोई गति नहीं है। यह एक स्थिर यात्रा है। यह एक ऐसी गतिशीलता है, जिसमें पूर्ण स्थिरता आवश्यक है। इस यात्रा का विवरण पश्चिम के लिए रहस्यमय है, क्योंकि पश्चिमी चेतना ने इस अंतर्मुखी यात्रा को बहुत ही कम महत्त्व दिया है। ऐसा नहीं है कि अंतर्मुखी यात्रा का बाहरी जीवन से कोई संबंध नहीं है, लेकिन जो इस यात्रा पर निकलता है, उसके लिए बाह्य आचरण गौण ही होता है। ऐसा साधक बाह्य आचरण के लिए कोई स्वतः प्रयास नहीं करता। उसके जो भी बाह्य आचरण हैं वे स्वाभाविक हैं और प्राकृतिक हैं; उनमें कृत्रिमता नहीं है। कृत्रिमता का सहारा लेकर अथवा कृत्रिमता के माध्यम से किए गए आचरण व्यक्ति के अंतस को संस्कारित नहीं करते। पश्चिम की दृष्टि है कि बाह्य आचरण के प्रभाव से अंततः अंतस भी संस्कारित होगा; पर भारतीय मनीषा इसे पूर्णरूप से अस्वीकार करती है। उसका स्पष्ट मत है कि अंतस के रूपांतरण से जो कुछ बाह्य जीवन में स्वाभाविक रूप से उपजेगा, जिन वृत्तियों और कृतियों का भी निर्माण होगा, वे ही संस्कृति की वास्तविक अभिव्यक्ति होंगी।

जिसे हम जगत् कहते हैं, वह विचारों से प्रसूत है, मन से प्रसूत है। जहाँ मन है, वहाँ संसार है। विचार वहीं है, जहाँ जगत् है और जहाँ 'अ-मन' है वहीं

निर्विचार है; लेकिन यह वह निर्विचार नहीं है जहाँ विचारों का अभाव हो जाता हो। निर्विचार वह स्थिति है जहाँ समस्त विचारों को जन्म दे सकने की पूरी-पूरी क्षमता हो और जहाँ प्रज्ञाशक्ति का श्रेष्ठतम प्रस्फुटन संभव हो। यह वह निर्विचार की स्थिति है जहाँ अंतर्दृष्टि प्रस्फुटित होती है। यह समग्रता में प्रवेश है, यह संपूर्णता का आलिंगन है। जहाँ समस्त द्वैत गिर गए, दो रहे ही नहीं; न द्रष्टा, न दृश्य—ऐसी है अंतर्दृष्टि।

□

****

सत्यम्

****

एकं सद्विप्रा बहुधा वदन्ति।

—ऋग्वेद, १-१६४-४६

(सत्य एक है, उसे विद्वान् नाना विधि से संबोधित करते हैं।)

सत्यमेव जयते न अनृतम्।

—मुंडकोपनिषद्, ३-१-६

(सत्य की ही विजय होती है, असत्य की नहीं।)

भारतीय संस्कृति की आधारशिला है सत्य। जो सत्य नहीं है वह हमें संस्कारवान् नहीं बना सकता। संस्कृति की परिपक्वता तो सत्य के साक्षात्कार, उसकी अभिव्यक्ति और उसकी विजय से ही प्रमाणित होती है। जहाँ सत्य का बोध नहीं है अथवा जहाँ सत्य के प्रति आग्रह नहीं है या जहाँ सत्य के प्रति समर्पण नहीं है, वहाँ पशुत्व अथवा अज्ञान किसी-न-किसी रूप में विद्यमान रहेगा; जबकि संस्कार का लक्ष्य है पशुत्व और अज्ञान से मुक्ति तथा देवत्व की उपलब्धि। देवत्व की उपलब्धि या उपासना का अर्थ यहाँ किसी देवता की मूर्ति या पूजन या उससे संबंधित कर्मकांड से नहीं है। देवत्व की उपासना में कर्मकांड गौण हैं। देवत्व की उपासना का अर्थ है, देवत्व के समीप जाना। देवत्व के समीप बैठने या जाने का अर्थ शारीरिक रूप से किसी मूर्ति के समीप आसन बिछाकर बैठने या जाने से नहीं, वरन् अंतस में जो परम देवत्व विराजमान है, जो परम चैतन्य है, उसके प्रति उन्मुख हो जाने से है। यह परम चैतन्य ही सत्य है और संस्कारवान् बनने व बनाने की समस्त प्रक्रियाएँ तभी जन्म लेती हैं जब व्यक्ति इस ओर उन्मुख होता है। संस्कृति, कुल मिलाकर, सत्य का ही

विकिरण है। उसे हम सत्य का प्रकाश भी कह सकते हैं। जैसे सूर्य की प्रत्येक किरण सूर्य का ही प्रतिनिधित्व करती है; जैसे किरणें सूर्य के तेज और ओज की वाहक हैं और इन किरणों के माध्यम से ही सूर्य अपने को अभिव्यक्त करता है, उसी प्रकार सत्य भी संस्कारों के माध्यम से अपने को अभिव्यक्त करता है। इसका अर्थ है, संस्कृति वास्तव में सत्य का ही एक प्रकाशवान् रूप है। सूर्य की सत्ता का भान हमें सूर्य की किरणों से ही होता है। ये किरणें जब लोक-लोकांतरों में प्रवेश करती हैं तो उससे लोक-लोकांतरों का धरातल प्रकाशित होता है। सूर्य का जो भी प्रतिबिंब धरातल पर पड़ता है या बनता है वह धरातल की क्षमता अर्थात् उसकी संरचना पर निर्भर है। धरातल जितना ही शुद्ध, सपाट, चिकना, स्थिर और उन्मादरहित होगा, सूर्य का प्रतिबिंब उतना ही स्पष्ट बनेगा। यही स्थिति सत्य की भी है। सत्य की किरणें अपनी समस्त प्रभा लेकर तभी व्यक्त हो सकती हैं जबकि जिस धरातल पर वे पड़ रही हों वह शुद्ध तथा विकाररहित हो। हीरकमणि के धरातल से सूर्य की किरणों की जैसी सुंदर व सतरंगी आभा उत्पन्न होती है, वैसी ही सुंदर, सतरंगी और सांस्कृतिक आभा उस मानव से भी विकीर्ण होती है जो शुद्ध और विकाररहित होता है। सत्य की इस सांस्कृतिक आभा का दिव्य सौंदर्य ही मानव की प्रगति का द्योतक है।

सत्य का संबंध जीवन से है। उसे जीवन से पृथक् नहीं किया जा सकता। एक संकीर्ण अर्थ में जीवन का 'सातत्य' ही सत्य है। सत्य का साक्षात्कार जीवन में ही होना चाहिए। जीवन से हटकर सत्य तो महत्त्वहीन हो जाएगा—इसलिए नहीं कि सत्य है ही नहीं, बल्कि इसलिए कि जिसका साक्षात्कार नहीं हो सकता उसका न तो अनुभव होता है, न अनुभूति। और जिसका अनुभव या जिसकी अनुभूति नहीं हो सकती वह विद्यमान तथा आधारभूत है, इसे बुद्धि और विवेक कभी भी स्वीकार नहीं करेगा। जो भी आधारभूत है, यदि वह सत्य है तो उसकी कुछ-न-कुछ अनुभूति तो कभी-न-कभी होनी ही चाहिए। जहाँ अनुभूति का ही नितांत अभाव हो, ऐसी अनुभूतिशून्यता में सत्य को कोई जानेगा कैसे? अत: यह बोध तो होता ही रहना चाहिए कि सत्य हमें संस्कारवान् बनाता है। सत्य से जीवन की गुणवत्ता, उसकी शुद्धता बढ़ जाती है और वह अपेक्षाकृत अधिक उपयोगी हो जाता है। जीवन की यह उपयोगिता हर स्तर पर प्राप्त करना ही हमारा अभीष्ट होता है, अत: जीवन के विभिन्न स्तरों को जानना और समझना भी सत्य के साक्षात्कार का ही एक भाग है। सत्य से साक्षात्कार का अर्थ यह नहीं है कि व्यक्ति अपने को जीवन से विमुख कर ले या जीवन को तिलांजलि दे दे या उसे विस्मृत करने की चेष्टा करे अथवा उससे दूर भागे। जीवन से दूर

भागनेवाले वास्तव में न तो जीवन से दूर भाग पाते हैं और न सत्य का साक्षात्कार ही कर पाते हैं। जीवन से दूर भागना एक प्रकार का अज्ञान है, क्योंकि यथार्थ में जीवन से दूर भागना असंभव है। वनों और कंदराओं में रहकर भी जीवन के सत्य से दूर नहीं भागा जा सकता। जो ऐसा सोचते हैं कि कंदरा, गिरि या वन के एकांत में जाने से 'जीवन का एकांत' उपलब्ध हो जाता है, वे भ्रम में हैं। 'जीवन का एकांत' भी जीवन का ही एक अत्यंत शिवत्व प्रधान व सुंदरतम भाग है; पर इस एकांत का संबंध बहिर्मुखी एकांत से नहीं है। इस एकांत को पलायनवाद का पर्यायवाची भी नहीं कहा जा सकता।

'जीवन का एकांत' की अभिव्यक्ति को समझने के लिए हमें दो अन्य अभिव्यक्तियों पर भी विचार करना होगा। ये हैं—'जीवन से एकांत' और 'जीवन में एकांत'। 'जीवन से एकांत' होना असंभव है। जीवन तो शाश्वत है, सतत है; व्यक्ति रहे न रहे, जीवन तो रहेगा ही। जीवन विराट् की सतत अभिव्यक्ति है। जीवन का अर्थ है चिद्सत्ता। जीवन वह है जो जन्म के पहले भी था और जन्म के बाद भी रहता है। 'मेरे' होने या न होने से जीवन में अर्थात् संसार की गति में कहीं कोई परिवर्तन नहीं होता। जीवन की यदि परिभाषा खोजें तो सरल शब्दों में उसे 'गतिमान संसार' के रूप में समझाया जा सकता है। यह संसार और प्रकृति मानव बोध के अर्थ में सनातन और शाश्वत है। यह प्रकृति ही जीवन का मूर्तिमान स्वरूप है, अत: 'जीवन से एकांत' असंभव है। संसार में सूर्य सदैव प्रकाश देता रहेगा, वायु चलती रहेगी, नदियाँ प्रवाहित होती रहेंगी, मेघ वर्षा करते रहेंगे, वृक्ष और लतिकाओं का सतत नर्तन होगा, जन्म होता रहेगा, मृत्यु होती रहेगी, सवेरा होगा, साँझ होगी, रात्रि होगी, भूख लगेगी, निद्रा आएगी अर्थात् जीवन की निरंतरता और नित्यता में कहीं कोई कमी आने वाली नहीं है।

जो भी व्यक्ति जीवन की निरंतरता और नित्यता को आत्मसात् कर लेता है वह फिर जीवन से भागता नहीं है। सच बात तो यह है कि जीवन से कोई भाग ही नहीं सकता। हाँ, वह भागने का ढोंग कर सकता है या एक ऐसे स्वप्नलोक में निवास कर सकता है जहाँ वह यह समझने लग जाए कि उसे परम शांति अथवा परम एकांत उपलब्ध हो गया; पर परम शांति की सत्ता समष्टि को नकार देने से उपलब्ध नहीं होती। जीवन को नकार देने से परम शांति हेतु की जानेवाली खोज एक मृगतृष्णा बन जाती है। जो इस सत्य को स्वीकार करता है वह जीवन में रहते हुए भी सत्य को उपलब्ध हो जाता है। जो जीवन की शाश्वतता को नहीं जानते, वे स्वप्नलोक में रहते हैं। स्वप्नलोक में रहनेवालों को सत्य उपलब्ध नहीं होता।

भारतीय संस्कृति में कुछ ऐसे शब्द हैं, जिन्हें सत्य के अनुभूतिकर्ता के साथ विशेष रूप से जोड़ा गया है। जैसे संन्यास, मोक्ष, कैवल्य और निर्वाण। ये शब्द बड़े ही रहस्यमय हैं और इन्हें आत्मसात् कर पाना बहुत कठिन है। इन शब्दों का जो गलत भाष्य हुआ अथवा इन शब्दों के साथ जो बौद्धिक खिलवाड़ हुआ, उससे सत्य की खोज में बाधा उत्पन्न हुई है। भारतीय ऋषि सत्य की खोज में निरंतर लगा रहा। कोई चाहे या न चाहे, इस सत्य की खोज में प्रत्येक मानव लगा हुआ है; भले ही वह बौद्धिक दृष्टि से कितना भी विशालकाय अथवा क्षुद्र क्यों न हो। मनुष्य की प्रत्येक गतिविधि का अंतिम लक्ष्य तो सत्य का बोध प्राप्त करना ही होगा। सत्य के बोध का रहस्य आत्मिक आनंद प्रदान करता है। जहाँ असत्य है वहाँ वास्तविक आनंद नहीं है। जहाँ सत्य है, केवल वहीं वास्तविक आनंद है। इससे तो सभी सहमत होंगे कि कोई भी व्यक्ति जो कर्म करता है उसका उद्देश्य आनंद की प्राप्ति होता है। इसलिए ऐसे कर्म कोई क्यों करना चाहेगा जिनसे उसे आनंद प्राप्त न हो? वास्तविक लक्ष्य तो आनंद की प्राप्ति का है। इस आनंद की उपलब्धि के लिए सत्य की खोज अनिवार्य है। सत्य की खोज के लिए क्या एकांत अनिवार्य है? इस प्रश्न का उत्तर देने से पहले यह जान लेना अनिवार्य है कि एकांत से आशय क्या है। इस एकांत से यदि हमारा आशय जीवन से भाग जाने, जीवन को नकार देने अथवा उसकी जो नित्यता, निरंतरता और विशालता है उससे अपने आपको पृथक् करने की चेष्टा करने से है तो ऐसी कोई भी चेष्टा अंततः हमें सत्य से दूर ही करेगी। जो जीवन को नकारते हैं, उन्हें वास्तव में न एकांत उपलब्ध होता है और न सत्य।

व्यक्ति की सत्ता तभी तक व्यक्त है जबतक वह जीवन से जुड़ी हुई है। जैसे ही जीवन का लोप होता है वैसे ही व्यक्ति की सत्ता का भी लोप हो जाता है। अतः 'जीवन से एकांत' तो संभव नहीं है, क्योंकि 'जीवन से एकांत' का अर्थ होगा, जीवन का लोप हो जाना; अर्थात् मृत्यु, अर्थात् शरीर से प्राणिक ऊर्जा का बहिर्गमन। कुल मिलाकर 'जीवन से एकांत' की जो अभिव्यक्ति है, उसे एक शब्दजाल ही कहा जा सकता है; लेकिन हाँ, एक और शब्द है, जिसकी चर्चा भारतीय मनीषा ने अनेक स्तरों पर अपनी-अपनी तरह से की है। यह शब्द है 'जीवन में एकांत'। जब हम 'जीवन में एकांत' की बात करते हैं तब उसका आशय होता है एक ऐसे जीवन से, जहाँ जनसंकुल न हो, जहाँ कम-से-कम कोलाहल हो। 'जीवन में एकांत' पाने की अभिलाषा का अर्थ है, एक कोलाहलविहीन, उद्वेगविहीन, अशांतिविहीन जीवन में प्रवेश। प्रश्न यहाँ यह है कि क्या कंदराओं या वनों में जाकर, जहाँ भीड़भाड़ न हो, अशांति से छुटकारा

पाया जा सकता है? इसपर भारतीय ऋषि मतैक्य नहीं हैं; जो ऋषि बहुत गहराई में उतरे हैं, उन्होंने एकांत की स्थिति को बहिर्मुखी एकांत से नहीं जोड़ा है; उनके लिए एकांत का अर्थ है मानसिक एकांत। यह मानसिक एकांत ही हमें वास्तव में 'जीवन में एकांत' की ओर ले जाता है। संसार में रहते हुए भी एकांत का भोग करने की सामर्थ्य जिसके पास है, वही सच्चा योगी भी है और सच्चा भोगी भी। सच्चा भोगी केवल सच्चा योगी ही बन सकता है। भोगी तो कभी योगी बन ही नहीं सकता। अगर किसी व्यक्ति को वास्तविक भोग-सुख प्राप्त करना है तो उसे मानसिक एकांत में जाने की विद्या सीखनी होगी, क्योंकि मानसिक एकांत में जाकर ही वह व्यक्ति योगी बन सकता है और फिर सत्य को उपलब्ध हो सकता है। योग का लक्ष्य ही सत्य को उपलब्ध करवाना है। बहिर्मुखी चेतना जब अंतर्मुखी चेतना में संयुक्त होती है तो इस स्थिति को योग कहते हैं। योग को और भी अनेक शब्दों से परिभाषित किया जा सकता है; पर इस लेख का आशय तो केवल यह है कि सत्य को कैसे उपलब्ध हुआ जाए? सत्य को उपलब्ध होने के लिए जीवन में एकांत तो चाहिए ही। बहिर्मुखी जीवन में एकांत का अर्थ मानसिक एकांत से है। बहिर्मुखी जीवन में एकांत खोजने के लिए जो कंदराओं में जाते हैं, वनों में जाते हैं अथवा मंदिरों में जाते हैं या अपने चारों ओर दीवार बना लेते हैं, ऐसे व्यक्ति वास्तव में एकांत को उपलब्ध नहीं होते।

बहिर्मुखी जीवन में जो एकांत खोजते हैं उनकी यह खोज एक प्रकार से अहं प्रधान खोज है। एकांत का अर्थ है, अहं की सत्ता को मिटाना। एकांत का अर्थ है, जहाँ 'एक' का भी अंत हो जाए; अर्थात् अद्वैत। जो अद्वैत हो सका, वही एकांत को उपलब्ध हुआ। संसार में रहते हुए अद्वैत हो सकने की स्थिति भारतीय ऋषि को प्राप्त है; लेकिन इस विधि को लौकिक चेतना अथवा स्वार्थ की चेतना में रहते हुए न तो जाना जा सकता है, न समझा जा सकता है और न प्रयोग में ही लाया जा सकता है।

सांसारिक झंझटों में उलझा हुआ व्यक्ति, ऊहापोह और भागदौड़ में फँसा हुआ व्यक्ति अंततः थकता है; उसकी यह थकान शरीर, मन और बुद्धि के स्तर पर भी होती है। इस थकान के कारण वह उस आनंद में प्रवेश नहीं कर पाता, जिस आनंद को प्राप्त करने के लिए वह जीवन की दौड़ में फँसा हुआ होता है। जैसे-जैसे समय बीतता जाता है वैसे-वैसे अकुलाहट और व्याकुलता बढ़ती जाती है। थका-हारा व्यक्ति शांति और आनंद की खोज में अंततः पहले समाज से दूर भागने की चेष्टा करता है, फिर स्वयं से दूर भागने की चेष्टा करने लगता

है; लेकिन उसका यह एकाकीपन उसे और अधिक थका डालता है और वह एक प्रकार से ऐसे दुश्चक्र में फँस जाता है, जहाँ उसे शांति उपलब्ध नहीं होती। इसीलिए भारतीय मनीषा ने इस बात को बार-बार दोहराया है कि ''शांति और आनंद उसे ही उपलब्ध होते हैं जो सत्यचेता होते हैं।'' शांति और आनंद बहिर्मुखी साधनों से उपलब्ध नहीं हो सकते। शांति और आनंद तो अंतर्मुखी अवस्था में ही प्राप्त होगा। जिस तरह बहिर्मुखी उपलब्धि बहिर्मुखी साधनों से प्राप्त होती है, वैसे ही अंतर्मुखी उपलब्धि अंतर्मुखी साधनों से प्राप्त होती है। स्वार्थ और अहंकार से निर्मित बहिर्मुखी साधन न तो अंतर्मुखी एकांत प्रदान कर सकते हैं, न शांति और आनंद। जब आनंद और शांति प्राप्त नहीं होगी तब सत्य कैसे उपलब्ध होगा? अत: सत्य को उपलब्ध करने के लिए व्यक्ति को वह अंतर्मुखी विधा सीखनी होगी, जिसका प्रयोग करके वह मानसिक एकांत में जा सके। यही वास्तविक एकांत हमें सत्य की खोज के लिए समस्त संसाधन उपलब्ध करवाता है। यही वह स्थिति है जहाँ हमारी अंतर्मुखी चेतना सत्य की खोज के लिए अपने समस्त प्रयोग करती है।

'जीवन में एकांत' के रहस्य को यदि समझना है तो हमें अंतर्मन में झाँकने की विधि आनी चाहिए। अपने स्वयं के मन से वार्त्तालाप करके हम मन को एकांत की यात्रा के लिए तैयार करते हैं, फिर धीरे-धीरे मन को स्वतंत्र सत्ता की मान्यता भी प्रदान कर देते हैं तथा साक्षीभाव से उसकी गतिविधियों, इच्छाओं, ऐषणाओं, कामनाओं व उसमें छिपी वासनाओं का अध्ययन करते हैं। यह यात्रा कभी हमें आनंदमय लगती है, कभी बोझिल और जटिल; पर जो सत्यानुरागी और सत्यान्वेषक हैं वे अपने आधारभूत तत्त्व को जानने के लिए सतत प्रयत्नशील बने ही रहते हैं। अपने प्रयासों का परित्याग वे बीच में ही नहीं कर देते। यह साधना कितनी ही जटिल क्यों न प्रतीत हो, साधना पथ का परित्याग उनके द्वारा नहीं किया जाता। ऐसे प्रयास अंतत: सफल होते हैं तथा उनके द्वारा 'जीवन में एकांत' का रहस्य उपलब्ध होता है। संसार में रहना भी है; पर इस संसार में लिप्त नहीं होना है—एक अनासक्त भोग, एक अनासक्त कर्म, एक अनासक्त योग का भाव है इस यात्रा में। यह अनासक्त कर्मयोग ही हमारे समक्ष जीवन के वे रहस्य प्रकट करता है, जिन्हें हम सत्य कहकर संबोधित कर सकते हैं। इस यात्रा में गति होते हुए भी कोई गति नहीं है। इस यात्रा के लिए बाहर की किसी तैयारी की आवश्यकता नहीं, सारी तैयारी अंदर ही करनी है। इस यात्रा में इंद्रियों का प्रयोग नहीं है, क्योंकि इंद्रियाँ केवल बाहर की गतिविधियों के निमित्त हैं। इंद्रियों द्वारा अंतस की यात्रा में प्रवेश नहीं मिलता। 'जीवन में

एकांत' वस्तुत: मन के गतिमान रहते, मन के चंचल रहते कभी भी उपलब्ध नहीं हो सकता; लेकिन गतिमान होना और चंचल होना तो मन का स्वभाव है, अत: इस वास्तविक एकांत के लिए मन को अपना सहयोगी बनाने की विधि जाननी होगी। सामान्य व्यक्ति का मन सत्य के लिए नहीं, वरन् संसार के लिए व्याकुल रहता है। यह व्याकुलता दूर निर्जन क्षेत्र में भी जाकर समाप्त नहीं हो पाती। यद्यपि हो सकता है कि निर्जन क्षेत्र में जाकर मन की गतिविधियाँ कम हो जाएँ तथा उसकी चंचलता समाप्त-सी हो जाए और कुछ ऐसा प्रतीत हो कि मन को जीत लिया गया या अतिमानस में प्रवेश हो गया; पर वास्तव में इतने मात्र से कुछ भी विशेष उपलब्ध नहीं होगा। उपलब्ध इसलिए नहीं होगा, क्योंकि सांसारिक कामनाओं के बीज किसी-न-किसी रूप में तो पड़े ही रहेंगे और जिस दिन भी अनुकूल परिस्थितियाँ उपलब्ध होंगी, ये बीज अंकुरित हो जाएँगे और समस्त 'एकांत-साधना' छिन्न-भिन्न हो जाएगी। अत: सत्य को जानने के लिए सांसारिक कोलाहल व सांसारिक अशांति रूपी अज्ञान को समझ लेने तथा विवेक को जाग्रत कर लेने की आवश्यकता है। एक बार इस कोलाहल व अशांति रूपी अज्ञान का वास्तविक बोध हो जाए तो वास्तविक एकांत उपलब्ध होने लगता है। यह बोध ही धीरे-धीरे शाश्वत सत्य की चेतना के प्रवेश-द्वार खोलता है। शाश्वत सत्य के इस लोक में प्रवेश उन्हें नहीं मिलता जो नकारात्मक विधि से दमन और अति कठोर व कष्टसाध्य अनुशासन का वरण करते हैं। शरीर को पीड़ा देकर, इंद्रियों का बलपूर्वक विवेकहीन दमन करके अहंकार में वृद्धि तो की जा सकती है, एक मनचाहे कल्पनालोक का सृजन भी किया जा सकता है, पर इस माध्यम से सत्य के लोक में प्रवेश नहीं मिलता। जहाँ अहंकार है वहाँ सत्य के होने का प्रश्न ही नहीं है। जबतक अहंकार द्वारा सत्य आवृत रहेगा, तबतक सत्य का दिव्य प्रकाश जीवन को आलोकित व स्फुरित कर ही नहीं सकता। अहंकार के इस आवरण को फाड़ डालना ही सत्यानुरागी का लक्ष्य है। यह प्रयास एक ऐसा तप है, जहाँ इंद्रियाँ सहयोगी बन सकती हैं, मन सहयोगी बन सकता है; पर केवल एक सीमा तक ही। साधना के इस पथ पर एक ऐसा अवसर आता है जब इंद्रियाँ नतमस्तक हो जाती हैं, मन सत्य की पृथक् सुगंध से ही 'अ-मन' हो जाता है। सत्य की सुगंध से विभोर हुआ यह मन स्वयं अपनी ही इच्छा से अपने स्वरूप के रूपांतरण को स्वीकार कर लेता है; वह अपनी सत्ता को विस्मृत करने को तैयार हो जाता है। इस तप में मन स्वयं से कहता है—'इस दिव्य विराट् सत्य के महासागर में डूब जा रे मन, मन डूब जा और गहरे उतर, गहरे उतरता चला जा, मिट जाने दे स्वयं की सत्ता, मिट जाने दे

स्वनिर्मित भेद की सत्ता, स्वयं को भी मिटा दे.....।' फिर एक निस्तब्धता है, शांति है—अद्वैत की शांति। इस सत्य की खोज में इतना ही जाना जा सकता है कि दो नहीं हैं—एक ही है। एक ही बचा है, इसे भी कोई कैसे जानेगा, क्योंकि जाननेवाला मन, जाननेवाली बुद्धि और विवेक, सबके सब कभी के विलीन हो चुके होते हैं। सत्य के जगत् की यात्रा अत्यंत रहस्यमय और नितांत वैयक्तिक है, इसमें कोई साथ नहीं जाता, कुछ भी साथ नहीं जाता—और तो और, न कोई विचार साथ में जाता है, न कोई भाव, न कोई शब्द और न किसी भी प्रकार की निशब्दता। यह नितांत अकेली ऐसी यात्रा है जिसमें यात्री का स्वयं का बोध भी समाप्त हो जाता है। न यह बोध रह जाता है कि यात्रा हो रही है और न यह बोध कि यात्रा नहीं हो रही है; अर्थात् समस्त अनुभव, समस्त अनुभूतियाँ पीछे छूट जाती हैं—बहुत पीछे।

सत्य की ओर उन्मुख यह यात्रा सरल भी है और जटिल भी। जटिल इतनी कि जन्म-जन्मांतरों के उपरांत भी सत्य उपलब्ध नहीं हो पाता और सरल इतनी कि क्षण मात्र में ही उपलब्ध हो जाता है। यह अपने आपमें एक ऐसा रहस्य है, जिसपर भारतीय मनीषियों ने सतत मनन किया और इस मनन के उपरांत जो कुछ भी उन्हें उपलब्ध हुआ, उसके आधार पर उन्होंने संस्कृति की संरचना की। भारतीय संस्कृति का मूलमंत्र है 'सर्वभूत हितेरत:' और उसका लक्ष्य है 'सर्वे भवन्तु सुखिन:'। इस लक्ष्य को केवल बाह्य चेतना से प्राप्त करने की चेष्टा नहीं की गई, बल्कि इस लक्ष्य में स्वयं को डुबो देने की चेष्टा की गई, 'आत्मवत् सर्वभूतेषु' का भाव खोजा गया। पहले खोजा गया जो 'तू' है वही 'यह' है; अर्थात् जो 'वह' है और जो दूसरा दिखाई दे रहा है, वह दूसरा नहीं, बल्कि स्वयं 'तुम' ही हो। इसको अनेक प्रकार से अभिव्यक्त किया गया है और कहा गया है कि सभी ब्रह्म हैं, केवल ब्रह्म, शुद्ध ब्रह्म, अद्वैत ब्रह्म। इस चेतना में पहुँचकर भारतीय ऋषि स्वयं को संस्कारित करता है; संस्कारों को लेकर संसार में विचरण करता है।

स्वयं को संस्कारित करने की यह जो इच्छा भारतीय मनीषा में जाग्रत हुई, उसका लक्ष्य था परमानंद की प्राप्ति। मनुष्य की प्राथमिक इच्छा आनंद को प्राप्त करने की ही रही होगी। मनुष्य की प्रथम ऐषणा परमानंद के निमित्त ही रही होगी। एक अबोध शिशु जन्म लेते ही सुख पाना चाहता है और अब तो इस प्रकार की भी मान्यता है कि जन्म के पहले गर्भावस्था में भी शिशु केवल आनंद चाहता है, अत: आनंद ही उसकी प्रथम इच्छा है, आनंद ही उसका लक्ष्य है। यह आनंद मात्र इंद्रियों का आनंद नहीं है। यह आनंद मात्र मानसिक, बौद्धिक

आनंद ही नहीं है; बल्कि यह शरीर, मन और बुद्धि से परे का आनंद है। भारतीय मनीषा ने इस तत्त्व को जाना और समझा, इसीलिए उसने सबसे पहले अपने मूलतत्त्व को संस्कारित करने की चेष्टा की।

सत्य तक पहुँचने के लिए जो एकांत चाहिए, उसमें संसार छोड़ा नहीं जाता, बल्कि संसार आत्मवत् हो जाता है। इस आत्मवत् की चेतना में प्रवेश अनायास मिलता है। एक स्वभाव बन जाता है, एक ऐसा रूपांतरण हो जाता है कि बाहर के भेद अस्तित्वहीन प्रतीत होते हैं और अंतस का एकत्व—जो प्राणतत्त्व है—उसका ही अस्तित्व रह जाता है; बस केवल उसका ही अस्तित्व, केवल वही मात्र, बस एक ही सत्। यह निर्विकल्प समाधि के कुछ क्षण पहले के भाव हैं। समाधि अवस्था के बारे में कुछ लिखना आसान नहीं है, क्योंकि कोई भी अनुभूति संपूर्ण में लिपिबद्ध या शब्दबद्ध हो ही नहीं सकती। लिपि या शब्द अथवा ध्वनि, ये सब बाहर की दुनिया की वस्तुएँ हैं या बाहर के जगत् के लिए प्रयोग में आती हैं। अंतर्जगत् की सत्ता में इनका कोई अस्तित्व नहीं, महत्त्व नहीं, मूल्य नहीं, सार्थकता नहीं।

जब हम कहते हैं कि सत्य ही सर्व का आधार है, तब उसका अर्थ यही है कि सत्य ही ब्रह्म है। सत्य ही विभु है; वही है ईशत्व, वही है विराट् चैतन्य; जोकि अखंड, अनिर्वचनीय, अनंत और अनादि है। इस अर्थ में सत्य के अतिरिक्त कोई और सत्ता है ही नहीं। जो भी हमें असत्य प्रतीत होता है, वह भी सत्य की ही एक छाया है। इस विषय पर यदि और गहराई से सोचें तो यह पता चलता है कि जो कुछ भी हमारी इंद्रियों की अनुभूति या अनुभव में आता है वह भी किसी-न-किसी रूप में सत्य ही है। वैसे अहं की सत्ता में रहते हुए सत्य के वास्तविक स्वरूप को जाना ही नहीं जा सकता; क्योंकि अहं की सत्ता का अर्थ है, इंद्रियों की सत्ता। इंद्रियों की सत्ता सत्य के प्रतिबिंब को ही जानेगी और प्रतिबिंब सत्य नहीं होता। अहं की सत्ता द्वैत प्रधान व भेद प्रधान है। द्वैत में हमें केवल प्रतिबिंब दिखाई देगा, सत्य नहीं। प्रतिबिंब सत्य नहीं होता—यही है माया का एक स्वरूप। इसका सीधा अर्थ यह हुआ कि जो अनुभव में आता है अथवा जो दिखाई देता है, सत्य उसके ठीक विपरीत है। यह तर्क भी अत्यंत रहस्यपूर्ण है। इस तर्क या अनुभूति को कठोपनिषद् में बड़े सुंदर प्रतीक से व्यक्त किया गया है—

ऊर्ध्वमूलोऽवाक्शाख एषोऽश्वत्थः सनातनः।
तदेव शुक्रं तद्ब्रह्म तदेवामृतमुच्यते॥

—कठोपनिषद्, ३-१

इस श्लोक में एक अश्वत्थ (पीपल) वृक्ष को ब्रह्म के प्रतीक के रूप में ऋषि ने प्रस्तुत किया है, जिसकी जड़ें (मूल) आकाश में हैं और शाखाएँ, पत्ते आदि नीचे की ओर पृथ्वी में हैं। सत्य यह है कि हर वृक्ष की जड़ें पृथ्वी में होती हैं; पर संसार में दिखाई दे रहे ब्रह्म रूपी इस अश्वत्थ वृक्ष की जड़ें ऊपर आकाश में अर्थात् अंतरिक्ष में दिखाई दे रही हैं। प्रश्न यहाँ यह उठेगा कि सत्य क्या है? जो दिखाई दे रहा है वह सत्य है या सत्य उसके विपरीत है, जो हमें दिखाई नहीं दे रहा है? निश्चित रूप से ऊपर की जड़ोंवाला जो वृक्ष हमें दिखाई दे रहा है वह सत्य नहीं है, वह तो मात्र प्रतिबिंब ही हो सकता है। एक स्थिर सरोवर के तट पर लगे वृक्ष का प्रतिबिंब सरोवर के शांत जल में कुछ ऐसा ही दिखाई देगा, जैसे जड़ें ऊपर हों और शाखाएँ नीचे। ऋषि यहाँ यह कहना चाहता है कि इंद्रियों से केवल प्रतिबिंब ही दिखाई देगा और प्रतिबिंब सदैव उलटा होगा। अर्थात् जो दिखाई दे रहा है वह सत्य नहीं है, सत्य उसके विपरीत है। जो चलायमान प्रतीत होता है वह स्थिर है और जो स्थिर प्रतीत होता है वह चलायमान है। वास्तविक सत्य तो विपरीतता में छिपा है; हमें केवल उसका आभास दिखाई देता है। हमारे इंद्रियगत अनुभव आभास के अनुभव हैं और आभास सदैव सत्य के विपरीत ही होता है।

सुप्रसिद्ध दार्शनिक ओशो ने अपने एक ध्यानयोग शिविर में इस स्थिति की बड़ी सुंदर व सरल व्याख्या की है; जिसे उनके ही ग्रंथ कठोपनिषद् में शब्दबद्ध किया गया है। उनके अनुसार—"जहाँ-जहाँ मनुष्य को सुख दिखाई पड़ता है, वहाँ-वहाँ अंत में दुःख हाथ लगता है; लेकिन मन कहता है कि जहाँ सुख दिखाई पड़ता है वहीं सुख होगा। खोजने पर दुःख हाथ लगता है और यह जीवन में अनेक बार हम प्रयोग कर चुके हैं। जहाँ सुख दिखाई पड़ा, वहीं दौड़े और पाया कि दुःख हाथ लगा। ऋषियों ने इस सूत्र को उलट लिया। उन्होंने कहा, जहाँ-जहाँ दुःख दिखाई पड़े, वहाँ-वहाँ प्रवेश करने की कोशिश करना। जब सुख दिखाई पड़ने पर दुःख मिलता है तो जहाँ दुःख दिखाई पड़ता है, उसमें खोजने से सुख मिलेगा। इस वैज्ञानिक खोज का नाम है तप। तप का मतलब है, दुःख में सुख को खोजना, क्योंकि सुख में खोजनेवाले दुःख पा रहे हैं। सूत्र उलट लिया। एक यात्रा भ्रांति में ले जाती थी तो हमने दिशा बदल ली।

"भोगी हम उसे कहते हैं जो सुख के आभास में सोचता है कि खोजने से सुख मिलेगा। योगी हम उसे कहते हैं जिसकी यह भ्रांति टूट गई और जिसने सूत्र को उलटा कर लिया और अब जो दुःख में सुख को खोजने की कोशिश करता है। जो व्यक्ति दुःख में खोजता है वह निश्चित ही सुख पाता है; क्योंकि

सुख में खोजनेवालों ने सिवाय दुःख के और कुछ भी नहीं पाया है; क्योंकि हमारा चित्त उसका प्रतिबिंब बनाता है, झील की भाँति वृक्ष उलटा हो जाता है, तो इसके पहले कि आप अपने जीवन का दर्शन निर्मित करें, जीवन का पथ चुनें और जीवन का गंतव्य चुनें, इस महत्त्वपूर्ण बात को स्मरण रखना है।

''ऋषियों ने कहा है कि जो वृक्ष तुम्हें दिखाई पड़ता है, जिसकी जड़ें नीचे हैं और शाखाएँ ऊपर हैं, वस्तुतः इससे उलटा होगा। जीवन के वृक्ष की शाखाएँ ऊपर नहीं, नीचे; और मूल नीचे नहीं, ऊपर है। इसे शाश्वत, सनातन पीपल का वृक्ष ऋषियों ने कहा है।

''यह तो सिर्फ काव्य-प्रतीक है और इस काव्य-प्रतीक को जीवन में उपयोग किए बिना और जीवन में जगह-जगह नियोजित किए बिना इसका अर्थ साफ नहीं होता।

''ऊपर की ओर मूलवाला और नीचे की ओर शाखाओंवाला यह प्रत्यक्ष जगत् सनातन पीपल का वृक्ष है। इसका मूलभूत तत्त्व परमेश्वर ही है; लेकिन वह दिखाई नहीं पड़ता। दिखाई हमें पदार्थ पड़ता है। दिखाई हमें पड़ता है पदार्थ और वह वस्तुतः है परमेश्वर।

''परमेश्वर हमें अदृश्य है, पदार्थ हमें दृश्य है। जब कोई व्यक्ति जीवन की इस प्रक्रिया को उलटा करता है तो पदार्थ अदृश्य होने लगता है और परमात्मा दृश्य रह जाता है, उस दिन जानना कि सत्य की अनुभूति हुई। इसलिए उस परम अवस्था में ज्ञानियों ने जगत् को माया कह दिया। कह इसलिए दिया कि वह दिखाई नहीं पड़ती थी, खो गई थी। जैसाकि अज्ञानी ईश्वर को असत्य कहते हैं। कहेंगे ही। जो नहीं दिखाई पड़ता वह नहीं है। अज्ञानी कहता है कि कहाँ है ईश्वर? उसे दिखाने का कोई उपाय भी नहीं है, क्योंकि सवाल ईश्वर के होने का नहीं है, सवाल अज्ञानी के देखने के ढंग का है। उसके देखने का ढंग ऐसा है कि पदार्थ पकड़ में आता है और ईश्वर छूट-छूट जाता है।

''ज्ञानी को पदार्थ पकड़ में नहीं आता, छूट-छूट जाता है; सिर्फ परमेश्वर ही पकड़ में आता है। इसलिए अज्ञानी कहता है—जगत् सत्य, ब्रह्म मिथ्या। ज्ञानी कहता है—ब्रह्म सत्य, जगत् मिथ्या। उलटा हो जाता है। इस गणित का अगर आप खयाल रख लें और जीवन में थोड़ा-सा इसका उपयोग करने लगें तो आप पाएँगे, आप बदलने लगे, आप नए होने लगे।''

अब प्रश्न यह है कि हम सत्य को खोजें कैसे, जानें कैसे? सच बात यह है कि सत्य न तो खोजने की वस्तु है और न जानने की। खोजना और जानना तो इंद्रियों, मन व बुद्धि से होता है। मन, बुद्धि सहित समस्त इंद्रियाँ केवल बाह्य

जगत् के उपकरण हैं; उनका अंतर्जगत् से कुछ भी संबंध नहीं। सत्य को खोजने व जानने के लिए मन, बुद्धि या इंद्रियों का प्रयोग हमारे भटकाव को बढ़ा देगा; अतः इन उपकरणों के परे जाने की बात करनी होगी। इन उपकरणों को छोड़ने की बात करने का अर्थ यह हुआ कि हम सत्य को जानें नहीं, बल्कि स्वयं सत्य ही हो जाएँ। और भी स्पष्ट अभिव्यक्ति यह होगी कि हम अखंड सत्य ही हैं; जो असत्य है वह भी हम ही हैं; जो भेद है वह भी हम ही हैं; जो भेद नहीं है वह भी हम ही हैं। और सूक्ष्मता से समझें तो सत्य के भेद नहीं हो सकते, उसके विशेषण नहीं हो सकते। असत्य की तो सत्ता ही नहीं है। सत्ता तो केवल सत्य की है। इस भाव में प्रवेश कर लेने की आवश्यकता है। बस, दृष्टि बदल जाए तो सत्य के भाव में प्रवेश संभव है। भेद की दृष्टि रहते अथवा लौकिक व सांसारिक दृष्टि के रहते सत्य की दृष्टि प्राप्त नहीं हो सकती। सत्य की दृष्टि अलौकिक है—भाषा के माध्यम से इतना ही जाना जा सकता है। अलौकिक शब्द बहुत महत्त्वपूर्ण है। इस शब्द का अर्थ है, जो लौकिक नहीं है। लौकिक उसे कहते हैं जिसका संबंध इंद्रियों के माध्यम से होता है। इंद्रियाँ, मन व बुद्धि की सीमाएँ हैं। वे केवल अपनी सीमाओं में ही जान पाएँगी। जो इंद्रियों के दायरे में नहीं आता, वह है अलौकिक। सत्य अलौकिक है। सत्य के अनुभव का अर्थ है, सत्य के परिणामों का अनुभव। सत्य तो एक अर्थ में अदृश्य और इंद्रियातीत है; पर सत्य के परिणाम हमें हर क्षण इस बात का बोध कराते हैं कि सत्य की सत्ता है और यह सत्ता वास्तविक है। सौंदर्य को देखा नहीं जा सकता; जो दिखाई देता है—अनुभव में या अनुभूति में आता है—वह सौंदर्य का परिणाम या सौंदर्य का कारण है। सौंदर्य अपने को व्यक्त करने के लिए किसी माध्यम अथवा किसी उपकरण का प्रयोग करता है। हम सौंदर्य को पुष्प के माध्यम से, व्यक्ति व वातावरण के माध्यम से अथवा शब्द व ध्वनि के माध्यम से या किसी अन्य आकृति आदि के माध्यम से जान सकते हैं; पर ध्यान रहे कि पुष्प सौंदर्य नहीं है, पुष्प से सौंदर्य प्रकट हो रहा है। यही बात सत्य के बारे में भी समझ लेनी चाहिए। सत्य सदैव, हर क्षण, हमारे चारों ओर विभिन्न माध्यमों से प्रकट होता रहता है और हम चाहें व प्रयत्न करें तो इन विभिन्न माध्यमों से उसकी उपस्थिति का आभास प्राप्त कर सकते हैं। यह आभास ही हमारा अनुभव है, अनुभूति है तथा इस मार्ग से ही 'हम सब सत्य ही हैं', यह जानने की प्रक्रिया में प्रवेश कर सकते हैं।

भारतीय संस्कृति का यही आधार है कि 'हम सब सत्य ही हैं'। समस्त प्रकृति, समस्त ब्रह्मांड एक ही सत्य का प्रसार है। कहीं भी तात्त्विक दृष्टि से

कोई भेद नहीं है—एक ही विराट् चिद्सत्ता, जिसे हम ईशत्व कहें, सत् कहें, परमेश्वर कहें, चैतन्य कहें बस उसीका अस्तित्व है। कहीं भेद नहीं है, विभाजन नहीं है। यह सत्ता पूर्ण है, अखंड है, शाश्वत है। भाषा और शब्दों के माध्यम से इतना ही जाना जा सकता है, पर यह विवरण नितांत अपर्याप्त है, अधूरा है। जो भी यह विवरण है, 'सत्य' अर्थात् 'चिद्सत्ता' इससे भी कहीं बहुत अधिक है, वह अनंत है। यह 'चिद्सत्ता' या 'सत्य' द्वैत में कैसे आया, यह एक पृथक् विषय है। यहाँ इतना ही समझना उचित होगा कि कुछ भी द्वैत नहीं, कुछ भी खंड नहीं। अनेक की सत्ता नहीं, पर द्वैत, खंड और अनेक हमारे अनुभव, अनुभूति और प्रतीति में आते हैं—यही है माया, यही है 'सत्य' की अभिव्यक्ति का स्वभाव, यही है सत्य का गुण, यही है सत्य। जिसका तात्त्विक दृष्टि से, यथार्थ में कोई अस्तित्व, कोई सत्ता है ही नहीं, फिर भी जो सत्य प्रतीत होता है, उसे ही माया कहकर भारतीय दर्शन संबोधित करता है।

निस्संदेह सामान्य प्राणी अद्वैत की भावदशा में, अर्थात् सत्य की भावदशा में सदैव-सदैव के लिए प्रवेश करते हुए स्वयं की सत्ता को बचाए रख ही नहीं सकता। जैसे ही 'अहं', जिसे 'मैं' भी कहा जा सकता है, की भावदशा में व्यक्ति प्रवेश करता है, वह सत्य की भावदशा से च्युत हो जाता है। जहाँ 'मैं' है वहाँ सत्य नहीं है, अद्वैत नहीं है; अतः भारतीय संस्कृति में समस्त कर्म, समस्त चेतना व समस्त प्रयत्न इस 'मैं' की सत्ता को सत्य की सत्ता की ओर मोड़ने के लिए होते हैं। लक्ष्य यह है कि 'मैं' की सत्ता इस सत्य की सत्ता की ओर उन्मुख हो। मानव का हर भाव, उसका हर प्रयत्न, उसके समस्त कर्म व चेष्टाएँ और उसकी संपूर्ण वृत्ति सत्य के प्रति समर्पित होनी चाहिए। सत्य के प्रति समर्पण का अर्थ यह नहीं है कि हम किसी कर्म या भाव से विरत हो जाएँ। यह भाव भी नहीं है कि 'मैं' के प्रति अथवा स्वयं के प्रति या किसी कर्म विशेष के प्रति विराग उत्पन्न हो जाए और हम उसका परित्याग कर दें; भारतीय संस्कृति का श्रेष्ठतम चिंतन न तो विराग है और न वैराग्य; उसका श्रेष्ठतम चिंतन या उसकी श्रेष्ठतम उपलब्धि 'वीतराग' का दर्शन है। जो वीतरागी होता है, [illegible] समस्त कर्म सत्य अर्थात् परम चैतन्य को समर्पित करने की भावदशा में रहता है—यही है वास्तविक संन्यास, यही है सत्य के प्रति पूर्ण भरोसा, यही है सत्य की सहज व स्वाभाविक अभिव्यक्ति।

संस्कारित होने के लिए स्वभाववश कर्म की प्रक्रिया तो सतत चलती ही रहती है। कर्म की शाश्वत सत्ता को रोका नहीं जा सकता। कोई 'कर्म' न करना भी एक प्रकार का कर्म ही है; पर हमारे समस्त कर्म हमें संस्कारित कर रहे हैं

या नहीं, मूल प्रश्न यह है। यदि हमारे कर्म जीवन को संस्कारित करते हैं तो हम सत्य की ओर बढ़ रहे हैं; यदि नहीं, तो अभी भी हम अज्ञान में ही पल रहे हैं। जीवन को संस्कारित करने का अर्थ है जीवन को स्वाभाविक रूप से शिवमय और सुंदर बनाना। संस्कारों से जीवन अलंकृत होता है, उनसे जीवन में विशेष सुगंध आती है—एक वैशिष्ट्य आता है। हर कर्म की कोई-न-कोई प्रतिक्रिया तो होगी—या तो कर्म विशेष हमारी चेतना को ऊर्ध्वगामी बनाएगा या अधोगामी। सत्य के प्रति सचेतनबोध ही हर कर्म का लक्ष्य होना चाहिए, क्योंकि यह सचेतनबोध ही हमारी चेतना को ऊर्ध्वगामी बनाएगा। लक्ष्य के लिए प्रारंभ में हम प्रयत्न करते हैं, अभ्यास करते हैं और अभ्यास करने से धीरे-धीरे सत्य के प्रति सचेतनबोध हमारा स्वभाव बन जाता है या बन सकता है। तात्त्विक दृष्टि से स्वभाव और कुछ भी नहीं, वह केवल हमारे समस्त संचित कर्मों व वृत्तियों का अंतिम प्रतिफल है। अतः संस्कारवान् बनना है तो सत्य की शाश्वत व अखंड सत्ता के प्रति सचेतनबोध से मार्ग पर चलने के अतिरिक्त कोई अन्य उपाय है ही नहीं—यही है भारतीय संस्कृति का अभीष्ट और कुल मिलाकर यही है भारतीय संस्कृति का सारतत्त्व।

भारतीय मनीषा ने सत्य को जिस तरह संस्कृति का आधार बनाया, वैसी स्थिति पश्चिम में नहीं है। पश्चिम की संस्कृति और वहाँ की मनीषा ने सत्य को बिलकुल ही पृथक् रूप से परिभाषित किया है। भारतीय मनीषा जहाँ दृढ़तापूर्वक यह उद्घोष करती है कि 'एकं सत् द्वितीयो नास्ति', वहीं पश्चिम की दृष्टि में सत्य अनंत हो सकते हैं, क्योंकि पश्चिमी मनीषा ने सत्य को इंद्रियों से जोड़ा है। जो कुछ भी ज्ञानेंद्रियों तथा मन व बुद्धि से जाना जाता है, पश्चिम के तत्त्वदर्शी उसे ही सत्य कहकर संबोधित करते हैं; जबकि भारतीय मनीषा ने सत्य को अलौकिक व अतींद्रिय माना है। भारतीय दर्शन की यह स्पष्ट व निर्विवाद मान्यता है कि सत्य का पूर्ण साक्षात्कार असंभव है तथा उसे बहिर्मुखी चेतना से नहीं जाना जा सकता। यही नहीं, मान्यता तो यह भी है कि सत्य कोई जानने की वस्तु या पदार्थ या गुण नहीं है; वह तो सत्यमय हो जाने की अनन्य भावदशा है, जोकि अहं के पूर्ण परित्याग से संभव है। सत्य को समझने, उसे संस्कृति से जोड़ने के लिए पश्चिम ने चेतना की गहराइयों में झाँकने की चेष्टा ही नहीं की; इसलिए भारतीय संस्कृति व पश्चिम की संस्कृति में मौलिक भेद हैं। भौतिकवाद के प्रति पश्चिम के मन में जो विशेष आग्रह व आस्था है उसका मूल कारण ही यह है कि इंद्रियों की क्षुधा को संतुष्ट करने और उसे मिटाने के सतत प्रयास ही पश्चिमी मन को सर्वाधिक अभीष्ट हैं।

जहाँ तक भारतीय संस्कृति की बात है, इस संस्कृति ने सत्य को जिस रूप में जाना है, उसमें सभी भावदशाएँ, सभी वृत्तियाँ, सभी अनुभव व अनुभूतियाँ शामिल हैं। यह सत्य इतना विराट् और अनंत है कि उसकी परिधि में सभी कुछ आ जाता है—विद्या भी, अविद्या भी, ज्ञान भी, अज्ञान भी। अविद्या, अज्ञान व असत्य भी सत्य की ही छाया हैं और सत्य की शक्ति से ही पलते और जाने जाते हैं। अविद्या, अज्ञान व असत्य में तात्त्विक दृष्टि से कोई भेद नहीं; ये तीनों वास्तव में एक ही हैं और अपनी समस्त ऊर्जा को वे सत्य से ही प्राप्त करते हैं। अविद्या की भी मानव जीवन में आवश्यकता है। इसकी सहायता के अभाव में सत्य के लोक में प्रवेश असंभव है। इस संदर्भ में ईशोपनिषद् में भारतीय ऋषियों का उद्घोष है—

विद्यां चाविद्यां च यस्तद्वेदोभय्ँ सह।
अविद्यया मृत्युं तीर्त्वा, विद्ययाऽमृतमश्नुते॥

अतः क्या है विद्या, क्या है अविद्या, इसे जाने बिना और इस द्वार को पार किए बिना तथा इसे भोगे बिना सत्य को उपलब्ध होना अर्थात् ज्ञान की उपलब्धि होना असंभव है। इसीलिए भारतीय संस्कृति विराग और वैराग्य की अंध समर्थक नहीं है। भारतीय संस्कृति को 'श्रमण संस्कृति' कहकर जो लोग इसका उपहास उड़ाते हैं तथा इसकी मान्यताओं को पाखंड कहकर संबोधित करते हैं, वे भूल कर रहे हैं। सत्य की खोज करने के लिए 'अविद्या' अर्थात् भौतिकवाद के सहयोग व उपभोग तथा उसके संपर्क से कोई परहेज नहीं है। भारतीय संस्कृति के लिए भोग वर्जित नहीं है; पर यह भोग किस भावदशा में रहकर किया जाए तथा किस उद्देश्य से किया जाए, इसका भी भारतीय संस्कृति में विशेष महत्त्व व अर्थ है। भारतीय मान्यता तो यह है कि विशेष भावदशा में रहकर किए गए भोग द्वारा भी सत्य को जाना जाता है। ऋषि का उपदेश तो यह है कि भोग में भी सत्य को जाना जा सकता है; ऋषि का उपदेश तो यह है कि भोग में भी परमात्मा को देखने की तथा ईशत्व को पहचानने की दृष्टि प्राप्त की जा सकती है, क्योंकि यही है सर्वत्र ईशत्व दर्शन का मर्म, यही है सत्य की विराट्ता का अनुभव, यही है सत्य की वास्तविक व अखंड अनुभूति। सत्य के साक्षात्कार हेतु जिन चार पुरुषार्थों को भारतीय मनीषा ने सर्वाधिक महत्त्व दिया है, वे हैं—धर्म, अर्थ, काम व मोक्ष। मानवमात्र के लिए ये चारों पुरुषार्थ अभीष्ट हैं और ये चारों एक-दूसरे के पूरक हैं, सहयोगी हैं, एक-दूसरे से जुड़े हुए हैं, एक-दूसरे के निमित्त हैं। इनका लक्ष्य है सतत सत्यानुभूति तथा विराट् सत्ता में प्रवेश व चैतन्यमय हो जाने की उपलब्धि—सर्वत्र भगवत्ता के दर्शन, भगवत्तामय

होते हुए कर्म की उत्पत्ति और निष्पत्ति, भगवत्ता से ही समस्त जन्म और भगवत्ता में ही सर्वलय। यह भगवत्ता ही है 'सत्य', यह भगवत्ता ही है 'विद्या', यही है 'ज्ञान', यही है 'ईशत्व', यही है 'चैतन्य'। यह भगवत्ता ही वह सत्य है जोकि भारतीय संस्कृति का मूलाधार है। यह भगवत्ता ही भारतीय संस्कृति की भागीरथी का गोमुख है। जबतक इस भगवत्ता के गोमुख के प्रति भारतीय मन सचेतनबोध से युक्त रहेगा तबतक भारतीय संस्कृति अजर-अमर, अक्षुण्ण तथा अपराजेय रहेगी और मानवमात्र के लिए प्रकाशस्तंभ का कार्य करती रहेगी। 'खल्विदं ब्रह्म' का जो महा उद्घोष है वह भगवत्ता के इस सचेतनबोध से ही भारतीय मनीषा में अवतरित होता है और उसे अलंकृत करता है। भगवत्ता-उन्मुख, भगवत्ता-प्रसूत व भगवत्तामय संस्कार ही भारतीय संस्कृति का वैशिष्ट्य हैं। यही है वह ऊर्जा, जिसने भारतीय संस्कृति को अमरत्व प्रदान कर दिया है। पश्चिम के विचारक सत्य को भगवत्ता से पृथक् मानते हैं और उसे शब्दों में बाँधने की चेष्टा करते हैं। पश्चिम का समस्त दर्शन, वहाँ की समस्त संस्कृति परिभाषाओं से बँधी हुई है। यह स्थिति भारतीय मनीषा को स्वीकार नहीं। भारतीय ऋषि अनंत में गोते लगाने को सतत तैयार हैं। उनके लिए प्रत्येक उपलब्धि एक ऐसा द्वार है, जहाँ से अज्ञात और अज्ञेय में छलाँग लगाकर अमृत की खोज की जा सकती है। जो कुछ भी प्राप्त हो गया और जहाँ तक उपलब्धता हो चुकी, उसके बाद की चिंता है भारतीय ऋषि को। भारतीय ऋषि सतत जिज्ञासा में जीता है; पर उसकी यह जिज्ञासा इंद्रिय प्रधान अथवा मन व बुद्धि प्रधान नहीं होती; उसकी जिज्ञासा है स्वयं के वास्तविक स्वरूप को जानने की; उसकी जिज्ञासा है सत्य का सतत प्रवर्तन। यह प्रवर्तन ही उसे गति देता है, ऊर्जा देता है, आनंद में प्रवेश के मार्ग देता है, नए-नए द्वार खोलता है और अनंत रहस्यों की अनुभूति की क्षमता भी उसे इसी प्रवर्तन से प्राप्त होती है—यही है समृद्धि का द्वार, यही है मोक्ष का भी द्वार।

चूँकि पश्चिम की संस्कृति ने सत्य को परिभाषाओं से जोड़ा है, अतः वह सदैव द्वंद्व से, संघर्ष से घिरी रहती है। परिभाषाओं की उत्पत्ति बुद्धि व इंद्रियों के अनुभव पर आश्रित है। ऐसा कभी नहीं होता कि दो व्यक्ति एक ही घटना अथवा वस्तु का समान अनुभव करें। हर व्यक्ति की बौद्धिक क्षमता पृथक्-पृथक् होती है, अतः प्रत्येक को यह अधिकार है कि वह अपनी बौद्धिक क्षमता से वस्तुस्थिति का निर्णय या मूल्यांकन करे। शब्दों द्वारा बाँधी गई परिभाषाएँ स्वयं पूर्वग्रह से बँधी होती हैं, अतः वे बंधनकारी होती हैं। ये परिभाषाएँ प्रेरित नहीं करतीं, वरन् इनके साथ बाध्यता के चक्रवात में फँस जाना एक नियति है।

भारतीय ऋषि अपनी चेतना के ऊर्ध्वारोहण तथा सत्य के दर्शन को परिभाषा से नहीं बाँधता। उसकी सारी-की-सारी यात्रा मूक यात्रा है। वह सतत मौन में विचरण करता है। यह 'गतिहीन मौन प्रवर्तन' और 'शब्दहीन अनहद नाद' पश्चिमी मन के लिए या तो रहस्य है या अज्ञान। यहीं भारतीय ऋषि को समझने में पश्चिम से भारी भूल हुई है। पश्चिम ने जो कुछ ज्ञान प्राप्त किया, जो भी उसकी उपलब्धियाँ हैं, वह सबकुछ चिंतन-संघर्ष और द्वंद्व तथा पूर्वग्रह से प्राप्त किया है, वह द्वंद्वातीत नहीं है। भारतीय ऋषि द्वंद्व से मुक्ति खोजता है, वह द्वंद्व का, संघर्ष का परित्याग करता है; पर वह बुद्धि का, प्रज्ञाशक्ति का, मन के संकल्प का परित्याग नहीं करता; वह अस्तित्व के साथ एकत्व को खोजता है। भारतीय संस्कृति ने बुद्धि, प्रज्ञाशक्ति व मन के शुभ संकल्पों की बार-बार महिमा गाई है। 'तन्मे मनः शिव संकल्पमस्तु' और 'धियो यो नः प्रचोदयात्' हमारे महामंत्र हैं। इन महामंत्रों का प्रयोग या इनमें 'प्रवेश' भारतीय ऋषि द्वंद्व या संघर्ष के द्वारा नहीं करता, वह सभी ओर मैत्री भाव देखता है; उसके लिए कहीं कोई भी अमित्र है ही नहीं। 'सर्वं आशा मम मित्रं भवन्तु'—यह है उसकी कामना। यह सर्वमैत्री भाव उसे बुद्धि के प्रयोग से, सत्य के प्रवर्तन से वंचित नहीं करता, वरन् उसे और अधिक आत्ममय बनाने अथवा बन जाने की दिशा में उन्मुख करता है। 'आत्मवत् सर्वभूतेषु' उसका मनन मंत्र बन जाता है।

सत्य के साक्षात्कार हेतु भारतीय ऋषि ने सदैव मनन किया है, चिंतन नहीं। चिंतन के द्वारा सत्य की समीपता असंभव है। चिंतन से कोई भी सत्यमय हो ही नहीं सकता और न सत्य के रहस्य को पकड़ सकता है। मनन और चिंतन के भेद को जाने बिना भारतीय संस्कृति के रहस्यों का सही उद्घाटन असंभव है। मनन में केवल सहयोग का भाव है, आमंत्रण का भाव है, अपनत्व है; जो भी प्राप्त है, उसके प्रति 'अहोभाव' है; जितना जाना है, जितना सुना है, जैसा भी समझा है, उसके प्रति कृतज्ञता है। हर विचार, हर भाव, हर अनुभव, हर अनुभूति के प्रति पूर्ण कृतज्ञता, पूर्ण अहोभाव, सचेतन अपनत्व तथा और सहयोग की याचना तथा 'तन्मे मनः शिव संकल्पमस्तु' के भाव की आराधना। भारतीय ऋषि मन से झगड़ा करने का पक्षधर नहीं, वह मन से द्वंद्व नहीं करता; वह तो मन को सचेतनबोध से अपना सहयोगी बनाकर सत्य के लोक तक जाने की अनुमति चाहता है—और जब ऐसा होता है तब सत्य अपने द्वार स्वयं खोल देता है। सत्य स्वयं मनस्वी का आलिंगन करने के लिए आतुर हो उठता है। जब सत्य की यह आतुरता मनस्वी के जीवन को अलंकृत करने लगती है, तब जो संस्कार जन्म लेते हैं वही हैं भारतीय संस्कृति का वैशिष्ट्य, वही हैं वे आधारशिलाएँ, जिनपर

भारतीय संस्कृति का भव्य प्रासाद निर्मित है।

पश्चिम की संस्कृति सतत चिंताग्रस्त है। उसमें आत्मीयता, अपनत्व, कृतज्ञता और अहोभाव नहीं है। पश्चिम का मन अपनी सत्ता की रक्षा और अपने स्वयं के अहंकार की रक्षा के लिए सदैव चेष्टारत और चिंतित रहता है, अतः जो कुछ भी उसके संपर्क में आता है, जो भी उसके अनुभव में आता है, जो भी अनुभूतियाँ उसे होती हैं, वह उनके प्रति सदैव सशंकित रहता है। पश्चिम के इस शंकालु मन ने उसे प्रगति तो दी, पर आत्म एकत्व की क्षमता नहीं दी। पश्चिम में व्यक्ति को जो भी इंद्रियों से प्राप्त हुआ है, उसके प्रति अहोभाव या मित्रता का भाव नहीं है। पश्चिम के मन में एक द्वंद्व है। उसका समस्त चिंतन द्वंद्व पर आश्रित है। पश्चिम का मन अपनी प्रगति और स्वीकारोक्ति या अस्वीकारोक्ति के लिए तर्क करता है। तर्क से ही वह हर समाधान को प्राप्त करना चाहता है। पश्चिम के लिए तर्क ही ज्ञान है, तर्क ही बौद्धिक प्रतिभा है और तर्क ही वास्तविक ऊर्जा है; पर तर्क के प्रति भारतीय मन ऐसा नहीं सोचता। याज्ञवल्क्य अपनी पत्नी मैत्रेयी से कहते हैं—''मैत्रेयी, तू अब और तर्क मत कर, तर्क से सत्य उपलब्ध नहीं होगा, अति तार्किक होने से तेरा मस्तक गिर जाएगा।''

भारतीय ऋषि तर्क को अपना क्षणिक सहयोगी तो मानता है, पर स्वयं को केवल तर्क पर आश्रित करके वहाँ ठहर नहीं जाता। भारतीय संस्कृति के लिए तर्क मित्र व अतिथि है, अतः तर्क को सम्मान दिया जाएगा, उसका सहयोग भी लिया जाएगा; पर भारतीय मनीषा ने तर्क को ज्ञान का प्राणतत्त्व कभी भी स्वीकार नहीं किया। तर्क से ज्ञान की एक अस्पष्ट व धुँधली-सी छाया के अधिक-से-अधिक संकेत मात्र मिल सकते हैं, इससे अधिक कुछ भी नहीं। भारतीय मन इसीलिए चिंतन को महत्त्व न देकर सर्वाधिक महत्त्व मनन को देता है। भारतीय संस्कृति ने सत्य को जानने के लिए जिन चार मार्गों का वरण किया है, वे मार्ग हैं—श्रवण, मनन, निदिध्यासन व समाधि। जो सत्य के साधक हैं, उन्हें सर्वप्रथम श्रावक ही बनना होगा, उसके बाद ही वे मनस्वी बन सकेंगे। मनस्वी बनने के उपरांत अगली यात्रा 'ऋत सत्य' की यात्रा है—यही है प्रवर्तन की वास्तविक यात्रा, यही है 'चरैवेति' का प्रारंभ, यही है गीता का वह उपदेश जिसमें है 'अभ्यासेन तु कौंतेय'। अभ्यास अर्थात् श्रवण व सतत मनन द्वारा अपने समस्त संदेह दूर करके चित्त को परम एकत्व की दशा में लाकर निदिध्यासन में लीन होना। निदिध्यासन के बाद की यात्रा को शब्दों से नहीं बाँधा जा सकता, क्योंकि न उसमें संकल्प है, न विकल्प। वह एक निर्विवाद भावदशा-सी है। इससे सत्य ही उपलब्ध होगा, ऐसा भारतीय ऋषि कहते रहे हैं। मन और शब्द

की गति 'ऋत सत्य' तक ही है। 'ऋत सत्य' के उपरांत सत्य का स्वरूप निरपेक्ष हो जाता है; वह इतना विस्तृत, इतना विराट्, इतना सूक्ष्म और इतना गहरा हो जाता है कि उसे हम अनंत कहते हैं। अनंत के अतिरिक्त और कोई भी नाम दें, समस्त नाम उसीके नाम हैं, समस्त स्वरूप उसीके स्वरूप हैं, समस्त गुण उसीके गुण हैं, समस्त भाव उसीके भाव हैं, समस्त अनुभव व अनुभूतियाँ उसीके अनुभव व अनुभूतियाँ हैं। वह है, केवल वही है परम एकत्व, परम शांति। भारतीय ऋषि कहता है—'रे श्वेतकेतु, वही तू है', 'तत्त्वमसि, तत्त्वमसि, तत्त्वमसि'।

तत्त्वमसि ही भारतीय संस्कृति का महावाक्य है। यही ज्ञान है, यही ऊर्जा है, यही ब्रह्म है, यही सत्य है, यही चैतन्य है, यही ऋत है, यही जन्म है, यही मृत्यु है, यही कर्म है, यही अकर्म है, यही विकर्म है। तत्त्वमसि का अनुसंधान ही सत्य का अनुसंधान है—वही है वह ऊर्ध्वारोहण जो हमारी अहं प्रधान चेतना को समष्टि की चेतना से मिलाता है।

तत्त्वमसि के इस महावाक्य से ही 'अहं ब्रह्मास्मि' का बोध जाग्रत होता है; अर्थात् सबकुछ ब्रह्म ही है। इस महाबोध से जो अगली यात्रा है, वह है 'सोऽहम्' की। जो भी है, वह मैं हूँ—हर शब्द, हर विचार, हर भाव, हर अनुभव, हर अनुभूति, हर ज्ञान, हर भेद 'मैं' ही हूँ—कुछ भी पृथक् नहीं है। केवल पूर्ण की सत्ता है; अखंड, परमपूर्ण, अद्वैत—केवल अद्वैत।

यहाँ 'मैं' शब्द का जो प्रयोग भारतीय ऋषि ने किया है, वह 'मैं' उस 'मैं' से उत्पन्न नहीं होता है जो देह प्रधान है। यह 'मैं' उस 'मैं' का द्योतक है, जो समष्टि है और जो ब्रह्म है। शरीर और इंद्रियों से जुड़ा हुआ 'मैं' अहंकार देता है, भेद की सत्ता को मान्यता देता है, पूर्णत्व से अपने को नहीं जोड़ता; पर समष्टि का जो 'मैं' है उसमें भेद है ही नहीं। कोई उपाय नहीं है कि समष्टि को अनुभूति में लिया जा सके, वह भी शरीरगत अनुभूति और वह अनुभूति जोकि हम अपने मन की शक्ति के माध्यम से प्राप्त करना चाहते हैं, अतः जब समष्टि में प्रवेश करना है तो फिर इस भाव में प्रवेश करना होगा कि जो कुछ भी हमारे संपर्क में है, वह मेरा ही स्वरूप है—सभी कुछ मेरा ही स्वरूप है, मेरी ही आत्मा का विस्तार है, मेरी ही चेतना का अंग है, मेरा ही प्राणतत्त्व है। जब यह भाव जाग्रत होता है तब 'मैं' और 'तुम' में सांसारिक स्तर पर जो भेद है, वह समाप्त हो जाता है। 'अहं ब्रह्मास्मि' का जो सत्य है, उसकी अनुभूति सांसारिक 'मैं' वाले जगत् में रहकर कोई नहीं कर पाता। सत्य वही है जो सांसारिक अनुभूति के परे है। इस समष्टिवाले 'मैं' में द्वैत भाव है ही नहीं। यह तो शुद्ध

अद्वैत है और इसीलिए यह परम आनंद और सत्य के सर्वाधिक निकट है।

भारतीय संस्कृति के तीन आधारभूत वाक्यों पर रजनीश ने अपने ग्रंथ 'अध्यात्म उपनिषद्' में बहुत सुंदर व्याख्या की है। रजनीश कहते हैं कि—"समाधि निदिध्यासन के बाद की बात है। जिसने अपने चित्त को ऐसे महावाक्यों—'तत्त्वमसि', 'अहं ब्रह्मास्मि' और 'सोऽहम्' के साथ एकतान कर लिया; जिसका चरित्र और जिसका चित्त इनकी अभिव्यक्ति बन गया। जो उठता है, तो उसके उठने में स्वर है 'तत्त्वमसि' का; उसके उठने में भी वह मुद्रा है, वह भाव और खबर है जो ब्रह्म के साथ एक-एक हो के डोल रहा है, ऐसा व्यक्ति समाधि को उपलब्ध हो पाता है। ध्याता और ध्यान दोनों ही खो जाएँ, सिर्फ ध्येय रह जाए, यह समाधि है। इसे समझ लें। तीन शब्द हैं—ध्याता, ध्यान, ध्येय। उदाहरण के लिए 'तत्त्वमसि'—तू वही है—यह 'ध्येय' है। इस महावाक्य को हम समझ रहे हैं। यह ध्येय है। यही है लक्ष्य, यही अंतिम गंतव्य है। फिर 'मैं' हूँ—जो ध्याता है, जो इस ध्येय को सोच रहा है, इस ध्येय को विचार रहा है, इस ध्येय की अभीप्सा कर रहा है, इस ध्येय के लिए प्यासा है, आतुर है। कैसे इस ध्येय तक पहुँचा जाए? और जब ध्याता ध्येय की तरफ दौड़ने लगता है और सारी दौड़ बंद हो जाती है, बस एक ही दौड़ रह जाती है, चेतना की, ध्येय की तरफ तो उस ध्येय का नाम 'ध्यान' है। जब चेतना की सारी धारा ध्येय की तरफ एकजुट होकर बहने लगती है, अलग-अलग पच्चीस धाराओं में नहीं बहती, सभी तरफ से चेतना इकट्ठी होकर एक ही धार बन जाती है और ध्येय की तरफ तीर की तरह बहने लगती है तो सतत बहती हुई इस चेतना का नाम 'ध्यान' है।

"समाधि उपनिषद् कहता है कि जब ध्यान सारे-के-सारे प्राणों को उलीचकर ध्येय में डूब जाए और जब ध्याता की सारी ऊर्जा, सारी चेतना इस ध्यान की विधि में यात्रा करके इस ध्येय के साथ एक हो जाए और ऐसी घड़ी आ जाए कि ध्याता को पता न रहे कि 'मैं' हूँ ध्यान है, सिर्फ तत्त्वमसि—वह जो ध्येय है, वही मात्र रह जाए तो उसको उपनिषद् ने कहा है 'समाधि'। एक ही रह जाए, तीन न रहें—ध्याता, ध्यान, ध्येय।

"इसे थोड़ा समझ लें, क्योंकि अलग-अलग साधना-पद्धतियों ने, कौन एक रह जाए, इसका अलग-अलग चुनाव किया है।

"उपनिषद् कहते हैं, 'ध्येय' रह जाए, ध्याता और ध्यान खो जाएँ। महावीर कहते हैं, 'ध्याता' रह जाए, ध्यान और ध्येय खो जाएँ—आत्म भर रह जाए, शुद्ध 'मैं' रह जाऊँ। विपरीत मालूम पड़ता है। सांख्य कहता है, ध्याता और

ध्येय दोनों खो जाएँ, 'ध्यान' रह जाए—सिर्फ चैतन्य रह जाए। यह तो तीन तरह की समाधि हो गई! अगर ध्येय रह जाए यह समाधि है, तो ध्याता रह जाए वह फिर कैसे समाधि होगी? तो तय करना पड़ेगा, सही समाधि कौन-सी है। दो गलत होंगी, एक ठीक होगी।

''पंडित शब्दों में जीता है, अनुभवों में नहीं; और अनुभव का मजा ही और है। ये तीनों एक ही बात हैं। क्यों? क्योंकि ये तीनों के साथ एक मजा है, कि दो खो जाएँ—कोई भी दो खो जाएँ—एक बच जाए; तो उस एक का नाम रहना बिलकुल कृत्रिम है। वह कौन-सा नाम आप देते हैं, आप पर निर्भर है।

''ये तीन हैं—ध्याता है, ध्यान है, ध्येय है—साधक के लिए, निदिध्यासनवाले साधक के लिए ये तीन हैं। जब इन तीनों का खोना हो जाता है और एक बचता है तो इन तीन में से वह कोई भी एक नाम चुनता है। वह चुनाव बिलकुल निजी है, उससे कोई फर्क नहीं पड़ता कि उसको क्या नाम आप देते हैं। चाहें तो उसका चौथा नाम भी चुन सकते हैं। अनेक उपनिषदों ने उसको चौथा नाम दे भी दिया है। तीनों ही खो जाते हैं, झगड़ा नहीं रखा कि इन तीन में से चुनेंगे तो लगेगा कि वह कोई पक्षपात है—दो छोड़ें और एक बचा। तो उन्होंने कहा कि 'तुरीय' अर्थात् चौथी अवस्था।

''उन्होंने चौथे को सिर्फ 'चौथा' ही नाम दिया। उसको नाम भी नहीं दिया, ताकि कोई झंझट हो। कहा—'चौथा'; लेकिन झंझट करनेवालों को कोई अड़चन नहीं है। वे कहते हैं—तीन थे, चौथा आया कहाँ से? यह चौथा कौन है? उन तीन में से कौन है? या कि वे तीनों ही खो जाएँ, यह चौथा बिलकुल अलग है? या कि तीनों का जोड़ है। यह चौथा क्या है? इससे कोई फर्क नहीं पड़ता; जिसको विवाद करना है, उसके लिए कोई भी चीज विवाद शुरू करने के लिए काफी है। जिसको साधना करनी है उसकी यात्रा बिलकुल अलग है। इन तीन में एक नाम उपनिषदों ने चुन लिया—'ध्येय' बच जाता है, महावीर ने चुना—'ध्याता' बच जाता है, सांख्य ने कहा—'ध्यान' बच जाता है। ये सब नाम हैं।

''एक ही बच जाता है, यह तो तय है। तीन नहीं रह जाएँ, एक रह जाता है, यह तय है। नाम कृत्रिम है, कोई भी नाम दें। इतना ही याद रखें कि जब एक बच जाता है, तो समाधि है। जबतक दो बचे हैं, तबतक जानना कि तीन बचे हैं; क्योंकि दो जबतक बचते हैं, दोनों को जोड़नेवाला एक तीसरा बीच में खड़ा रहता है। दो अकेले नहीं बच सकते। दो का मतलब सदा तीन होता है। इसलिए जो लोग बहुत गणित की भाषा में सोचते हैं, वे जगत् को द्वैत नहीं कहते, वे

'त्रैत' कहते हैं। जो बहुत व्यवस्था में सोचते हैं और गणित के ढंग से सोचते हैं वे जगत् को कहते हैं जगत् है त्रैत; द्वैत नहीं, क्योंकि दो होंगे तो तीसरा होगा। क्योंकि दो को जोड़ेगा कौन या कोई अलग कौन करेगा?

''दो के बीच तीसरा अनिवार्य हो जाता है। तीन अस्तित्व का ढंग है। इसलिए हमने त्रिमूर्ति बनाई। वह 'त्रैत' की सूचक है, कि जगत् तीन से मिलकर बना है; लेकिन तीन चेहरे बनाए हैं, एक ही आदमी के—जोकि है चौथा। तीनों चेहरों के भीतर से कहीं से भी प्रवेश करें, भीतर जब पहुँचेंगे तो तीनों चेहरे न रह जाएँगे। लेकिन साधक जहाँ से पसंद करेगा, वहीं से प्रवेश करेगा। कोई विष्णु के मुँह से प्रवेश करे, कोई ब्रह्मा के, कोई महेश के; तो जहाँ से वह प्रवेश करेगा, वही नाम वह जो भीतर पहुँचेगा, तो दे देगा। चौथे को कहेगा कि विष्णु, कहेगा कि महेश, कहेगा कि ब्रह्मा? मगर भीतर पहुँचकर तीनों चेहरे खो जाते हैं। भीतर कोई जगत् नहीं है, भीतर एक है। यह त्रिमूर्ति सिर्फ मूर्ति नहीं है, यह हमारी परम साधना की निष्पत्ति है। तीन हैं आखिरी छलाँग के पहले, तीन बच जाते हैं—ध्याता, ध्यान, ध्येय। और इन तीन में से जिसने छलाँग लगाई—एक बच जाता है। उसे जो नाम देना चाहें—मर्जी, नाम से कोई अंतर नहीं पड़ता। न देना चाहें—मर्जी। 'चौथा' कहना चाहें—सुंदर; कुछ न कहना चाहें, चुप रह जाएँ; इससे बेहतर कुछ भी नहीं।''

भगवान् बुद्ध से जब आत्मतत्त्व के बारे में पूछा गया तो वे मौन हो गए। उनके मौन को शून्य कहकर प्रतिपादित किया गया। बौद्धों का जो शून्यवाद है, यथार्थ में वह ब्रह्मज्ञानियों की तुरीयावस्था है। यह शून्य सांसारिक शून्य से भिन्न है। यह एक ऐसा विराट् शून्य है, जिसने अपनी परिधि में सारी-की-सारी समष्टिगत चेतना को समेट लिया है। इस महान् शून्य के केंद्र में प्रवेश करते ही समस्त सत्ताओं का लोप हो जाता है। कोई सत्ता बचती ही नहीं है; और शून्य ही बचता है या नहीं, यह कोई नहीं जानता और जानेगा भी कैसे? जब न जाननेवाला है और न जिससे जाना जाएगा, वह विश्व ही रह गया, तब फिर क्या बचा? जो कुछ भी बचा, उसे भगवान् बुद्ध ने कोई नाम नहीं दिया, शून्य कह दिया। इसके बाद इस दर्शन का प्रतिपादन किया कि यह समस्त जगत् शून्य से प्रकट है और इसलिए वह भी शून्य से मिल जाएगा। यही है अद्वैत; लेकिन जिन्हें झगड़ा करना है, जिन्हें अपने पांडित्य का प्रदर्शन करना है, जिन्हें अपने अहंकार की परितुष्टि करनी है और उसे पोषित करना है उन्हें तो अपने स्वयं की सत्ता को बनाए रखने के लिए कोई शब्द चाहिए ही। अपने अहं की रक्षा के लिए अपने स्वयं के कुछ सिद्धांत चाहिए; पर शून्य न तो विषय है और न कोई

विषयी। यही स्थिति तुरीयावस्था की भी है। एक बार समाधि में तुरीयावस्था उपलब्ध होती है, फिर जिन्हें तुरीयावस्था उपलब्ध हो जाती है तो ज्ञात और अज्ञात, दोनों का लोप हो जाता है। इतना ध्यान रहे कि जबतक यह बोध रहेगा कि अमुक व्यक्ति को तुरीयावस्था उपलब्ध हो रही है, तब वास्तविक स्थिति यही होगी कि उसे तुरीयावस्था उपलब्ध नहीं हुई है। तुरीयावस्था न तो कोई शब्द है और न समष्टि से पृथक् कोई अवस्था। तुरीयावस्था एक विराट् शून्य है, अखंड है, अनंत है, आकाश है; और इसीलिए उसे आकाश की भी संज्ञा दी जा सकती है। सत्य क्या है, यह कोई नहीं जानता। यह जानने का कोई उपाय भी नहीं है। यह वही सत्य है जिसे भारतीय ऋषियों और मनीषियों ने अपनी अनुभूति में जाना है और जिसके माध्यम से संस्कारों की रचना की है।

भारतीय संस्कृति के इन आधारभूत वाक्यों को पश्चिम का मन तो अभी तक समझ ही नहीं सका है और न तबतक वह इन वाक्यों को समझ ही सकेगा जबतक वह तर्क और बहिर्मुखी चेतना से इनमें छिपे सत्य को पाना चाहेगा। वैसे सत्य पाया नहीं जाता, वह तो उचित साधना से स्वयं अपने द्वार खोल देता है; वह स्वयं ही अपने को उपलब्ध करा देता है। उदाहरणस्वरूप, कोई लहर सागर को पाती थोड़े ही है, हर लहर को अपने वक्षस्थल में समेटकर सागर यही कहता है कि लहर और सागर में कहीं कोई तात्त्विक भेद नहीं; पर इस सत्य को समझने के लिए एक दृष्टि चाहिए। यह दृष्टि भारतीय ऋषियों ने स्वयं के अहं को विसर्जित करके पूर्ण समर्पण से प्राप्त की—और ऐसी समग्र दृष्टि कोई भी स्वयं की साधना से प्राप्त कर सकता है। यह अंतर्दृष्टि न तो भौगोलिक सीमाओं से बँधी है, न राजनीतिक सीमाओं से। इस दृष्टि में कोई बंधन नहीं है, इसका कोई संप्रदाय नहीं है, इसका कोई पृथक्तावादी विशेषण नहीं है। जिस अंतर्दृष्टि से सत्य उपलब्ध होता है वह किसीको भी, कभी भी, कहीं भी फलित हो सकती है; बस उसके लिए एक प्यास चाहिए, एक अभीप्सा चाहिए, एक अंतर्यात्रा चाहिए। इस अंतर्दृष्टि से जिन संस्कारों की उत्पत्ति व निष्पत्ति होती है वे संस्कार जीवन को अतुलित सौंदर्य, आनंद व गुणवत्ता प्रदान करते हैं। इन संस्कारों को धारण करके मानव पूर्णत्व को उपलब्ध होता है—यही मानव की पूर्णता है, यही है पूर्ण मानव का धरती पर अवतरण।

जिन संस्कारों को हम भारतीय कहकर संबोधित कर रहे हैं, उनके पीछे कोई भौगोलिक या सांप्रदायिक आग्रह नहीं है। इन संस्कारों का सांप्रदायिकता से कोई संबंध है ही नहीं। ये संस्कार मानव व मानव के बीच किसी भी प्रकार का भेदभाव नहीं करते। इन संस्कारों का लक्ष्य है प्राणिमात्र का कल्याण—'सर्वभूत

हितेरत: '—यही है मानव धर्म, यही है मानव कर्तव्य, यही है सम्यक् जीवन-दृष्टि। जड़-चेतन सभी के प्रति पूर्ण सम्मान और सभी को आत्मवत् मानकर सबके प्रति पूर्ण कल्याण के भाव से भर जाना। इस संस्कृति में तात्त्विक दृष्टि से न कोई भारतीय है और न कोई अभारतीय; न कोई हिंदू है, न मुसलमान; न सिख, न ईसाई; न जैन और न पारसी—सब मानव हैं। इन सबकी जाति यदि कोई है तो वह मानव की जाति है। इसमें न कोई ब्राह्मण है, न शूद्र; न आर्य, न अनार्य; न क्षेत्र का भेद, न भाषा का भेद। जो भी भेद प्रतीत होते हैं वे केवल सतही, बिलकुल ऊपरी भेद हैं। अंतस के केंद्र में सब एक हैं—एक ही प्राणतत्त्व, एक ही ऊर्जा, एक ही चैतन्य। यह चिद्सत्ता ही सर्वत्र समान रूप से भास रही है। यह चिद्सत्ता ही अपने को स्वयं के स्वभाववश अनंत रूपों में अभिव्यक्त कर रही है। बाहर से यह प्रतिक्षण, प्रतिपल-विपल सतत परिवर्तित होती प्रतीत हो रही है; पर अंदर से कहीं कोई परिवर्तन नहीं है, सब शांत है, परम शांत, अखंड शांत, पूर्ण शांत—यही है पूर्णत्व, यही है अखंडता और यही है वह शांति जो भारतीय संस्कृति का परम लक्ष्य है। यही है भारतीय संस्कृति की पहचान, यही है इस संस्कृति का आधार, यही है इस संस्कृति की ऋत सत्ता, यही है इस संस्कृति का दर्शन और यही है इसकी शक्ति।

ऐसा नहीं है कि जड़-चेतन में सम्यक् दृष्टि रखनेवाली चेतना धरती पर और कहीं उत्पन्न नहीं हुई; ऐसा भी नहीं है कि धरती पर यह सत्य भारत के अतिरिक्त कहीं और जाना ही नहीं गया। धरती पर यह भगवत्ता, अनेक बार, अनेक स्थलों पर अवतरित हुई; पर इसका सर्वाधिक पोषण, इसपर सर्वाधिक आचरण तथा इसका लौकिक जीवन में सर्वाधिक उपयोग भारत में ही हुआ। भारतीय ऋषियों ने इस परम सत्ता में प्रवेश करके सत्य रूपी सागर में स्वयं को डुबोकर इस धरती पर जीने की कला विकसित की और आज भी सर्वकल्याणकारी संस्कृति अपने भावपक्ष में भारत में ही देखने को मिलती है। यह ठीक है कि पश्चिम के अंधानुकरण तथा पश्चिमी संस्कृति की चकाचौंध तथा बढ़ते हुए भौतिकवाद ने भारतीय संस्कृति से प्रसूत जीवन-पद्धति एवं आचार-विचार को प्रभावित करना प्रारंभ कर दिया है; पर जो 'सत्य' है उसे कोई भी अनंतकाल तक ढककर नहीं रख सकता। बादल कितने ही घने हों, वे सत्य के सूर्य को सदैव-सदैव के लिए ढककर नहीं रख सकते। बस एक सचेतनबोध की आवश्यकता है। सत्य के प्रति जैसे ही यह सचेतनबोध मानव प्रज्ञा में पुन: जाग्रत होगा, मानव जीवन में निखार आएगा और उसकी गुणवत्ता और उसका सौंदर्य बढेगा।

भारतीय मनीषियों ने अपना समस्त तप सत्य को जानने के निमित्त किया। संभवतः उनकी यह मान्यता रही होगी कि अगर परमानंद को प्राप्त करना है तो जगत् का जो सत्य है, उसे सबसे पहले जानना होगा। सत्य को जानकर ही परमानंद को प्राप्त किया जा सकता है। परमानंद अक्षुण्ण है, इसीलिए वह देश, काल और परिस्थितियों से प्रभावित नहीं होता; इसीलिए आनंद यदि एक बार उपलब्ध हो जाए तो वह कभी लुप्त नहीं हो सकता। इस परमानंद को ही भारतीय मनीषियों ने अमृततत्त्व माना है और इस तत्त्व की खोज के लिए ही सत्य को जानने की चेष्टा की और जीवन के उन संस्कारों को सर्वाधिक महत्त्व प्रदान किया जो सत्य को उसके निकट ले जाने में समर्थ हो सकते हैं। मोटे तौर पर इस जगत् में दो तत्त्व हैं—एक भोक्ता जीव, जिसे 'मैं' का रूप दिया जा सकता है और दूसरा स्वयं भोग्य जगत्। एक तत्त्व और भी है, जिससे जीव और जगत् के बीच में संबंध होते हैं; और वह है चेतनतत्त्व। भारतीय उपनिषद् में सत्य को जानने के लिए मोटे तौर पर दो प्रणालियाँ बताई गई हैं। एक प्रणाली है जीव के स्वरूप पर विचार और दूसरी प्रणाली है जगत् के स्वरूप की खोज। किससे बना है जगत् और क्या है जगत्? जगत् की उत्पत्ति और निष्पत्ति कहाँ से हुई? विज्ञान ने जगत् के तत्त्व पर समस्त शोध किए हैं और यह पाया कि जगत् में जो प्रतिपादित है, उसका ही यदि हम अन्वेषण तथा निरीक्षण करते चले जाएँ तो यह बात सामने आएगी कि समस्त जगत् अणुओं का एक समूह है। जब हम परमाणुओं का अन्वेषण करते हैं तब पाते हैं कि परमाणु और कुछ नहीं, बल्कि एक विद्युत् तरंग है और ऐसी विद्युत् तरंग है जो सकारात्मक भी है, नकारात्मक भी है और तटस्थ भी है। ये विद्युत् तरंगें इंद्रियों से नहीं देखी जा सकतीं। इन विद्युत् तरंगों को जो शब्द दिया गया है वह शब्द है ऊर्जा। अर्थात् जगत् में जो कुछ है वह मात्र एक ऊर्जा ही है। यही आधुनिक वैज्ञानिक की अंतिम निष्पत्ति है और यही है वैज्ञानिक का अंतिम सत्य। वैज्ञानिक यह कहता है कि विद्युत् अनंत है। 'वह है' इतना ही जाना जा सकता है। भारतीय मनीषा भी यही कहती है कि 'चैतन्य सत्ता' है, बस इतना ही जाना जा सकता है, अतः भारतीय मनीषा ने एक विशेष मंत्र को अपने समस्त मनन का आधार बनाया है। 'ईशा वास्यमिदँ सर्वं यत्किंच जगत्यां जगत्'। अर्थात् इस जगत् में सर्वत्र एक ही ईशत्व व्याप्त है।

एक बात और स्पष्ट रूप से समझ ली जानी चाहिए कि सत्य का वास्तविक स्वरूप अव्यक्त है और अव्यक्त ही रहेगा। और यह अव्यक्त सत्य जब बहिर्मुखी होता है अर्थात् बाह्य जगत् में आता है, तब उसी क्षण अपने रूपों

को अनंत रूपों में अभिव्यक्त करता है। यह सत्य वह महाशक्ति है, जो इस जगत् में विभिन्न रूपों में विभक्त और प्रकाशित प्रतीत है। यह वह तत्त्व है जो है सर्वव्याप्त, पर है अज्ञेय; अर्थात् इसे इंद्रियों के माध्यम से नहीं जाना जा सकता, फिर भी इसकी सत्ता रहेगी, क्योंकि यदि कोई व्यक्ति शांतचित्त होकर अपनी अनुभूतियों का विश्लेषण करे तो वह अंततः इस सर्वव्यापी 'है' में प्रवेश पा सकेगा। इस 'है' में प्रवेश पाना ही सत्य का अधिष्ठान है। सभी परिवर्तनों के मूल में जो एक अपरिवर्तनशील सत्ता विद्यमान है, उसकी अनुभूति ही सत्य का दर्शन है। लेकिन यह समस्त अनुभूति अपने केंद्र में पहुँचकर प्राप्त की जा सकती है। हम सतह पर जितना रहेंगे, अर्थात् केंद्र से जितना दूर होते चले जाएँगे, उतना ही सत्य से दूर होते चले जाएँगे, उतना ही अधिक हम भेद की सत्ता में निवास करते चले जाएँगे। भारतीय मनीषा ने सत्य के केंद्र में प्रवेश करके सत्य को जाना है, लेकिन जो कुछ परिधि पर है वह कोई सत्य से भिन्न नहीं है। यदि केंद्र नहीं होगा तो परिधि ही कैसे रहेगी? पर परिधि केंद्र नहीं बन सकती। परिधि और केंद्र के भेद को जिसने जान लिया, उसने सत्य के भेद को जान लिया।

□

शिवम्

ओम् नमः शम्भवाय च मयोभवाय च नमः शंकराय च
मयस्कराय च नमः शिवाय च शिवतराय च॥

—यजुर्वेद, १६-४१

(जो सर्वकल्याणकारी है, उसे प्रणाम; जो सभी को सर्वोत्तम सुख देनेवाला है, उसको प्रणाम; जो सभी का सर्वमंगल करनेवाला है, उसको प्रणाम; जो सर्व का सत्कार करनेवाला है, जो प्राणिमात्र को सुख पहुँचानेवाला है, ऐसे मंगलमय स्वरूप को प्रणाम।)

सत्य का अस्तित्व है, यह प्रतीति कैसे हो? भारतीय मनीषा ने सत्य की प्रतीति का माध्यम शिवत्व को चुना और पाया कि 'वह' है, इसका आभास, इसका अनुभव व इसकी अनुभूति तभी होगी जब 'वह' स्वयं को शिव रूप में प्रकट करेगा। जबतक सत्य स्वयं को सर्वकल्याणकारी रूप में अवतरित नहीं करता तबतक सत्य की सत्ता अदृश्य-सी ही रहेगी। सत्य अपने स्वयं की परिपूर्णता के लिए, अपने स्वयं के स्वभाववश, स्वयं के आनंद और विलास हेतु शिव रूप ग्रहण करता है। सत्य का लक्ष्य ही है शिवमय हो जाना; और यही उसका नैसर्गिक स्वभाव भी है। इसे सत्य का गुण भी कहा जा सकता है। सत्य अपनी सूक्ष्मतम सत्ता में निर्गुण है, पर अपनी अभिव्यक्ति में वह सगुण है; परंतु उसका बोध तभी होता है जब वह शिव रूप में प्रकट हो। सत्य का यह शिव रूप अभिन्न है, शाश्वत है, अविच्छिन्न है और पूर्ण भी। जो सत्य है वही शिव है, जो शिव है वही सत्य है।

भारतीय चेतना की जो सर्वाधिक रहस्यमय 'उपलब्धि' है उसे शिव रूप

में ही जाना जाता है और इसीलिए हमारी पूरी-की-पूरी संस्कृति शिवत्व से आवृत है और शिवत्व केंद्रित है। अभिव्यक्ति के स्तर पर शिव भारतीय संस्कृति का केंद्रबिंदु है। जो अशिव है वह अशुभ है, त्याज्य है। जो शिवत्वविहीन है वह अमांगलिक है। भारतीय संस्कृति के लिए शिव तत्त्व आदर्श है, क्योंकि इसमें ही उसका सर्वकल्याण का भाव, सर्वमंगल का भाव निहित है। शिव में परम कल्याण का भाव निहित है। यह 'प्रेय' भी है और 'श्रेय' भी। यही है सृष्टि की अभीप्सा और यही है उसकी आकांक्षा। जहाँ भी संकीर्णता है, स्वार्थ है, आसक्ति है, अहंकार है वहाँ शिव का वास नहीं। यह शिव तत्त्व ही व्यक्ति को वास्तव में संस्कारवान् बनाता है। शिवत्व को आत्मसात् किए बिना अंतस का पशुत्व दूर हो ही नहीं सकता। इसीलिए शिव ही पशुपति हैं और इसीलिए अंतस के रूपांतरण में शिव की आराधना का विशेष विधान है। शिव की आराधना का अर्थ है प्राणिमात्र के प्रति आत्मभाव जाग्रत करना। सृष्टि में जो भी ज्ञात-अज्ञात है, सभी के प्रति प्रेमभाव, सभी के प्रति कल्याण का भाव, सभी के मंगल की कामना, सभी के प्रति क़रुणा—यही है शिव की वास्तविक आराधना, इसे ही शिवपूजन कहकर भारतीय संस्कृति अपने को कृतार्थ करती है।

पश्चिमी विचारकों के लिए भारतीय संस्कृति का यह शिवत्व अत्यंत रहस्यमयी है। जो त्रिमूर्ति भारतीय संस्कृति का आधार है, उसके प्रथम तत्त्व 'सत्यम्' को तो पश्चिम का मन दूर तक समझ पाता है; पर वह इस त्रिमूर्ति का जो दूसरा तत्त्व है, जिसे 'शिवम्' रूप में जाना जाता है, उसे पश्चिम का मन बिलकुल भी आत्मसात् नहीं कर सका है। शिवत्व में शिव और शक्ति के समावेश को पश्चिम का मन अत्यंत रहस्यमय मानता है। अर्द्धनारीश्वर की कल्पना सामान्य व्यक्ति के लिए रहस्यमय है। शिव के साथ यदि शक्ति न हो तो शिव असहाय है, कोरी कल्पना है, दिवास्वप्न है या पाखंड है। सर्वकल्याणकारी चेतना का विकास, सृष्टि का उत्कर्ष तभी हो सकता है जब उसके पीछे शक्ति हो। शक्ति से ही समाज के शत्रुओं को नष्ट किया जा सकता है। सर्वकल्याण के जो विरोधी हैं, उन्हें पराजित करने के लिए शक्ति का प्रयोग अनिवार्य है। आसुरी तत्त्वों का वध शिव नहीं करता, वह तो शक्ति द्वारा किया जाता है। शक्ति ही महिषासुरमर्दिनी अर्थात् तमस विनाशक है। मद, मोह, लोभ व अन्य सभी विकारों का नाश शक्ति से ही संभव होता है—यह है भारतीय संस्कृति की घोषणा। जबतक विकारों का नाश नहीं होगा, सद्वृत्तियों का उदय नहीं हो सकता। सद्वृत्तियों के उदय से ही प्राणिमात्र के उत्कर्ष की कामना, सर्वकल्याण की आकांक्षा व सभी के प्रति सम्यक् भाव का जन्म होता है। इसे ही 'शिवम्'

कहकर संबोधित किया गया है।

भारतीय मनीषा का चिंतन है कि 'शिव-शक्ति' संगम से समस्त सृष्टि उत्पन्न हुई है। इस संगम को ही 'पराशक्ति' के रूप में जाना जाता है। इस मान्यता को बड़े ही सुंदर काव्यमय प्रतीकों से भारतीय ऋषियों ने बाँधा है। इन ऋषियों ने समष्टि को परम पुरुष कहकर संबोधित किया है। परम पुरुष की यह कल्पना ऋग्वेद में भी मिलती है। परम पुरुष के हृदय में जैसे ही सृजन की अर्थात् सृष्टि की इच्छा उत्पन्न होती है, तत्क्षण उसके दो रूप प्रकट हो जाते हैं—एक रूप है शिव और दूसरा है शक्ति। शिव प्रकाश रूप, सर्वमंगलकारी, समदर्शी, सर्वकल्याणकारी है और शक्ति विमर्ष रूप है। 'विमर्ष' का अर्थ है पूर्ण और शुद्ध अहंकार की स्फूर्ति। विमर्ष सतत प्रवहमान है, यही चिद्सत्ता है, यही कर्तव्य है, यही चेतना का स्फुरण है, यही युक्ति है, यही बुद्धि है और इसे ही हम मेधा कहकर संबोधित कर सकते हैं—इसे ही ऋद्धि और सिद्धि कहा गया है, यही लक्ष्मी है और यही सरस्वती है। शक्ति तंत्र में इसे ही 'श्री' कहकर संबोधित किया गया है।

सर्वकल्याण के निमित्त 'श्री विद्या' की उपासना का भारतीय चेतना में बड़ा महत्त्व है। यह 'श्री विद्या' अत्यंत रहस्यमयी है, क्योंकि इससे ही सर्वमंगल के द्वार खुलते हैं। यदि मानव को संस्कारवान् बनना है तो उसे 'श्री विद्या' की उपासना करनी होगी, अर्थात् उसे शिव-शक्ति संगम के सिद्धांत के प्रति अपनी संपूर्ण आस्था व्यक्त करनी होगी। 'श्री विद्या' की उपासना से यहाँ तात्पर्य यह है कि सर्वकल्याण के लिए 'श्री' की, अर्थात् समृद्धि की, आवश्यकता है। शक्ति से समृद्धि आती है और समृद्धि से सर्वकल्याणकारी चिंतन की सामर्थ्य। एक निर्धन, विपन्न राष्ट्र या समाज अथवा व्यक्ति तो स्वयं का ही कल्याण करने में असमर्थ रहता है, वह सर्वकल्याण के भाव में कैसे प्रवेश करेगा? भारतीय संस्कृति इसीलिए समृद्धि, श्री और लक्ष्मी की उपासक है। समृद्धि, श्री, लक्ष्मी, सरस्वती—ये सभी शक्ति के ही रूप हैं। शक्ति के दर्शन में छत्तीस तत्त्व माने गए हैं, जो तीन वर्गों में विभक्त हैं। इसमें पहला है 'शिवतत्त्व', दूसरा है 'विद्यातत्त्व' और तीसरा 'आत्मतत्त्व' के नाम से जाना जाता है। इन तत्त्वों को संस्कार में लेने से, अर्थात् जीवन में उतारने से, व्यक्ति संस्कारवान् बनता है। ये तत्त्व सार्वजनिक जीवन में सरलता से आत्मसात् हो सकें, साधारण-से-साधारण बुद्धिवाले व्यक्ति की भी समझ में आ जाएँ, इसके लिए इन्हें प्रतीकात्मक दैवीय शक्तियों के रूप में प्रतिष्ठित कर दिया गया है। समय के साथ शक्तितत्त्व को, जिसका संबंध मानव की स्वयं की शारीरिक, मानसिक, बौद्धिक व आत्मिक

शक्ति के विकास से है, दैवीय रूप दे दिया गया। यह शक्ति कहीं दुर्गा हो गई, कहीं लक्ष्मी, कहीं सरस्वती, कहीं चामुंडा, कहीं काली या भद्रकाली; और इस प्रकार इस शक्ति के सहस्रों नाम हो गए। हर नाम को एक कल्पना और प्रतीक के साथ जोड़ लिया गया और यह कल्पना मूर्ति रूप में ढलकर मंदिरों में प्रतिष्ठित हो गई। मंदिर में प्रतिष्ठित देवी-देवताओं की मूर्तियाँ शक्ति संबंधी उन कल्पनाओं का प्रतिनिधित्व करती हैं, जिनका उद्देश्य है मानव के जीवन को हर स्तर पर अपूर्व शक्ति से संचरित करना। समृद्धि प्राप्त करने के लिए मानव का केवल शारीरिक रूप से शक्ति-संपन्न होना ही पर्याप्त नहीं है; उसे मानसिक, बौद्धिक व आत्मिक रूप से भी अत्यंत शक्ति-संपन्न बनना होगा। समृद्धि से यहाँ आशय 'शिवत्व' प्रधान समृद्धि से है। शिवतत्त्व प्रधान समृद्धि में सर्वमंगल व सर्वकल्याण का भाव है और इसमें मात्र भौतिक समृद्धि ही निहित नहीं है वरन् बौद्धिक, मानसिक, आत्मिक, आध्यात्मिक व अति मानसिक समृद्धि भी निहित है। 'शिवत्व' में 'पूर्ण मानव' की परिकल्पना है। यह पूर्ण मानव अनासक्त है, स्वार्थविहीन है, अहंकारविहीन है तथा ईशत्व के प्रति सतत सचेतनबोध से अनुप्राणित व स्फुरित है। इस सचेतनबोध व स्फुरण से ही उसे समस्त संस्कार प्राप्त करने हैं। इस दिव्य बोध से ही उसे अपनी संस्कृति की आधारशिला रखनी है। जब व्यक्ति अपना सांस्कृतिक विकास शिवतत्त्व से अनुप्राणित व स्फुरित करता है तो उसके अंतस की पशुता नष्ट हो जाती है तथा वह राग, द्वेष, स्वार्थ व अहंकार से बहुत दूर चला जाता है। इस शिवतत्त्व से उसका अंतस केवल पशुताविहीन व शुद्ध ही नहीं हो जाता, वरन् इसके साथ ही उसके जीवन में दिव्य संस्कारों का भी स्फुरण प्रारंभ हो जाता है। यह शिवतत्त्व प्रधान आचरण व्यक्ति को हर प्रकार के ज्ञान व हर प्रकार की कला को जानने, समझने और उसका विकास करने की सामर्थ्य प्रदान करता है। काव्य की भाषा में शिव नाट्य और संगीत के भी अधिष्ठाता हैं, वे समस्त ललित कलाओं के भी जन्मदाता हैं।

भारतीय संस्कृति में ललित कलाओं के लिए विशेष स्थान है। कला चाहे दृश्य हो या श्रव्य, सभी का एक विशेष उद्देश्य व अर्थ है—और तो और, इस संदर्भ में एक-एक मुद्रा, एक-एक भावभंगिमा और हर स्वर व आकृति का अपना वैशिष्ट्य व गूढ़ अर्थ भी है। अगर इन गूढ़ अर्थों की जानकारी न हो तो कई बार ये कलाएँ और उनकी अभिव्यक्ति नीरस प्रतीत होने लगती है; पर यदि श्रोता या दर्शक को कलाओं में व्यक्त संकेतों के गूढ़ अर्थ मालूम हों तो वे आनंद के ऐसे लोक में पहुँच जाते हैं कि उन्हें आनंद की चरमावस्था में स्वयं

का भान ही नहीं रहता। यदि कला सर्वकल्याण के भाव से न जुड़े, केवल इंद्रियों की तृप्ति तक अथवा अहं वं स्वार्थ की संतुष्टि तक ही सीमित रहे तो ऐसी कला के प्रति भारतीय मनीषा को अरुचि है।

शिव की मान्यता है कि समस्त नाद, स्वर, राग, शब्द, आकृति, कृति, कर्म, लय, गति, भावभंगिमा, मुद्रा, प्रवाह, संचरण, प्रवर्तन, स्फुरण विराट् पुरुष से उत्पन्न व उसीमें समाहित हैं; सभी संकेत उसके ही संकेत हैं, सभी मार्ग अंततः उसकी ओर ही जाते हैं; अतः व्यक्ति के स्तर पर सभी कर्म, अकर्म, चिंतन, मनन, निदिध्यासन ऐसे होने चाहिए जो 'विराट् पुरुष' की ओर हमें उन्मुख करें। सदैव उसे 'विराट् पुरुष' से अर्थात् आत्मतत्त्व से जोड़े रखें। शिव का निमिष मात्र के लिए भी विस्मरण भारतीय चेतना को स्वीकार नहीं। इसीलिए भारतीय मनीषा उसे ही संस्कृति की मान्यता देती है, जिसका उद्‌गम विराट् पुरुष के शिव रूप में है। चाहे साहित्य हो, संगीत हो, नृत्य हो, अभिनय हो, गायन हो या वादन या नाट्‌य; ये सब भारतीय संस्कृति के लिए तभी आनंद के स्रोत हैं, तभी सम्मान के योग्य हैं, जब वे शिवतत्त्व से जुड़े हों। काव्य की भाषा में संगीत की उत्पत्ति शिव के डमरू से हुई। शिव नटराज हैं। समस्त नाद, स्वर, राग-रागिनी, डमरू भी स्वर लहरी के गोमुख से प्रवाहित हुए हैं। यह काव्य की प्रतीकात्मक भाषा है। इसका वास्तविक अर्थ यही है कि संगीत, गायन, वादन व नर्तन को सर्वकल्याणकारी भाव से जुड़ना चाहिए। संगीत से कुछ ऐसा स्फुरण होना चाहिए कि दर्शक व श्रोता को आत्मिक उत्थान और चेतना के ऊर्ध्वारोहण में सहाथता मिले। भारतीय चेतना में नाद को ब्रह्म कहकर संबोधित किया गया है। 'नाद ब्रह्म' के दो अर्थ हैं। एक अर्थ में समस्त सृष्टि की उत्पत्ति नाद से हुई है। दूसरा अर्थ है, नाद का आश्रय लेकर ब्रह्म चेतना में प्रवेश संभव है। दोनों ही अर्थ सही व रहस्यपूर्ण हैं।

विज्ञान मानता है कि समस्त ब्रह्मांड ऊर्जा से निर्मित है। जो कुछ भी है वह केवल ऊर्जा ही है। ऊर्जा के अतिरिक्त कोई अन्य तत्त्व ब्रह्मांड में है ही नहीं। यह ऊर्जा अनादि, अनंत, सार्वकालिक एवं सर्वव्यापक है। विज्ञान ने इस ऊर्जा को अखंड व पूर्ण माना है। इसे न तो समाप्त किया जा सकता है, न विभाजित और न कोई ऐसा उपाय है कि इसे उत्पन्न किया जा सके। ऊर्जा के संदर्भ में भारतीय मनीषा की भी यही धारणा है। उसने ऊर्जा को चैतन्य कहकर संबोधित किया है। इसे उसने चिद्‌सत्ता भी कहा है और शक्ति भी।

विज्ञान और भारतीय निष्कर्ष में अगर कोई भेद है तो यह कि विज्ञान की मान्यता है कि ऊर्जा से नाद (शब्द) की उत्पत्ति हुई, जबकि भारतीय ऋषि ने

मनन के आधार पर यह निष्कर्ष प्राप्त किया है कि नाद (शब्द) द्वारा ऊर्जा की उत्पत्ति हुई। पर विज्ञान व भारतीय ऋषि दोनों यह निर्विवाद रूप से स्वीकार करते हैं कि नाद और ऊर्जा दोनों को एक-दूसरे में पूर्णरूप से परिवर्तित किया जा सकता है तथा लौकिक स्तर पर दोनों पर्यायवाची हैं; भेद यही है कि एक कहता है कि पहले ऊर्जा फिर नाद; दूसरा कहता है कि पहले नाद फिर ऊर्जा। भारतीय मनीषा ने नाद को शिवतत्त्व के साथ जोड़कर उसे एक विशेष आध्यात्मिक व सांस्कृतिक स्फूर्ति प्रदान की है। भारतीय ऋषि की मान्यता है कि व्यक्तित्व के ऊर्ध्वारोहण हेतु, अंतस के रूपांतरण के निमित्त तथा परम आनंद की प्राप्ति के लिए नाद (ध्वनि) का विशेष महत्त्व है। नाद, ध्वनि व शब्द—ये तीनों लगभग पर्यायवाची शब्द हैं और तीनों का अंतिम लक्ष्य एक ही है। एक विशेष नाद का आश्रय लेकर, एक विशेष ध्वनि के सहयोग से, एक विशेष शब्द के उच्चारण से परम आनंद में प्रवेश संभव है। भारतीय मनीषा ने इसे 'अनहद नाद' कहकर संबोधित किया है। यह 'अनहद नाद' ही प्रणव है। ॐ (ओऽऽम्) की ध्वनि व उसका शुद्ध उच्चारण व्यक्ति की चेतना को उसके उच्चतम स्तर तक ले जाता है। भारतीय दर्शन, संस्कृति व जीवन में ओऽम् की अनंत महिमा है। यह प्रणव सभी को स्वीकार है, वह चाहे किसी क्षेत्र, किसी भाषा, किसी पंथ या संप्रदाय का हो। भारत को सांस्कृतिक इकाई बनाने में 'ओऽम्' का विशेष महत्त्व है। जो इसके रहस्य को जानते हैं वे भारतीय संस्कृति को भी जानते हैं। भारत का समस्त दर्शन व पौराणिक साहित्य 'ओऽम्' को ही समर्पित है। हमारे वेद, उपनिषद्, संहिताएँ व अन्य ग्रंथ ओऽम् से ही प्रारंभ होते हैं। और तो और, इनका हर अध्याय व हर श्लोक ओऽम् से ही प्रारंभ होता है। ओऽम् भारतीय संस्कारों में इतना समा चुका है कि इसके अभाव में कोई भारतीय संस्कार संभव ही नहीं है। प्रणव का संबंध न तो किसी उपासना-पद्धति विशेष से है और न संप्रदाय या पंथ विशेष से। भारत में जनमी सभी उपासना-पद्धतियों, संप्रदायों और पंथों ने ओऽम् को अपना आधार बनाया है। वैदिक जीवन-दर्शन व कर्मकांड में तो ओऽम् अनिवार्य है ही; यह प्रणव उन जीवन-दर्शनों के लिए भी अनिवार्य है, जो वेदों का विरोध करते हैं और ब्राह्मण ग्रंथों से अपने को नहीं बाँधते। चाहे बौद्ध हों या जैन, सिख हों या अन्य किसी भी पंथ के अनुगामी, सभी ने ओऽम् के न केवल रहस्यमय आध्यात्मिक स्वरूप को, इस 'ध्वनि' को स्वीकार किया है, अपितु इसे अपने कर्मकांडों व पूजा-अर्चना से भी जोड़ा है। बौद्धों का प्रणव मंत्र 'ओम् मणि पद्मे हुम्' हो या 'ओम् नं क्यों हो रेंगे क्यों' या जैनियों का महामंत्र 'ओम् णमो अरिहंताणम्....'

अथवा सिखों का 'एक ओंकार सतनाम' का जप, इस वास्तविकता को ही दर्शाता है कि भारतीय चेतना के लिए 'ओऽम्' अनिवार्य है। यदि भारतीय संस्कृति को एक शब्द में व्यक्त करने की बात हो तो वह शब्द होगा—'ओऽम्'। एक ही शब्द की यह रहस्यमयी परिभाषा सभी को, जो अपने को भारतीय मानता है, स्वीकार होगी। अपने को भारतीय मानने का यहाँ कोई राजनीतिक आशय नहीं है; भारतीय मानने से आशय है, जिसने अंतस में भारतीयता को धारण किया हुआ है और जो भारतीयता के तत्त्वों से परिचित है।

'ओऽम्' वह ध्वनि है, जिसे भारतीय मनीषा का सारतत्त्व कहा जा सकता है। इस प्रणव ध्वनि को संपूर्णता से लिपिबद्ध नहीं किया जा सकता। इस ध्वनि का उच्चारण ही एक ऐसा परम रहस्य है जो बिरलों को ही ज्ञात है। प्रणव नाम से संबोधित यह ध्वनि इतनी रहस्यमयी है कि इसके शुद्ध उच्चारण हेतु साधकों को अखंड साधना करनी पड़ती है। प्रणव की यह साधना केवल गुरु-शिष्य परंपरा से ही प्राप्त हो सकती है। इस प्रणव को शब्दों से, लिपि से या पढ़कर नहीं जाना जा सकता। प्रणव अध्ययन का विषय नहीं है, न लेखन का, न पठन-पाठन का; यह ऐसा 'अनहद नाद' है, जिसे अंतर्मुखी होकर गुरु से प्राप्त दीक्षा द्वारा ही जाना जा सकता है। जब पश्चिम के विचारकों से यह कहा जाता है कि 'प्रणव' के विज्ञान को पठन-पाठन या अध्ययन से नहीं जाना जा सकता तो वे चौंकते हैं, उन्हें इसपर विश्वास नहीं होता, वे दुविधा में फँस जाते हैं तथा भारतीय संस्कृति के मूलतत्त्व को समझ नहीं पाते।

भारतीय संस्कृति को यदि जानना है तो उसकी 'श्रुति परंपरा' को भी जानना होगा। श्रुति परंपरा भारतीय संस्कृति की कुंजी है। पृथ्वी पर भारत में यद्यपि सबसे पहले वर्णमाला और लिपि का विकास हुआ, पर ग्रंथों को लिखा नहीं गया। भारत का समस्त वैदिक साहित्य—वेद, उपनिषद् व वेदांत—श्रुति परंपरा से आते हैं। ऋग्वेद लिखा नहीं गया, वह सहस्रों वर्षों तक केवल श्रुति परंपरा से भारतीय जनजीवन को अनुप्राणित करता रहा और जब इसे एक लिखित ग्रंथ के रूप में प्रस्तुत किया गया तो वह अपना समस्त तेज और ओज खो बैठा। वेदांत साहित्य की समस्त तेजस्विता, ओजस्विता व उपादेयता 'श्रुति' में है, 'ग्रंथ' में नहीं। यह समस्त साहित्य ध्वनि आधारित है। इस साहित्य के एक-एक श्लोक, एक-एक मंत्र को किस विधि से उच्चरित किया जाएगा, यही है सर्वाधिक रहस्य की बात। इस रहस्य को जाननेवाले लगभग लुप्त-से हो चुके हैं। इस रहस्य को जाने बिना वेदांत साहित्य लगभग निष्प्राण-सा होता जा रहा है। 'ध्वनि' वेदांत साहित्य का प्राण है। ध्वनि के इस महत्त्व को वैदिक ऋषियों

ने भलीभाँति जाना था, अत: उन्होंने अपनी अनुभूतियों को लिपिबद्ध नहीं किया; बल्कि श्रुति परंपरा को महत्त्व दिया। इस श्रुति परंपरा को ही मनन व निदिध्यासन से जोड़ा गया और श्रवण, मनन, निदिध्यासन, ध्यान, धारणा एवं समाधि का प्रयोग करते हुए भारतीय ऋषि चेतना के गहनतम स्तरों का भेदन कर सके। चेतना की जो सूक्ष्म से भी सूक्ष्म अनुभूतियाँ हो सकती थीं, उन्हें भारतीय मनीषियों ने इस परंपरा में प्राप्त किया और उन्हें भारतीय संस्कारों की आधारशिला बनाया। ये अनुभूतियाँ ही भारतीय संस्कृति का आदि स्रोत हैं।

श्रुति परंपरा के प्रति भारतीय संस्कृति का आज भी झुकाव है; पर वर्तमान में स्थिति पूर्व की भाँति नहीं है। 'श्रुति' के प्रति जो विशेष आग्रह हजारों वर्षों तक अविच्छिन्न रूप से चलता रहा, उसके पीछे भारतीय ऋषि का मोह नहीं था, बल्कि उसके कारण पूर्णरूप से विज्ञान प्रधान थे। इस आग्रह का प्राथमिक और मूल कारण यह है कि 'श्रुति' का कोई भी विकल्प नहीं है। पठन-पाठन श्रुति का विकल्प नहीं है। लेखन या पठन-पाठन विधि से वास्तविक ज्ञान का सही हस्तांतरण संभव नहीं। सही हस्तांतरण केवल ध्वनि, आसन व मुद्रा के सामंजस्य से संभव है। एक विशेष आसन पर बैठकर, एक विशिष्ट मुद्रा का प्रयोग करते हुए ध्वनि विशेष द्वारा किए गए संघात से ही रहस्य की परतें खोलने में समर्थ हुआ जा सकता है। ध्वनि के इस विशेष संघात से ज्ञान का जो सूक्ष्मतम स्तर है, उसमें प्रवेश संभव है। यह संभावना किसी आलेख मात्र को पढ़ लेने से ही प्राप्त नहीं होगी। भारतीय संस्कृति में मंत्र सिद्ध करने का जो विधान है, वह इसी 'श्रुति' परंपरा से आता है। 'ओऽम्' की ध्वनि को भिन्न-भिन्न आसनों तथा भिन्न-भिन्न मुद्राओं में ध्वनित व संचरित किया जा सकता है। यही नहीं, 'ओऽम्' का उच्चारण करते हुए शरीर के किस चक्र पर कितना आघात करना है और कितना दबाव बनाना है, यह सब एक विशेष विज्ञान है, जोकि किसी ग्रंथ को पढ़ लेने मात्र से प्राप्त नहीं किया जा सकता। यह केवल सिद्ध गुरु के सान्निध्य में, उसकी कृपा से, श्रुति परंपरा द्वारा प्राप्त किया जा सकता है। श्रुति परंपरा से ज्ञान प्राप्त करने में न केवल गुरु को उपयुक्त अवसर की तलाश करनी होगी, वरन् शिष्य को भी अपने को तैयार रखने के लिए निदिध्यासन करना होगा और अपूर्व धैर्य का परिचय देना होगा। गुरु द्वारा शक्तिपात का विधान इसी परंपरा की श्रेष्ठतम अभिव्यक्ति है; पर दुर्भाग्यवश अब गुरु-शिष्य परंपरा भी लुप्त-सी होती जा रही है और 'श्रुति परंपरा' के लिए जैसा अनुशासन, धैर्य व वातावरण चाहिए, वह भी लुप्त होता जा रहा है। श्रुति परंपरा के क्षय से भारतीय संस्कृति के रहस्य बिना खुले रह जाएँगे, क्योंकि ये रहस्य नितांत वैयक्तिक होते

हैं, इन्हें शब्दबद्ध व लिपिबद्ध करके सँजोकर नहीं रखा जा सकता। कोई कितना ही प्रयास कर ले, किसी भी ध्वनि को किसी भी लिपि में पूर्णरूप से शुद्ध लिखा ही नहीं जा सकता। 'ओऽम्' को लिखने की तो एक विधि है, पर उसके उच्चारण की अनेक विधियाँ हैं। हर व्यक्ति 'ओऽम्' को अपनी-अपनी तरह से उच्चरित करेगा और इस उच्चारण से जो ध्वनि उत्पन्न होगी वह कितनी सही है या कितनी गलत, यह केवल श्रुति परंपरा संपन्न सिद्ध गुरु ही जान सकता है। यह पठन-पाठन से कभी न जाना जा सकता है, न जाना जा सकेगा। किसी ध्वनि का क्या स्तर है, किस स्तर में कौन अक्षर कितना उच्चरित हो रहा है, स्वर का प्रयोग किस भाव से किया जा रहा है, उसमें कितना उतार-चढ़ाव है, स्वर का उच्चारण कंठ के किस भाग से हो रहा है, उसमें जिह्वा का कितना प्रयोग है, आदि अनेक विधान हैं। ध्वनि की इस विशेषता के कारण ही भारतीय संस्कृति ने 'मंत्र परंपरा' को चुना और उसे 'श्रुति' को समर्पित कर दिया। यह श्रुति ही भारतीय ज्ञान का विशिष्ट भंडार है। ध्वनि सिद्ध व ध्वनि रचित ये सभी श्रुतियाँ, मानवता को भारत की अद्‌भुत व रहस्यमयी देन हैं। इनकी रक्षा होनी चाहिए; पर हो कैसे? वेद मंत्रों का आज भी उच्चारण होता है; पर ये मंत्र व्यक्ति, वातावरण व शरीर पर उस प्रकार का प्रभाव नहीं छोड़ पा रहे हैं, जैसीकि उनसे आशा की जाती रही है। पर इसमें दोष मंत्र का नहीं है; दोष है मंत्र के अशुद्ध उच्चारण का; दोष है श्रुति परंपरा के प्रति उदासीनता का।

भारतीय ऋषि की यह मान्यता है कि हर ध्वनि को लोक-कल्याण हेतु प्रयोग में लाया जा सकता है। ध्वनि के शिव रूप से जितना व जैसा परिचय भारतीय ऋषियों का रहा है वैसा विश्व में अन्यत्र नहीं दिखाई देता। तिब्बत और बाद में चीन व जापान में बौद्ध संन्यासियों ने ध्वनि के इस महत्त्व का बहुत गंभीरता से अध्ययन किया और इस विद्या में उन्होंने बहुत कुछ प्राप्त भी किया। जापानी मठों में अभी भी ध्वनि परंपरा को बनाए रखने की चेष्टा की जाती है। आज भी तिब्बत के सिद्ध लामा ध्वनि की शक्ति को पहचानते हैं; पर अब सिद्ध संन्यासी आसानी से दिखाई नहीं पड़ते। वे लुप्त होते जा रहे हैं और लुप्त होती जा रही है भारतीय संस्कृति की एक अमूल्य व अद्‌भुत धरोहर।

भारतीय ऋषि की मान्यता है कि ध्वनि का शिव रूप पहचानने से तथा उसके शिव निमित्त प्रयोग से व्यक्ति व वातावरण में अद्‌भुत परिवर्तन संभव है। इस मान्यता को हम लकीर के रूप में आज भी पूरे भारतवर्ष में पीट रहे हैं। हमारे यज्ञ, अनुष्ठान व सभी मंगल कर्म वेद मंत्रों से ध्वनित तो होते हैं, पर न सही उच्चारण है, न सही ज्ञान, न सही अवसर, न सही प्रयोग; फिर भी एक रूप

में ध्वनि के प्रति आज भी भारत में विशेष रुचि है और वह हमें संगीत में देखने को मिलती है। भारतीय संगीत की जितनी भी राग-रागिनियाँ हैं, उनमें ध्वनि व स्वर का बहुत अधिक महत्त्व है। काव्यजनित मान्यता यह है कि सभी संगीत, सभी राग और रागिनियाँ शिव के डमरू के नाद से उत्पन्न हुई हैं। इसका भावार्थ यह है कि प्रत्येक राग और रागिनी का मानव जीवन में अत्यधिक महत्त्व है। हर राग के अपने स्वर हैं, हर स्वर का अपना कण है। किस स्वर को कितना आंदोलित किया जाए, इसका भारतीय संगीत में एक विधान व व्याकरण है। मान्यता यह है कि हर नाद का एक व्याकरण है, उसकी अपनी तारता, तीव्रता तथा गुण है; उसकी अपनी विशेष जाति है और उसका अपना आकार है। भारतीय संगीत के जो आदि विशेषज्ञ हैं, उन्होंने स्वरों की संख्या सात मानी है और एक सप्तक के अंतर्गत छियासठ श्रुतियाँ मानी हैं; पर आज कोई भी इन छियासठ श्रुतियों को सही ढंग से बता सकने में समर्थ नहीं है। वर्तमान समय में एक सप्तक में मात्र बाईस श्रुतियों की ही पहचान कर सकने में हम समर्थ हैं। इन श्रुतियों को सिद्ध करने के लिए भारतीय ऋषि ने जिस वाद्य का आविष्कार किया उसका नाम है वीणा। पर अब वीणा का भी प्रचलन कम हो चुका है। हाँ, गायन के स्तर पर राग और रागिनियों की विशेषता अभी भी देखने को मिलती है। आज गायन विद्या के ऐसे सिद्ध साधक हैं जो मानव चेतना को न केवल झंकृत कर सकने में समर्थ हैं, बल्कि उसे शांति और आनंद के लोक में भी ले जाने में समर्थ हैं। भारतीय गायन के संबंध में किंवदंतियाँ बहुत हैं; पर उनपर कोई भी टिप्पणी न करते हुए ध्वनि का जो शिवतत्त्व है और भारतीय संस्कृति में संगीत का जो स्थान है, उसपर ही यहाँ संक्षेप में कुछ स्पष्ट करने की चेष्टा की गई है।

भारतीय संगीत के आदिग्रंथ के रूप में 'सामवेद' का नाम लिया जाता है। सामवेद गायन का उद्देश्य चेतना के ऊर्ध्वारोहण के मार्ग खोलना और इंद्रियातीत आनंद को उपलब्ध कराना है। सामवेद गायन आध्यात्मिक साधना का एक अंग है। आध्यात्मिक साधना का अर्थ होता है अहं व स्वार्थ का परित्याग और स्वयं का परम सत्ता के प्रति समर्पण। परम सत्ता के प्रति अर्थात् सत्य और शिवतत्त्व के प्रति सतत संचेतनबोध ही भारतीय संगीत के मूल में है। यह संगीत ऋषियों, महर्षियों, साधुओं व संन्यासियों द्वारा विकसित व पोषित हुआ और मानव की चेतना के विकास का एक सार्थक वाहक बना। संगीत द्वारा भी आध्यात्मिक उन्नति व परमानंद में प्रवेश संभव है; यह भारतीय संगीत की स्पष्ट स्थापना है और इसीलिए भारतीय संस्कृति ने संगीत को इंद्रियों की क्षुधा शांत

करने का साधन न मानकर उसे आध्यात्मिक ऊर्ध्वारोहण की एक विधि माना है। पश्चिमी चिंतन तथा आधुनिक चिंतन में संगीत को विलासिता व भोग में रस लेने का तथा ऐंद्रिक आनंद की प्राप्ति का एक साधन माना जाता है। पश्चिम में आज संगीत का प्रयोग मादक द्रव्य के रूप में होने लगा है; पर यह स्थिति भारतीय ऋषि को कभी भी स्वीकार नहीं। भरत मुनि ने संगीत पर जो टीका लिखी है उससे भी यही स्पष्ट है। यह ठीक है कि बाद में यवनों का आक्रमण हुआ और भारतीय संगीत पर उसका प्रभाव पड़ा; पर संगीत को फिर भी मंदिरों में ही अधिक महत्त्व मिला। राजदरबारों में जिस संगीत की प्रतिष्ठा होती रही, उस संगीत ने भी अपने मूलाधार का परित्याग नहीं किया। भरत मुनि के उपरांत भारतीय संगीत को जिन्होंने आधार प्रदान किया, उनमें शार्ङ्गदेव का नाम प्रमुख है। भारत के संगीतज्ञों ने राग-रागिनियों तथा स्वरों का प्रयोग उपासना के रूप में किया। यही है भारतीय संगीत का वैशिष्ट्य। नाद की उपासना को ब्रह्म की उपासना मानकर साधना करने के विधान ने भारतीय संगीत को जो आध्यात्मिक स्तर प्रदान किया है, वैसी स्थिति संगीत के संदर्भ में भारत के अतिरिक्त विश्व में और कहीं नहीं मिलती। 'नाद ब्रह्म का ही रूप है, अतः उसे प्रणाम करो और उसके प्रति पूर्णरूप से समर्पित हो जाओ', ऐसा भाव रहता है भारतीय संगीतज्ञ का। भारतीय गायक या वादक अपना गायन या वादन प्रारंभ करने के पहले सदैव अपने गुरु को प्रणाम करता है, इष्टदेव का स्मरण करता है और जो वाद्य हैं, उन्हें इतनी अधिक श्रद्धा से स्पर्श करता है, जैसेकि वह किसी जीवित व्यक्ति का चरण स्पर्श कर रहा हो। वाद्यों के चरण स्पर्श करने की यह परंपरा भारत के अतिरिक्त विश्व में कहीं नहीं है। यह इसीलिए प्रारंभ हुई, क्योंकि वाद्य को भी शिवतत्त्व का प्रतीक व उद्घोषक माना गया।

संगीत की तरह भारतीय नृत्य भी शिवतत्त्व से ही पूरी तरह प्रसूत है। यह ठीक है कि कालांतर में राजदरबारों का प्रभाव भारतीय नृत्य पर पड़ा, पर भारतीय नृत्य की शुद्धता उसके शिवतत्त्व में ही है। मुगल संस्कृति के प्रभाव में आकर भारत में नृत्यकला रसिक प्रधान अधिक बनी; पर भारतीय नृत्य की हर शैली में शिव की आराधना का महत्त्व है और पूरा-पूरा स्थान है। यह निर्विवाद भारतीय मान्यता है कि नृत्य भी शिव प्रसूत है। काव्यात्मक वर्णन के अनुसार, शिव ने अपने आनंद को और बाद में अपने रोष को भी नृत्य के माध्यम से ही अभिव्यक्त किया। नृत्य के संदर्भ में 'नटराज' भारतीय संस्कृति का सुंदरतम प्रतीक है। यह एक मनोवैज्ञानिक सत्य है कि जब व्यक्ति का चित्त सर्वकल्याणकारी भाव से भर जाता है तो उसका समस्त शरीर एक नैसर्गिक

आनंद से स्फुरित हो उठता है तथा उसके अंग संचालन की गति, उसकी भाव-भंगिमा, उसके नेत्र, उसकी मुसकान अनुग्रह व कृतज्ञता से परिप्लावित हो उठती है। ऐसे सर्वकल्याणकारी चित्त की गति, उसके बोलने व बैठने का ढंग, उसकी मुद्राएँ आनंद की श्रेष्ठतम अभिव्यक्ति बन जाती हैं तथा जीवन में एक लयबद्धता आ जाती है। यही भारतीय नृत्य की विशेषता है। भारतीय नृत्य केवल लय या थिरकन नहीं है, न अंग संचालन मात्र है। शरीर जब प्रकृति के आनंद के साथ अपने को लयबद्ध कर लेता है, जब शरीर मन द्वारा संचालित व नियंत्रित न होकर अतिमानस की आनंदमयी रसधार में डूबकर अपने को विस्मृत कर केवल परम सत्ता के प्रति समर्पित होते हुए झूमने लगता है, तब नृत्य की श्रेष्ठतम मुद्राओं का जन्म होता है। ऐसी स्थिति में अंग संचालन की एक-एक मुद्रा दिव्यता का प्रतिबिंब बन जाती है। ऐसा लगने लगता है, जैसे हर अंग संचालन से दिव्य चेतना झर रही हो। भारतीय नृत्य का एकमात्र उद्देश्य परम सत्ता—जो सत्य है, शिव है और अति सुंदर है—उसके ही प्रति पूर्ण समर्पण, उसका ही नमन, उसके ही वैशिष्ट्य का स्फुरण, प्रकटन व अभिनंदन है।

शिव अपने लास्य रूप में नटराज हैं और अपने तांडव रूप में महाकाल। लास्य सृजन का प्रतीक है और तांडव विध्वंस का। जन्म और मृत्यु भारतीय संस्कृति के हर अंग से जुड़े हैं। जन्म और मृत्यु का जो भाव भारतीय संस्कृति में है वह किसी भी अन्य संस्कृति में नहीं है। हमारी दार्शनिक मान्यता है कि यथार्थ में न तो जन्म होता है, न मृत्यु। जिसे हम जन्म कहते हैं, उसका अर्थ है अज्ञात जगत् से ज्ञात जगत् में प्रवेश। मृत्यु का अर्थ है ज्ञात का पुनः अज्ञात में लीन हो जाना। यह यात्रा है—जो अज्ञात है वही ज्ञात बनता है और पुनः अज्ञात में लुप्त हो जाता है। यह सारी प्रक्रिया लय प्रधान है, इसमें एक प्रकार की क्रमबद्धता है। जन्म का अर्थ ऐसा नहीं है कि जो नहीं था, उसका निर्माण हो गया। जन्म का अर्थ है जो अज्ञात में छिपा था, वह प्रकट हो गया तथा जो प्रकट हुआ है वह कुछ समय उपरांत पुनः पूर्व स्थिति धारण कर लेगा, अर्थात् अज्ञात में विलीन हो जाएगा। इसे ही हम मृत्यु कहकर संबोधित करते हैं। अपने ही वास्तविक स्वरूप में पुनः विलीन हो जाना, अपने अखंड स्वरूप में पुनः प्रवेश तथा स्वयं के शाश्वत तत्त्व में लय हो जाना ही मृत्यु है।

अंततः जन्म-मृत्यु के रहस्य का सूत्र यह है कि जो शिव है वह कभी 'अशिव' हो ही नहीं सकता। 'अशिव' मात्र एक अध्यास है, माया है, कल्पना है, विकृति है; इसे अज्ञात भी कहा जाता है और अज्ञेय भी। भारतीय ऋषियों ने सत्य का साक्षात्कार करते हुए मानव के अमरत्व को प्रतिपादित किया है।

भारतीय ऋषि मानवमात्र को 'अमृतस्य पुत्राः' कहकर संबोधित करता है। आत्मा की इस अमरता के तात्त्विक बोध ने भारतीय संस्कृति को सभी स्तरों पर प्रभावित किया है। इस बोध ने ही भारतीय को परम वीर, परम साहसी बनाया है और सत्य के प्रति अटल आग्रह रखने की संकल्प शक्ति प्रदान की है। जब सिकंदर भारत पहुँचता है और संन्यासी को मृत्युदंड की धमकी देता है तो संन्यासी सिकंदर की मूर्खता पर हँसने लगता है और उसका पहले से भी अधिक उपहास उड़ाता है। औरंगजेब द्वारा गुरु तेगबहादुर को मृत्युदंड दिया जाता है और इसे गुरु महाराज हँसते हुए स्वीकार कर लेते हैं। गुरु के पुत्रों को औरंगजेब दीवार में चुनवा देता है, पर वे वीर आत्मा की अमरता को जानते हुए हँसते-हँसते अपना शरीर बलिदान कर देते हैं। भारतीय इतिहास ऐसे असंख्य उदाहरणों से भरा हुआ है, जहाँ मृत्यु का भय है ही नहीं। पुनर्जन्म के प्रति विश्वास और आत्मा की अमरता ने भारतीय चिंतन, दर्शन तथा संस्कृति को जो वैशिष्ट्य प्रदान किया है वह विश्व में कहीं उपलब्ध नहीं है। भारत का कोई भी ऐसा पौराणिक साहित्य है ही नहीं जिसमें आत्मा की अमरता के महत्त्व को स्वीकार न किया गया हो। इस आत्मतत्त्व का साक्षात्कार ही भारत की चेतना का सदैव प्रमुख लक्ष्य रहा है। यह एक पृथक् बात है कि आत्मतत्त्व के प्रति जो सतत सचेतन बोध था, समय के साथ तथा विदेशी संस्कृतियों के प्रभाव में आकर उसमें कमी आई और अब सामान्य व्यक्ति जीवन और मृत्यु के प्रति लगभग वैसी ही धारणा रखने लगा है जैसीकि पश्चिम की संस्कृतियों में है। आत्मतत्त्व के बोध के प्रति भी वह उदासीन होता जा रहा है; पर इस उदासीनता के उपरांत भी भारतीय नागरिक के अवचेतन मन में आत्मा की अमरता के प्रति आज भी पूर्ण विश्वास है और जबतक यह है, भारतीय संस्कृति के स्वर्णिम युग के लौटने की संभावना बनी रहेगी। आत्मतत्त्व के इस बोध ने ही सर्वकल्याण के भाव को जन्म दिया है। सर्वकल्याण की आधारशिला है एक ही आत्मा का सर्वव्यापी होना। जब सभी एक ही ईशत्व (आत्मा) से सृजित हैं तो सर्वकल्याण के अतिरिक्त कोई अन्य विचार मात्र घोर अज्ञान ही है। एक बार जिसे आत्मतत्त्व का बोध हो जाए, सर्वकल्याण के मार्ग पर चलना उसका अंतरंग स्वभाव बन जाता है। जो आत्मज्ञानी हैं वे सर्वहित के प्रति सदैव पूर्ण समर्पित रहेंगे। इसीलिए भारतीय ऋषि ऐसे संस्कारों को देने में सदैव प्रयत्नशील रहे हैं, जो चेतना को आत्मज्ञान की ओर मोड़ सकें। आत्मज्ञान की इस चेतना में कर्मकांड अथवा सांप्रदायिकता का कोई भी स्थान नहीं है। आत्मज्ञान की उपलब्धि न कर्मकांड से संभव है, न जप से, न तप से, न देवी-देवताओं की ओर उन्मुख होने से; यह आत्मज्ञान तर्क

अथवा पठन-पाठन से भी उपलब्ध नहीं होता। केवल वे ही आत्मज्ञान को उपलब्ध हो पाते हैं जो अंतस में झाँककर अपनी वृत्तियों का अध्ययन करना जानते हैं। अंतस में बैठे पशुत्व पर जैसे ही व्यक्ति की दृष्टि जाती है, वह पशु पहले छिपने की चेष्टा करता है, फिर धीरे-धीरे अपने को विचलित करने लगता है। भारतीय ऋषि मानते हैं कि पशुत्व मात्र एक आवरण है, जो आत्मतत्त्व को ढके रहता है; पर जैसे ही व्यक्ति सचेतनबोध से भर जाता है, यह आवरण मात्र दृष्टिपात से क्षीण होने लगता है। यही है आत्मतत्त्व का वरण। 'मुंडकोपनिषद्' में इस संदर्भ में एक श्रेष्ठ श्लोक है—

नायमात्मा प्रवचनेन लभ्यो
न मेधया न बहुना श्रुतेन।
यमेवैष वृणुते तेन लभ्य-
स्तस्यैष आत्मा विवृणुते तनुं स्वाम्॥

यह आत्मा न तो प्रवचन से प्राप्त होती है, न स्मरणशक्ति या बुद्धिबल से। यह श्रवण और श्रुति अध्ययन से भी उपलब्ध नहीं होती। जो साधक (जीवन के कर्मक्षेत्र में) आत्मा का वरण करता है, उसे ही आत्मा (आत्मज्ञान) उपलब्ध होती है; अर्थात् उसे ही आत्मा अपना स्वरूप व्यक्त करती है।

'मुंडकोपनिषद्' का यह मंत्र भारतीय संस्कृति का मेरुदंड है। आत्मज्ञान को प्राप्त करने के लिए कर्मक्षेत्र में, अर्थात् जीवन के हर क्षेत्र में, आत्मा का ही वरण करना होगा; अर्थात् सभी में एक ईशत्व का वास देखना होगा। शिवत्व प्राप्त करने का यही एकमात्र मार्ग है। हमारा हर कर्म इस चेतना से प्रभावित होना चाहिए कि सर्वत्र एक ही आत्मा का वास है, सभी आत्मरूप ही है। प्राणिमात्र ही नहीं, जिसे हम जड़ मानते हैं, वे भी आत्मरूप ही हैं—यह भाव हमारे समस्त कर्मक्षेत्र, विचारक्षेत्र व ज्ञानक्षेत्र का आधार बनना चाहिए।

भारतीय ऋषि विगत लगभग हजारों वर्षों से यही प्रतिपादित करता आया है कि मानवमात्र के कल्याण के लिए उचित यही होगा कि व्यक्ति सदैव आत्मतत्त्व से ओत-प्रोत होकर अपना आचरण करे—इसीके लिए उसे सदैव प्रयत्न करने हैं। इसीसे उसे अपने को हर क्षण संस्कारित करना है। आत्मतत्त्व से शुद्ध किए गए तथा प्रसूत संस्कार ही जीवन को सुखमय, आनंदमय व समृद्ध बना सकने में समर्थ हो सकते हैं। भारतीय ऋषि की बार-बार यही घोषणा रही है कि इसके अतिरिक्त कोई अन्य उपाय है ही नहीं, जिससे मानव को वास्तविक सुख-समृद्धि उपलब्ध हो सके।

भारतीय मनीषा एक संपूर्ण रूप से समृद्ध जीवन जीने की पक्षधर है।

जीवन को एकांगी बनाना भारतीय मनीषा का लक्ष्य कभी भी नहीं रहा। यद्यपि यह विचारधारा भी भारत में प्रतिपादित होती रही है कि केवल व्यक्ति को आध्यात्मिकता से ओत-प्रोत, संन्यास प्रधान अर्थात् त्याग प्रधान जीवन जीना चाहिए; पर इस 'श्रमण प्रधान' विचारधारा के भी दो भाष्य किए गए। एक में संन्यास का अर्थ संसार का परित्याग लिया गया और दूसरे में मानसिक संन्यास की बात कही गई। इन्हें 'प्रवृत्ति मार्ग' और 'निवृत्ति मार्ग' से जाना गया। पर उपनिषद्कालीन ऋषि का उद्घोष संसार के बहिर्मुखी त्याग से नहीं रहा; उसका उपदेश रहा—'तेन त्यक्तेन भुंजीथा मा गृधः कस्य स्विद् धनम्'। यहाँ वृत्ति को सारा महत्त्व दिया गया है। 'ईशावास्योपनिषद्' का यह प्रथम मंत्र भारत के सांस्कृतिक जीवन को सर्वाधिक सुंदर ढंग से प्रतिपादित करता है—

ईशा वास्यमिदँ सर्वं यत्किंच जगत्यां जगत्।
तेन त्यक्तेन भुंजीथा मा गृधः कस्य स्विद् धनम्॥

इस विश्व में जो कुछ स्थावर-जंगम है, वह ईशत्व द्वारा आच्छादित है, इसलिए (रे मानव!) तू इसका उपभोग त्याग की भावना को सर्वोपरि रखते हुए कर। किसी अन्य के धन के प्रति गिद्धदृष्टि (लोभदृष्टि) न रख।

अनंत जग के प्रति जो जीवनदृष्टि भारतीय मनीषा ने दी है वह प्रेम, एकत्व व सद्भाव से इतनी सराबोर है कि वैसा कोई अन्य उदाहरण कहीं अन्यत्र उपलब्ध है ही नहीं। इस सद्वृत्ति से परिपूर्ण होकर आजीवन कर्मपथ पर चलते रहने का आह्वान है भारतीय संस्कृति में। भारतीय मनीषा ने पलायनवाद का समर्थन कभी नहीं किया; फिर भी भारतीय संस्कृति में पलायनवाद आया। यह अपने आपमें एक बहुत बड़ी दुर्घटना है। भारतीय संस्कृति के जीवनकाल में एक समय ऐसा भी आया जब जनमानस को यह विचार भी दिया गया कि—

अजगर करे न चाकरी पंछी करे न काम।
दास मलूका कह गए सबके दाता राम॥

जिन महान् संतों ने लौकिक जीवन के त्याग का उपदेश दिया और संन्यास वृत्ति अर्थात् निवृत्ति मार्ग का अनुसरण किया, वे कितने सही थे या कितने गलत, चर्चा का विषय यहाँ यह नहीं है; बात केवल यह है कि संसार से विरक्त रहने के इस भाव ने अंततः सामान्य भारतीय जीवन को अतिभाग्यवादी बना दिया तथा उसे अकर्मण्यता की गहरी खाई में धकेल दिया। इस स्थिति का गंभीर वर्णन आधुनिक भारत में गीता के श्रेष्ठतम व्याख्याकार ब्रह्मलीन स्वामी चिन्मयानंद ने 'ईशावास्य उपनिषद्' की अपनी टीका में करते हुए कहा है कि "अधःपतित हिंदुओं ने यह धारणा बना ली कि वेदांत पलायनवाद की शिक्षा

देता है। हमारी यह भ्रामक धारणा संभवतः तथाकथित पंडितों के कथा-प्रवचनों को सुनकर बनी। आजकल पौराणिक कथाओं को तोते के समान दोहराने को ज्ञान, शिक्षा व पांडित्य का लक्षण माना जाने लगा है। इस प्रकार की विपरीत धारणाओं के कारण हमारा निरंतर पतन होता जा रहा है और इससे हम वेदांत के विषय में न केवल अज्ञानी ही बने हुए हैं, वरन् हम वेदांतविषयक अपनी मिथ्या धारणाओं को निर्लज्जतापूर्वक निर्णायक मत के रूप में भी घोषित कर रहे हैं; परंतु यहाँ तो वेदांत के ग्रंथ का ही एक मंत्र वेदांत पर लगाए गए पलायनवाद के आरोप का सर्वथा खंडन करता है। ज्ञान व संन्यास के मार्ग पर चलने में असमर्थ व्यक्तियों के लिए यहाँ कर्म का ही उपदेश दिया गया है। ईशोपनिषद् का द्वितीय मंत्र यह बताता है कि मनुष्य को मानव की सेवा ईश्वर की पूजा समझकर करते हुए ही जगत् में पूरे सौ वर्ष की आयु की कामना करनी चाहिए।

''उपनिषद् इस बात को दोहराता है कि—'तुम्हारे लिए इसके अतिरिक्त और कोई उचित मार्ग नहीं है।' इस बात पर बल देकर यह मंत्र अन्य संभावनाओं का निषेध करता है। जो पुरुष उत्साह के साथ अपने कर्तव्यों का पालन करते हुए जीवन में आनेवाली चुनौतियों का सामना साहस के साथ करता है, उसे कर्म कभी बंधन में नहीं डाल सकते हैं एवं (इस प्रकार) इस स्थल पर उन कर्मों को करने का उपदेश दिया गया है जो निरहंकार और निस्स्वार्थ भाव से ईश्वर को अर्पण करके किए जाते हैं। ऐसे कर्म प्रशंसनीय हैं, क्योंकि वे आध्यात्मिक उन्नति में बाधक नहीं होते हैं। वस्तुतः ये कर्म तो चित्त को शुद्ध करनेवाले होने के कारण ध्यानाभ्यास द्वारा मुक्ति प्राप्त करने में सहायक होते हैं। एवं (इस प्रकार) शब्द का संदर्भ पूर्व मंत्र के ज्ञान से हो सकता है अथवा उपनिषद् द्वारा प्रतिपादित कर्ममार्ग से भी हो सकता है। किसी भी दृष्टि से देखने पर इसका अभिप्राय यही ज्ञात होता है कि पूर्णत्व को प्राप्त ज्ञानी पुरुष को भी लोकसंग्रह की दृष्टि से कर्म करने चाहिए और साधक के लिए तो कर्म आवश्यक ही हैं, क्योंकि वे वासनाक्षय के द्वारा साधक को चित्तशुद्धि प्रदान करते हैं।''

इतनी बात यहाँ स्पष्ट रूप से समझ लेनी चाहिए कि भारतीय संस्कृति में जो शिवतत्त्व है वह गति का, कर्म का और शक्ति का प्रतीक है। इस गति, कर्म और शक्ति की त्रिवेणी से ऐसी सृजनात्मकता का बोध होता है जो सर्वकल्याणकारी हो। कोई भी कार्य तभी सबके लिए कल्याणकारी होगा जब वह अहंकार, आसक्ति और स्वार्थ से शून्य हो। कर्म में अहंकारशून्यता, अनासक्ति भाव और निस्स्वार्थ का समावेश ही उसे सर्वश्रेष्ठ गति और वास्तविक सृजनात्मक शक्ति प्रदान करता है।

'ईशावास्य उपनिषद्' में भारतीय संस्कृति का सारतत्त्व छिपा हुआ है। इसकी घोषणाएँ मानवमात्र के लिए हैं; उन्हें किसी जाति, धर्म, क्षेत्र या काल विशेष से या राष्ट्र अथवा समाज विशेष से नहीं बाँधा जा सकता। इसमें प्रतिपादित मनोवैज्ञानिक सत्य व उद्घोष मानवमात्र के लिए है। इस सारतत्त्व का संबंध न तो किसी उपासना-पद्धति से है, न कर्मकांड से और न किसी अंध आस्था अथवा अंधश्रद्धा से। सारा ज्ञान इस बात पर बल देता है कि मानव को जीवनपर्यंत कर्म ही करते रहना चाहिए; पर मानव का यह कर्ममार्ग त्याग के भाव से प्रेरित होना चाहिए। त्याग के भाव से प्रेरित होने का अर्थ है स्वार्थ त्याग, अहंकार त्याग, आसक्ति त्याग। त्याग का अर्थ यहाँ निष्कर्मता या अकर्मण्यता से नहीं है। 'ईशोपनिषद्' के प्रथम मंत्र में ही भारतीय संस्कृति का मर्म निहित है। ऐसा लगता है कि भारतीय मनीषियों ने जो जीवन-दर्शन तथा जो संस्कृति प्रतिपादित की, उसमें ईशोपनिषद् को ही अपना आधार बनाया है। इसी आधार पर भारतीय मनीषा ने यह प्रतिपादित किया कि आत्मतत्त्व का अर्थ सर्वज्ञता को आत्मसात् करते हुए जीवन में सतत कर्म करते रहना है। यहाँ जीवन में उपभोग का परित्याग करने की कहीं कोई सलाह नहीं है, जीवन में जगत् का प्रयोग किस प्रकार की त्यागवृत्ति को धारण करते हुए करना है, केवल यही बताया गया है इस ईश उपनिषद् में। यह एक मनोवैज्ञानिक सत्य है कि लोभ के कारण ही मनुष्य की प्रवृत्ति अधिकाधिक परिग्रह की होती है और चूँकि परिग्रह की कोई सीमा नहीं होती, अतः व्यक्ति केवल अपने स्वार्थ में जीने लगता है तथा समाज का वह शोषण भी करने लगता है। भारतीय मनीषा ने इस वृत्ति के पूर्ण परित्याग का उपदेश दिया है। ज्ञान और कर्म का जैसा अद्भुत संगम भारतीय संस्कृति के आदि विचारकों व प्रणेताओं ने प्रतिपादित किया, यदि इस राष्ट्र ने उसका परित्याग न किया होता तो आज भारतीय समाज जिस पतन की स्थिति को प्राप्त हुआ है वैसा हो ही नहीं सकता था। भारत के पतन का मूल कारण ही यह रहा कि स्वार्थ, लोभ और अहंकार के प्रभाव से हमने अपने जीवन-मूल्यों में भी परिवर्तन करना प्रारंभ कर दिया। स्वार्थ व लोभवश उपनिषद् वाक्यों के श्रेष्ठ भाव को हमने जीवन में उतारने से इनकार कर दिया और हर स्तर पर वे प्रवृत्तियाँ बढ़ती चली गईं जिनमें दूसरों के अधिकारों को जानबूझकर कुचला गया, दूसरे के 'धन और संपदा' पर हठपूर्वक गिद्ध दृष्टि डाली गई, व्यक्ति ने व्यक्ति का खुला शोषण करना प्रारंभ कर दिया और धीरे-धीरे सारा समाज कलह, कुंठा और अन्याय से भर गया। अब समय आ गया है कि भारतीय संस्कृति के शिवतत्त्व को सही रूप में समझा जाए, उसे जनजीवन में उतारा जाए और अकर्मण्यता से समाज को उबारा जाए। भारतीय

समाज केवल शिवतत्त्व को ग्रहण करके ही जीवंत बन सकता है और शिवतत्त्व से ही भारतीय संस्कृति का वास्तविक उद्धार होगा।

भारतीय संस्कृति को किसी भी नए जीवन-मूल्य की आवश्यकता नहीं है; बस आवश्यकता इस बात की है कि उसे सत्कर्म में, सृजन कर्म में, अनासक्ति कर्म में पुनः प्रवृत्त किया जाए। हमारे समस्त राष्ट्र का लक्ष्य होना चाहिए—'इह कर्मणि कुर्वन एव', अर्थात् कर्म करते हुए ही जीवन का उपभोग करना है। भारतीय संस्कृति के लिए कर्म की महत्ता अपरिहार्य है। हर स्थिति में व्यक्ति को कर्म तो करना ही होगा। जो अत्यंत ज्ञानी हैं और महान् आध्यात्मिक संत हैं, उन्हें भी लोकसंग्रह की दृष्टि से शिवत्व प्रधान कर्म करना होगा। भारतीय संस्कृति ने इसीलिए 'चरैवेति' को महामंत्र माना है। "चलते रहो, चलते रहो, हे श्रीमान्, तुम चलते रहो, अर्थात् निरंतर कर्म करते रहो; देखो सूर्य की ओर, लो उससे प्रेरणा—वह कभी विश्राम नहीं करता।" इस भाव को हृदयंगम करने की बात भारतीय ऋषि ने अनेक बार अनेक तरह से कही है। जो कर्म अनासक्त होकर, कर्तव्यभाव से निस्स्वार्थता व अहंशून्यता से किए जाते हैं, वे कर्म पुरुष को अशांत नहीं करते, समाज का अकल्याण नहीं करते, उनसे समाज का संवर्धन ही होता है। अतः जीवनपर्यंत कर्म ही करने होंगे—यही भाव गीता में है, यही ईशोपनिषद् में है। ईशोपनिषद् कहता है—यहाँ (इस जगत् में) कर्म करते हुए ही मनुष्य को एक सौ वर्ष जीने की इच्छा करनी चाहिए। इस प्रकार तुम्हारे लिए इसके अतिरिक्त कोई अन्य मार्ग नहीं है। ऐसे पुरुष को कर्म नहीं बाँधते। पर भारतीय मनीषा जिस प्रकार के कर्म की बात कर रही है, वे कर्म अहंकार-शून्य हैं, प्रमादशून्य हैं तथा लोभ और मोह से भी रहित हैं। यह भाव ही वह शिवतत्त्व है, जिससे वर्तमान भारत के समस्त कर्म संचालित और प्रवर्तित होने चाहिए। यही है 'धर्मचक्र का प्रवर्तन' और यही है शिव शक्ति का सृजन।

'ईशोपनिषद्' की तरह ही 'श्रीमद्भगवद्गीता' का भी भारतीय संस्कृति पर बहुत प्रभाव पड़ा। ऐसा लगता है जैसेकि गीता के अठारह अध्याय, ईशोपनिषद् के अठारह मंत्रों से लिये गए हैं। महर्षि वेदव्यासरचित महाग्रंथ केवल कर्म की अनिवार्यता व महिमा को ही प्रतिपादित करता है और इसीलिए इसे कर्मयोग के महान् ग्रंथ के रूप में आज विश्व में मान्यता प्राप्त है। कर्म के संदर्भ में जो गीता का निष्कर्ष है, वही भारतीय संस्कृति का भी है। व्यक्ति अपने जीवन में एक क्षण भी बिना कर्म के नहीं रह सकता—

न हि कश्चित्क्षणमपि जातु तिष्ठत्यकर्मकृत्।

—श्रीमद्भगवद्गीता, ३-५

और इसीलिए आगे यह स्पष्ट निर्देश दिया गया है कि—

नियतं कुरु कर्म त्वं कर्म ज्यायो ह्यकर्मणः।
शरीरयात्रापि च ते न प्रसिद्ध्येदकर्मणः॥

—श्रीमद्भगवद्गीता, ३-८

बार-बार भारतीय संस्कृति का इसी बात पर बल है कि हर व्यक्ति को नियत किए हुए कर्तव्य कर्म करते रहना चाहिए; क्योंकि कर्म न करने की अपेक्षा कर्म करना श्रेष्ठ है। कर्म न करने से तो शरीर निर्वाह भी सिद्ध नहीं होगा, अतः रे मानव! तू सतत नियत कर्म कर, नियत कर्म कर, कर्तव्य-पथ पर चलता रह, चलता रह, यज्ञार्थ चलता रह, लोक-कल्याणार्थ चलता रह, लोकसंग्रह हेतु चलता रह, सर्वकल्याण हेतु चलता रह। यही है शिवत्व का वास्तविक रूप। यज्ञार्थ नियत कर्म में ही है शिवत्व की वास्तविक अभिव्यक्ति; यज्ञार्थ कर्म ही है शिवत्व की वास्तविक शक्ति और इसीलिए भारतीय संस्कृति में गीता के इस श्लोक को दिशानिर्देशक माना गया, जिसमें कहा गया है—

'मा ते संगः अस्तु अकर्मणि'—कर्म न करने में तेरी तनिक भी आसक्ति न हो। इसका पूरा श्लोक भारतीय चेतना का आराध्य बन गया है और पूरा श्लोक है—

कर्मण्येवाधिकारस्ते मा फलेषु कदाचन।
मा कर्मफलहेतुर्भूर्मा ते सङ्गोऽस्त्वकर्मणि॥

—श्रीमद्भगवद्गीता, २-४७

भारतीय संस्कृति कहती है कि हमारे समस्त कर्म यज्ञार्थ होने चाहिए—

यज्ञार्थात्कर्मणोऽन्यत्र लोकोऽयं कर्मबन्धनः।
तदर्थं कर्म कौन्तेय मुक्तसङ्गः समाचर॥

—श्रीमद्भगवद्गीता, ३-९

इसका आशय है कि अपने स्वार्थ, सुख व अहंकार की तुष्टि के लिए किए गए कर्म तो बंधनकारक अर्थात् अशांति देनेवाले हैं; पर जो कर्म लोक-कल्याण के निमित्त आसक्तिरहित होकर तथा निरहंकार स्थिति में किए जाते हैं वे ही वास्तविक शांति प्रदान करते हैं। आसक्ति व स्वार्थ भाव का परित्याग ही चेतना का वास्तविक ऊर्ध्वारोहण है और यही है ज्ञान।

भारतीय संस्कृति में यज्ञ की बड़ी महिमा है। यज्ञ का अर्थ कर्मकांड प्रधान हवन-पूजन से नहीं है, यहाँ यज्ञ भावना का अर्थ है, सर्वकल्याण की भावना से लिया गया संकल्प। यज्ञ तभी तक यज्ञ है जबतक वह सर्वकल्याण के भाव से प्रेरित हो। जहाँ स्वार्थ, अहंकार या मोह आया, वहाँ यज्ञ अपना 'शिव स्वरूप' छोड़ देता है। दूसरे शब्दों में यह कहा जा सकता है कि शिवत्व में

स्थित होकर ही कर्तव्य कर्म करने चाहिए। शिव की उपस्थिति के बिना लिया गया संकल्प यज्ञ नहीं कहला सकता। यह भाव एक पौराणिक कथा में बड़े सुंदर ढंग से व्यक्त किया गया है। इस कथा के अनुसार, दक्ष प्रजापति एक यज्ञ का आयोजन करते हैं, पर उस यज्ञ में वे शिव को निमंत्रण नहीं देते। यज्ञ में शिव तत्त्व का उपहास उड़ाया जाता है। इस उपहास व शिव की उपेक्षा से क्षुब्ध हो सती, जो शक्ति का प्रतीक है, यज्ञमंडप में आत्मदाह कर लेती है और फिर शिव तत्त्व की रक्षा करने के लिए शिवगण यज्ञ के आयोजकों को दंड देते हैं और अहंकार के प्रतीक दक्ष प्रजापति का शिरोच्छेदन भी कर दिया जाता है।

इस कथा का आशय ही यह है कि हर यज्ञ अर्थात् कर्तव्य कर्म का हर संकल्प शिव प्रधान ही होना चाहिए, अन्यथा शिव के अभाव में शक्ति भी क्षुब्ध होगी, वह भी समाप्त हो जाएगी तथा जो कर्ता है वह भी नष्ट हो जाएगा।

भारतीय पौराणिक साहित्य में शिव को लेकर अनेक कथाएँ हैं। इन कथाओं का निचोड़ यही है कि जीवन को शिव के प्रति अर्पित करो, समस्त कर्म शिव को अर्पित होंगे तभी शांति मिलेगी तथा सुख, समृद्धि व ऐश्वर्य प्राप्त होगा। भारत में शिव को औघड़दानी माना गया है, अर्थात् कर्ता यदि स्वयं को सर्वकल्याण के प्रति पूर्णरूप से अर्पित कर दे तो अंततः उसे वांछित शांति अवश्य प्राप्त होगी। यही है शिवतत्त्व का रहस्य, जिसे भारतीय संस्कृति ने हर स्तर पर धारण किया है। भारतीय मनीषा का सारा प्रयास है—'तन्मे मनः शिव संकल्पमस्तु'। यह शिव संकल्प ही भारतीय ऋषि का अभीष्ट है। शिव संकल्प ही उसका पथ-प्रदर्शक है। व्यक्ति का मन तो शिव संकल्पोंवाला बने ही, राष्ट्र का मन भी शिव संकल्पोंवाला बने। जबतक व्यक्ति और समाज की चेतना दोनों ही शिव संकल्पों से नहीं जुड़तीं तबतक प्रेम की अमृतमयी रसधार इस पृथ्वी पर नहीं प्रवाहित हो सकती। शिव संकल्प के लिए पहली शर्त यही है कि हम 'मेरा' और 'तेरा' की भावना का परित्याग करके उदारचेता बनें। बिना उदारचेता बने हम शिव संकल्पों को प्राप्त ही नहीं कर सकते। भारतीय मनीषा ने इस सत्य को अनेक स्तरों पर बार-बार दोहराया है, गाया है और जीवन में उतारा है—

अयं बन्धुरयं नेति गणना लघुचेतसाम्।
उदारचरितानां तु वसुधैव कुटुम्बकम्॥

सारी वसुधा हमारा कुटुंब बने, सभी में श्रेष्ठ भाव जाग्रत हों, सभी का कल्याण हो, सभी की समृद्धि हो।

सर्वेऽपि सुखिनः सन्तु सर्वे सन्तु निरामयाः।
सर्वे भद्राणि पश्यन्तु मा कश्चित् दुःखभाग्भवेत्॥

यही है अंतिम लक्ष्य भारतीय संस्कृति का, यही है रहस्य भारतीय संस्कृति के शिवतत्त्व का।

यहाँ एक अत्यंत महत्त्वपूर्ण बात स्पष्ट रूप से समझ ली जानी चाहिए कि भारतीय ऋषि अपने अंतिम लक्ष्य को किसी सप्रयास किए गए कर्म का अंग नहीं मानता। जहाँ सोचना-समझना पड़े, विचार करना पड़े, चिंतन या मनन करना पड़े और उसके उपरांत प्रयासवश कर्म हो, ऐसा कर्म शुद्ध होते हुए भी पूर्ण शुद्ध नहीं। कर्म और शिवत्व के बीच का जो संबंध है वह स्वतः स्फुरित व स्वाभाविक होना चाहिए; प्रयास से किया गया कर्म कभी भी स्वभाव की परिधि में नहीं आता। प्रयास से किए गए कर्म के पीछे अनेक ऐषणाएँ, प्रेरणाएँ, संस्कार व विवशताएँ होती हैं। जहाँ सूक्ष्म में भी कोई विवशता का भाव है वहाँ स्वार्थ और अहं का प्रवेश हो जाता है। ऐसे कर्म नैतिक और श्रेष्ठ होते हुए भी पूर्ण शिवत्व से ओतप्रोत नहीं होते। शिवत्वमय कर्म हेतु शिव बनने की आकांक्षा है भारतीय ऋषि की। यह ऋषि शिवत्व को उपलब्ध होने के लिए अपने मार्ग का चयन करता है; उसके कर्मक्षेत्र, विचारक्षेत्र व भावक्षेत्र का चयन स्वयं को शिवत्व में रूपांतरित कर देने की दृष्टि से किया जाता है। एक बार जब चेतना शिवत्व में रूपांतरित हो जाती है, फिर शिवत्व व्यक्ति का स्वभाव बन जाता है। शिवत्व में प्रवेश का अर्थ है अपनी अहं प्रधान, 'स्व' प्रधान सत्ता का पूर्णरूप से विसर्जन। जैसे ही आसक्ति का, अहं का, स्वार्थ का व पृथक् भाव का लोप होना प्रारंभ होता है, वैसे ही चेतना का वास्तविक ऊर्ध्वारोहण प्रारंभ हो जाता है। यह ऊर्ध्वारोहण ही व्यक्ति को शिवत्व में प्रवेश करा सकने में समर्थ होता है। एक बार शिवत्व में प्रवेश हुआ या एक बार रूपांतरण हुआ तो यह रूपांतरण संपूर्णता में होता है। इस रूपांतरण में शाश्वतता है। यह रूपांतरण वैसा ही है जैसे बूँद सागर में विलीन होकर स्वयं सागर बन जाए। इस रूपांतरण को प्राप्त व्यक्ति जो कुछ भी करता है, स्वतः स्फुरणवश, स्वभाववश करता है—ठीक वैसे ही जैसे सूर्य अपने स्वभाववश ही प्रकाश देता है। सूर्य का स्वभाव ही है प्रकाश देना, अंधकार को दूर करना, उष्णता देना। ऐसे ही शिवत्व को उपलब्ध व्यक्ति सर्वकल्याण व सर्वभूतहित में स्वभाववश ही अनुरक्त हो जाता है। सर्वकल्याण के अतिरिक्त उससे कुछ अन्य हो ही नहीं सकता। उसकी समस्त चेतना, समस्त प्राणिक ऊर्जा, समस्त इंद्रियाँ, मन व बुद्धि सर्वकल्याणमय हो जाती हैं; वह स्वयं शिव बन जाता है—यही है भारतीय ऋषि की अंतिम आकांक्षा। भारतीय मनीषा की सतत यही चेष्टा रही है कि व्यक्ति को ऐसे संस्कार दो, उसे ऐसे मार्ग पर चलने के लिए प्रेरित करो कि वह अंततः शिव को उपलब्ध हो जाए, अर्थात्

शिव रूप हो जाए—शिव ही हो जाए। यहाँ यह प्रश्न उठाया जा सकता है कि भारतीय मनीषा ने स्वयं को शिवत्व में रूपांतरित करने का जो लक्ष्य रखा है, क्या वह यथार्थ है या मात्र शाब्दिक अथवा काल्पनिक है? अगर यथार्थ है तो पूर्ण शिवत्व को उपलब्ध व्यक्ति भारत में दिखाई क्यों नहीं देते? भारतीय संस्कृति और मनीषा के आलोचकों द्वारा उठाए गए ये प्रश्न मात्र उपहास उड़ाने की दृष्टि से किए जाते हैं। प्रथमतः यह निष्कर्ष असत्य है कि पूर्ण शिवत्व को उपलब्ध व्यक्ति भारत में जनमे नहीं, ऐसे व्यक्ति भारत में भी जनमे और विश्व के अन्य भागों में भी। उन्होंने मानवता को प्रकाश भी प्रदान किया। भारत में तो सर्वकल्याण भाव से ओतप्रोत ऋषि-महर्षियों और शिवतत्त्व प्राप्त व्यक्तियों की श्रृंखला है। उपनिषदों के अनेक ऋषि इसी कोटि के हैं। मर्यादा पुरुषोत्तम राम का जीवन भी शिवत्व में रूपांतरित है। कृष्ण ने सदैव सर्वकल्याण के हित में ही जीवन जिया। भगवान् महावीर, भगवान् बुद्ध, नानक, कबीर आदि सभी इसी दिव्य श्रृंखला में ही तो आते हैं। महावीर और बुद्ध को क्या कोई साधारण मानव मानेगा? इनके शरीर का अणु-अणु सर्वकल्याण और करुणा से ओतप्रोत था। इनकी वाणी से, चलने से, बैठने से, अर्थात् प्रत्येक क्रिया-कलाप से ही नहीं, बल्कि इनकी उपस्थिति से ही करुणा, दया और प्रेम का सागर चारों ओर लहलहाने लगता था। अतः निश्चित रूप से शिवत्व में व्यक्ति का रूपांतरण ऊर्ध्वारोहण की एक संभव अवस्था है। पश्चिम का मन जिसे नैतिक मानकर, उचित मानकर सोच-विचार करके करने की स्वीकृति देता है, भारतीय ऋषि उसे स्वयं अपनी शारीरिक, मानसिक व बौद्धिक ऊर्जा का स्वभाव बना लेना चाहता है—शिवत्व में ही पूर्ण मानव की इति है, यही है पूर्ण मानव।

□

सुंदरम्

त्वष्ट्रे पुरुरूपाय स्वाहा।

—यजुर्वेद, २२-२०

(समस्त सृष्टि परम सौंदर्य से परिपूर्ण है—'यही सत्य है'।)

भगवत् सत्ता की, अर्थात् ब्रह्म की यदि कोई सर्वाधिक आकर्षक विभूति है तो वह है 'सौंदर्य'। सौंदर्य को भारतीय मनीषा ने हर स्तर पर जाना है, अपनाया है, आत्मसात् किया है और उसे महिमामंडित भी किया है। सौंदर्य के रहस्य को जाने बिना भारतीय संस्कृति को सही रूप में जाना ही नहीं जा सकता। भारतीय मन ने सौंदर्य की सदैव उपासना की है। उसने कण-कण में अद्भुत सौंदर्य के दर्शन किए हैं और अज्ञात में भी सौंदर्य को देखने की चेष्टा की है। जो 'है' केवल वही सुंदर नहीं है, जो 'नहीं है' वह भी सुंदर है—यह मान्यता है भारतीय मन की।

'सत्यम्' जहाँ भारतीय संस्कृति का आत्मतत्त्व व उसका कारण शरीर है, वहीं 'शिवम्' उसका सूक्ष्म स्वरूप और चेतना है तथा 'सुंदरम्' को भारतीय संस्कृति के स्थूल शरीर के रूप में देखा जा सकता है। सत्य तो निरपेक्ष है, निराकार है; सर्वव्यापी होकर भी उसे कोई स्पर्श नहीं कर सकता और न नेत्रों से उसे देखा जा सकता है। जबतक सत्य को गति प्राप्त नहीं होती और वह सचेतन नहीं होता, वह केवल रहस्य ही रहेगा। सत्य के सभी रहस्य तो सचेतनबोध से ही प्राप्त होंगे और यह चेतना अपने को अमूर्त में व्यक्त नहीं कर सकती। यदि कोई 'आकार' न हो, ढाँचा न हो तो कहाँ व्यक्त होगी सत्य की चेतना? चैतन्य भी तो अपने आपमें अति सूक्ष्म और निराकार ही है। चैतन्य को स्वयं की

अभिव्यक्ति के लिए कोई रूप चाहिए, कोई आकार चाहिए, कोई भाव या मुद्रा चाहिए, उसे कोई ध्वनि चाहिए; तभी तो चैतन्य का शिव रूप प्रकट होगा। यह रूप, आकार, भाव, मुद्रा या ध्वनि ही वह तत्त्व है, जिसका माध्यम लेकर सत्य का निर्झर अहर्निश झरता है, व्यक्त होता है। सत्य की इस अहर्निश अभिव्यक्ति से ही सौंदर्य का जन्म होता है।

सौंदर्य स्वयं में सत्य से पृथक् कोई सत्ता नहीं है। इसी प्रकार सौंदर्य को शिव से भी पृथक् नहीं किया जा सकता। 'शिवम्' और 'सुंदरम्' वास्तव में सत्य की ही अभिव्यक्ति हैं। सत्य के अभाव में न कुछ भी शिव हो सकता है और न सुंदर। यदि थोड़ा और गहराई में झाँकें तो भारतीय मनीषा की अनुभूति यह है कि सत्यम्, शिवम् और सुंदरम् एक ही सत्ता के तीन रूप हैं। ये तीनों रूप एक-दूसरे के पूरक, एक-दूसरे के प्रति पूर्ण समर्पित तथा एक-दूसरे के अविभाज्य अंग हैं। भारतीय मनीषा ने सदैव सत्य की ही महिमा गाई है तथा अपनी हर अवधारणा को सत्य से ही प्रसूत माना है। अनुभूति यह है कि पृथक् कुछ भी नहीं है, पर लौकिक स्तर पर फिर भी पृथक्ता का भान होता रहता है। पृथक् अस्तित्व का यह भान मात्र एक अज्ञान है और इस अज्ञान को वेदांत में 'अध्यास' कहकर संबोधित किया गया है। जब अंत:करण (मन व बुद्धि) पूर्णरूप से शुद्ध, शांत व विक्षेपरहित हो जाता है तब साधक का प्रवेश जिस चेतना में होता है वही है सत्य का शुद्ध चैतन्य स्वरूप, वही है वास्तविक शिव और वही है एकमात्र वास्तविक सौंदर्य। पर इस स्थिति में न तो द्रष्टा रह जाता है, न दृष्टि और न दृश्य। द्रष्टा, दृश्य और दृष्टि भाव सभी विराट् में ऐसे लीन हो जाते हैं, ऐसे घुलमिल व एकात्म हो जाते हैं जैसे बूँद सागर में विलीन होकर एकात्म हो जाती है। एक बार यदि बूँद महासागर में विलीन हो जाए तो फिर उसकी पृथक् सत्ता नहीं रहती, वह स्वयं महासागर ही हो जाती है। साधक को यह दार्शनिक अनुभूति उस स्थिति में ही प्राप्त होगी जब वह सौंदर्य के रहस्य को जानने के लिए अनंत की गहराई में उतरता चला जाए।

अनंत की इस गहराई का भी अद्‌भुत सौंदर्य है। हाँ, विचित्र बात यह है कि अनंत के ऊर्ध्वारोहण को सौंदर्य कहकर भी भारतीय मनीषा व्यक्त करती है। जो अनंत में होनेवाला ऊर्ध्वारोहण है वही अनंत की गहराई है। अनंत की गहराई और ऊँचाई में कहीं कोई भेद नहीं, गहराई और ऊँचाई तो सापेक्ष सत्ताएँ हैं। जबतक एक केंद्रबिंदु न हो तबतक न तो ऊँचाई को जाना जा सकता है और न गहराई को। और अनंत का तो कोई केंद्र विशेष हो ही नहीं सकता। अनंत का न तो प्रारंभ होता है, न अंत। अत: जो अनंत सौंदर्य है वह भी सत्य की ही तरह

निरपेक्ष है। भारतीय संस्कृति ने सौंदर्य के इसी दार्शनिक पक्ष को आधारभूत रूप में स्वीकार किया है।

भारतीय मनीषा सौंदर्य के मात्र लौकिक रूप की ही बात नहीं करती; यह मनीषा जब हर ओर अद्‌भुत व दिव्य सौंदर्य की छटा के दर्शन करती है तब यह दर्शन कोई लौकिक नेत्रों से किया जानेवाला दर्शन नहीं होता। लौकिक नेत्रों की तो सीमाएँ हैं और इसलिए नेत्र सांसारिक विकारों से प्रभावित होते हैं। भारतीय मनीषा तो समग्रता के सौंदर्य की बात करती है और उसका यह विश्वास है कि वास्तविक सौंदर्य तो समग्रता में ही है। समग्रता से हटकर यदि सौंदर्य को परिभाषित किया जाएगा तो वह सौंदर्य न होकर पूर्वग्रह होगा; क्योंकि समग्रता से हटकर किया जानेवाला मूल्यांकन मन द्वारा ही तो किया जाएगा और मन का अर्थ ही होता है पूर्वग्रह। व्यक्ति की मन:स्थिति तो सदैव लौकिक नेत्रों की उस शक्ति को भी प्रभावित करती है जो सौंदर्य का मूल्यांकन करती है। वैसे उचित विश्लेषण यह होगा कि लौकिक नेत्र स्वयं कोई मूल्यांकन नहीं करते, वे तो केवल छाया संवेगों को मनोमय कोश व विज्ञानमय कोश के पास विचारार्थ प्रस्तुत कर देते हैं तथा अंतिम निर्णय तो विज्ञानमय कोश अर्थात् बुद्धि के द्वारा होता है। यह बुद्धि सदैव मानसिक उद्वेगों व पूर्व संचित संस्कारों से प्रभावित होती रहती है। जब बुद्धि पूर्व संचित संस्कारों तथा देश, काल व परिस्थितियों से प्रभावित होती है तो उसके द्वारा किया गया सौंदर्य संबंधी मूल्यांकन भी प्रभावित होता है। अत: भारतीय मनीषा ने माना कि लौकिक स्तर पर सौंदर्य भी मन की एक वृत्ति है। जैसा मन, वैसा ही सौंदर्य का आकलन और वैसा ही सौंदर्य का दर्शन। अब यदि सौंदर्य के वास्तविक स्वरूप को देखना है तो सर्वप्रथम मन को शुद्ध करना होगा, उसे प्रशिक्षित करके ही अंतस के कलुष को दूर किया जा सकता है। मन को शुद्ध करने का अर्थ है उसे पूर्वग्रहों से मुक्ति दिलाना और आत्मतत्त्व के बारे में प्रशिक्षित करना। एक बार यदि मन स्वयं को सत्य में स्थित कर सकने में सफल हो जाए तो उसे सौंदर्य के जिस रूप में दर्शन होंगे वह अद्‌भुत होगा, अनिर्वचनीय होगा, अकल्पनीय होगा। इस दिव्य सौंदर्य का दर्शन करने के उपरांत अंतस का स्थायी रूपांतरण हो जाता है। इस रूपांतरण से व्यक्तित्व को जो चेतना उपलब्ध होती है, उसमें चैतन्य का जो स्फुरण होता है, उससे ही व्यक्ति में पूर्णत्व आता है। पूर्ण मानव का निर्माण ही है, भारतीय संस्कृति का अंतिम लक्ष्य। यदि हमारे संस्कार हमें पूर्णत्व की ओर नहीं ले जाते तो इन संस्कारों में परिवर्तन करना तथा उन्हें परिष्कृत करना उचित होगा। मानव का मन शुद्ध संस्कारों से कैसे ओतप्रोत हो तथा शुभ संस्कारों का वरण कैसे हो,

भारतीय संस्कृति का प्रयास। व्यक्ति का सारा जीवन-दर्शन जिस शुचिता, शुद्धता व विमलता से प्रभावित होना चाहिए, वह शुचिता, शुद्धता व विमलता उसे अपने स्वयं के संस्कारों से ही मिलेगी। मन को संस्कारित करके उसे वास्तविक सौंदर्यबोध प्रदान करना ही भारतीय ऋषि का प्रयास रहा है।

व्यक्ति सदैव अद्वैत चेतना में निवास करते हुए संसार के व्यापार नहीं कर सकता; पर अद्वैत चेतना के भाव को आत्मसात् करते हुए वह संसार के वास्तविक स्वरूप का ज्ञान प्राप्त कर सकता है और उस ज्ञान से अपने समस्त कर्तव्य कर्मों व शारीरिक क्रियाओं को प्रभावित कर सकता है। आत्मतत्त्व के ज्ञान के उपरांत सौंदर्य संबंधी परिकल्पनाओं व मान्यताओं में आमूल परिवर्तन व रूपांतरण हो जाता है। आत्मतत्त्व के ज्ञान से परिपूर्ण व्यक्ति सौंदर्य का मूल्यांकन लौकिक दृष्टि से, अर्थात् इंद्रियजनित संवेगों से नहीं करता है। लौकिक दृष्टि आधारित सौंदर्य के मानदंड हर व्यक्ति के भिन्न-भिन्न होंगे। सौंदर्य के संदर्भ में किन्हीं भी दो व्यक्तियों के समान अनुभव नहीं हो सकते; क्योंकि मूल्यांकन दृष्टि पूर्व संचित संस्कारों से प्रभावित होती है तथा दो व्यक्तियों के संस्कार कभी भी समान नहीं होते। जुड़वाँ व्यक्तियों के भी संस्कार लगभग असमान ही होते हैं।

भारतीय मनीषा ने सौंदर्य को बहुत गहराई से जानने की चेष्टा की और उस विधि का आविष्कार किया, जिससे सौंदर्य को इंद्रियों की प्रभावसत्ता से पृथक् किया जा सके। भारतीय मन ने सौंदर्य को परमेश्वर की एक विभूति माना है; लेकिन यह सौंदर्य शरीर अथवा मात्र आकार का या किसी वस्तु पदार्थ या ध्वनि का सौंदर्य नहीं है, वरन् शरीर, आकार, वस्तु, ध्वनि आदि तो सौंदर्य के प्रकट होने के माध्यम हैं। भारतीय मनीषा की दृष्टि से सौंदर्य एक शाश्वत तत्त्व है और जो शाश्वत है वह परिवर्तनशील नहीं हो सकता। शाश्वत सौंदर्य किसी भी उपकरण, वस्तु, आकार, ध्वनि या रूप पर आश्रित नहीं है। कोई भी वस्तु या आकार अथवा रूप इसीलिए सुंदर है, क्योंकि शाश्वत सौंदर्य उसके माध्यम से विकीर्ण हो रहा है। शाश्वत सौंदर्य के इस विकिरण को देखने की सामर्थ्य अर्जित करना ही भारतीय संस्कृति का ध्येय है। भारतीय मन पाषाण में भी भगवत् सौंदर्य का दर्शन कैसे कर लेता है, यह बात पश्चिम के तर्कशास्त्रियों की समझ में कभी नहीं आ सकती। शालग्राम की बटिया को नित्य स्नान कराना, उसमें चंदन लगाना, उसे सुगंध अर्पित करना तथा झूले पर झुलाना किसी भी भौतिकवादी को पागलपन लगेगा; लेकिन वास्तव में यह पूजन पत्थर का पूजन नहीं है; यह पूजन है उस दिव्य सौंदर्य का जो पत्थर के छोटे-छोटे टुकड़ों से

विकीर्ण हो रहा है और जिसे विराट् भगवत्ता के प्रतिनिधि के रूप में स्वीकार किया गया है। एक अपंग, कुष्ठग्रस्त पति में भी भारतीय नारी सौंदर्य के दर्शन करती है। भारतीय मन के लिए अष्टावक्र, जिसका शरीर आठ स्थानों से विकृत हो, भी ऋषि है, बौद्धिक सौंदर्य की प्रतिमूर्ति है।

भारतीय मन का सौंदर्यबोध सर्वव्यापी भगवत् चेतना से सतत प्रभावित होता रहा है। उसने सौंदर्य को वासना से नहीं जोड़ा। शारीरिक नश्वरता व क्षण-भंगुरता का बोध प्राप्त करने के उपरांत इस मन ने शाश्वत सौंदर्य को खोजा और उसे आत्मा में उपलब्ध किया। स्थूल हो या सूक्ष्म, सभी सौंदर्य यथार्थ में अंतस के सौंदर्य से प्रभावित होते हैं। अंतस का सौंदर्य ही वास्तविक लावण्य है, वास्तविक रस है, वास्तविक आनंद है। सौंदर्य का मूल गुण है सुख व आनंद में निमग्न कर देना। जिससे सुख और आनंद में प्रवेश नहीं मिलता, वरन् जिसके कारण तिरस्कार भाव उत्पन्न होता है; क्लेश, घृणा अथवा वितृष्णा उत्पन्न होती है, उसे सुंदर नहीं कहा जा सकता। अत: भारतीय ऋषि ने उस आत्मबोध को प्राप्त करने में सफलता पाई जहाँ तिरस्कार भाव का जन्म ही नहीं हो सकता। आत्मबोध में प्रवेश के उपरांत न तो तिरस्कार, न कुरूपता, न क्लेश, न भय, न वितृष्णा है—वहाँ तो शाश्वत आनंद है, परम सुख है, परम तृप्ति है। परम तृप्ति केवल शाश्वत सौंदर्य के दर्शन से ही मिल सकती है। वैसे भी तात्त्विक विश्लेषण से यही सिद्ध होता है कि जब सभी रूप उस परम ब्रह्म के रूप ही हैं तो कौन-सा रूप कुरूप और कौन सुरूप, यह निर्णय किस आधार पर होगा? जब सौंदर्य ब्रह्म की ही विभूति है, उसका ही गुण है, उसकी ही अभिव्यक्ति है तो सौंदर्य का जो शाश्वत तत्त्व है उसका नमन ही वास्तविक ज्ञान है—यही है सौंदर्य का रहस्य।

भारतीय मन ने शाश्वत सौंदर्य के दर्शन करने की क्षमता ईशोपनिषद् के उस उद्घोष से पाई, जिसमें कहा गया है कि जगत् में जो भी स्थावर या जंगम है वह सब पूर्णरूप से ईशत्व से आच्छादित है। जो कुछ भी हम मन, बुद्धि व इंद्रियों के माध्यम से अनुभव कर रहे हैं, वह समस्त पूर्णरूप से ईशत्व ही है। यह ईशत्व कभी भी असुंदर हो ही नहीं सकता; क्योंकि उसीसे समस्त सौंदर्य प्रसूत हैं। ईशत्व का यह सौंदर्य ही पूर्ण सौंदर्य है, अन्य सभी सौंदर्य आंशिक हैं, खंडित हैं और परिवर्तनशील तथा क्षणिक भी हैं। यहाँ जो 'अन्य सौंदर्य' की बात की गई, वह संसार से प्रभावित चेतना का बोध है। अपूर्ण व खंडित सौंदर्य का बोध अज्ञानजनित है, अविद्या है और यह अज्ञान तथा अविद्या तबतक मानव विवेक को आवृत किए रहेगी जबतक मानव स्वयं को 'अहं' चेतना से बद्ध

मानता रहेगा। 'मैं दूसरों से पृथक् हूँ' का बोध ही सबसे बड़ा ऐसा अज्ञान है जो शाश्वत सौंदर्य के दर्शन में अवरोध उत्पन्न करता है। 'मैं' और 'तुम' के बोध से जबतक बुद्धि प्रभावित रहेगी, वह शाश्वत सौंदर्य का अमृतपान नहीं कर सकती। भौतिकवादी मानव ने अपनी समस्त ऊर्जा व चेतना क्षणिक परिवर्तनशील, नाशवान् तथा अपूर्ण सौंदर्य के परिग्रह व दर्शन में लगाई हुई है। इस अपूर्णता के द्वारा वह पूर्ण तृप्ति का मार्ग खोज रहा है; जबकि अपूर्णता के रहते कभी भी पूर्ण तृप्ति प्राप्त की ही नहीं जा सकती। फिर भी मानव इसी अंधी दौड़ में फँसा हुआ है और जो क्षणिक व नश्वर है उसे ही सौंदर्य मानकर उसकी उपासना में लगा हुआ है।

शाश्वत सौंदर्य की अभिव्यक्ति हेतु भारतीय मनीषा ने जिन प्रतीकों को चुना है, वे अद्‌भुत हैं। भारतीय मन की यह घोषणा है कि 'विष्णु' परम सौंदर्य के प्रतीक हैं, पर उनका वर्ण है नीला—'नीलवर्णं शुभांगम्'। मनुष्य का शरीर नीला नहीं होता, वह गौर होता है, श्यामल होता है, पीतवर्ण का होता है, पर नीला नहीं होता; लेकिन जब सौंदर्य को आकाश सरीखी शाश्वतता प्रदान करनी है तो उसका वर्ण भी आकाश का ही चुन लिया गया। जैसा आकाश का रंग है, वैसा ही सर्वपालक विष्णु का रंग है। जिसके समक्ष सौंदर्य भी नतमस्तक हो जाए, ऐसे भगवान् राम परम सौंदर्य के अवतार हैं, और उनका वर्ण आकाश के समान है। ऐसे एक नहीं, अनेक प्रतीक हैं भारतीय पौराणिक आख्यानों में। इन सारे प्रतीकों में शाश्वत तत्त्व को किसी-न-किसी तरह से प्राथमिकता व महत्त्व दिया गया है। भारतीय मनीषा का कोई भी प्रतीक ऐसा नहीं है जिसमें शाश्वतता न हो; पर इस रहस्य को समझने तथा उसकी व्याख्या करने के लिए एक विशेष दृष्टि चाहिए। दुर्भाग्य से यह दृष्टि लुप्त-सी होती प्रतीत हो रही है; पर अंततः यह दृष्टि लुप्त होगी नहीं, क्योंकि यह दृष्टि भी शाश्वत तत्त्व से ही जुड़ी है, उसीसे प्रसूत है, अतः निराशा का कोई कारण नहीं है।

एक और बात यह समझ लेने की है कि शाश्वत सौंदर्य को पूर्णरूप से परिभाषित नहीं किया जा सकता। शाश्वत सौंदर्य का अर्थ है—ईशत्व का सौंदर्य, ब्रह्म का सौंदर्य, विराट्‌ता और परम चैतन्य का सौंदर्य। कौन जानेगा और कैसे जानेगा ईशत्व या ब्रह्म के सौंदर्य को? विराट् के सौंदर्य, अर्थात् अनंत के सौंदर्य को जानने का कोई उपाय ही नहीं है। जो चेतना कण-कण में व्याप्त है, जिसके अणु-अणु संचालित और स्पंदित हैं, उसके सौंदर्य का कोई एक अणु अथवा कुछ थोड़े परमाणुओं का समूह कैसे वर्णन दे सकता है। शाश्वत का वर्णन दे सकना असंभव है, विराट् को लिपिबद्ध, शब्दबद्ध या ध्वनिबद्ध नहीं किया जा

सकता। हाँ, एक ऐसी ध्वनि की अनुभूति पाई जा सकती है जो शाश्वत हो। भारतीय ऋषि ने ध्वनि के संदर्भ में यही किया। भारतीय मनीषा के अनुसार समस्त जगत् ध्वनि का प्रसार है, अर्थात् ध्वनि से उपजा है और यह आदि ध्वनि है 'ओम्'। ओम् का वैसे कोई अर्थ नहीं और ओम् में सभी अर्थ समाहित हैं। सभी कुछ ओम् ही है। ओम् वह रहस्यमयी ध्वनि है, जिसे 'अनहद नाद' कहकर भी संबोधित किया गया है। ध्वनि का कोई अर्थ नहीं होता, अर्थ तो शब्द का होता है, अत: भारतीय मनीषा ने कहा कि ओम् शब्द नहीं है, वह तो प्रतीक है, ध्वनि है, प्रणव है। इसीलिए वही सत्य है, वही शिव है और वही सुंदर भी है। भारतीय संस्कृति में ओम् की बड़ी महिमा है। भारत के कोने-कोने में यह रहस्यमयी ध्वनि शाश्वत सौंदर्य का, 'नाद ब्रह्म' का बोध कराती है और मानव चेतना को उन स्तरों तक ले जाती है जहाँ भेद नहीं है, जहाँ मृत्यु नहीं है, जहाँ दु:ख और क्लेश नहीं है; पर वहाँ है क्या—यह कोई निश्चित रूप से नहीं जानता। उस चेतना में प्रवेश करने के उपरांत जब व्यक्ति वापस जगत् में लौटता है तो उसकी कुछ वैसी ही स्थिति रहती है, जैसे किसी गुड़ खाए गूँगे की। अगर कोई गूँगे से पूछे कि गुड़ का स्वाद बता दे तो वह ऐसा नहीं कर सकता। यह यथार्थ है कि शाश्वत सौंदर्य की अनुभूति को शब्द दिए ही नहीं जा सकते; पर हर व्यक्ति इस शाश्वत सौंदर्य की गंगा में स्नान अवश्य कर सकता है।

सौंदर्य के संदर्भ में पश्चिम ने भारतीय मनीषा की अनुभूतियों को या तो रहस्यवादी बताया है या शब्दजाल। पश्चिम का समस्त चिंतन इंद्रिय प्रधान है। बुद्धि भी एक इंद्रिय ही है। मन, बुद्धि और इंद्रियों से जो जाना जा सकता है, उसके बारे में यह निर्णय करना होगा कि वह सुंदर है या असुंदर? भारतीय मन कहता है कि कुछ भी असुंदर है ही नहीं, सभी ब्रह्म रूप है—'ईशा वास्यमिदं सर्वम्'। पश्चिम को सौंदर्य की यह परिभाषा रास नहीं आती, क्योंकि वह तो सौंदर्य को इंद्रिय भोग की वस्तु मान रहा है। पश्चिम सोचता है कि जिससे इंद्रियों की तृप्ति हो, वही सौंदर्य है। इंद्रियों की तृप्ति से सौंदर्य को जोड़कर पश्चिम ने सुंदरता के सभी मानदंड इंद्रिय प्रधान निर्धारित कर दिए और सुंदरता की परिभाषा को मन:स्थिति अर्थात् मनोविज्ञान से जोड़ दिया। पश्चिमी या भौतिकवादी मन के लिए हर रूप, रंग, आकार व हर ध्वनि सुंदर हो ही नहीं सकती। वैसे शुद्ध लौकिक चेतना के स्तर पर यह बात सही है; लेकिन लौकिक चेतना के परे की जो स्थिति है, क्या उसपर विचार न किया जाए? स्वयं लौकिक चेतना जिस विराट् चैतन्य पर आश्रित है, क्या उसकी उपेक्षा कर दी जाए? सौंदर्य में कौन-सा तत्त्व स्थायी है, कौन-सा तत्त्व शाश्वत, इसकी कोई

खोज न की जाए? क्या अंतस की शुद्धता से सौंदर्य की चेतना को न जोड़ा जाए? सौंदर्य क्या मात्र एक मानसिक व बौद्धिक अनुभव या अनुभूति ही है? ऐसे अनेक प्रश्न हैं, जिनका समाधान पश्चिम के दार्शनिकों व विचारकों के पास नहीं है। वैसे भौतिकवादी मानव को ये प्रश्न निरर्थक प्रतीत होते हैं, क्योंकि हर भौतिकवादी केवल क्षणिक तृप्ति में ही जीना चाहता है। यद्यपि हर भौतिकवादी स्थायी तृप्ति की आकांक्षा करता है, पर स्थायी तृप्ति प्राप्त करने के लिए स्वयं के मानसिक व बौद्धिक स्तर पर जैसा विकास उसे करना चाहिए वह उसके लिए तैयार नहीं है। बात बहुत स्पष्ट है कि जिन उपकरणों से व्यक्ति को तृप्ति मिलती है, यदि वे उपकरण ही झूठे हों, अपूर्ण हों, अशुद्ध हों तो पूर्ण तृप्ति मिलेगी कैसे? तृप्ति तो उपकरणों की गुणवत्ता पर निर्भर है और गुणवत्ता प्राप्त करने के लिए एक अध्यात्म प्रधान तथा आत्मतत्त्व प्रधान दृष्टि चाहिए, जो भौतिकवादियों के पास है ही नहीं। यहाँ 'है ही नहीं' से आशय है कि भौतिकवादियों ने स्वयं की आत्मतत्त्व प्रधान बुद्धि को विकसित नहीं किया। वैसे प्रत्येक प्राणी के पास आत्मतत्त्व को जानने की शक्ति और बुद्धि तथा क्षमता है; पर है वह सुप्त रूप में। अंतत: हर व्यक्ति को अपनी इस क्षमता को जाग्रत करना होगा, तभी वह शाश्वत सौंदर्य के रहस्य को समझ सकेगा।

सौंदर्य शब्दों में नहीं है, आकृतियों में नहीं है, रेखाओं और रंगों में भी नहीं है; उसे किसी तंत्र और उपकरण से भी पाया नहीं जा सकता। सौंदर्य है सत्य के साक्षात्कार में, सर्वभाव में। सौंदर्य कोई लौकिक वस्तु नहीं है, वह तो एक अंतर्निहित ज्ञान तथा अंतस का शाश्वत अनुभव है। स्मरण रहे कि बाहर के ज्ञान से वास्तविक ज्ञान उपलब्ध नहीं होता। ज्ञान तो एक आंतरिक स्फुरण है। ज्ञान को तो स्वयं उपलब्ध होना होगा। उधार व पराए विचारों से अथवा उधार व पराए सौंदर्यबोध से किसीको भी वास्तविक ज्ञान और सौंदर्यबोध उपलब्ध नहीं हो सकता। अनुभव व अनुभूति के पथ पर तो सारी यात्रा अकेले ही करनी होगी। सौंदर्यबोध के लिए दृष्टि स्वयं अर्जित करनी होगी। किसी दूसरे के दिए हुए मानदंड और किसी दूसरे के द्वारा प्रतिपादित आधार तो वास्तविक सौंदर्य का आंशिक बोध भी करा सकने में सफल नहीं होगा। सारे विचार, सारा बोध जबतक स्वयं अर्जित नहीं किया जाएगा तबतक व्यक्तित्व में प्रौढ़ता आ ही नहीं सकती और न ऐसा व्यक्तित्व पूर्णत्व की ओर ही उन्मुख हो सकता है। सौंदर्य की पूर्णता को जानना है तो स्वयं को बहुत सूक्ष्मता से निरखना होगा, अंतस में बार-बार तबतक झाँकना होगा जबतक अतल दिखाई देना प्रारंभ न हो जाए। समष्टि का सौंदर्य देखने की जिज्ञासा अथवा जीवन के बोध को पाने की आकांक्षा ही इस

यात्रा का शुभारंभ है। 'शरीर अथवा आकृति के सौंदर्य' तथा 'जीवन के सौंदर्य' के बीच में जो अंतर है, उसे समझने की भी आवश्यकता है। पूर्णत्व के विकास में जीवन का सौंदर्य सहायक बनता है, किसी आकृति या शरीर का सौंदर्य नहीं।

इस संकेत को यहाँ बार-बार दोहराना उचित है कि जहाँ आनंद नहीं वहाँ सौंदर्य नहीं। आनंद और सौंदर्य, दोनों एक-दूसरे के प्रबल पूरक और पर्याय-वाची भी हैं। जो भी सौंदर्य है, चाहे वह किसी भी ध्वनि, आकार या विचार अथवा भाव में प्रकट हुआ हो, वह सदैव आनंद ही प्रदान करेगा। एक अर्थ में सौंदर्य ही आनंद है और आनंद ही सौंदर्य। अत: यदि सौंदर्य की दिशा खोजनी है तो आनंद की दिशा को खोजना होगा। जो मार्ग हमें आनंद की ओर ले जाएगा, वही हमें सौंदर्यबोध भी प्रदान करेगा। सौंदर्य तक पहुँचने के लिए आनंद के मार्ग के अतिरिक्त कोई अन्य मार्ग है ही नहीं। अत: भारतीय ऋषि कहता है कि जीवन में आनंद को खोजो और हर स्तर पर आनंद को प्राप्त करो। आनंद ही सदैव मानव का लक्ष्य बनना चाहिए। पर यह आनंद है कहाँ? क्या यह आनंद नश्वर वस्तुओं में है, क्या यह आनंद बाहर के लौकिक जीवन में है? सौंदर्यबोध प्राप्त करने के निमित्त इन प्रश्नों पर विचार करना अत्यंत आवश्यक है। भारतीय ऋषि का सौंदर्यबोध इसी मनन पर आश्रित है। यह ऋषि पहले अवलोकन करता है, फिर चिंतन और फिर अपने निष्कर्ष पर मनन। सतत मनन से उसे जो अमृततत्त्व प्राप्त होता है, वही है आत्यंतिक सौंदर्य, वही है शाश्वत सौंदर्य।

भारतीय ऋषि के लिए सौंदर्य एक अंतर्दृष्टि है। इस अंतर्दृष्टि में विभाजन और भेद नहीं है। इसमें उन अदृश्य सूत्रों की खोज है जो साधक द्रष्टा को परात्पर सत्ता से जोड़ने का कार्य करते हैं। एक ही ईशत्व सर्वत्र व्याप्त है, यह बोध ही शाश्वत सौंदर्य का बोध करा सकता है; पर लौकिक जीवन में ऐसा सतत बोध सामान्य व्यक्ति के वश की बात नहीं है, अत: ऋषि ने इस समस्या का समाधान खोजने की चेष्टा की। उसने अपने प्रयासों में ऐसी आकृतियों, ऐसी ध्वनियों, ऐसी लय और ऐसे प्रतीकों को खोजा, जिनके प्रति थोड़ा भी सचेतन बोध यदि व्यक्ति को हो सके तो उसकी चेतना का ऊर्ध्वारोहण संभव हो जाता है। भारतीय मनीषा ने इन आकृतियों, ध्वनियों, लय व प्रतीकों को सौंदर्य का विशेष प्रतिमान माना है। साधक ऋषि की आध्यात्मिक मान्यता यही है कि सर्वत्र परम सौंदर्य व्याप्त है और इस सौंदर्य की अद्‍भुत छटा का रसास्वादन सर्वत्र किया जा सकता है। मान्यता यह भी है कि कुछ विशेष प्रतीकों, ध्वनियों व आकृतियों से चेतना को सौंदर्यबोध के इस स्तर तक सरलता से ले जाया जा सकता है। भारत का शास्त्रीय संगीत, नृत्य, उसकी ललित कलाएँ, उसकी

स्थापत्य कला व उसका साहित्य इसी सौंदर्योपासना से लक्षित है। हमारी राग-रागिनियों का उद्देश्य श्रवण तृप्ति देना मात्र नहीं है, वरन् उद्देश्य है श्रवण इंद्रियों का प्रयोग करते हुए चेतना के उस लोक में प्रवेश, जहाँ परम सौंदर्य विराजमान है। दूसरे शब्दों में, सौंदर्य का लक्ष्य है परम पद की प्राप्ति की चेष्टा। सौंदर्य का उपयोग परम आनंद में प्रवेश करने में है। ऐसा साधक सौंदर्य को केवल शारीरिक स्तर पर ही नहीं देखता, वह तो उस परमतत्त्व को देखने की चेष्टा करता है, जिसके कारण शरीर विशेष में, आकृति विशेष में विशेष रस आने लगता है। जिस परम सौंदर्य से सभी आकृतियाँ अपना-अपना सौंदर्य रूपी रस प्राप्त करती हैं, उस परम सौंदर्य की खोज में भारतीय ऋषि निमग्न रहा है।

भारतीय ऋषि जब सौंदर्य की बात करता है तब वह स्वयं से पूछता है कि वह वास्तव में क्या चाहता है। वह अपने अंतस में प्रवेश करके ही सतत मनन से अपनी शंकाओं का समाधान करता है और पाता है कि उसकी चेतना, जिसे वह अपनी आत्मा मानता है, परम आनंद की खोज कर रही है। परम आनंद की यह खोज ही उसे शाश्वत सौंदर्यबोध की ओर मोड़ती है। आनंद की यह खोज उसे किसी वस्तु विशेष, रूप विशेष से नहीं जोड़ पाती; क्योंकि उसे हर परिस्थिति में आनंद चाहिए। यह आनंद ही ऋषि का प्राण बन जाता है, अत: वह इस आनंद को स्वयं को पूर्ण समर्पित कर हर मूल्य पर पाना ही चाहता है तथा वह स्वयं ही आनंद रूप हो जाना चाहता है। यह आनंद उसके अंतस को एक ऐसे सौंदर्यबोध से भर देता है जो आत्मा का, अर्थात् स्वयं उसका ही, स्वभाव है। भौतिकवादी चेतना सौंदर्य को पदार्थ के एक विशेषण के रूप में अथवा वस्तु के एक गुण के रूप में जानती है और भारतीय ऋषि की चेतना सौंदर्य को आत्मा के एक गुण और मूल स्वभाव के रूप में जानती है। एक अर्थ में भारतीय ऋषि के लिए सौंदर्य ही उसकी आत्मा है और आत्मा ही उसका सौंदर्य है। अस्तित्व की दृष्टि से जो आत्मा है, अनुभूति की दृष्टि से वह सौंदर्य है। वस्तुत: जीवन में दिखाई दे रहे लौकिक सौंदर्य, अर्थात् क्षणिक सौंदर्य में जो आकर्षण है, वह भी आत्मा के आनंद की छाया ही है। प्रत्येक सौंदर्य है तो आत्मा का ही एक रूप—ऐसा रूप, जो भले ही क्षण-क्षण परिवर्तित प्रतीत हो रहा हो, पर वह अखंड आनंद में ही स्थित है, उसका समस्त आधार है अखंड और पूर्ण आनंद। वह कभी कुरूप नहीं हो सकता, वह तो सतत दिव्य सौंदर्य से सराबोर रहेगा ही; पर इस दिव्य सौंदर्य को देखने के लिए एक विशेष अंतर्दृष्टि चाहिए। यह अंतर्दृष्टि साधना से प्राप्त हो सकती है—ऐसी है मान्यता भारतीय मनीषा की। भारतीय मन 'वराह' और 'कच्छप' की आकृति में भी पूर्ण सौंदर्य देखता है तथा उसके लिए

चतुर्भुजता परम सौंदर्य का लक्षण है; जबकि पश्चिम का मन पशुओं की आकृति में सौंदर्य नहीं देखता। मानव आकृति के साथ यदि चार हाथ, सिंह का सिर या हाथी का सिर अथवा वराह का सिर जोड़ दिया जाए तो पश्चिम में यह सौंदर्य का लक्षण नहीं हो सकता। पश्चिमी चेतना ने सौंदर्य को केवल मानव इंद्रियों की तृप्ति से जानने की चेष्टा की है। पश्चिम का सौंदर्यबोध शरीर के स्तर पर है, भोग के स्तर पर है, क्षणिक तृप्ति की सतह पर है; जबकि भारतीय मनीषा इन सभी स्तरों को पार करके अंतस की बहुत गहराई में उतर जाती है और वहाँ सौंदर्य का जो वास्तविक केंद्र है, उसे खोजती है, उसे स्पर्श करती है और उसमें ही डूबकर स्वयं सौंदर्यमय हो जाती है।

भारतीय संस्कृति में सौंदर्य से परमभगवत् सत्ता का बोध होता है। भगवत् सत्ता निर्गुण होते हुए भी सौंदर्य के माध्यम से सगुण है। यह सौंदर्य भाव रूप में है, स्थूल रूप में नहीं। 'स्थूल रूप में नहीं' का तात्पर्य यहाँ यह नहीं है कि स्थूल सुंदर नहीं होता; निश्चित रूप से स्थूल भी भगवत् सत्ता का ही रूप है, अत: उसके असुंदर होने का प्रश्न ही नहीं, बस एक अत्यंत सूक्ष्म-सा अंतर है। स्थूल में सौंदर्य का विकिरण, उसकी छटा क्षणिक है, नश्वर है, परिवर्तनशील है। स्थूल अपनी नश्वरता के कारण काल से प्रभावित हो नया-नया रूप धारण करता रहता है। भाव में भक्ति है और जहाँ भक्ति है वहाँ पूर्ण समर्पण है, अत: स्थूल से भाव श्रेष्ठ है। भारतीय मनीषा रूप को महत्त्व देते हुए भी उसे महत्त्व नहीं देती। उसके लिए आकृति, रूप, शब्द, ध्वनि और मुद्रा; ये सबके सब द्वार हैं उस सत्ता में प्रवेश करने के लिए, जो सत्य, शिव और सुंदर है; जहाँ वास है 'सत्यं शिवं सुंदरम्' का; जहाँ अक्षुण्ण आनंद व शाश्वत सौंदर्य अपने अनंत-अनंत रूपों में अपने स्वयं के आनंद के लिए क्रीड़ा करता है, लीला करता है। यह वह आनंदलोक है, जहाँ भगवत्ता का सतत रास होता है। माधुर्य ही सौंदर्य है, सौंदर्य ही माधुर्य है, सौंदर्य ही आनंद है, आनंद ही सौंदर्य है। इस लोक में कुछ भी स्थूल नहीं है, कुछ भी सूक्ष्म नहीं है। भगवत् चेतना यहाँ भाव में निवास करती है और सौंदर्य, जो भगवत् चेतना की ही एक विभूति है, वह भी भाव के साथ जुड़ने में स्वयं को धन्य मानती है। जो सौंदर्य भावहीन है, जड़ है, पाषाणवत् है वह वास्तविक सौंदर्य है ही नहीं। भाव की शक्ति के समक्ष समस्त सौंदर्य नतमस्तक है। यह भाव ही पाषाण में रस-माधुरी बहाता है, जड़ में चैतन्य जगाता है और लघु में विराट् का आभास कराता है। भाव न हो तो सारी अनुभूतियाँ ही विनष्ट हो जाएँगी। अत: भारतीय ऋषि ने सौंदर्यबोध में सर्वाधिक महत्त्व भाव की सत्ता को दिया है। भाव ही व्यक्ति को कण-कण में परमात्मा को देखने की शक्ति प्रदान

करता है। भाव से यहाँ आशय किसी कल्पना से नहीं, वरन् इस श्रद्धा और विश्वास की देन से है कि एक ही ईशत्व सर्वव्यापी है, अतः इस अनुभूति को प्राप्त करने के लिए पूर्ण समर्पण अनिवार्य है। ईशत्व का विरोध नहीं, बल्कि हर स्तर पर, हर प्रक्रिया से, हर गति से, हर संचालन से, हर कृति व आकृति से ईशत्व का नमन ही अभीष्ट है—और यह स्थिति परम श्रद्धा, परम विश्वास और पूर्ण समर्पण से संभव है। समर्पण की मात्र कल्पना नहीं, वास्तव में समस्त प्राणिक शक्ति व समस्त ऊर्जा का मनसा, वाचा, कर्मणा समर्पण। इस वास्तविक समर्पण से जो भाव उत्पन्न होंगे वे सौंदर्य में अभिव्यक्त होते हैं।

सौंदर्यबोध के संदर्भ में भी भारतीय ऋषि का महामंत्र है—'तत्त्वमसि'। 'वही तू है'—जो वह है वही तू है, जो तू है वही वह है। जो सौंदर्य का उपासक है, जो जिज्ञासु है अथवा जो साधक है उसे सर्वप्रथम स्वयं के अहंकार का त्याग करना ही होगा। अहं के त्याग की यात्रा के उपरांत ही सौंदर्य की अनुभूति की वास्तविक यात्रा प्रारंभ होगी। अहं त्याग का भाव जितना प्रगाढ़ होगा, सौंदर्यबोध की प्रगाढ़ता भी उतनी ही बढ़ेगी। इस अनुभव का प्रेरक तत्त्व तो वह ज्ञान है जो 'आत्मतत्त्व' में निहित है। सभी में स्वयं का ही स्वरूप देखने की जो प्रवृत्ति है वह भेदवृत्ति का शमन कर देती है। जिसे 'तत्त्वमसि' का बोध हो गया वह आकार और आकृति की तुलना बहिर्मुखी इंद्रियों से नहीं करता, वह तो अंतर्मुखी होकर भेद की सत्ता के पार चला जाता है और उस आनंद को उपलब्ध हो जाता है जो सौंदर्य का अभीष्ट है।

भारतीय ऋषि की कामना यह है कि उसे केवल सुंदर ही दिखाई दे—अर्थात् उसे कहीं किसी भी प्रकार के असुंदर की प्रतीति ही न हो। उसकी तो मान्यता है कि जो शिवम् है वही सुंदर है। शिव तो सदैव शुभ है, अतः भारतीय ऋषि केवल शुभमय जीवन जीना चाहता है। 'अशिव' और 'अशुभ' तो उसे किसी भी मूल्य पर स्वीकार ही नहीं है। उसकी समस्त प्रार्थनाएँ, उसके समस्त संस्कार शुभ प्रेरित, शुभमय ही होने चाहिए। यदि ऋषि को नेत्रों से सौंदर्य की अनुभूति प्राप्त करनी है तो उसकी कामना है—'ओम् अक्ष्णोर्मे चक्षुरस्तु'। उसकी कामना है—'ओम् स्वः पुनातु नेत्रयोः', मेरे नेत्र पवित्र दृष्टिवाले व सर्वहितकारी दृष्टि से युक्त हों। यह ऋषि नेत्र तो चाहता है, पर ऐसे नेत्र चाहता है जो नेत्र सर्वकल्याणकारी दृष्टिवाले हों।

यह ऋषि आयु तो चाहता है, पर वह आयु सभी के साथ चाहता है, अकेले नहीं चाहता और चाहता है शुभ सुनने के लिए, शुभ देखने के लिए; ताकि सभी का हित हो, सभी का कल्याण हो।

ऐसी स्थिति मानव जीवन में तब बनेगी जब हमें 'भद्र' ही सुनाई दे, 'भद्र' ही दिखाई दे। पर यह वृत्ति जीवन में कैसे आए? संभवत: ऐसी ही कुछ प्रारंभिक जिज्ञासा रही होगी भारतीय ऋषि की। इस जिज्ञासा से ही उस शाश्वत सत्य का ज्ञान प्राप्त हुआ होगा, जहाँ लौकिक शुभ व अशुभ, भद्र व अभद्र दोनों का अतिक्रमण है। यह अतिक्रमण ही उसे शाश्वत सौंदर्य देखने की शक्ति प्रदान करेगा। जिन नेत्रों से भारतीय ऋषि शुभ सौंदर्य का दर्शन करना चाहता है वे नेत्र बहिर्मुखी चर्म-चक्षुओं से भिन्न हैं। 'सर्वत्र सौंदर्य दर्शन' का तो अर्थ है—ऐसी दृष्टि, जो उस तत्त्व को देख सके जो समस्त सौंदर्य का केंद्र है। इस केंद्र का शुभ ऐसा शुभ है जो अशुभ के विपरीतवाला शुभ नहीं है, बल्कि यह शुभ केवल शुभ ही है। इस शुभ में अशुभ की सत्ता के जन्म की कहीं कोई संभावना ही नहीं है। यही अद्वैत शुभ है और इसे ही हम अद्वैत सौंदर्य कह सकते हैं। यह ऐसी स्थिति है जहाँ दृश्य और द्रष्टा का भेद समाप्त हो चुका है।

यह अद्वैत सौंदर्य लौकिक चेतना से उपलब्ध नहीं होता। लौकिक चेतना तो भेद प्रधान चेतना है। जिज्ञासु इस भेद प्रधान सौंदर्य चेतना का प्रयोग करता है, फिर उसे भी लाँघता है और अद्वैत सौंदर्य में प्रवेश करके सर्व सौंदर्य में लीन हो जाता है। ऐसे व्यक्ति के लिए यह जगत् भी इस शाश्वत सौंदर्य का ही विस्तार है। यह अद्वैत सौंदर्य भी अक्षर ज्ञान का ही अंग है, यही है 'पराविद्या'; जिसे प्राप्त करने के लिए भारतीय ऋषि स्वयं को हर स्तर से, हर स्तर पर संस्कारवान् बनाना चाहता है। ये संस्कार ही उसे शुभ संकल्पोंवाला बना सकने में समर्थ होंगे। ऋषि की बार-बार यही प्रार्थना होती है कि सौंदर्य को देखने की उसकी समस्त शक्ति ईश्वर को समर्पित हो—

चक्षुर्यज्ञेन कल्पताम्।

—यजुर्वेद, १८-२९

भारतीय मनीषा के लिए सौंदर्य आत्मज्ञान का प्रतिफल है। यह आत्मज्ञान सभी ओर केवल स्वयं को ही देखता है। सभी मित्र हैं, अमित्र कोई है ही नहीं। 'सर्वं आशायं मित्रं भवन्तु', जो मित्र है, वह किसी-न-किसी रूप में सुंदर अवश्य होगा। जो मित्र नहीं है या जो अमित्र है, उसमें किसी-न-किसी रूप में कुछ-न-कुछ कुरूपता और असुंदरता अवश्य होगी—इस मनोवैज्ञानिक सत्य से तो वर्तमान मनोवैज्ञानिक भी इनकार नहीं कर सकते, इसीलिए भारतीय संस्कृति में मित्रता की बड़ी महिमा है। भारतीय मनीषा सर्वत्र मित्रता के भाव को जाग्रत करने की इच्छुक है।

□

****

पुरुषार्थ

****

अथातः क्रत्वर्थपुरुषार्थयोर्जिज्ञासा।

—मीमांसादर्शन, ४-१-१

(व्यक्ति को कर्म प्रधान पुरुषार्थ की जिज्ञासा करनी चाहिए।)

भारतीय मनीषा का विश्वास जिस संस्कृति पर है, उसका उद्देश्य है मानव को पुरुषार्थी बनाना। पुरुषार्थहीन संस्कृति न तो श्रेष्ठ जीवन-मूल्यों को स्थायित्व प्रदान करती है और न उससे आत्महित ही होता है। ऐसी संस्कृति सर्व-कल्याणकारी तो हो ही नहीं सकती। भारतीय मनीषा का विश्वास जिस संस्कृति पर है, उसका लक्ष्य सर्वकल्याण है—

सर्वेऽपि सुखिनः सन्तु सर्वे सन्तु निरामयाः।
सर्वे भद्राणि पश्यन्तु मा कश्चित् दुःख भाग्भवेत्॥

सर्वसुख व सर्वकल्याण की यह कामना हाथ पर हाथ रखकर बैठे रहने या दिवास्वप्न देखते रहने अथवा मात्र कल्पनाओं से पूरी नहीं होगी। भारतीय मनीषा ने इसीलिए बार-बार कर्म को विशेष महत्त्व प्रदान किया है। भारत में श्रुतियों व उपनिषदों में कर्म की ही विशेष वंदना है। इन समस्त कर्मों का उद्देश्य है, अज्ञान का विनाश करना। भारतीय मनीषा की मान्यता है कि जीवन का सत्य जो सतत उपलब्ध है, हमें हमारे स्वयं के अज्ञान के कारण, स्वयं की अकर्मण्यता और तमस के कारण प्राप्त नहीं हो पाता। इस स्थिति को कुछ इस प्रकार से भी कहा जा सकता है कि जीवन का परम सत्य मानव को सतत उपलब्ध है, क्योंकि वह तो शाश्वत व सर्वव्यापी है; पर अज्ञानवश हम उसकी शाश्वतता और ऊर्जा से वंचित हैं; क्योंकि हमारा अंतस व विवेक स्वयं के अहंकार, काम, क्रोध,

लोभ, मोह आदि विकारों से ढका हुआ है। हमें पुरुषार्थ के द्वारा इन विकारों को हटाना होगा, उनपर विजय पानी होगी—यही है भारतीय संस्कृति का महत्त्वपूर्ण लक्ष्य। पुरुषार्थ ही वास्तव में मानव को संस्कारवान् बनाता है और पुरुषार्थहीनता उसे और अधिक गहरे विक्षेप, क्लेश, दुःख और मानसिक तनाव तथा पीड़ा की खाई में ढकेल देती है। पुरुषार्थहीनता मानव के लिए सबसे बड़ा अभिशाप है, इसे भारतीय मनीषा ने अनेक तरह से तथा अनेक स्तरों पर व्यक्त किया है। पुरुषार्थहीनता से बचना है तो मानव को सतत कर्म में लगना होगा। जब भारतीय संस्कृति कर्म की बात करती है तो वह यह भी स्पष्ट कर देती है कि कर्म बंधनकारी भी हो सकते हैं और मुक्तिप्रदाता भी। कौन कर्म करने चाहिए और कौन नहीं करने चाहिए, यह ज्ञान ही भारतीय मनीषा की विशेष शक्ति और वास्तविक ऊर्जा है। सारे धर्मशास्त्र, गीता, उपनिषद्, वेदांत, योग, सांख्य, न्याय, मीमांसा आदि कर्म की प्रधानता व अनिवार्यता को स्वीकार करते हैं और कर्म की महिमा की व्याख्या अपनी-अपनी तरह से करते हैं; लेकिन व्याख्या की इस विभिन्नता में भी एक तत्त्व पर सर्व सहमति है कि कर्म ऐसा होना चाहिए जो अविद्या और अज्ञान से मुक्ति दिला सके तथा मानसिक विक्षेपों को शांत करते हुए मानव को सर्वकल्याण के पथ पर ले जा सके। भारतीय मनीषा का स्पष्ट मत है कि हर वह कर्म बंधनकारी होगा जो अहं भाव व स्वार्थ से प्रेरित है और हर वह कर्म जो साक्षीभाव से अर्थात् कर्तापन के अहंकार से मुक्त है तथा जिसमें न स्वार्थ है, न आसक्ति, वह मोक्षदायक होगा। मोक्ष का अर्थ है परम आनंद में प्रवेश, संपूर्ण मानसिक शांति व विक्षेपों का अंत।

पुरुषार्थ के संदर्भ में जिस बात पर भारतीय संस्कृति विशेष बल देती है वह है 'बुद्धि' और 'भाव'। बुद्धि की शुद्धता और श्रेष्ठ कोटि के भाव में रहने का अभ्यास ही व्यक्ति को पाखंडपूर्ण पुरुषार्थ से बचा सकता है। अगर बुद्धि भ्रष्ट बनी रही तो शरीर से पुरुषार्थ के मार्ग पर चलने की चेष्टा मात्र एक पाखंड के अतिरिक्त कुछ भी नहीं। बुद्धि को स्थिर व शुद्ध रखने के लिए भारतीय ऋषियों ने आहार शुद्धि पर विशेष बल दिया है। जबतक बुद्धि ठीक न हो, विवेक जाग्रत न हो तबतक मानव अपने जीवन में कुछ भी कार्य सफलतापूर्वक नहीं कर सकता। कार्यों की सफलता का रहस्य बुद्धि की शक्ति में छिपा हुआ है। वैसे तो तत्त्वज्ञानियों ने बुद्धि को भी अनेक भागों में विभाजित किया है; जैसेकि विवेक, मेधा, प्रज्ञा इत्यादि; लेकिन इन सभी को सामान्य भाषा में हम बुद्धि ही कहते हैं तथा भारतीय मनीषी इसे मेधाशक्ति कहकर संबोधित करते हैं। संस्कारवान् बनने के लिए श्रेष्ठ मेधाशक्ति चाहिए और इसीलिए भारतीय मनीषा

की याचना है—

यां मेधां देवगणाः पितरश्चोपासते।
तया मामद्य मेधयाग्ने मेधाविनं कुरु॥

—यजुर्वेद, ३२-१४

इसका शाब्दिक अर्थ है, "जिस मेधाशक्ति (धारणायुक्त बुद्धि) की उपासना देवगण और पितरगण करते हैं, उस मेधा से आज हमको मेधावी बनाओ।"

ऋषि की इच्छा ऐसी मेधाशक्ति पाने की है जो दिव्यता से परिपूर्ण है, जो विद्वानों से पूजित है। 'देवगण' का अर्थ यहाँ उन शक्तियों से है जो हमें सब प्रकार के सुख, आनंद और समृद्धि दे सकने में समर्थ हैं। देवगण से अर्थ उस शक्ति से भी है जो हमारे अज्ञान का निवारण करती है तथा अन्य जो भी श्रेष्ठ क्षमताएँ व्यक्ति में सुप्त हैं, उन्हें प्रकाशित व जाग्रत करती है। जबतक व्यक्ति अपनी छिपी हुई असीम शक्ति व क्षमता को पहचान नहीं पाता तबतक वह न तो कर्मयोगी बन सकता है, न पुरुषार्थी और न ऐसे व्यक्ति को जीवन में यश, कीर्ति और समृद्धि ही उपलब्ध हो सकती है। भारतीय मनीषा की यह मान्यता है कि हर व्यक्ति में असीम व अनंत शक्ति छिपी हुई है; पर उसे इन शक्तियों की विस्मृति हो गई है। स्वयं के संकल्प बल से इन सुप्त शक्तियों को जाग्रत किया जा सकता है और उन अनंत संभावनाओं को टटोला जा सकता है, जो विकास के मार्ग में सहायक हैं। भारतीय संस्कृति की यह मान्यता नहीं है कि मानव में छिपी शक्तियों का संबंध जाति विशेष अथवा संप्रदाय विशेष के व्यक्तियों से है। पृथ्वी पर रहनेवाला कोई भी मानव अपने पुरुषार्थ से अपने में अंतर्निहित शक्तियों का विकास कर सकने में समर्थ है। यह ठीक है कि जन्म, क्षेत्र, वातावरण, शिक्षा-दीक्षा, पर्यावरण आदि का भी प्रभाव व्यक्ति की मेधाशक्ति तथा उसकी अंतर्निहित शक्तियों के विकास और प्राकट्य पर पड़ता है; पर पुरुषार्थ इन सभी बंधनों को, इन सभी अवरोधों को ध्वस्त कर सकने में समर्थ है। मान्यता तो यह है कि स्वयं के पुरुषार्थ से हर व्यक्ति परम पद का अधिकारी बन सकता है। 'कर्म' और 'कर्मफल' का रहस्य भारतीय संस्कृति का एक अलग प्रसंग है; पर पुरुषार्थ के संदर्भ में यहाँ इतना ही समझना पर्याप्त होगा कि विवेक प्रधान पुरुषार्थ से ही मानव अपने भविष्य का निर्माण करता है और उसके द्वारा ही व्यक्ति अपने संकल्पों को पूरा करने में सक्षम होता है।

जिस प्रकार हर व्यक्ति में दिव्य शक्तियाँ छिपी हुई हैं, उसी प्रकार उसमें अपने पूर्वजों की प्रबल मेधाशक्ति भी छिपी हुई है। तात्त्विक दृष्टि से शरीर व

उसकी समस्त शक्तियाँ उस 'बीज' का परिणाम हैं जो पूर्वजों, अर्थात् पितरों द्वारा स्थापित किया गया है। भारतीय मनीषा की यह मान्यता है कि व्यक्ति अपने पूर्वजों, अर्थात् पितरों के आशीर्वाद व उनके शुभ कर्मों के फलस्वरूप ही प्रगति करता है। कोई भी शुभ कर्म व्यर्थ नहीं जाता, प्रत्येक कर्म अपना सूक्ष्म प्रभाव अचेतन मन पर छोड़ता है और ये सारे प्रभाव अचेतन कोष में संगृहीत होते रहते हैं तथा ये संगृहीत प्रभाव ही अंततः सूक्ष्म रूप से व्यक्तित्व में प्रवेश भी करते हैं। यह सूक्ष्म व्यक्तित्व अर्थात् मेधाशक्ति ही वह ऊर्जा है जो 'बीज' में प्रसुप्त है। यह ऊर्जा अनुकूल परिस्थितियों में संकल्प बल से पुनः प्रकट होती है—ठीक वैसे ही, जैसेकि अनुकूल परिस्थिति में छोटे-से-छोटे बीज से विशाल वृक्ष का विकास होता है। मेधाशक्ति की ऊर्जा पर पड़ा हुआ आवरण संकल्पशक्ति के द्वारा ही हटाया जा सकता है। इसीलिए भारतीय मनीषा ने संस्कारवान् बनने के लिए संकल्प बल को अति महत्त्व प्रदान किया है। शुभ संकल्पों की याचना के लिए भारतीय साहित्य में अनेक श्लोक व मंत्र हैं; पर यजुर्वेद (३४। १-६) के निम्न छः मंत्र विशेष महत्त्व के तथा प्रेरणादायक माने जाते हैं—

ओं यज्जाग्रतो दूरमुदैति दैवं तदु सुप्तस्य तथैवैति।
दूरंगमं ज्योतिषां ज्योतिरेकं तन्मे मनः शिवसंकल्पमस्तु॥

अर्थात्, "हे परमात्मन्! आपकी कृपा से मेरा मन दिव्य गुणों से संपन्न है। वह दूर-दूर जाकर सभी पदार्थों और विषयों को ग्रहण करता है। वह हमारी समस्त इंद्रियों का प्रकाशक भी है और उनकी ऊर्जा भी है। जब मैं सोता हूँ, उस समय भी वह जाग्रत रहता है और अपने समस्त कार्य करता है। जब मैं जागता हूँ, तब वह हमारे साथ-साथ सदैव हर दिशा में जाता रहता है। तेरा दिया हुआ यह मन सदैव शुभ संकल्पोंवाला हो।"

ओं येन कर्माण्यपसो मनीषिणो यज्ञे कृण्वन्ति विदथेषु धीराः।
यदपूर्वं यक्षमन्तः प्रजानां तन्मे मनः शिवसंकल्पमस्तु॥

अर्थात्, "हे परामात्मन्! यह मन ही है जो सदैव सत्कर्मनिष्ठ होता है। जो मनीषी हैं वे सदैव सर्वकल्याणकारी यज्ञ कर्म में प्रवृत्त रहते हैं और तेरा दिया हुआ यह मन प्राणिमात्र में प्रवेश करने में सक्षम है। यह मन श्रेष्ठ संकल्पोंवाला और सर्वकल्याणकारी बने।"

ओं यत्प्रज्ञानमुत चेतो धृतिश्च यज्ज्योतिरन्तरमृतं प्रजासु।
यस्मान्नऽऋते किं चन कर्म क्रियते तन्मे मनः शिवसंकल्पमस्तु॥

अर्थात्, "हे प्रभु! यह मेरा मन बुद्धि का उत्पादक है। यही मन मेरी स्मृति का साधन है। इस मन के कारण हमें धैर्य भी प्राप्त होता है और साथ ही यदि

मन सहायता करे तो हमें अमृततत्त्व की भी प्राप्ति हो सकती है। मनुष्य में एक नाशरहित प्रकाश है, जिसके अभाव में कोई काम नहीं किया जा सकता, अतः यह मेरा मन सर्वकल्याणकारी संकल्पोंवाला सदैव-सदैव रहे।''

ओं येनेदं भूतं भुवनं भविष्यत्परिगृहीतममृतेन सर्वम्।
येन यज्ञस्तायते सप्तहोता तन्मे मनः शिवसंकल्पमस्तु॥

अर्थात्, ''हे मेरे सर्वज्ञ मन! तेरे ही माध्यम से हम भूतकाल को जानते हैं, वर्तमान में निवास करते हैं और भविष्य को तेरे ही माध्यम से सँवारते हैं। तेरे ही सहयोग से हम अपने ऊर्जा के सातों केंद्रों में बैठकर के यज्ञ करते हैं, अर्थात् उन्हें और अधिक ऊर्जित करते हैं। रे मन! तू दिव्य संकल्पों से भर जा और हमें ऊर्जित कर।'' (ये सातों केंद्र चक्र हैं, जो मनुष्य के शरीर में सूक्ष्म रूप से स्थित हैं।)

ओं यस्मिन्नृचः साम यजूꣳषि यस्मिन् प्रतिष्ठिता रथनाभाविवारा।
यस्मिंश्चितँ सर्वमोतं प्रजानां तन्मे मनः शिवसंकल्पमस्तु॥

अर्थात्, ''हे प्रभु! तेरा दिया हुआ यह मेरा मन उसी प्रकार से समस्त सृष्टि में केंद्रित है, जिस प्रकार से रथ के पहिए की नाभि में रथ की समस्त शक्ति केंद्रित होती है। ऐसे ही मेरा मन इस समस्त ज्ञान में केंद्रित हो और समस्त प्राणियों के कल्याण में मैं इस ज्ञान को लगा सकूँ। जैसे सूत में मणियों को पिरो दिया जाता है, ऐसे ही मेरे सूत रूपी मन में समस्त ज्ञान को पिरो दिया जाए और यह मेरा मन सर्वकल्याणकारी और शुद्ध संकल्पोंवाला बने।''

ओं सुषारथिरश्वानिव यन्मनुष्यान्नेनीयतेऽभीशुभिर्वाजिनऽइव।
हृत्प्रतिष्ठं यदजिरं जविष्ठं तन्मे मनः शिवसंकल्पमस्तु॥

अर्थात्, ''हे प्रभु! यह मेरा मन उस श्रेष्ठ सारथि के समान है जो मतवाले घोड़ों को नियंत्रित रखने में समर्थ है। जैसे सारथि अपने विवेक और शक्ति से वेगवान् अश्व को नियंत्रित रखता है उसी प्रकार से यह मन भी मनुष्य की इंद्रियों को, जोकि अत्यंत वेगवान् हैं, अपने नियंत्रण में रखता है। अतिशय वेगवती, गमनशील इंद्रियों को वश में रखनेवाला यह मेरा मन शुद्ध संकल्पोंवाला हो।''

भारतीय संस्कृति में सर्वाधिक महत्त्व मन के शुभ संकल्पों व विचारों को दिया गया है। भाव की शुद्धता तथा संकल्पों व विचारों की पवित्रता से ही कर्म को अच्छा या बुरा माना जाएगा, ऐसी भारतीय ऋषि की धारणा है। पुरुषार्थ के पीछे जो भाव छिपे हैं, उनका ही जीवन में वास्तविक महत्त्व है। कर्म किस प्रकार का है, इसका भारतीय ऋषि के लिए कोई विशेष महत्त्व नहीं; कर्म को किस भाव से किया गया है, केवल वही महत्त्वपूर्ण है। कर्म जो प्रेरक है, जो

विचारों का जन्मदाता है, जो मन है, यदि उसके संकल्प अशुभ हैं, अशिव हैं, स्वार्थ, अहंकार, मोह व आसक्ति से लिप्त हैं तो ऐसे कर्म व्यक्ति को संस्कारवान् नहीं बना सकते। अहंकार प्रेरित कर्म पाखंडपूर्ण पुरुषार्थ की देन हैं। वास्तविक पुरुषार्थ की श्रेणी में इन्हें नहीं रखा जा सकता।

भारतीय संस्कृति में बुद्धि की बहुत बड़ी महिमा है। भारतीय ऋषि सदैव से बुद्धि का उपासक रहा है। जहाँ कहीं भी बुद्धि की उपासना में अवरोध हैं, वे स्थिति भारतीय मनीषा को स्वीकार नहीं हैं। बुद्धि पर तनिक-सा भी अंकुश भारतीय मन को स्वीकार नहीं। मेधाशक्ति का संबंध न तो जन्म से है, न वर्ण से, न क्षेत्र से, न लिंग से। मेधाशक्ति का उपासक कोई भी हो सकता है और इस उपासना के द्वारा परमपद प्राप्त कर सकता है। जन्म से कोई भी ब्रह्मज्ञानी नहीं होता। ब्रह्मज्ञान को प्राप्त करने के लिए तप करना आवश्यक है। तप का अर्थ शरीर को सुखाने और कष्ट देने से नहीं है; तप से आशय है, श्रेष्ठ मूल्यों के लिए स्वयं को अर्पित करने से। तप का अर्थ है, आत्मचिंतन व मन का सतत अभ्यास। तप के द्वारा हृदय को शुद्ध करने का अर्थ है, अंतस के कलुष को पहचानने के लिए किए गए प्रयत्न। सर्वकल्याण के पथ पर चलने की चेष्टा करना ही वास्तविक तप है। जब कोई भी व्यक्ति सर्वकल्याणकारी भाव को अपने जीवन में उतारता है तो वह तपोनिष्ठ हो जाता है। प्राणिमात्र के कल्याण की इच्छा से किए गए कार्यों से बड़ा कोई तप नहीं है। जो व्यक्ति सभी में स्वयं को ही देखता है उसे भारतीय मनीषा ने परम तपस्वी माना है। 'आत्मवत् सर्व भूतेषु' के भाव से बड़ा न कोई तप है और न उससे बड़ा कोई पुरुषार्थ।

भारत में जबतक बुद्धि महिमामंडित होती रही तथा वास्तविक जीवन में मेधाशक्ति की उपासना होती रही, अर्थात् वास्तव में जो प्रकांड विद्वान् और कर्मयोगी थे, उन्हें समाज में स्थान मिलता रहा तथा बुद्धि के महत्त्व को सम्मान व स्वीकृति मिलती रही तबतक यहाँ हर प्रकार की समृद्धि रही; पर जब बुद्धि पर कर्मकांड, पाखंड व स्वार्थ का आवरण आ गया, उसी समय से पतन प्रारंभ हो गया। निश्चित रूप में आज का औसत भारतीय बुद्धि और मेधाशक्ति का उपासक नहीं है। वह कर्मकांड, अंधविश्वास व पाखंड से प्रभावित है, अत: वह न तो स्वयं की उन्नति कर पा रहा है और न समाज की। अत: वर्तमान स्थिति में भारत की जो दुर्दशा है उसका अंत तभी हो सकता है जब देश में पुन: बुद्धि और मेधाशक्ति को महिमामंडित किया जाए। विद्वान् और प्रतिभाशाली व्यक्ति किसी भी वर्ग, समाज, वर्ण या क्षेत्र में जन्म ले सकते हैं, अत: समाज में प्रतिभा और विद्वत्ता को सम्मान मिलना ही चाहिए। जो समाज अपने नागरिकों की

प्रतिभा, उनकी विद्वत्ता और उनके बुद्धिबल का सम्मान नहीं करता, वह समाज किसी भी क्षेत्र में समृद्धि को प्राप्त नहीं कर सकता। समृद्धि के लिए पुरुषार्थ का होना अनिवार्य है।

जीवन के हर अंग में पुरुषार्थ के महत्त्व को स्वीकार करते हुए भारतीय मनीषा ने पुरुषार्थ को चार भागों में विभाजित कियां है। ये भाग हैं—धर्म, अर्थ, काम और मोक्ष। पुरुषार्थ के ये चारों अंग मानवमात्र के लिए उपयोगी हैं। ऐसा नहीं है कि पुरुषार्थ के चारों अंग केवल भारतीय समाज के लिए ही उपयोगी हों। पुरुषार्थ की ऊर्जा से ही मानव के पशुत्व का निवारण हो सकता है और उसे अपने जीवनकाल में परम आनंद व परम शांति की वास्तविक अनुभूति हो सकती है। यह परम आनंद व परम शांति ही भारतीय संस्कृति का चरम लक्ष्य है। जो तार्किक हैं वे कहेंगे कि चरम लक्ष्य दो नहीं हो सकते, वह तो एक ही होगा। भाषा की दृष्टि से यह तर्क सही है; पर शांति और आनंद में यदि भेद हो तब। आनंद से ही परम शांति प्राप्त होती है और परम शांति में ही आनंद है। अर्थात् एक ही सिक्के के दो पहलू हैं—एक है आनंद, दूसरा है शांति। अशांति में आनंद कैसे आएगा और अशांति पाने के लिए कोई पुरुषार्थ क्यों करेगा? जीवन में बिना पुरुषार्थ के ही बहुत से झंझट हैं, दुःख हैं, कष्ट हैं व अशांति है। इस अशांति व इन कष्टों के निवारण हेतु ही तो पुरुषार्थ की आवश्यकता है। एक बार यदि स्वयं के संकल्प बल से अशांति का निवारण हो जाए तो तत्काल आनंद का जन्म हो जाता है। अत: जहाँ शांति है, वहीं आनंद है। जहाँ अशांति है, वहाँ दुःख और कष्ट है। दुःख और कष्ट से मुक्ति पाने के लिए ही तो मानव अपने जन्मकाल से ही सतत प्रयत्न कर रहा है। उसके सारे शोध, सारे प्रयास, सारा अन्वेषण, सारी खोज आनंद की खोज है—एक शाश्वत आनंद की खोज। यही भारतीय संस्कृति में पुरुषार्थ का लक्ष्य है। इस हेतु ही मानव को संस्कारित करने की चेष्टा है। मानव को संस्कारित करने का अर्थ यहाँ स्वयं को रूपांतरित करने से है। भारतीय संस्कृति में पर-उपदेश के लिए कोई ठोस स्थान नहीं है। सारा ज्ञान, सारी अनुभूति स्वयं अर्जित करनी चाहिए। सारे प्रयास स्वयं करने होंगे तथा स्वयं ही अज्ञात में छलाँग लगानी होगी, तभी सत्य उपलब्ध होगा, तभी आनंद प्राप्त होगा और तभी शांति मिलेगी। पुरुषार्थ का आशय ही यह है कि स्वयं आगे बढ़ो, स्वयं अनुभव करो, स्वयं छलाँग लगाओ तभी पुरुषार्थ फलित होगा। पर दुर्भाग्य यह है कि भारतीय संस्कृति का यह पक्ष काल के थपेड़ों से बहुत दुर्बल हो गया है। स्वार्थ, अहंकार और छल-छद्म प्रधान धार्मिकता तथा स्वयं की अकर्मण्यता ने पुरुषार्थ के बोध को भुला दिया है और

वर्तमान में सामान्य भारतीय नागरिक पुरुषार्थ के नाम पर पाखंड और अकर्मण्यता अथवा अंधविश्वास का उपासक बन गया है। पुरुषार्थ अंधविश्वास नहीं है, पुरुषार्थ कोई जड़ तत्त्व नहीं है, वह सतत जागरूकता है तथा ऐसा एक आत्मबोध है जो अंतःस्फुरित है। पुरुषार्थ का अर्थ है, अपने कर्तव्यबोध के प्रति सतत सजगता। इस कर्तव्यबोध में कर्मकांड का प्रयोग है, पर एक बहुत छोटे रूप में। मात्र कर्मकांडी और रूढ़िवादी व्यक्ति पुरुषार्थी नहीं हो सकते। उन्हें सत्य और आनंद की अनुभूति नहीं हो सकती, क्योंकि वे तो कर्मकांड व रूढ़ियों में ही साँस लेते हैं, उनमें वास्तविक जीवंतता का अभाव होता है; जबकि पुरुषार्थ है जीवंतता, जड़ता नहीं। जहाँ जीवंत गुणवत्ता है वहीं पुरुषार्थ है। उसमें सत्य के साथ एकाकार होने की क्षमता है, उसमें आत्मतत्त्व की प्रामाणिकता है, सहजता है और सरलता है। वास्तविक पुरुषार्थ में समष्टि के साथ अर्थात् समस्त अस्तित्व के लिए मैत्रीपूर्ण लयबद्धता है। उसमें परम प्रेम और परम अहोभाव की उपलब्धि है। पर दुर्भाग्य से पता नहीं कब, कैसे औसत भारतीय ने जीवंत पुरुषार्थ का परित्याग करके कर्मकांडियों द्वारा रचित व रूढ़िवादियों द्वारा पोषित निर्जीवता को अपना पथ-प्रदर्शक बना लिया। आज तो स्थिति यह है कि भगवत्ता, जिसे भगवान् कहकर संबोधित किया जाता है, के साथ भी व्यापार होने लगा है। पंडितों से (जो पंडित कम, पाखंडी अधिक हैं) पाठ, यज्ञ व अनुष्ठान कराए जाते हैं; ताकि परमात्मा प्रसन्न हो जाए और पुरस्कारस्वरूप धन-धान्य, पुत्र, पद आदि प्रदान करे। वर्तमान भारतीय जीवन में पंडितों, पुरोहितों का इतना प्राबल्य है कि पुरुषार्थ के स्थान पर अनुष्ठान के द्वारा जीवन में सफलता और उपलब्धियों की कामना की जाती है। और भी खेदजनक बात यह है कि अभीष्ट सिद्ध करने के लिए जप और तप पंडित करता है तथा आशा यह की जाती है कि उस जप का लाभ यजमान को मिलेगा। भारत में जहाँ आध्यात्मिक ज्ञान और पुरुषार्थ की महिमा गाई जाती थी, वहाँ पाखंड और अंधविश्वास तथा रूढ़िवादी कर्मकांडों को इतना महत्त्व क्यों मिल रहा है, यह बात समझ में नहीं आती; पर है यही वास्तविकता और संभवतः भारतीय संस्कृति का जो ह्रास हुआ है उसका यह एक प्रमुख कारण भी है। यह स्थिति भारतीय मनीषा द्वारा प्रतिपादित सिद्धांतों व आदर्शों के विपरीत है; पर इसका प्रतिकार कैसे किया जाए, कैसे पुनः पुरुषार्थ की अनिवार्यता को स्थापित किया जाए, यह एक प्रमुख राष्ट्रीय समस्या है।

पुरुषार्थ के स्थान पर कर्मकांड और रूढ़िवाद को जो महत्त्व भारत में आज मिल रहा है, संभवतः उसका कारण है भाग्यवाद के प्रति बढ़ती हुई

आस्था। पुरुषार्थ से अधिक प्रारब्ध पर बढ़ते हुए विश्वास ने वर्तमान भारतीय मन को काहिल, आलसी, दुर्व्यसनी, दुराग्रही और अकर्मण्य बना दिया है। प्रारब्ध की जो परिभाषा आज के भारत में देखने को मिलती है, उसका उस परिभाषा से कोई संबंध नहीं है जिसे अध्यात्म प्रधान ऋषियों ने प्रतिपादित किया था। भारतीय ऋषि की स्पष्ट मान्यता है कि प्रारब्ध और कुछ नहीं है, वह तो हमारे पूर्व और वर्तमान कर्मों का ही संचित फल है। वर्तमान में इस आस्था को बहुलता के साथ प्रचारित किया गया है और अभी भी किया जा रहा है कि व्यक्ति का भाग्य दूर किसी अज्ञात स्थान में बैठे हुए ईश्वर के द्वारा लिखा जाता है, भाग्य लिखनेवाले इस ईश्वर को प्रसन्न भी किया जा सकता है और रुष्ट भी। यह रूढ़िवादियों की मान्यता है कि मंत्र-तंत्र के बलबूते व दैवीय शक्तियों का आह्वान करके भाग्य को बदला भी जा सकता है, अतः पुरुषार्थ से अधिक महत्त्व समाज में मंत्र-तंत्र को मिलने लगा है और कर्म की अनिवार्यता व पुरुषार्थ का महत्त्व या तो घट गया है या समाप्त-सा हो गया है। सत्य यह है कि परम सत्ता, जिसे हम ईशत्व कहकर संबोधित करते हैं, उसका इस अंधविश्वास प्रधान मंत्र-तंत्र से कुछ भी लेना-देना नहीं है। न ही ईशत्व कोई ऐसी सत्ता है जो भाग्य या विधान को लिखती या लिखवाती हो; पर समाज में प्रारब्ध की आड़ में पलते और बढ़ते अंधविश्वास को रोका कैसे जाए? कैसे रूढ़िवाद को हतोत्साहित किया जाए? यह एक बहुत बड़ी समस्या है। वैसे तो इस समस्या का एकमात्र उपचार पुरुषार्थ से संभव है, पर पुरुषार्थ के प्रति वास्तविक जागृति कैसे आए? भारतीय ऋषियों और महर्षियों ने पुरुषार्थ की जो महिमा गाई, उसका भारतीय जीवन में पुनः प्रवेश कैसे हो, इसपर वर्तमान में विचार करना ही होगा, तभी भारत को पतन के गर्त से बाहर निकाला जा सकेगा और समाज अर्थात् मानव जीवन को सुखी व समृद्ध बनाया जा सकेगा।

भारतीय मनीषा की स्पष्ट मान्यता यह रही है कि मानव अपने कर्म से ही अपने भाग्य का निर्माण करता है। व्यक्ति का पौरुष, उसका संकल्प बल, उसका श्रम, उसका विवेक और उसकी कर्मठता ही उसका भाग्य है। 'उद्योगिनं पुरुषसिंहमुपैति लक्ष्मी'। भारतीय उद्गाता ऋषि ऋग्वेद में बार-बार यह कहता है कि—

> अयं मे हस्तो भगवानयं मे भगवत्तरः।
> अयं मे विश्वभेषजः अयं शिवाभिमर्शनः॥
>
> —ऋग्वेद, १०-६०-१२

"यह मेरा हाथ ऐश्वर्यशाली है, यह मेरा हाथ और भी अधिक

सौभाग्यशाली है। यह मेरा हाथ सभी रोगों को दूर करनेवाला है। यह हाथ अपने प्रभाव से सर्वकल्याण करनेवाला है।''

भारतीय चेतना का मूल मंत्र रहा है—'अपना हाथ जगन्नाथ', अर्थात् व्यक्ति को अपने हाथों अर्थात् अपने पौरुष पर ही भरोसा होना चाहिए। समस्त ऐश्वर्य तो केवल स्वयं के अर्जन से ही प्राप्त होंगे।

क्षेति क्षेमेभिः साधुभिः न किः र्य घ्नन्ति हन्ति यः।
अग्ने सुवीर एधते॥

—ऋग्वेद, ८-८४-९

''हे परमात्मन्! जो अच्छे कल्याणकारी कर्मों को करता हुआ जीवित रहता है, उसे कोई मार नहीं सकता; वह सुंदर वीर व्यक्ति समृद्धि को प्राप्त होता है।''

सुखमय जीवन के लिए शुभ कर्मों की अनिवार्यता पर ऋषियों ने सदैव बल दिया है। सत्कर्म ही समृद्धि का कारण हैं।

उद्यानं ते पुरुष न अवयानं
जीवातुं ते दक्षतातिं कृणोमि।

—अथर्ववेद, ८-१-६

''रे पुरुष, तू सदा उद्यमी बन, तू अवनति को न प्राप्त हो। तुझे जीवन में दक्षता प्राप्त हो, पुरुषार्थ प्राप्त हो।''

यह है ऋषि की कामना जो अथर्ववेद में है। बार-बार हमारे ऋषि कहते हैं कि जीवन में पुरुषार्थ और संघर्ष की शक्ति से संपन्न होकर ही मनुष्य उन्नति की ओर अग्रसर होता है।

पुरुषार्थ से धर्म है, पुरुषार्थ से अर्थ है, पुरुषार्थ से समस्त कामनाओं की पूर्ति संभव है और पुरुषार्थ से ही परम शांति और परम आनंद अर्थात् मोक्ष प्राप्त होता है। कभी भी पुरुषार्थ का परित्याग नहीं करना चाहिए; और इसीलिए पुरुषार्थ को ही जीवन में सदैव स्थान देने की बात बार-बार भारतीय संस्कृति करती है। यह भाव पुनः समाज में आए, तभी भारतीय जन पुनः संस्कारवान् बन सकेंगे।

पुरुषार्थ का एक गूढ़ अर्थ भी है, यह वह अर्थ है जो भारतीय संस्कृति को अध्यात्म की ओर मोड़कर उसे अत्यंत रहस्यमय व सर्वकल्याणकारी बनाता है। पुरुषार्थ का सीधा अर्थ 'पुरुष के निमित्त' भी होता है। अर्थात् सभी कर्म पुरुष के निमित्त ही होने चाहिए। यह पुरुष शब्द भी रहस्यमय है। पुरुष से यहाँ आशय साधारण मानव से नहीं, बल्कि आशय है उस शाश्वत सत्ता से, जो शरीर

का केंद्र है और जो शरीर में ही नहीं, सर्वत्र व्याप्त है। व्युत्पत्ति के अनुसार, पुरुष से आशय है—'पुरि शेते इति'। पुर अर्थात् जो शरीर में शयन करता है। ऋग्वेद के पुरुषसूक्त में पुरुष से आशय विराट् पुरुष और विश्व पुरुष से है। सृष्टि के मूल में स्थित मूलतत्त्व के अंतर्यामी और अतिरेकी स्वरूप का प्रतीक पुरुष है। सांख्यदर्शन के अनुसार जगत् में दो सनातन तत्त्व हैं—पहला है 'प्रकृति' और दूसरा है 'पुरुष'। प्रकृति अपने समस्त कार्य व अपनी समस्त क्रिया पुरुष के निमित्त करती है। पुरुष द्रष्टा है और प्रकृति के समस्त कार्यों व क्रियाओं को अपने ऊपर धारण करता है। योगदर्शन में भी ईशत्व को 'पुरुष विशेष' की संज्ञा दी गई है। जो सर्वज्ञ, शाश्वत एवं पूर्ण है तथा पुनर्जन्म एवं दुर्बलताओं से परे है, वह 'पुरुष' है; उसका रहस्यात्मक मंत्र है प्रणव, जिसे 'ओऽम्' की ध्वनि से जाना जाता है। 'ओऽम्' ही आदिपुरुष है, वही प्रथम पुरुष है। वह सकल ब्रह्मांड का जन्मदाता तथा अनादि व अनंत है, अतः योगियों ने पुरुषार्थ उसे माना है जिससे समाधि उपलब्ध हो। समाधि की चेतना में प्रवेश करके जो प्राप्त होता है उसे जगत् कल्याण के लिए योगियों ने अपने जीवन में उतारा और उससे संस्कारों का सृजन किया, अतः भारतीय ऋषि की यह मान्यता रही है कि व्यक्ति के समस्त संस्कार पुरुषार्थ के निमित्त ही होने चाहिए और योगियों के बीच यह दर्शन प्रचलित हुआ कि शारीरिक, मानसिक व बौद्धिक स्तर पर जो कर्म हों, जो यत्न व विचार हों, वे ऐसे होने चाहिए कि व्यक्ति को प्रणव की सत्ता का तथा 'ओऽम्' की जो सतत विद्यमान सत्ता है उसका, निरंतर बोध होता रहे। ईशत्व का सतत सचेतनबोध ही वास्तविक पुरुषार्थ है। भारतीय संस्कृति के सर्वाधिक प्रेरक ग्रंथ 'गीता' में सभी कर्म ईश्वरार्पण बुद्धि से ही करने की सलाह दी गई है। जो भी हमारा चिंतन हो, मनन हो, भाव हो वह सदैव ईश्वर के प्रति उन्मुख हो, उसके निमित्त हो, उसको ही समर्पित हो—पुरुषार्थ से यही अभीष्ट माना गया है। ईश्वर से यहाँ बोध है समग्रता का, समष्टि का अर्थात् आत्मस्थ होकर अभेद दृष्टि से कर्म करने का यहाँ आह्वान है।

ईश्वर उन्मुख अर्थात् ईशत्व समर्पित समस्त कर्मों का जो सिद्धांत है, उसे ही कर्तव्य कर्म अर्थात् 'धर्म' कहा गया है। धर्म से ही जीवन में परम शांति पाने के साधन उपलब्ध होते हैं। ये साधन ही 'अर्थ' हैं। अर्थ के सदुपयोग से ही कामनाओं की वास्तविक पूर्ति होती है, अर्थात् उनका क्षय होता है। कामनाओं का क्षय ही परम शांति और परम आनंद को जीवन में प्रकट करता है। परम आनंद और परम शांति में प्रवेश ही 'मोक्ष' है।

पुरुषार्थ के संदर्भ में जहाँ वेद, उपनिषद्, वेदांत और ब्राह्मण ग्रंथों का

भारतीय संस्कृति में विशेष महत्त्व है वहीं 'श्रीमद्भगवद्गीता' को भारतीय जीवन में अति विशिष्ट स्थान प्राप्त है। 'गीता' को भारतीय अध्यात्म और वेदांत का सार कहा जाता है और इसमें प्रतिपादित दर्शन जीवन के हर पक्ष को प्रभावित करता है। गीता का समस्त उद्‌बोधन व समस्त ज्ञान हमें वास्तविक पुरुषार्थ की ओर प्रेरित करता है। व्यक्ति का जीवन व उसकी समस्त दिनचर्या आंतरिक और बाह्य परिस्थितियों से जूझने का उपक्रम ही तो है। व्यक्ति के मन और बुद्धि को क्लेशजनित मलिनता से तथा विभ्रम, स्वार्थ और मोह से कैसे मुक्ति दिलाई जाए और क्या है कर्तव्य कर्म—यही है गीता का प्रतिपाद्य विषय। कुल मिलाकर गीता का समस्त प्रयास व्यक्ति को वास्तविक पुरुषार्थ की ओर मोड़ने का प्रयास है। हृदय की समस्त दुर्बलताओं का परित्याग किस प्रकार संभव हो सकता है, गीता में इसकी जो संपूर्ण विधि बताई गई है, उसने भारतीय जीवन के संस्कारों को बहुत गहराई से प्रभावित किया है।

भारतीय दर्शन की मान्यता है कि मनुष्य की गहरी-से-गहरी और मूलभूत बीमारी अहंकार है। अहंकार से ही समस्त क्लेशों का जन्म होता है और अहंकार ही व्यक्ति को सत्य की ओर उन्मुख नहीं होने देता। अहंकार ही पुरुषार्थ में सबसे बड़ी बाधा है। अहंकार ही हमारे समस्त कर्मों व भावनाओं को प्रदूषित कर देता है। वह व्यक्ति को विचलित करता है और समस्त मानसिक विक्षेपों को जन्म देता है। जहाँ भी अहंकार है वहाँ सर्वकल्याण, सर्वमंगल और लोकहित की बात झूठी है; क्योंकि अहंकार प्रेरित, अहंकार के निमित्त व अहंकार से पोषित कर्म बाहर से कितने ही लोकहितकारी व शुद्ध दिखाई दे रहे हों, पर वस्तुत: वे कर्म केवल मात्र अहंकार के ही आभूषण हैं और उनसे न तो कामनाओं का क्षय होता है और न वास्तव में मानसिक शांति मिलती है। अहंकार के रहते हुए मानसिक दुर्बलताओं का शमन होना असंभव है।

गीता का दर्शन इंद्रियों, मन और बुद्धि को नियंत्रण में रखकर उन्हें अहंकारशून्य करके सशक्त बनाने की विधि की ओर संकेत करता है। जीवन को संस्कारित करने के लिए कौन से मार्ग पर चला जाए, यह मार्ग हर व्यक्ति के लिए एक समान नहीं है। जिस प्रकार हर रोग की एक ही ओषधि नहीं हो सकती, उसी प्रकार हर व्यक्ति के लिए आनंद प्राप्ति का एक-सा ही मार्ग नहीं हो सकता। अत: हर व्यक्ति को अपने लिए स्वयं ही वास्तविक मार्ग का चयन करना होगा; गुरु इसमें सहायक तो हो सकता है, पर पार उतरने के लिए नाव को तो स्वयं उसे ही खेना होगा। अपना दीपक स्वयं बने बिना कोई भी ज्ञान संभव नहीं और आत्मज्ञान तो असंभव है। गीता में भगवान् कृष्ण ने अर्जुन को आदेश

रूप में यह नहीं कहा कि वह क्या करे, वरन् उसके समक्ष सभी मार्ग उन्होंने रख दिए और अंत में कहा, जैसी तुम्हारी इच्छा हो वह तुम करो—

इति ते ज्ञानमाख्यातं गुह्याद्गुह्यतरं मया।
विमृश्यैतदशेषेण यथेच्छसि तथा कुरु॥

—श्रीमद्भगवद्गीता, १८-६३

"इस प्रकार गुप्त से गुप्त ज्ञान को मैंने तुम्हें कहा है। इस ज्ञान के विषय में तुम पूर्णरूप से विचार करो और फिर जैसी इच्छा हो वैसा ही करो।"

भारतीय संस्कृति की यही महानता है। यहाँ 'आज्ञाएँ' नहीं हैं, यहाँ व्यक्ति के अंतस को रूपांतरित करने की चेष्टा है। यहाँ व्यक्ति पर कोई दबाव नहीं है, उसे बलपूर्वक किसी एक मार्ग पर ढकेलने की चेष्टा नहीं है, उसपर कुछ आदेश विशेष आरोपित करने का तनिक भी प्रयास नहीं है, वरन् यहाँ संकेत हैं, सुझाव हैं, परामर्श है, सहयोग है—और इस विशिष्टता ने ही भारतीय संस्कृति को सार्वकालिक और अमृतमय बना दिया है।

पुरुषार्थ के संबंध में भारतीय मनीषा ने और भी सूक्ष्म विवेचन किया है। पुरुषार्थ तामस भी हो सकता है और राजस भी। पर जो लक्ष्य है वह होना चाहिए सात्त्विक पुरुषार्थ का। भारतीय ऋषि का लक्ष्य सात्त्विक पुरुषार्थ ही है। समस्त संस्कार सात्त्विकता से प्रकाशित होते रहने चाहिए, तभी व्यक्ति परम शांति अर्थात् 'मोक्ष' को उपलब्ध हो सकता है। पुरुषार्थ का 'तामस', 'राजस' और 'सात्त्विक' भेद गीता के मुख्य विषयों में से एक है। गीता के अनुसार—

ज्ञानं कर्म च कर्ता च त्रिधैव गुणभेदतः।
प्रोच्यते गुणसंख्याने यथावच्छृणु तान्यपि॥

—श्रीमद्भगवद्गीता, १८-१९

"ज्ञान, कर्म और कर्ता भी तीन प्रकार के कहे गए हैं।"

पुरुषार्थ की परिधि में ज्ञान और कर्म आते हैं तथा कर्ता के द्वारा ही पुरुषार्थ संपन्न होता है।

न तदस्ति पृथिव्यां वा दिवि देवेषु वा पुनः।
सत्त्वं प्रकृतिजैर्मुक्तं यदेभिः स्यात्त्रिभिर्गुणैः॥

—श्रीमद्भगवद्गीता, १८-४०

"पृथ्वी में अथवा स्वर्ग में अथवा पुनः देवों में ही ऐसा (कोई भी) सत्त्व (प्राणी) नहीं है जो इस प्रकृति से उत्पन्न तीन गुणों से रहित हो।"

भारतीय ऋषि की मान्यता है कि हर व्यक्ति अपने जन्म से केवल एक सीमा तक संस्कारवान् होता है; शेष संस्कारों को वह देश, काल, परिस्थिति तथा

समाज के प्रभाव एवं अपने स्वयं के संकल्प से अर्जित करता है। इसका सीधा अर्थ है, कुछ संस्कार तो व्यक्ति पूर्वजन्मों के कर्मों के कारण लेकर माँ के गर्भ से ही आता है और वर्तमान जन्म में भी उसके जो कर्म होते हैं, उनसे भी उसके स्वभाव व संस्कारों का निर्माण होता है। हर मनुष्य अपने जन्म आधारित संस्कारों को आत्मनिरीक्षण, संकल्प तथा प्रयत्नों से शोधन करके परिमार्जित व परिवर्तित कर सकता है। प्रत्येक व्यक्ति को स्वयं के स्वभाव के उदात्तीकरण द्वारा आगे बढ़ने व पूर्ण मानव बनने का अधिकार प्राप्त है। जन्म मात्र के आधार पर किसी को भी नीच, दीन या हीन मानना उसके साथ घोर अन्याय है। कौन व्यक्ति कैसा है, इसका निर्णय उसके वर्तमान स्वभाव व गुणों तथा प्रकृति के आधार पर किया जाना चाहिए। यही गीता का वह संदेश है, जिसकी भारतीय समाज में बहुत उपेक्षा हुई। सौभाग्य से आज इस स्थिति में परिवर्तन हो रहा है और अब जन्म के आधार पर किसी भी व्यक्ति को नीच व हीन नहीं माना जाता। समाज में रहनेवाला कोई भी व्यक्ति उच्च कोटि का है या मध्यम कोटि का अथवा निम्न कोटि का, इसका निर्णय उसके गुण, कर्म व स्वभाव से तो होगा ही, साथ ही उसके आहार, विहार व विचार से भी होगा।

अगर गीता के वचनों को कसौटी मान लिया जाए तो आज के भारतीय समाज का बहुत बड़ा प्रतिशत या तो तामसी प्रकृति का है या राजसी तथा सात्त्विक प्रकृति के व्यक्ति तो जैसे लुप्त हो गए हैं।

अशास्त्रविहितं घोरं तप्यन्ते ये तपो जनाः।
दम्भाहंकारसंयुक्ताः कामरागबलान्विताः॥

—श्रीमद्भगवद्गीता, १७-५

कर्शयन्तः शरीरस्थं भूतग्राममचेतसः।
मां चैवान्तःशरीरस्थं तान्विद्ध्यासुरनिश्चयान्॥

—श्रीमद्भगवद्गीता, १७-६

जो मनुष्य शास्त्रविधि रहित घोर तप करते हैं, दंभ व अहंकार से युक्त हैं, कामना, राग और अभिमान तथा आसक्ति के बल से मदोन्मत्त हैं, वे स्वयं की हठधर्मिता से अंतःकरण के सत्य को विस्मृत कर देते हैं और आत्म चैतन्य से हीन ये व्यक्ति आसुरी स्वभाववाले हैं। इसी प्रकार आहार का भी सात्त्विकता, राजसिकता व तामसिकता से संबंध है और इससे भी पुरुषार्थ प्रभावित होता है। इस संदर्भ में परम संन्यासी शिवानंदजी ने अपने ग्रंथ 'गीतारसामृत' में गीता के ही संदर्भित श्लोकों का भाष्य करते हुए लिखा है कि—

"आहार का स्वास्थ्य तथा स्वभाव के साथ अत्यंत घनिष्ठ संबंध है। मनुष्य

जैसा आहार लेता है वैसा ही उसका स्वास्थ्य और स्वभाव बन जाता है। यह भी एक तथ्य है कि मनुष्य अपने स्वभाव के अनुसार ही आहार लेना पसंद करता है। सात्त्विक पुरुष को सात्त्विक आहार, राजसी मनुष्य को राजसी आहार तथा तामसी मनुष्य को तामसी आहार प्रिय होता है। श्रीकृष्ण तीनों प्रकार के आहारों के विस्तृत वर्णन द्वारा यह संकेत कर रहे हैं कि मनुष्य को सात्त्विक आहार का ग्रहण तथा राजस और तामस आहार का परित्याग करना चाहिए तथा इसी प्रकार सात्त्विक यज्ञ, तप और दान का ग्रहण तथा राजस और तामस यज्ञ, तप और दान का परित्याग करना चाहिए। सात्त्विक भोजन दीर्घ जीवन, चित्त की स्थिरता, शारीरिक बल तथा आरोग्य प्रदान करता है। आरोग्य का अर्थ है रोगरहित होना। सात्त्विक भोजन से मन में तृप्ति का सुखद अनुभव होता है तथा यह रुचिकर होता है।

''भोजन हृदय को प्रिय होता है। भोजन करते समय मन को प्रसन्न रखने से भोजन सुपाच्य एवं पोषक हो जाता है। गोघृत, गोदुग्ध, शाक, गेहूँ, दाल, नवनीत, मधु, पायस (खीर), ताजा फल, चावल, शर्करा, गुड़ इत्यादि सात्त्विक आहार हैं। आहार से अंत:करण की शुद्धि होती है और विचारशक्ति तीव्र होती है।

''राजस मनुष्यों की रुचि राजसी भोजन में होती है। अति कटु (बहुत कड़वे), अति अम्ल (बहुत खट्टे), अति लवण (बहुत नमकीन, खारे), अति उष्ण (बहुत गरम), अति तीक्ष्ण (बहुत तीखे चरपरे), अति रुक्ष (बहुत रूखे), अति विदाही (बहुत जलन उत्पन्न करनेवाले) तथा दु:ख, अशांति और आमय (रोग) उत्पन्न करनेवाले आहार राजस होते हैं। यद्यपि कटु, अम्ल, लवण, उष्ण आदि पदार्थ भोजन में अल्प मात्रा में आवश्यक हो सकते हैं, तथापि इनकी अति सर्वदा हानिकर होने के कारण ये वर्जनीय हैं। आवश्यकता होने पर नीम, कच्ची इमली, मिर्च, राई, लहसुन इत्यादि का ओषधि के रूप में तथा सीमित मात्रा में सेवन कभी उपयोगी हो सकता है; किंतु इनके रुचिपूर्वक उपयोग का नियमित अभ्यास स्वास्थ्य के लिए सदैव क्षतिकर होता है। लोग प्राय: आवश्यकता से अधिक नमक दाल, शाक में डालते हैं और भोजन को स्वादिष्ट बनाने के लिए मिर्च इत्यादि के प्रयोग से उसे चटपटा करते हैं तथा अति उष्ण पेय पदार्थ पीते हैं, जिससे शरीर में अत्यंत हानिकारक उत्तेजना उत्पन्न होती है। राजसी लोग स्वाद के लिए भोजन करते हैं तथा शरीर के पोषण की उपेक्षा कर देते हैं।

''तमोगुण उत्पन्न करनेवाले पदार्थ निकृष्ट होने के कारण सर्वथा त्याज्य हैं। भोजन के यातयाम होने पर अर्थात् एक प्रहर (लगभग तीन घंटे) व्यतीत होने पर उसका पोषक तत्त्व घट जाता है। यातयाम भोजन अधपके भोजन, अधपके फलों को भी कहा जाता है। रसहीन (रूखा-सूखा) आहार पौष्टिक नहीं होता तथा वह

आलस्य उत्पन्न करता है। दुर्गंधयुक्त (गले-सड़े) तथा पर्युषित (बासी भोजन, जिसे एक रात्रि व्यतीत हो गई हो) भोजन अत्यंत रोगकारक होता है। किसीका उच्छिष्ट (जूठन) भोजन करना भी वर्जित है। अभक्ष्य (मांस, मदिरा, भाँग, तंबाकू, अफीम आदि) अमेध्य (अपवित्र) होते हैं। अधर्मपूर्वक अर्जित धन से प्राप्त आहार भी अपवित्र होता है। भगवान् श्रीकृष्ण तीनों प्रकार के आहार के विस्तृत वर्णन द्वारा सात्त्विक आहार के ग्रहण तथा राजसिक एवं तामसिक आहार के परित्याग का निर्देश करते हैं। विवेकशील मनुष्य ग्राह्य वस्तु का ग्रहण तथा त्याज्य वस्तु का त्याग कर देते हैं।''

भारतीय मनीषा की दृष्टि में पुरुषार्थ का उद्देश्य सात्त्विकता की ओर बढ़ना है। यह ठीक है कि प्रकृति में सत, रज, तम तीनों गुण हैं; पर पुरुषार्थ है तामसिकता का परित्याग। पुरुषार्थ है रजस वृत्तियों का नियमन और सात्त्विक वृत्तियों का संग्रह। सात्त्विकता ही पुरुषार्थ की वास्तविक कसौटी है। सात्त्विकता का संबंध केवल कर्म से नहीं है। कोई भी कर्म अपने आपमें न तो सात्त्विक होता है और न राजसिक। सात्त्विकता का संबंध कर्म के प्रेरक भाव से है। किस भाव में रहते हुए कर्म किया जा रहा है, महत्त्व इस बात का है। अगर सात्त्विक भाव के रहते हुए कोई भी कर्म किया जा रहा है, तो वह कर्म भारतीय मनीषा की दृष्टि में पुरुषार्थ है। तमस प्रधान वृत्तियों को पुरुषार्थ का अंग नहीं माना गया है। हाँ, रजस प्रधान कर्मों को एक सीमा तक स्वीकार किया गया है; लेकिन वास्तविक पुरुषार्थ वही है, जहाँ न स्वार्थ हो, न अहंकार, न आसक्ति और न फलाकांक्षा; और जहाँ सारे कर्म एक ऐसे अंतस से प्रसूत हो रहे हों, जहाँ आत्मज्ञान उपलब्ध हो। जो अंतस आत्मज्ञान को उपलब्ध हो जाता है उस अंतस में कभी भी कोई निकृष्ट कर्म नहीं हो सकता। निकृष्ट कर्म का जन्म ही तब होता है जब अंतस अविद्या और अहंकार से ग्रस्त हो। वस्तुतः अंतस के कलुष को समाप्त करने के लिए किए जानेवाले समस्त प्रयास ही पुरुषार्थ हैं।

भारतीय संस्कृति ने जिन कर्मों को अपना आधार बनाया है, उनमें यज्ञ कर्म को भी पुरुषार्थ की संज्ञा दी गई है; पर यज्ञ कर्म से आशय क्या है, यह बात समझने की है। हवन, पूजन व यज्ञवेदी में अग्नि जलाकर उसमें हवि डालने का जो कार्य है,उसे सामान्यतः यज्ञ कहा जाता है। कर्मकांडियों के अनुसार, इस यज्ञ से देवता प्रसन्न होते हैं। यह ठीक है कि कालांतर में यज्ञ का यह कर्म यज्ञ का एक अभिन्न अंग बन गया; लेकिन जिस यज्ञ की परिकल्पना भारतीय मनीषा ने की है उस यज्ञ का कर्मकांड से कहीं कोई संबंध नहीं। यज्ञ तो प्रारंभ ही तब होता है जब स्वार्थ और अहंकार का परित्याग करने का निर्णय ले लिया गया हो और विचारों को

लोक-कल्याण के लिए ही नहीं, बल्कि प्राणिमात्र के हित के लिए अर्पित कर दिया गया हो। सबसे बड़ा यज्ञ तो प्राणिमात्र का हित ही है। स्वार्थ के निमित्त किए जानेवाले कर्म या तो तामसिक श्रेणी में आते हैं या राजसिक श्रेणी में; वे सात्त्विक श्रेणी में आ ही नहीं सकते। इसीलिए 'गीता' में कर्मयोग को यज्ञ कहा गया है। आसक्तिविहीनता तथा निष्कामता पुरुषार्थ की पहली शर्त है। इसी प्रकार जब कोई भी व्यक्ति सात्त्विकता की ओर बढ़ने के लिए अपने स्वार्थ, अपने अहंकार तथा अपने आसक्ति भाव का परित्याग करता है तब वह एक प्रकार से तपस्वी बनने की दिशा की ओर बढ़ता है और इसीलिए सबसे श्रेष्ठतम तप यज्ञ को कहा गया है। तब जप यज्ञ रूप हो जाता है तब ऐसा तप अस्तित्व का अंग बन जाता है।

तप निश्चित रूप से पुरुषार्थ है, लेकिन वह तभी पुरुषार्थ है जब वह तमस प्रधान न हो। तमस प्रधान तप को पुरुषार्थ की संज्ञा दी ही नहीं गई। कब तप तमस प्रधान हो सकता है, इसकी चर्चा श्रीमद्‌भगवद्‌गीता में है। गीता कहती है कि श्रद्धाविहीन तप तमस की श्रेणी में आता है; लेकिन जब समस्त कर्म अहंकार से विहीन होकर, फलाकांक्षा से विरत होकर किए जाते हैं, तब वे सात्त्विक तप की श्रेणी में आते हैं।

पुरुषार्थ के संदर्भ में भारतीय ऋषियों ने तप को भी अत्यधिक महत्त्व प्रदान किया है; पर तप का अर्थ शरीर को कष्ट देना नहीं हो सकता। शरीर के उत्पीड़न का निषेध भगवान् बुद्ध ने भी किया है और व्यक्ति को जीवन में मध्यम मार्ग अपनाने की सलाह दी है। शरीर के उत्पीड़न से कुछ भी सिद्ध नहीं हो सकता, ऐसा विचार केवल बौद्ध मत का ही नहीं है, बल्कि श्रेष्ठ कोटि के वेदांतियों ने भी इसी सिद्धांत को मान्यता दी है। गीता में भी शरीर के उत्पीड़न का निषेध है। वस्तुतः तप तो वह विवेकपूर्ण जीवन-पद्धति है जिसके द्वारा हम अपनी समस्त शक्तियों के दुरुपयोग व अपव्यय को रोकते हैं और अपनी मानसिक, बौद्धिक, आत्मिक व शारीरिक ऊर्जा का संचय करते हैं। इस ऊर्जा संचय से व्यक्ति में नवीन प्राणवंत चेतना का स्फुरण होता है, जिसका प्रयोग करके वह आत्म-कल्याण व लोक-कल्याण में अपने को समर्पित करने में समर्थ हो सकता है। अपनी इन सभी शक्तियों का रचनात्मक कार्यों के लिए किया जानेवाला प्रयोग ही वास्तव में सच्चा तप है, जो भारतीय ऋषि को मान्य है। यह वास्तविक तप ही सच्चा पुरुषार्थ है। भारतीय ऋषि की यह भी मान्यता है कि व्यक्ति की शक्ति का सर्वाधिक अपव्यय व दुरुपयोग वाणी के माध्यम से होता है, अतः भारतीय संस्कृति में वाणी के तप को बहुत महत्त्व प्रदान किया गया है।

पुरुषार्थ के संदर्भ में अपने श्रेष्ठतम दर्शन के प्रतिपादन व चिंतन के उपरांत

भी आज का भारत अपने पतन से उबर नहीं पा रहा है। इसका एकमात्र कारण है, पुरुषार्थ के प्रति केवल मौखिक श्रद्धा। यदि भारतीय मानस पुरुषार्थ के प्रति एक बार पुनः वास्तव में श्रद्धावान् हो जाए तो राष्ट्र का कायाकल्प होने में देर नहीं लगेगी। यह एक दिन अवश्य आएगा, क्योंकि सिद्धांतों के प्रति भारतीय मन आज भी आस्थावान् है। यह एक अलग बात है कि पश्चिम की संस्कृति के दुष्प्रभाव व हमारे स्वयं के आलस्य व प्रमाद तथा पाखंड ने स्थिति को जटिल बना दिया है। अतः कठिनाइयाँ बहुत आएँगी, पर सत्य तो कभी नष्ट होगा नहीं। सत्य तो अंततः विजयी होगा ही। अज्ञान सदैव के लिए मानव को दिग्भ्रांत नहीं कर सकता। भारतीय मनीषा ने पुरुषार्थ के जिस मनोविज्ञान को प्रतिपादित किया है, वह मानवमात्र के लिए लाभकारी है। यह मनोविज्ञान न तो किसी एक संप्रदाय विशेष के लिए है और न समाज विशेष के लिए। पुरुषार्थ के इस मनोविज्ञान को किसी एक देश या क्षेत्र अथवा वर्ग से भी नहीं बाँधा जा सकता। यह मनोविज्ञान तो सार्वकालिक व सार्वदेशिक है और इसका उद्देश्य है मानवमात्र का कल्याण। आवश्यकता इस बात की है कि मानव के मन में शाश्वत आनंद को प्राप्त करने के लिए वास्तविक जिज्ञासा जाग्रत हो। वास्तविक जिज्ञासा के अभाव ने मानव को न केवल पथभ्रष्ट किया है, वरन् उसकी मानसिक शांति को भी हर लिया है। एक बार यदि सत्य को जानने तथा परम आनंद को उपलब्ध होने की वास्तविक जिज्ञासा व अभीप्सा उत्पन्न हो जाए तो द्वार खुलने में देर नहीं लगेगी। भारतीय संस्कृति ऐसे संस्कारों के प्रति ही विशेष उन्मुख रही है जो मानव को उसकी दिव्यता, उसकी शक्तियों और उसमें निहित आनंद के स्रोत का सतत बोध करा सकें। आत्मतत्त्व के प्रति सतत सचेतनबोध ही वास्तविक पुरुषार्थ है। इस पुरुषार्थ से ही मानव न केवल दिव्य ऊर्जा से भर जाता है, बल्कि वह परम आनंद को भी उपलब्ध होता है तथा अज्ञान व अविद्या के महासागर को पार करने में भी समर्थ हो जाता है।

सात्त्विक पुरुषार्थ व्यक्ति को पलायनवादी नहीं बनाता और वह 'त्याग' शब्द की आड़ लेकर व्यक्ति से संसार का त्याग तथा संसार से संन्यास लेने की बात नहीं करता है। संसार में रहते हुए आत्मस्थ होकर उसका उपभोग करना ही लक्ष्य रहा है भारतीय मनीषा का; पर दुर्भाग्य से इसे विस्मृत कर दिया गया। पुरुषार्थ की यात्रा वास्तव में शांति को उपलब्ध होने की यात्रा है। संसार में अपने समस्त कर्तव्य कर्म करना और संसार से न भागना ही धर्म है। यही वह मार्ग है जो जीवन में परम आनंद के लोक तक ले जाता है, यही योग है और इसीसे मोक्ष की ओर बढ़ने का मार्ग मिलता है।

□

****

धर्म

****

यतो अभ्युदय निःश्रेयस सिद्धिः स धर्मः।

—वैशेषिकदर्शन, १-२

(धर्म से ही आध्यात्मिक उन्नति सिद्ध होती है और धर्म से ही लौकिक उन्नति प्राप्त होती है।)

मानव को पूर्णत्व प्रदान करने की दृष्टि से जिन संस्कारों को भारतीय मनीषा ने सर्वाधिक महत्त्व प्रदान किया है वह महर्षि जैमिनी द्वारा लिखा गया पूर्व 'मीमांसादर्शन' का प्रथम सूत्र है—'अथातो धर्म जिज्ञासा',—अर्थात् मानव की यह प्रथम जिज्ञासा है कि क्या है धर्म और क्या है अधर्म? धर्म की आज भी कोई सीधी व व्यापक परिभाषा उपलब्ध नहीं है, क्योंकि इसका संबंध व्यक्ति के अंतर्मन से तो है ही, साथ ही देश, काल और परिस्थितियों का भी पूरा-पूरा प्रभाव है। फिर भी जो परिभाषाएँ हैं, उनके अनुसार जिससे लौकिक जीवन में, संसार में अभ्युदय हो, सभी का कल्याण हो, सभी का उत्कर्ष हो, वही धर्म माना गया। साथ ही, वह भी धर्म है, जिससे निःश्रेयस प्राप्त होता है। अभ्युदय जहाँ एक ओर लौकिक कल्याण, लौकिक समृद्धि और सृजन के विस्तार का प्रतीक है, वहीं वह निःश्रेयस का भी प्रतीक है और आध्यात्मिक कल्याण तथा उस चेतना का जो पूर्णत्व की वाहक है। 'धर्म' के लक्षण क्या हैं, धर्म के साधन क्या हैं, उसका उद्देश्य क्या है; इन प्रश्नों पर भारतीय मनीषा ने हर कोण से चिंतन और मनन किया है और यह निष्कर्ष निकाला है कि जिससे अंतस का कलुष समाप्त हो, जिससे सभी का कल्याण हो, जिससे व्यक्ति पूर्णत्व को उपलब्ध हो, वही धर्म है।

अगर धर्म के मर्म को समझना है तो उसे आचरण की कसौटी पर कसना होगा। धर्म कोई सिद्धांत नहीं है और न ही कोई तंत्र विद्या या मंत्रजाप। हवन व अन्य कर्मकांडों को जो धर्म कहकर संबोधित करते हैं और उसीमें रमे रहते हैं, वे स्वयं तो भ्रमित हैं ही, समस्त मानव चेतना को भी भ्रमित कर रहे हैं। धर्म की गति अत्यंत सूक्ष्म है और अपनी सूक्ष्मता के कारण अत्यंत व्यापक भी। धर्म एक भावदशा है; ऐसी भावदशा, जिससे समस्त कर्म अनुप्राणित होते हुए मानव के समस्त आचरण जिसमें उतरकर परम कल्याणकारी बन जाएँ। इसीलिए भारतीय मनीषा का सदैव से यह मत रहा है कि धर्म सिद्धांत और विश्वास से कहीं अधिक आचरण में बसता है। हमारा जो भी विश्वास हो, वह विश्वास हमारे ही आचरण के द्वारा पूर्णरूप से प्रमाणित होना चाहिए। यह तो पाखंड हुआ कि हमारे सिद्धांत उच्च आदर्शों से भरपूर रहें और हमारा आचरण भ्रष्ट, निंद्य, संकीर्ण, अनुदार और समाज में मलिनता लानेवाला हो। जैसे सिद्धांत हों, जबतक वैसा ही आचरण नहीं होता तबतक धर्म का जन्म ही नहीं हो सकता। धर्म के संदर्भ में महान् योगी स्वामी राम ने अपनी पुस्तक 'धर्म और समाज में क्रांति' के प्रथम अध्याय में लिखा है—

"धर्म एक व्यापक शब्द है। कुछ विद्वानों की धारणा है कि कर्म धर्म का एक अंग है; किंतु सात्त्विक कर्म ही धर्म के अंग हैं, यह धारणा भी भ्रांत है। वास्तव में 'कर्म ब्रह्मोद्भवं विद्धि' एक उच्च सिद्धांत है। जैसे जीव के ऊपर दया करना धर्म है; जैसे परमार्थ-पथ पर मनुष्य अपने प्राणों तक की आहुति दे देता है और इसे अपना धर्म मानता है, उसी प्रकार देश, जाति और राष्ट्र की रक्षा के लिए आपत्तिकाल में लड़ना भी धर्म है। जिसमें मनुष्य का अपना स्वार्थ नहीं, वही धर्म है, चाहे वह कार्य छोटा हो अथवा बड़ा। उच्च और श्रेष्ठ धर्म यह है कि हम ईश्वरार्पण बुद्धि से निस्स्वार्थ होकर मानव समाज के लिए कर्तव्यपालन करते रहें। इस प्रकार हमारे सभी कार्य धार्मिक होने चाहिए। हमारा समग्र जीवन धर्म है और धर्म को ही जीवन बना लेना चाहिए। अर्थात् जो कुछ हम करते हैं, उन सभी क्रियाओं के करने में पहले मन की वासना और आसक्ति को त्यागकर कर्म के स्रोत से जो कुछ भी मिल जाए, उसको ईश्वरार्पण बुद्धि से भोग करते रहना ही धर्म है। हमारे धर्म का यह प्रिय आचरण कर्तव्यक्षेत्र में श्रेष्ठ है। धर्म का त्याग अत्यंत क्षुद्र वस्तु है। वासना का त्याग ही सच्चा त्याग है। सभी लिप्साओं को त्यागकर निर्लिप्त रहना ही सच्चा त्याग है। हमारे ज्ञान और शिक्षा के मूल में यह महान् और गंभीर तत्त्व निहित था कि संपूर्ण जीवन भी एक धर्मक्षेत्र है। आज हमारी शिक्षा और ज्ञान विकृत और अस्वाभाविक अवस्था को

प्राप्त कर चुके हैं। हम इस भ्रांत धारणा को ही पोषित करते हैं कि संन्यास, भक्ति और सात्त्विक भावों के सिवाय और कुछ भी धर्म नहीं; किंतु यह संकीर्ण धारणा उपनिषदों से पोषित नहीं है। हमारे धर्म की धारणाओं का स्रोत वेदों से प्रवाहित हुआ है। उपनिषद् काल में उसने अपना एक व्यापक स्वरूप धारण किया। औपनिषदिक धर्म के सिद्धांतों पर हमारा धर्म चिरजीवी है। कर्तव्य और आचरण दोनों का ही धर्म में समावेश हो जाता है। इन्हीं दो आदर्शों पर हमारा धर्म खड़ा है। वस्तुत: मनुष्य को इन दोनों सिद्धांतों पर ही चलकर उद्देश्य प्राप्त करना पड़ता है। धर्म मनुष्य को अन्याय से बचाता है तो शुद्ध आचरण उसे उन्नति के शिखर पर ले जाता है। हमारे धर्म में धर्माचरण और उद्देश्य के द्वंद्वों में सामंजस्य स्थापित करने का आदेश बराबर दिया गया है। हमारा धर्म ही एक ऐसा व्यापक धर्म है, जिसके पालन करने से मनुष्य अपना तथा जग का कल्याण कर सकता है। हमारे धर्म की शिक्षा है कि सारा जीवन धर्म है, सारा विश्व धर्म है; जो कर्म हम करते हैं, वे सब धर्म के अंतर्गत आ जाते हैं। ऐसी शिक्षा हमारे धर्मग्रंथों में सनातन काल से प्रवाहित हो रही है—'एष: धर्म सनातन:'।

"बाहुबल से मानसिक बल अवश्य श्रेष्ठ है, किंतु बाहुबल न होने से मानसिक बल की रक्षा नहीं हो सकती। इसलिए मनुष्य जीवन में शारीरिक बल की अवहेलना नहीं की जा सकती। साधनों का निर्माण करना धर्म का एक अंग है। 'यतो धर्मस्ततो जय:', जहाँ धर्म होता है वहीं विजय होती है; किंतु धर्म के पीछे शक्ति भी होनी चाहिए, अन्यथा मनुष्य धर्म का उत्थान और धर्म मनुष्य की उन्नति नहीं कर सकता। मनुष्य को धर्म का पालन करने को बाध्य करने के लिए शारीरिक, बौद्धिक और मानसिक शक्ति की आवश्यकता है और इस शक्ति से ही व्यक्ति मानव धर्म की रक्षा कर सकता है। यह हमारे धर्म का संक्षिप्त आदेश है कि 'चिरंजीवी रहो और सबको जीवन प्रदान करो'।"

दुर्भाग्य यह है कि धर्म के इस सत्य को आज का मानव समझ नहीं पा रहा है। वह स्वार्थ और क्षुद्र वासनाओं से इतना अधिक ग्रस्त है कि वह न उनके ऊपर उठना चाहता है, न देखना चाहता है और न सोचना चाहता है। आज का मानव धर्म के आधार पर अनुभूतियों से शायद कुछ प्राप्त ही नहीं कर सका और इसीलिए धर्म की आड़ लेकर सारे विश्व में अंधविश्वास और पाखंड बढ़ता चला जा रहा है। आज संसार में चारों ओर जो कोलाहल और अशांति है वह वास्तव में मानव के भीतर छाए अंतर्द्वंद्व और मलिनता का ही प्रतिबिंब है। यह मलिनता कैसे समाप्त हो, कैसे हमें सत्य के दर्शन हों? सत्य के दर्शन होने का अर्थ यह है कि कैसे व्यक्ति वास्तव में सत्य के पथ पर चले? कैसे स्वयं को

अज्ञान से मुक्त करे और कैसे तमस के आवरण को फाड़े? जिस विधि से यह सभी कुछ संभव हो वह सभी कुछ धर्म है।

धर्म वह तत्त्व है जो भारतीय संस्कृति के अणु-अणु में व्याप्त है। धर्म को ही सत्य का प्रवर्तन माना गया है; धर्म वहीं है जहाँ सत्य है और सत्य वहीं है, जहाँ धर्म है। अत: श्री, समृद्धि, विजय, सृजन, अभ्युदय और नि:श्रेयस वहीं हैं, जहाँ धर्म का वास होता है। फिर भी धर्म की गति इतनी सूक्ष्म है कि कहाँ धर्म का वास है और कहाँ नहीं, इसे जान पाना सामान्य व्यक्ति के वश की बात नहीं है। धर्म की गति न केवल सूक्ष्म है, बल्कि अत्यंत गूढ़ भी है। उसे तर्क से समझा नहीं जा सकता, उसे पुस्तकों और ग्रंथों को पढ़कर भी समझा और जाना नहीं जा सकता, क्योंकि श्रुतियों के मत भिन्न-भिन्न हैं—और तो और, एक ऋषि या विद्वान् के निष्कर्षों को धर्मचेता के प्रमाणस्वरूप या अंतिम निर्णय के रूप में प्रस्तुत नहीं किया जा सकता। इसीलिए यद्यपि भारतीय मनीषा ने धर्म पर अत्यंत सर्वतोमुखी चिंतन और मनन किया है तथा धर्म के संदर्भ में असंख्य ग्रंथ आज भारत में उपलब्ध हैं, फिर भी भारतीय मनीषा बराबर यही कहती आ रही है कि धर्म का जो वास्तविक तत्त्व है वह अत्यंत गूढ़ और अत्यंत सूक्ष्म है तथा उसकी गति को समझ पाना संभव नहीं है। धर्म के संदर्भ में प्रसिद्ध विद्वान् और साधक श्री शिवानंद ने अपनी पुस्तक 'गीतारसामृत' में जो विचार व्यक्त किए हैं, वे निम्न हैं—

"धर्म का अर्थ है स्वभाव। अग्नि का गुण है उष्णता और दाहकता; किंतु स्वभाव है प्रकाश देते हुए ऊपर उठना। प्रकाशदीप (मोमबत्ती आदि) को अधोमुखी करने पर भी उसकी अर्चि (लौ) ऊपर की ओर उठती है। जीवात्मा का स्वभाव है परमात्मा की ओर उन्मुख होना, ऊर्ध्वगामी होना। मनुष्य का स्वभाव है ऊपर की ओर उठना तथा आसुरी वृत्तियों का त्याग करके दैवी वृत्तियों को धारण करना।

"आप्तकाम पूर्णकाम, पुरुषोत्तम श्रीकृष्ण ने अर्जुन को संसार के महारण्य में जीवन-यात्रा सफलतापूर्वक संपन्न करने के लिए सर्वश्रेष्ठ राजपथ का दर्शन कराया। वास्तव में, गीता कोई रहस्यमय एवं गूढ़ सिद्धांत ग्रंथ अथवा रूढ़िमय धर्मग्रंथ नहीं है। गीता जीवनयापन के लिए एक व्यावहारिक शैली प्रस्तुत करती है, जो कर्तव्यशास्त्र अथवा आचरणशास्त्र के रूप में मानवमात्र के लिए परम कल्याणकारी है। गीतोक्त धर्म व्यवहारपरक एवं सदाचार प्रेरक है। गीता 'धर्म' से प्रारंभ होकर 'कुरु' (कर्म करो) की प्रेरणा देते हुए साधक को श्री और विजय तक पहुँचा देती है।

"कुरुक्षेत्र धर्मक्षेत्र है। धर्म का कर्म के साथ गहन संबंध है। 'कुरुक्षेत्र' में कुरु की ध्वनि है, कर्म करो। संसार एक विशाल कुरुक्षेत्र है। यदि हम उसे धर्मक्षेत्र बनाए रखें तो हमारा और समाज का विकास, अभ्युदय एवं कल्याण होना अवश्यंभावी है; किंतु उसे अधर्मक्षेत्र बनाने पर हम भय, चिंता, शोक, क्लेश और विनाश का आवाहन करते हैं। धर्मयुक्त कर्म करो, धर्म के साथ कर्म को जोड़ो। धर्म बिना कर्म दूषित है, धर्म से कर्म विभूषित है। संसार में धर्म और अधर्म अर्थात् सत्य और असत्य, न्याय और अन्याय अथवा दैवी और आसुरी शक्तियों का युद्ध निरंतर चलता रहता है तथा अंत में धर्म की विजय होती है। मनुष्य को सत्य की शक्तियों के पक्ष में रहना चाहिए।

"मनुष्य का शरीर भी धर्मक्षेत्र एवं कुरुक्षेत्र है। मानव देह धर्मभूमि तथा कर्मभूमि दोनों ही है। अन्य सभी योनियाँ तो केवल भोगयोनि हैं, किंतु मनुष्य योनि कर्मयोनि तथा भोगयोनि दोनों ही है। शरीर के क्षेत्र में जो जैसा बोता है, वैसा ही काटता है तथा मुनष्य अपने सुख और दुःख का उत्तरदायी स्वयं ही है। जीवन-यात्रा को सुसंपन्न करने के लिए धर्म तथा कर्म अथवा धर्ममय कर्म की परम आवश्यकता होती है। वास्तव में हमें यह शरीर भोग के लिए नहीं, बल्कि योग के लिए तथा उत्तम कर्म द्वारा परमात्मा तक पहुँचने के लिए मिला है।"

तर्कोऽप्रतिष्ठः श्रुतयो विभिन्ना
नैको ऋषिर्यस्य मतं प्रमाणम्।
धर्मस्य तत्त्वं निहितं गुहायां
महाजनो येन गतः स पन्था॥

—महाभारत, वनपर्व, ११७

तर्क की कहीं स्थिति नहीं है, श्रुतियाँ भी भिन्न-भिन्न हैं, एक ही ऋषि नहीं है जिसका मत प्रमाण माना जाए, तथा धर्म का तत्त्व गुहा में निहित है अर्थात् वह अंतस प्रधान है, अतः जिससे महापुरुष जाते रहे हैं वही मार्ग (धर्म) है। अर्थात् महापुरुष का आचरण ही धर्म है।

भारतीय संस्कृति में धर्म का प्रयोग अत्यंत व्यापक स्तर पर है। धर्म को कहीं कर्तव्य के साथ जोड़ा गया है, कहीं उसे पदार्थ के मूल स्वभाव से जोड़ा गया है, कहीं उसे सर्वकल्याण के साथ जोड़ा गया है और कहीं धर्म परम ब्रह्म का प्रतीक है। धर्म का एक लौकिक पक्ष है और एक पारलौकिक पक्ष। धर्म का एक स्वरूप मन की सीमाओं के अंतर्गत है और धर्म का एक ऐसा स्वरूप भी है, जहाँ मन का अतिक्रमण होता है। मान्यता यह है कि समस्त सृष्टि धर्म पर ही आश्रित है और श्रेष्ठतम धर्म है अज्ञान का निवारण। सत्य की उपलब्धि विद्या

की प्राप्ति है। इस गहराई में यदि न जाया जाए और यदि लौकिक परिधि में ही धर्म को खोजा जाए तो भी धर्म मानुष भाव से जोड़ता है। जहाँ मानुष भाव का अभाव हो, उसे धर्म नहीं माना जाता। सहज मानुष भाव धर्म के स्वरूप को द्विगुणित करता है। यह मानुष भाव भारतीय संस्कृति का सदैव-सदैव से अभीष्ट रहा है। एक समय भारत भूमि से मानुष भाव का लोप-सा हो गया और मनुष्य ने मनुष्य को मनुष्य न मानकर उसे पशु से भी नीचे की संज्ञा दे दी। भारतीय संस्कृति का यह काला इतिहास निश्चित रूप से दुःखदायी है, क्योंकि धर्म पर जानबूझकर मानवता विरोधी व्यवस्था को लादा गया और अस्पृश्यता सरीखा जघन्य कृत्य और जघन्य अपराध किया गया और आज भी लगभग ऐसी ही कुछ स्थिति है। दुःख इस बात का है कि इस जघन्य अपराध को भी रूढ़िवादियों और कर्मकांडियों ने धर्म कहकर संबोधित किया हुआ है। इस अपराधबोध से ग्रस्त भारतीय संस्कृति का यदि पुनरुत्थान करना है तो उसे धर्म के सहज रूप को, उसके मानुष भाव को स्वीकार करना ही होगा; अन्यथा धर्म की जो भी मीमांसा भारतीय दर्शन में है, धर्म का जो भी भाष्य भारतीय दर्शन में है, वह केवल एक पाखंड बनकर ही रह जाएगा। इस पाखंड से भारतीय चेतना को बचाना होगा और उस मानुष भाव की रक्षा करनी होगी, जिसकी चर्चा 'महाभारत' के 'वनपर्व' में युधिष्ठिर-यक्ष संवाद के रूप में की गई है—

यक्ष युधिष्ठिर से पूछते हैं—

कश्च धर्मः परो लोके कश्च धर्मः सदाफलः।
किं नयम्य न शोचन्ति कैश्च संधिर्न जीर्यते॥

—महाभारत, ७५

लोक में श्रेष्ठ धर्म क्या है? नित्य फलवाला धर्म क्या है? किसको वश में रखने से मनुष्य शोक नहीं करते और किनके साथ की हुई मित्रता नष्ट नहीं होती?

युधिष्ठिर उत्तर देते हैं—

आनृशंस्यं परो धर्मस्त्रयीधर्मः सदाफलः।
मनो यम्य न शोचन्ति संधिः सद्भिर्न जीर्यते॥

—महाभारत, ७६

लोक में अनृशंसता श्रेष्ठ धर्म है, वेदोक्त धर्म नित्य फलवाला है, मन को वश में रखने से मनुष्य शोक नहीं करते और सत्पुरुषों के साथ की हुई मित्रता नष्ट नहीं होती।

इस श्लोक में अनृशंसता को श्रेष्ठ धर्म बताया गया है। युधिष्ठिर के चारों

भाई सरोवर के तट पर मृत पड़े हुए हैं। यक्ष कहता है कि युधिष्ठिर, तुमने मेरे प्रश्नों का उत्तर ठीक-ठीक दिया है, अतः अपने भाइयों में जिस एक को तुम जीवित कराना चाहते हो, उसका नाम बताओ। युधिष्ठिर कहते हैं—तुम मेरे छोटे भाई नकुल को जीवित कर दो। यक्ष पूछता है कि तुम किसलिए अपने सौतेले भाई नकुल को चाहते हो?

युधिष्ठिर उत्तर देते हैं—

धर्म एव हतो हन्ति धर्मो रक्षति रक्षितः।
तस्माद्धर्मं न त्यजामि मा नो धर्मो हतोऽवधीत्॥

—महाभारत, १२८

यदि धर्म का नाश किया जाए तो वह नष्ट हुआ धर्म कर्ता को भी नष्ट कर देता है और यदि उसकी रक्षा की जाए तो वही कर्ता की भी रक्षा कर लेता है। इसीसे मैं धर्म का त्याग नहीं करता कि कहीं नष्ट होकर वह धर्म मेरा ही नाश न कर दे।

आनृशंस्यं परो धर्मः परमार्थाच्च मे मतम्।
आनृशंस्यं चिकीर्षामि नकुलो यक्ष जीवतु॥

—महाभारत, १२९

यक्ष! मेरा ऐसा विचार है कि वस्तुतः अनृशंसता (दया तथा समता) ही परम धर्म है। यही सोचकर मैं सबके प्रति दया और समान भाव रखना चाहता हूँ। इसलिए नकुल ही जीवित हो जाए।

दुर्भाग्य यह है कि भारतीय समाज में अनृशंसता अर्थात् मानुष भाव की स्थापना करने के लिए वे आगे नहीं आ पा रहे हैं जो बड़े-बड़े धार्मिक पीठों पर आज विराजमान हैं। धर्म की वास्तविक व्याख्या का जैसा हनन धर्म की ओट में भारत में किया गया, वैसा विश्व के अन्य किसी देश में देखने को नहीं मिलता। यही भारत भूमि का सबसे बड़ा दुर्भाग्य है और यही भारतीय संस्कृति की पतनावस्था का मूल कारण। लेकिन सौभाग्य की बात यह है कि भारतीय न्यायपालिका पर जो दायित्व डाला गया है वह है—'धर्मो रक्षति रक्षितः' का। सर्वोच्च न्यायालय के मुख्य न्यायाधीश के पीठ पर जो महावाक्य स्वर्णाक्षरों में अंकित है, वह महावाक्य है—'धर्मो रक्षति रक्षितः'। यही भारतीय न्याय का उद्घोष है और इसीमें छिपा हुआ है भारतीय संस्कृति का समस्त रहस्य। अगर व्यक्ति में मानुष भाव और अनृशंसता का भाव न हो तो ऐसा व्यक्ति समाज पर बोझ बनता है; उसे समाज का शोषक कहा जा सकता है; उसमें आसुरी विचारधाराओं की प्रधानता हो जाती है; वह संकीर्णता, स्वार्थपरता, मोह और

आसक्ति से भरा होता है। इस वृत्ति को अधर्म का नाम दिया गया है।

धर्म के संदर्भ में आज अनेक भाष्य भारत भूमि में उपलब्ध हैं। हर ऋषि ने अपनी-अपनी तरह से इसको प्रस्तुत किया है। हर ऋषि ने 'धर्म' शब्द की अपनी तरह से व्याख्या की है और सभी व्याख्याएँ इस एक अर्थ में सही हैं कि वे व्यक्ति को अंतर्मुखी बनाती हैं। धर्म की वे व्याख्याएँ, जो व्यक्ति को परिधि से केंद्र की ओर ले जाती हैं, जो उसे अंतस की गहराई में झाँकने देने की सामर्थ्य देती हैं, वे व्याख्याएँ समाज के लिए, राष्ट्र के लिए, मानवता के लिए कल्याणकारी हैं, अत: वे धर्म हैं। और जो अंतस की चेतना को बहुत अधिक आवृत करती हैं और जिनके कारण तमस बढ़ता है, जिनके कारण स्वार्थ, अहंकार और आसक्ति का भाव बढ़ जाता है और व्यक्ति बहिर्मुखी चेतना में आकर केवल परिधि पर ही उतराता रहता है, ऐसी परिभाषाएँ निश्चित रूप से अधर्म की पोषक हैं। अब समय आ गया है कि भारतीय मनीषा इस बात की समीक्षा करे कि कौन-सी ऐसी परिभाषाएँ हैं जो अंतस के कलुष को मिटाने में सक्षम हैं। ऐसी कौन-सी परिभाषाएँ हैं जहाँ व्यक्ति परिधि से केंद्र की ओर बढ़ता है? कौन-सी ऐसी परिभाषाएँ हैं जो केंद्र की एकात्मकता को क्षति पहुँचाने की धृष्टता कर रही हैं? शाश्वत धर्म वह है जो केंद्र पर आश्रित है, परिधि पर नहीं। परिधि पर देखनेवाला चिंतन केवल अज्ञान, विभ्रम और अविद्या को ही बढ़ाता है तथा व्यक्ति को स्वार्थी व संकीर्ण बनाता है, अत: उससे दूर रहना ही होगा। ऐसे एक नहीं, अनेक उपदेश भारतीय उपनिषदों में व अन्य ग्रंथों में देखने को मिलते हैं।

जो व्यक्ति चेतना को रूढ़िवादिता से जोड़ दे, जो चैतन्य के विकास में बाधक बने, जो सत्य को केवल परिभाषाओं के माध्यम से ही जानना चाहते हैं, वे धर्म के रहस्य को नहीं समझ सकते। धर्म का रहस्य तो उसे ही ज्ञात होगा जो धर्म की ऋतता से परिचित होगा। धर्म की ऋतता का अर्थ है उसकी सर्वज्ञता, उसका अनुशासन, उसकी नियमबद्धता। सच बात तो यह है कि ऋत का अर्थ समझे बिना धर्म के रहस्य को तो जाना ही नहीं जा सकता। ऋत ही वह सत्य है जिससे धर्म प्रवर्तन की ऊर्जा प्राप्त होती है। ऋत ही वह तत्त्व है जो सर्वकल्याणकारी प्रेरणा देता है। यही कारण है कि भारतीय संसद् के लिए जो महावाक्य चुना गया, वह महावाक्य था—'धर्मचक्र प्रवर्तनाय'। ऋत शब्द से समस्त व्यवस्था और शाश्वत नियमों का बोध होता है। ऋत न केवल मानव को सत्य के मार्ग पर चलने की प्रेरणा देता है, बल्कि इस हेतु सहायता भी करता है। ऋत से ही चेतना का ऊर्ध्वारोहण संभव है। ऋत से ही समष्टि का लोक-कल्याणकारी रूप अभिव्यक्त

होता है। ऋत ही हमें वास्तव में तपस्वी बनाता है। शरीर को सुखा देने का अर्थ तप नहीं होता। शरीर को कष्ट देने का अर्थ तप नहीं होता; तप का अर्थ होता है, मानव अपनी ऊर्जा को संचयित करे, वह अपनी इंद्रिय प्रधान ऊर्जा का दुरुपयोग न करे। सृष्टि में जो कुछ भी व्यक्त है, वह ऊर्जा का ही प्रतिफल है, ऊर्जा का ही स्वरूप है। जैसे हर पदार्थ की अपनी एक ऊर्जा है, वैसे ही मनुष्य की भी अपनी ऊर्जा है। जो मनुष्य अपनी ऊर्जा का दुरुपयोग नहीं करता, बल्कि उसमें अभिवृद्धि करने का मार्ग जानता है, वही सच्चा तपस्वी है। जिन मार्गों से ऊर्जा का क्षय होता है, उन मार्गों पर न चलने की प्रतिज्ञा ही वास्तविक तप है। जब व्यक्ति सत्य के यथार्थ को जानने का प्रयास करता है और इन प्रयासों की पूर्ति के लिए अपनी समस्त शारीरिक, प्राणिक और मानसिक ऊर्जा को झोंक देता है तो ये सारे प्रयास उसे तपस्वी बना देते हैं। इन प्रयासों से ही उसे परम चैतन्य की शाश्वतता का बोध होता है। ये प्रयास ही उसे वास्तविक सत्य का बोध कराते हैं। यह सत्य ही वह सत्य है जो वास्तव में जानने योग्य है। जो जानने योग्य नहीं है वह सत्य नहीं है। भारतीय मनीषा कहती है कि सत्य की ही जिज्ञासा की जानी चाहिए। यही विज्ञान है और यही है धर्म। प्रश्न यहाँ यह उठता है कि सत्य की ओर बढ़ने की यह चेष्टा व्यक्ति करे कैसे और कौन होगा उसका पथ-प्रदर्शक? इसका सबसे श्रेष्ठतम उत्तर दिया है भगवान् बुद्ध ने। उन्होंने कहा, 'अप्प दिप्पो भव'। यदि व्यक्ति अपने अंतस में झाँक सके तो उसे सत्य उपलब्ध हो जाएगा। अंतरात्मा की आवाज पर भारतीय मनीषा की भी श्रद्धा रही है। अंतरात्मा के केंद्र तक पहुँचने के उपरांत व्यक्ति से कभी अधर्म नहीं हो सकता। वह केवल धर्म के मार्ग पर ही चलेगा। परिधि से केंद्र तक की यह यात्रा तभी संभव है जब न स्वार्थ हो, न अहंकार, न मोह, न आसक्ति; मात्र निर्विकार कर्म का भाव हो। तभी परिधि से चला हुआ यात्री अंतरात्मा के केंद्र तक पहुँचेगा, तभी उसे धर्म के तत्त्व का ज्ञान होगा। धर्म हमें स्वाभाविक रूप से अंतर्मुखी बनाता है, आत्मस्थ करता है। वह हमारा पथ-प्रदर्शक है, इसीलिए वह ऋत है, इसीलिए धर्म की कल्पना चक्र के रूप में की गई है—एक ऐसा चक्र, जो सदैव आगे बढ़ता है और जो ऊर्ध्वारोहण, श्रेष्ठतम चिंतन तथा अंधकार से प्रकाश की ओर बढ़ने, अनाम से आत्मतत्त्व को जानने, मृत्यु से अमृत की ओर बढ़ने का प्रतीक है। लौकिक रूप से प्रवर्तन किसी भी क्रिया का एक प्राकृतिक गुण है। पारलौकिक दृष्टि से प्रवर्तन की क्रिया मोक्ष में प्रवेश का एक साधन है। भारतीय मनीषा ने मोक्ष को किसी साधन विशेष से नहीं जाना। इस ब्रह्मांड और इस अस्तित्व में ऐसा कोई साधन नहीं है, जिसका उपयोग करके कोई मोक्ष तक पहुँच सके। मोक्ष एक मानसिक

चेतना है, जहाँ समस्त उद्वेलन का अंत होता है, जहाँ समस्त अशांति शांत हो जाती है, जहाँ अहंकार का लोप हो जाता है, आसक्ति का लोप हो जाता है, मोह का लोप हो जाता है; जहाँ द्वैत की चेतना भी समाप्त हो जाती है, जहाँ पृथक्ता का भाव नहीं रहता, जहाँ बस केंद्र को महत्त्व दिया जाता है—एक ऐसा केंद्र जो परम केंद्र है। मोक्ष, 'धर्मचक्र प्रवर्तनाय' का जो उद्घोष है उसका प्रतीकात्मक लक्ष्य है। इस केंद्र तक पहुँचने का कार्य 'ऋत तत्त्व' के द्वारा ही होता है। यदि अनुशासन न हो, न्याय न हो तो कोई भी व्यक्ति परिधि से केंद्र तक नहीं पहुँच सकता। भारतीय संस्कृति में ऋत तत्त्व का एक विशेष महत्त्व है। इससे ही वास्तव में हमारी समस्त ऊर्जा अनुप्राणित होती है और साथ ही यह तत्त्व काल के बोध के अतिक्रमण का मार्ग भी बताता है।

ऋत तत्त्व का भारतीय संस्कृति में विशेष महत्त्व है। जैसेकि जन्म-मृत्यु की चक्राकार गति एक ऋत सत्य है। जन्म और मृत्यु की शृंखला लौकिक जगत् का ऋत धर्म है। इस ऋत धर्म को लौकिक स्तर पर कोई भी भंग करने में समर्थ नहीं। जगत् के स्तर पर रहना है तो ऋत सत्य की परिधि में रहना ही होगा और समस्त संस्कार ऋत सत्य की ऊर्जा से अनुप्राणित होंगे। ऋत सत्ता से ही कालबोध संभव है और ऋत ही ऊर्ध्वारोहण की प्रक्रिया का जन्मदाता है। ऋत के संदर्भ में रजनीश ने 'निर्वाण उपनिषद्' पर व्याख्या देते हुए कहा है—

"ऋत बहुत अद्भुत शब्द है। ऋत का अर्थ होता है स्वाभाविक; प्राकृतिक, जैसा है वैसा।"

'अध्यात्म उपनिषद्' और 'निर्वाण उपनिषद्' के प्रथम मंत्रों में ही ऋत की अवधारणा का बड़ा सुंदर प्रयोग है—

ओं शं नो मित्रः शं वरुणः शं नो भवत्वर्यमा।
शं न इन्द्रो बृहस्पतिः। शं नो विष्णुरुरुक्रमः॥

नमो ब्रह्मणे। नमस्ते वायो। त्वमेम प्रत्यक्षं ब्रह्मासि। त्वामेव प्रत्यक्षं ब्रह्म वदिष्यामि। ऋतं वदिष्यामि। सत्यं वदिष्यामि। तन्मामवतु। तद्वक्तारववतु। अवतु माम्। अवतु वक्तारम्।

हमारे लिए सूर्य देवता कल्याणकारी हों। वरुण कल्याणकारी हों, अर्यमा कल्याणकारी हों, इंद्र और बृहस्पति भी कल्याणकारी हों, विष्णु कल्याणकारी हों। उस ब्रह्म को नमस्कार हो। हे वायु! तुम्हारे लिए नमस्कार है, क्योंकि तुम प्रत्यक्ष ब्रह्म हो। मैं तुम्हें प्रत्यक्ष ब्रह्म कहूँगा, सत्य और ऋत के नाम से भी कहूँगा। वे मेरी रक्षा करें। आचार्य की भी रक्षा करें।

लगभग इसी प्रकार का एक मंत्र 'निर्वाण उपनिषद्' में है—

वाङ्मे मनसि प्रतिष्ठिता मनो मे वाचि प्रतिष्ठितं आविरा: वीर्म एधि वेदस्य म आणीस्थ: श्रुतं मे मा प्रहासीरनेन् आधीतेन अहोरात्रान्सन्दधाम्यृतं वदिष्यामि। सत्यं वदिष्यामि तन्मामवतु तद्वक्तारमवत्ववतु मामवतु वक्तारमवतु वक्तारम्।

मेरी वाणी मन में स्थिर हो, मन वाणी में स्थिर हो, हे स्वयं प्रकाश आत्मा! मेरे सम्मुख तुम प्रकट होओ।

हे वाणी और मन! तुम दोनों मेरे ज्ञान के आधार हो, इसलिए मेरे ज्ञानाभ्यास का नाश न करो। इस ज्ञानाभ्यास में ही मैं रात्रि-दिन व्यतीत करता हूँ।

मैं ऋत भाषण करूँगा। सत्य भाषण करूँगा। मेरी रक्षा करो। वक्ता की रक्षा करो। मेरी रक्षा करो, वक्ता की रक्षा करो। वक्ता की रक्षा करो।

इन दोनों मंत्रों में सारा बल, सारी आस्था 'जानने' को दी गई है। व्यक्ति को जीवन में पठन-पाठन से जानकारियाँ एकत्र नहीं करनी हैं, मंत्र व तर्क कंठस्थ नहीं करना है, ग्रंथों को पढ़ना नहीं है, बल्कि ग्रंथों में, जीवन में, समष्टि में जो 'है', उसे जानना है, जो 'है', उसमें जीना है। ग्रंथों से, श्रुति से और दृष्टि से जो जाना है, उसे जीवन में व कर्मक्षेत्र में उतारना है। जिसे ज्ञान कहकर प्राप्त किया है, उससे संस्कारित होना है। किसी भी ज्ञान को जानने का अर्थ होता है, उस ज्ञान को वास्तविक जीवन में उतारना, उससे संस्कारित हो जाना। अगर 'ज्ञान' अर्थात् हमारा 'जानना' हमें संस्कारित नहीं करता तो ऐसा जानना वास्तविक जानना नहीं है। ऐसा जानना, ऐसा ज्ञान व्यर्थ है, जो जीवन में उतारा नहीं जा सकता अथवा जिसे चेतना में जिया नहीं जा सकता या जो ज्ञान हमें सचेतनबोध को उपलब्ध नहीं कराता। ऐसा ज्ञान और ऐसा जानना तो पाखंड की श्रेणी में आएगा। 'जानना' का अर्थ है, वास्तव में जान लेना और जानकर उससे पूर्णरूप से रूपांतरित हो जाना। रूपांतरण हेतु किए जानेवाले ये सारे कर्म ही 'धर्म' की श्रेणी में आते हैं।

'अध्यात्म उपनिषद्' में रजनीश ने प्रथम अध्याय के प्रारंभ में ही लिखा है—

''मैं वही कहूँगा, जो मैं जानता हूँ; वही कहूँगा, जो आप भी जान सकते हैं। लेकिन जानने से मेरा अर्थ है 'जीना'। जाना बिना जिए भी जा सकता है, लेकिन तब ज्ञान होता है एक बोझ; उसमें कोई डूब तो सकता है, उबरता नहीं। जानना जीवंत भी हो सकता है और जब जानना जीवंत हो जाता है तब वह हमें करता है निर्भार—हलका कि हम उड़ सकें आकाश में।

''जीवन ही जब जानना बन जाता है तभी पंख लगते हैं, तभी जंजीरें

टूटती हैं और तभी द्वार खुलते हैं अनंत के। लेकिन जानना कठिन है, ज्ञान इकट्ठा कर लेना बहुत आसान है। और इसलिए मन आसान को चुन लेता है और कठिन से बचता है; लेकिन जो कठिन से बचता है वह धर्म से भी वंचित रह जाएगा। कठिन ही नहीं, जो असंभव से भी बचना चाहता है, वह कभी भी धर्म के पास नहीं पहुँच पाएगा। धर्म तो है ही उनके लिए जो असंभव में उतरने की तैयारी रखते हैं।

''धर्म है जुआरियों के लिए, दुकानदारों के लिए नहीं। धर्म कोई सौदा नहीं है। धर्म कोई समझौता भी नहीं है। धर्म तो है दाँव। जुआरी लगाता है धन को दाँव पर, धार्मिक लगा देता है स्वयं को, वही उसका परम धन है। और जो अपने को ही दाँव पर लगाने को तैयार नहीं है, वह जीवन के गोपनीय रहस्यों को कभी भी जान नहीं पाएगा।

''सस्ते नहीं मिलते हैं ये रहस्य। पुस्तकों का ज्ञान तो बहुत सस्ता मिल जाता है। ज्ञान तो मिल जाता है किताब में, शास्त्र में, शिक्षा में, शिक्षक के पास। ज्ञान तो मिल जाता है करीब-करीब मुफ्त, कुछ चुकाना नहीं पड़ता। धर्म में तो बहुत कुछ चुकाना पड़ता है। बहुत कुछ कहना भी ठीक नहीं, सभी कुछ दाँव पर लगा दे कोई तभी जीवन के द्वार खुलते हैं।

''इस जीवन को जो दाँव पर लगा दे, उसके लिए ही उस जीवन के द्वार खुलते हैं। इस जीवन को दाँव पर लगा देना ही उस जीवन के द्वार की कुंजी है; लेकिन ज्ञान बहुत सस्ता है। इसलिए मन सस्ते रास्ते को चुन लेता है। सीख लेते हैं हम बातें, शब्द, सिद्धांत और सोचते हैं, जान लिया। अज्ञान बढ़ता है ऐसे ज्ञान से। अज्ञानी को कम-से-कम इतना तो पता है कि मुझे पता नहीं है। इतना सत्य तो कम-से-कम उसके पास है।''

भारतीय मनीषा के लिए धर्म एक अत्यंत जीवंत और रहस्यमय शब्द है। धर्म का समस्त रहस्य उसकी प्रवर्तन शक्ति में छिपा है। जो कृत्य, चिंतन, आचार-विचार प्रवर्तन में सहायक है, वही धर्म है। चेतना के सभी स्तरों पर प्रवर्तन की आकांक्षा रही है भारतीय ऋषि की। भारतीय मनीषा ने चेतना के पाँच स्तरों की चर्चा की है और इनमें सबसे प्रथम स्तर, जिसे जड़तत्त्व की भी संज्ञा दी जा सकती है वह 'अन्नमय स्तर' है। चेतना का जो पदार्थगत स्तर है, उसकी भी अभीप्सा व आकांक्षा है आनंद के स्तर तक पहुँचने की। हर पदार्थ की यही अकुलाहट है कि वह आनंद को प्राप्त करना चाहता है। व्यक्ति स्वयं की चेतना को शरीर, मन और बुद्धि के स्तर पर अनुभव करता है और प्रवर्तन की आकांक्षा इन्हीं स्तरों पर करता है; लेकिन और गहरे स्तरों पर उतरा जा सके तो परम

चैतन्य जिनसे आवृत हैं, वे कोश हैं—अन्नमय कोश, प्राणमय कोश, मनोमय कोश, विज्ञानमयकोश व आनंदमय कोश। कोशों से आवृत यह परम चैतन्य ही हमारा जीवनतत्त्व है। जीवनतत्त्व की सक्रिय उपस्थिति के अभाव में विकास अर्थात् प्रवर्तन की कोई क्रिया संभव नहीं है। अत: यदि धर्म के प्रवर्तन रहस्य को जानना है तो सबसे पहले जीवनतत्त्व के रहस्य को जानना होगा।

लौकिक स्तर पर सभी को यह अनुभव होता है कि जिस क्षण शरीर से जीवनतत्त्व का निर्गमन हो जाता है, उसी क्षण शरीर चेतनाशून्य हो पृथ्वी पर गिर पड़ता है और उसका विघटन प्रारंभ हो जाता है। भारतीय मनीषा का मानना है कि स्थूल शरीर पाँच तत्त्वों से बना है और जीवनतत्त्व के निर्गमन के उपरांत इन्हीं कारणभूत पाँचों तत्त्वों में वह विलीन हो जाता है। ये पाँच तत्त्व हैं—पृथ्वीतत्त्व, जलतत्त्व, वायुतत्त्व, अग्नितत्त्व व आकाशतत्त्व। ये पाँचों तत्त्व वैसे हैं तो शाश्वत; पर स्थिर नहीं हैं। ये परिवर्तित होते रहते हैं। इन्हें 'प्रकृति' कहा जाता है। पर प्रकृति के ये सारे परिवर्तन जिसपर आरोपित हैं, वह तत्त्व है 'आत्मा'। आत्मा ही परमात्मा है। इस सर्वव्यापी आत्मा के अभाव में प्रकृति के नर्तन का, उसके परिवर्तन का, उसके क्षण-क्षण रूपांतरण का, उसकी अभिव्यक्ति का कोई उपाय नहीं है। आत्मा के बारे में एक तथ्य समझ लेना उपयोगी होगा कि यह आत्मतत्त्व है तो शाश्वत, पूर्ण, अखंड, अविभाजित, अकाल और सर्वव्यापी; पर मन और बुद्धि की सत्ता को सदैव प्रतीत यही होता है कि आत्मा के अनेक रूप हैं, अर्थात् अनेक आत्माएँ हैं, जिन्हें मनीषियों ने जीवात्मा कहकर संबोधित किया है। ये 'जीवात्माएँ' यथार्थ में सर्वव्यापी आत्मतत्त्व का खंडित या विभाजित रूप नहीं हैं; पर विभाजित प्रतीत होती हैं। ऐसा क्यों होता है, इसे जाना नहीं जा सकता। इसलिए नहीं जाना जा सकता, क्योंकि खंड कभी भी अखंड को पूर्णरूप से जान ही नहीं सकता। महासागर की कोई भी लहर कितनी ही गहराई में उतरे, कितनी ही ऊँची उठे, कितनी ही बार किनारे पर जाए या न जाए, वह महासागर के संपूर्ण स्वरूप को कभी भी नहीं जान सकती। हाँ, लहर की समस्त सत्ता महासागर होने का बोध अवश्य कराती है और लहर को देखकर यह अनुमान अवश्य लगाया जा सकता है कि यथार्थ में महासागर है। यही नहीं, महासागर ही वह आधार है, जिससे लहर की सत्ता का जन्म होता है। यही स्थिति 'प्रकृति' और 'परमात्मा' की है। अर्थात् प्रकृति भी परमात्मा से भिन्न नहीं है। यद्यपि सांख्य मत के अनुसार, प्रकृति परमात्मा से भिन्न है; पर यदि हम यथार्थ में प्रकृति का विश्लेषण करें तो हमें अंत में ऐसा तत्त्व प्राप्त होगा जो विभाजित नहीं हो सकता। यह जो अविभाज्य तत्त्व है उसे

ही भारतीय मनीषा ने परम चैतन्य, परमात्मा या ईशत्व कहकर संबोधित किया है। यही ब्रह्म है, यही आत्मा है, यही वह आत्मतत्त्व है जो सर्व अभिव्यक्ति का आधार है और जिसपर नाम-रूप की समस्त सत्ता आरोपित है। आधुनिक विज्ञान ने इसे 'ऊर्जा' कहकर संबोधित किया है और ऋषि ने इसे 'चैतन्य' या 'ईशत्व' कहा है। एक प्रश्न यहाँ उठता है कि क्या 'आकाशतत्त्व' और 'वायुतत्त्व' का विभाजन किया जा सकता है? निश्चित रूप से आकाश और वायु पदार्थ में विभाज्य नहीं हैं; पर मन की सत्ता के अंतर्गत विभाज्य प्रतीत होते हैं। 'वायुतत्त्व' ऊर्जा का ही अर्थात् चैतन्य का ही एक रूप है और आकाश इस चैतन्य का ही एक गुण है। आकाश प्रतीक है अनंतता का, ध्वनि के विस्तार का और आधार है उस एकत्व का, जो चिद्सत्ता के रूप में सर्वत्र व सदैव उपस्थित है।

ऋषियों ने जिसे परमतत्त्व या आत्मतत्त्व कहकर संबोधित किया है, जिसे उन्होंने चैतन्य के रूप में जाना है, उस चैतन्य का भी अपना एक स्वभाव है। गुणातीत होते हुए भी उसका अपना गुण है। उसका स्वभाव है 'अखंड आनंद' तथा 'परम आनंद' ही उसका गुण है। परम आनंद का अर्थ होता है, आनंद का वह रूप जो निर्विकार हो, शाश्वत व अखंड हो; वह जो स्वयंभू हो। यह वह आनंद है, जिसका न तो जन्म होता है और न अंत; वह तो सार्वकालिक, सर्वव्यापी एवं आकाश की तरह विस्तृत है तथा किसी अन्य तत्त्व पर आश्रित नहीं; वह स्व आश्रित भी नहीं।

प्रकृति परमानंद का ही एक रूप है और यही जीवात्मा भी है। यह परमानंद है तो स्थिर, पर प्रतीत होता है अस्थिर। अगर इसे निहारा जा सके तो कुछ ऐसा लगेगा जैसे हर निमिष उसमें कुछ-न-कुछ परिवर्तन हो रहा है। पल-पल नए-नए रूप धर रहा है। ऐसा लगेगा जैसे इस परम आनंद में अनंत रस हैं, अनंत रूप हैं और हर रूप की अनंत व असंख्य छवियाँ हैं। कुछ ऐसा ही जैसे कोई महासागर को निहारे तो उसे लगेगा कि हर क्षण अनंत लहरों का जन्म होता है और इन लहरों के साथ ही हर क्षण नया नर्तन, नया परिवर्तन, नया रूप, नया लावण्य, नई ऊर्जा, नई छवि उत्पन्न होती है; पर यथार्थ में इन लहरों के कारण महासागर में कहीं कोई परिवर्तन नहीं है। लहरों के जन्म और विलय के संदर्भ में महासागर वास्तव में परिवर्तन की सत्ता से ऊपर है। यही है उसकी मर्यादा, यही है उसका गुण।

वैयक्तिक चेतना के स्तर पर हम 'आत्मतत्त्व' के मर्म को नहीं जान सकते। मानवीय बुद्धि से जब हम समीक्षा करेंगे तो यही लगेगा कि 'आत्मतत्त्व', जो 'परमानंद' है, वह पंचकोशों से आवृत है। इसके बारे में ब्रह्मलीन स्वामी चिन्मयानंद ने ईशोपनिषद् के अपने भाष्य में बड़े सरल ढंग से समझाया है।

स्वामी चिन्मयानंद के अनुसार—

"जीवनतत्त्व को वेदांत में 'आत्मा' कहते हैं, जो पाँच प्रकार के कोशों से आवृत हुआ माना जाता है। ये कोश जड़ भौतिक पदार्थों से बने हुए हैं, जिनमें स्थूल और सूक्ष्म भेद है। बाह्यतम कोश है स्थूल शरीर। जाग्रत अवस्था में हम इसके द्वारा ही व्यवहार करते हैं और इसे ही अपना स्वरूप समझते हैं। बहुत थोड़े लोगों को ही अपने मानसिक और बौद्धिक व्यक्तित्व का भान रहता है, और अपने आत्मस्वरूप का तो भान संभवतः किसीको होता ही नहीं है, जोकि आनंद का स्रोत है।

"इस आत्मा को वैदिक शब्द 'ओम्' के द्वारा जाना जाता है। यह आत्मा, जोकि हमारा शुद्ध स्वरूप है, सर्वज्ञ-सर्वशक्तिमान है। जिन आवरणों से यह आत्मा मानो आच्छादित हो गई है उन्हें वेदांत में 'कोश' कहते हैं। कोश शब्द यह सूचित करता है कि जिस प्रकार तलवार का अपना कोश अर्थात् म्यान के साथ कोई स्पर्श या संबंध नहीं होता उसी प्रकार यह आत्मा भी इन कोशों के संस्पर्श से मुक्त ही रहती है। तात्पर्य केवल इतना है कि इस आत्मतत्त्व की उपस्थिति से ही इन जड़ कोशों में चेतना का आभास होता है।

"आत्मा के पाँच विभिन्न कोश ये हैं—(१) अन्नमय कोश, जो सबसे बाहर और सबसे स्थूल है। (२) प्राणमय कोश, जो पूर्वकोश के अंदर है। (३) मनोमय कोश, जो सूक्ष्मतर है, इसके अंदर है। (४) विज्ञानमय कोश और इसके अंदर सूक्ष्मतम कोश हैं (५) आनंदमय कोश।"

इसी ग्रंथ में पंचकोशों की व्याख्या करते हुए स्वामी चिन्मयानंद लिखते हैं—

"इन सबमें सूक्ष्मतम है ओंकार से निर्देशित आत्मतत्त्व, और यही इन पाँच कोशों का सारतत्त्व है। आत्मा सहित पंचकोश ही हमारा रूप हैं। मन और बुद्धि जितनी अधिक विकसित, शुद्ध व शांत होगी, उसमें आत्मा की अभिव्यक्ति भी उतनी ही अधिक होगी। यह हमारे प्रत्यक्ष अनुभव की बात है। पाषाण केवल अन्नमय कोश का ही रूप है तो वनस्पतियों में प्राणमय कोश भी है, जिसके कारण उनमें आत्मचेतना की अभिव्यक्ति कुछ मात्रा में दिखाई देती है। वनस्पतियों से श्रेष्ठ हैं पशु और उनसे भी श्रेष्ठ हैं मनुष्य, जिनमें मन व बुद्धि दोनों का ही विकसित रूप देखा जा सकता है और यही कारण है कि मनुष्य में अन्य प्राणियों की अपेक्षा आत्मचेतना अधिक मात्रा में प्रकट होती है।

"इस आत्मचेतना को ही वेदांत में ब्रह्म कहते हैं। श्रुति कहती है—ब्रह्म को जाननेवाला स्वयं ब्रह्म बन जाता है, क्योंकि ब्रह्मविद् पुरुष का अंतःकरण

पूर्णत: शुद्ध और शांत होने के कारण उसीके हृदय से ब्रह्म अपने शुद्ध स्वरूप में प्रकट होता है। यह ब्रह्मज्ञान ही जीवन का लक्ष्य है, विकास का चरमोत्कर्ष है और पूर्ण पुरुष का पूर्णत्व है।''

इस आत्मचेतना के प्रति हमारी जो विस्मृति है उसके कारण ही जगत् की उत्पत्ति हुई है। जगत् से यहाँ आशय 'भेद' ज्ञान का है। आत्मस्वरूप का यह अज्ञान ही मानसिक स्तर पर 'कामना' और शारीरिक स्तर पर 'कर्म' के रूप में व्यक्त होता है। इस अज्ञान से निवृत्ति पाने के लिए, इससे मुक्त होने के निमित्त हमारे जो भी प्रयास हैं, वे 'धर्म' की श्रेणी में आते हैं। 'धर्म' का उद्देश्य है, अज्ञान व अविद्या का निवारण। अविद्या और अज्ञान के निवारण से ही व्यक्ति के आध्यात्मिक व्यक्तित्व का सृजन होता है। हर व्यक्ति में आध्यात्मिक शक्ति व उसका अपने निज का आध्यात्मिक व्यक्तित्व होता है; पर सामान्यत: वह अपने स्वयं के इस पक्ष से अपरिचित रहता है। अंतर्मुखी होकर हर व्यक्ति अपने इस श्रेष्ठ व्यक्तित्व को खोज सकता है, अत: इस खोज के लिए किए जानेवाले प्रयास भी धर्म की श्रेणी में आते हैं।

भारतीय मनीषा की यह मान्यता है कि हर व्यक्ति चार स्तरों पर जीता है। अर्थात् हर व्यक्ति में व्यक्तित्व के चार स्तर होते हैं—शारीरिक, मानसिक, बौद्धिक व आध्यात्मिक। व्यक्तित्व के ये चार स्तर ही मनुष्य को अंतर्द्वंद्व में फँसाते हैं तथा वह सदैव आंतरिक स्तर पर उथल-पुथल में, संघर्ष में साँस लेता है। इस संघर्ष और अंतर्द्वंद्व से मुक्ति पाने के लिए यह आवश्यक है कि मनुष्य द्वारा जीवन के वास्तविक स्वरूप का अध्ययन किया जाए। अंतस में झाँके बिना यह अध्ययन अधूरा ही रहेगा। स्वयं के वास्तविक स्वरूप को जानने की जो प्रवृत्ति है, उसी मार्ग पर चलकर आंतरिक शांति को उपलब्ध हुआ जा सकता है। इस संदर्भ में ब्रह्मलीन स्वामी चिन्मयानंद के विचार मानव के लिए अत्यंत उपयोगी होंगे। उन्होंने अपनी पुस्तक 'ध्यान और जीवन' के द्वितीय अध्याय में लिखा है—

''यह स्पष्ट ही है कि हममें से प्रत्येक के भीतर विभिन्न प्रकार के व्यक्तित्वों का टकराव होता है। एक-न-एक जड़ आवरणों से अपना तादात्म्य रखते हुए हम मूर्खतापूर्ण व्यवहार करते जाते हैं और परिणामत: बंधन, दु:ख तथा अशांति के भावों से अपने को ग्रसित पाते हैं। इस अर्थ में देखा जाए तो स्पष्ट है कि यह संसार स्वयं के द्वारा ही निर्मित है और हमारी परिच्छिन्नताओं का उत्तरदायित्व भी हमपर ही है।

''हमारे भीतर व्यक्तित्वों की समस्त भ्रांतियों के होने पर भी यह बात स्पष्ट दीखती है कि हम सभी लोग आंतरिक अथवा सूक्ष्मतर कोशों के संतोष के

लिए बाह्य रूप का बलिदान करने को तैयार रहते हैं। जिस व्यक्ति की बाँह में खतरनाक फोड़ा निकल जाता है उसे असह्य मानसिक पीड़ा होती है। किसी शल्य चिकित्सक की सलाह पर उस बाँह को कटवा देना भी वह स्वीकार कर लेता है। इस प्रकार मनुष्य मानसिक कष्ट एवं विक्षेपों से छुटकारा पाने के लिए अपने स्थूल शरीर के उस अंग को स्वेच्छा से कटवा देता है। दूसरा उदाहरण लीजिए, जब किसी व्यक्ति का मन किसी धार्मिक अथवा राजनीतिक आदर्श से प्रेरणा प्राप्त करता है तब वह अपने उस प्रिय आदर्श की पूर्ति के लिए अनेक शारीरिक असुविधाओं एवं मानसिक क्लेशों को भी सहन करने के लिए तत्पर हो जाता है। कहने का तात्पर्य यह है कि जब मनुष्य बुद्धि से तादात्म्य कर लेता है तब वह उसकी संतुष्टि के लिए अपेक्षाकृत स्थूल कोशों की माँगों को छोड़ देने के लिए तैयार हो जाता है।''

इसी संदर्भ में उन्होंने आगे लिखा है—

''आत्मा की खोज से न केवल हमारी भ्रांतियाँ एवं अपूर्णताएँ ही समाप्त होंगी, बल्कि महामानवत्व या देवत्व की प्राप्ति का मार्ग भी प्रशस्त होगा। उपनिषद्कालीन ऋषियों ने एक ऐसी मानव जाति का स्वप्न देखा था, जिसका प्रत्येक व्यक्ति एक महामानव हो तथा अंदर-बाहर, सभी परिस्थितियों एवं अवसरों का स्वामी हो। हमें इस स्वप्न को साकार करने का प्रयास अवश्य करना चाहिए। आइए, हम सब विवेक की प्रज्वलित अग्नि में अपनी पाशविक वृत्तियों का होम कर दें।''

स्वयं की अपूर्णता समाप्त करने व पाशविक वृत्तियों को नष्ट करने के निमित्त हमारा जो भी कर्म, चिंतन व मनन है, वह सब धर्म की ही श्रेणी में आता है। बात स्पष्ट है कि धर्म वही है जिससे व्यक्ति अपने अंतस के कलुष को निहार सके। एक बार यदि अंतस के कलुष को निहारने की क्षमता प्राप्त हो जाए तो कलुष स्वयं पराजित हो जाता है और अंतश्चेतना का प्रकाश हमारे समक्ष उपलब्ध हो जाता है। अंतश्चेतना का यह प्रकाश ही आत्मतत्त्व का प्रकाश है। आत्मतत्त्व के प्रकाश में किया गया समस्त कर्म, चिंतन, मनन ही हमें सर्वकल्याण के मार्ग पर ले जा सकने में तथा पूर्णत्व प्रधान जीवन जीने में सहायक बनाता है। भारतीय ऋषि का यही सतत उद्‌बोध रहा है कि मनुष्य को स्वयं के अज्ञान का निवारण करके सर्वकल्याण के भाव में निवास करना चाहिए। जिसमें सभी का कल्याण हो, सभी का हित हो वही धर्म है। 'सर्वभूतहिते रत:' को ही मानव धर्म का श्रेष्ठतम आदर्श भारतीय ऋषि ने माना है।

भारतीय मनीषा ने धर्म को अपौरुषेय माना है और इसीलिए उसे किसी एक परिभाषा विशेष से बाँधा नहीं। भारतीय ऋषि ने धर्म को परिभाषित करने के प्रयत्न अवश्य किए, पर सारी परिभाषाएँ आधी-अधूरी ही रहीं। हाँ, धर्म के लक्षण अवश्य गिनाए गए; पर ये लक्षण देश, काल और परिस्थितियों पर आश्रित हैं। मनुस्मृति में धर्म के जो भी लक्षण बताए गए, उनमें से प्रत्येक लक्षण पर अनेक ग्रंथ लिखे जा सकते हैं; क्योंकि हर लक्षण एक मानसिक अवस्था है और उसे व्यक्त करने के लिए जो शब्द प्रयुक्त किए जाते हैं, उनमें इतनी शक्ति ही नहीं होती कि पूरा-का-पूरा भाव उससे प्रकट किया जा सके। किसी भी शब्द के रूढ़िवादी अर्थ से लक्षण की आत्मा का साक्षात्कार असंभव है। किसी भी लक्षण की आत्मा को देखने के लिए व्यक्ति के लिए यह अनिवार्य होगा कि वह स्वयं को लक्षण विशेष में रूपांतरित कर ले। जबतक समस्त प्राणिक, वाचिक, दैहिक और आध्यात्मिक ऊर्जा के साथ लक्षण में प्रवेश नहीं किया जाता तबतक शब्द को ढोते रहने से कुछ भी प्राप्त नहीं होगा। कोई भी शब्द अपना पूर्ण रहस्य, पूर्ण भेद तबतक नहीं खोलता जबतक व्यक्ति स्वयं ही शब्द विशेष बनने को तैयार न हो जाए। अर्थात् सत्य को जानना है तो सत्य रूप ही नहीं, वरन् सत्य ही बनना होगा। धर्म के जो लक्षण भारतीय मनीषियों ने बताए हैं, उनमें सर्वाधिक प्रचलित मनुस्मृति का निम्न श्लोक है—

धृतिः क्षमा दमो अस्तेयं शौचं इन्द्रिय निग्रहः।
धीर्विद्या सत्यं अक्रोधो दशकं धर्म लक्षणम्॥

—मनुस्मृति, ६।९२

प्रश्न यह है कि क्या धर्म के मात्र यही दस लक्षण ही हैं? और अगर ऐसा है तो फिर 'प्रेम' का धर्म में क्या स्थान है? प्राणिमात्र से 'प्रेम' का जो आदेश है, वह तो व्यर्थ गया। ऐसे ही मन की और भी वृत्तियाँ हैं। मानव स्वभाव के और भी क्षेत्र हैं जो प्राणिमात्र के कल्याण के लिए अति उपयोगी हैं, अतः लक्षणों से भी 'धर्म' को बाँधा नहीं जा सकता। भारतीय ऋषि 'धर्म' की चर्चा को रूढ़िवाद से नहीं जोड़ता। उसके लिए धर्म एक अमृतमय सतत प्रवाह है, जिसका लक्ष्य है प्राणिमात्र का कल्याण। जो जड़-चेतन सभी के विकास व ऊर्ध्वारोहण में, सभी के उत्थान में सहायक हो, वही 'धर्म' है। इस संदर्भ में महाभारत में वेदव्यास ने लिखा है—

श्रूयतां धर्मसर्वावं श्रुत्वा चैवाव धार्यताम्।
आत्मनः प्रतिकूलानि परेषां न समाचरेत्॥

"धर्म का रहस्य सुनो और सुनकर हृदय में धारण करो, जिसे अपने लिए

बुरा समझो उसे दूसरों के लिए न करो।''

वास्तव में यह है 'धर्म' का रहस्य। एक बार यदि चित्त आत्मतत्त्व में प्रतिष्ठित हो जाए तो फिर व्यक्ति से अधर्म हो ही नहीं सकता। संभवत: इसीलिए भारतीय मनीषा का यही प्रयास रहा कि उसे ही 'धर्म' माना जाए जो 'आत्मतत्त्व' की खोज में सहायक हो, जिससे 'आत्मतत्त्व' जीवन में उपलब्ध हो सके, जिससे आत्मतत्त्व के अमृतलोक की ओर बढ़ा जा सके। इस स्थिति में 'धर्म' एक संज्ञा न होकर क्रिया का रूप ले लेता है, 'धर्म' एक गुण का रूप ले लेता है। इस अर्थ में 'धर्म' शब्द से भी अधिक महत्त्व 'धार्मिकता' का है। धार्मिकता से विहीन 'धर्म' का कोई अर्थ नहीं, वह तो फिर जड़ है।

धर्म शब्द से आज सांप्रदायिक आस्थाओं व कर्मकांडों का बोध कराया जाता है। यह अनुचित है। भारतीय ऋषि को यह स्वीकार नहीं। धर्म के तात्त्विक भाव को मात्र कर्मकांड अर्थात् माला-तिलक से प्राप्त नहीं किया जा सकता। धर्म शब्द अत्यंत क्रांतिकारी और व्यापक है, पर जिस क्षण उसे कर्मकांड मात्र से बाँधकर संकीर्ण बना दिया जाता है, उपासना-पद्धति विशेष से जोड़ दिया जाता है तब ऐसा होने पर उसकी समस्त क्रांतिकारिता, समस्त सृजनशीलता व सार्वभौमिकता का लोप हो जाता है और वह 'जड़' रूप धारण करके दुराग्रह में प्रवेश कर जाता है। भारतीय मनीषा ने धर्म को सतत प्रवाहित अमृतमयी रसधार के रूप में जाना है। भारतीय ऋषि के लिए धर्म एक जीवंत तत्त्व है। उसे न तो कर्मकांड से बाँधा जा सकता है और न पाप-पुण्य के विचार से। इसीलिए उपनिषद् ग्रंथों में न तो पाप-पुण्य का चिंतन है और न कर्मकांड के प्रति आस्था को जाग्रत किया गया है।

धर्म पर चर्चा करते हुए ब्रह्मलीन दार्शनिक 'ओशो' ने बड़े सुंदर विचार प्रकट किए हैं। उनके अनुसार—

''जिसे लोग धर्म समझते हैं, वह धर्म नहीं है। ईसाइयत, इस्लाम और हिंदू धर्म—ये धर्म नहीं हैं। लोग जिन्हें धर्म कहते हैं, वे मृत चट्टानें हैं। मैं तुम्हें धर्म नहीं, धार्मिकता सिखाता हूँ—एक बहती हुई सरिता पग-पग पर मोड़ लेती है, निरंतर अपना मार्ग बदलती, लेकिन अंतत: सागर तक पहुँचती है।

''एक चट्टान बहुत पुरानी हो सकती है—ऋग्वेद से भी अधिक प्राचीन, बहुत अनुभवी; लेकिन चट्टान आखिर चट्टान है, वह मृत है। वह मौसमों के साथ बदलती नहीं, अस्तित्व के साथ गति नहीं करती। उसमें प्रवाह नहीं, प्राण नहीं, वह बस पड़ी रहती है। क्या कभी तुमने किसी चट्टान के भीतर कोई गीत और कोई नृत्य उमगते देखा है?

"मेरी दृष्टि में तो धर्म एक गुण है, गुणवत्ता; कोई संगठन नहीं, संप्रदाय नहीं। ये सारे धर्म जो दुनिया में हैं, उनकी संख्या कम नहीं है। पृथ्वी पर कोई तीन सौ धर्म हैं—वे सब मुरदा चट्टानें हैं। वे बहते नहीं, वे बदलते नहीं, वे समय के साथ-साथ चलते नहीं। और स्मरण रहे कि कोई चीज जो स्वयं निष्प्राण है, तुम्हारे किसी काम आने वाली नहीं। हाँ, अगर तुम उससे अपनी कब्र ही निर्मित करना चाहो तो अलग बात है; शायद फिर वे पत्थर उपयोगी सिद्ध हो सकते हैं।

"ये सभी तथाकथित धर्म तुम्हारे लिए कब्रें खोदते हैं। तुम्हारे प्रेम को, तुम्हारे आनंद को और तुम्हारे जीवन को सब तरह से नष्ट करने के काम में संलग्न हैं। और ईश्वर के बारे में, स्वर्ग-नरक के बारे में, पुनर्जन्म के बारे में और जाने कैसी-कैसी व्यर्थ बातों के विषय में वे तुम्हारी खोपड़ी में रंगीन कल्पनाएँ, मनमोहक भ्रम और भ्रांत धारणाओं का कूड़ा-करकट भरते रहते हैं।

"मेरा तो भरोसा है प्रवाह में, परिवर्तन में और गति में; क्योंकि यही जीवन का स्वभाव है। यह जीवन केवल एक स्थायी चीज को जानता है और वह है सतत परिवर्तन। सिर्फ परिवर्तन ही कभी परिवर्तित नहीं होता, अन्यथा हर चीज बदल जाती है। कभी पतझड़ आ जाता है और वृक्ष नंगे हो जाते हैं। सारी पत्तियाँ चुपचाप बिना शिकायत के गिर जाती हैं और शांतिपूर्वक पुनः उसी मिट्टी में विलीन हो जाती हैं, जहाँ से वे आई थीं।

"नीले आकाश में बाँहें फैलाए नग्न वृक्षों का एक अपना ही सौंदर्य है। उनके हृदय में गहन आशा और आस्था अवश्य होती होगी, क्योंकि वे जानते हैं कि जब पुरानी पत्तियाँ झड़ती हैं तो नई आती ही होंगी। और जल्दी ही नई, ताजा और सुकोमल कोंपलें फूटने लगती हैं।

"धर्म एक मृत संगठन नहीं, संप्रदाय नहीं, वरन् एक तरह की धार्मिकता होना चाहिए—एक ऐसी जीवंत गुणवत्ता, जिसमें समाहित हो सत्य के साथ होने की क्षमता, प्रामाणिकता, सहजता, स्वाभाविकता, प्रेम से भरे हृदय की धड़कनें और समग्र अस्तित्व के साथ मैत्रीपूर्ण लयबद्धता। इसके लिए किन्हीं धर्मग्रंथों और पवित्र पुस्तकों की आवश्यकता नहीं है।"

भारतीय ऋषि धर्म की जब भी चर्चा करता है तो उसका उद्देश्य होता है 'आत्मजागरण', 'आत्मबोध'। साधारण मानव अपने वास्तविक स्वरूप को विस्मृत कर चुका है। बस, उसकी स्मृति को जाग्रत करना-भर उद्देश्य है धर्म का। एक बार आत्मतत्त्व के प्रति स्मृति जाग्रत हो जाए तो आचरण तो अपने आप सर्वकल्याणकारी, सर्वहितकारी रूप ले लेते हैं। धर्म के संबंध में महत्त्वपूर्ण

ऊपर से किया जानेवाला आचरण नहीं, वरन् महत्त्वपूर्ण है अंतस का भाव। अंतस का भाव ही धर्म का निचोड़ है—यही है धर्म की आत्मा, यही है धर्म का प्राणतत्त्व, इससे ही धर्म को जीवंतता प्राप्त होगी। अंतस के जागरण में स्वयं के स्वार्थ के लिए कोई स्थान है ही नहीं। जाग्रत अंतस को ही आत्मतत्त्व का बोध हो सकता है। एक बार अहंता पर टिकी, अहंकार से जुड़ी, मोह और स्वार्थ के ईंट-गारे से बनी दीवारें ढह जाएँ तो ईशत्व का जो दिव्य प्रकाश चारों ओर परिव्याप्त है, जो सतत उपलब्ध है, वह तत्काल अंतस में प्रवेश कर जाएगा। स्वार्थ, मोह, अज्ञान, अहंकार और आसक्ति की दीवारों को ढहाने में जो भी सहायक है, वही धर्म है।

सर्वव्यापी परमात्मा जीवात्मा का रूप क्यों व कैसे धारण करता है? जीवात्मा को स्वार्थ, अहंकार आदि की दीवारें, जिन्हें अज्ञान कहा जाता है, कैसे घेर लेती हैं—ये सब ऐसे विषय हैं, जिनपर भारतीय ऋषियों ने विस्तार से, पर बड़ी ही गूढ़ चर्चा की है और इस चर्चा के निष्कर्षों पर मनन के द्वारा यह पाया है कि यथार्थ में परम सत्य ही परमात्मा है। वह द्वैतरहित है, और मात्र इस द्वैत-रहित परम सत्य का ही अस्तित्व है; जो अनेकता दिखाई दे रही है उसे माया कहा गया है। माया के नाते ही व्यक्ति रस्सी में सर्प, मरुस्थल में पानी और एकता में अनेकता देखता है। यह माया प्रतिभासिक सत्य है और परमात्मा की एक शक्ति भी। परमात्मा से पृथक् उसका अपना कोई अस्तित्व नहीं है। अध्यात्म साधना के द्वारा ही माया के रहस्य को जाना जा सकता है, अतः यह विषय लेखक की अनुभूति से अभी भी परे है; पर 'धर्म' के संदर्भ में यहाँ इतना जान लेना पर्याप्त होगा कि भारतीय ऋषि की दृष्टि में अध्यात्म के समस्त प्रयोग, माया के आवरण को फाड़ने की समस्त चेष्टाएँ, अज्ञान निवारण के समस्त प्रयास, ज्ञान प्राप्त करने व उसे आत्मसात् करने के लिए समस्त पथ व कर्म तथा चिंतन व मनन की विधियाँ धर्म की श्रेणी में आती हैं। समस्त नाम-रूपात्मक जगत् यथार्थ में है तो परम सत्य की परिधि में ही, है तो उसीके अंतर्गत ही; पर प्रतीत यही होता है कि वह परम सत्य से बहुत दूर है, उससे पृथक् है। इस अज्ञान का विनाश श्रवण, मनन, निदिध्यासन, ध्यान और समाधि के द्वारा संभव है। इन प्रयासों को भारतीय मनीषा ने 'योग' कहकर संबोधित किया है। 'योग' के द्वारा ही ज्ञान का प्रकाश उपलब्ध होता है और इसे मानव के लिए सर्वश्रेष्ठ धर्म कहकर संबोधित किया गया है। योग का उद्‌देश्य है मन का रूपांतरण, व्यष्टि की चेतना से समष्टि की चेतना में प्रवेश। योग वह विद्या है जिससे मन की वृत्तियों का न केवल शोधन होता है वरन् वृत्तियों का शमन भी होता है।

योग का अर्थ है, एक ऐसी भावदशा को उपलब्ध होना जो मन के अतिक्रमण से ही संभव है, अत: योग को मन से पार जाने की विद्या भी कहा जा सकता है। मन के पार की भावदशा में स्वयं को प्रतिष्ठित करके मन का प्रयोग करने की विधि का नाम भी योग है। योग एक ऐसा अभ्यास है, जिससे मन शांत और 'सर्वशुभ' संकल्प में रूपांतरित हो जाता है। आदमी वही हो जाता है, जैसा वह सोचता और मनन करता है। इस चिंतन और फिर मनन से ही मन स्थिर होकर आत्मतत्त्व प्रधान संस्कारों से जुड़ जाता है। फिर ऐसे शुद्ध मन से जो संस्कार उत्पन्न होते हैं, वे ही व्यक्ति में धार्मिकता को जन्म देते हैं। मन, जो स्वभाव से चंचल और बलशाली है, उसे अभ्यास से नियंत्रित किया जा सकता है और यह अभ्यास ही मानव को धर्म के जगत् में ले जाता है। यह अभ्यास ही मानव धर्म है।

चित्त की दो यात्राएँ हैं। एक यात्रा है स्वार्थ की, संसार की, राग की, पदार्थ की। इस यात्रा में मन सहयोगी है और इस यात्रा से इंद्रियों को तात्कालिक व क्षणिक सुख भी प्राप्त होता है। पर इस प्रथम यात्रा में भटकाव है, क्योंकि इंद्रियाँ अनेक हैं और हर इंद्रिय के विषय अनंत हैं, इंद्रियों की भूख अनंत है। चित्त की इस यात्रा में स्थायी तृप्ति नहीं है, क्योंकि इंद्रियाँ और उनका स्वामी मन, सभी चंचल हैं और सभी राग व स्वार्थ से ग्रस्त हैं। चित्त की एक दूसरी यात्रा भी है : यह यात्रा बाहर की ओर नहीं है। इस यात्रा में पदार्थ का आकर्षण नहीं है। इस यात्रा में स्वयं को जानने की जिज्ञासा है। कुछ पाने की बात नहीं है, यहाँ स्वयं को उपलब्ध होने की बात है। इस दूसरी यात्रा में पदार्थ का विसर्जन है। बाहर से अंदर की ओर प्रवेश और इस प्रवेश में जो भी बाधक दीवारें हैं, उन्हें ढहा देने की बात है; बल्कि यदि यह कहा जाए कि अज्ञान की जिन काल्पनिक दीवारों ने आत्मतत्त्व को घेर रखा है, उनको हटाने के उद्देश्य से दूसरी यात्रा की जा रही है। इस दूसरी यात्रा में मानव की चेतना अपने से पृथक् पदार्थ और स्वार्थ की ओर नहीं दौड़ती, बल्कि स्वयं अपनी ओर ही उन्मुख हो जाती है। जब मन को यह ज्ञान या अनुभव होने लगता है कि वास्तविक सुख व शांति पदार्थ में नहीं है, तब वह शांति को खोजने के लिए स्वयं को थिर करता है। जब चित्त स्वयं को शांति से, परम आनंद से संयुक्त करने के लिए प्रयास करता है तो उसे योग कहते हैं। यही है वैराग्य; पर वास्तविक योग या वैराग्य तभी सिद्ध होगा जब मन को इसके लिए धीरे-धीरे प्रशिक्षित किया जाए। मन का सहयोग लेकर उसे अभ्यास द्वारा प्रकाशित करके 'चिद्सत्ता' में उपलब्ध कराने का नाम है योग। इस योग को भारतीय ऋषि ने परम धर्म माना है।

भारतीय ऋषि ने धर्म को एक और रूप में भी जाना है और इस रूप में धर्म वह है जिससे किसी वस्तु का वस्तुत्व सिद्ध होता हो, जिससे किसी पदार्थ का वास्तव में वही पदार्थ होना सिद्ध होता हो। इस अर्थ में 'धर्म' पदार्थ की, वस्तु की आत्मा है, उसका मूल केंद्रबिंदु है। यदि वस्तु विशेष से उसका केंद्र-बिंदु हिल जाए या नष्ट हो जाए अथवा बिखर जाए तो वह वस्तु भी नष्ट हो जाएगी। जिस केंद्र पर वस्तु विशेष की सत्ता ही निर्भर करती हो, वह केंद्र ही उस वस्तु का धर्म है। इसे मीमांसादर्शन में कहा गया है—'नोदनालक्षणो अर्थो धर्मः', अर्थात् जिससे कोई पदार्थ लक्षित हो, बोधित हो, जाना जाए वह उस पदार्थ का धर्म है। उदाहरणस्वरूप, अग्नि का लक्षण है उसका दाहकत्व। ऐसी स्थिति में धर्म एक विशेष स्थिति का बोधक होता है। यदि यह सिद्ध करना है कि अग्नि है तो हमें उसकी दाहकत्व की शक्ति की ओर देखना होगा। तभी तक अग्नि को हम अग्नि कहेंगे जबतक उसके पास जला डालने की, राख कर डालने की क्षमता हो। जल को तभी तक हम जल कहेंगे जबतक उस तत्त्व के पास गीला कर डालने की क्षमता हो। सूर्य तभी तक सूर्य है जबतक वह प्रकाश देता है। यह प्रकाश ही ऊष्मा है। जिस क्षण सूर्य प्रकाश देना बंद कर देगा, हम कहेंगे कि सूर्य 'मर' गया। इसी प्रकार हमें विचार करना होगा कि मानव के पास ऐसा कौन-सा 'केंद्रबिंदु' है, ऐसा कौन-सा तत्त्व है, जिसके आधार पर हम पशु और मानव में भेद कर सकें? मानव का वास्तव में मानव हो सकना जिससे सिद्ध हो सकता है, वही अंततः मानव का धर्म है। यह एक ऐसी खोज है, जो इस पृथ्वी पर आदिकाल से होती आ रही है और भारतीय मनीषा ने भी इसपर विशद् रूप से चिंतन और मनन किया है। शरीर से कोई भी प्राणी मानव सरीखा दिख सकता है; पर वह मानव है या पशु अथवा दानव, इसका निर्णय उस प्राणी के गुण, कर्म और स्वभाव को परखने के बाद ही किया जा सकेगा। जिन गुणों से, जिन कर्मों से, जिस स्वभाव से मानव का मानव होना सिद्ध हो सके, वही गुण, वही कर्म और वही स्वभाव मानव का वास्तविक धर्म है। भारतीय ऋषि की मान्यता है कि हर प्राणी में, हर व्यक्ति में दिव्यता के बीज हैं; पर दिव्यता के ये बीज अभी या तो अंकुरित नहीं हैं या अल्प अंकुरित हैं अथवा मात्र अंकुरित ही हैं और उनका वृक्ष बनना, पल्लवित व पुष्पित होना अभी बाकी है। अतः हर प्राणी का जाने-अनजाने यही प्रयास है कि दिव्यता के जो बीज उसमें हैं वे अंकुरित हों, पल्लवित हों, पुष्पित हों तथा वे पूर्णत्व को प्राप्त हों। पूर्णत्व को उपलब्ध होने की दिशा में जो मार्ग हमें ले जाता है, जो विधि हमें पूर्णत्व को उपलब्ध कराने में समर्थ है वही हमारा धर्म है। पूर्णत्व की ओर बढ़ने का यह

मार्ग, यह विधि हर व्यक्ति के लिए पृथक्-पृथक् ही होगी, क्योंकि हर व्यक्ति की शारीरिक, मानसिक व बौद्धिक संरचना में अंतर होता है। हर व्यक्ति के संस्कार, हर व्यक्ति की कामनाओं व वासनाओं की शक्ति और उनका संचय पृथक्-पृथक् है, अतः जो जहाँ पर खड़ा है उसे वहीं से अपनी सामर्थ्य और योग्यता के अनुसार पूर्णत्व की दिशा में यात्रा करनी है। यह यात्रा ही वास्तविक तीर्थयात्रा है। यह यात्रा ही धर्म को उपलब्ध होने के निमित्त की जानेवाली वास्तविक यात्रा है। इस यात्रा में कोई भी सिद्धांत, कोई भी नियम, कोई भी विचार या तर्क या कोई भी कर्मकांड या कोई भी पद्धति जबरन यात्री पर थोप दी गई तो यात्रा बोझिल व थका देनेवाली तो हो ही जाएगी, साथ ही लक्ष्य तक पहुँचने की संभावना भी बहुत कम हो जाएगी। थोपे गए सिद्धांत या थोपी गई मान्यताएँ किसीको भी सिद्ध पुरुष नहीं बना सकतीं। थोपे गए सिद्धांतों से कभी भी कोई पूर्णत्व को उपलब्ध नहीं हो सका है। पूर्णत्व की ओर की यात्रा एक आध्यात्मिक यात्रा है। यह यात्रा नितांत वैयक्तिक है। इस पथ पर अकेले ही चलना होगा, अपना पथ-प्रकाशक व अपना दीपक स्वयं ही बनना होगा—यही निष्कर्ष है भारतीय मनीषा का।

यहीं एक प्रश्न उठता है कि इस आंतरिक यात्रा में, इस वैयक्तिक यात्रा में गुरु का या पथ-प्रदर्शक का कोई महत्त्व है या नहीं? निश्चित रूप से गुरु का महत्त्व है; पर सद्गुरु को ढूँढ़ निकालना और उससे संपर्क कर पाना अत्यंत दुष्कर कार्य है। धन्य हैं वे, भाग्यशाली हैं वे, जिन्हें अपने जीवन काल में सद्गुरु उपलब्ध हो गए। पर आज की स्थिति अत्यंत विषम है। गुरु के नाम पर आज पाखंड पल रहा है, स्वार्थ व अहंकार पोषित हो रहा है। गुरु की ओट में या तो पुस्तकें पूजी जा रही हैं या प्रतिमाएँ। मानव ने मानव का पूजन न जाने कब से बंद कर दिया है। अपने को पहचाने बिना किया जानेवाला हर पूजन, हर कर्मकांड एक बाधा तो है, वह ऊर्ध्वारोहण की सीढ़ी नहीं है। अतः आत्मतत्त्व को जानो, स्वयं को पहचानो—यही धर्म है और यही है योग; इसीसे शांति मिलेगी, इसीसे कामनाओं का क्षय होगा, इसीसे मोक्ष प्राप्त होगा और इसीसे वह देवत्व उपलब्ध होगा, जो 'तुम' हो। 'तत्त्वमसि, श्वेतकेतु'—'तत्त्वम् असि'—तुम ही हो, वह तुम ही हो। श्वेतकेतु, वह तुम ही हो। यही उद्घोष है भारतीय मनीषा का। यही है अध्यात्म ज्ञान, इसीसे विद्या उपलब्ध होगी। यही है वह तत्त्व जहाँ से धर्म का प्रकाश विकीर्ण होता है।

भारतीय संस्कृति में धर्म का जो स्वरूप है, उसे व्यक्त करने के लिए अनेक विचार, अनेक साहित्य उपलब्ध हैं। उपनिषद् तो इस ज्ञान के भंडार हैं।

इन उपनिषदों का सारतत्त्व यही है कि चेतना को अंतस की ओर मोड़ो। चेतना स्वयं की ओर जैसे ही मुड़ती है वैसे ही अज्ञान और अविद्या का नष्ट होना प्रारंभ हो जाता है और अहंता से मुक्ति मिलते ही समूचे अस्तित्व का आलिंगन करना संभव हो जाता है। आधुनिक मनीषियों में से ओशो ने 'धर्म' के संदर्भ में एक अत्यंत गहरी दृष्टि दी है। उनका कथन है—

"सच पूछो तो यह अस्तित्व ही एकमात्र परमात्मा है। जो 'है' वह दिव्य है। यह संपूर्ण अस्तित्व भगवत्ता से पूर्ण है। यदि तुम धार्मिकता से ओतप्रोत हो तो सारा अस्तित्व तत्क्षण भगवत्ता से आपूरित हो जाता है। मेरी दृष्टि में यही धर्म है।"

'मीमांसादर्शन' के प्रथम अध्याय के तृतीय पाद में धर्म की विवेचना करते हुए कहा गया है—

धर्मस्य शब्दमूलत्वादशब्दमनपेक्ष्यं स्यात्।

धर्म के शब्दमूलक-वेदमूलक होने से जो कर्म अशब्द-शब्दमूल-वेदमूलक नहीं है, वह अनपेक्षित-अनावश्यक-अकर्तव्य है।

मीमांसादर्शन में धर्म की जो परिभाषा की गई है, यदि उसका आशय धर्म को किसी पुस्तक विशेष से बाँध देना है तो वह परिभाषा सही नहीं है; लेकिन यदि धर्म को ज्ञान से जोड़ना है, आत्मप्रकाश से जोड़ना है, आत्मज्ञान से जोड़ना है तो निश्चित रूप से वह कर्म धर्म है। हर वह कर्म धर्म ही है, जिससे ज्ञान का प्रकाश आलोकित हो रहा हो। जो कर्म अज्ञान से जनमा है, जो राग व द्वेष से जनमा है, जो स्वयं के अहंकार से जनमा है और जिसकी पृष्ठभूमि सांप्रदायिकता पर है, रूढ़िवाद पर है वह धर्म नहीं हो सकता; क्योंकि धर्म शब्द का मूल है—'धारयते इति धर्मः'। जिससे समाज का कल्याण हो, समाज का उद्धार हो, जिससे प्राणिमात्र का अभ्युदय हो, उसका निःश्रेयस हो वही धर्म है। मीमांसादर्शन की जो परिभाषा है उसकी वास्तविक आकांक्षा क्या रही होगी, यह तो मीमांसादर्शन के मूल व्याख्याता ही जानते होंगे; लेकिन जो धर्म का भाष्य उपनिषदों में है, उसके अनुसार निश्चित रूप से धर्म संप्रदाय नहीं। जिससे भी व्यक्ति विभाजित होता हो, संप्रदाय में बँट जाता हो तथा कुटुंब और एकत्व की भावना का लोप हो जाता हो, उसे धर्म की परिधि में नहीं लाया जा सकता।

यह एक बात बहुत स्पष्ट रूप से समझ लेने की है कि ग्रंथों में लिखे गए वाक्य धर्म नहीं हो सकते, ठीक वैसे ही जैसेकि किसी भी देश का मानचित्र देश नहीं हो सकता। धर्म एक सतत प्रवाहित धारा है, एक सचेतन क्रिया है; वह सत्य आधारित भावदशा में पूर्ण आत्मबोध के साथ किया गया कर्म है। ग्रंथों के

वाक्य, आदेश, मंत्र, श्लोक, वचन, सूत्र, निर्देश, सुझाव और संकेत—ये सबके सब जड़तत्त्व हैं। इनका चैतन्य से कुछ भी लेना-देना नहीं है। जो घटित हो चुका है उसे अधिक-से-अधिक सत्य की छाया तो कहा जा सकता है, सत्य का शव तो कहा जा सकता है, सत्य का प्रतिरूप तो कहा जा सकता है; पर सत्य नहीं। सत्य तो 'वर्तमान' है, सतत जीवंत है; सत्य तो परम चैतन्य है और ऐसा परम चैतन्य भी है जो सर्वकल्याणकारी है। जिसके पास अभेद दृष्टि है, जिसके पास पूर्ण क्रिया है, जो आत्मज्ञान से संपन्न है, वही धर्म है। धर्म कोई मृततत्त्व नहीं है। जिसने धर्म को ग्रंथों में लिखे हुए वाक्यों तथा उद्धरणों से समझा तो वह भटक जाएगा, वह धर्म के मर्म को पकड़ नहीं पाएगा। धर्म की आत्मा का निवास न तो किसी वाक्य में निहित है और न किसी शब्द में, न किसी ग्रंथ में, न किसी पुस्तक विशेष में काली स्याही से मुद्रित अक्षरों में, न आकृतियों में। मुद्रित शब्दों, अक्षरों में इतनी सामर्थ्य नहीं है कि उनके कारण धार्मिकता की अमृतमयी धारा हृदय में फूट पड़े। आज के युग में ये मुद्रित शब्द, वाक्य तो व्यक्ति को रूढ़िवादी बना रहे हैं। संभवतः यही कारण रहा होगा कि भारतीय मनीषा ने लेखन को अधिक महत्त्व न देकर श्रुति परंपरा को अधिक महत्त्व प्रदान किया। भारत के तत्त्वचिंतकों ने हजारों वर्षों से श्रुति परंपरा के आधार पर ही धर्म को जाना है। लिखित शब्दों के आधार पर धर्म को जानने की परंपरा भारत में नहीं रही। यह तो बहुत बाद में स्मृतियों के रूप में लिखा गया। भारतीय मनीषा के लिए मुद्रित अक्षरों का, मुद्रित वाक्यों का कोई मूल्य नहीं; अगर कोई मूल्य है तो इतना ही कि जो मूल्य इतिहास में हैं या ग्रंथों में जो अक्षर लिखे हुए हैं वे किसी दूसरे के अनुभव हैं, अनुभूति हैं; वे किसी जिज्ञासु के अपने अनुभव और अनुभूति नहीं हो सकते। पहली बात तो यह कि कोई कितना ही प्रकांड पंडित या जिज्ञासु क्यों न हो, वह अपने अनुभव और अनुभूति को संपूर्णता से व्यक्त कर ही नहीं सकता। शब्द कितने ही परिपक्व क्यों न हों, वे अनुभव और अनुभूति को व्यक्त करने के संदर्भ में आधे-अधूरे ही रहेंगे। अतः भारतीय मनीषा ने धर्म के संदर्भ में शब्दों से बचने की बात की है और अनुभूति को अंतिम निष्पत्ति माना है। धर्म वास्तव में ध्यान और समाधि में ही जाना जा सकता है। ध्यान और समाधि का अर्थ है कि साधक को सबसे पहले दैहिक चेतन से अपने को मुक्त करना होगा। शरीर के प्रति, स्वयं के प्रति, स्वार्थ के प्रति उसका जो राग है, जबतक वह उससे मुक्त नहीं होता, तबतक वह धर्मतत्त्व में प्रवेश नहीं कर सकता। दूसरे के अनुभव तो दूसरे के अनुभव ही हैं, वे चाहे कितने ही बड़े ऋषि और महर्षि के अनुभव और अनुभूति क्यों न हों। आज की

परिस्थितियाँ अतीत की परिस्थिति से भिन्न हैं, अतः अतीत के अनुभवों के आधार पर आज यदि कोई निर्णय लिया जाएगा तो वह निर्णय सर्वकल्याणकारी, अभ्युदयकारी और निःश्रेयसकारी नहीं हो सकता। यदि मानवता को वास्तव में अपना विकास करना है तो उसे वर्तमान से जुड़ना होगा, उसे वर्तमान को सँभालना होगा और वर्तमान के प्रति सत्कार का भाव, सम्मान का भाव जाग्रत करना होगा। जो समाज श्रद्धा और विश्वास के साथ वर्तमान का सम्मान करेगा और उसमें जीना सीखेगा वही वर्तमान की समस्याओं का समाधान कर सकेगा और वही धर्म के मार्ग पर चल सकेगा। धर्म का महत्त्व तो केवल वर्तमान में ही है। अगर धर्म है तो वह वर्तमान के लिए है, अतीत के लिए धर्म का क्या अर्थ? भविष्य तो कल्पना है, सपना है; भविष्य का भरोसा कौन कर सकता है। अतः भविष्य के लिए भी धर्म की कोई उपयोगिता नहीं है। धर्म की यदि कोई उपयोगिता है तो वह वर्तमान के लिए ही है।

जब मानवता वर्तमान में धार्मिकता को अपना लेगी तभी वह धर्म के मर्म को जान सकेगी। धर्म का अर्थ है धार्मिक बन जाना। धर्म का उद्देश्य है धार्मिकता-बोध। धर्म का अर्थ है धार्मिकता के प्रति श्रद्धा और सम्मान का जागरण। जो वर्तमान के प्रति श्रद्धावनत होते हैं वही धार्मिक होते हैं और वही स्वयं के प्रति आस्थावान् होते हैं। अतीत की व्याख्या, अतीत की अनुभूतियों के प्रति जो पूर्वग्रह हैं वे मानवता को अंधविश्वास की खाई में ढकेलेंगे। यदि मानवता को अंधविश्वास की खाई से बचाना है तो यह ध्यान रखना होगा कि उसमें अंधश्रद्धा प्रवेश न करने पाए, वह सांप्रदायिकता न होने पाए। ऐसा कुछ करना है तो उसमें सत्य के अन्वेषण की चेतना जाग्रत करनी होगी। सत्य का अन्वेषण करने, सत्य को जाग्रत करने का अर्थ है स्वयं को अनुभव में उतारने की चेष्टा। जो स्वयं अपने अनुभवों से नहीं जुड़ना चाहते, जो वर्तमान से नहीं जुड़ना चाहते, जो वर्तमान का कोई प्रयोग नहीं करना चाहते, जो वर्तमान की कसौटी पर स्वयं को कसना नहीं चाहते, वे वर्तमान को नहीं जान सकते। वर्तमान तो स्वयं को सतत जाग्रत करने का प्रयोग है। यदि स्वयं का यह जागरण नहीं हुआ तो व्यक्ति में धार्मिकता नहीं आ सकती और यदि धार्मिकता नहीं आई तो वर्तमान का अर्थ क्या होगा? तब फिर वर्तमान का अर्थ अतीत के वाक्यों के साथ अतीत की रूढ़ियों से अपने को जोड़ना ही होगा; और जब ऐसा होगा तो मानसिक विभ्रम बढ़ेगा, समाज में अशांति आएगी, सांप्रदायिकता फैलेगी, राग और द्वेष का भाव समाज में बढ़ेगा। धार्मिकता का वास्तविक अर्थ है अंतस का रूपांतरण, अंतस के कलुष का विनाश, मतभेदों का अंत और समग्रता में जीना

तथा समष्टि को पहचानना। संसार में वास्तविक सत्य क्या है, शरीर क्या है, संसार क्या है, सत्य क्या है, असत्य क्या है, दुःख क्या है, सुख क्या है—इन सबकी प्रतीति, इनका सीधा-सीधा प्रत्यक्ष अनुभव व अनुभूति जबतक साधक स्वयं प्राप्त नहीं करता तबतक वह धार्मिकता को जाग्रत नहीं कर सकता। भारतीय मनीषा की वास्तव में सतत चेष्टा यही रही है कि अंतस का रूपांतरण हो। अगर अंतस का रूपांतरण नहीं हुआ, अंतस नहीं बदला, अंतस में पूर्वग्रह ज्यों-के-त्यों बने रहे, भेद की सत्ता बनी रही तो बाहर का आचरण केवल पाखंड होगा और धार्मिकता का पाखंड से कुछ भी लेना-देना नहीं। भारतीय मनीषा बार-बार यह घोषणा करती है कि जहाँ भेदभाव है, अहंभाव है, राग और द्वेष है, आसक्ति है, स्वार्थ है, मोह है, वहाँ धार्मिकता के होने का कोई प्रश्न ही नहीं उठता। सभी संप्रदाय किसी-न-किसी रूप से भेद ही सिखाते हैं; सभी संप्रदाय किसी-न-किसी रूप में मानव समाज को बाँटते ही हैं। जब मानव समाज बँटेगा तो फिर घृणा और विद्वेष बढ़ेगा, और घृणा व विद्वेष की चेतना अथवा सांप्रदायिक चेतना में रहकर कोई भी व्यक्ति धार्मिकता से संपन्न हो ही नहीं सकता। आंशिक धार्मिकता तो पाखंड है, उससे अहंकार बढ़ेगा। आज मानव को जिस रूप में धर्म के बारे में बताया जा रहा है, उस रूप में धर्म के द्वारा धार्मिकता का निर्माण नहीं हो रहा है। जिस रूप में धर्म की परिभाषा की जा रही है, उससे वास्तव में धार्मिक व्यक्ति का निर्माण नहीं होता; उससे निरंतर सांप्रदायिकता ही बढ़ रही है।

धर्म है समग्रता का, समष्टि का पूर्णरूप से ज्ञान; बल्कि ज्ञान ही नहीं, समग्रता के प्रति पूर्ण समर्पण, समग्रता का अभिनंदन और उसकी स्वीकारोक्ति भी। यह अंतस के रूपांतरण की प्रक्रिया है; यह क्षुद्र अहं का विसर्जन है; यह स्वयं के प्रतिष्ठित होने की प्रक्रिया है; यह परमानंद में प्रवेश का द्वार है; यह विभाजन का, भेद का, राग का, द्वेष का संपूर्णता से बहिष्कार है; यह एक ऐसे सौंदर्य में प्रवेश है, जहाँ समस्त अस्तित्व में केवल दिव्यता के ही दर्शन होते हैं। यह अहंकार प्रधान, स्वार्थ प्रधान व समस्त महत्त्वाकांक्षाओं का त्याग है, विसर्जन है। यह स्वयंभू आनंद की खोज है। यह समष्टि के साथ स्वेच्छा से स्थापित किया गया तादात्म्य है।

□

****

अर्थ

****

ओम् शन्नो भगः शमु नः शंसो अस्तु शन्नः पुरन्धिः शमु सन्तु रायः।

—ऋग्वेद

(हमारे लिए ऐश्वर्य सुखदायक हो और हमारे लिए प्रशंसा शांति के लिए ही हो। हमारे लिए बहुत बुद्धि सुखकारक हो, धन शांति के लिए ही हो।)

कामनाओं में निवास करना, उनकी संरचना करना, उनमें डूबना-उतराना मन का स्वभाव है। मन कामनाओं से ही ऊर्जा व प्राण प्राप्त करता है। मन का अस्तित्व ही कामना पर निर्भर है। यदि कामना न हो तो मन का अस्तित्व ही मिट जाएगा। यह कामना जब कर्म या विचार या भाव में उतरकर क्रीड़ा करती है, स्वयं को अभिव्यक्त करती है तब उसकी हर अभिव्यक्ति चेतना पर अपने संस्कार छोड़ जाती है। यह संस्कार ही वासना का निर्माण करते हैं और संगृहीत वासनाएँ मन का रूप धारण करती हैं। इन वासनाओं की पूर्ति के लिए मन तरह-तरह के साधन खोजता है। ये साधन ही अर्थ हैं। जगत् में कुछ भी नष्ट नहीं होता। जो 'है' वह सदैव रहेगा और जो 'नहीं है' उसे कोई उत्पन्न नहीं कर सकता। जो 'है' वह सूक्ष्म रूप से समष्टि का अंग है। मन का हर विचार, उसका हर आचार, उसकी हर क्रिया और अक्रिया, उसका हर स्पंदन समष्टि में कहीं-न-कहीं सूक्ष्म रूप से अंकित होता रहता है। अपनी कामनाओं के द्वारा मन का हर कंपन जो संस्कार छोड़ जाता है, उन्हें वेदांत में वासना कहा जाता है। भारतीय ऋषि ने इसीलिए मन से ही बार-बार सहयोग माँगा है, बार-बार उससे प्रार्थना की है, याचना की है कि वह शिव संकल्पोंवाला बने। 'तन्मे मनः शिव संकल्पमस्तु'। यह मन बड़ा शक्तिशाली व विविध आयामी है और इसमें यह

शक्ति भी है कि वह चेतना को अंतर्मुखी बना दे। यह मन ही अपने संकल्पों को पूरा करने के लिए हर तरह के साधन जुटा सकने में समर्थ है। संकल्पों की पूर्ति के लिए जुटाए जानेवाले समस्त साधन 'अर्थ' की श्रेणी में आते हैं। जिन साधनों व उपकरणों से मन अपने संकल्पों की पूर्ति हेतु क्रिया करता है, वे स्थूल भी हैं और सूक्ष्म तथा अतिसूक्ष्म भी। कभी-कभी तो ये साधन इतने सूक्ष्म होते हैं कि हमारी बुद्धि उन्हें पकड़ ही नहीं पाती। मन के पास जहाँ संगृहीत वासनाएँ हैं, कामनाएँ व संकल्प उत्पन्न करने की सामर्थ्य है वहीं उसके पास साधन उत्पन्न करने के लिए आवश्यक उपकरण जुटाने की शक्ति व सामर्थ्य भी है। ये साधन और उपकरण मन के द्वारा अनेक स्तरों पर जुटाए जाते हैं। यही नहीं, मन इन साधनों के रूप में और आकृति में भी अपनी आवश्यकतानुसार परिवर्तन करने में सक्षम है। साधनों के निर्माण हेतु मन के द्वारा समस्त अस्तित्व का व्यापक स्तर पर सहयोग लिया जाता है। एक अर्थ में मन के संकल्पों की पूर्ति के लिए अस्तित्व अपना समर्थन निर्विकार भाव से मन को अर्पित कर देता है। अस्तित्व के इस समर्थन से 'अर्थ' की शक्ति भी अस्तित्व की तरह अनंत हो जाती है। 'अर्थ' का भंडार तात्त्विक दृष्टि से अक्षय है।

भारतीय मनीषा ने अर्थ के रक्षक के रूप में जो प्रतीक चुना है उसका नाम है 'कुबेर', जो कुरूप आकृतिवाला है और अक्षय भंडार की रक्षा करने में समर्थ है। यह कुबेर अर्थ का निर्माता नहीं है; पर उसका रक्षक, उसका चौकीदार और आधुनिक भाषा में 'कोषाध्यक्ष' है। कुबेर की कुरूप आकृति सामान्य मानव से हटकर हैं; वह मानव शरीर होते हुए भी विकृत आकृतिवाला मानव शरीर है। जो इस विकृति प्रधान कुरूपता को प्रसन्न कर सकने में समर्थ है, कुबेर उसे अपने अक्षय कोष से कुछ-न-कुछ अवश्य प्रदान करता है। इस प्रतीक से आशय है कि अर्थ-संचय हेतु कहीं-न-कहीं विकृति तथा कुरूपता के विभिन्न स्तरों से समझौता करना ही पड़ेगा; पर अर्थ-प्राप्ति हेतु अर्थात् अर्थ के निर्माण और उत्पत्ति हेतु मानव के यक्ष संकल्प कुछ दूसरे प्रकार के होंगे। केवल कुबेर की उपासना से धन-संचय तो हो सकता है, पर इससे अर्थ के उपार्जन व उसके सदुपयोग की विधि अप्राप्त रहेगी। यथार्थ में जो अर्थ का अर्जक है, वही अर्थ का वास्तविक स्वामी है। यहाँ भारतीय मनीषा ने अर्थ का स्वामी 'विष्णु' को चुना है और 'अर्थ' को लक्ष्मी की मान्यता दी गई है। यह लक्ष्मीपति, जो स्वयं विष्णु ही हैं, क्षीरसागर में लक्ष्मी के साथ निवास करते हैं तथा इस शेषशायी विष्णु की चरण सेवा लक्ष्मी के द्वारा की जाती है। इस प्रतीक का भी बड़ा ही सुंदर भाव है। विष्णु को पुरुषार्थ का देवता माना गया है। विष्णु देवताओं के

आराध्य हैं, वे स्वयं में परम पुरुषार्थ भी हैं। पुरुषार्थी को ही 'लक्ष्मी' उपलब्ध होती है।

'उद्योगिनं पुरुषसिंहमुपैति लक्ष्मी' तथा 'साहसे श्रीवसति'—ये दो ऐसे आदर्श वाक्य हैं, जो भारतीय मनीषा को बड़े प्रिय हैं। शेषनाग सरीखे विकराल सर्प पर सोने का साहस जिसके पास हो तथा विषैली प्राणघातक सरीखी समस्याओं के सम्मुख भी जो शांत रह सके और अपने कर्तव्य-पथ पर चल सके, वही विष्णु है, वही परम पुरुषार्थी है, वही वास्तविक उद्यमी है और ऐसे व्यक्ति का ही 'लक्ष्मी' द्वारा वरण किया जाता है। भारतीय मनीषियों ने अपने काव्य में 'लक्ष्मी' को श्री, समृद्धि, ऐश्वर्य व धन-संपदा का प्रतीक माना है।

भारतीय मनीषा ने 'अर्थ' को, अर्थात् धन-संपदा, ऐश्वर्य व समृद्धि को पुरुषार्थ का एक प्रमुख अंग माना है और उसका स्थान 'धर्म' के उपरांत निर्धारित किया है। मानव के लिए पुरुषार्थ करना उसका परम कर्तव्य है। पुरुषार्थ हेतु वह 'धर्म' के मार्ग पर चलेगा और अपने अंतस को प्रकाशित व विकाररहित करते हुए समृद्धि और ऐश्वर्य को प्राप्त होगा। संपत्ति, श्री और समृद्धि उसे ही प्राप्त होती है जिसका मस्तिष्क संतुलित हो। असंतुलित व विग्रहग्रस्त तथा अशांत व दुर्बल मन श्री और समृद्धि को उपलब्ध नहीं होता। मन की शांति व उसकी दुर्बलताएँ दूर करने के लिए मानव का अंतर्मुखी होना अनिवार्य है। दुर्बलताओं के प्रति सचेतनबोध से ही उन्हें क्षीण व शक्तिहीन बनाया जा सकता है। दुर्बलताओं की दीवारें ढहते ही व्यक्ति की बुद्धि परम सत्य की ओर उन्मुख हो जाती है और इस बुद्धि से किए हुए समस्त कार्य श्री और समृद्धि के कारक बन जाते हैं। भारतीय ऋषि की यह मान्यता है कि श्री और समृद्धि, जोकि अर्थ रूपी पुरुषार्थ का ही अंग हैं, संसार में सतत उपलब्ध तो हैं, पर प्राप्त उसे ही होती हैं, जिसने 'धर्म' के मार्ग पर चलकर अपने मन को आत्मशक्ति में, स्वयं के संकल्प में प्रतिष्ठित कर लिया हो। मन को संकल्प में प्रतिष्ठित करना ही भारतीय ऋषि का सदैव अभीष्ट रहा है। संकल्प में प्रतिष्ठित किया हुआ मन दिव्य चेतना व शक्तियों से परिपूर्ण हो जाता है; उसमें विक्षेप व चंचलता नहीं होती और उसके समस्त कर्म परम पुरुष के निमित्त उसके ही प्रति 'अहोभाव' से भरकर निष्पन्न होने लगते हैं।

भारतीय ऋषि ने समृद्धि के अनेक स्तर माने हैं। समृद्धि से उसका आशय केवल भौतिक समृद्धि से ही नहीं है; उसका अभीष्ट है चेतना के हर स्तर पर समृद्धि प्राप्त करना। पूर्णत्व की ओर उन्मुख होने से जो प्राप्त होता है, वही है 'समृद्धि', वही है 'श्री', वही है वास्तविक 'अर्थ' और पुरुषार्थ। व्यक्ति की

चेतना बहुआयामी होती है। मन स्वभावतः अपने सभी स्तरों पर पूर्णत्व को प्राप्त करना चाहता है। हर स्तर पर उसे तत्काल पूर्णत्व चाहिए, कहीं भी वह आधा-अधूरा नहीं रहना चाहता। उसकी इस प्रवृत्ति से अंतस में अनेक प्रकार के कोलाहल व संघर्षों का जन्म हो जाता है, अतः भारतीय ऋषि ने आश्रम धर्म की स्थापना की और हर आश्रम के निमित्त कुछ विशेष कर्तव्य व दायित्व निर्धारित किए; ताकि मन को अशांति, आंतरिक संघर्ष व कोलाहल से बचाया जा सके। हर आश्रम धर्म के निमित्त पृथक्-पृथक् पुरुषार्थ भी निर्धारित किए गए और जीवन जीने की विधियाँ भी सुझाई गईं, जिन्हें देश-काल और परिस्थितियों के अनुसार आश्रम का स्वामी परिवर्तित करने में सक्षम होता है। भारतीय ऋषि ने आश्रम के स्वामी के रूप में 'गुरु' को महत्त्व दिया है। यह 'गुरु' शब्द अत्यंत रहस्यमय व गूढ़ है। इसकी गूढ़ता का लाभ दुर्भाग्यवश स्वार्थी व पाखंडी जन उठा सकने में समर्थ हो गए और गुरु शब्द का भारतीय समाज में भारी दुरुपयोग हुआ तथा अनेक प्रकार के प्रपंच, पाखंड व अंधविश्वास हमारे जीवन में जुड़ गए। इन अनेक प्रपंचों, पाखंडों व अंधविश्वासों के बाहुल्य को देखते हुए महात्मा बुद्ध ने प्रतिपादित किया 'अप्प दिप्पो भव', अर्थात् अपने दीपक (गुरु) तुम स्वयं बनो। भारतीय मनीषा ने 'अंतरात्मा' को सर्वश्रेष्ठ गुरु माना है। अंतस में विराजित आत्मा को जो साक्षी मानकर कर्म करता है, वही वास्तविक शांति, श्री व समृद्धि को प्राप्त करता है। कालांतर में 'अंतरात्मा' शब्द का भी दुरुपयोग होने लगा और इंद्रियों द्वारा शासित विचारों तथा स्वार्थ व अहंकार से प्रेरित विचारों को ही 'अंतरात्मा' की आवाज कहकर संबोधित किया गया। इस दुरुपयोग से भारतीय समाज का जो पतन हुआ उससे आज तक यह समाज उबर नहीं पा रहा है; और तबतक यह समाज पतन से उबरेगा भी नहीं जबतक वह पाखंडपूर्ण जीवन जिएगा और अंतरात्मा से विश्वासघात करेगा। भारतीय मनीषा ने अंतरात्मा के साथ किए गए विश्वासघात व उसकी उपेक्षा को सबसे निकृष्ट कर्म माना है। समृद्धि और श्री के निमित्त अंतरात्मा से विश्वासघात के स्थान पर उसके प्रकाश में कर्तव्य कर्म करने की आवश्यकता है। अंतरात्मा के प्रकाश में जो संकल्प लिये जाते हैं वे ही शुभ संकल्प कहलाते हैं और वे ही मानवमात्र के लिए कल्याणकारी होते हैं तथा उनसे ही पूर्णत्व उपलब्ध होता है। 'अंतरात्मा के प्रकाश' का अर्थ है आत्मा का प्रकाश। ऋषि की मान्यता यह है कि आत्मा का प्रकाश तो सतत उपलब्ध है, पर व्यक्ति ने स्वयं अहंता, स्वार्थ व मोह के आवरण को ओढ़ रखा है। इस आवरण को हटाए बिना आत्मा का प्रकाश उपलब्ध नहीं हो सकता। जो प्रकाश सतत उपलब्ध है, सतत सर्वत्र फैला हुआ

है, उससे व्यक्ति वंचित ही इसलिए है, क्योंकि वह अपने अंतश्चक्षु खोलना ही नहीं चाहता। उसने अपने उन आवरणों को हटाया ही नहीं, जिनसे उसका अंतस घिरा हुआ है और न उसने अहंकार और आसक्ति की दीवारों को ढहाने की ही चेष्टा की है।

अंतरात्मा के प्रति उन्मुख होने का अर्थ है आत्मतत्त्व के प्रति तथा ऋत सत्य के प्रति उन्मुख होना। अंतरात्मा के प्रति सतत सजगता तथा उसके प्रकाश का सतत बोध व्यक्ति में ऐसा रूपांतरण कर सकने में समर्थ है जहाँ आनंद-ही-आनंद है। आनंद की यह उपलब्धि ही समृद्धि व ऐश्वर्य का लक्ष्य है। आनंद को उपलब्ध होने के लिए ही व्यक्ति अर्थ का अर्जन करता है। उसे शाश्वत आनंद कैसे प्राप्त हो, यही है उसकी आकांक्षा। शाश्वत आनंद के निमित्त जो भी सहायक हो वही है वास्तविक 'अर्थ'। जो 'अर्थ' हमें क्षणिक आनंद देता है, उससे दु:ख का ही जन्म होता है। दु:ख का अर्थ है आनंद से वंचित होना। दु:ख मानव का मूल स्वभाव नहीं है। आत्मतत्त्व तो परम आनंद ही है, पर जब हम आत्मतत्त्व को विस्मृत कर देते हैं; अपने को स्वार्थ, अहंकार, आसक्ति व मोह से जोड़ लेते हैं तब हमें दु:ख प्राप्त होता है और हम शाश्वत आनंद की चेतना से वंचित हो जाते हैं। इसीलिए भारतीय मनीषा ने अंतरात्मा के प्रति उन्मुख होकर साक्षीभाव से कर्म करने की बात कही है। साक्षीभाव से किया हुआ अर्जन ही हमारी वास्तविक संपदा है। साक्षीभाव को उपलब्ध होना भी अपने आपमें एक संपदा ही है। संपदा का अर्थ वह है जो सदैव हमारे साथ रहे। वही संपदा किसी भी व्यक्ति की वास्तविक संपदा है जो सदैव-सदैव उसके साथ रहती है। शरीर छूटने पर भी जिसका संसर्ग हमसे न छूटे, शरीर पाने के उपरांत भी जिससे हमारी चेतना अनुप्राणित, ऊर्जित और स्पंदित होती रहे, वही है हमारी अपनी वास्तविक संपत्ति। वास्तविक संपत्ति का अर्थ है, स्थायी संपत्ति। भारतीय ऋषि ने इसपर असाधारण खोज की है। अंतर्मुखी होकर की गई इस खोज से व्यक्ति को जो उपलब्ध होता रहा है वही है उसका वास्तविक सहयोगी, वही है उसकी वास्तविक शक्ति। 'अर्थ' स्वयं में एक शक्ति भी है। अर्थ केवल संकल्पपूर्ति का उपकरण ही नहीं है, अर्थ केवल पदार्थ ही नहीं है, वह ज्ञान भी है, शक्ति भी है, विचार और भाव भी है। अर्थ की स्थूल शक्ति लौकिक कामनाओं व ऐषणाओं की पूर्ति में सहायक बनती है तथा बाह्य जीवन में समृद्धि का कारक भी बनती है।

भारतीय संस्कृति में अर्थ का बहुत महत्त्व है। वेद में अर्थ को 'वसु' कहकर संबोधित किया गया है। ऋग्वेद में ऋषि ने 'अनुपक्षितं वसु' की कामना

की है, अर्थात् कभी नष्ट न होनेवाला ऐश्वर्य प्रदान करने की कामना की है।

नू नो रास्व सहस्त्रवत् तोकवत् पुष्टिमद् वसु।
द्युमत् अग्ने सुवीर्य्यं वर्षिष्ठं अनुपक्षितम्॥

—ऋग्वेद, ३-१३-७

हे प्रभु! आप हमें सहस्त्रों की संख्यावाला, सुंदर, पुष्टिकारक, तेजस्वी, शक्तिपद, निरंतर वृद्धिशील, कभी नष्ट न होनेवाला धन व ऐश्वर्य निश्चयपूर्वक प्रदान करें।

एक अर्थ में भारतीय मनीषा के लिए आत्मज्ञान ही सबसे प्रमुख व शाश्वत धन है; पर ऋग्वेद का ऋषि आत्मज्ञान से ही संतुष्ट नहीं है, वह भौतिक जगत् की भी बात करता है। उसने जिस वैभव व जिस धन अर्थात् अर्थ की कामना की है, उसमें सात गुण हैं या कहा जाए कि वह सात प्रकार के धन की कामना करता है। पहली कामना है कि धन ऐसा हो जो सहस्त्रों की संख्यावाला हो, अर्थात् जो अत्यधिक प्रचुर व असंख्य हो। सहस्त्रों की संख्या से आशय प्रचुर संख्या में स्वर्णमुद्राओं से भी हो सकता है। प्रचुर संख्यावाले इस धन का प्रयोग लौकिक जीवन के लिए अनिवार्य होता है। ऐश्वर्य के साधन प्रचुर धनराशि की उपलब्धि से ही संभव हैं। ऋषि ने दूसरी कामना की है कि जो धन प्राप्त हो वह सुंदर होना चाहिए, अर्थात् धन में आकर्षित करने की क्षमता हो। श्रेष्ठ कोटि की कलात्मक संपदा, भवन, कलाकृतियाँ, आभूषण आदि इसी श्रेणी में आएँगे। यह ऋषि केवल इतने से ही संतुष्ट नहीं है, वह यह भी चाहता है कि जो धन व ऐश्वर्य प्राप्त हो वह पुष्टिकारक भी हो। धन में पौष्टिकता का भी गुण होना चाहिए, जो विचार और भाव अथवा पदार्थ सत्य को समृद्ध बनाए व पुष्टि प्रदान करे, वह भी धन ही है। सद्वृत्तियों को भी धन ही माना गया है। यहाँ ऋषि का आशय ऐसी बहुमूल्य ओषधियों व वनस्पतियों से रहा होगा जिन्हें निर्धन व्यक्ति के लिए प्रयोग कर पाना असंभव होता है। बहुमूल्य ओषधियाँ व रसायन भी धन ही हैं। ऐसा धन व ऐश्वर्य जिसमें तेजस्विता न हो, यश और कीर्ति देनेवाला नहीं बनता। इसी प्रकार धन में शक्ति के प्रदर्शन व शक्ति में अभिवर्धन का भी गुण होना चाहिए। धन अपने आपमें शक्ति का बहुत बड़ा माध्यम है। धन की तेजस्विता व उसके शक्तिशाली होने का अर्थ है, धन का जो स्वामी है वह धन का प्रयोग इस प्रकार से भी करने में समर्थ हो कि उसकी तेजस्विता व शक्ति का परिचय समाज को मिले। धन होने पर ही विपुल सैन्य-सज्जा का गठन किया जा सकता है। धन से ही प्रतिरक्षा व सुरक्षा की श्रेष्ठतम व्यवस्था की जा सकती

है। धन से ही अतुल बल संपन्न व्यक्तियों को अपने साथ जोड़ा जा सकता है। अतः भारतीय ऋषि की यह कामना है कि धन ऐसा भी हो जो तेजस्विता व शक्ति को उपलब्ध करा सके। पर यह ऋषि केवल इतने से ही संतुष्ट नहीं है, वह निरंतर वृद्धिशील धन की याचना परमात्मा से करता है। समय के साथ जो धन बढ़ता रहे, जो ऐश्वर्य, जो संपदा बढ़ती रहे, वह दो प्रकार की हो सकती है। एक तो भौतिक और दूसरी बौद्धिक। समय के साथ जिन भौतिक संपदाओं का मूल्य बढ़ता जाता है उनमें अत्यंत दुर्लभ कोटि के रत्न, माणिक व हीरकमणि आदि हैं। भू-संपत्ति का मूल्य भी समय के साथ बढ़ता है। दुर्लभ कलाकृतियों का भी मूल्य समय के साथ बढ़ता जाता है। ये सारे पदार्थ निरंतर वृद्धि को प्राप्त होते हैं और इसी प्रकार बौद्धिक संपदा का भी समय के साथ क्षय नहीं होता। बौद्धिक संपदा समय के साथ-साथ अभिवृद्धि को ही प्राप्त होती है। इसी प्रकार 'प्रेम' भी एक ऐसा धन है जोकि चाहे जितना बाँटो, कभी घटता नहीं है। प्रेम निरंतर बाँटने से बढ़ता ही है। इसी प्रकार प्रेम की तरह सद्वृत्तियाँ भी निरंतर प्रयोग से बढ़ती हैं, घटती नहीं।

ऋग्वेद के इस मंत्र में एक सबसे विशेष बात कही गई है कि हे परमात्मन! तू ऐसा धन प्रदान कर जो 'तोकवत्' हो, अर्थात् संतानवाला हो। इसका आशय है, धन आने पर भी शुभ संतति का सुख प्राप्त होता रहे। सामान्यतः देखा गया है कि जिन परिवारों में अकूत धन आ जाता है उन परिवारों की भावी संतति दुश्चरित्रता में फँस जाती है। अपार धन के कारण नई पीढ़ी में अनेक व्यसन आ जाते हैं। अतिधन तामस प्रवृत्तियों को भी बढ़ावा देता है। ऋषि की प्रार्थना है कि धन और ऐश्वर्य के उपरांत भी 'संतति शुभ कर्मोंवाली' बनी रहे। धन के कारण धन के स्वामी से उसकी संतान विमुख न हो जाए, यह प्रार्थना है इस बौद्धिक ऋषि की।

जीवन में पूर्णत्व की उपलब्धि 'अर्थ' के अभाव में हो ही नहीं सकती और इसीलिए भारतीय मनीषा ने अर्थ को पुरुषार्थ के साथ संयुक्त किया है। इस अर्थ का भोग करने के लिए भारतीय ऋषि निर्देश देता है। भोग करने के निमित्त चेतना के स्तर को इस ऋषि ने विशेष महत्त्व प्रदान किया है। अर्थ का भोग साधारण मानव स्वयं के स्वार्थ अथवा अहंकार की तृप्ति के लिए करता है। इंद्रियों की स्वाभाविक क्षुधा का शमन भी अर्थ के द्वारा अथवा अर्थ के प्रभाव से किया जा सकता है; लेकिन यदि स्वयं के स्वार्थ के लिए ही अर्थ का भोग किया जाता है तो यह भारतीय ऋषि को मान्य नहीं है। ऐसे भोग को उसने तामस भोग कहा है। इंद्रियों की क्षुधा शांत करने के निमित्त भी सात्त्विक

चेतना का सहयोग लिया जा सकता है; पर सात्त्विक चेतना में प्रवेश करके भोग करने का अभ्यास आज के मानव का नहीं है, जबकि भारतीय ऋषि की मान्यता है कि यही भोग का सर्वोत्तम मार्ग है। ईशोपनिषद् में मानव को भोग से विरत रहने का उपदेश नहीं दिया गया, वरन् 'त्याग करके भोग' करने की बात कही गई है। त्याग करके भोग करने से आशय है, 'जगत्यां जगत्' की जो भेददृष्टि है उस भेददृष्टि का त्याग। स्वयं के अहंकार, स्वार्थ व संकीर्णता के परित्याग का भी आशय यहाँ त्याग से लिया जा सकता है। इसी प्रकार नाम और रूप के आकर्षण और भोग-लालसा का त्याग करके भोग करने का भी आशय यहाँ उचित होगा। ईशोपनिषद् का मूल मंत्र इस प्रकार है—

ईशा वास्यमिदँ सर्वं यत्किंच जगत्यां जगत्।
तेन त्यक्तेन भुंजीथा मा गृधः कस्य स्विद् धनम्॥

"इस जगत् में जो कुछ भी है वह सब ईशत्व से व्याप्त है, अतः त्याग द्वारा तुम उपभोग करो। किसीके भी धन का लोभ मत करो।"

सुप्रसिद्ध परम संत श्री माधवाचार्य ने 'तेन त्यक्तेन' का एक और सुंदर भाष्य किया है और उनके अनुसार मंत्र का आशय यह है कि ईश्वर द्वारा त्याग किया हुआ, अर्थात् दिया हुआ फल ही प्रसाद रूप में स्वीकार किया जाना चाहिए।

ब्रह्मलीन संत स्वामी चिन्मयानंद के अनुसार, 'भोग' करने का अर्थ है, ईश्वरप्रदत्त कर्मफल को प्रसाद रूप में स्वीकार करना। उन्होंने अपने ईशोपनिषद् के भाष्य में इसपर व्याख्या करते हुए लिखा है—

" 'तेन त्यक्तेन'—इन दो शब्दों में दान का आदर्श भी देखा जा सकता है। संपत्ति का सम्यक् दान करने में ही उसका वास्तविक आनंद हैं। उचित साधनों द्वारा अधिकाधिक धन अर्जित किया जा सकता है; परंतु उसका विनियोग बुद्धिमत्तापूर्वक श्रेष्ठ आदर्शों की स्थापना के लिए किया जाना चाहिए, केवल तभी संपत्ति के स्वामित्व का वास्तविक आनंद अनुभव किया जा सकता है। किसीके धन का लोभ मत करो और व्यर्थ में ही धन संचय भी मत करो, क्योंकि आखिर धन किसका है? यह धन समाज का है और उसे यह मिलना चाहिए। आपका आनंद तो होना चाहिए—धन के अर्जन करने और योग्य आदर्शों के लिए उसका विनियोग करने में।"

ईशोपनिषद् के इस प्रथम मंत्र पर मनन करने का अधिकार प्रत्येक मानव को प्राप्त है और हर मननकर्ता इस मंत्र से विशेष प्रेरणा ही प्राप्त करेगा। यह प्रथम मंत्र ही इस उपनिषद् का सारतत्त्व है। इस उपनिषद् में व्यक्ति को सौ वर्ष

तक कर्म करने और भोग करने का उपदेश दिया गया है। हर कर्म किसी-न-किसी प्रकार का 'भोग' ही है, अत: मंत्र का समस्त सार 'तेन त्यक्तेन भुंजीथा' में है, अर्थात् भोग करना या कर्म करना तो मानव की नियति है, पर यह भोग उसे एक विशेष मानसिक चेतना में रहकर करना चाहिए। यदि मानव अपनी चेतना का विस्तार करके 'आत्मज्ञान' की चेतना में प्रवेश कर सके तो उसे यही उपलब्ध होगा कि ईशत्व की सत्ता ही सर्वत्र व्याप्त है। यह आत्मतत्त्व जगत् की प्रत्येक वस्तु में, प्रत्येक भाव व विचार में समान रूप से व्याप्त है। वस्तुओं, विचारों और भावनाओं का यह जगत् परम सत्य से, जोकि परम चैतन्य भी है, उसी प्रकार से व्याप्त है जिस प्रकार समस्त तरंगें, भँवर, फेन आदि एक महासागर में स्थित होती हैं। वस्तुत: तरंगों की या भँवर की कोई पृथक् सत्ता नहीं है, ये तो सब महासागर की अभिव्यक्ति मात्र हैं। इसी प्रकार जगत् में जो भी नामरूप या भावरूप है वह सबका सब उस सनातन सत्य का है जोकि ईशत्व की विभूति है। इस सर्वव्यापी ईशत्व की चेतना में प्रवेश करके यदि व्यक्ति भोग करे तो ऐसा भोग सर्वकल्याणकारी तथा पूर्णत्व को उपलब्ध करानेवाला होगा। अत: अर्थ के भोग पर ऋषि को कोई आपत्ति नहीं है और न ही भोग को त्याग देने की बात भारतीय मनीषा ने कही है। उसका तो यह आदर्श है कि भोग करते समय व्यक्ति को सदैव उच्च आदर्शों को अपने समक्ष रखना चाहिए तथा यथासंभव सर्वव्यापी ईशत्व की चेतना के जो कुछ भी विपरीत है, उसका परित्याग करते हुए भोग में व्यक्ति को प्रवृत्त होना चाहिए।

इसी मंत्र में ऋषि ने एक और महत्त्वपूर्ण बात कही है और वह यह है कि दूसरे के धन पर गिद्ध दृष्टि नहीं रखनी चाहिए। जिस धन को, जिस अर्थ को व्यक्ति ने स्वयं अपने पुरुषार्थ से अर्जित नहीं किया वह 'धन' उस व्यक्ति का नहीं है, वैसे भी धन किसीका नहीं होता; पर जो धन दूसरे का है अर्थात् अर्थ के जिस भाग पर किसी अन्य का अधिकार है, उसके भोग को ऋषि ने स्पष्ट रूप से वर्जित किया है। 'अर्थ' के भोग में भारतीय मनीषा के अनुसार 'इदन्नमम' का भाव आना चाहिए। 'इदन्नमम' का अर्थ है, इसमें मेरा स्वार्थ नहीं है, अर्थात् वह सबकुछ परमात्मा का ही है, यह सारा कुछ समस्त अस्तित्व के सहयोग से मिला है, अत: इसका वास्तविक अधिकारी भी सर्वव्यापी अस्तित्व ही है।

संसार में जो भी अर्थ है, संपदा है, ऐश्वर्य है वह सब मानवमात्र के लिए सुख व शांतिदायक बने, भारतीय मनीषा का यही आदर्श है। भारतीय मनीषा ने 'अर्थ' को सर्वांगीण उन्नति के लिए अति अनिवार्य बताया है और उसे 'रायस्पोष:' कहकर संबोधित किया है। यजुर्वेद में 'रायस्पोष:' को लेकर अनेक

मंत्र हैं। बार-बार परमात्मा से याचना की गई है—

रायस्पोष स्थ रायस्पोषं वो भक्षीय।

—यजुर्वेद, ३-२०

जो अनेक गुणयुक्त पदार्थ, धन व संपदा है, उस श्री व समृद्धि में जो उत्तम से उत्तम है उसका हम सब सेवन करें—

इसी प्रकार एक अन्य मंत्र में प्रार्थना की गई है—

इषे त्वोर्जे त्वा रय्यै त्वा पोषाय त्वा।

—यजुर्वेद, १४-२२

मेरी चैतन्य शक्ति! तू मेरी इच्छाओं को पोषण प्रदान कर, तू हमें पराक्रमयुक्त ऊर्जा से संपन्न कर, तू हमें धन-धान्य से संपन्न कर, तू हमें पोषक तत्त्वों से संपन्न कर।

मंत्र का 'इषेत्वा' का भाग अत्यंत रहस्यमय है। ऋषि जब 'इषे' को अपनी साधना में, ध्यान में, समाधि में आमंत्रित करता है तो उसका कोई विशेष आशय होना चाहिए। समाधि से उपलब्ध ज्ञान सार्वकालिक हो, सार्वदेशिक हो और प्राणिमात्र के लिए उपयोगी हो। 'इषेत्वा' का वास्तविक रहस्य तो उस महर्षि को ही मालूम होगा; जिसने इस मंत्र की रचना की, लेकिन ऐसा प्रतीत होता है कि यह प्रार्थना, यह आमंत्रण स्वयं की चेतना के ऊर्ध्वारोहण हेतु किया गया है। वैयक्तिक चेतना के लिए जो पुष्टिकारक हो वही 'अर्थ' है। जिसके उपयोग, उपभोग व सान्निध्य से वैयक्तिक चेतना सर्वकल्याणकारी रूप ले सके उसे ही भारतीय मनीषा ने 'अर्थ' माना है और उसे ही उसकी दृष्टि में सार्थक कहा; अन्य सभी कुछ निरर्थक है। 'इषेत्वा' के और भी आशय तथा भाव हो सकते हैं। प्रसिद्ध विद्वान् ब्रह्मलीन स्वामी सत्यप्रकाशजी के अनुसार, इस शब्द से 'अन्न' का बोध होता है। 'अन्न' भी 'अर्थ' का पर्यायवाची ही है। अन्न अर्थ का पूरक है। अन्न हमारी प्रथम संपदा है, यही हमारी वास्तविक संपदा है। अन्न के अभाव में अन्य सभी प्रकार के स्वर्ण, मणि, मुक्ता, रत्न और महल आदि व्यर्थ हैं, सारहीन हैं। अन्न से ही वैयक्तिक चेतना का प्राथमिक पोषण होता है।

अन्न ही प्राण है, अन्न ही शक्ति है, अतः स्वामी सत्यप्रकाश सरीखे मनीषी महात्मा ने जो भाष्य किया, उसे अमान्य नहीं किया जा सकता। 'इषेत्व' को अन्न के रूप में अनुवादित कर देने से साधारण व्यक्ति उसके रहस्य को पूरी तरह समझ नहीं पाता। रहस्य को खोलने के लिए यह आवश्यक है कि उसे पदार्थ के स्तर पर न टटोलकर, चेतना के स्तर पर टटोला जाए, अतः अधिक बोधगम्य व सार्थक यही प्रतीत होता है कि 'अर्थ' उसे ही माना जाए जो चेतना

को पोषण दे सकने तथा उसे ऊर्ध्वारोहित कर सकने में सहायक हो। यहाँ चेतना के पोषण की जो बात की जा रही है उससे आशय 'परम चैतन्य' से न होकर शरीरगत वैयक्तिक चेतना से है। यह चेतना ही इंद्रियों को संचालित करती है, उन्हें ऊर्जावान् बनाती, उनमें क्षुधा उत्पन्न करती है और उन्हें क्षुधापूर्ति के लिए प्रेरित करती है। अत: 'अर्थ' का उद्देश्य व उसकी सार्थकता इस वैयक्तिक चेतना के पोषण से ही सिद्ध होगी। 'अर्थ' का स्वभाव ही है पोषण प्रदान करते हुए आनंद व शांति प्रदान करना। जो आनंद को नष्ट कर दे, मन को अशांत व उद्वेलित कर दे, उसे 'अर्थ' नहीं कहा जा सकता। जिसके सान्निध्य में सारा जीवन ही विषमय हो जाए, भारतीय मनीषा उसे 'अर्थ' के रूप में स्वीकार नहीं करेगी। 'अर्थ' के पद पर उसे ही प्रतिष्ठित किया जाएगा जो चेतना को पोषण देकर ऊर्जावान् बनाए तथा जो उसे आनंद लोक में प्रवृत्त करा सके।

मानव जीवन में 'अर्थ' की परम उपयोगिता है। जिन्होंने गृहस्थ धर्म का परित्याग कर दिया है तथा हठपूर्वक संन्यासी होने की घोषणा की है, उनके लिए भी 'अर्थ' का महत्त्व है। संन्यासी को भी अपने जीवन में कहीं-न-कहीं किसी-न-किसी रूप में 'अर्थ' की आवश्यकता पड़ती है। 'अर्थ' से केवल 'द्रव्य' अथवा 'धन' का ही बोध नहीं होता, 'द्रव्य' तो 'अर्थ' का एक बहुत छोटा-सा भाग है। 'अर्थ' की परिधि तो बहुत विशाल है; उसकी परिधि में तो सभी पदार्थ आ जाते हैं। भारतीय मनीषा ने 'अर्थ' को संकीर्णता प्रदान नहीं की, बल्कि उसे चेतना के पोषण से जोड़कर अति महत्त्वपूर्ण बनाया। जैसाकि पहले बताया जा चुका है, वैयक्तिक चेतना के अनेक स्तर होते हैं, उनकी अपनी आवश्यकताएँ, आकांक्षाएँ, कामनाएँ व वासनाएँ हैं। हर स्तर की अपनी पृथक् क्षुधा है। हर स्तर की अपनी-अपनी संतुष्टि है और हर स्तर के पोषण के अपने-अपने भोज्य पदार्थ हैं। जिससे शारीरिक चेतना का पोषण होता है, यह आवश्यक नहीं कि उससे मानसिक क्षुधा भी शांत हो जाए और जिससे मानसिक क्षुधा शांत होती है उससे बौद्धिक क्षुधा की भी शांति हो। यह आवश्यक नहीं कि इसी तरह जिससे बौद्धिक क्षुधा को संतुष्टि मिलती है उससे आध्यात्मिक आनंद भी उपलब्ध हो जाए। 'अर्थ' के अनेक स्तर व श्रेणियाँ हैं और इनमें वे समस्त विचार, भाव, कर्म, पद और पदार्थ आ जाते हैं, जिनका उपयोग कर मानव अपनी कामनाओं व आकांक्षाओं की पूर्ति कर सकता है।

यहाँ इसकी चर्चा करना उचित होगा कि आधुनिक अर्थशास्त्रियों ने भी 'अर्थ' को उसकी संकीर्ण परिभाषा से मुक्त कर दिया है। वर्तमान अर्थशास्त्री की दृष्टि में 'अर्थ' की परिभाषा अब बहुत ही अधिक विस्तृत है, लगभग वैसी

ही जैसीकि वैदिक ऋषि की रही है। चल-अचल संपत्ति, धन-धान्य, मुद्रा, द्रव्य आदि ही 'अर्थ' नहीं हैं, आधुनिक अर्थशास्त्री की दृष्टि से मेधाशक्ति व बुद्धि भी 'अर्थ' है। सुरीला कंठ भी अर्थ है, शारीरिक शक्ति भी अर्थ है, विशेष प्रकार का कौशल भी 'अर्थ' की श्रेणी में आता है। जोखिम उठाकर व्यापार करना और उद्योग लगाना भी 'अर्थ' का ही भाग है। उद्यमशीलता को 'अर्थ' की परिधि में लाकर आधुनिक अर्थशास्त्रियों ने वैदिककाल के भारतीय ऋषियों की मान्यताओं को ही स्वीकारोक्ति प्रदान की है; पर दुर्भाग्य यह है कि किसी भी भारतीय अर्थशास्त्री ने भारतीय मनीषा के अनुभवों व अनुभूतियों को अर्थशास्त्र के वर्तमान परिप्रेक्ष्य में देखने की चेष्टा नहीं की और न भारतीय ऋषियों का 'अर्थ' के संदर्भ में जो महत्त्वपूर्ण विश्लेषण व विवेचन रहा है उसे ही विश्व के समक्ष प्रस्तुत करने की चेष्टा की है।

'अर्थ' का मानव जीवन में जो महत्त्व है, उसे भारतीय संस्कृति ने कभी भी नहीं नकारा और न उसकी तनिक भी उपेक्षा की है; फिर भी भारतीय ऋषि पर अव्यावहारिक होने का अनुचित आरोप लगता रहा है। भारतीय मनीषा न तो पलायनवादी रही है और न उसने जीवन की व्यावहारिकता को तनिक भी नकारा है। यह ठीक है कि भारतीय ऋषि ने जीवन के प्रत्येक पक्ष को चेतना के ऊर्ध्वारोहण और उसके संवर्धन से जोड़ा है तथा अपने निष्कर्षों का आधार इंद्रियों की बहिर्मुखी आकांक्षा को नहीं बनाया, पर इंद्रियों की क्षुधा को शांत करने की दिशा में ये ऋषि अव्यावहारिक हो गए हों, यह नहीं कहा जा सकता। इंद्रियों की क्षुधा के प्रति भारतीय ऋषि न तो उदासीन है और न ही उसने उसकी उपेक्षा की है; उसका तो यह मत रहा है कि क्षुधा को शांत करने के लिए एक अनुशासन तथा विशेष रूप से अंतर्मुखी आचरण की आवश्यकता है। मनुष्य भोग करे, पर यह भोग अहंकार, स्वार्थ व आसक्ति से शून्य हो, अर्थात् सात्त्विक चेतना में प्रवेश करके एक स्वामी की तरह ही भोग किया जाए। इंद्रियों का दास बनने के स्थान पर व्यक्ति को इंद्रियों का स्वामी बनना चाहिए। यही स्थिति 'अर्थ' के संदर्भ में भी है। भारतीय मनीषा की मान्यता है कि मानव को 'अर्थ' का दास न बनकर उसका स्वामी बनकर भोग करना चाहिए। 'अर्थ' में एक स्वाभाविक 'मादकता' होती है, अतः इस मादकता के प्रभाव से बचते हुए भोग किया जाना चाहिए। भारतीय मनीषा पाखंडी नहीं है, वह 'अर्थ' के परित्याग का परामर्श नहीं देती, वह तो 'अर्थ' को एक दिव्य तत्त्व में रूपांतरित कर देती है और उसका प्रयोग चेतना के ऊर्ध्वारोहण हेतु करने का परामर्श देती है। यही है 'इषेत्वा ऊर्जेत्वा' मंत्र का उद्देश्य। यही है 'रायस्पोषः' का वास्तविक स्वरूप।

'रायस्पोषः' अर्थात् श्री व समृद्धि के भोग व सेवन को प्रेरित करनेवाला ऋषि न तो अव्यावहारिक हो सकता है, न सामान्य मनोविज्ञान से शून्य और न पलायनवादी। उपदेश का सारांश यही है कि जीवन में श्रेष्ठतम आदर्शों को ध्यान में रखते हुए तथा उन्हें सर्वोपरि मानकर समृद्धि का भोग करो। एक बार यदि व्यक्ति सात्त्विक चेतना में निवास करने लगे तो उससे न तो भूल होती है और न अपराध। भारतीय ऋषि भोग के नियंत्रण की बात नहीं करता, वह भोग के सात्त्विक रूपांतरण की बात करता है। ऋषि जीवन के निषेध की बात नहीं करता, वह तो पूर्णत्व प्रधान जीवन जीने की बात करता है। वह निष्क्रिय होने की बात नहीं करता, वह संसार से विमुख होने की बात नहीं करता, वह तो संसार में रहते हुए समस्त कर्मों को करने व भोग भोगने की बात करता है; पर उसकी एक ही माँग है कि यह सब प्रकाशवान् अंतस से, आत्मतत्त्व के सचेतन बोध से किया जाए। आत्मतत्त्व के प्रति सचेतनबोध के उपरांत व्यक्ति में न अहंकार रहता है, न स्वार्थ, न मोह, न आसक्ति; उसकी समस्त संकीर्णताओं व उसके समस्त विकारों का नाश हो जाता है। उसके समस्त कर्म उसे दिव्य ज्योतिर्मय लोक की ओर ले जानेवाले होते हैं; अतः भारतीय मनीषा का पूरा जोर अंतस के रूपांतरण पर है, भोग अथवा 'अर्थ' के निषेध पर नहीं। भारतीय ऋषि के अनुसार मानव के निमित्त भोग तो उपलब्ध है, पर यह एक प्रकार का वासनाशून्य भोग है।

भारतीय संस्कृति में 'श्री' और 'समृद्धि' के लिए बड़ी सशक्त पक्षधरता है। यद्यपि अनेक ऐसे भी ऋषि हैं, जिन्होंने संसार-त्याग, भोग-त्याग, इंद्रिय-दमन व निस्तारण की बात की है और एक ऐसा दर्शन दिया है, जिसमें चारों ओर विरक्ति-ही-विरक्ति है तथा जिसके कारण समाज में अकर्म का भाव बढ़ा एवं पाखंडपूर्ण बाह्य संन्यास और हठपूर्वक अस्वाभाविक इंद्रिय-दमन तथा शरीर के प्रति निरादर का भाव भी बढ़ा। यह दर्शन आज भी भारत में देखने को मिलता है। इस जीवन के जो उपासक हैं वे 'अर्थ' के प्रति तिरस्कार भाव को सार्वजनिक रूप से व्यक्त भी करते हैं; पर तात्त्विक दृष्टि से यह मार्ग समाज के लिए नहीं है। भारतीय मनीषा, हमारे उपनिषदों तथा परम ग्रंथ 'गीता' का वास्तविक 'अकर्म' वह पाखंडपूर्ण संन्यास नहीं है जिसे कि हठपूर्वक अस्वाभाविक इंद्रिय-दमन से जोड़ा गया है। बाह्य संन्यास, अर्थात् संसार-त्याग के स्थान पर वासना-त्याग, कामनाक्षय तथा अहंता के परित्याग पर ही भारतीय ऋषि ने सर्वाधिक ध्यान दिया है। लक्ष्य बहिर्मुखी रूपांतरण नहीं, वरन् अंतर्मुखी रूपांतरण है। लक्ष्य न तो संपदा के त्याग का है और न समृद्धि के प्रति विमुख

होने का; लक्ष्य तो है निरंतर समृद्धिवान् व ऐश्वर्यवान् बनने का। संसार के प्रति विरक्ति व विमुखता के स्थान पर अंतस के अंधकार के प्रति सजग होकर उसके निवारण हेतु प्रयत्न करने का उपदेश है। एक ऐसे उदार मन को विकसित करने का उपदेश है जहाँ 'मैं' और 'तुम' का भेद न हो। जहाँ व्यक्ति को जो भी उपलब्ध हो जाए उसके प्रति अहोभाव हो, उसके प्रति असंतोष नहीं, बल्कि उसे प्रसाद रूप में ग्रहण करने का भाव हो। भारतीय ऋषि की मान्यता तो यह है कि तिरस्कार किसका करोगे, सभी तो ईशत्वमय है। तिरस्कार में तो ईशत्व का विरोध है। 'अर्थ' भी तो परमात्मा की ही एक विभूति है। 'श्री' और 'संपदा' भी नमन के योग्य हैं। संभवतः यही कारण है कि भारतीय संस्कृति में 'देवी-पूजन' का महत्त्व सभी पक्षों को स्वीकार है। कोई इसे लक्ष्मी-पूजन कहता है, कोई इसे राजेश्वरी-पूजन, कोई शारदा-पूजन, कोई शक्ति-पूजन; कोई श्री चक्र की आराधना में अपना जीवन सफल मानता है और कोई मातृ-पूजन कहकर अपनी श्रद्धा व्यक्त करता है। 'जगदंबा' ही 'श्री' हैं, वही राज-राजेश्वरी हैं, वही 'सरस्वती' हैं, वही शारदा हैं, वही समस्त ऋद्धि-सिद्धि की प्रदाता हैं और वही सर्वकल्याणकारिणी हैं। इसे गायत्री उपासना भी कहा गया है और यही सावित्री उपासना भी है।

'श्री' और 'समृद्धि' के प्रति आदर, श्रद्धा और अनिवार्यता का जो भाव वैदिककालीन भारतीय मनीषा ने अभिव्यक्त किया है, वह भाव कब विकृत हुआ, कब उसमें प्रदूषण आया, कब उसका महत्त्व घटा—इसपर कोई स्पष्ट इतिहास आज उपलब्ध नहीं है; लेकिन यह संकेत में अवश्य उपलब्ध है कि जिन्होंने बहिर्मुखी जीवन में संसार का परित्याग किया, अपने को पदार्थगत 'अर्थ' से विरत करने की चेष्टा की, उन्हें समाज में सम्मान अवश्य मिला और ये गैरिक वस्त्रधारी ऋषि और संन्यासी दिन-प्रतिदिन अधिकाधिक महत्त्वपूर्ण होते चले गए। यद्यपि पौराणिक कथाओं में एक नहीं, अनेक ऐसे आख्यान उपलब्ध हैं जब श्री, समृद्धि और ऐश्वर्यवान् गृहस्थों को गैरिक वस्त्रधारी ऋषियों ने न केवल सम्मान दिया, बल्कि उनके प्रति श्रद्धावनत भी हुए; पर समाज में धीरे-धीरे गैरिक वस्त्रधारी ही अधिक महत्त्वपूर्ण व प्रभावशाली होते चले गए। गैरिक वस्त्रधारियों द्वारा समृद्ध गृहस्थों का विशेष नमन करने के प्रसंगों में महाराज जनक का प्रसंग अति महत्त्वपूर्ण है। महाराज जनक से ज्ञान प्राप्त करनेवाले गैरिक वस्त्रधारी अथवा मात्र कौपीनधारी ऋषियों की लंबी शृंखला है। इसी प्रकार ऋषि द्वारा एक व्याध (मांस बेचनेवाले) गृहस्थ से भी ज्ञान की दीक्षा लेने का प्रसंग पौराणिक कथाओं में मिलता है और इन प्रसंगों से यही सिद्ध होता है कि संन्यास ने भी

गृहस्थ को एक आदर्श के रूप में देखा है। सांसारिक भाषा में गृहस्थ ही 'अर्थ' का विशेष प्रतिनिधि है। अर्थोपार्जन का कार्य गृहस्थ का विशेष दायित्व और कर्तव्य कर्म है। जो गृहस्थ अपने श्रम और बुद्धि से स्वयं अर्थोपार्जन करके अपने दायित्व का निर्वाह नहीं करता, उसे परजीवी माना जाता है और उसे समाज हेय दृष्टि से देखता है। गृहस्थ आश्रम ही ब्रह्मचर्य, वानप्रस्थ और संन्यास आश्रमों का पोषक है। गृहस्थ से ही यह अपेक्षा की जा सकती है कि वह गुरुकुलों (विद्यालयों) को सुव्यवस्थित रूप से चलाने में हर संभव आर्थिक सहायता देगा। उपासना-स्थलों व मंदिरों आदि के संचालन तथा उन्हें व्यवस्थित रखने के लिए, गैरिक वस्त्रधारियों के आश्रमों की आवश्यकताओं की पूर्ति भी गृहस्थ ही करेगा—यह व्यवस्था भी बनाई गई। अतः भारतीय मनीषा ने 'अर्थ' को सदैव हर स्तर पर सम्मान दिया और उसकी अनिवार्यता को समझा। फिर भी कालांतर में जो विकृति आई, उससे भारतीय समाज का पतन हुआ। भारतीय समाज के इतिहास में एक समय ऐसा भी आया जब 'अर्थ' की घोर उपेक्षा की गई और उसके दुष्परिणामस्वरूप राष्ट्र व समाज की प्रगति व समृद्धि प्रभावित हुई, उसमें अवरोध उत्पन्न हुआ तथा अनेक विकृतियाँ आ गईं। अभी भी भारतीय समाज में इन विकृतियों का प्रभाव बाकी है।

भारतीय समाज की समृद्धि के लिए यह अनिवार्य है कि उसे इन विकृतियों से मुक्ति दिलाई जाए। भारत में आज गैरिक वस्त्रधारी, संसार से विमुख, समाज पर बोझ बने तथा 'अर्थ' को हेय दृष्टि से देखनेवालों की आवश्यकता नहीं है। वैसे भी 'अर्थ' को हेय दृष्टि से देखना एक पाखंड ही है। जिस देश में 'श्री लक्ष्मी नमः' का मंत्रोच्चार होता रहा हो, वैदिक ऋषियों ने भी 'वस्तु' (अर्थ) की बार-बार याचना की हो, जहाँ 'रायस्पोषः' और 'रयी' को जीवन में महत्त्व प्रदान किया गया हो, वहाँ लक्ष्मी अर्थात् 'अर्थ' का अनादर तथा उसके प्रति उपेक्षा भाव एक प्रकार से सांस्कृतिक पथभ्रष्टता ही है। इस सांस्कृतिक पथभ्रष्टता से भारतीय समाज को कैसे उबारा जाए, इसपर भारतीय समाज के हर वर्ग को विचार करना चाहिए और विशेष रूप से गैरिक वस्त्रधारियों व उन्हें, जो आज संसार के त्याग की बात करके पूर्णत्व को उपलब्ध होने की बात कर रहे हैं।

ऋग्वेद, अथर्ववेद, यजुर्वेद और सामवेद के अनुसार भी हमारी उपासना 'श्री' और समृद्धि की भी उपासना है। समस्त तंत्र साहित्य 'श्री' और शक्ति की उपासना से जुड़ा हुआ है। यह ठीक है कि तंत्र साहित्य में जिस 'श्री' की बात की गई है, उस 'श्री' का एक आध्यात्मिक अर्थ भी है; लेकिन ऐसा नहीं है कि

'श्री' का अर्थ समृद्धि से नहीं है। ऐश्वर्य और समृद्धि के प्रति भारतीय मनीषा क्षण-क्षण सजग है और उसका विचार है—'अधावयं भगवन्तः' (हम ऐश्वर्यवाले हों)। भारतीय मनीषा की बराबर प्रार्थना है, 'अस्मासु भद्रा द्रविणानि धत्त'(हे देवो! तुम हमें शुभ धन दो)। आकांक्षा यह है कि 'आसाम सर्ववीरा भवाम सर्ववेदसः'(हम वीर पुत्रोंवाले और सभी धनों के स्वामी हों)। इसी अथर्ववेद में ऋषि कहता है कि 'वस्योभूयां वसुमान् यज्ञो वसु वंशिषीर्य'। (श्री वृद्धि के लिए धनवान् होऊँ, धन यज्ञ है, मैं धन प्राप्त करूँ)। भारतीय मन इस पृथ्वी से 'श्री' और समृद्धि की कामना करता है और कहता है, 'शतहस्त समाहर सहस्रहस्त संकिर', अर्थात् सौ हाथ से कमाओ और हजार हाथ से बाँटो। ऋषि कहता है, 'संगृभाय पुरु शतोभयाहस्त्या वसु' (तुम दोनों हाथों से सैकड़ों प्रकार का धन एकत्र करो)। भारतीय मन अपवित्र लक्ष्मी को स्वीकार नहीं करता; उसके प्रति उसके मन में रोष है। वह यही प्रार्थना करता है, 'अभिचस्कन्द वन्दनेव वृक्षम्' (हे प्रभु! अपवित्र लक्ष्मी मुझसे चिपट गई है, जैसे आकाश बेल वृक्ष से)। ऋषि कहता है कि 'अन्यत्रास्मत् सवितस्तामितो धाः' (हे ईश! तुम अपवित्र लक्ष्मी को हमसे दूर रखो)। उसकी प्रार्थना है, 'रमन्तां पुण्या लक्ष्मीर्या पापीस्ता अनीनशम्' (शुभ लक्ष्मी मेरे पास रहे और पाप से प्राप्त लक्ष्मी नष्ट हो जाए)। ऋग्वेद में यही प्रार्थना है, 'अवञ्चिं रयि वहतं सुवीरम्' (हे प्रभु! तुम हमें सुसंतानयुक्त ऐश्वर्य से युक्त धन और समृद्धि दो)। ऋग्वेद बहुत दूर तक जाता है—'नित्यस्य रायः स्यामम्' (हम स्थायी ऐश्वर्य के स्वामी हों)। ऋग्वेद आगे कहता है, 'मूर्धानं राय आरभे' (मैं धन के शिखर पर पहुँचकर उत्तम काम प्रारंभ करूँ)। भारतीय मनीषा का उद्देश्य केवल धन प्राप्त करना ही नहीं है, बल्कि जो धन प्राप्त किया गया है उसे संरक्षण प्राप्त हो, अर्थात् वह चाहता है कि जो धन उसके द्वारा अर्जित किया गया है, उसकी रक्षा हो। 'शं योयत् ते मनुहितं तदीमहे' (हे बृहस्पति, तेरे पास जो मानवहितकारी योगक्षेम है, वह हमें दो)। अतः धन के प्रति, समृद्धि के प्रति, अर्थ के प्रति तिरस्कार और घृणा का कोई भी संबंध भारतीय संस्कृति में नहीं है। फिर यह भाव भारतीय संस्कृति में कैसे आया? यह भी एक वास्तविकता है, जिससे इनकार नहीं किया जा सकता। यह क्यों आया, कैसे आया, इसकी एक लंबी कथा है; पर अब समय आ गया है कि समृद्धि और ऐश्वर्य को भारतीय संस्कृति में पुनः स्थापित किया जाए।

गैरिक वस्त्रधारी संन्यासियों ने भारतीय समाज को जिस तरह अकर्म की ओर मोड़ना प्रारंभ कर दिया, उससे चिंतित होकर ही संभवतः 'गीता' के उद्घोष ने 'संन्यास' शब्द की एक क्रांतिकारी व्याख्या की। भारतीय समाज को

कर्मशील बनाने और उसे कर्तव्यपरायण बनाने के संदर्भ में श्रीमद्‌भगवद्‌गीता एक अद्‌भुत ग्रंथ है। गीता का दर्शन न केवल भारतीय संस्कृति के लिए कल्याणकारी है, बल्कि यह दर्शन समस्त मानवता के लिए भी हितकारी है। यह मानवमात्र की प्रगति, समृद्धि, श्री और ऐश्वर्य को दार्शनिक आधार तो प्रदान करता ही है, साथ ही जीवन में पूर्णत्व प्राप्त करने की विधि भी इसमें निहित है।

संन्यासी की जो क्रांतिकारी परिभाषा 'गीता' में है उसमें संन्यासी के लिए 'अर्थ' वर्जित नहीं है। रजनीश के भाष्य के अनुसार—

"संन्यासी वह है जिसने कहा है कि कर्म मैं करूँगा, फल तेरे हाथ। संन्यासी वह है जिसने कहा कि शक्ति तूने मुझे दी है तो काम करवा ले। न मुझे आनेवाले कल का पता है, न बीते कल का। न मुझे यह पता है कि क्या मेरे हित में है और क्या मेरे अहित में है। कुछ भी मुझे पता नहीं, बाकी तू सँभाल। जिसने जीवन की परम सत्ता को कहा कि सब तू सँभाल; मुझमें जो ऊर्जा है, उससे जो काम लेना है वह काम ले ले। काम मैं करूँगा, फल की बातचीत मुझसे मत कर। ऐसा व्यक्ति संन्यासी है। सच, ऐसा ही व्यक्ति संन्यासी है। संन्यास का अर्थ ही यही है कि जिसने अपनी अस्मिता का बोझ अलग कर दिया, जिसने अपने अहंकार का बोझ अलग रख दिया, जिसने कहा कि अब समर्पित हूँ। समर्पण संन्यास है।"

रजनीश इसी संदर्भ में आगे कहते हैं—

"संन्यासी अगर आनंदित नहीं है, आह्लादित नहीं, नाचता हुआ नहीं है, प्रफुल्लित नहीं है तो संन्यासी नहीं है। लेकिन वैसा संन्यासी तो सिर्फ कृष्ण जो कहते हैं, उस तरह से हो सकता है। कर्म को छोड़ा कि आप उदास हुए, क्योंकि आपके जीवन की जो ऊर्जा है, वह कहाँ जाएगी; उसे तो प्रकट होना चाहिए, उसे अभिव्यक्त होना चाहिए। अगर हम किसी झाड़ पर पाबंदी लगा दें कि तू फूल नहीं खिला सकेगा, बंद रख अपने फूलों को, तो झाड़ बड़ी मुश्किल में पड़ जाएगा, क्योंकि फिर ऊर्जा का क्या होगा? ऐसे ही वह आदमी मुश्किल में पड़ जाता है जो कर्म को छोड़ देता है, जीवन को छोड़कर भाग जाता है। प्रकट होने का उपाय नहीं रह जाता। सब झरने भीतर बंद हो जाते हैं, भीतर ही घूमने लगते हैं; विक्षिप्त करने लगते हैं। चित्त को ग्लानि और उदासी से भर देते हैं, अनंत अपराधों से भर जाते हैं, पश्चात्तापों से भर जाते हैं और फिर-फिर वही वासनाएँ वापस मन को खींचने लगती हैं, क्योंकि उनका तो कोई अंत नहीं हुआ है।

"कृष्ण कहते हैं, कर्म करो पूरा, छोड़ दो फल का खयाल। कर्म को

इतनी पूर्णता से करो कि फल के खयाल के लिए जगह भी न रह जाए और तब एक नए तरह का आनंद भीतर खिलना शुरू हो जाता है। हीरे प्रकट होने लगते हैं, फिर कंकड़-पत्थर अपने आप छूटते चले जाते हैं।

"जो भी करें, उसे पूरा करें। अगर भोजन भी कर रहे हैं तो इतने आनंद से और इतना पूरा कि भोजन करते वक्त चित्त में और कुछ भी न रह जाए। सुन रहे हैं मुझे तो इतना पूरा कि सुनते वक्त चित्त में और कुछ भी न रह जाए। बोल रहे हैं तो इतना पूरा कि बोलना ही हो जाए। बोलते समय और कुछ भी भीतर न रह जाए। अगर कर्म तीव्रता से और पूर्णता से किया जाए तो फल अपने आप छूटने लगेंगे। फल के लिए जगह न रह जाएगी मन में बैठने की।

"कर्महीन क्षणों में ही फल भीतर प्रवेश करता है। निष्क्रिय क्षणों में यह फल भीतर घुसता है और आकांक्षाएँ मन को पकड़ती हैं और हम कल की सोचने लगते हैं कि कल क्या करें? जिसके पास अभी करने को कुछ नहीं होता, जिसकी शक्ति अभी में पूरी नहीं डूब पाती, उसकी शक्ति कल की योजना बनाने में लग जाती है। आज और अभी और इस क्षण में अपनी पूरी शक्ति को जो लगा दे, तो फल को प्रवेश करने का मौका नहीं रह जाता। और एक बार पूरे कर्म का आनंद आ जाए तो फल आपसे हाथ भी जोड़े कि मुझे भीतर आ जाने दो, तो भी आप उसे भीतर नहीं आने देंगे। आप उससे कहेंगे, बात समाप्त कर। वह नाता टूट गया। पहचान लिया मैंने कि तुम आते हो सुख की आशा लेकर, दे जाते हो दुःख! तुम्हारा चेहरा जब तुम दूर होते हो, तो मालूम पड़ता है सुख है और जब तुम छाती से लग जाते हो, तब पता चलता है दुःख है। तुम धोखेबाज हो। फल की आकांक्षा धोखेबाज है, प्रवंचना है। ये तीन बातें—फल की आकांक्षा, संकल्प की प्रक्रिया, अहंकार का सघन होना—ये तीन गृहस्थी की व्यवस्थाएँ हैं। इन तीनों के जो बाहर है वह संन्यस्त है।"

'अर्थ' पर भारतीय मनीषा के मनन को स्पष्ट करनेवाले इस प्रकरण में संन्यास पर की गई यह चर्चा, हो सकता है, कुछ अटपटी प्रतीत हो; पर वास्तव में ऐसा कुछ भी नहीं होना चाहिए। संन्यास एक मनोवृत्ति है। एक भावदशा है। एक अंतस रूपांतरण की स्थिति है। यह पूर्णत्व की ओर बढ़ने का एक प्रयोग है—ठीक वैसा ही जैसाकि महाराज जनक ने किया, ठीक वैसा ही जैसा योगेश्वर कृष्ण ने किया। जनक व कृष्ण, दोनों ने, 'अर्थ' से मुँह नहीं मोड़ा, 'अर्थ' से अपना संबंध विच्छेद नहीं किया। उन्होंने 'अर्थ' को पूर्णत्व के मार्ग में एक सहायक के रूप में चुना। इन महामानवों ने, इन परम पुरुषार्थियों ने 'अर्थ' को कामनाक्षय का एक उपकरण बनाया और समाज को एक चेतना, एक नया

जीवन प्रदान किया। यही है भारतीय संस्कृति में 'अर्थ' का रहस्य, यही है अर्थ' की सही व्याख्या, यही है 'अर्थ' का वास्तविक व जीवंत प्राणतत्त्व। पूर्ण को उपलब्ध होने में जगत् हमारा सहायक है, समस्त अस्तित्व हमारा परम सहायक है; पर हम उसे पहचान नहीं पाते। हम ऐसी दृष्टि विकसित नहीं कर पाते कि जगत् को हम अपने पूर्ण सहायक के रूप में देख सकें; पर हमें अस्तित्व का, जगत् का जहाँ भी, जैसा भी सहयोग उपलब्ध है, उसके प्रति अहोभाव, उसके प्रति कृतज्ञता का भाव समर्पित करना होगा। 'अर्थ' वास्तव में हमारा मित्र है, वह हमारा पुरुषार्थ है, वह हमारा सहचर है, वह हमारी ऊर्जा है, वह हमारा पोषक है—यह भाव ही मानव विकास में सहायक बनेगा। वैयक्तिक स्तर पर ईशोपनिषद् के दर्शन को ध्यान में रखकर ही इस उपलब्ध अर्थ का भोग करना होगा—यही धर्म है, यही कर्तव्य है और यही हमें पूर्णत्व की ओर उन्मुख करेगा तथा इसी मार्ग से मानसिक शांति व दिव्य आनंद हमें उपलब्ध होगा।

□

काम

बलं बलवतां चाहं कामरागविवर्जितम्।
धर्माविरुद्धो भूतेषु कामोऽस्मि भरतर्षभ॥

—श्रीमद्भगवद्गीता, ७-११

(राग से शून्य कामना ही बलवानों की जो वास्तविक शक्ति है वह मैं ही हूँ। मैं वह कामना हूँ जो धर्म के विरुद्ध नहीं है।)

'काम' भारतीय संस्कृति की एक अत्यंत महत्त्वपूर्ण ऐषणा है और भारतीय मनीषा के अनुसार, 'काम' स्वयं ब्रह्म की एक विभूति है। अव्यक्त परम ब्रह्म ने जब अपने को व्यक्त करने का निर्णय लिया तो सबसे पहले उसने 'काम' का सृजन किया। ऐसी ही एक रहस्यमय कथा 'छांदोग्योपनिषद्' में है। यह कथा महर्षि आरुणि और उनके पुत्र श्वेतकेतु के बीच हुए संवाद के रूप में प्रस्तुत की गई है। महर्षि आरुणि के पुत्र श्वेतकेतु बारह वर्ष तक गुरुकुल में विद्याध्ययन करने के बाद बड़े उद्दंड भाव से घर लौट रहे हैं। आरुणि अपने पुत्र श्वेतकेतु से कहते हैं, ''रे पुत्र! तू बड़े उद्दंड भाव से घर लौट रहा है, क्या तू आत्मतत्त्व को जानता है?'' इस आत्मतत्त्व को जानने के लिए श्वेतकेतु अपने पिता से प्रार्थना करते हैं। आरुणि बताते हैं, आरंभ में एक अद्वितीय सत्य ही था जो सूक्ष्म सर्वगत और विज्ञान का स्वरूप था। यही स्वयं की कामना से नाम, रूप और कार्यवान् जगत् बना। श्वेतकेतु पूछते हैं, सत्य से विकार कैसे उत्पन्न हुआ; अर्थात् यह सत्य असंख्य और अनंत कैसे हो गया? आरुणि कहते हैं कि उस सत्य ने ईषण अर्थात् यह अभिलाषा की कि मैं बहुत हो जाऊँ। इस प्रकार उसने ईषण करके तेज उत्पन्न किया। सत्य का यह ईषण करना ही 'काम' का आह्वान

है। जिस ईषण से तेज उत्पन्न हुआ उसने अर्थात् तेज ने स्वयं भी ईषण किया कि 'मैं बहुत हो जाऊँ'। इससे तेज 'काम' में प्रवेश हुआ। तेज के 'काम' में प्रवेश से जल की संरचना हुई और जब जल ने ईषण किया तो उससे अन्न की रचना हुई। श्रुतियों के अनुसार, अन्न का अर्थ पृथ्वी भी होता है, अन्न का अर्थ वह कारण भी होता है जिससे पदार्थ या कार्य की उत्पत्ति होती है। इस अन्न से न केवल समस्त प्राणियों की उत्पत्ति हुई, बल्कि समस्त नाम, रूप और कर्म व विचार भी अन्न से पोषित होते हैं—यह मान्यता है भारतीय ऋषि की। चूँकि अन्न अर्थात् समस्त जड़ और चेतन के कारण की उत्पत्ति 'काम' से हुई है, अत: 'काम' की सत्ता को ईश्वर की विभूति माना गया और इसे परम चैतन्य की तीव्र अभिलाषा अर्थात् ऐषणा कहकर संबोधित किया गया है। यही 'काम' की मूल सत्ता है, अत: उसका जो भी स्वरूप है, उसकी जो भी अभिव्यक्तियाँ हैं, उन हर एक की अपनी-अपनी ऐषणा है। सृष्टि की यह ऐषणा ही 'काम' का उपास्य स्वरूप है। 'काम' का यह उपास्य स्वरूप अनंग है, अर्थात् इसकी कोई आकृति नहीं और वह समस्त आकृतियों में निवास करता है। कभी यह धर्म है, कभी यह अर्थ है और कभी यह मोक्ष की कामना है—'काम्यते इति काम:'। लौकिक जीवन में जिस प्रकार से धर्म और अर्थ, दोनों पुरुषार्थ के साधन होने से परम उपादेय हैं, उसी प्रकार 'काम' भी लोकयात्रा में उपयोगी है। विकास, समृद्धि और ऐश्वर्य का मुख्य साधन 'काम' है। 'काम' के अभाव में न तो प्राणियों की उत्पत्ति हो सकती है, न उनका जीवन निर्वाह हो सकता है और न उन्हें सुख और आनंद की अनुभूति ही हो सकती है। समस्त पुरुषार्थ की नींव है कामना। अगर कामना ही नहीं होगी, यदि ईषण ही नहीं होगा तो सृष्टि का निर्माण भी नहीं होगा और जब सृष्टि ही नहीं होगी तब किसका धर्म, किसका अर्थ, किसके लिए अर्थ और किसका मोक्ष! इसीलिए 'काम' को ही सृष्टि का मूलक कहा गया है। विधाता का 'ईषण' विधाता से पृथक् नहीं है, वह तो विधाता के अधीन है तथा वह विधाता के अनुशासन में है; अत: जबतक 'काम' अनुशासन में है तबतक 'काम' समृद्धिकारक और सृजनकारक होता है; लेकिन जिस क्षण वह अनुशासनविहीन हो जाता है उसी क्षण कामना वासना में परिवर्तित होकर उन्माद से प्रभावित हो जाती है और ऐसी कामना, ऐसा 'काम' समस्त दु:खों का मूल कारण बन जाता है। अत:, कामना को सत्य रूपी अनुशासन से युक्त रखना ही पुरुषार्थ है।

सृष्टि का सृजन परमात्मा की सर्वश्रेष्ठ अभिव्यक्ति है। यह सृजन ही परमात्मा की ऊर्जा और उसका वर्तमान स्वरूप है। यह सृजन ही परमानंद की

सत्ता से प्रवाहित रसधार है। इससे कौन इनकार करेगा कि सृजन ही अस्तित्व का नर्तन है, ईशत्व का संकल्प है, वैश्वानर का यज्ञ है। सृजन की सत्ता का जन्म ही विराट् की कामना से हुआ है, अत: विराट् की समस्त ऊर्जा का स्फुरण, उसका विकिरण, उसका प्रवाहन 'काम' से ही संभव है। यही वह पूजन और विधि है, जिससे आनंद का मार्ग प्रशस्त होता है। कामना ही तो समाधि की प्रथम सीढ़ी और अंतत: 'काम' का ऊर्ध्वारोहण है। यह समाधि ही वह मंच है जिसपर चढ़कर परम मुक्ति के लोक में छलाँग लगाई जा सकती है। यही है मानव की सृजनात्मक ऊर्जा, उसकी भक्ति का संबल व उसकी प्रेरणा और यही है परात्पर सत्ता से उसके मिलन की चाह, यही है भक्ति का द्वार, यही है प्रकृति का शृंगार और यही है प्रकृति का विस्तार, इसीलिए वह पुरुषार्थ का स्तंभ है और इसीलिए उसे सत्य की ऐषणा कहकर संबोधित किया गया है।

'पुरुषार्थ चतुष्ट्य' में 'काम' का तीसरा स्थान है। पहला स्थान है धर्म का, दूसरा अर्थ का। धर्म पुरुषार्थ की आत्मा है। अर्थ पुरुषार्थ का स्वरूप है और 'काम' पुरुषार्थ की वह ऊर्जा है जो उसे मोक्ष के द्वार तक ले जा सकने में समर्थ हो सकती है। तीसरे क्रम में 'काम' को रखने का अर्थ यह नहीं है कि वह धर्म और अर्थ की तुलना में महत्त्वहीन है।

भारतीय मनीषा ने सत्य को कभी भी खंड-खंड करके नहीं देखा; लेकिन सत्य की यह अनुभूति समाधि की अनुभूति है। इंद्रियों के स्तर पर तो सत्य को केवल खंड रूप में ही जाना जा सकता है। इंद्रियों से पूर्ण सत्य की अनुभूति नहीं हो सकती। पूर्ण सत्य की अनुभूति समाधि से संभव है। वहाँ पूर्ण सत्य निर्विकार है, वहाँ वह लौकिक चेतना का अंश नहीं है। समस्त लौकिक चेतना का इस पूर्ण सत्य में ही लय है। यह लौकिक चेतना पूर्ण सत्य से भिन्न नहीं, लेकिन लौकिक चेतना अपने को केवल द्वैत रूप में ही अभिव्यक्त कर सकती है, अत: द्वैत रूपी कामना का जो स्वरूप है, काम की जो स्थिति है उसपर भी ध्यान देना होगा, उसे भी समझना होगा। मनुष्य ने लौकिक स्तर पर 'काम' को जिस रूप में जाना है वह 'काम' द्वैतगत 'काम' है। उस 'काम' में एक प्रेरणा शक्ति है, रति का भाव है। लौकिक स्तर पर 'काम' ने रति को अपनी पत्नी के रूप में प्रस्तुत किया है। रति का अर्थ होता है, जहाँ राग उत्पन्न हो जाए। जब 'काम' और 'राग' दोनों का मिलन होता है, तो 'काम' पूर्णरूप से वासनामय हो जाता है और उस क्षण 'काम' पूर्ण सर्वकल्याणकारी रूप का परित्याग करके इतना अधिक रति निमग्न हो जाता है कि सर्व के प्रति उसका जो दायित्व है उसे उसका स्मरण ही नहीं रहता। यही है संसारगत 'काम'। जैसे ही 'काम' के

कार्यक्षेत्र में संसारगत भेदभाव प्रवेश कर जाते हैं, उसी क्षण 'काम' अपने विशुद्ध रूप का परित्याग करके स्वयं को संसार के विभिन्न रूपों में ढाल लेता है, इसीलिए 'काम' का कोई एक रूप नहीं है। शिव ने उसे अपना आशीर्वाद देकर उसे अनंग बना दिया, ऐसी है पुराण की कथा। उन्होंने 'काम' को वह शक्ति प्रदान कर दी, जिसके फलस्वरूप वह किसी भी नाम, रूप, भाव अथवा विचार में प्रवेश करने में समर्थ हो सकता है। संसार में जो भी नाम, रूप या क्रियाएँ हैं अथवा संसार में जो भी विचारगत अस्तित्व है, वह पदार्थ का ही रूप है और चूँकि 'काम' के पास प्रत्येक रूप में प्रवेश करने की शक्ति है, अतः 'काम' का यह रूपांतरण, 'काम' का यह स्वभाव बहिर्मुखी है। बहिर्मुखी 'काम' इंद्रियों में सहयोगी है और वह इंद्रियों का उपकरण है। जब 'काम' इंद्रियों की दासता में रहने लगता है तब उसके कारण विवेक का क्षरण हो जाता है और विवेक का यह क्षरण विनाश का कारक बनता है।

निश्चित रूप से इंद्रियों की दासता में रहनेवाला यह 'काम' वरण करने योग्य नहीं है। रजोगुण से उत्पन्न यह 'काम' तमस को अपना साथी बना लेता है, इसीलिए मानवमात्र के लिए अंततः अभिशाप बन जाता है। रजोगुण, तमोगुण और राग प्रधान 'काम' त्याज्य है। इसकी कहीं पर भी वंदना भारतीय संस्कृति में नहीं है—और तो और, वात्स्यायन द्वारा रचित 'कामसूत्र' में भी इसकी वंदना नहीं है। इसे मनुष्य का शत्रु कहा गया है। इसके कारण मनुष्य यथार्थ के पथ से विमुख हो जाता है। सर्वहित के स्थान पर वह अत्यंत संकीर्ण, स्वार्थी, अनुदार और हिंसक तक हो जाता है। इस राग प्रधान 'काम' के कारण ही समस्त पाखंडों का जन्म होता है तथा प्रेम व भक्ति सरीखे पवित्र शब्द भी वासना और भोग के कारण बनते हैं। देखने को यह भी मिलता है कि विषयवासना और विषयभोग से बुद्धि जब स्थिरता छोड़ देती है तो इतनी अधिक चंचल हो जाती है कि मनुष्य को आत्मतत्त्व का भी विस्मरण हो जाता है। जबतक बुद्धि में चंचलता है तबतक आत्मतत्त्व के प्रति बोध नहीं हो सकता। यह चंचलता समस्त दुःखों की जननी है तथा अशांति की श्रृंखला की प्रथम कड़ी भी। इस स्थिति का निराकरण केवल धर्म से ही संभव है। इसकी चर्चा पहले ही इस पुस्तक में की जा चुकी है। क्या है धर्म और क्या है अधर्म, यद्यपि इसे पूर्णरूप से शब्दों से नहीं बाँधा जा सकता, फिर भी जो धर्मज्ञ हैं, जिन्हें स्वयं की अंतरात्मा में प्रवेश होना आता है, जो आत्मस्थ होना जानते हैं वे अपने विचारों को ऐसी दिशा दे देते हैं जैसे वे स्वयं धर्म हों। चूँकि धर्म से ही वासनायुक्त और रागयुक्त 'काम' पर नियंत्रण संभव है; इसीलिए पुरुषार्थ में धर्म को प्रथम स्थान दिया गया है।

'धर्म' में सर्वहित है और सर्वहित में ही व्यक्ति का हित निहित है। धर्म में व्यक्ति की उपेक्षा नहीं है, उसका अनादर नहीं है। व्यक्ति के हित को ध्यान में रखते हुए जो सर्वहित हो वही धर्म है—और इस धर्म में पहला स्थान पुरुषार्थ का है, दूसरा अर्थ का और तीसरा 'काम' का।

यह काम जो ब्रह्म की ऐषणा है वह पापविद्ध कैसे हो गया, इसपर 'बृहदारण्यक उपनिषद्' में बड़ी सुंदर कथा है—

"प्रजापति ने पुनः यज्ञ का अनुष्ठान किया और पुनः यज्ञ करने के कारण वह श्रांत हो गए। श्रांत होने के कारण उनके प्राण और वीर्य का निष्क्रमण हुआ। प्राण तथा वीर्य का निष्क्रमण होने से उनका शरीर अपवित्र हो गया; पर इस शरीर से प्रजापति का मोह नहीं छूटा। शरीर से तेज और प्राण ऊर्जा बाहर निकल जाने पर भी प्रजापति का मन अपने उस शरीर में ही बना रहा। प्रजापति ने पुनः यह कामना की कि वह जो शरीर अमेध्य और अपवित्र हो गया है, वह पुनः पवित्र हो जाए। शरीर जो ऊर्जाविहीन हो गया है वह पुनः ऊर्जा से परिपूर्ण हो जाए, वह मृत्यु को जीत ले और तदनुसार प्रजापति ने इस हेतु अश्वमेध यज्ञ की उपासना की। प्रजापति के दो पुत्र थे। देव और असुर। देव थोड़े थे, असुर अधिक और उनमें परस्पर स्पर्धा होती रहती थी। देवताओं ने कहा कि हम यज्ञ से उद्गीत के द्वारा असुरों का अतिक्रमण करेंगे। देवताओं ने अपनी-अपनी शक्ति का उद्गान किया और देवता जिस शक्ति का उद्गान करते थे, असुर उसके पास जाकर उसे पाप से विद्ध कर देते थे। देवताओं ने वाक्शक्ति का उद्गान किया, पर वाक्शक्ति भी पाप से विद्ध हो गई। उसके उपरांत प्राणों में जो भोग है, उसने देवताओं के लिए उद्गान किया, असुरों ने उसे भी पाप से विद्ध कर दिया। उसके बाद मन को भी उन्होंने पाप से विद्ध कर दिया। जब कोई भी शक्ति मृत्यु का अतिक्रमण करने में सहायक नहीं बन सकी, तब देवताओं ने विशुद्ध प्राणों की शक्ति, जोकि समस्त सृष्टि का रस है, उसका आह्वान किया और इस प्रकार ये दैवीय शक्तियाँ सर्वव्यापी इस रसतत्त्व के ज्ञान से मृत्यु का अतिक्रमण करने में सफल हुईं।"

जो इस अश्वमेध के रहस्य को जानते हैं वे 'काम' के रहस्य को भी जानते हैं। अपने परम शुद्ध रूप में 'काम' अंगीरस अर्थात् समस्त सृष्टि का सर्वव्यापी तेज है; पर जब वह इंद्रियों तक ही सीमित हो जाता है, तब वह अशुद्ध और पापविद्ध हो जाता है, वासनामय हो जाता है। अतः ऐसी 'कामवासना' को भारतीय मनीषा ने उपेक्षा भाव से देखा; लेकिन जो विराट् की कामना है, जो अश्वमेध की कामना है, उसके प्रति नमन किया है। यह बड़े

दुर्भाग्य की बात है कि भारतीय संस्कृति के अनेक समीक्षकों ने इस कामना को विकृत रूप से देखना प्रारंभ कर दिया। उन्होंने 'काम' का मूल्यांकन, उसकी समीक्षा कुछ इस तरह से करनी प्रारंभ की जैसेकि वह मानव जीवन के लिए कोई महत्त्वपूर्ण अंग ही न हो। वे 'काम' को केवल इंद्रियों की वासना का प्रतिनिधि मानने लगे। वे इस तत्त्वज्ञान से वंचित हैं कि 'काम' का एक छोर स्वार्थ और वासना है और दूसरा छोर है मोक्ष-प्राप्ति की अभिलाषा। यही है प्रजापति की आकांक्षा।

'काम' को उसके वास्तविक स्वरूप में स्थापित न करके उसे केवल इंद्रियजन्य वासना के साथ जोड़कर उसका तिरस्कार करने लगना एक मनोवैज्ञानिक दुराग्रह है। इस दुराग्रह के पीछे सत्य नहीं है, बल्कि पाखंड है, अज्ञान है। जो अज्ञान का अतिक्रमण कर सकेगा वह 'काम' के उस सत्य को उपलब्ध हो जाएगा जो अश्वमेध का सत्य है। जीवन में इंद्रियों का महत्त्व है और हर इंद्रिय की अपनी कामना है, अपनी क्षुधा है तथा उसकी पूर्ति के लिए उसका स्वाभाविक आग्रह है। इंद्रियों की क्षुधा की पूर्ण उपेक्षा का अर्थ है, असंतुलित जीवन में पदार्पण। 'काम' का संबंध केवल प्रजनन इंद्रिय से नहीं है। काम केवल संभोग का ही प्रतीक नहीं है, वह तो मानव जीवन का एक प्राकृतिक स्वभाव है। इस स्वभाव के प्रति दुराग्रह, द्वेषभाव या विशेष राग, ये सभी पूर्णत्व में बाधक हैं। राग या द्वेष जहाँ भी होगा, वह प्रगति, उत्थान व ऊर्ध्वारोहण में बाधा बनेगा। पुरुषार्थ का कोई भी पक्ष यदि राग अथवा द्वेष से ग्रस्त होगा तो वह वासना प्रधान हो जाएगा और व्यक्ति को असंतुलित ही बनाएगा। भारतीय मनीषा का उद्देश्य मानव को पूर्णत्व की ओर उन्मुख करना है, न कि असंतुलन की ओर उन्मुख करना। असंतुलन कैसा भी हो, वह कल्याणकारी नहीं हो सकता। चैतन्य के विस्तार में असंतुलन कभी भी सहायक नहीं है। सच पूछा जाए तो असंतुलन स्वयं में एक दुराग्रह है और आनंद की उपलब्धि में एक बड़ी बाधा भी। असंतुलन से अहंकार उत्पन्न होता है और राग को महत्त्व मिलता है। भारतीय ऋषि तो हर क्षण अहंकार व राग पर विजय पाना चाहता है। अहंकार और राग से तो अंतस का अंधकार और गहरा होता है, ये दोनों अज्ञान और अविद्या के ही प्रतीक हैं। भारतीय संस्कृति की मूल अवधारणाओं को व्यक्त व परिभाषित करनेवाले सभी उपनिषद् व वैदिक ग्रंथ अहंकार व राग के विरोध में ही हैं। मानव के संस्कारित होने में अहंकार ही सबसे बड़ी बाधा है। इसीलिए राग से जुड़े 'काम' क्षेत्र का तिरस्कार है और राग विवर्जित काम को ईश्वर का रूप माना गया है। साधारण ही क्यों, हर मानव के

जीवन में कहीं-न-कहीं दु:ख है, कहीं-न-कहीं अज्ञान है, अविद्या है, असंतुष्टि है, क्षुधा है, प्यास और अभीप्सा है। यह अभाव मनुष्य को व्याकुल करता है। वह इस अभाव से मुक्ति पाने की कामना करता है और इस हेतु अपनी समस्त ऊर्जा का प्रयोग करता है। अभाव की समाप्ति की कामना न तो अपराध है और न ऐसी कोई अस्वाभाविकता, जिसके लिए स्वयं को धिक्कारा जाए। कामना ही मनुष्य की प्रथम शक्ति है। कामना का यह विचार ही मनुष्य को पूर्णत्व के लिए सहायक बनाता है। कामना से छुटकारा असंभव है। 'कामना' से छुटकारा पाने की कामना भी एक कामना—पूर्णत्व को उपलब्ध होने की कामना—ही है। धर्म के मार्ग पर चलने की कामना कामना की ही परिधि में आएगी। मोक्ष और संन्यास की कामना, सत्य के प्रति आग्रह की कामना और अज्ञान के नाश की कामना—ये सब हैं तो कामना ही। अत: कामना से छुटकारा पाना असंभव है; कामना से छुटकारा तभी मिल सकता है जब मन का विसर्जन हो जाए। जबतक जीवन मन की सत्ता के अधीन है तबतक वह कामना से छुटकारा नहीं पा सकता। जीवन में पूर्णत्व की उपलब्धि के लिए मन ही दीपक बनता है, सीढ़ियाँ बनता है; मन ही वह उपकरण है, जिसका प्रयोग करके मोक्ष के द्वार में प्रवेश मिलता है। अत: जबतक मन की सत्ता है तबतक 'काम' की सत्ता है। मन की सत्ता के रहते हुए 'काम' से पृथक् होने की कल्पना भी एक प्रकार से पाखंड ही अधिक है। मानव जीवन में 'काम' का महत्त्व तबतक बना रहेगा जबतक वह मन की चेतना का प्रयोग करते हुए जीवन जी रहा है। मन की सत्ता के पार जो भी जीवन है, वह कैसा है, इसे जानने का कोई उपाय नहीं है। व्यक्ति के समस्त अनुभव, समस्त अनुभूतियाँ, समस्त विचार, समस्त आचार मन की सत्ता के अंतर्गत ही होते हैं, अत: भारतीय ऋषि ने मन के महत्त्व को स्वीकार करके उसे ही संस्कारित करने के निमित्त अनेक सुझाव प्रस्तुत किए। कामना को राग और फलाकांक्षा से विवर्जित करने के सुझाव भी इसी शृंखला के भाग हैं। ये सुझाव किन्हीं आदेशों अथवा आज्ञाओं के रूप में न होकर संकेत के रूप में ही अधिक हैं और प्रत्येक व्यक्ति से यह आशा की जाती है कि वह अंतस में झाँकेगा, अपनी सामर्थ्य परखेगा और जहाँ भी खड़ा है वहीं से ही स्वयं के रूपांतरण हेतु अपना परम अभियान प्रारंभ करेगा। हर स्थान परमात्मा का स्थान है, पर अज्ञानवश व्यक्ति अपनी इस स्थिति को विस्मृत कर चुका है, अत: विस्मृति का निराकरण होते ही ज्ञान सहज में उपलब्ध हो जाता है। ज्ञान कहीं से आता नहीं है, वरन् ज्ञान तो सतत उपलब्ध है; पर स्वयं के वास्तविक रूप की विस्मृति से सारी दुर्दशा की उत्पत्ति होती है। दुर्दशा से मुक्ति का एक ही उपाय है और वह

है स्वयं के वास्तविक रूप को पहचानकर उसमें स्थित हो जाना—ऐसा करना संभव भी है। यह एक ऐसी छलाँग है जिसे लगाने की सामर्थ्य हर व्यक्ति के पास है। यह छलाँग केवल संत या महात्मा ही लगा सकते हों, ऐसा नहीं है। कोई भी गणिका, वधिक, पशु, पक्षी, गृहस्थ, दस्यु—कोई भी, दैत्य, दानव व असुर भी जिस क्षण विस्मृति से मुक्त हो जाते हैं, वे ज्ञान को उपलब्ध हो जाते हैं—ऐसी अनेक कथाएँ पुराणों में इसी वास्तविकता को समझाने के लिए रची गई हैं; पर छलाँग लगाने की कामना तो करनी ही होगी। छलाँग के लिए अभीप्सा व प्यास तो जाग्रत करनी ही होगी। यही वह क्षेत्र है, जहाँ 'काम' पुरुषार्थ का रूप धारण करता है।

'काम' विधाता का ही एक रूप है। 'काम' यथार्थ में धर्म का एक रूप है। वह धर्म का एक प्रयोग है, एक प्रक्रिया है; वह स्वयं में एक विज्ञान भी है। 'काम' सृजन का विज्ञान है, रूपांतरण का विज्ञान है; लेकिन ध्यान रहे, जो रास्ता ऊर्ध्वारोहण का है, ज्ञान का और सृजन का है, उसका एक छोर पतन और अज्ञान की ओर ले जाता है। वह विध्वंस का कारक भी बन सकता है। कुछ ऐसा समझ लें; हम अनंत सीढ़ियों पर खड़े हैं—यही सीढ़ियाँ हमें ऊपर ले जाती हैं और यही हमें नीचे की ओर पहुँचा सकती हैं। जीवन एक यात्रा है। यदि इस यात्रा में हम सचेतनबोध से युक्त हैं तो आगे बढ़ते हैं, ऊर्ध्वारोहण करते हैं और सत्य व ज्ञान को उपलब्ध होते हैं; पर यदि हम इस यात्रा के दौरान अचेतन व सुप्त रहते हैं तो नीचे और नीचे गिरते चले जाते हैं। क्या है सचेतनबोध, क्या है अचेतन अवस्था, क्या है सुप्तावस्था—यह थोड़ा समझने का विषय है। सचेतन-बोध का अर्थ है स्वयं की वास्तविकता का ज्ञान होना—"मैं शरीर नहीं हूँ—आत्मा हूँ। मैं इंद्रियों का दास नहीं हूँ, वरन् इंद्रियों का स्वामी हूँ; मन मेरे सचेतनबोध में सहयोगी एक उपकरण है, मैं कामनाओं का स्वामी हूँ, मैं किसी भी कामना के अधीन नहीं, मुझे कामना के एक दास के रूप में जीवन नहीं जीना है, वरन् 'कामना' की 'इच्छा' के स्वामी के रूप में जीवन जीना है।" संक्षेप में यही है सचेतनबोध। सचेतनबोध में व्यक्ति अपने शरीर का प्रयोग करता है, शरीर के स्वामी के रूप में; वह अपने आपको शरीर नहीं समझता। जो स्वयं को मात्र शरीर विशेष से बाँध लेते हैं, जो स्वयं को एक शरीर ही समझते हैं, जिनके लिए इंद्रियों की भूख ही सर्वोपरि है, जो इंद्रियों की सतत दासता में जीते हैं, वे अचेतन अवस्था में रहते हैं। यहाँ यह समझ लेना उचित होगा कि प्रकृति के समस्त कर्म उसके गुणों के कारण होते हैं और इस रहस्य के प्रति सचेतनबोध मानव का अभीष्ट होना चाहिए। 'कर्ता' 'मैं' नहीं हूँ, कर्ता शरीर

नहीं है—कर्ता व कर्म दोनों प्रकृति का ही एक रूप हैं, अतः 'कर्ता' भाव के अहंकार से मुक्ति पा लेना ही उसके प्रति सचेतन भाव से उपलब्ध होना है।

प्रकृतेः क्रियमाणानि गुणैः कर्माणि सर्वशः।
अहंकारविमूढात्मा कर्ताहमिति मन्यते॥

—श्रीमद्भगवद्गीता, ३-२७

जीवात्मा अहंकार के प्रभाव से मोहग्रस्त होकर अपने आपको समस्त कार्यों का कर्ता मान बैठता है, जबकि वास्तव में वे प्रकृति के तीनों गुणों द्वारा संपन्न किए जाते हैं।

तत्त्ववित्तु महाबाहो गुणकर्मविभागयोः।
गुणा गुणेषु वर्तन्ते इति मत्वा न सज्जते॥

—श्रीमद्भगवद्गीता, ३-२८

हे महाबाहो! भक्तिभावमय कर्म तथा सकाम कर्म के भेद को भलीभाँति जानते हुए जो परम सत्य को जाननेवाला है, वह कभी भी अपने आपको इंद्रियों तथा इंद्रियतृप्ति में नहीं लगाता।

'काम' का विज्ञान बहुत ही गहरा और रहस्यमय है। यह विज्ञान देखने में अत्यंत सरल है, पर इसके यथार्थ का ज्ञान तभी हो सकता है जब कोई बहुत गहराई में उतरे तथा अज्ञात में छलाँग लगाने के लिए तैयार रहे। गहराई में उतरने के लिए 'कर्म-विज्ञान' को भी समझना आवश्यक है। कामना से कर्म की उत्पत्ति होती है, यह एक सामान्य धारणा है; पर यदि मात्र इसी धारणा को समस्त जीवन का आधार बनाया जाए तो अशांति और दुःख के अतिरिक्त और कुछ हाथ नहीं लगेगा। कामनाएँ तो अनंत हैं, कामनाओं की पूर्ति न कोई कर सका है और न कर सकेगा। एक कामना की पूर्ति होते ही दूसरी कामना तत्क्षण उत्पन्न हो जाती है। कामना के इस चक्र में फँसने का अर्थ है, स्वयं को कामना का दास बना लेना। जहाँ दासत्व है वहाँ सुख कैसे मिलेगा? दासत्व किसी भी प्रकार का हो, वहाँ तो केवल दुःख, अशांति, विग्रह और पीड़ा-ही-पीड़ा है। ऊपर से प्रतीत यही होता है कि कामना की पूर्ति होने से सुख मिलेगा, पर अंततः सुख नहीं मिलता। मिलता है दुःख, मिलता है दासत्व। भारतीय ऋषि इस विज्ञान को प्राप्त करने के लिए बहुत गहरे उतरे और उन्होंने स्थापित किया कि वास्तविक आनंद कामना का स्वामी बनने में है। वास्तविक सुख तभी है जब हम अंधे होकर अथवा दासता की बाध्यता से कर्म न करें। निश्चयात्मक बुद्धि से किए गए कर्तव्य कर्म ही हमें वास्तव में पुरुषार्थी बनाते हैं और आनंद के पथ की ओर ले जाते हैं। आनंद की वास्तविक उपलब्धि निश्चयात्मक बुद्धि से

कर्तव्य कर्म करने में है। कर्तव्य कर्म करने की प्रेरणा भी 'काम' का ही एक रूप है, पर 'काम' का यह रूप उसका ऊर्ध्वगामी रूप है। 'कर्तव्य कर्म' की कामना ही 'शिव संकल्प' की कामना है। लेकिन यह कामना चूँकि ईश्वर अर्पित बुद्धि से, प्रभु समर्पित चेतना से और सर्वकल्याण के भाव से युक्त होकर की गई है, अत: इस कामना में न तो 'कर्ता' भाव आएगा और न अहंकार और न आसक्ति। वैसे 'कर्ता' भाव और 'अहंकार' दोनों एक-दूसरे के पूरक हैं और पर्यायवाची भी। अहंकारयुक्त कर्मवाली कामना के साथ आसक्ति का निर्माण होना स्वाभाविक है। यह अहंकार व आसक्ति कामना को वासना में परिवर्तित कर देती है। अहंकारयुक्त कामना और आसक्ति प्रधान कामना से तथा राग व द्वेष से कैसे बचा जाए, यही है 'काम विज्ञान' का रहस्य।

'काम विज्ञान' का सही बोध व ज्ञान होने से व्यक्ति धीरे-धीरे स्वयं को आनंद में स्थापित करने में सफल हो जाता है। काम विज्ञान का रहस्य जिन्हें पता है वे कभी दुखी नहीं होते। ऐसे ज्ञानवानों का अंत:करण उन्हें सदैव बोध कराता रहता है कि कौन-सा कर्म दु:खदायी बनेगा और कौन-सी 'काम प्रधान चेतना' अंधकार में ढकेल देगी। 'काम विज्ञान' के जो ज्ञाता हैं वे 'श्रेय' और 'प्रेय' के भेद को जानते हैं। 'श्रेय' और 'प्रेय' का वास्तविक बोध ही 'काम विज्ञान' का सारतत्त्व है।

दुर्भाग्य है कि 'काम विज्ञान' के इस सारतत्त्व को भूलकर आज इंद्रियों की वासनापूर्ति को 'काम विज्ञान' की संज्ञा दे दी गई है। किसी भी विज्ञान का अंतिम लक्ष्य मानव को सुख, आनंद व ज्ञान प्रदान करना होता है। जिस विधि से भी सत्य का बोध हो, आनंद की ओर बढ़ा जा सके, अज्ञान को दूर किया जा सके, उसे विज्ञान कहा जा सकता है; पर यदि कोई विधि ऐसी है, जिससे ज्ञान की वृद्धि के स्थान पर अज्ञान में वृद्धि हो, उसे विज्ञान कैसे कहा जाएगा? जिससे सत्य उपलब्ध होने, अंधकार दूर होने के स्थान पर असत्य का अंधकार और बढ़ जाए, उसे विज्ञान कैसे माना जा सकता है? अत: विज्ञान वास्तव में विज्ञान है, यह तो तब सिद्ध होगा जब उसके प्रयोग से अंधकार और अज्ञान दूर होता हो। अंधकार और अज्ञान दूर हुआ या नहीं हुआ, इसकी कसौटी है कि वास्तविक आनंद की उपलब्धि जितनी मात्रा में होती है उतनी ही मात्रा में विज्ञान का सफल प्रयोग हुआ है—यह कहा जा सकता है। अत: 'काम विज्ञान' उसे ही कहा जा सकता है जो वास्तविक आनंद को उपलब्ध कराने में सक्षम हो। वास्तविक आनंद को उपलब्ध होने के लिए यह अनिवार्य है कि व्यक्ति को दु:ख के कारणों का विश्लेषण करना आना चाहिए। दु:ख की उत्पत्ति कैसे होती

है, क्या हैं उसके मूल कारण, क्या है जो हमें उद्विग्न और अशांत करता है—यह जिस विधि से जाना जाता है, वही तो विज्ञान हुआ। इस विधि से ही 'काम विज्ञान' के वे सूत्र प्राप्त हो सकते हैं, जिनसे यह विज्ञान समष्टि के विकास, सृजन और आनंद में सहायक बने।

हर विज्ञान का एक सकारात्मक पक्ष होता है और एक नकारात्मक पक्ष। 'काम विज्ञान' का भी एक नकारात्मक पक्ष है। इस नकारात्मक पक्ष को समर्थन देने का अर्थ होगा दु:ख और अज्ञान के गहरे अंधकार में डूब जाना। अत: विज्ञान को जीवन में उतारते समय नकारात्मक पक्ष से सावधान रहने की आवश्यकता है। यह नकारात्मक पक्ष इंद्रियों की बहिर्मुखी चेतना के कारण उत्पन्न होता है। इंद्रियों की भूख के प्रति अर्थात् उनके आग्रह के प्रति आसक्ति के स्थान पर एक सचेतनबोध निरहंकार प्रधान बुद्धि की आवश्यकता है। यह बोध शरीर, मन, बुद्धि और आत्मा के स्तर पर करना होगा। जीवन में शरीर का भी महत्त्व है; पर शरीर का ही महत्त्व नहीं है। शरीर से अधिक मूल्यवान् है मन की संतुष्टि और मन की संतुष्टि अर्थात् तृप्ति से भी अधिक मूल्यवान् है बुद्धि की तृप्ति; तथा जीवन में जो सर्वाधिक मूल्यवान् है वह है आत्मा की तृप्ति। 'आत्मतृप्ति' से आशय शरीर, मन और बुद्धि की तृप्ति का नहीं है वरन् आशय है आत्मस्थ होकर तृप्त हो जाना। आत्मस्थ होकर किए गए कर्म कभी दु:ख, विक्षेप, उद्वेग और अशांति के कारक नहीं बनते। आत्मस्थ कर्म परम आनंद की उपलब्धि में सहायक होते हैं। आत्मस्थ कर्म को ही गीता में 'योगस्थ कर्म' कहा गया है—

योगस्थ: कुरु कर्माणि संगं त्यक्त्वा धनंजय।
सिद्ध्यसिद्ध्यो: समो भूत्वा समत्वं योग उच्यते॥

—श्रीमद्भगवद्गीता, २-४८

हे अर्जुन! जय अथवा पराजय की समस्त आसक्ति त्यागकर समभाव से अपना कर्म करो। ऐसी समतायुक्त बुद्धि से किए गए कर्मों को योग कहा जाता है।

आत्मस्थ कर्म को ही गीता में 'यज्ञार्थ कर्म' भी कहा गया है—

यज्ञार्थात्कर्मणोऽन्यत्र लोकोऽयं कर्मबन्धन:।
तदर्थं कर्म कौन्तेय मुक्तसंग: समाचर॥

—श्रीमद्भगवद्गीता, ३-९

सर्वकल्याण के लिए यज्ञ रूप में कर्म करना चाहिए, अन्यथा कर्म के द्वारा इस भौतिक जगत् में बंधन उत्पन्न होता है। अत: हे कुंतीपुत्र! सर्वकल्याण के

लिए प्रभु अर्पित बुद्धि से नियत कर्म करो। इस तरह तुम बंधन से सदा मुक्त रहोगे।

गीता बार-बार यही प्रतिपादित करती है कि आत्मस्थ होकर कर्म करो, योगस्थ होकर कर्म करो, यज्ञार्थ कर्म करो—और इस प्रकार के कर्म करने की विधि भी गीता बताती है। यह विधि है 'मुक्तसंगः समाचर' (फलाकांक्षा की आसक्ति से मुक्त होकर कर्म करना)। कर्म करने की कामना का संबंध कर्म के फल की आसक्ति से नहीं होना चाहिए, यही रहस्य है 'काम विज्ञान' का। जो नियत कर्म हैं वे तो व्यक्ति को करने ही होंगे, कर्म करने की कामना से बचने का कोई उपाय ही नहीं है।

नियतं कुरु कर्म त्वं कर्म ज्यायो ह्यकर्मणः।
शरीरयात्रापि च ते न प्रसिद्ध्येदकर्मणः॥

—श्रीमद्भगवद्गीता, ३-८

अपना नियत कर्म करो, क्योंकि कर्म न करने की अपेक्षा कर्म करना श्रेष्ठ है। कर्म के बिना तो शरीर-निर्वाह भी नहीं हो सकता।

कर्म करने से कोई बचेगा भी कैसे? हर क्षण मन तो किसी-न-किसी प्रकार का संकल्प-विकल्प करता ही रहता है और मन के परे की सत्ता सामान्य व्यक्ति को उपलब्ध नहीं है, अतः मन की सत्ता को साक्षी रखते हुए यदि अनुद्विग्न होकर कामना जगत् में प्रवेश किया जाए और वीतराग होकर कामना का वरण किया जाए तो फिर ऐसे कर्म जीवन को शांति और आनंद की उपलब्धि कराते हैं तथा वासनाओं के कारक नहीं बनते। वीतरागी वही है, जिसका मन द्वंद्वातीत हो गया हो, जिसे न वैराग्य हो और न राग; अर्थात् जिसने न तो कर्म से संन्यास लेकर अकर्म में प्रवेश किया हो और न जो कर्म के प्रति आसक्ति से युक्त होकर उससे रागबद्ध हुआ हो। ऐसा व्यक्ति ही वास्तव में वीतराग को उपलब्ध होता है। जो संसार से भागकर जंगलों और कंदराओं में जाकर मन को रागबद्ध होने से, चलायमान होने से रोकते हैं तथा हठपूर्वक इंद्रिय-दमन का आश्रय लेते हैं, उन्हें वीतरागी नहीं कहा जा सकता। हठपूर्वक इंद्रियों का दमन करनेवाले भले ही अकर्म को उपलब्ध होने का दंभ करते हों, पर वे वास्तविक मानसिक शांति को उपलब्ध नहीं हो सकते। ऐसे हठी व्यक्ति की बुद्धि भी स्थिर और निश्चयात्मक नहीं हो सकती। स्थिर बुद्धि तो केवल वास्तविक वीतरागी को ही उपलब्ध होती है और स्थिर बुद्धि के द्वारा की गई कामना कभी भी अशांति व उद्विग्नता का कारण नहीं बनती। स्थिर बुद्धि में व्यक्ति सुख और दुःख दोनों के प्रति समत्व भाव रखने का अभ्यासी हो जाता है—

दुःखेष्वनुद्विग्नमनाः सुखेषु विगतस्पृहः।
वीतरागभयक्रोधः स्थितधीर्मुनिरुच्यते॥

—श्रीमद्‍भगवद्‍गीता, २-५६

जो त्रय तापों के होने पर भी मन में विचलित नहीं होता अथवा सुख में प्रसन्न नहीं होता और जो आसक्ति, भय तथा क्रोध से मुक्त है, वह स्थिर मनवाला संत कहलाता है।

'काम विज्ञान' का रहस्य जानने के लिए यह अनिवार्य है कि 'काम' का जो वास्तविक अर्थ है उसे जाना जाए। 'काम' शब्द न केवल वासना का प्रतीक है और न केवल इंद्रियभोग का। यह ठीक है कि 'काम' शब्द से विशेष संदर्भों में वासना, राग व इंद्रियभोग भी अभिप्रेत होते हैं; पर अपने वास्तविक रूप में 'काम' को साक्षात् ब्रह्म का अंग माना गया है। गीता में 'काम' को परमात्मा की एक विभूति के रूप में स्वीकार किया गया है।

बलं बलवतां चाहं कामरागविवर्जितम्।
धर्माविरुद्धो भूतेषु कामोऽस्मि भरतर्षभ॥

—श्रीमद्‍भगवद्‍गीता, ७-११

राग से शून्य कामना ही बलवानों की जो वास्तविक शक्ति है वह मैं ही हूँ। मैं वह कामना हूँ जो धर्म के विरुद्ध नहीं है।

ऐसा 'काम' जो राग से विवर्जित हो अर्थात् आसक्ति से हीन हो, जिसमें वासना का लेश भी न हो और जो धर्मसम्मत हो, वही वास्तविक सृजनशील 'काम' है। धर्मसम्मत होने का अर्थ यहाँ किसी धार्मिक पुस्तक में लिखे हुए आदेश-निर्देश से सम्मत होने का नहीं है। 'धर्म' की गति अत्यधिक गहन है। धर्म से यहाँ आशय आत्मज्ञान की चेतना में निवास करते हुए प्राणिमात्र के कल्याण की भावना से किए गए कर्म से है। जहाँ कहीं भी न अहंकार हो, न स्वार्थ, न आसक्ति; जहाँ सर्वभूतहित की भावना हो वहाँ कर्म 'धर्म' की श्रेणी में आता है। ऐसे धर्म में जब 'काम' आरूढ़ होता है तब 'काम' श्रेष्ठतम सृजन का प्रतीक बनता है, तब यह 'काम' ब्रह्म की विभूति के रूप में पूजनीय व वरणीय होता है; पर काम का वह पक्ष जो अहंकार, स्वार्थ, इंद्रियदासत्व से जुड़ा होता है वह भारतीय ऋषि की दृष्टि में वरणीय नहीं है। विषयभोग का दासत्व स्वीकार कर लेनेवाला 'काम' तो विनाश का कारक है, अतः वह त्याज्य है।

ध्यायतो विषयान्पुंसः संगस्तेषूपजायते।
संगात्संजायते कामः कामात्क्रोधोऽभिजायते॥

—श्रीमद्‍भगवद्‍गीता, २-६२

इंद्रिय विषयों का चिंतन करते हुए मनुष्य की उनमें आसक्ति उत्पन्न हो जाती है और ऐसी आसक्ति से 'काम' उत्पन्न होता है और फिर 'काम' से क्रोध प्रकट होता है। यह क्रोध ही अंततः विनाश का कारक होता है।

इसी विषयवासना को गीता में 'महाशनो' व महापापी कहकर संबोधित किया गया है और उपदेश है कि उसे वैरी समझकर उसका वध कर दिया जाए।

'काम' का मूल्यांकन और मनन तीन स्तरों पर हो सकता है। इनमें सबसे निम्न स्तर है 'तामस', मध्य में 'राजस' है तथा सर्वश्रेष्ठ अनुकरणीय व वरणीय स्तर 'सात्त्विक' है। तमोगुण से लिप्त 'काम' विषयवासना का प्रतीक है और मानव का शत्रु, क्योंकि तमस-प्रेरित कामनाएँ व्यक्ति को सदैव-सदैव के लिए अशांत और दुखी ही बनाती हैं तथा उनसे समाज भी पीड़ित होता है एवं स्वयं को भी सम्मान नहीं मिलता। रजोगुण से युक्त वासनाएँ अल्पकालिक सुख व समृद्धि तो देती हैं, पर अंततः वे भी वास्तविक आनंद की ओर उन्मुख नहीं करतीं। जीवन में वास्तविक आनंद तो सात्त्विकता से युक्त कामनाओं से, अर्थात् शुभ संकल्पों से ही मिलता है; इसीलिए यजुर्वेद में बार-बार 'तन्मे मनः शिव संकल्पमस्तु' (रे मन! तू सर्वकल्याणकारी संकल्पवाला बने) की याचना की गई है। सात्त्विकता प्रधान 'काम' में न तो स्वार्थ है, न अहंकार और न परपीड़न का भाव; वरन् यह 'काम' यज्ञ-प्रेरित है—यज्ञ से तपा हुआ है और इसका स्वामी है आत्मा, अर्थात् सर्वव्यापी और विराट् चैतन्य। यही नहीं, यह 'काम' स्वाभाविक रूप से इसी विराट् चैतन्य को समर्पित भी है। जिस क्षण हमारी कामनाएँ सर्वहित से प्रसूत और सर्वहित को ही समर्पित होती हैं, उनमें कर्ता भाव के अहंकार का लोप हो जाता है तथा कर्मफल को अकेले ही भोगने की भावना भी समाप्त हो जाती है। ऐसी कामना के जो भी परिणाम होते हैं उनमें रस लेने की वृत्ति भी समाप्त हो जाती है। फलाकांक्षा में क्षणमात्र के लिए भी रस न लेने की वृत्ति जब व्यक्ति का स्वभाव बन जाती है तो ऐसे व्यक्ति को 'स्थितप्रज्ञ' कहा जाता है। 'स्थितप्रज्ञ' कर्ता और 'स्थितप्रज्ञ' भोक्ता गीता का आदर्श है।

भारतीय मनीषा का सारा प्रयास मन को आत्मचेतना के प्रति उन्मुख करके संतुलित करने का रहा है और ऐसे संतुलित मन से जो संस्कार उपजते हैं वे जीवन को परम आनंद की ओर ले जाते हैं। आत्मपीड़क कामना का भारतीय ऋषि निषेध करता है, उसका उद्‌देश्य है मानव को आत्मवान् बनाना। आत्मतत्त्व से अपरिचित मन 'काम' के वास्तविक रहस्य को नहीं जान सकता। काम का रहस्य ही है, प्रभु को अर्पित काम। संसार में जीना है, सौ वर्ष तक

जीना है, कर्म भी करने हैं, मनुष्यत्व का गौरव भी रखना है, बुद्धि के महत्त्व को स्वीकारना है, दया, करुणा, अहिंसा, प्रेम, अन्य सद्‌भावों व सद्‌वृत्तियों का प्रयोग करना है, शरीर की भी रक्षा करनी है, और किसी भी कर्म में लिप्त भी नहीं होना है। इंद्रिय संचालित व प्रेरित कर्म हमें दास न बनाने पाएँ, इस खतरे के प्रति सतत सतर्कता से जीवनयापन करना है।

ईशोपनिषद् का भाष्य करते हुए रजनीश ने इस स्थिति को बड़ी सरल भाषा में समझाया है—

"ध्यान रहे, कर्म दो तरह से हो सकता है—कर्ता होते हुए भी हो सकता है, अभिनेता होते हुए भी हो सकता है। कर्ता की जगह अभिनेता आ जाए तो कर्म तो बाहर जारी रहेगा, लेकिन भीतर समस्त रूपांतरण हो जाता है। अभिनय बाँधता नहीं है। अभिनय बाहर-ही-बाहर रह जाता है, भीतर उसका प्रवेश नहीं होता। अभिनय गहरे में नहीं उतरता, सतह पर घूमता है और बिदा हो जाता है। कितना ही रोता हो अभिनेता, कितने ही आँसू टपकाता हो, उसके आँसू प्राणों से नहीं आते। अकसर तो उसे आँखों में अंजन लगाना पड़ता है कि आँसू आ जाएँ, गहराई से नहीं आते। चिल्लाता है। आवाज आती है, पर कंठ से ही आती है, हृदय से नहीं। भीतर सब अछूता रह जाता है। भीतर कुछ भी छूता नहीं। भीतर सब अस्पर्शित रह जाता है। निकलता है काजल की कोठरी से, लेकिन भीतर कर्ता नहीं है, अभिनेता है। ध्यान रहे, कर्ता पकड़ता है काजल को, कर्म नहीं। अगर कर्म ही पकड़ता है काजल को, तब तो ईशावास्य जो कहता है वैसा कभी भी हो नहीं सकता और गीता जो कहती है वह भी नहीं हो सकता। फिर तो कर्म करते हुए कर्म से कोई छुटकारा ही नहीं है और जीते-जी कर्म से कोई छूटता नहीं। फिर तो मरने पर ही कर्म से छुटकारा हो सकता है। फिर तो जीवित रहते मुक्ति नहीं मालूम होती; लेकिन जो जीते-जी मुक्त नहीं हो सका वह मरकर कैसे मुक्त हो सकेगा? जो जीते-जी मुक्त नहीं हो सका, वह मरकर तो हो ही नहीं सकता।

"कर्म अगर पकड़ता हो उसे जो काजल है जीवन का, अगर कर्म पर लेप चढ़ जाता हो उसका तब तो असंभव है छुटकारा; लेकिन जो गहरे खोजते हैं वे कर्म को नहीं, कर्ता को पकड़ते हैं। जब भी कोई कहता है कि 'मैं कर्ता हूँ', बस तभी। जब कर्म और 'मैं' का जोड़ होता है, तभी। जब 'मैं' और कर्म का तादात्म्य होता है, तभी। जब 'मैं' कर्म के साथ अपने को एक कर लेता हूँ और कहता हूँ, मैं कर्ता हूँ, बस तभी—तभी वह काजल पकड़ लेता है। और तभी जीवन अँधेरे से और कालिमा से भर जाता है। अगर भीतर कोई कहनेवाला न

हो कि मैं कर्ता हूँ और भीतर अगर कोई जाननेवाला हो कि अभिनय हो रहा है, कि मंच पर नाटक के पात्र इकट्ठे हुए हैं—होगा बड़ा मंच, पूरी पृथ्वी मंच हो सकती है, मंच के बड़े होने से कोई अंतर नहीं पड़ता। और परदा एक ही बार उठता होगा, जन्म के वक्त और मृत्यु के वक्त गिरता होगा; लेकिन इससे कोई फर्क नहीं पड़ता कि एकांकी लंबी है कि एक ही बार परदा उठता-गिरता है। इससे कोई अंतर नहीं पड़ता, अगर भीतर अभिनय का खयाल है, ऐक्टिंग का खयाल है—ऐक्टर का नहीं। भीतर करनेवाले का खयाल नहीं है। अभिनय का खयाल है तो सारा जगत् एक लीला, एक नाटक, एक मंच और जीवन एक कथा, एक कहानी हो गया। फिर हम पात्र हैं और पात्रों को कुछ भी नहीं छूता है।''

जैसाकि पहले कहा जा चुका है, 'काम' को भारतीय मनीषा ने 'अनंग' की संज्ञा दी है, अर्थात् काम का कोई रूप नहीं है, वह बहुआयामी है, वह सर्वत्र विचरण कर सकता है। 'काम' का प्रवेश कहीं भी न तो वर्जित है और न चेष्टा करने से भी संसार की सत्ता में उससे बचा जा सकता है। अनंग अर्थात् व्यक्तित्वहीन व परिभाषाहीन व्यक्तित्व। 'काम' के व्यक्तित्व की पूरी-पूरी परिभाषा नहीं की जा सकती। 'काम' से केवल मानव ही ग्रस्त नहीं होता, वरन् समस्त प्रकृति 'काम' पर ही आश्रित है, काम से ही प्रसूत है। जो परा, विराट् और अव्यक्त है, उसकी कामना से ही सृष्टि का निर्माण हुआ है और जगत् का विस्तार हुआ है। जगत् अर्थात् जो सतत गतिमान है, जिसका सतत विस्तार हो रहा है, उसके मूल में 'काम' ही है। परमात्मा की इच्छा से जगत् उत्पन्न हुआ, वह 'हिरण्यगर्भ' है—ऐसी मान्यता है भारतीय ऋषि की।

अगर जो अव्यक्त है और जिसे हम अपने स्वयं की सुविधा के लिए ईश्वर कहकर संबोधित करते हैं, उसकी इच्छा न होती, वह स्वयं को प्रकाशित करने व व्यक्त करने की कामना न करता तो संसार की उत्पत्ति कैसे होती? अपने मूल में तो ब्रह्म अद्वैत है, साम्यावस्था में है; पर प्रकाशित होना और स्वयं को व्यक्त करना उसका गुण व स्वभाव है। ब्रह्म के आनंद के लिए ही वह स्वयं को व्यक्त और प्रकाशित करता है। चैतन्य के रूप में प्रकाशित होने की उसकी इस इच्छा का क्या रहस्य है, यह कौन जानेगा? यह कोई कैसे जानेगा और फिर उसके अतिरिक्त इसे जाननेवाला है भी कौन? वही एक ही तो है जो सब जानता है, जो स्वयं को ही जानता है, वह द्वैत में प्रवेश करे, यह उसकी कामना है, यह उसकी ही मरजी है, उसकी इच्छा है—वह द्वैत नहीं है। यह सत्य है, पर वह द्वैत प्रतीत होता है, यही उसकी इच्छा है। ऐसी उसकी इच्छा क्यों है, उसका ऐसा

गुण क्यों है, इसका उत्तर मानब बुद्धि के द्वारा संभव नहीं। 'काम' का यह रूप अद्वैत का ही एक रूप है। इस रूप में काम अनंग है। एक अर्थ में 'काम' ब्रह्म की प्रकृति है और इसे पुराण की कथाओं में ब्रह्म का प्रतीक कहा गया है। यह 'काम' का विशुद्ध रूप है, उसका यह पूर्णत्व प्रधान स्वरूप है। 'काम' के इस विशुद्ध रूप में कोई विक्षेप नहीं है, कोई तामस नहीं, कोई राजस नहीं—और तो और, यहाँ सात्त्विकता है या नहीं, यह भी जानने का कोई उपाय नहीं। जिस सात्त्विकता को मानव की बुद्धि जानती है, अपने विशुद्ध रूप में 'काम' उस सात्त्विकता से बहुत ऊपर है। यह परम विशुद्ध काम स्वयं ब्रह्म ही है—इसीको अपनी विभूति कहकर भगवान् कृष्ण ने गीता में संबोधित किया है। विशुद्धावस्था में काम को समझने के लिए बुद्धि नहीं, होश चाहिए, बोध चाहिए। बुद्धि तर्क करती है, परीक्षा करती है; बुद्धि की अपनी कसौटी है, अपने पूर्वग्रह हैं, मूल्य हैं; पर जहाँ विशुद्ध स्थिति है वहाँ कोई पूर्वग्रह कार्य नहीं करेगा। वहाँ तो केवल होश और बोध ही काम आएगा। विशुद्धावस्था का अर्थ हुआ—तर्क से परे की अवस्था। जो तर्क से परे है उसे तर्क से जानने की चेष्टा अज्ञान है। तर्क से तो विशुद्धावस्था के बोध हेतु जो दृष्टि चाहिए, उसका ही लोप हो जाएगा। जब दृष्टि ही का लोप हो जाएगा तब सत्य का बोध कैसे होगा? विशेष दृष्टि के अभाव में यदि समाज 'काम' को वासना का ही एक रूप मानता है तो इसमें उसका क्या दोष? जो काम के संदर्भ में पूर्वग्रह से ग्रस्त हैं, जो काम के रहस्य को, उसके विज्ञान को इंद्रियों के माध्यम से ही समझना चाहते हैं, उन्हें तो दृष्टिभ्रम होगा ही। इंद्रियाँ तो केवल बहिर्मुखी जीवन जीना जानती हैं। जीवन के गहरे व अंतर्मुखी तत्त्व का उन्हें अनुभव हो ही नहीं सकता। यह इंद्रियजन्य दृष्टिभ्रम केवल वासना में ही साँस लेता है। इंद्रियों के प्राण तो वासना में ही बसते हैं, अतः इंद्रियों की सत्ता को महत्त्व देनेवाले वासना में ही जिएँगे, उनके लिए वासना से मुक्ति पाने का कोई उपाय नहीं है। इंद्रियाँ तो बहिर्मुखी संसार को जानने, समझने व भोगने के निमित्त उपलब्ध कराए गए उपकरण हैं। इंद्रियों का प्रवेश अंतस जगत् में नहीं है। अंतस में उतरने के लिए इंद्रियों को छोड़ना होगा, मन को छोड़ना होगा, बुद्धि को छोड़ना होगा। इस जगत् में बाहर के जगत् का कोई भी उपकरण काम नहीं करता। इसीलिए सामान्य व्यक्ति के लिए विशुद्ध 'काम' एक रहस्य ही रहेगा। 'राग विवर्जित काम' भी एक रहस्य ही रहेगा।

'काम विज्ञान' को समाज जिस रूप में देखता है, जिस रूप में 'काम' तत्त्व की समाज में चर्चा होती है, समाज ने पुरुषार्थ के निमित्त 'काम' के जिस

तत्त्व को समझा है, वह मन से बँधा तत्त्व है। कोई भी 'कामना' इंद्रियों की दासता के कारण 'वासना' में परिवर्तित न होने पाए, इसके लिए पुरुषार्थ चाहिए। थोड़ी भी चूक हुई, थोड़ी भी असावधानी हुई, भूल हुई तो कामना तत्क्षण 'वासना' में परिवर्तित हो जाएगी। 'काम' यदि 'वासना' में परिवर्तित हो चुका है तो उससे विक्षेप उत्पन्न होंगे, अशांति उत्पन्न होगी और विकृति बढ़ेगी। 'वासना' के रहते विकृति समाप्त नहीं हो सकती, विक्षेप के रहते सत्य का साक्षात्कार संभव नहीं है और 'वासना' के रहते 'विक्षेप' से बचने का कोई उपाय नहीं है। अतः पुरुषार्थ यही है कि 'कामना' किसी भी तरह से 'वासना' में परिवर्तित न होने पाए। यही तप है, यही ज्ञान है और यही बोध है।

जब कामनाएँ संसार से और पदार्थ से रागयुक्त हो जाती हैं तो 'काम' का विशुद्ध रूप भंग हो जाता है और उसका कार्यक्षेत्र और लक्ष्य इंद्रियों की शक्ति और उनकी तृप्ति का विस्तार करना हो जाता है। यदि 'काम' केवल इंद्रियों की तृप्ति के लिए ही सजग रहेगा, विषयभोग में ही स्वयं का कल्याण खोजेगा तब स्वार्थ, राग, द्वेष, ईर्ष्या, मोह और इसी प्रकार के अनेक विकार उसकी प्रकृति के अंग बन जाएँगे।

'काम' के संदर्भ में भारतीय मनीषा ने जो नई दिशा दी है वह दिशा उसने 'तंत्रसूत्रों' के माध्यम से प्रदान की है। तंत्रसूत्र 'काम' की जो मूल प्रवृत्ति है उसके प्रति बोधयुक्त होने के लिए कहता है; वह कामना से लड़ने के लिए नहीं कहता और न उससे जूझने के लिए कहता है। तंत्रसूत्र कहता है कि कामना का स्वागत करो और इस तरह से करो कि जितना भी गहराई में उतर सको, उतरो। जो व्यक्ति चेतना से जितना अधिक लड़ता है, वह अपना व्यक्तित्व उतना ही खंडित कर लेता है। तंत्र कहता है कि 'कामना' के समक्ष सरल हो जाओ, निष्कपट हो जाओ। यह सरल होना और निष्कपट होना अपने आपमें एक तप है। सामान्य व्यक्ति कामनाओं के समक्ष न तो निष्कपट हो पाता है और न सरल। जैसे ही कामना जन्म लेती है, वह संशय से जुड़ जाती है और संशय से जुड़ा हुआ व्यक्ति अगर अपनी किसी कामना को पूरा भी कर ले तो भी उसे तृप्ति नहीं होती, उसकी प्यास नहीं बुझती। संशय तो सदैव विकृतियों को ही जन्म देगा और व्यक्तित्व के सारे तेज का अपहरण कर लेगा। इसीलिए 'तंत्रसूत्र' कहता है कि कामना के समक्ष व्यक्ति को निष्कपट होना चाहिए, तेजस्वी होना चाहिए, ओजस्वी होना चाहिए। 'तंत्र' का आग्रह है कि व्यक्ति को अपने स्वयं का अंतस कुछ इस प्रकार से रूपांतरित करना चाहिए कि वह कामना का स्वामी बने। जैसी चाहे वैसी ही कामना उसके अंतस में उठे; लेकिन व्यक्ति यह शक्ति पाखंड के

द्वारा अर्जित नहीं कर सकता। वैसे यह एक मनोवैज्ञानिक सत्य है कि जब कामना उत्पन्न हो जाती है तब फिर वह अपना वर्तुल पूरा करती है। और तो और, 'कामवासना' जब उठ जाती है तो भले ही व्यक्ति वास्तव में काम-क्रिया में संलग्न न हो, उसका मन तो कामक्रिया में संलग्न हो ही जाता है। जिस क्षण उसकी कामना उठ जाती है, उसी क्षण उसे ध्वस्त कर देना चाहिए; लेकिन यदि एक बार बीज अंकुरित हो जाए तो वह पौधे का रूप ले ही लेगा। यह अलग बात है कि जो लोग इस अंकुरित बीज की रक्षा नहीं करना चाहते, इस अंकुरित बीज का पोषण करने में अपनी समस्त ऊर्जा नहीं झोंकना चाहते, उनके इस अज्ञान से अंकुरित बीज शैशवकाल में ही मर जाता है, अर्थात् कामना बड़ी आधे-अधूरे ढंग से पूरी होती है और कभी-कभी तो पूरी ही नहीं हो पाती और ऐसी स्थिति उत्पन्न हो जाती है, जिससे विक्षिप्तता और निर्बलता बढ़ती है। अत: 'तंत्रसूत्र' का सार ही यह है कि यदि कामना उठे तो उसके मूल स्रोत की ओर देखो, निहारो और ब्रह्म का स्वरूप समझकर ही नहीं, बल्कि उसमें ब्रह्म को देखते हुए उसे नमन करो। जिस क्षण कामना में निहित ब्रह्म का नमन होता है, उसी क्षण कामना अपने रति रूप का परित्याग कर ब्रह्ममय हो जाती है और विषयभोग से उसका संबंध विच्छेद हो जाता है। और फिर यह ब्रह्म संस्पर्श ऊर्जा को अधोगामी होने से रोक देता है और इस प्रकार कामना का वासनामय स्वरूप समाप्त हो जाता है। अत: यह कार्य पाखंड के मार्ग से संभव नहीं होगा। पाखंड के मार्ग पर चलकर कामना में ब्रह्म का जो निवास है, उसे देखा नहीं जा सकता। अत: तंत्रशास्त्र के अनुसार, कामना से संघर्ष वर्जित है। 'तंत्रसूत्र' की व्याख्या करते हुए रजनीश कहते हैं कि ''जब कोई कामना बिना किसी संघर्ष के समाप्त हो जाती है तो उसके परिणामस्वरूप व्यक्ति शक्तिशाली हो जाता है, इतना अधिक ऊर्जा से भर जाता है कि उसकी कल्पना भी साधारण व्यक्ति नहीं कर सकता। जो कामना से लड़ता है, अंतत: वह कामना से हारता है। जो व्यक्ति अपनी कामना से हारता है, वह बहुत अधिक दुर्बल हो जाता है।'' रजनीश कहते हैं कि ''कामना से तुम न हारो, ऐसा कुछ करो कि कामना ही हार जाए''''यदि तुम लड़ोगे तो हारोगे। यदि तुम न हारे और कामना हार जाए तब भी बात वैसी ही बनेगी। दोनों बातें अंत में कमजोर ही करेंगी। कामना तुम्हारी ऊर्जा से लड़ रही थी और तुम भी उसी ऊर्जा से लड़ रहे थे। ऊर्जा एक ही स्रोत से आ रही थी, तुम एक ही स्रोत से उलीच रहे थे। तो कुछ भी परिणाम हो, स्रोत निर्बल ही होगा।''''यदि कामना आरंभ में ही समाप्त हो जाए, बिना किसी विरोध के, बिना किसी संघर्ष के, बस देखने-भर से, विरोध-भरी दृष्टि से नहीं, नष्ट करनेवाले मन से नहीं, शत्रुता से

नहीं, बस देखने-भर से तो उस समग्र दृष्टि की सघनता से ही बीज जल जाता है। और जब कामना, उठती हुई कामना, आकाश में धुएँ की तरह विलीन हो जाती है तो तुम एक अद्‌भुत ऊर्जा से भर जाते हो। वह ऊर्जा ही आनंद है। वह तुम्हें एक सौंदर्य, एक गरिमा देगी।''

रजनीश आगे कहते हैं, ''तथाकथित संत जो अपनी कामनाओं से लड़ रहे हैं, कुरूप हैं। जब मैं कहता हूँ कुरूप, तो मेरा अर्थ है वे सदैव क्षुद्र से उलझे हैं, संघर्ष कर रहे हैं। उनका पूरा व्यक्तित्व गरिमाहीन हो जाता है और वे हमेशा कमजोर होते हैं, हमेशा ऊर्जा की कमी होती है; क्योंकि उनकी सारी ऊर्जा अंतर्युद्ध में नष्ट हो जाती है।''

इस संदर्भ में यह बात भी समझ लेने की है कि जीवन की ऊर्जा के रहस्य को जानना है तो 'काम' के रहस्य को जानना ही होगा। 'काम' का रहस्य ही जीवन की ऊर्जा का रहस्य है। 'तंत्रसूत्र' के अनुसार, 'काम' जीवन का पर्याय है, यह जीवन कोई खंडित रूप नहीं है। यह जीने का कोई विकृत रूप नहीं, यह जीवन का एक सृजनात्मक पक्ष है। जीवन का समस्त सृजन उस संवाद का परिणाम है, जिसमें एक पक्ष पुरुष होता है और एक पक्ष स्त्री। इसपर रजनीश ने लिखा है कि, ''संपूर्ण जीवन काम है। 'काम' शब्द प्रजनन तक ही सीमित नहीं है, जीवन-ऊर्जा का पूरा खेल ही काम है। प्रजनन उस खेल का एक बहुत ही छोटा हिस्सा है। जहाँ भी दो ऊर्जाएँ मिलें—निगेटिव और पॉजीटिव—काम का प्रवेश हो गया। इसे समझना कठिन है। उदाहरण के लिए; तुम मुझे सुन रहे हो। यदि तुम फ्रायड से पूछो या तंत्र-गुरुओं से पूछो, वे कहेंगे कि सुनना पैसिव है, स्त्रैण है और बोलना पुरुष जैसा है। बोलना तुममें प्रवेश करता है और तुम उसके प्रति ग्रहणशील होते हो। वक्ता और श्रोता के बीच एक काम कृत्य हो रहा है, क्योंकि वक्ता तुममें प्रवेश करने की कोशिश कर रहा है और श्रोता उसे ग्रहण कर रहा है। श्रोता की ऊर्जा स्त्रैण हो गई और श्रोता स्त्रैण न हो तो सुनने की घटना नहीं घटेगी। इसीलिए श्रोता को बिलकुल शांत होना चाहिए। सुनते समय उसे सोचना नहीं चाहिए, क्योंकि सोचना उसे सक्रिय कर देगा। उसे अपने भीतर विवाद नहीं करते रहना चाहिए, क्योंकि विवाद उसे सक्रिय कर देगा। सुनते समय उसे बस सुनना ही चाहिए, और कुछ भी नहीं करना चाहिए। तभी संदेश ग्रहण किया जा सकता है और समझा जा सकता है; लेकिन तब स्त्रैण हो जाया जाता है।

''संवाद तभी हो पाता है जब एक पक्ष पुरुष होता है और एक पक्ष स्त्री, वरना तो कोई संवाद नहीं हो सकता। जहाँ भी निगेटिव और पॉजीटिव मिले,

काम घटित हो गया; चाहे यह भौतिक तल पर ही हो। निगेटिव और पॉजीटिव विद्युत् मिली और 'काम' हो गया। जहाँ दो ध्रुव मिलते हैं, जहाँ विपरीत ऊर्जाएँ मिलती हैं, वहीं 'काम' है। तो काम एक बहुत विशाल, बहुत विराट् शब्द है, केवल प्रजनन से ही नहीं जुड़ा है। प्रजनन तो केवल एक प्रक्रिया है, जो 'काम' में समाहित है।

''तंत्र कहता है कि जब परम आनंद और उल्लास तुम्हारे भीतर घटता है, तो उसका अर्थ है कि तुम्हारे पॉजीटिव और निगेटिव ध्रुवों का मिलन हो गया। क्योंकि हर पुरुष, पुरुष और स्त्री दोनों है और हर स्त्री भी पुरुष और स्त्री दोनों है, अत: तुम केवल स्त्री से या केवल पुरुष से पैदा नहीं हुए हो, दोनों विरोधी ध्रुवों के मिलन से पैदा हुए हो। तुम्हारे पिता का भी योगदान है, तुम्हारी माँ का भी योगदान है। तुम आधे अपनी माँ के हो और आधे अपने पिता के; दोनों तुम्हारे भीतर साथ-साथ हैं। जब भीतर वे दोनों मिलते हैं तो आनंद घटता है।

''बुद्ध अपने बोधिवृक्ष के नीचे बैठे हुए एक गहन आर्गाज्म में हैं। आंतरिक शक्तियों का मिलन हो गया है, वे एक-दूसरे में समाहित हो गई हैं। अब बाहर किसी स्त्री को खोजने की जरूरत नहीं होगी, क्योंकि भीतर की स्त्री से मिलन हो गया है। और बुद्ध बाहर की स्त्री से अनासक्त हैं, विरक्त हैं; इसलिए नहीं कि वह स्त्री के विरुद्ध हैं, बल्कि इसलिए कि भीतर परम घटना घट गई है। अब कोई जरूरत न रही—एक आंतरिक वर्तुल पूरा हुआ, संपूर्ण हुआ। यही कारण है कि बुद्ध के चेहरे पर इतनी गरिमा उतर आती है। यह पूर्ण होने की गरिमा है। अब कुछ कमी नहीं, एक गहन परितृप्ति हो गई, अब आगे कोई यात्रा न रही। उन्होंने परम लक्ष्य पा लिया। आंतरिक शक्तियों का मिलन हो गया और कोई संघर्ष न बचा।

''लेकिन यह एक कामुक घटना है। ध्यान एक कामुक घटना है, इसीलिए तंत्र काम-आधारित काम-उन्मुख कहा जाता है। और ये सभी एक सौ बारह विधियाँ कामुक हैं। असल में कोई भी ध्यान की विधि गैर-कामुक नहीं हो सकती; लेकिन तुम्हें काम शब्द की विशालता को समझना पड़ेगा। यदि तुम इसे नहीं समझते हो तो परेशान ही रहोगे और गलतफहमी बनी रहेगी।

''तो जब भी तंत्र कहता है कि काम ऊर्जा, तो उसका अर्थ है जीवन ऊर्जा, स्वयं जीवन की ऊर्जा। वे पर्यायवाची हैं। जिसे भी हम 'काम' कहते हैं वह जीवन ऊर्जा का एक आयाम ही है। उसके और भी आयाम हैं और ऐसा होना ही चाहिए। तुम किसी बीज को अंकुरित होते देखते हो, कहीं किसी वृक्ष पर फूल खिल रहे हैं, पक्षी गीत गा रहे हैं—पूरी-की-पूरी घटना कामुक है। यह

जीवन है, जो कई रूपों में अपने को अभिव्यक्त कर रहा है। जब कोई पक्षी गा रहा है तो यह एक कामुक आमंत्रण है, एक निमंत्रण है। जब एक फूल तितलियों को और मधुमक्खियों को आकर्षित कर रहा है तो यह भी एक निमंत्रण है, क्योंकि मधुमक्खियाँ और तितलियाँ प्रजनन के लिए बीजों को ले जाएँगी।

"अंतरिक्ष में तारे घूम रहे हैं। अभी तक किसीने इसपर कार्य नहीं किया; लेकिन यह यंत्र की प्राचीन धारणा है कि पुरुष ग्रह होते हैं और स्त्रैण ग्रह भी होते हैं; अगर ऐसा न होता तो कोई गति न होती। ऐसा होना ही चाहिए, क्योंकि चुंबकीय खिंचाव पैदा करने के लिए, आकर्षण पैदा करने के लिए विपरीत ध्रुवों की जरूरत होती है। ग्रह भी पुरुष और स्त्रैण होने ही चाहिए। सभी कुछ दो ध्रुवों में बँटा होना चाहिए। और जीवन इन ध्रुवों के बीच एक लयबद्धता है। विकर्षण और आकर्षण, निकट आना और दूर जाना—यह सब लयबद्धता है।

"जहाँ भी विपरीत का मिलन होता है, तंत्र 'काम' शब्द का उपयोग करता है। यह एक कामुक घटना है और तुम्हारे भीतर के विरोधी ध्रुवों का कैसे मिलन हो जाए, ध्यान का सारा उद्देश्य यही है। तो ये सारी एक सौ बारह विधियाँ कामुक हैं। और कुछ नहीं हो सकता, कोई संभावना नहीं है; लेकिन काम शब्द की विराट्ता को समझने की कोशिश करो।"

'काम' की जितनी सूक्ष्म व्याख्या तंत्रसूत्र में की है, उतनी सूक्ष्म व्याख्या विश्व के किसी भी अन्य ग्रंथ में उपलब्ध नहीं है। उपनिषद् ने 'काम' को ब्रह्म की शक्ति तो माना ही है, ब्रह्म का रूप तो माना ही है; पर शरीर के स्तर पर उसकी विशेष व्याख्या उपलब्ध नहीं है। ये समस्त व्याख्याएँ तंत्रसूत्र में हैं। यह ठीक है कि उपनिषद् शरीर के प्रति आसक्ति से दूर हो जाने की बात करते हैं और उनका प्रतिपादित विषय यह है कि यह भाव करो कि सर्वत्र एक ही ईशत्व व्याप्त है और जो सर्वत्र व्याप्त है, वही परमानंद है; लेकिन यह कार्य तो शरीर से करना होगा और मन को साथ लेकर, मन के पार जाना होगा। यह कार्य कामनाओं से झगड़ा करके कैसे संभव हो जाएगा? यह कार्य तो मन के साथ चलते हुए, मन को समझाते हुए करना होगा। इसीलिए तंत्रसूत्र में शरीर की निंदा नहीं है। चीजें जैसी हैं, तंत्र उसे उसी रूप में स्वीकार करता है। विश्व में जो भी धर्मज्ञ हैं, मनुष्य के प्रति वे निंदा से भरे हैं। इस निंदा के कारण ही मनुष्य का मन बड़ा विभाजित हो गया है। जब वह किसी उपासना-स्थल में जाता है, किसी पुजारी, पंडित या मौलवी से मिलता है तो उसका व्यक्तित्व बँट जाता है। अंतस कुछ कहता है और बाहर से उसे कुछ समझाया जाता है; जैसेकि देह पाप

है, देह से लड़ना है; यह पुण्य है, इसे करो, इसे न करो। इस प्रकार इस द्वंद्व में जीवन जीने के लिए व्यक्ति बाध्य हो जाता है। यह द्वंद्व मनुष्य के चित्त को दो भागों में बाँट देता है और भीतर-ही-भीतर विखंडित व्यक्तित्व का निर्माण होने लगता है। यह विखंडित व्यक्तित्व ही कामना को वासना में परिवर्तित कर देता है—और तो और, कामवासना को समग्रता से स्वीकार करता है। तंत्रसूत्र की अकेली ऐसी परंपरा है जिसने काम को समग्रता से स्वीकार किया है। 'काम' वह बिंदु है जहाँ व्यक्ति अपनी समस्त यात्रा को प्रारंभ करता है। 'काम' ही वह बिंदु है जहाँ स्वयं ब्रह्म है, जैसाकि बृहदारण्यक उपनिषद् और छांदोग्य उपनिषद् में है, क्योंकि 'काम' के बिना कोई गति हो ही नहीं सकती; लेकिन यदि इस बिंदु को, जोकि काम का बिंदु है, कोई इनकार कर दे तथा बिंदु को कोई मान्यता ही न दे तो फिर विकृति आ जाएगी। इसीलिए तंत्र देह को स्वीकार करता है। तंत्र कहता है कि देह को स्वीकार करो और उसे रूपांतरित करो। तंत्र कहता है कि विवेक के हाथों तो विष भी ओषधि बन जाता है; और यह एक वैज्ञानिक सत्य भी है। मनुष्य ने प्राणघातक विष से अनेक ऐसी ओषधियाँ बनाई हैं, जिनसे बड़े-से-बड़े असाध्य रोगों का भी इलाज संभव है। तंत्र का यह भी विश्वास है कि वासना रूपी जो विष है, यदि उसके साथ विवेक को संयुक्त कर दिया जाए तो वह वासना रूपी विष तत्क्षण अमृत व सृजन में रूपांतरित हो जाता है।

तंत्र में शरीर को भी ब्रह्म का ही रूप माना गया है। तात्त्विक दृष्टि से यह भाव ठीक भी है। 'इस जगत् में ब्रह्म के अतिरिक्त कुछ नहीं है', अगर इस भाव में प्रवेश करना है तो शरीर को भी ब्रह्म ही मानना होगा। शरीर के योनि भाग को 'काम' ने केवल बाह्य प्रतीक ही माना है। शरीर के इस भाग के प्रति तंत्र के मन में न कोई तृष्णा है, न कोई राग है, न द्वेष है। जबतक योनि भाग के प्रति मोह है या राग है अथवा द्वेष है तबतक शरीर का अतिक्रमण संभव नहीं। अंतस में यदि एक बड़ी क्रांति का आह्वान करना है तो शरीर को मन के पार ले जाने के लिए जो कुछ भी सहयोगी हो, उसका सहयोग प्राप्त कर लेने में तंत्रशास्त्र को कोई आपत्ति नहीं है; अतः तंत्रशास्त्र का उद्देश्य है, शरीर को साथ लेकर फिर उसका अतिक्रमण करना। अतिक्रमण की इस यात्रा के लिए ब्रह्म के रहस्य को स्वीकार करने की चेष्टा करना है।

तंत्र में 'काम' की ऊर्जा का प्रयोग शरीर भाव का अतिक्रमण करने के लिए किया गया है; पर दुर्भाग्य यह है कि आज समाज में जो अपने को तांत्रिक मानते हैं, वे शरीर का प्रयोग ब्रह्म की चेतना में निवास करने के लिए नहीं

करते। शरीर का प्रयोग करते हुए शरीर का अतिक्रमण कर पाना और उसके प्रति पूर्णरूप से विरक्त हो पाना जबतक लक्ष्य नहीं बनेगा तबतक इस ब्रह्म का जो शरीर है, उसका रहस्य ज्ञात नहीं होगा। तंत्रशास्त्र में 'काम' की ऊर्जा के संदर्भ में योनि भोग की भी चर्चा है। योनि भोग की कामना अथवा योनि भोग के प्रति रसभाव रखने की कामना व्यक्ति को पथभ्रष्ट करती है। भोग राग उत्पन्न करता है, भोग से राग का अतिक्रमण नहीं होता। यदि मन में राग का भाव बना रहा तो ऐसा भाव भी तंत्रशास्त्र में वर्जित है। ब्रह्म चेतना में प्रवेश करने के लिए भारत के मनीषियों ने जो भी प्रयोग किए हैं वे प्रयोग अत्यंत रहस्यमय हैं और इन प्रयोगों का भेद केवल अंतर्दृष्टि से प्राप्त किया जा सकता है। अंतर्दृष्टि यदि ब्रह्म से संस्पर्शित है तो फिर ऐसी अंतर्दृष्टि ब्रह्म रूप ही है। यथार्थ में जिन्हें अंतर्दृष्टि प्राप्त है, उनके मन में भोग की कामना का जन्म ही नहीं होता। तंत्रशास्त्र कहता है कि 'काम' की ऊर्जा द्वारा 'काम' का अतिक्रमण करो। 'काम ऊर्जा' के प्रति घृणा का भाव रखने के स्थान पर उस ऊर्जा को ब्रह्म ऊर्जा के रूप में स्थापित करो। यह स्थापना मानव शरीर के माध्यम से ही की जा सकती है, ऐसा विश्वास है तंत्रशास्त्र का। मानव शरीर में ऊर्जा का जो प्रथम केंद्र है वह मूलाधार चक्र है।

एक प्रश्न यह उठता है कि क्या वासनामय काम से मुक्ति पाई जा सकती है? हाँ, पाई जा सकती है; लेकिन तब, जब अंतस में झाँकना सीख लिया जाए। जब हम अपने अंतस के केंद्र में स्थित होना जान लें तथा अंतस के केंद्र से कामनाओं को देख सकने की शक्ति प्राप्त कर लें। हमें केवल बाहरी चक्षुओं से अथवा मन और बुद्धि से ही कामनाओं को नहीं देखना है, बल्कि हमें अंतस के नेतृत्व से कामनाओं को देखना है। अंतस के नेत्रों से देखने का अर्थ है, कामना का जो ब्रह्म स्वरूप है, उसे देख सकने में समर्थ होना। अगर ऐसा हो सके तो वासनामय काम से वास्तविक मुक्ति पाई जा सकती है। यहाँ दमन और मुक्ति के अंतर को समझ लेना उचित होगा। दमन का प्रयोग करके मुक्ति को नहीं पाया जा सकता। दमन से कभी भी किसीको मुक्ति नहीं मिली। दमन से तो और नए-नए प्रकार के अंतर्विरोध उत्पन्न हो जाते हैं। वासना से मुक्ति का उपाय है, सही अंतर्दृष्टि का विकास। अंतर्दृष्टि से ही मन के पार जाया जा सकता है और यदि एक बार व्यक्ति मन के पार जाना सीख ले तो वासना का क्षय अपने आप हो जाएगा। वासनाएँ मन का ही तो खेल हैं। जब हम वास्तव में अंतर्दृष्टि से संपन्न होते हैं तब एक प्रकार से हम ध्यान में हो जाते हैं। यह ध्यान अपने आपमें एक सशक्त ऊर्जा है, बड़ी भारी शक्ति है। इस शक्ति के बाद कोई अन्य

शक्ति नहीं है। यह अति सूक्ष्म होते हुए भी इतनी शक्तिशाली है कि इससे व्यक्ति को एक ओर जहाँ अंतस में ब्रह्मज्ञान उपलब्ध होता है, वहीं बाह्य जगत् में वह बुद्धत्व को उपलब्ध हो जाता है। यह व्यक्ति की शुद्धतम ऊर्जा नहीं है, लेकिन है तो फिर भी ब्रह्म ऊर्जा का भाग। जो ऊर्जा हमें परम आनंद की ओर ले जाने लगती हैं, उससे मुक्ति पाने की न तो आकांक्षा है और न कोई उससे मुक्ति पाना ही चाहता है। परम आनंद से आखिर कौन मुक्ति पाना चाहेगा? हाँ, फिर भी कुछ लोग परम आनंद के पार भी जाना चाहते हैं तो यह मोक्ष की स्थिति है, निर्वाण की स्थिति है, कैवल्य की स्थिति है; लेकिन वहाँ न तो जाया जाता है, न पाया जाता है; वह तो हो जाया जाता है। इसकी चर्चा मोक्ष के प्रकरण में विस्तार से करने का प्रयास होगा। यहाँ हम मनगत और शरीरगत काम की ही बात कर रहे हैं। संभवत: इसकी अभिलाषा हर व्यक्ति में कभी-न-कभी अवश्य आती है; लेकिन तब आती है जब व्यक्ति अपने आपको विज्ञानमय कोश में स्थापित करना चाहे और फिर विचार करना चाहे। यह एक अलग ज्ञान है। यह पंचकोशों का ज्ञान है। इसकी चर्चा पातंजल योगसूत्र और सर्वसार उपनिषद् में की गई है।

'काम' का एक और स्वरूप है, राग विवर्जित काम। ऐसा काम, जिसमें राग न हो। राग से विवर्जित काम से तबतक मुक्ति नहीं पाई जा सकती जबतक शरीरगत चेतना है। जबतक अहं प्रधान चेतना है तबतक कम-से-कम राग विवर्जित काम का अस्तित्व रहेगा ही। सत्य को उपलब्ध होने की कामना भी काम का ही एक रूप हैं। पारलौकिक सुख प्राप्त करने की कामना भी 'काम' का ही रूप है। धर्माचरण की कामना भी तो मूलत: काम ही है। संक्षेप में इतना ही कहा जा सकता है कि यदि व्यक्ति आत्मज्ञान से संपन्न हो सके, आत्मस्थ हो सके तो फिर वह 'काम' से संघर्ष नहीं करता। ऐसा व्यक्ति जैसे ही उत्पन्न हुई कामना की ओर दृष्टिपात करता है उसी क्षण वह कामना स्वार्थ तथा अहंकार से विहीन हो जाती है और जब कामना स्वार्थ व अहंकार से विहीन हो जाती है तब वह रागशून्य होकर स्वयं एक परम ऊर्जा में परिवर्तित हो जाती है। दूसरे शब्दों में, राग विवर्जित काम एक विचार ऊर्जा ही है। यह परमतत्त्व के मिलने की अंतिम सीढ़ी है। आत्मस्थ होकर 'काम' वासना को भस्म करने के संदर्भ में भारतीय पुराणों में एक बड़ी सुंदर कथा है—

देव-दानवों का युद्ध हो रहा था। जब दानव देवताओं पर भारी पड़ते जा रहे थे तब देवताओं को यह परामर्श दिया कि यदि किसी प्रकार से भगवान् शिव के पुत्र देवताओं के सेनापति बन सकें और उनका नेतृत्व करें तो असुरों पर

विजय पाई जा सकती है; लेकिन शिव के पुत्र कैसे हो, क्योंकि शिव तो समाधिस्थ बैठे हैं और कैलास पर्वत पर तपस्या कर रहे हैं? अतः किसीका भी यह साहस नहीं हुआ कि वह शिव के पास जाकर उनकी समाधि को भंग करे। देवताओं ने ऐसी स्थिति में कामदेव से बड़ी अनुनय-विनय की और कहा कि वे शिव की तपस्या को भंग करें। देवताओं के अभीष्ट की पूर्ति हेतु 'कामदेव' ने शिव की चेतना में प्रवेश किया। शिव क्षुब्ध हुए और जैसे ही उन्होंने तीसरा नेत्र खोला, 'कामदेव' भस्म हो गए। योगसूत्र के अनुसार, यह तीसरा नेत्र आज्ञाचक्र में स्थित है, जोकि हर व्यक्ति को अभ्यास से उपलब्ध हो सकता है। यह तीसरा नेत्र वह केंद्र है जो व्यक्ति को आत्मस्थ होने पर उपलब्ध होता है। जो व्यक्ति आत्मस्थ होकर इस तीसरे नेत्र से कामना की ओर निहारता है वह 'काम' को राग से विवर्जित करने में सफल हो जाता है। जो व्यक्ति अपने इस तीसरे नेत्र से 'काम' की ओर देखता है, उसकी कामना सर्वकल्याणकारी रूप ले लेती है; फिर वह 'काम' शरीरगत अथवा विषयगत 'काम' भी नहीं रह जाता, वह समष्टि की चेतना के ऊर्ध्वारोहण में प्रवेश हुआ 'काम' बन जाता है। इस 'काम' को ही भारतीय मनीषा ने राग विवर्जित 'काम' की संज्ञा दी है। 'काम' से संघर्ष करने की आवश्यकता नहीं है, बल्कि काम के प्रति सचेतनबोध की आवश्यकता है। जितनी गहराई से सचेतनबोध होगा, उतनी ही अधिक कामनाएँ सर्वकल्याणकारी होंगी, उतना ही अधिक कामनाओं को वासनाओं के रूप में परिवर्तित होने से बचाया जा सकता है। कामनाएँ तब अकल्याणकारी हो जाती हैं जब वे वासना का रूप ले लेती हैं। कामनाओं का वासना में रूपांतरण ही तब होता है जब वे रागविद्ध हो जाती हैं।

मानव के विकास की समस्त यात्रा आनंद की खोज से जुड़ी हुई है। आनंद की ओर बढ़ने की इस यात्रा में अनेक पड़ाव हैं। यात्रा के दौरान वह विश्राम करता है, चिंतन व मनन करता है और फिर वह नई ऊर्जा तथा नूतन संकल्प से अपने लक्ष्य की ओर बढ़ता है। विकास की यह यात्रा केवल भारत भूमि पर रहनेवाले मानव ने ही तय की हो, ऐसा नहीं है। इस पृथ्वी पर जहाँ कहीं भी मानव का जन्म हुआ, उसने देश, काल और परिस्थिति के प्रभाव में न केवल अपने अस्तित्व की रक्षा हेतु प्रयास किए, वरन् आनंद की भी खोज की। यह विकास-यात्रा अनंत है, इसके पथ अनंत हैं; यहाँ विश्राम तो है, पर ठहराव नहीं। जिसका ठहराव हुआ, वह नष्ट हुआ। आनंद की खोज के उद्देश्य से की जानेवाली इस विकास-यात्रा में जन्म है, मृत्यु है, पुनर्जन्म है, सृजन है, विध्वंस है और पुनः सृजन है। उत्थान-पतन और पुनरुत्थान से गुँथी हुई यह यात्रा

वर्तुलाकार होते हुए भी सतत विस्तार से शोभित है। इस विकास में अनंत संभावनाएँ हैं और इन संभावनाओं ने ही मानव की इच्छाओं को आकाश की तरह अनंत बना दिया है। इस यात्रा में जहाँ आनंद के क्षण हैं वहीं क्लेश, दुःख, पीड़ा व तीव्र संघर्ष के भी क्षण हैं। संघर्ष की तीव्रता विकास-यात्रा को नए आयाम प्रदान करती है और परम आनंद को रोकनेवाले आवरण इस तीव्रता के कारण ही गिरते हैं।

'काम' का अपना एक बहुत गहरा शास्त्र है। इस शास्त्र को न तो आधा-अधूरा समझने से काम चलेगा और न उसकी उपेक्षा से ही कुछ प्राप्त होगा। उपेक्षा का अर्थ है, मानव को अशांति और विक्षिप्तता की खाई में ढकेल देना। अशांति और विक्षिप्तता से बचने का एक ही मार्ग है कि कामना के विज्ञान को, उसके शास्त्र को, उसके रहस्य को अच्छी तरह से, गहराई से, पूर्वग्रह से रहित होकर, सतत परीक्षण करते हुए समझा जाए। 'काम' का जन्म क्यों, कहाँ व कैसे होता है, उसका पोषण क्या है, उसका वास्तविक स्वरूप क्या है, उसका मूल आधार क्या है, उसका केंद्रभूत आचरण क्या है, उसकी परिधि क्या है, ऐसे ही न जाने कितने प्रश्न हैं, अतः जिज्ञासु को उसमें गहराई से उतरना ही होगा, तभी वह उसे समझ सकेगा।

'काम' के विज्ञान को समझना है तो चेतना के विकास को भी जानना होगा। 'काम' वास्तव में चेतना का ही एक रूप है। समष्टि में 'काम' और चेतना में कहीं भेद नहीं है। काम न केवल चेतना का ही रूप है, बल्कि वह चेतना का गुण भी है और स्वभाव भी। यही नहीं, वह चेतना की अभीप्सा भी है और आकांक्षा भी। अगर चेतना न हो तो 'काम' का समस्त अस्तित्व ही समाप्त हो जाएगा। 'काम' के प्राण तो चेतना पर आश्रित हैं। काम की समस्त शक्ति, उसकी समस्त ऊर्जा, उसकी संपूर्ण गति चेतना से प्रभावित है, उसी पर निर्भर है। चेतनाशून्य होते ही 'काम' गिर जाता है, मृत हो जाता है, लुप्त हो जाता है। यहाँ चेतनाशून्यता का अर्थ विक्षिप्तता या उन्माद से नहीं, वरन् चेतना के पूर्ण निष्क्रमण से है। जब किसी भी नाम, रूप अथवा किसी भी कर्म से चेतना का पूर्ण निष्क्रमण हो जाता है तो इस निष्क्रमण के साथ ही 'काम' का भी लोप हो जाता है। 'काम' तभी अपने को व्यक्त कर सकता है जबतक उसके सहायक के रूप में कोई भी नाम या कर्म उपलब्ध हो। नाम, रूप या कर्म में ही उतरकर 'काम' अपने को सामर्थ्यवान् बनाता है और अपनी प्रक्रिया को प्रारंभ और विराम देता है। नाम, रूप या कर्म और कुछ नहीं, केवल चैतन्य का रूपांतरण ही है। चैतन्य अपने स्वयं के प्रकाश और आनंद के लिए अपने स्वभाववश स्वयं

को नाम और रूपों में ढालता है और उन्हें काम द्वारा ऊर्जावान् बनाकर उनमें निवास करता है। जो भी नाम या रूप या कर्म चेतना से सृजित होते हैं उन सभी की अपनी पृथक्-पृथक् कामना है, पृथक्-पृथक् ऐषणा है, पृथक्-पृथक् स्वभाव व गुण हैं—और यह स्थिति तभी तक है जबतक नाम, रूप और कर्म में चैतन्य सक्रिय है। जिस क्षण चैतन्य का निष्क्रमण हो जाता है उसी क्षण नाम, रूप और कर्म का अस्तित्व भी गिर जाता है। यहाँ इस सत्य को विस्मृत नहीं होने देना है कि भारतीय मनीषा के अनुसार परम चैतन्य का नाम, रूप और कर्म के स्तर पर होनेवाला रूपांतरण कोई वास्तविक रूपांतरण नहीं है, यह एक अध्यास है। चेतना अध्यास के कारण ही विभाजित प्रतीत होती है, पर यथार्थ में चेतना विभाजित नहीं है। इस सत्य को संज्ञान में रखने से चेतना का रहस्य और गहराता नहीं, बल्कि सरल हो जाता है और वह 'काम' के स्वरूप को समझने में सहायक बन जाता है।

मानव के स्तर पर 'काम' का महत्त्व भी चेतना के साथ ही जुड़ा हुआ है। यहाँ भी चेतना के निष्क्रमण के साथ ही काम गिर जाता है। 'काम' के गिर जाने से यहाँ यह अर्थ नहीं है कि 'काम' का सदैव-सदैव के लिए लोप हो गया और वह सदैव-सदैव के लिए नष्ट हो गया तथा अब उसका पुनर्जन्म कभी नहीं होगा। यहाँ यह ध्यान में रखना होगा कि जब चेतना पुनः नए रूप में आती है तो उसके साथ ही 'काम' का पुनः उदय हो जाता है। हर नाम, रूप और कर्म की जो मूल वासना है या मूल कामना है, उसका अंतिम लोप नहीं होता; बल्कि चेतना के निष्क्रमण के साथ ही उसका प्रवेश सूक्ष्म शरीर में होता है और जब सूक्ष्म शरीर भी गिर जाता है तब उसका लय कारण शरीर में हो जाता है। यह कारण शरीर ही वह परम चैतन्य है जो 'काम' का मूल आधार है, उसका जन्मदाता है, पोषक है और उसकी ऊर्जा व प्राणशक्ति है। यहाँ यह भी समझना आवश्यक होगा कि कामना जबतक अहं प्रधान रहती है वह वासना में रूपांतरित होती रहती है, और वासना में रूपांतरित कामना सूक्ष्म शरीर का भाग बन जाती है—यही है मन। प्रत्येक नाम, रूप और कर्म का अपना-अपना वैयक्तिक मन होता है, भले ही हम उसे मानव इंद्रियों से जान पाएँ या न जान पाएँ। यह मन ही नाम, रूप या कर्म का व्यक्तित्व है। यह मन ही सदैव कामविद्ध रहता है। इस मन में ही प्रवेश करके 'काम' अपने को सामर्थ्यवान् बना लेता है। मन ही 'काम' का वास्तविक आश्रयस्थल है। यही है वह केंद्र जहाँ कामनाएँ जन्म लेती हैं और यही है वह केंद्र जहाँ 'काम' का लोप होता है। मन न हो तो 'काम' का जन्म ही नहीं होगा। मन का शरीर है इंद्रियाँ; मन इन इंद्रियों के माध्यम से ही

कार्य करता है। मन के सारे कार्यकलाप इंद्रियों के द्वारा किए जाते हैं। इसे कुछ इस ढंग से भी समझ लें कि सभी इंद्रियाँ मन का ही उपकरण मात्र हैं। जो और गहरे उतरे हैं, उन्होंने मन को भी एक इंद्रिय के रूप में ही जाना है। यह मन स्वयं चैतन्य नहीं, बल्कि चैतन्य का विकिरण है, और इस अर्थ में चैतन्य का एक रूप भी, उसकी एक विभूति भी। मन से जो भी कनिष्ठ है, उन सभी का वह स्वामी है। मन ही संकल्प-विकल्प करता है। यही है वह माध्यम जहाँ से चेतना जगत् में अपने को व्यक्त करती है। जगत् के सारे व्यापार मन पर आश्रित हैं और मन अपने सभी व्यापार 'काम' शक्ति का प्रयोग करके ही करता है। इस अर्थ में 'काम' भी मन का एक सहायक है, एक उपकरण है। यह मन का वह भाग है जो क्रिया के लिए प्रेरित करता है। यह वह भाग भी है, जिसके कारण 'जाग्रत' और 'स्वप्न' में सभी क्रियाएँ होती हैं। 'काम' की ऊर्जा केवल 'जाग्रत अवस्था' में ही सक्रिय नहीं रहती, वह 'स्वप्न' की अवस्था में भी सक्रिय रहती है। यह ऊर्जा केवल सुषुप्त अवस्था में ही विश्राम करती है। मूर्च्छित होने पर भी 'काम' का विश्राम होता है; पर यह विश्राम अंततः हमें ऊर्जावान् नहीं बनाता, इसके विपरीत सुषुप्त का विश्राम हमें ऊर्जावान् बनाता है।

भारतीय मनीषा की मान्यता है कि चेतना 'जाग्रत' और 'स्वप्न' के स्तर पर ही नहीं रहती, वह सुषुप्त के स्तर पर भी रहती है और 'तुरीय' के स्तर को भी जानती है—वहाँ भी उसका प्रवेश और विचरण है। जहाँ भी चेतना का विचरण है वहाँ 'काम' किसी-न-किसी रूप में सक्रिय रहेगा। 'सुषुप्त' में काम का विश्राम अवश्य है, पर वहाँ भी 'काम' की उपस्थिति है। हाँ, यह उपस्थिति सक्रिय नहीं है। विश्राम का अर्थ समाप्ति या पूर्ण निष्क्रमण नहीं होता। 'काम' के सक्रिय न होने का अर्थ इतना ही है कि सुषुप्त में 'काम' द्वारा कर्म संन्यास ले लिया जाता है; वह कुछ क्षणों के लिए विषयों के कोलाहल से स्वयं को दूर कर लेता है। यद्यपि विषयों के कोलाहल का निर्माता व सृजनकर्ता स्वयं 'काम' ही है, पर सुषुप्त में स्वयं से निःसृत इस कोलाहल से उसे क्षणिक मुक्ति मिल जाती है; पर चेतना जब 'तुरीय' स्तर में प्रवेश करती है तो जो क्षणिक मुक्ति है, उसके लिए तत्काल स्वयं ही पूर्ण मुक्ति के द्वार खुल जाते हैं। यह पूर्ण मुक्ति ही मोक्ष है। इसे भारतीय मनीषा ने पुरुषार्थ का अंतिम चरण माना है। 'तुरीय' स्तर पर यद्यपि चेतना की कोई पृथक् अवस्था नहीं है, पर शब्दों के द्वारा उसकी झलक तभी पाई जा सकती है जब उसे अवस्था के रूप में मान्यता दें। वैसे 'तुरीयावस्था' को न तो शब्द जान सकते हैं, न उसे व्यक्त कर सकते हैं। वह अद्वैत है, अतः अनिर्वचनीय है। 'तुरीय' के संदर्भ में सभी व्याख्यान, सभी शब्द

आधे-अधूरे और व्यर्थ हैं और यह भी कोई नहीं जानता, और कम-से-कम यह लेखक नहीं जानता कि वहाँ चेतना का विचरण होता भी है या नहीं। वैसे एक मान्यता यह है कि इस 'तुरीयावस्था' में भी बीज रूप में काम है; क्योंकि 'तुरीयावस्था' स्वयं की अभिव्यक्ति केवल 'काम' के माध्यम से ही कर सकती है। कोई भी अभिव्यक्ति तो तभी होगी जब अभिव्यक्ति की कामना हो। यदि अभिव्यक्ति होने की, रूपांतरण की, ऊर्ध्वारोहण की, प्रवेश की अथवा उपलब्ध होने की कामना ही न हो तो अवस्था का जन्म कैसे होगा? 'तुरीय' फलित तो तभी होगा जब वह काम के साथ साहचर्य करेगा—भले ही यह साहचर्य अति सूक्ष्म रूप में या अव्यक्त रूप में ही क्यों न हो। कहा जा सकता है कि 'तुरीय' फलित नहीं होता, उसमें प्रवेश होता है; पर तुरीय में प्रवेश कौन करता है और फिर यह भाव कैसे आएगा कि तुरीय में प्रवेश हुआ? अगर किसी भी स्तर पर यह भान भी नहीं होता है कि चेतना स्वयं के तुरीय स्वरूप को उपलब्ध हो गई है तो 'तुरीयावस्था' की अनुभूति को, उसके सूक्ष्म-से-सूक्ष्म स्पर्श को भी जाना कैसे जाएगा? अर्थात् जबतक 'ज्ञात' का अस्तित्व रहेगा तबतक 'काम' का अस्तित्व रहेगा। अगर कहा जाए, तुरीय 'अज्ञेय' है तो भी इतना तो स्वीकार करना ही होगा कि 'अज्ञेयता' की प्रतीति भी 'काम' का ही एक सूक्ष्म रूप है; और फिर भारतीय मनीषा की यह अखंड मान्यता है कि 'पूर्ण' के लिए कुछ भी अज्ञेय नहीं। यदि 'तुरीयावस्था' को निर्विकल्प समाधि की अवस्था माना जाए तो निर्विकल्प समाधि में भी परम एकत्व की साम्यावस्था की जो उपलब्धि है वह भी तो अंततः है एक उपलब्धि ही। अगर इसे उपलब्ध न माना जाए तो ज्ञात का भी लोप होगा और काम का भी। परम चैतन्य में ज्ञाता होने का जो भाव है वह परम चैतन्य का 'अहं' है। इसे ही विराट् अथवा महत् का अहंकार भी कहा जा सकता है। परम चैतन्य की सतत उपस्थिति ही उसका अहंकार है। यह अहंकार उसका गुण है और यह गुण ही उसे कामना के लिए प्रेरित करता है। यह गुण ही 'एक से बहुत होने' की ऐषणा है और बहुत हो जाने की यह इच्छा, यह ऐषणा ही 'काम' है।

जगत् को समझने की दृष्टि से भारतीय मनीषा ने चेतना को दो स्तरों में विभाजित किया है, एक तो है वैयक्तिक चेतना और दूसरी समष्टिगत चेतना। यह समष्टिगत चेतना जोकि अविभक्त व पूर्ण चेतना है, उसे ही 'ब्रह्म' कहकर संबोधित किया गया है। यही है प्रजापति, यही है 'अग्नि', यही है विराट् और इसे ही परम चैतन्य अथवा ईश्वर कहा गया है। प्रजापति ने ही अपने तेज और पराक्रम से सृष्टि की रचना की और इसीलिए सर्वप्रथम प्रजापति ने कामना करने

के लिए 'काम' का सृजन किया, फिर उसे स्वयं के तेज और पराक्रम में स्थापित किया और इस प्रकार हुआ कामना का प्रथम बीजारोपण; पर यथार्थ में 'काम', तेज और पराक्रम आदि कुछ भी प्रजापति से पृथक् नहीं हैं; सब प्रजापति ही हैं, जोकि अपनी साम्यावस्था, तुरीयावस्था और कैवल्यावस्था में भी निष्काम हैं; पर जगत् के स्तर पर साम्यावस्था के भंग हो जाने के स्तर पर, कामना के स्तर पर, सृजन के स्तर पर और सृष्टि के स्तर पर वह काम से संयुक्त होता है। जगत् का जन्म ही तब होता है जब ब्रह्म अपनी साम्यावस्था को भंग करने की ऐषणा करता है।

जगत् का निर्माण ब्रह्म के अहंकार से हुआ है और मानव भी इस जगत् का ही एक अंश है, अतः उसमें भी अहंकार है। वैयक्तिक चेतना में निवास ही मानव का सर्वाधिक शक्तिशाली अहंकार है। यह वैयक्तिक चेतना अपने स्वयं के अहंकार से पीड़ित होकर मुक्ति पाने के लिए असंख्य कामनाएँ करती है। वैयक्तिक चेतना की आकांक्षा है कि वह सदैव पूर्ण आनंद से संयुक्त रहे। पूर्ण आनंद से संयुक्त रहने के निमित्त ही वैयक्तिक चेतना अनंत संकल्प-विकल्पों का निर्माण करती है और उनमें विचरण करती है। आनंद प्राप्ति के लिए आतुर यह चेतना कभी बहिर्मुखी होती है और कभी अंतर्मुखी। सामान्यतः वैयक्तिक चेतना बहिर्मुखी ही अधिक होती है, क्योंकि वह स्वयं के मन के द्वारा संचालित है, और मन का स्वभाव है बहिर्मुखी होना। अपने इस स्वभाव के वशीभूत हो मन, जोकि इंद्रियों का स्वामी है, इंद्रिय रूपी सभी उपकरणों का प्रयोग करके आनंद को उपलब्ध होना चाहता है। मन और इंद्रियों के बंधन में फँसी वैयक्तिक चेतना एक दासता का जीवन जीती है और इसीलिए क्लेश तथा दुःख प्राप्त करती है। कामातुर हो यह वैयक्तिक चेतना हर पदार्थ में आनंद खोजती है; पर उसकी यह खोज एक संघर्षपूर्ण, कलहपूर्ण और अशांत जीवन का निर्माण करती है; क्योंकि पग-पग पर उसका टकराव अन्य वैयक्तिक चेतनाओं से होता है। संसार में जितने भी नाम, रूप व कर्म हैं उनका पृथक्-पृथक् अस्तित्व इसीलिए है, क्योंकि प्रत्येक की अपनी एक विशेष चेतना है और हर विशेष चेतना का अपना एक पृथक् मन होता है। पृथक् मन होने के ही कारण हर नाम, रूप व कर्म का पृथक्-पृथक् स्वभाव व गुण है—और इस पृथक् स्वभाव व गुण के कारण उनकी पृथक्-पृथक् कामनाएँ हैं, अतः इस संसार में जो अनंत व असंख्य नाम, रूप व कर्म हैं, सभी की पृथक्-पृथक् कामना हैं। अपनी कामना की पूर्ति के लिए हर नाम, रूप व कर्म उन अनंत मार्गों का, उन संकल्प-विकल्पों का प्रयोग करता है जो उसके लिए बहिर्मुखी सत्ता में सतत उपलब्ध

हैं। जब हर नाम, रूप व कर्म कामातुर हो अपनी कामना की पूर्ति हेतु स्वार्थवश संसार में उपलब्ध विषय रूपी संकल्प और विकल्प का प्रयोग करता है तो संघर्ष का होना स्वाभाविक है। कामना की पूर्ति तो विषयों से ही होगी और विषयों पर हर नाम, रूप व कर्म की अपनी-अपनी आसक्ति व स्वार्थ प्रधान माँग है। विषयभोग की यह माँग भी अनंत है और इसे भारतीय मनीषा ने 'महाशन' कहा है। यह माँग एक प्रकार से सर्वभक्षी है और सभी संघर्षों, कष्टों की जन्मदाता भी। यह माँग ही कामना को वासना में परिवर्तित करती है और वासना से राग और मोह का निर्माण होता है। भारतीय मनीषा कहती है कि यदि 'काम' राग विवर्जित हो तो संघर्ष नहीं होगा; पर राग विवर्जित काम को उपलब्ध कैसे हुआ जाए? राग विवर्जित काम को उपलब्ध हो जाना ही वास्तविक पुरुषार्थ है। रागविद्ध काम व वासना से संयुक्त काम व्यक्ति के विवेक का हरण कर लेता है और अशांति, दुःख, संघर्ष व क्लेश का जन्मदाता बनता है। राग से संयुक्त काम अंततः सर्वविनाशक सिद्ध होता है। राग, आसक्ति, मोह व स्वार्थ से जुड़ा काम मानवता के लिए भी कल्याणकारी नहीं हो सकता। यद्यपि रागविद्ध काम में भी सृजन-शक्ति होती है, पर यह नकारात्मक सृजन-शक्ति है, सकारात्मक नहीं। सकारात्मक सृजन से ही मानव का कल्याण होगा और विश्व शांति का मार्ग प्रशस्त होगा। राग विवर्जित सृजन से सकारात्मक सृजन के मार्ग प्रशस्त होते हैं, अतः वैयक्तिक चेतना का पुरुषार्थ यही है कि वह राग विवर्जित काम को अपनाए और उसे ही उपलब्ध होने के प्रयत्न करे। 'काम' जोकि वैयक्तिक चेतना के साथ सतत जुड़ा हुआ है, वह राग से जुड़ने न पाए, इसके लिए ही व्यक्ति को समस्त प्रयास करने चाहिए। यह रागयुक्त काम व्यक्ति को संकीर्ण, अनुदार, शोषक, क्रूर व हिंसक बना देगा। समष्टि जो स्वयं में आनंद रूप है, उसमें व्यक्ति का प्रवेश तभी संभव है जब वह स्वयं को धीरे-धीरे अहंकारशून्य बनाए। अहंकारशून्यता की शनैः-शनैः होनेवाली उपलब्धि ही व्यक्ति को रागशून्यता की ओर ले जाएगी। जबतक अहं प्रधान चेतना है तबतक राग प्रधान काम का कहीं-न-कहीं अस्तित्व अवश्य रहेगा, अतः अहं से स्वयं को बचाना और आत्मस्थ हो जाना ही सबसे बड़ा पुरुषार्थ है।

'काम' का शास्त्र समझने के लिए यह समझ लेना भी आवश्यक है कि व्यक्ति का जन्म जिस विधा से हुआ है वह 'काम' ही है। शरीर को उपलब्ध होने के लिए 'काम' क्रिया का होना अनिवार्य है। जैसाकि इसी अध्याय में पहले स्पष्ट किया गया है कि भारतीय मनीषा का यह चिंतन सही है कि हर

शरीर की उत्पत्ति दो ध्रुवों से होती है। ध्रुव का एक कोष पुरुष है और दूसरा स्त्रैण। वस्तुतः हर प्राणी में, हर मानव में दोनों तबतक मौजूद रहते हैं जबतक उसमें चैतन्य है। अगर ये दोनों ध्रुव न हों तो ऊर्जा का संचरण हो ही नहीं सकता। हर पुरुष में एक स्त्री है और हर स्त्री में एक पुरुष। यही सृष्टि का विधान है और यही सृष्टि की वास्तविकता है, जिसे भारतीय मनीषा ने अर्द्धनारीश्वर के रूप में प्रस्तुत किया है। अर्द्धनारीश्वर के लास्य से ही सृष्टि की उत्पत्ति हुई है। यह लास्य ही अर्द्धनारीश्वर की गहनता है। इस लास्य से ही परम आनंद की उत्पत्ति होती है। अर्द्धनारीश्वर का यह मिलन केंद्र पर ऊर्जा का मिलन है, अतः केंद्र का यह आनंद 'काम' का शाश्वत आनंद है। 'काम' के इस शाश्वत आनंद में राग नहीं है। अर्द्धनारीश्वर में योनि का अतिक्रमण है। यह अतिक्रमण मिलन का प्रतीक है। जब शिव न पुरुष रह जाते हैं और न नारी तब योनि का अतिक्रगण हो जाता है। दुर्भाग्य यह है कि शिव की इस परिकल्पना को तंत्र ने तो जाना है, पर जो वेदांत के साधक रहे हैं, उन्होंने इस सूत्र पर कम मनन किया है। हाँ, जो 'कामशास्त्र' में गहरे उतरे हैं, उन्होंने योनि के अतिक्रमण की बात की है। योनि अर्थात् कामवासना की बुनियाद द्वैत है। काम-वासना के इस आधारभूत अतिक्रमण से ही ब्रह्म को पाया जा सकता है। द्वैत का जन्म कामना से ही हुआ है। वासना सहित बाकी जितने भी द्वैत हैं, वे इस मूलभूत द्वैत से ही प्रसूत हैं। समस्त सृष्टि का निर्माण इस द्वैत से ही हुआ है। इस काम प्रधान द्वैत का अतिक्रमण करने का जो साहस जुटा सके, वही कैवल्य को प्राप्त कर सकता है। वही शिव को प्राप्त कर सकता है, वही अद्वैत को उपलब्ध हो सकता है। यही वह संदेश है जो खजुराहो के मंदिर देते हैं। खजुराहो के मंदिरों के बाहर की दीवारों पर योनिक्रीड़ा और कामक्रीड़ा के लगभग सभी रूप मूर्तियों के रूप में गढ़े गए हैं। इसका संदेश यह है कि शरीरगत परिधि पर वासना से विद्ध जो काम है, साधक उसे पहले पार कर ले तब फिर अद्वैत के मंदिर में प्रवेश करे और फिर गर्भगृह में जो शिव स्थापित हैं, उनका दर्शन करे। शिव के दर्शन का अर्थ आत्मस्थ होना—ब्रह्मलीन हो जाना है; स्वयं के अंतस में जो आत्मा रूपी ज्योति है उसका साक्षात्कार करना है। खजुराहो के मंदिरों में बड़ी रहस्यमय भाषा में समस्त वेदांत और तंत्र को प्रस्तुत किया गया है। पश्चिमी दार्शनिक और विचारक खजुराहो के संदेश को समझ सकने में असमर्थ हैं। भारतीय मनीषा के लिए तो एक स्तर पर पहुँचकर कामवासना भी आध्यात्मिक हो जाती है। भारतीय उपनिषद् नकारात्मक नहीं हैं। वे सदैव से सकारात्मक थे और हैं। वे यही कहते हैं कि इंद्रियों का प्रयोग करते हुए इंद्रियों

का जो अतिक्रमण कर लिया जाता है वही ऊर्जा का दिव्यारोहण है और वही है व्यष्टि और समष्टि का मिलन। जो कुछ भी है वह दिव्य रूप में ही है, अतः मानव उसे स्वयं की अंतर्दृष्टि से प्राप्त करे तथा आत्मस्थ होकर राग विवर्जित कामना का प्रयोग करते हुए प्राणिमात्र के कल्याण हेतु श्रेष्ठतम कल्याण का प्रेरक और उद्‌घोषक बने। ज्ञानेंद्रियाँ और कर्मेंद्रियाँ तो मात्र साधन हैं। इन साधनों का प्रयोग हर व्यक्ति अपने अंतस के कलुष का निवारण करने के लिए करना चाहता है। जो अंतस के कलुष का निवारण करने में समर्थ हो जाते हैं वे अपने भीतर का केंद्र देख लेते हैं और जो भीतर का केंद्र देख लेते हैं वे रूपांतरित हो जाते हैं। उनका तृतीय नेत्र खुल जाता है। वे कामवासना से अपने को मुक्त कर लेते हैं। काम का रहस्य उसके रूपांतरण में ही छिपा हुआ है। कामना पहले संकल्प बनती है और यह संकल्प यदि ब्रह्म समर्पित नहीं होता तो वह वासना बन जाता है; लेकिन जब काम ऊर्जा रूपांतरित होकर परमब्रह्म के प्रति, अर्थात् विराट् चैतन्य के प्रति, समर्पित हो जाती है तो इस समर्पण के साथ ही वह अहंता से शून्य हो जाती है। स्वार्थ, आसक्ति व अहंता से शून्य काम ही ईशत्व में रूपांतरित होकर समस्त मानवता के लिए प्रकाश स्तंभ बन जाता है।

□

मोक्ष

बाधना लक्षणं दुःखम्।
तदत्यन्त विमोक्षो अपवर्गः।

—न्यायदर्शन, १।१।२१-२२

(प्रतिकूल अनुभूति का होना ही दुःख है और जिस अवस्था में दुःखों का पूर्णरूप से अवसान हो जाता है वही मोक्ष है।)

आत्मकर्मसु मोक्षो व्याख्यातः।

—वैशेषिकदर्शन, ६।२।१६

(आत्मज्ञान से परिपूरित कर्म ही मोक्ष है।)

तन्निष्ठस्य मोक्षोपदेशात्।

—वेदांतदर्शन, १।१।७

(ब्रह्म में निष्ठापूर्ण आस्थावाले को ही मोक्ष प्राप्त होता है।)

यतेन्द्रियमनोबुद्धिर्मुनिर्मोक्षपरायणः।
विगतेच्छाभयक्रोधो यः सदा मुक्त एव सः॥

—श्रीमद्भगवद्गीता, ५-२८

(जो मोक्षपरायण मुनि इंद्रियों, मन और बुद्धि को वश में करके इच्छा, भय और क्रोध का त्याग कर देता है वह सदा मुक्त होता है।)

कोई भी मनुष्य बंधन में नहीं रहना चाहता। बंधन से मुक्ति पाना ही मनुष्य की सबसे प्रबल आकांक्षा है। बंधन चाहे किसी भी प्रकार के हों, वे सभी दासत्व के प्रतीक हैं और दुःख के स्रोत हैं। समस्त दुःख बंधन से प्रारंभ होते हैं। अगर बंधन से मुक्ति मिल जाए तो दुःखों से भी मुक्ति मिल सकती है और यदि

दु:खों से मुक्ति मिल जाए तो जो स्थिति बनेगी, वह स्थिति होगी परमानंद की स्थिति। परमानंद अगर किसी पर भी आश्रित होता है तो फिर यह कैसे कहा जा सकता है कि वह परमानंद है? जहाँ कहीं पर भी व्यक्ति किसी भी प्रकार का आश्रय लेने के लिए बाध्य है, जहाँ भी किसी प्रकार की कोई बाध्यता है, उसका संबंध मोक्ष से हो ही नहीं सकता। वास्तविक मोक्ष तो है हर प्रकार की बाध्यता का अभाव, अत: मोक्ष को किसी सिद्धांत या आदर्श या मूल्य से नहीं बाँधा जा सकता। मोक्ष को किसी प्रकार की कल्पना से बाँधना उचित नहीं है। जहाँ कोई बंधन है वहाँ मोक्ष नहीं, अत: मोक्ष को जानना है तो बंधन क्या होगा, इसकी बहुत गहराई में जाना होगा।

भारत में जो भी आत्मज्ञान से संबंधित ग्रंथ लिखे गए हैं, चाहे वे न्याय हो, सांख्य हो, ब्रह्मसूत्र हों, गीता हो, वेद हों, उपनिषद् हों—सभी में किसी-न-किसी प्रकार मोक्ष की चर्चा आती है। सभी ग्रंथों में भारतीय मनीषा ने मोक्ष को अपने-अपने ढंग से प्रतिपादित किया है। योग और तंत्र में भी मोक्ष की चर्चा है। इस चर्चा में एक बात उभरकर सामने आती है और वह यह कि मोक्ष के द्वार तब खुलेंगे जब ऐसी चेतना को उपलब्ध करने में व्यक्ति सफल हो जाए, जहाँ समस्त बंधनों का अभाव हो। हर कामना अपने आपमें एक बंधन है, अत: मोक्ष की कामना भी अपने आपमें बंधन होगी। जबतक मोक्ष की कामना भी रहेगी तबतक मोक्ष प्राप्त नहीं होता; जब भारतीय मनीषा यह उपदेश देती है तब मोक्ष शब्द और भी अधिक रहस्यवादी बन जाता है।

भारतीय मनीषा ने मोक्ष को ब्रह्मनिष्ठा का प्रतीक माना है। आत्मज्ञान से ही मोक्ष संभव है। आत्मज्ञान का अर्थ है, जन्म और मृत्यु के चक्र से मुक्ति पाना। आत्मज्ञान का अर्थ है, सर्वत्र एक ही चेतना परिव्याप्त है और 'सभी कुछ एक ही ऊर्जा से प्रसूत है', इस भावदशा में प्रवेश। मोक्ष अपने आपमें एक समाधि की दशा है। समाधि की यह दशा तब उपलब्ध होगी जब व्यक्ति कामना का अतिक्रमण कर सके। कामना के अतिक्रमण का अर्थ है, मन का अतिक्रमण। जबतक मन है तबतक वह संकल्प-विकल्प करेगा, अत: संकल्प-विकल्प भाव के रहते हुए मोक्ष के भाव में प्रवेश संभव नहीं है। मोक्ष का द्वार तभी मिलेगा, जब समस्त संकल्पों से निवृत्ति पाई जा सके। संकल्पों से निवृत्ति ही दु:खों का अंत है। हर संकल्प, वह चाहे कितना ही श्रेष्ठ क्यों न हो, कहीं-न-कहीं दु:ख का कारण बनेगा। संकल्प में द्वैत का भाव है। और जहाँ द्वैत है, वहाँ दु:ख है। यही है वेदांतसूत्र, यही है अद्वैतसूत्र। जिसने इस सूत्र को जान लिया, उसके लिए मोक्ष के द्वार खुल गए।

चार्वाक से लेकर परम वेदांती शंकराचार्य तथा भारत के अनेक ऋषियों और मनीषियों तथा योगियों ने मोक्ष पर चिंतन किया है। योगी, महर्षि और संतों ने ही नहीं, भक्तों ने भी इसपर चिंतन किया है। कबीर और नानक सरीखे परम भक्तों ने भी मोक्ष की चर्चा की है और उसे अपने-अपने रूप में जाना है। चार्वाक कहते हैं कि जिस क्षण मानवदेह मृत्यु को उपलब्ध हो जाती है, उसी क्षण मोक्ष हो जाता है, अतः सुख पाना है तो मानवदेह की अधिक-से-अधिक सेवा करो। भगवान् बुद्ध कहते हैं कि "निर्वाण ही परमानंद है और जब 'मैं' तत्त्व का लोप हो जाता है तो तत्क्षण निर्वाण प्राप्त हो जाता है।" महात्मा बुद्ध की मान्यता थी कि निर्वाण इसी जीवन में प्राप्त हो सकता है। भगवान् बुद्ध 'सदेह निर्वाण' की बात करते हैं और 'विदेह निर्वाण' की भी। उन्होंने बार-बार यही उपदेश दिया है कि "तृष्णा का निवारण, लोभ, दोष और मोह की अग्नि का बुझाया जाना और अहंभाव का लोप ही निर्वाण है। निर्वाण है मैं द्वारा निर्मित संसार के पार चले जाना। सभी प्रकार के अज्ञान, सभी प्रकार के अहंकार तथा क्लेश का क्षय ही निर्वाण है। जिस प्रकार कोई दीपक बुझ जाता है तो वह न धरती पर जाता है, न अंतरिक्ष में और न अन्य किसी दिशा में जाता है, वह मात्र तेल का क्षय होने के कारण शांत हो जाता है, उसी प्रकार जो निर्वाण को पाता है वह न धरती पर जाता है, न अंतरिक्ष में और न किसी अन्य दिशा में जाता है; वह तो मात्र कर्म, क्लेशों के क्षय होने से विमुक्त हो जाता है। कर्म, क्लेशों का यह क्षय ही परम शांति है। यह मन की वह अवस्था है जो समस्त कारणों और समस्त बंधनों से मुक्त है।"

बुद्ध का निर्वाण, बुद्ध का परमानंद वही है जिसे वेदांत ने पूर्ण कहकर संबोधित किया है। अगर पूर्ण से कोई पूर्ण को निकाल भी ले तो भी जो शेष बचेगा, वह पूर्ण ही होगा। पूर्ण में यदि कोई कुछ जोड़ भी दे तो पूर्ण ही रहेगा, पूर्ण के अतिरिक्त वह कुछ और नहीं हो सकता।

बौद्ध मत का परमार्थ ही निर्वाण है। जब तृष्णा का पूर्णरूप से अंत हो जाता है तब निर्वाण उपलब्ध होता है। इसे लोभ, दोष, मोह और ज्ञान का बुझाया जाना भी कहा जा सकता है। ज्ञान बुझाए जाने का अर्थ है कि मुझे यह ज्ञान हुआ है—इस भाव का भी अंत। तृष्णा के पूर्णरूप से अंत होने का अर्थ है इस भाव का भी लोप हो जाना कि तृष्णा थी और अब तृष्णा का लोप हो गया, अर्थात् 'अंत हुआ है', इस चेतना का भी जब लोप हो जाए, तब है निर्वाण की स्थिति। निर्वाण कोई भी व्यक्ति अपने सम्यक् आचार-विचार और प्रयास से इसी जीवन में प्राप्त कर सकता है। इसे सदेह निर्वाण कहा गया है। बौद्ध इसे

'सोपादिसेस निब्बान' कहते हैं। इसी प्रकार बौद्ध मत में विदेह निर्वाण की भी चर्चा है और इसे 'अनुपादिसेस निब्बान' कहा गया है। यह निर्वाण कोई स्वर्ग नहीं है। यह तो परमानंद की प्राप्ति है और 'मैं' तत्त्व का पूर्ण विसर्जन।

भगवान् बुद्ध कहते थे कि जैसे ही 'मैं' तत्त्व का विसर्जन हो जाता है, व्यक्ति निर्वाण को उपलब्ध हो जाता है। 'मैं' तत्त्व के विसर्जन का अर्थ है परम अस्तित्व को अपना प्रतीक मानने के बोध का अंत। जो बौद्ध मत से सहमत नहीं हैं वे प्रश्न करते हैं कि भगवान् बुद्ध के मत के अनुसार आत्मा का संबंध परमात्मा से क्यों है? भगवान् बुद्ध इसपर मौन हैं। वे न आत्मा की बात करते हैं और न परमात्मा की; क्योंकि जब आत्मा-परमात्मा की परिभाषा की जाएगी तब उसे शब्दों की परिधि में लाना होगा, उसे अनुभव और अनुभूति की परिधि में लाना होगा और जो कुछ भी अनुभव और अनुभूति की परिधि में है, वहाँ किसी-न-किसी रूप में 'मैं' तत्त्व विराजमान है और जबतक 'मैं' तत्त्व विराजमान है तबतक 'मैं' तत्त्व का विसर्जन संभव नहीं, अर्थात् तबतक मोक्ष संभव नहीं। अतः समस्त दुःखों, समस्त क्लेशों के शांत होने के साथ-ही-साथ 'मैं' तत्त्व का विसर्जन ही वह मार्ग है, जहाँ तत्काल, तत्क्षण व्यक्ति परम निर्वाण को उपलब्ध हो जाता है। 'मैं' तत्त्व का विसर्जन तभी होगा जब व्यक्ति का अंतस रूपांतरित हो जाए, वह भेद की सत्ता का अतिक्रमण कर सकने में समर्थ हो जाए, वह 'मैं' और 'तुम' से ऊपर उठ जाए और वह एक ऐसी अतिमानस की चेतना में प्रवेश कर जाए जो सतत उपलब्ध है, जो सतत उपलब्ध थी और सतत उपलब्ध रहेगी; पर जिसकी विस्मृति है। 'सोपादिसेस निब्बान' में शरीर और इंद्रियाँ बची रह जाती हैं, परंतु इच्छा, घृणा, भ्रम, अज्ञान का नाश हो जाता है। इसमें समस्त संवेदनाएँ और इच्छाएँ छूट जाती हैं। अतः बुद्ध कहते हैं कि इच्छाओं का परित्याग करो। बुद्ध कहते हैं कि जीवन के प्रति अंतस में एक बोध जाग्रत करो। बुद्ध कहते हैं कि अंतस में क्रांति हुए बिना, अंतस में रूपांतरण के अभाव में निर्वाण संभव ही नहीं है। जो व्यक्ति अपने जीवन का वास्तव में स्वामी हो जाता है, जो व्यक्ति अपने प्रयास से अपनी इंद्रियों को वश में कर लेता है बिना लड़े, बिना उनसे झगड़ा किए, बिना उन्हें मिटाए, वह अपने अंतस की गहराई को और अंतस के सत्य को जान लेता है। बुद्ध कहते हैं कि मन क्षणिक है, चंचल है, जीवन क्षणभंगुर है। तुम उस तत्त्व के प्रति सचेतनबोध से भर जाओ जो शाश्वत है और उसे उपलब्ध हो जाओ, तभी निर्वाण के पथ पर तुम चल सकोगे। बुद्ध के अनुसार, निर्वाण अर्थात् मोक्ष सतत उपलब्ध है, लेकिन तभी जब व्यक्ति भटका हुआ न हो, अर्थात् उसका

मन तर्क-वितर्क और संशय में फँसा हुआ न हो। बुद्ध न आत्मा की बात करते हैं, न ईश्वर की बात; बुद्ध केवल सचेतनबोध से संयुक्त हो जाने की बात करते हैं। बुद्ध भीतर के होश की बात करते हैं। बुद्ध कहते हैं कि जीवन की क्षणभंगुरता को इंद्रियों से अच्छी तरह से जान लो, उसके प्रति बोध से भर जाओ; क्योंकि जानने से ही मुक्ति मिलती है। बुद्ध की सारी कला इसमें है कि मन काँपने न पाए। जबतक मन काँपता है तबतक अंतर्दृष्टि जाग्रत नहीं होती, सचेतनबोध जाग्रत नहीं होता। बुद्ध की सारी चेष्टा है कि जीवन की 'अनित्यता' को जान लिया जाए। दु:ख का जो आदिस्रोत है, उसको पूरी तरह समझ लिया जाए, आत्मसात् कर लिया जाए; तभी सभी कर्म करते हुए सशरीर समाधि को उपलब्ध हुआ जा सकता है। समाधि की यह स्थिति ही मोक्ष का द्वार है। जैसे-जैसे व्यक्ति को जीवन की क्षणभंगुरता का बोध होता जाता है वैसे-वैसे जीवन क्षण-क्षण जीने की एक कला बन जाता है। जितनी पूर्णता से जिया जा सके, जिओ। बुद्ध का सारा प्रयास क्षणभंगुरता का स्पष्ट बोध करना है। बुद्ध जब कहते हैं कि जीवन क्षणभंगुर है तो उसका तात्पर्य यह नहीं होता कि जीवन को छोड़ दिया जाए। जीवन क्षणभंगुर है, इसलिए कल पर कुछ भी नहीं छोड़ा जा सकता, अत: स्वर्ग और भविष्य की कल्पना को भी छोड़ना होगा। बुद्ध कहते हैं कि क्षणभंगुरता को समझकर तुम समस्त अस्तित्व में समा जाओ। अस्तित्व व तुममें कहीं कोई भावभेद न रहे। तुम्हारी दृष्टि ही तुम्हारा संसार है और मोक्ष का अर्थ है, इस 'मैं' प्रधान दृष्टि का खो जाना और जब कोई दृष्टि नहीं रह जाती तब जो दिखाई पड़ता है, वही है निर्वाण, वही है मोक्ष, वही है परम शून्यता। वहाँ जो जैसा दिखाई देता है उसे कहने के लिए कोई शब्द ही नहीं है, कोई उपाय ही नहीं है। जो मोक्ष का आकांक्षी है उसे संपूर्णता के प्रति बोध जाग्रत करना होगा। न तो उसे कुछ भी पकड़ने की भ्रांति में रहना होगा और न उसे कुछ भी छोड़ने की बात करनी होगी। बस, उसे तो जीवन अर्थात् समस्त अस्तित्व के प्रति विशेष सतत समझ जाग्रत करनी होगी; ऐसा ही कुछ प्रयास महात्मा बुद्ध का रहा होगा।

जिसके अंतश्चक्षु खुल जाएँ, उसे ही निर्वाण प्राप्त होगा, इसीलिए बुद्ध का सारा जोर अंतस के चक्षु खोलने पर था। बुद्ध कहते हैं, जिसने सभी मार्ग पार कर लिये हैं, जो शोक से विमुक्त है, जिसकी सभी ग्रंथियाँ विदीर्ण हो गईं, उसे कोई दु:ख नहीं होता। जो सदैव सचेतनबोध से आए, उसे स्वीकार करते रहो। इसपर बड़े सुंदर विचार 'ओशो' ने अपनी पुस्तक 'एस धम्मो सनंतनों' में

व्यक्त किए हैं—"जीवन की धूप में पकना ही मार्ग का पूरा होना है। जैसे फल पक जाता है तो गिर जाता है, ऐसे ही जीवन के मार्ग को जिसने पूरा कर लिया, वह जीवन से मुक्त हो जाता है। फल जब पक जाता है तो जिस वृक्ष में पकता है उसीसे छूट जाता है। इस चमत्कार को रोज देखते हो, पहचानते नहीं। फल पक जाता है तो जिस वृक्ष ने पकाया, उसीसे मुक्त हो जाता है, पकते ही मुक्त हो जाता है।

"कच्चे में ही बंधन है। कच्चे को बंधन की जरूरत है। कच्चे को बंधन का सहारा है। कच्चा बिना बंधन के नहीं हो सकता। बंधन दुश्मन नहीं, तुम्हारे कच्चे होने का सहारा है। जब तुम पक जाओगे, जब तुम अपने में पूरे हो जाओगे, वृक्ष की कोई जरूरत नहीं रह जाती, फल छूट जाता है। ऐसे ही संसार से मुक्ति फलित होती है, जब तुम पक जाते हो।"

बुद्ध कहते हैं कि जिसकी सभी ग्रंथियाँ क्षीण हो गईं, वह मुक्त हो गया। जिस जीवन में हम जीते हैं, वह ग्रंथियों का जीवन है, बंधन का जीवन है, अर्थात् यांत्रिक जीवन है। वह होशपूर्ण सचेतनबोध और परिपक्वता से जुड़ी हुई अनुभूति नहीं है। भगवान् बुद्ध की तरह ही भगवान् महावीर का दर्शन भी मोक्ष का प्रतिपादन करता है; लेकिन जैन दर्शन में मोक्ष की बात कुछ अपनी तरह से कही गई है। भगवान् महावीर का पहला सूत्र है निर्विकल्प भावदशा। न राग में रहो, न द्वंद्व में रहो, बीच में मन डोलता रहे। भगवान् महावीर ने अपनी तरह से सचेतनबोध से भी युक्त होने की बात की है। इस सचेतनबोध से ही मोक्ष की प्राप्ति संभव है, अतः साधक को चाहिए कि वह इंद्रियों के अनुकूल विषयों से राग भाव न करे। प्रतिकूल विषयों के प्रति मन में द्वेष न लाए। भगवान् महावीर कहते हैं कि संसार से जो सुपरिचित, निस्संग, निर्भय, आश्रयरहित हैं उन्हींका मन वीतरागता को उपलब्ध होता है और वही ध्यान में सुनिश्चल, भलीभाँति स्थित होते हैं। मोक्ष वही है, जहाँ सब भ्रांतियाँ, सब आश्रय व सब आधार समाप्त हो जाते हों; जहाँ परम विश्राम हो, जहाँ किसी प्रकार के पहिए और चक्र की आवश्यकता ही नहीं रह जाती हो। मोक्ष का संसार से विरोध नहीं है। मोक्ष है द्वैत-अद्वैत दोनों की भावना का अभाव, द्वंद्व का अभाव, संकल्प-विकल्प का अभाव। भगवान् महावीर ने जीवात्मा को परमात्मा के पद पर बैठाया है और यह विश्वास दिलाया है कि हर आत्मा परमात्मा के पद पर स्वयं के तप, स्वयं के सतत अभ्यास, ध्यान और समाधि से पहुँच सकती है। महावीर कहते हैं कि मनुष्य बहुचित्तवान् है। इसका अर्थ हुआ कि हर व्यक्ति का चित्त प्रतिपल विभिन्न तरंगों में चल रहा है। तरंगों की भ्रांति के कारण ही व्यक्ति की चेतना

स्वयं से भागी हुई प्रतीत होती है। बहुचित्तवान् वर्तमान में नहीं रहता। महावीर चित्तनिरोध की बात करते हैं। वे कहते हैं कि अतीत को जाने दो, बस तुम केवल वर्तमान में रहो। जरा-सी याद आए अतीत की तो इस बात का बोध हो जाना चाहिए कि चित्त वर्तमान में है। वर्तमान चित्त का यह निरोध ही आत्मा की परम शुद्धि है। चित्त आत्मा की अशुद्धि है, जिसने इस तत्त्व को जाना और फिर जो अपनी अंतर्यात्रा पर निकला वह मुक्त हो गया, ब्रह्मज्ञानी हो गया। महावीर का सारा उपदेश यह है कि सम्यक् ज्ञान ही मुक्ति है। उन्होंने सम्यक् ज्ञान के आठ अंग बताए हैं—नि:शंका, निष्कांक्षा, निर्विचिकित्सा अमूढ़दृष्टि, उपगूहन, स्थिरीकरण, वात्सल्य और प्रभावना। इन आठ अंगों में सभी श्रेष्ठ हैं; पर जो विशेष श्रेष्ठ है वह है नि:शंका, अर्थात् अशंका का गिर जाना। जब अशंका गिर जाती है तब चित्त वर्तमान में स्थित हो जाता है और वर्तमान में स्थित होते ही उसमें जो ऊर्जा जन्म लेती है, वही मोक्ष का पथ प्रशस्त करती है। सम्यक् ज्ञान का दूसरा चरण निष्कांक्षा है। 'तुम आकांक्षा मत रखना', क्योंकि आकांक्षा ही संसार है। सत्य के जगत् में आकांक्षा के बिना प्रवेश संभव नहीं है। सत्य की खोज, मोक्ष की खोज की जाएगी तो मोक्ष प्राप्त नहीं होगा। आकांक्षा के रहते हुए सम्यक् दृष्टि उत्पन्न हो ही नहीं सकती। केवल आत्मा के अनुसंधान द्वारा ही मोक्ष को पाया जा सकता है और आत्मा के अनुसंधान के लिए अंतर्मुखी होना आवश्यक है। अत: भगवान् महावीर सतत जाग्रत होने की बात करते हैं। भगवान् महावीर का सर्वाधिक महत्त्वपूर्ण सूत्र है—

दंसणभट्ठा भट्ठा, दंसणभट्ठस्स नत्थि निव्वाणं।
सिज्झंति चरियभट्ठा, दंसणभट्ठा ण सिज्झंति॥

—जिनसूत्र, १-७१

''दर्शन से जो भ्रष्ट है, उसे कभी निर्वाण उपलब्ध नहीं होता। चरित्र से भ्रष्ट व्यक्ति तो सिद्धि प्राप्त कर सकता है, पर दर्शन से भ्रष्ट व्यक्ति को सिद्धि प्राप्त नहीं हो सकती, अर्थात् उसका निर्वाण नहीं हो सकता।''

भगवान् महावीर बार-बार दुहराते हैं कि वही व्यक्ति भटकता है जिसके पास दृष्टि नहीं होती, आँख नहीं होती; लेकिन जिसके पास आँख होती है, दृष्टि होती है, भले ही वह चरित्रभ्रष्ट हो, पर वह निर्वाण को प्राप्त कर सकता है। एक बार चरित्रभ्रष्ट तो सिद्ध हो जाएगा, पर दर्शन से भ्रष्ट व्यक्ति कभी सिद्ध नहीं हो सकता, उसे मोक्ष नहीं मिल सकता। इस बारे में ओशो ने बड़ा सुंदर भाष्य किया है। इस सूत्र की व्याख्या करते हुए ओशो कहते हैं कि ''महावीर के अनुसार 'सम्यक् दृष्टि' तो आचरणवाले व्यक्ति के पास ही होती है, भले ही

उसका आचरण समाज की तथाकथित धारणा से मेल खाए, न खाए, इससे कोई अंतर नहीं पड़ेगा।

" 'सिज्झंति चरियभट्ठा', जिसको लोग सोचते हैं कि वह चरित्रभ्रष्ट है, वह भी केवल दर्शन के सहारे मुक्त हो जाता है, 'सिद्धि' को उपलब्ध हो जाता है; किंतु सम्यक् दर्शन से रहित व्यक्ति सिद्धि प्राप्त नहीं कर सकते।

"इसलिए जो पाना है, जो खोजना है, वह दृष्टि है, वह देखने का ढंग है, वह साफ-सुथरी आँख है, वह निर्मल भावदशा है। आँख पर कोई विचार न रह जाए। आँख पर कोई पक्षपात न रह जाए। आँख ऐसी निर्मल हो, पारदर्शी हो कि जो जैसा है, वैसा दिखाई पड़ने लगे; बस, पर्याप्त है। उसके पीछे ज्ञान अपने आप आ जाता है, चारित्र्य अपने आप आ जाता है। लेकिन यह चारित्र्य जरूरी नहीं है कि समाज की सम्मत मान्यताओं के अनुकूल हो। यह तुम्हारी दृष्टि के अनुकूल होगा। लेकिन जिसके पास दृष्टि है वह चिंता भी नहीं करता कि उसके चरित्र को आदर मिलता है या नहीं। जिसके पास दृष्टि है वह तुम्हारे मत का कोई विचार नहीं रखता कि तुम क्या सोचते हो। तुम्हारे सोचने पर, तुम्हारी धारणाओं पर, तुम्हारी प्रशंसा और निंदा पर उसके चरित्र के आधार नहीं टिके होते। उसके चरित्र के आधार अपनी अंतर्दृष्टि पर होते हैं। अगर वह अकेला भी है और सारा संसार भी उससे भिन्न सोचता है तो भी वह मस्त है।"

एक बार वासना बुझ जाए और उस वासना की जगह अंतर्दृष्टि के दीप जल जाएँ तो फिर समस्त बंधन समाप्त हो जाते हैं। भगवान् महावीर केवल भीतर के जाग जाने की बात करते हैं। अगर भीतर से जागृति नहीं आई, भीतर से भोग समाप्त नहीं हुआ तो मोक्ष प्राप्त नहीं होगा। महावीर कहते हैं कि प्रयत्नपूर्वक अंतस को देखो, अनुद्वेग को सँभालो। कोई उद्वेग जन्म न लेने पाए; भोग, त्याग, राग, द्वेष का अतिक्रमण करो, तब मोक्ष प्राप्त होगा। भगवान् महावीर ने परमानंद की जिस उपलब्धि को निर्वाण कहकर संबोधित किया है, वही मोक्ष है। इसकी चर्चा उपनिषद् में है, वैशेषिक दर्शन में है, ब्रह्मसूत्र में है, न्यायशास्त्र में है।

वैसे तो सच यह है कि मोक्ष की कोई परिभाषा नहीं की जा सकती। मोक्ष तो पुरुषार्थ का वह भाग है, जो शब्दों से नहीं जाना जा सकता। व्यक्ति अपने अंतस की चेतना को जाग्रत करके मोक्ष को उपलब्ध तो हो सकता है, पर यदि कोई अपने बौद्धिक चातुर्य या शारीरिक बल या मानसिक बल से मोक्ष को प्राप्त करने की बात करे तो ऐसा संभव नहीं है। मोक्ष है तो वर्तमान में है, उसका कोई भी संबंध न तो अतीत से है, न भविष्य से है। मोक्ष तो यहीं है, अभी है।

वह कोई पृथक् लोक में नहीं, जहाँ मृत्यु के बाद प्रवेश मिलता हो। 'षड्दर्शन' में जिस मृत्यु की बात की गई है वास्तव में उसका आशय शरीर भाव के परित्याग से है। जबतक शरीर भाव के प्रति व्यक्ति बँधा है, जबतक स्वयं के अहं के प्रति अथवा मोह-राग में डूबा है तबतक उसे मोक्ष प्राप्त नहीं हो सकता। अत: मोक्ष की प्राप्ति का अर्थ हुआ 'मैं' भाव की तथा शरीर भाव की मृत्यु। जो आत्मस्थ होकर शरीर की वास्तविकताओं को पहचान ले, उसे ही मोक्ष प्राप्त होता है, वही आत्मज्ञान से परिपूरित होता है। मोक्ष द्वंद्वरहित जीवन है। द्वंद्व से मुक्त व्यक्तित्व को ही परमानंद उपलब्ध होता है। द्वंद्वरहित होने का अर्थ यह नहीं होता कि व्यक्ति कोई कर्म ही न करे, बल्कि उसका वास्तविक अर्थ होता है, कर्म करते हुए वह स्वयं को द्वंद्वातीत कर ले। इसे गीता में समत्व भाव कहा गया है। यह समत्व भाव कोई जड़ नहीं होता। जड़ता में प्रवेश करके परमात्मा को कोई उपलब्ध नहीं हो सकता। यह समत्व भाव चुनाव करने की क्षमता का परित्याग भी नहीं है। व्यक्ति में जीवंतता तो तब प्रकट होती है और व्यक्ति का पुरुषार्थ तो तब व्यक्त होता है जब उसका अंतस द्वैत का अतिक्रमंण कर जाता है। द्वैत के अतिक्रमण का अर्थ यह नहीं होता कि हमें कुछ करना ही नहीं है। हमें यहाँ यह समझ लेना होगा कि निर्द्वंद्व का चुनाव भी एक प्रकार का कर्म ही है। निर्द्वंद्व का चुनाव करते हुए हम पुन: संसार में वापस लौट आते हैं। चूँकि निर्द्वंद्व का चुनाव भी एक प्रकार का कर्म ही है, अत: हमें इससे भी बचना है और हम बच सकते हैं, केवल अंतस के केंद्र के प्रति जाग्रत होकर। अत: हर निमिष, हर क्षण द्वैत के प्रति जाग्रत रहना होगा। हर क्षण दो रास्ते उपलब्ध होते हैं; लेकिन एक तीसरा भी उपलब्ध रहता है, जो द्रष्टा है। यह द्रष्टा यदि सचेतनबोध से भर जाए तो फिर जो तत्त्व प्रकट होगा वह यह होगा कि 'मैं' न तो सफलता हूँ और न विफलता। विफलता भी मुझपर आती है और सफलता भी मुझपर आती है। एक साक्षीभाव जाग्रत होता है। इस साक्षीभाव के जाग्रत होतें ही मोक्ष के द्वार खुल जाते हैं। ऐसा साक्षीभाववाला व्यक्ति संसार के बंधनों से मुक्त हो जाता है। वह भीतर से प्रशांत है, प्रकाशित है; जन्म और मृत्यु दोनों के ऊपर है। इस संदर्भ में 'गीता' में बड़ा सुंदर श्लोक है—

कर्मजं बुद्धियुक्ता हि फलं त्यक्त्वा मनीषिण:।
जन्मबन्धविनिर्मुक्ता: पदं गच्छन्त्यनामयम्॥

—श्रीमद्‌भगवद्‌गीता, २-५१

समत्व बुद्धिवाले ज्ञानी लोग कर्मफल की इच्छा का त्याग करके जन्म-रूप बंधन से मुक्त होकर निर्विकार परम पद प्राप्त करते हैं।

इस श्लोक में जिस अमृतमय परम पद की बात की गई है वह जन्म और मृत्यु के भाव का अतिक्रमण करके प्राप्त होता है। जन्म और मृत्यु का यह अतिक्रमण जन्म और मृत्यु के परे की भावदशा है। जन्म और मृत्यु के परे की भावदशा का अर्थ यह नहीं होता कि कोई भी व्यक्ति जन्म और मृत्यु से वास्तव में बँधा हुआ है। इसका मतलब यह भी नहीं कि वह पहले बँधा हुआ था और अब मुक्त हो चुका है। इसका वास्तविक अर्थ यह है कि जब एक बार सचेतनबोध जाग्रत हो जाता है तब व्यक्ति आत्मस्थ हो जाता है। और जब व्यक्ति आत्मस्थ हो जाता है तब उसे इस सत्य की प्रतीति हो जाती है कि वह वास्तव में न पहले बँधा था और न अब बँधा हुआ है और न आगे बँधेगा। सारा वेदांत यही कहता है कि कोई भी व्यक्ति न पहले बँधा था और न अब बँधा है और न आगे बँधेगा; लेकिन सामान्य व्यक्ति की यह मान्यता है कि वह बँधा हुआ है। वह मानता है कि उसका जन्म होता है, उसकी मृत्यु होती है और इस मृत्यु से उसे मुक्ति मिल सकती है। यह सारा-का-सारा विचार मात्र एक अज्ञान है। अस्तित्व में न कोई जन्म है और न कोई मृत्यु। भूल हमारी समझ में है। इसी अस्तित्व में यह दिखाई पड़ता है कि जन्म हो रहा है और मृत्यु हो रही है। जन्म और मृत्यु के प्रति यह जो भ्रम है, उससे मुक्त हो जाना ही मोक्ष है, वही परम पद है। इसे भारतीय मनीषा ने बड़े सुंदर ढंग से लिखा है। उसके अनुसार, "जब जन्म से गुजरकर आपको जन्म का अनुभव नहीं मिला तो पक्का समझना कि मृत्यु से भी गुज़र जाओ तो भी आपको मृत्यु का अनुभव नहीं मिलेगा; क्योंकि वह भी इतनी ही गहरी घटना है जितना कि जन्म। दरवाजा वही है। जन्म से आप आए थे, मृत्यु से आप वापस लौट जाएँगे; पर हमारी आँख बंद रहती है। मेरा जन्म हुआ है, यह सूचना किसीने हमें दी है और मृत्यु का अनुमान हमें दूसरों को मरता हुआ देखकर लगता है; लेकिन हमें वास्तव में न जन्म का पता है और न मृत्यु का।"

एक बार यदि वास्तव में कोई जान जाए कि क्या है जन्म और क्या है मृत्यु, अर्थात् एक बार जिसे जन्म और मृत्यु का रहस्य पता चल जाए तो वह व्यक्ति मोक्ष को प्राप्त हो जाता है। जन्म और मृत्यु का यह रहस्य गंभीर है और इतना सरल भी कि जो निश्छल भाव से, सचेतनबोध के द्वारा देखे और अज्ञात में छलाँग लगा सके, उसके प्रति पूर्णरूप से श्रद्धावनत हो सके तो उसके लिए ये रहस्य खुल जाएँगे। कैवल्य उपनिषद् का भाष्य करते हुए ओशो ने एक स्थान पर लिखा है कि "बहुत हैरानी होगी जानकर कि मृत्यु का मतलब बहुत अजीब है। मृत्यु का मतलब है, उस आदमी की मृत्यु को मृत्यु कहते हैं जिसका दूसरा

जन्म होने वाला है। कभी खयाल में न आया होगा कि इसको मृत्यु कहते हैं—जन्म के कारण। अगर आगे जन्म होने वाला है तो यह मृत्यु है। और अगर आगे जन्म होने वाला नहीं है तो यह मोक्ष है, मुक्ति है। इसलिए बुद्ध को हम यह नहीं कहते कि वह मर गए; कहते हैं—समाधिस्थ हुए। महावीर को नहीं कहते कि वह मर गए; कहते हैं—समाधिस्थ हुए। समाधिस्थ का अर्थ है कि तीनों शरीर अर्थात् स्थूल शरीर, सूक्ष्म शरीर और कारण शरीर—लीन हो गए, समाप्त हो गए, शून्य हो गए—और व्यक्ति चौथी अवस्था में प्रवेश कर गया। यहाँ से कोई आवागमन नहीं है।

"बड़े मजे की बात है कि भारत में हम शरीर को जलाते हैं। सिर्फ संन्यासी के शरीर को नहीं जलाते हैं। कभी आपने खयाल किया हो न किया हो, सबके शरीर को जलाते हैं, सिर्फ संन्यासी के शरीर को और बच्चों के शरीर को नहीं जलाते हैं। बच्चों के शरीर को इसलिए नहीं जलाते कि बच्चों के अभी तीनों शरीर प्रकट नहीं हो पाए थे। बच्चे के शरीर में अभी अपवित्रता नहीं आई थी। जबतक स्थूल शरीर पूरी तरह से प्रकट न हो गया हो तबतक बच्चे का शरीर अपवित्र नहीं है। हमारा इन सारे खयालों के पीछे और जो अनुगमन हुआ, जो अनुसंधान हुआ, वह यह है कि जबतक बच्चा स्थूल शरीर में 'पूरी तरह से' प्रवेश न कर गया हो—मतलब, कामवासना सघन न हो गई हो—तबतक उसके शरीर को जलाने की कोई जरूरत नहीं है, तबतक उसका शरीर फूल जैसा पवित्र है। उसे हम सीधा सौंप देते हैं मिट्टी को। मिट्टी उसे सीधा ही आत्मसात् कर लेगी।

"आप जानकर हैरान होगे कि कामवासना के जग जाने के बाद शरीर (शिव) को पहले अग्नि से शुद्ध करेंगे, फिर मिट्टी को सौंपेंगे। अपवित्रता प्रवेश कर गई, इसीलिए आग में जलाते हैं। आग में जलाने का प्रयोजन कुल इतना है कि अपवित्र हो गया शरीर वासनाग्रस्त हो गया और स्थूल तक पहुँच गई चेतना दूषित हो गई तो आग उसे शुद्ध कर दे। आग उसे राख बना देगी, फिर राख को हम मिट्टी को, नदी को कहीं सौंप देंगे, फिर दिक्कत न रही।

"संन्यासी को न जलाने का दूसरा कारण है। संन्यासी को न जलाने का कारण है कि जिसने अपने भीतर ही उन तीनों शरीरों को जला डाला तो उसे अब हम और शुद्ध करने का क्या उपाय करें? परमशुद्धि हो गई, इसलिए हमारी आग किसी काम की नहीं है। जिसकी भीतर की आग जल गई और जिसने भीतर तीनों शरीरों को समाप्त कर लिया, उसके लिए हमारी आग किसी काम की नहीं है। उसे भी हम सीधा मिट्टी को सौंप देते हैं। वह सीधा ग्रहणीय है। मिट्टी उसे सीधा ही आत्मसात् कर लेगी। वहाँ भी कुछ अशुद्ध नहीं है। बच्चों

में अभी अशुद्ध नहीं हुआ था और संन्यासी में शुद्ध हो गया था, इसलिए हम संन्यासी और बच्चों को नहीं जलाते।

"मृत्यु तबतक मृत्यु है जब आगे जन्म होने को हो। मृत्यु कहते हैं इसलिए कि जन्म होने वाला है। यह उलटा लगेगा, बल्कि भारत कहता है कि जन्म और मृत्यु एक ही सिक्के के दो पहलू हैं। जन्म होता है तो मृत्यु होती है, मृत्यु होती है तो फिर जन्म होगा। इसलिए हम महावीर या बुद्ध की मृत्यु को मृत्यु नहीं कहते हैं, क्योंकि दूसरा पहलू ही नहीं है। जन्म होने वाला नहीं है। यह मृत्यु नहीं है। यह समाधि है। यह मुक्ति है। यह किसी दूसरी यात्रा पर निकल गई चेतना है। यह हमारे चक्कर की हमारी जो पटरी थी, उससे नीचे उतर गई; हमारी पटरी पर इसके लिए अब कोई जन्म नहीं है। इसको हम मृत्यु कैसे कहें? क्योंकि मृत्यु हम कह ही तब सकते हैं, सार्थक रूप से, जब जन्म होने वाला हो। जन्म चूँकि नहीं होगा, इसलिए इसे मृत्यु भी नहीं कहते; इसे कहते हैं समाधि।"

भारतीय मनीषा की मान्यता है कि हमारे शरीर में मृत्यु घटित हो जाती है तो हमारा शरीर 'कारण शरीर' में समा जाता है, अर्थात् स्थूल शरीर जब गिरता है तब वह सूक्ष्म शरीर को धारण कर लेता है और जब सूक्ष्म शरीर भी गिरता है तब वह कारण शरीर में प्रवेश कर जाता है। यह कारण शरीर बड़ा अद्‌भुत है। वृक्ष कारण है और शरीर उसका बीज; लेकिन अगर इस बीज को तोड़ें तो बीज के अंदर हमें वृक्ष दिखाई नहीं देगा। इसका सीधा अर्थ यही होता है कि बीज में वृक्ष कहीं छिपा हुआ है और इसका तभी पता चलेगा जब सही परिस्थितियाँ उत्पन्न हो जाएँ। जब बीज को जमीन में गाड़ दें तभी उसके तीनों शरीर प्रकट होंगे। अत: यदि मोक्ष प्राप्त करना है तो तीनों शरीरों के पार जाना होगा। तीनों शरीरों का अतिक्रमण ही मोक्ष है, अर्थात् शरीर धारण होने के जो कारण हैं; जब वे लुप्त हो जाएँ तब जो बचेगा, वही है सत्य। यही है भारतीय मनीषा की मान्यता। मृत्यु का अर्थ होता है स्थूल शरीर का कारण शरीर में लीन हो जाना। मृत्यु का अर्थ समाप्त हो जाना नहीं है। मृत्यु का अर्थ पूर्णरूप से समाप्त हो जाना नहीं है, मृत्यु का अर्थ होता है नई यात्रा की शुरुआत।

अब प्रश्न यह उठता है कि मोक्ष प्राप्त करने के निमित्त इन तीनों शरीरों का अंत कैसे हो? इन तीनों शरीरों का लय कैसे हो? यह केवल समाधि से संभव है—ऐसी मान्यता है भारतीय मनीषा की। एकात्मक साधना से उस सूक्ष्म तत्त्व को जाना जा सकता है जिसे परमब्रह्म कहकर संबोधित किया गया है। भारतीय मनीषा के अनुसार तो केवल ब्रह्म वही है जहाँ अंतर्मुखी होकर अंतस में

स्वयं के प्रति सचेतनबोध का अनुभव होता है। ब्रह्म ही अनुभव है। शब्दों के माध्यम से इससे अधिक कुछ भी नहीं जाना जा सकता और ऐसा अनुभव तभी प्राप्त होगा जब स्वयं अज्ञात में छलाँग लगाई जाए और उस अज्ञात का स्वयं ही आलिंगन कर लिया जाए। यह अनुभव नितांत वैयक्तिक है। यह न तो कोई शाब्दिक अनुभव है और न कोई भावानुभूति। सच तो यह है कि जिस दिन भीतर के ब्रह्म से साक्षात्कार हो जाता है, उस दिन जहाँ भी आँख डाली जाएगी वहाँ ब्रह्म ही दिखाई पड़ेगा। जिसने स्वयं के इस तत्त्व को खोज लिया, जिसने यह सत्य जान लिया कि द्वैत है ही नहीं, उसका साक्षीभाव जाग्रत हो जाता है। यह साक्षीभाव ही मोक्ष की दशा है। स्वामी रामतीर्थ ने इसका प्रयोग किया और भारतभूमि के और अनेक महर्षियों और ऋषियों ने भी किया। यह साक्षीभाव ही जीवन में दुःखों के विसर्जन का मार्ग है और यही मार्ग है समस्त बंधनों से मुक्त होने का। जब दुःखों का विसर्जन होता है, बंधन समाप्त होते हैं, तभी मोक्ष प्राप्त होता है। साक्षी 'अहं' अर्थात् 'मैं' से निर्मित नहीं होता। जिस क्षण साक्षी के अनुभव की यात्रा शुरू होती है, उसी क्षण 'मैं' का अनुभव समाप्त होने लगता है।

सत्य तो यह है कि निष्काम होना ही कैवल्य अवस्था है। देह को धारण किए हुए भी इस अवस्था को प्राप्त किया जा सकता है। जीवन के अंतिम क्षणों में किसीको आत्मज्ञान प्राप्त नहीं होता। जिस क्षण आत्मज्ञान प्राप्त होता है, उसी क्षण देह को मुक्ति मिल जाती है। व्यक्ति विदेह हो जाता है। देह से मुक्त होने का अर्थ है, देह का जो वास्तविक सत्य है वह प्रकट हो जाना। सभी में एक ही चैतन्य है जोकि विभिन्न नाम और रूपों में अवस्थित है। समस्त नाम और कर्म में एक ही चैतन्य का वास है। यह चैतन्य ही आत्मा है, जिसे कोई सर्वात्मा कहता है, कोई परमात्मा, कोई परम चैतन्य। यह जो आत्मा है, वह संपूर्ण सृष्टि का सारतत्त्व है। आत्मज्ञानी पुरुष इसी सत्य का विशेष अनुभव करता है, वह सतत ध्यान और समाधि के द्वारा इस लक्ष्य की प्राप्ति हेतु साधक बनकर पृथ्वी पर विचरण करता है। यह आत्मदृष्टि कोई बाह्य अवस्था नहीं है। यह तो आंतरिक उपलब्धि है। यह उपलब्ध ही तब होती है जब ध्यान के द्वारा समस्त अशांति, विभ्रम व बुद्धि के समस्त द्वैतभाव समाप्त हो जाते हैं—और तो और, जब ध्याता और ध्येय का भाव भी समाप्त हो जाता है, तभी उस केंद्र में प्रवेश मिलता है, जो अस्तित्व का केंद्र है। अस्तित्व के प्रति सजगता ही अस्तित्व की सत्ता में प्रवेश है। मोक्ष कोई यात्रा नहीं है, कोई गंतव्य स्थल नहीं, जहाँ चलकर पहुँचा जाता हो; मोक्ष है अस्तित्व की एकात्मता का सतत बोध। मात्र समग्रता,

भेदशून्य समग्रता में प्रवेश और प्रवेश होते ही समग्र बन जाना, अस्तित्व बन जाना—इससे अधिक शब्द नहीं दिए जा सकते। कामनाएँ तो सदैव से ही मरणधर्मा हैं। आत्मज्ञान को उपलब्ध होता हुआ व्यक्ति अपने जीवन के अंतिम क्षणों में मृत्यु से भयभीत नहीं होता, क्योंकि वह जानता है कि उसकी मृत्यु नहीं हो रही है। वह जानता है कि आत्मा की मृत्यु हो ही नहीं सकती; पर सामान्य व्यक्ति जो आत्मज्ञानी नहीं हैं, वे मृत्यु से घबराते हैं। घबराते इसलिए हैं, क्योंकि उनकी कामना है अभी भी जीवित रहने की। इसलिए व्यक्ति अंतिम समय यह सोचता है कि शरीर के छूटते ही उसकी समस्त कामनाएँ टूट जाएँगी, ध्वस्त हो जाएँगी; भविष्य के लिए जो भी व्यवस्था की थी, जो भी वृक्ष लगाए थे, जो फलाकांक्षा की थी, वह फलाकांक्षा नष्ट हो जाएगी। जब कामनाएँ छूट जाती हैं तब साधक स्वयं 'अ-मृत' हो जाता है। कामनाओं के प्रति आसक्ति, कामनाओं के प्रति मृत्यु का भाव उसको मरणधर्मा होने की भ्रांति देता है—कामनाएँ होती ही इसलिए हैं। कामनाएँ ही आनंद की खोज हैं। कामनाएँ आनंद पाने की आकांक्षा हैं। कामनाएँ दुःख को मिटाने की इच्छा हैं। हम समझते हैं कि कामनाओं को पूरा करने से दुःख मिट जाएँगे। नास्तिक या भौतिकवादी व्यक्ति सोचता है कि बाह्य पदार्थों से या किसी बाह्य संपर्क से अथवा बाह्य भावदशा से उसका दुःख मिट जाएगा और परमानंद प्राप्त हो जाएगा; पर जो वास्तव में सच्चा आस्तिक है उसका विचार है कि जब अंतस आनंद अर्थात् आत्मज्ञान को उपलब्ध कर लेगा तभी कामनाएँ शांत हो जाएँगी, मिट जाएँगी। वस्तुतः अस्तित्व के आनंद के प्रति अंतस में बोध जाग्रत हो जाए तो कामनाएँ समाप्त हो जाएँगी। जैसे-जैसे अंतस में आनंद का बोध घना होता है वैसे-वैसे कामनाएँ गिरती चली जाती हैं, कामनाओं की मृत्यु हो जाती है और हृदय के बंधन खुलते चले जाते हैं। मूल आकांक्षा तो आनंद को पाने की है। और एक बार वास्तविक आनंद का स्पर्श भी हो जाए तो अन्य कामनाएँ उसी क्षण बिखर जाती हैं, टूट जाती हैं। यदि कोई भी व्यक्ति अंतस में विराज रहे परम आनंद के साथ स्थायी तादात्म्य कर सके तो फिर दुःख का सर्वथा लोप हो जाएगा, फिर वह गिर जाएगा।

जब भगवान् महावीर सरीखे मनीषी मोक्ष प्राप्त करने की बात करते हैं तो वे सीधे भीतर की अंतस चेतना को जाग्रत करने की बात करते हैं। वह यह घोषणा करते हैं कि यह संसार राग और द्वेष रूपी दो पहियों से निर्मित होता है। जहाँ दो हैं, वहाँ संसार है; संसार द्वैत है और मोक्ष का अर्थ अद्वैत नहीं है। अद्वैत का अर्थ यह है कि एक है भी या नहीं, यह भी नहीं मालूम, बस इतना मालूम है कि दो नहीं हैं। यह स्पष्ट रूप से समझ लेने की बात है कि जहाँ गति अथवा

प्रवाह की खोज होती है वहाँ दो पहियों की आवश्यकता होगी ही; क्योंकि तभी प्रवाह आएगा, तभी गति आएगी। सत्य तो यह है कि मोक्ष ऐसा स्थान नहीं है जहाँ पहुँचा न जाए। मोक्ष कोई जीवन की दशा भी नहीं है, मोक्ष कोई मानसिक चेतना की वस्तु भी नहीं है। जबतक मन चलता रहेगा, जबतक मन की गति रहेगी, चाहे सकारात्मक रूप से हो या नकारात्मक रूप से, जबतक 'मैं' का अस्तित्व रहेगा, जबतक यह भाव भी रहेगा कि मन शांत हो रहा है या अशांत हो रहा है, तबतक मोक्ष संभव नहीं है। मोक्ष ऐसा परम विज्ञान है जो सदैव उपलब्ध था तथा सदैव उपलब्ध है तथा सदैव उपलब्ध रहेगा; पर जो वर्तमान में सतत उपलब्ध है, उसकी हमें विस्मृति हो गई है। चूँकि इस परम विज्ञान की विस्मृति हो गई है, अतः राग और द्वेष रूपी संसार में मन का विचरण होता है। राग-द्वेष, हानि-लाभ, जीवन-मरण, यश-अपयश, शांति-अशांति इसके बीच में ही मन की समस्त क्रियाएँ हैं। मोक्ष ऐसी स्थिति है, जहाँ न शांति है और न अशांति; न राग है, न द्वेष; न कोई अपना है और न कोई पराया; न हित है और न अहित। एक प्रकार से जहाँ समस्त द्वैत का अतिक्रमण हो, वहीं मोक्ष है। इस मोक्ष के मार्ग में संसार बाधा है। द्वैत वह पट्टी है जो हमारे तीसरे नेत्र पर बँधी हुई है। दिव्य चक्षु तो प्रत्येक के पास उपलब्ध हैं, लेकिन इन दिव्य चक्षुओं पर पट्टी बँधी है। मोक्ष का अर्थ खोजना नहीं है, मोक्ष उपलब्ध है। मोक्ष ऐसा कोई स्थान नहीं है, जहाँ संसार से भागकर कंदराओं या किसी अन्य लोक में जाना पड़े। जबतक यह नासमझी है, जबतक मन की सत्ता सूक्ष्म रूप में भी है, तबतक व्यक्ति अज्ञान के बंधन से बँधा ही है। इस बंधन की समाप्ति किसी श्रमसाध्य प्रक्रिया से संभव नहीं है। मोक्ष कभी भी मन से लड़कर और संघर्ष करके भी प्राप्त नहीं होगा; यह तो धीरे-धीरे अपनी स्वयं की समझ को बढ़ाने से ही उपलब्ध होगा। मोक्ष कोई आत्मा की दशा नहीं है। उसका न कोई संबंध स्थान विशेष से है, न समय विशेष से। यह तत्काल घटित हो सकता है, तत्क्षण घटित हो सकता है।

मोक्ष तो पुरुषार्थ का वह भाग है जो शब्दों से जाना नहीं जा सकता, उसकी परिभाषा संभव नहीं। श्रुतियों का विचार है कि वाक्चातुर्य, बुद्धिबल, धनबल या बाहुबल से मोक्ष प्राप्त नहीं किया जा सकता। मोक्ष की सत्ता कोई ऐसी सत्ता नहीं है जो व्यक्ति से पृथक् हो; वह तो व्यक्तियों का रूपांतरण है, उसकी चेतना का ऐसा ऊर्ध्वारोहण है, जिसमें न कोई विक्षेप है, न अशांति, न क्लेश, न बंधन; और जहाँ वह स्थिति भी नहीं है जिसे व्यक्ति जीवन और मरण के रूप में जानता है, सत्य-असत्य भी वहाँ नहीं है। मोक्ष तो सत्य-असत्य के परे का वह सत्य है जो किसी क्रिया से या खोजने से नहीं मिलता। वह न तो विश्राम

से मिलता है, न जागने से, न सोने से, न मौन बैठने से और न चलने से। मोक्ष की तलाश इसलिए भी उचित नहीं, क्योंकि तलाश का अर्थ ही है स्वयं से पृथक् कुछ को खोजना। अज्ञान से भरी हुई यह तलाश कुछ ऐसी होगी जैसेकि कस्तूरी मृग उस सुगंध की तलाश करे जो स्वयं उसकी नाभि में है। 'स्व' की तलाश नहीं की जाती, 'स्व' को उपलब्ध हुआ जाता है। खोज से, तलाश से, अन्वेषण से सत्य नहीं मिलता; सत्य जो स्वयंभू है और जो सतत विद्यमान है, उसे तो उपलब्ध ही होना पड़ता है। सत्य को पाना है तो 'सत्य' में स्वयं को रूपांतरित करना होगा। और यह होगा तब, जब कोई स्वयं के अंतस को गहराई से निहार सके तथा उन अवरोधों को गिरा सके जो उसके अंतस को घेरे हुए हैं। मरणधर्मा शरीर के परित्याग के उपरांत भी मोक्ष को स्वयं से पृथक् करके पाया नहीं जा सकता। क्या और कैसा है मोक्ष? ऐसा चिंतन या मनन स्वयं में ही अज्ञान है, स्वयं में ही बंधन है। जिस चिंतन से एक नया और बंधन हो जाए वह चिंतन मोक्ष कैसे देगा? मोक्ष कोई सिद्धांत या बौद्धिक परिग्रह नहीं है। समस्त सिद्धांत, समस्त बौद्धिक विश्लेषण कहीं-न-कहीं बंधन हैं, सभी में कहीं-न-कहीं कुछ-न-कुछ पूर्वग्रह हैं।

मोक्ष जीवन के प्रति ऐसी अंतर्दृष्टि है, जो 'स्व' में स्थित होकर ही प्राप्त हो सकती है। भारतीय ऋषि की रहस्यमय भाषा में मोक्ष की उपलब्धि 'शिव' के तीसरे 'नेत्र' की उपलब्धि है। मोक्ष कुछ वैसा ही है जैसे बूँद सागर से मिल गई हो। जो आनंद बूँद को उस समय मिलता है जब वह नाचती-गाती स्वेच्छा से सागर का आलिंगन करती है, वैसा ही आनंद, कुछ वैसी ही स्थिति उस व्यक्ति की भी होती होगी जो मुक्त हो जाता है, जिसके बंधन समाप्त हो गए हों, जिसने समस्त शृंखलाओं को काट दिया हो, जिसने श्रद्धा, विश्वास, चिंतन व मनन से उन समस्त अवरोधों को ढहा दिया हो जो प्रकाश को रोकते हैं। वही उस प्रकाश को पा लेता है जो सतत, हर क्षण उपलब्ध तो था, पर उपलब्ध इसलिए हो नहीं पा रहा था, क्योंकि बंधन और अवरोध थे। इधर बंधन कटा, उधर अवरोध गिरा, उसी क्षण सारा अस्तित्व प्रकाश से भर गया। इंद्रियाँ बाहर के प्रकाश को जानती हैं, मन अंतस के प्रकाश को जानता है; पर कुछ आवरण हैं, अवरोध हैं जो प्रकाश के मिलन में, उसके एकाकार होने में बाधक हैं। अतः आवश्यकता ही नहीं, अनिवार्यता है अवरोधों को गिरा देने की, उन्हें बिलकुल ढहा देने की; तभी अंतस का तथा बाहर का प्रकाश मिलकर एक हो पाएगा, तभी नदी महासागर बन पाएगी, तभी सागर व बूँद का अंतर समाप्त हो पाएगा। 'सत्य' जानना ही नहीं है, वास्तव में 'सत्य' ही हो जाना होगा। अस्तित्व की सत्ता को अपनाना ही नहीं

होगा, वरन् अस्तित्व में वैसे ही डूब जाना होगा जैसे बूँद सागर में डूब जाती है। इस एकत्व भाव को भारतीय मनीषा ने मोक्ष माना है।

यो अहं सो असौ यो असौ सोऽहम्।

—ऐतरेय आरण्यक, २-२/४-६

जो मैं हूँ, वह वह है; जो वह है, वह मैं हूँ।

परम एकत्व का यह भाव ही सत्य का साक्षात्कार है। यही है अहं के बंधन से मुक्ति, इसे ही ब्रह्म साक्षात्कार कहा गया है और यही है ब्रह्मानंद की अनुभूति। जब उपासक की उपास्य के साथ एकरूपता हो जाती है तो उपासना का लक्ष्य पूरा हो जाता है। यथार्थ तो यह है कि संपूर्ण जीवन ही नहीं, जीवन का हर क्षण, हर कर्म उपासना बन जाना चाहिए। वैसे जहाँ तक तत्त्वज्ञान की बात है, भारतीय मनीषा की यह स्पष्ट अवधारणा है कि परम चेतना पर सभी केवल ब्रह्म ही हैं, न कुछ अंश है और न पूर्ण; न कुछ पवित्र है और न अपवित्र; न कुछ त्याज्य है और न कुछ भी ग्रहण करने योग्य; न कोई विचार है, न अविचार; न कामना है, न संन्यास; न कर्म है और न अकर्म। ऐसा इसलिए, क्योंकि समष्टि में कहीं कोई गति नहीं होती—ऐसी श्रुतियों की धारणा है। समष्टि तो सदैव साम्यावस्था में ही रहती है, पूर्ण को कोई कैसे खंडित करेगा, उसे कोई कैसे विभाजित करेगा? पूर्ण को कम या अधिक करने का कोई उपाय नहीं है; यह संभव भी नहीं है, परब्रह्म जो स्वयं की ऐषणा से विभाजित प्रतीत हो रहा है और जिसके कारण भेद प्रधान सृष्टि को इंद्रियों के द्वारा अनुभव किया जाता है, उस स्थिति में वैयक्तिक चेतना को अस्वीकार कौन करेगा? परम चेतना अर्थात् चैतन्य की यह सत्ता विभाजित क्यों प्रतीत होती है, यह एक अलग प्रश्न है; पर इतना तो समझ लेना उचित ही होगा कि विभाजन यथार्थ नहीं, अध्यास है और समस्त जड़-चेतन में एक ही चेतना, एक ही ऊर्जा व्याप्त है। जो भी व्यक्त या अव्यक्त है, वह सब ऊर्जा का ही रूपांतरण है। यही आधुनिक विज्ञान भी मानता है और यही हजारों वर्ष पूर्व भारतीय मनीषियों ने अपने आत्मचिंतन और मनन से खोजा तथा पाया। जैसे लहरें और कुछ नहीं केवल महासागर ही हैं, वैसे ही जड़-चेतन और कुछ नहीं बल्कि परम एकत्व प्रधान विराट् चैतन्य ही है। शब्दों से इतना ही जाना जा सकता है और इससे अधिक जानने के लिए अनुभूति के जगत् में प्रवेश करना होगा। अनुभूति का यह जगत् ही मोक्ष का जगत् है; बल्कि सत्य तो यह है कि मोक्ष की स्थिति तब बनेगी जब अनुभूति का भी अतिक्रमण होगा—ज्ञाता, ज्ञान और ज्ञेय—तीनों का अतिक्रमण। इस स्थिति में समस्त भेदों का, समस्त विभाजन का लोप हो जाता है और

व्यक्ति की चेतना अपने विराट् चैतन्य के स्वरूप में स्थित होकर स्वयं विराट् में प्रवेश कर जाती है तथा विराट् हो जाती है। यह विराट् ही ब्रह्म है। ब्रह्म की परिभाषा नहीं हो सकती, इसे शब्दों में नहीं उतारा जा सकता, यह अनुभूति व अनुभव में भी पूर्णरूप में नहीं जाना जा सकता। यह अभिन्न है। अधिक-से-अधिक इतना ही कहा जा सकता है कि जो भी दृश्य, अदृश्य, जड़ या चेतन है; विचार, भाव या मनन है; जो भी ज्ञात और अज्ञात है, उसका जोड़ ब्रह्म है। विराट् में प्रवेश करके स्वयं को उसमें विलीन कर देने की भावदशा ही मोक्ष है। विराट् तत्त्व का यह ज्ञान ही ब्रह्मज्ञान है और इसे ही आत्मज्ञान कहा जाता है। वैयक्तिक आत्मा में स्थित इस 'ब्रह्म' को, इस आत्मज्ञान को केवल अति धैर्य से ही जाना जा सकता है। एक अर्थ में यह आत्मतत्त्व आत्मा के द्वारा ही जाना जाता है। जबतक व्यक्ति आत्मस्थ नहीं होता तबतक वह आत्मतत्त्व को जान ही नहीं सकता। आत्मस्थ होने की पहली शर्त है, निश्चयात्मक बुद्धि का होना। दूसरी शर्त है, अहंकार का परित्याग; तीसरी शर्त है, राग, आसक्ति और स्वार्थ का संपूर्णता से त्याग तथा चौथी शर्त है, श्रद्धापूर्वक अज्ञात में छलाँग लगाने का साहस। ये सारे-के-सारे प्रयोग स्वयं करने होंगे और एक साथ करने होंगे। ऐसा नहीं है कि धीरे-धीरे या एक-एक करके प्रयोग करने से ज्ञान उपलब्ध हो जाएगा। सारे प्रयोग तो कर्म में चिंतन, मनन व निदिध्यासन के द्वारा बिना किसी फलाकांक्षा के जीवन में उतारने होंगे। हो सकता है कि तब ब्रह्मज्ञान, स्वयं ब्रह्म की कृपा से यकायक उपलब्ध हो जाए। इस मार्ग पर सदैव अकेले ही चलना पड़ेगा। सारे प्रयोग स्वयं अपने पर मुमुक्षु भाव से, सम्यक् भाव से, सभी में ब्रह्म को स्थापित करते हुए, स्वयं सहित सभी में आत्मस्वरूप को देखते हुए करने होंगे। इस रहस्य को अंतस में भलीभाँति जानना होगा कि भेद की सत्ता तो परिधि पर है, केंद्र में कहीं कोई भेद है ही नहीं।

सर्वभूतस्थमात्मानं सर्वभूतानि चात्मनि।
ईक्षते योगयुक्तात्मा सर्वत्रसमदर्शनः॥

—श्रीमद्भगवद्गीता, ६-२९

योगयुक्त अंतःकरणवाला और सर्वत्र समदर्शी योगी आत्मा को सब भूतों में और भूतमात्र को आत्मा में देखता है।

सर्वत्र आत्मदर्शन की इस वृत्ति को जीवन में उतारने से ही मोक्ष में प्रवेश है, उसकी अनुभूति अन्यथा नहीं। आत्मदर्शन में न तो जातिगत भेद है, न देशगत, न कालगत। सच तो यह है कि समस्त भेदों का अतिक्रमण है। समस्त भेद इसमें समाहित हैं। जब चेतना भेद की सत्ता का अतिक्रमण कर जाती है तब

वह आत्मस्थ होती है और तभी वह समदर्शी होती है। वैसे और भी अधिक उपयुक्त यह भाव होगा कि आत्मस्थ होते ही समदर्शी होने का भाव भी छूट जाता है, क्योंकि देखने को कोई दूसरा बचता ही नहीं है। समदर्शी होने के भाव का भी जब अतिक्रमण हो जाए तभी परम एकत्व की साधना उपलब्ध होती है। समदर्शी होने के अहंकार का यदि लोप नहीं हुआ तो जो उपलब्ध होगा वह तो पाखंड ही होगा और पाखंड से मोक्षभाव में प्रवेश संभव ही नहीं है। समदर्शी होने का अर्थ है 'आत्मवत्' होने का सतत बोध, 'पृथक्ता' का, 'भेदभाव' का लोप।

'सर्वत्र समदर्शन' होने की जो पद्धति 'गीता' में बताई गई है, वह साक्षी भाव की पद्धति है, द्रष्टा की पद्धति है। सारा जीवन-दर्शन 'अनेक में एक' देखने का है। इस विधि में सारा प्रयास इंद्रियों के पार जाने का है, इंद्रियों की भेद प्रधान सत्ता का भावरूप में अतिक्रमण करने का है, अंतस के केंद्र में प्रवेश करने का है। अंतस के केंद्र में प्रवेश के लिए अंतस में झाँकने का विशेष साहस चाहिए। जो स्वयं की वासना को, स्वार्थ और आसक्ति को, स्वयं के अहं और पशुत्व को निहार नहीं सका, वह अंतस के केंद्र तक कभी भी पहुँच ही नहीं सकता। ऐसे व्यक्ति के लिए मोक्ष नहीं है। ऐसे व्यक्ति का 'निर्वाण' असंभव है।

इंद्रियों की सत्ता के पार जाने का अर्थ निश्चित रूप से इंद्रियों का दमन नहीं है। जहाँ इंद्रियों से संघर्ष है, इंद्रियों के प्रति क्रूर भाव या तिरस्कार भाव है, वहाँ तो मोक्ष का पथ है ही नहीं। इसी प्रकार जहाँ इंद्रियों की दासता है, जहाँ इंद्रियों का असंयम और उनकी उच्छृंखलता के प्रति सहमति है, वहाँ भी मोक्ष का पथ है ही नहीं। उच्छृंखल इंद्रियाँ अपने असंयम से, अपनी अनुशासनहीनता से जीवन को और अधिक अशांत, दुःखमय, विवेकहीन तथा विनाशकारी बना देंगी। असंयम, उच्छृंखलता और अनुशासनहीनता से शांति और आनंद नहीं मिलता; और तो और, क्षणिक आनंद भी नहीं मिलता। हाँ, ऐसी स्थिति में क्षणिक 'भोग सुख' या 'भाव सुख' का भ्रम अवश्य पैदा हो जाएगा। अब यदि इस भ्रम को कोई सत्य माने और पाखंड का आश्रय लेकर यह दावा करे कि उसे जो सुख मिला है वह वास्तविक है तो इस दृष्टिहीनता और अज्ञान का तो कोई उपाय ही नहीं है। बड़े-से-बड़े ढीठ अपराधी के अंतस में एक ऐसा केंद्र अवश्य होता है जो अंदर-ही-अंदर यह बताता है कि जो उच्छृंखलता और असंयम हुआ है वह अनुचित व अकल्याणकारी है। अंतस का यह केंद्र सभी के पास है; कुछ इसकी पुकार को, इसके परामर्श को, इसके निर्णय को सुनते हैं और कुछ इसकी उपेक्षा व अवहेलना करते हैं। अंतस का यह केंद्र ही वह ज्योति है जो सदा प्रकाश देती

है और जो हर अंधकार को दूर करने में समर्थ है; पर प्रकाश कितना ही हो, अगर कोई अपनी आँखें ही बंद किए रहे तो इसमें प्रकाश का दोष नहीं। सतत उपस्थित प्रकाश भी तो तभी उपलब्ध होगा जब नेत्र खोले जाएँगे और जब उन पट्टियों को हटाया जाएगा, जिन्हें जन्म-जन्मांतरों से हमारी स्वयं की स्वार्थ व अहंकार प्रेरित वासनाओं की पूर्ति हेतु हमने स्वयं अपनी ही आँखों पर बाँधा हुआ है। मोक्ष का मार्ग तब मिलेगा जब हम अंतस की ज्योति के प्रकाश को महत्त्व प्रदान करें तथा उसका लाभ उठाने के लिए संकल्पबद्ध हों। कोई भी प्रकाश किसी भी ऐसे व्यक्ति को उपलब्ध हो ही नहीं सकता, जिसने जानबूझकर या अनजाने में अथवा स्वभाववश, अपनी आँखों को बंद कर लिया हो। प्रकाश पाना है, उसका आनंद लेना है तो आँखों को तो खोलना ही होगा।

अशांत चित्तवाले के लिए मोक्ष के द्वार कभी नहीं खुल सकते। अशांति इतना बड़ा बंधन और अवरोध है कि जबतक उसकी प्रक्रिया को, उसके विज्ञान को व्यक्ति नहीं समझता, वह शांत नहीं हो सकता। और जो शांत नहीं, वह कुछ भी कर ले—जप, तप, पूजन, यजन, तीर्थ, दान—उसे मोक्ष का मार्ग नहीं मिलेगा।

समस्त कर्मकांड अपने आपमें शांति को पाने के लिए प्रयोग में लाए जानेवाले मात्र मनोवैज्ञानिक उपकरण ही हैं। जब शांति को मात्र उपकरणों की सहायता से प्राप्त किया जाता है तब शांति गहराई में नहीं उतरती। जप, तप, भजन, कीर्तन, तीर्थ और दानवाली शांति केंद्र की शांति नहीं, वह तो अधिक-से-अधिक परिधि पर हुआ शांति का सम्मोहन है। सम्मोहन से प्राप्त की गई शांति बहुत गहरे नहीं उतर पाती; वह तो परिधि पर ही रह जाती है और सामान्यत: साधक को दुराग्रही और रूढ़िवादी बना देती है। इस प्रकार की झूठी शांति पाने के और भी उपाय हैं, और भी रास्ते हैं; पर इन रास्तों पर चलकर कोई भी व्यक्ति वास्तव में शांत नहीं हो सकता। समाज में ऐसे बहुत से व्यक्ति मिल जाएँगे जो बाहर से शांत हैं, मंच पर शांत हैं, दुनियादारी में शांत हैं; पर अंदर से ज्वालामुखी हैं। सामान्य व्यक्ति की कौन कहे, बड़े-बड़े त्रिपुंडधारी बाहर से ऋषियों की वेशभूषा में हैं, पर अंदर से दुर्वासा हैं, अशांत हैं और अनेक मानसिक दुर्बलताओं से ग्रस्त हैं। ऐसे व्यक्तियों को मोक्षभाव कभी नहीं प्राप्त हो सकता। इसी प्रकार ऐसे व्यक्ति भी हैं जो बाहर से दुर्वासा हैं, अशांत हैं; पर अंदर से पूर्ण शांत, स्वस्थ और अपने केंद्र के प्रति सजग हैं। ऐसे व्यक्ति अपने साधना पथ पर निरंतर आगे बढ़ते जाते हैं और एक दिन वे बाहर भी शांत हो जाते हैं और स्वकेंद्र में स्थित मोक्ष की भावदशा को उपलब्ध हो जाते हैं। ऐसे व्यक्ति अंतत: अपने समस्त

बंधन काटने में सक्षम और समर्थ हो जाते हैं। अतः वास्तविक पुरुषार्थ है अपने स्वयं के ज्योतिर्मय केंद्र के प्रति सजग और बोधपूर्ण रहना; स्वयं के केंद्र में स्थित रहना। जो आत्मभाव में स्थित रहने की विद्या जान लेते हैं, जिनका एक बार भी आत्मा में (आत्मभाव में) वास्तविक प्रवेश हो जाता है, उनका तत्क्षण रूपांतरण हो जाता है, वे मृत्यु का तथा संसारगत भेदभाव का अतिक्रमण करने में समर्थ हो जाते हैं। भेदभाव व द्वैत का यह अतिक्रमण ही मोक्ष है।

इस संदर्भ में गीता के छठे अध्याय में दो बहुत ही सुंदर श्लोक हैं—

प्रशान्तमनसं ह्येनं योगिनं सुखमुत्तमम्।
उपैति शान्तरजसं ब्रह्मभूतमकल्मषम्॥

—श्रीमद्भगवद्गीता, ६-२७

जिसका मन प्रशांत है, जो पापरहित (अकल्मषम्) है और जिसका रजोगुण (विक्षेप) शांत हुआ, ऐसे ब्रह्मरूप हुए इस योगी को उत्तम सुख प्राप्त होता है।

युंजन्नेवं सदाऽऽत्मानं योगी विगतकल्मषः।
सुखेन ब्रह्मसंस्पर्शमत्यन्तं सुखमश्नुते॥

—श्रीमद्भगवद्गीता, ६-२८

इस प्रकार मन को सदा आत्मा में स्थिर करने का योग करनेवाला पाप-रहित योगी सुखपूर्वक ब्रह्म संस्पर्श का परम सुख प्राप्त करता है।

इन दोनों श्लोकों का भाव यह है कि जिनका मन प्रशांत है, उन्हें ही ब्रह्म संस्पर्श का सुख प्राप्त होता है। ब्रह्म संस्पर्श का यह सुख ही मोक्ष है। जिसे ब्रह्म संस्पर्श उपलब्ध हो गया वह रूपांतरित हो गया। ब्रह्म संस्पर्श तो वह पारस है जो व्यक्तित्व को स्वर्णमय बना ही देगा। ब्रह्म संस्पर्श के उपरांत जैसी कांति, शांति, सुख और आनंद की छटा से समस्त व्यक्तित्व भर जाता है वह स्थिति तो शब्द से परे है, बल्कि यदि कोई गहराई में उतर सके तो कुछ ऐसी स्थिति बनेगी जहाँ समस्त कांति, शांति, सुख का अतिक्रमण हो। यहाँ जो मुमुक्षु है उसमें मोक्ष की जिज्ञासा है ही नहीं, न आनंद की कामना है, न शांति की कामना है; क्योंकि वह यह जानता है कि शांति और आनंद उसका स्वभाव है और शांति व आनंद सतत उपलब्ध है, उपलब्ध था और रहेगा। जो यह समझते हैं कि उन्हें यह उपलब्ध नहीं है, वे विस्मृति में हैं और यह विस्मृति ही बंधन है। ब्रह्म संस्पर्श की स्थिति तभी होती है जब व्यक्ति परम आत्मज्ञान में डूब चुका होता है। यह 'सर्वभूतस्य आत्मानं सर्वभूतानि च आत्मनिः' की अवस्था है। सच तो यह है कि 'ब्रह्म संस्पर्श' की स्थिति को शब्द दिए ही नहीं जा सकते; क्योंकि

उसमें ही समस्त भाव स्थित हैं, उसमें ही सभी शब्द हैं और मौन भी उसीमें है। यथार्थ में यह भाव और शब्द का अतिक्रमण है, यह नाम और रूप का अतिक्रमण है। नाम और रूप के अतिक्रमण से यहाँ यह आशय नहीं है कि नाम और रूप की सत्ता समाप्त हो गई, शरीर गिर गया, रूप गिर गया; नहीं, ऐसा कुछ भी नहीं है। शरीर भी है, नाम भी है, रूप भी है; पर न तो शरीर से बद्धता है, न नाम से, न रूप से; न शरीर से आसक्ति है, न नाम से है और न ही रूप से। यह शरीर रहते हुए भी अशरीरी हो जानेवाली स्थिति है। यह शरीरभाव का अतिक्रमण है। इसे शरीरभाव से ऊपर उठ जाने की स्थिति माना जाएगा। ब्रह्म संस्पर्श में शरीर, नाम व रूप सभी बने रहते हैं, सभी की क्रिया होती है, सभी का आनंद है, सभी की क्रीड़ा है, सभी की सुगंध है, सभी का महत्त्व है; पर यह जो 'सभी' है वह जिस एक सूत्र में पिरोया हुआ है, उस सूत्र का जब सतत बोध हो तब मोक्ष के द्वार खुलते हैं। यह जो 'सभी' है वह एक ही ऊर्जा का स्वयं के स्वभाववश तथा स्वयं के आनंद हेतु होनेवाला सतत नित नए रूपांतरण का अध्यास है। यह वह बोध है कि एक ही ऊर्जा सर्वत्र सतत प्रवाहित है, उसीसे ही 'सर्व' सृजित है, उसीमें 'सर्व' स्थित है। भारतीय मनीषा की यह मान्यता है कि 'ब्रह्म संस्पर्श' की यह स्थिति हर व्यक्ति सतत अभ्यास के द्वारा और राग का अतिक्रमण करके प्राप्त कर सकता है। 'राग' और 'आसक्ति' का यह अतिक्रमण ही हमें मोक्ष की ओर उन्मुख करता है।

'राग' और 'आसक्ति' हर प्राणी का ही नहीं, हर जड़ व चेतन का जन्मजात स्वभाव है। पशुओं और वृक्ष (जड़ वनस्पति) में भी राग और आसक्ति की वृत्ति होती है। पक्षियों, पशुओं और वनस्पतियों की तुलना में मानव में 'राग' और 'आसक्ति' अधिक मुखर, स्पष्ट तथा गहन होती है। 'राग' और 'आसक्ति' का जन्म 'काम' से होता है। यह 'काम' की प्रकृति का आधारभूत अंग है। 'काम' के अभाव में प्रकृति के जन्म और विकास की कल्पना भी नहीं की जा सकती। 'काम' तथा उससे प्रसूत 'राग' और 'आसक्ति' चैतन्य का ही एक प्रमुख भाग है। 'काम' के कारण ही चैतन्य में समस्त वृत्तियाँ उत्पन्न होती हैं। यदि इन वृत्तियों से 'राग' और 'आसक्ति' को पृथक् कर दिया जाए तो वृत्तियों का सात्त्विक रूपांतरण हो जाता है और फिर ये वृत्तियाँ मोक्ष की ओर उन्मुख होने में बहुत ही सहायक हो जाती हैं। इसी प्रक्रिया को भारतीय मनीषा ने योग माना है। पतंजलि का समस्त योगसूत्र 'वृत्ति निरोध' पर आश्रित है। चित्त की वृत्तियों का यह निरोध ही मानव के सतत विकास और ऊर्ध्वारोहण हेतु न केवल सहयोगी, वरन् अनिवार्य भी है। वृत्तियों के निरोध के अभाव में

किसी भी स्तर पर प्रगति नहीं हो सकती। शारीरिक, मानसिक, बौद्धिक, भौतिक या सांस्कृतिक सभी स्तरों पर होनेवाले विकास और प्रगति में कहीं-न-कहीं चित्त की वृत्तियों का नियमन, अनुशासन और निरोध का हाथ है। मानव समाज ने 'वृत्ति निरोध' का अर्थ वृत्तियों के दमन, उनसे संघर्ष और उनकी उपेक्षा के रूप में लिया है। सामान्य व्यक्ति जब चित्त की वृत्तियों के निरोध की बात करता है तो उससे उसका यह आशय होता है कि वृत्तियों को कुचल दो, दमन कर दो, उनको मार दो। वृत्तियों का यह दमन तो कुंठा और विक्षिप्तता उत्पन्न करेगा, इससे तो मोक्ष प्राप्त होगा नहीं, अत: 'चित्तवृत्ति निरोध' के वास्तविक आशय को समझना होगा। यदि कृष्ण को अथवा पतंजलि को 'दमन' की ही बात करनी होती तो वे 'निरोध' के स्थान पर दमन शब्द का प्रयोग कर सकते थे। पतंजलि ने योगसूत्र में कहीं भी वृत्तियों के दमन की बात नहीं की; लेकिन अनेक भाष्यकारों ने स्वयं के अज्ञानवश वृत्ति निरोध के सूत्र का अर्थ 'दमन' के भाव में लिया। भारतीय मनीषा चित्त के दमन अथवा चित्तवृत्ति के दमन के प्रति उन्मुख नहीं है। भारतीय ऋषि और विशेष रूप से वेदांती कहीं भी 'दमन' की बात नहीं करते; वे नियमन और रूपांतरण की बात करते हैं, वे वृत्तियों के मनोविज्ञान को गहराई से समझने की बात करते हैं। 'दमन' में तो चित्त की वृत्तियों के विरोध की बात है। और जहाँ विरोध की बात हो वहाँ 'ब्रह्म संस्पर्श' कैसे होगा? जहाँ विरोध है वहाँ 'समदर्शिन:' का भाव कैसे जाग्रत होगा? अत: मोक्षपथ पर जाना है तो 'विरोध' और 'दमन' के भाव का परित्याग करके चित्त की ऐसी गहरी समझ प्राप्त कर लेनी है कि 'वृत्ति निरोध' एक स्वाभाविक गुण व स्वभाव हो जाए तथा इस निरोध के लिए कोई बाहरी दबाव, कोई बाह्य उत्पीड़न, कोई बाह्य प्रेरणा न रह जाए; जो कुछ भी होना है, अंतस में ही होना है। जो भी होना है, मन और बुद्धि के स्तर पर होना है। सारे परिवर्तन, सारे रूपांतरण और सारे प्रयोग मन और बुद्धि के स्तर पर होंगे; ताकि 'चित्तवृत्ति' के प्रति एक बड़ी गहरी समझ जाग्रत हो जाए। इस समझ से जो रूपांतरण होगा वह एक स्वाभाविक 'निरोध' होगा। इस 'निरोध' में कहीं कोई दुराग्रह नहीं, पीड़ा नहीं, हठ नहीं है। इस विषय पर 'गीता दर्शन' में ओशो ने लिखा है—

"'निरोध' बहुत अद्‌भुत शब्द है। 'चित्तवृत्ति निरोध' का अर्थ है—चित्त की इतनी गहरी समझ कि वृत्तियाँ निरोध को उपलब्ध हो जाएँ। दमन नासमझी है और दमन सिवाय अज्ञानी के कोई भी करता नहीं। जिसने किया वृत्तियों का दमन, वह मुश्किल में पड़ता है। क्रोध को दबाया तो क्रोध और बड़ा होगा। क्रोध को दबाना ऐसे ही है जैसे बीज को जमीन के भीतर दबाना। उससे तो वह

जमीन के ऊपर ही रहता तो बेहतर था। जमीन के भीतर बीज अब फूटेगा और वृक्ष बनेगा, जड़ें फैलेंगी, वृक्ष आकाश को छू जाएगा। करोड़-करोड़ बीज लगेंगे। क्रोध को दबाया तो क्रोध को चित्त की अंतर्भूमि में डाल दिया। अब और वह बड़ा होगा। नहीं, दमन नहीं है निरोध।

''चित्तवृत्ति का निरोध चित्तवृत्ति की समझ है। जैसे ही कोई चित्त की किसी वृत्ति को समझता है, वह वृत्ति निरुद्ध हो जाती है। यह ही निरोध है। अगर कोई क्रोध को समझ ले कि क्रोध क्या है तो सिवाय दु:ख और आग के पाएगा क्या? अगर कोई क्रोध पूरा देख ले तो सिवाय जहर के और मिलेगा क्या? और अगर दिखाई पड़े कि जहर और आग को कोई अपने ही हाथ से अपने ऊपर डाल रहा है तो ऐसा पागल खोजना मुश्किल है जो क्रोध की वृत्ति को सक्रिय रख सके। वृत्ति रुद्ध हो जाएगी।

''वृत्तियों का साक्षात्कार उनकी शुद्धतम स्थिति में निरोध बनता है; कोई भी वृत्ति का शुद्धतम साक्षात्कार। लेकिन मनुष्य की संस्कृति ने इतने जाल खड़े कर लिये हैं कि कोई भी आदमी किसी वृत्ति का शुद्ध साक्षात्कार नहीं कर पाता। न तो कामवासना का शुद्ध साक्षात्कार कर पाता है, न क्रोध का, न लोभ का, न भय का। चूँकि किसी चीज का शुद्ध साक्षात्कार नहीं होता है, इसलिए किसीसे छुटकारा नहीं होता; कोई चीज निरुद्ध नहीं होती।

''कोई भय का शुद्ध साक्षात्कार नहीं कर पाता, क्योंकि हर बच्चे को सिखाया जा रहा है—निर्भीक रहो, डरना मत। डरे हुए आदमी से कह रहे हो, डरना मत। जटिलता और बढ़ गई है। भीतर डरेगा, ऊपर खोल तैयार कर लेगा कि मैं डरता नहीं हूँ। अँधेरी गली में से निकलेगा, सीटी बजाएगा और सोचेगा, मैं डरता नहीं हूँ। सीटी इसलिए बजा रहा हूँ कि डर लग रहा है। अपनी ही सीटी सुनकर ऐसा भ्रम पैदा होता है कि अकेला नहीं हूँ। कहेगा यही कि मैं तो सीटी बजाकर निकल जाता हूँ अँधेरे में से; लेकिन उसको उजाले में कभी किसीने सीटी बजाते नहीं देखा। अँधेरे में सीटी बजाता है, ताकि भूल जाए कि डर है।

''दोहरा व्यक्तित्व हमारा हो जाता है। ऊपर एक थोथी खोल चढ़ जाती है—सिखाई हुई, सिखावन की, कंडशनिंग की—और भीतर असली आदमी रहता है वृत्तियोंवाला। उस वृत्तियोंवाले आदमी को हम ऊपर से झूठवाले आदमी से दबाए चले जाते हैं। हाँ, जब जरूरत नहीं रहती तब वह दबा रहता है। जब जरूरत आती है, वह इसको धक्का देकर बाहर आ जाता है। जब जरूरत निकल जाती है, वह फिर भीतर चला जाता है।

''वृत्ति निरोध का अर्थ है, वृत्ति की इतनी गहरी समझ कि वृत्ति का होना

असंभव हो जाए। इतनी गहरी अंडरस्टैंडिंग, इतना गहरा अनुभव, ऐसी गहरी अनुभूति कि वृत्ति का जन्म असंभव हो जाए।

"ज्ञान के अतिरिक्त और कोई मुक्ति नहीं है। ज्ञान के अतिरिक्त और कोई निरोध नहीं है। इसलिए कृष्ण कहते हैं कि उपराम, शांत हुआ चित्त, चित्तवृत्ति निरोध को उपलब्ध हुआ चित्त""उस निरोध के क्षण में ही चित्त प्रभु को जानता है।"

भारतीय ऋषि की मान्यता है कि जो प्रभु के वास्तविक स्वरूप को जानता है, उसे ही मोक्ष प्राप्त होता है। क्या है प्रभु का वास्तविक स्वरूप, यह एक अत्यंत गूढ़ व जटिल प्रश्न है और इसका उत्तर भी अत्यंत ही गूढ़ व जटिल है। बड़े-बड़े तत्त्वज्ञानी भी शब्दों से इसका उत्तर नहीं दे सकते। संक्षेप में इतना ही कहा जा सकता है कि समस्त अस्तित्व और समष्टि ही प्रभु है। यही है ब्रह्म। इस ज्ञान को 'ब्रह्मज्ञान' कहा गया है। भारतीय उपनिषद् इसी ब्रह्मज्ञान को अनेक प्रकार से प्रस्तुत कर सकने व समझा सकने में समर्थ हुए हैं। उपनिषद् ज्ञान मानव का श्रेष्ठतम चिंतन और मनन है। दुर्भाग्य यह है कि आज उपनिषदों के जो भी भाष्य उपलब्ध हैं, उनमें से अधिकांश भाष्यकार मूल स्रोत पर न जाकर भाषा और शब्दों में अटक गए हैं और परिणामतः शाब्दिक भ्रम बढ़ा है। यदि ब्रह्मज्ञान की अनुभूति प्राप्त करनी है तो शब्दजाल, शब्दभ्रम और शाब्दिक पूर्वग्रह व कर्मकांड से बचना होगा। 'ब्रह्मज्ञान' वास्तव में अज्ञात का भाष्य है। इस 'अज्ञात' को शब्दों, प्रवचनों, श्रुतियों व कर्मकांडों से प्राप्त नहीं किया जा सकता। 'अज्ञात' को न तो कोई जान सका है और न कोई जान सकेगा। हाँ, यह छूट है कि जिसके पास जितनी सामर्थ्य हो वह उतनी गहराई तक चला जाए और यह सामर्थ्य हर व्यक्ति अपने अंतस को निहारकर, अपने पुरुषार्थ से स्वयं अर्जित करता है। गुरु अधिक-से-अधिक कुछ संकेत, कुछ इशारे दे सकता है; लेकिन ये संकेत, ये इशारे होंगे अत्यंत अनिवार्य; क्योंकि इनके अभाव में तो केवल भटकाव ही रहेगा। अतः 'ब्रह्मविद्या' को जानने के निमित्त गुरु के समीप तो जाना ही चाहिए। भारतीय मनीषा की यही परंपरा रही कि 'ब्रह्मज्ञान' गुरु और शिष्य, दोनों मिलकर प्राप्त करते हैं; न तो अकेले गुरु और न अकेले शिष्य, दोनों को विद्या अर्जन काल में साथ-साथ रहना होगा, साथ-साथ प्रार्थना करनी होगी, साथ-साथ अपनी समझ को विकसित करना होगा, साथ-साथ 'अज्ञात' का अनुभव करना होगा और पराक्रम करते हुए साथ-साथ अनुभूति के जगत् में बिना किसी द्वेष भाव के प्रवेश करना होगा, तब खुलेंगे मोक्ष के द्वार।

जीवन का परम ज्ञान, परम सत्य जितना शुद्ध है उतना ही व्यक्ति से दूर

है। जानने और जीवन में उतार लेने में कोई अंतर न रखने की विद्या उसे ही मिलेगी जो श्रद्धा के साथ अज्ञात में छलाँग लगा सके। कुछ शब्द, शास्त्र या कर्मकांडों को जान लेने से ब्रह्मज्ञान प्राप्त नहीं होगा। इस मंजिल के द्वार तक तो गुरु छोड़ आएगा; पर द्वार के पार स्वयं चलकर जाना होगा, स्वयं 'मंजिल' ही हो जाना होगा। यह वह जगत् है जहाँ स्वयं को जगत् में ही रूपांतरित करना होगा। जब पहले सबकुछ बदल जाए, आत्मक्रांति घटित हो जाए, सारा आमूल रूपांतरण हो जाए, तभी ब्रह्मज्ञान प्राप्त होने की संभावना बनेगी—ऐसा विचार है भारतीय मनीषा का। ब्रह्म इतना ही अज्ञात है कि 'कोई' जबतक 'कोई' रहता है, वह उसे जान ही नहीं सकता। वह इतना अज्ञात है कि सदैव 'अज्ञेय' ही रहेगा। कितना ही कोई जान ले, फिर भी न जाने कितना अनजाना रह जाता है। इस ज्ञान के बारे में ऋषि की कुछ ऐसी धारणा है कि ब्रह्मज्ञान कोई दे नहीं सकता—इसे देने का कोई उपाय नहीं। हाँ, गुरु और शिष्य दोनों साथ-साथ पुरुषार्थ करें, पराक्रम करें तो संभावना है कि इस सत्संग से जो पुरुषार्थी है वह संक्रमित हो जाए और जो शब्द में नहीं कहा जा सकता वह गुरुकृपा से मौन में उतर जाए। यह वह ज्ञान है जहाँ सारे बंधन मौन में ही कटते हैं। सारा आविर्भाव, मौन रूपांतरण, स्फुरण व प्रकाश मौन में ही आता है—कहने या करने से नहीं आता; होने से आता है। ब्रह्मज्ञान बड़ी अद्‍भुत क्रांति है—एक बिजली-सी अंतस में कौंध जाती है, एक किरण-सी अंतस में प्रवेश कर जाती है और सतत जगमगाती रहती है। प्रकाश-ही-प्रकाश सभी ओर अंदर-बाहर फैल जाता है, सब संबंध, अवरोध ढह जाते हैं। गुरु का बंधन भी ढह जाता है और शिष्य भाव भी समाप्त हो जाता है। जब सभी बंधन टूटेंगे, सभी अवरोध ढह जाएँगे तभी मोक्ष प्राप्त होगा।

सर्वसार उपनिषद् में प्रथम जिज्ञासा ही यह है कि—

कथं बन्धः कथं मोक्षः काविद्या काऽविद्येति।

बंधन क्या है, मोक्ष क्या है? विद्या और अविद्या क्यां है?

प्रार्थना ने हृदय के सारे द्वार खोल दिए, फिर भी मुमुक्षु की जिज्ञासा है—'कथं बन्धः'—बंधन क्या है, गुरुदेव बताओ! बंधन क्या है, बताओ ही नहीं, मुझे अनुभव कराओ और दिखाओ कि क्या है अंधकार। मुमुक्षु की जिज्ञासा अंधकार को देखने की है, शब्दों से जानने की नहीं। जो गुरु अपने शिष्य को अंधकार दिखा सके, अंधकार में शिष्य को ले जाए, फिर वहाँ उसे अंधकार का अनुभव कराए, अंधकार का साक्षात्कार करा दे, तभी वह गुरु अपने शिष्य को ब्रह्मज्ञान की ओर उन्मुख कर सकेगा। मूल बात यह है कि जबतक यह अंतस में

स्पष्ट नहीं होता कि बंधन क्या है, कैसा है, कहाँ है, क्यों है, तबतक मोक्ष को पाने की क्षमता आती ही नहीं। जिस क्षण बंधन के बारे में पूरी जानकारी मिल जाती है, उसी क्षण मोक्ष की वास्तविक प्यास, प्रकाश की अभीप्सा जाग्रत हो जाती है। जबतक प्यास जाग्रत नहीं होती, जबतक अंधकार की भयावहता का साक्षात्कार नहीं होता तबतक अंधकार को भेदने की शक्ति भी जाग्रत नहीं होती। बंधन का अनुभव होते ही फिर बंधन को तोड़ देने की ऐसी प्यास जागती है कि व्यक्ति अपनी समस्त प्राणिक, मानसिक व बौद्धिक ऊर्जा बंधन को नष्ट करने में लगा देता है। वह ऊर्जा को मोक्ष प्राप्त करने में नहीं लगाता, वरन् बंधन को तोड़ने में लगाता है, अवरोधों को ढहा देने में लगाता है। जिज्ञासु शिष्य यह जान जाता है कि एक बार बंधन टूटे कि अनंत आकाश में उड़ने का ही नहीं, स्वयं आकाश ही हो जाने का अवसर मिला।

व्यक्ति जन्म-जन्मांतरों से बँधा है, पर उसे पता नहीं है कि क्या है बंधन? जन्म-जन्मांतरों के इस बंधन में रहते-रहते वह इन बंधनों को ही अपने जीवन का, अपने स्वरूप का, अपनी चेतना का अंग मानने लगता है। बंधन इतना गहन है, इतना पुराना है, इतना सूक्ष्म है कि 'मुक्त' होने की कोई खबर ही नहीं रही, कोई होश ही नहीं रहा; मुक्ति पाने की न तो कोई वास्तविक इच्छा ही रही, न ऐसी कोई चेतना ही कभी मन में आई। स्वतंत्रता का कोई अनुभव ही नहीं। अत: भारतीय मनीषा कहती है कि पहले यह तो जान लो कि बंधन क्या है? यही है प्रथम प्रश्न, प्रथम जिज्ञासा—'कथं बन्ध:'।

गुरु अपने शिष्य को स्वतंत्रता का आभास देने के पहले यह बताता है कि उसका (शिष्य का) बंधन के साथ कैसा तादात्म्य है। चूँकि हम बंधन के साथ जन्म लेते हैं, उसके साथ बड़े होते हैं, अत: बंधन के साथ हम एकाकार हो जाते हैं, उसमें बिलकुल घुल-मिल जाते हैं। एक बार यदि बंधन क्या है, यह समझ में आ जाए तो जो सदा से कारागृह में है, बेड़ियों में है, तो उसमें स्वतंत्रता के संबंध में विचार, स्वप्न, इच्छा, आकांक्षा, जिज्ञासा या प्यास पैदा हो सकती है।

बंधन में रहते-रहते व्यक्ति बंधन का इतना अभ्यस्त हो चुका है कि उसे स्वतंत्र होने, मुक्त होने का कोई खयाल ही नहीं आता; वह पूर्णरूप से विस्मृति में ही नहीं, सुषुप्ति में जी रहा है। हमारे नेत्र अवश्य खुले रहते हैं, पर हम वास्तव में जाग्रत अवस्था में नहीं रहते। वास्तविक जागरण का तो हमें जन्म-जन्मांतरों से अनुभव ही नहीं हुआ। हाँ, कभी-कभी संयोगवश, अनायास ही हमें जाग्रत होने का स्वप्न में भले ही बोध हो जाए। हो सकता है, गुरुकृपा से

कभी प्रकाश किरण की आंशिक-सी झलक हमें भले ही मिल जाए; पर ज्ञान रूपी सूर्य के दर्शन हमें नहीं होते, ज्योति के दर्शन नहीं होते और हम वास्तव में अंधकार में ही अपना जीवन बिताते हैं। जिस क्षण इन वास्तविकताओं का हमें भान हो जाता है, उसी क्षण मुक्त होने की यात्रा प्रारंभ हो जाती है। यह एक ऐसी अंतर्यात्रा है जिसके पथ का निर्माण हमें स्वयं करना होगा। पथ पर पड़े अवरोधों को हमें स्वयं ही अपने हाथों हटाना होगा। यही है मोक्ष की यात्रा।

'कथं बन्धः' की जो जिज्ञासा 'सर्वसार उपनिषद्' में है, उसीमें इसका उत्तर है—

आत्मेश्वर जीवोऽनात्मनां देहादिनामात्मत्वेनाभिमन्यते।
सो अभिमान आत्मनो बन्धः तन्निवृत्ति मोक्षः॥

—सर्वसार उपनिषद्, १-२

आत्मा ही ईश्वर और जीव रूप है, फिर भी जो आत्मा नहीं है, ऐसे शरीर में जीव को अहं भाव हो जाता है, वही जीव का बंधन है।

'सर्वसार उपनिषद्' का एकमात्र भाव यह है कि समस्त ब्रह्मांड में एक ही आत्मा व्याप्त है। यह आत्मा ही परम चैतन्य है, यह आत्मा ही ब्रह्म है और यह आत्मा ही ईश्वर के रूप में जानी जाती है; इसी रूप में इसका बखान सभी उपनिषदों, स्मृतियों और दर्शन में है। इस आत्मा में समस्त नाम, रूप और कर्म स्थापित हैं और उसपर आश्रित भी तथा उसीकी ऊर्जा से संचालित भी। यथार्थ में जीवात्मा और आत्मा के बीच में कहीं कोई भेद नहीं है; पर फिर भी जीवात्मा अहंकारवश और स्वयं के रागवश भेद की उत्पत्ति करती है। इस अहंकार के कारण जीवात्मा शरीर को परम चैतन्य की आत्मा से भिन्न मानने लगती है। भारतीय मनीषा के अनुसार, शरीर सर्वव्यापी आत्मा का ही अंश है; लेकिन जो जीवात्मा इस शरीर का प्रयोग कर रहे हैं, वे किन्हीं कारणों वश, किसी सम्मोहन वश उसके प्रति राग भाव से ग्रस्त हैं। वैसे तात्त्विक यथार्थ में यह राग भाव भी नहीं है, लेकिन लौकिक स्तर पर शरीर के प्रति जीवात्मा में राग है। जबतक लौकिक चेतना संसार के स्तर पर है, वह शरीर से बँधी हुई है; वह शरीर के प्रति राग से युक्त है और शरीर को ही अपना सर्व मानती है। यही है बंधन; पर यथार्थ में कहीं कोई बंधन नहीं है। लेकिन यथार्थ में कोई बंधन नहीं है, यह प्रतीति आखिर हो कैसे? यह कोई जाने कैसे कि वास्तव में बंधन है ही नहीं? यह कोई जाने कैसे कि जीव और आत्मा के बीच कहीं कोई टकराव नहीं है, कहीं कोई पृथक्ता नहीं है? द्वैत भाव का अंत कैसे हो? भारतीय उपनिषदों का

यही प्रयास है कि किसी प्रकार से मानव मन में द्वंद्व समाप्त करने की जिज्ञासा उत्पन्न हो जाए। जब जिज्ञासा उत्पन्न होगी तब वह इसके लिए प्रयत्न करेगा और जब समस्त पूर्वग्रहों से मुक्त होकर अज्ञात में छलाँग लगाएगा तो एक दिन इसकी अनुभूति वह अवश्य प्राप्त कर लेगा। आत्मा ईश्वर ही है और शरीर भी ईश्वर है। हर नाम, रूप और कर्म जो है वह ईश्वर ही है। जबतक जीवात्मा में शरीर निवास करता है, वह अपनी प्राणिक ऊर्जा से शरीर को इंद्रियों के माध्यम से व्यक्त करता है; पर इंद्रियों का यह स्वभाव बहिर्मुखी होता है। अपनी बहिर्मुखी चेतना में इंद्रियों का यह अहं भाव बहुत अधिक बढ़ जाता है। अहं भाव बढ़ने के साथ-ही-साथ राग भी बढ़ जाता है। अहं भाव, आसक्ति और राग की यह वृद्धि ही बंधन को और अधिक शक्तिशाली बना देती है। जीवात्मा परम चैतन्य (आत्मा) का सबसे सूक्ष्म तत्त्व है। और यह जीवात्मा जब शरीर धारण करता है तब वह परम चैतन्य का स्थूल पक्ष है; लेकिन इस यथार्थ की एक सतत विस्मृति है और इस विस्मृति के कारण अहंकार भी बढ़ता रहता है तथा बंधन भी शक्तिशाली होते चले जाते हैं। ये बंधन जीवात्मा को गहरी सुषुप्ति में ले जाते हैं। यह सुषुप्ति ही जीवात्मा की गहरी मूर्च्छा है। जो व्यक्ति इस गहरी सुषुप्ति से जाग जाता है, जिसकी यह मूर्च्छा टूट जाती है, वह मुक्त हो जाता है, अर्थात् उसके बंधन समाप्त हो जाते हैं। यही है वह स्थिति जो हमें मोक्ष की ओर उन्मुख करती है। सामान्य जीवन में जिसे हम 'जागृति' समझते हैं, वह वास्तविक जागृति नहीं है। इंद्रियों के स्तर पर जो जागृति है, वह तो प्रतीकात्मक है, वास्तविक जागृति अंतस की जागृति है। एक बार यदि अंतस की जागृति उपलब्ध हो जाए तो सदैव-सदैव के लिए अंधकार मिट जाता है, सदैव-सदैव के लिए मूर्च्छा टूट जाती है और सुषुप्ति तथा स्वप्न का भी अंत हो जाता है। अंतस की सुषुप्ति से जबतक मुक्ति नहीं मिलती तबतक मोक्ष नहीं है। अंतस की 'जागृति' के उपरांत व्यक्ति विश्राम नहीं करता, ऐसा नहीं समझना चाहिए; विश्राम की निद्रा में होते हुए भी वह सतत 'जाग्रत' ही रहता है। निद्रा में जागृति एक गूढ़ प्रयोग है—योग का प्रयोग; पर सामान्य स्तर पर यहाँ इतना समझना ही पर्याप्त होगा कि 'विश्राम' की स्थिति के उपरांत भी सतत ब्रह्मचेतना का लोप नहीं होता। यह वही स्थिति है, जिसकी चर्चा गीता के सांख्ययोग संबंधी अध्याय में की गई है।

> या निशा सर्वभूतानां तस्यां जागर्ति संयमी।
> यस्यां जाग्रति भूतानि सा निशा पश्यतो मुनेः॥
>
> —श्रीमद्भगवद्गीता, २-६९

सब प्राणियों के लिए जो रात्रि है उसमें संयमी पुरुष जागता है, और जहाँ सब प्राणी जागते हैं वह (तत्त्व को) देखनेवाले मुनि के लिए रात्रि है।

बात बहुत स्पष्ट है कि तत्त्वज्ञानी सारे जगत् को आत्मरूप ही नहीं, स्वयं के विस्तार के रूप में जानता है और स्वयं को ब्रह्म विस्तार का एक अत्यंत ही लघु अंश मानता है। वह नाम, रूप और कर्म भेद से स्वयं को मुक्त करने में सक्षम होता है तथा वह 'सार' और 'असार' का भेद भी जानता है। सामान्य जन शरीर, मन और बुद्धि के माध्यम से जगत् को देखते हैं, अतः स्वाभाविक ही परिच्छिन्न दोषयुक्त तथा भेदयुक्त अनुभव होते हैं; पर यह सारा भेद व सारा दोष उपलब्धियों का है। ज्ञान की दृष्टि से, अर्थात् अंतस जागरण के बाद, यदि इस जगत् को देखा जाए तो पूर्णत्व का अनुभव होता है। यही है वास्तविक जागरण, यही है अंधकार और सुषुप्ति से मुक्ति। इस मुक्ति के लिए व्यक्ति को निरहंकार होना होगा। वासना व रागजनित कामनाओं से मुक्ति पानी होगी, तभी परम शांति मिलेगी। इस परम शांतिपूर्ण स्थिति को 'ब्राह्मी' स्थिति कहा गया है। इसे ब्रह्मलीन स्वामी चिन्मयानंद ने अपने गीताभाष्य में बड़े ही सुंदर ढंग से प्रस्तुत किया है—

''सब इच्छाओं के त्याग का अर्थ है, अहंकार का त्याग। अहंकाररहित अवस्था निष्क्रिय, अर्थहीन, शून्य नहीं है। जहाँ भ्रांतिजनित अहंकार समाप्त हुआ, वहीं पर पूर्ण ज्ञानस्वरूप आत्मा प्रकाशित होती है। अपने हृदय में स्थित आत्मा को पहचानने का अर्थ है, उसी समय सर्वत्र व्याप्त, नित्य ब्रह्म को पहचानना। अहंकार के नष्ट होने पर नित्य चैतन्य आत्मा का अनुभव उससे भिन्न रहकर नहीं होता, वरन् उसके साथ एकत्व का अनुभव ही होता है, अतः इस साक्षात्कार को ब्राह्मी स्थिति कहा गया है।

''यहाँ एक शंका उठ सकती है कि क्या आत्मानुभव के पश्चात् भी हमें पुनः मोहित होकर अहंकार से उत्पन्न दुःखों का भोग हो सकता है? ऐसे किसी पुनर्मोह का निषेध करके भगवान् हमारे भय को दूर कर देते हैं। और भी एक बात है कि आत्मसाक्षात्कार का युवावस्था में ही होना आवश्यक नहीं है। वृद्धावस्था अथवा जीवन के अंतिम क्षणों में भी यदि मनुष्य अपने स्वयंसिद्ध नित्य स्वरूप को पहचान लेता है तब भी वह अनुभव ब्राह्मी स्थिति के लिए पर्याप्त है।''

'गीता' का यह बहुत गहरा इशारा है कि ब्रह्म के इस भाव में प्रवेश करते ही जगत् के समस्त भेद लुप्त हो जाते हैं। न व्यक्ति रह जाता है और न संसार; केवल परम चैतन्य का एक अनंत अखंड महासागर रह जाता है; जहाँ कुछ भी

जाए, किसीका भी प्रवेश हो, स्पर्श हो; पर सागर की मर्यादा का नाश नहीं होता।

आपूर्यमाणमचलप्रतिष्ठं समुद्रमापः प्रविशन्ति यद्वत्।
तद्वत्कामा यं प्रविशन्ति सर्वे स शान्तिमाप्नोति न कामकामी॥

—श्रीमद्भगवद्गीता, २-७०

जैसे सब ओर से परिपूर्ण अचल प्रतिष्ठावाले समुद्र में (अनेक नदियों के जल) उसे विचलित किए बिना समा जाते हैं, वैसे ही जिस पुरुष के प्रति कामनाओं के विषय उसमें (विकार उत्पन्न किए बिना) समा जाते हैं, वह पुरुष शांति प्राप्त करता है, न कि भोगों की कामना करनेवाला पुरुष।

जैसे सब ओर से परिपूर्ण अचल प्रतिष्ठावाले महासागर में नाना नदियों का जल प्रवेश करने के बाद भी महासागर को विचलित नहीं करता, सब जल उसमें पूर्णरूप से समा जाता है, वही स्थिति आत्मज्ञानी की संसार के संदर्भ में हो जाती है।

ब्राह्मी स्थिति का अर्थ हुआ, जब भाव के स्तर पर, अनुभूति के स्तर पर 'मैं' और 'तू' का भाव समाप्त हो जाता है, केवल ब्रह्म ही रह जाता है। यह मानसिक रूपांतरण ही मोक्षदायी होता है।

मोक्ष को समझने के लिए तो कोई भी शब्द अथवा कोई भी व्याख्या पर्याप्त नहीं है। समस्त शब्द बहुत ही आधे-अधूरे हैं; पर इतना अवश्य है कि 'मन' की गहराई को समझकर मोक्ष को समझने के आधार अवश्य प्राप्त हो जाते हैं। मन क्या है, कैसे कार्य करता है, कहाँ से ऊर्जा पाता है, कहाँ विश्राम करता है, क्यों और कैसे जाग्रत होता है, किन संवेदनाओं के प्रति वह सहिष्णु है अथवा असहिष्णु, कुल मिलाकर 'मनोमय कोश' का जो विज्ञान है, उसे समझने की आवश्यकता है। समस्त विचार, समस्त भावनाएँ, समस्त कामनाएँ मनोमय कोश से विशेष रूप से प्रभावित होती हैं। विचार ही मनोमय कोश की ऊर्जा हैं। मनन से परिपुष्ट विचार विज्ञानमय कोश अर्थात् 'बुद्धि का आधार' बनते हैं। 'बुद्धि का आधार' से आशय सचेतनबोध से है। जब हम किसी कार्य या विचार को सचेतनबोध से जाँचते हैं तो तत्काल उसके प्रति बौद्धिक जाँच-पड़ताल से भर जाते हैं और फिर इससे चैतन्य के बहुत निकट पहुँच जाते हैं। सचेतनबोध के कारण हम विचारों एवं समस्त क्रियाओं के स्वामी बन जाते हैं और इंद्रियों के प्रति जो दासता है उससे हमें मुक्ति मिल जाती है। विचारों के स्वामी बनते ही हममें मन से पार जाने की शक्ति आ जाती है। मन से पार जाने का अर्थ है समस्त विक्षेपों, मानसिक उलझनों व झंझटों का अंत और एक शांतिमय चित्त

तथा शांत भावदशा की उपलब्धि। यह शांत भाव की दशा या विक्षेपविहीन भावदशा हमें विशेष आनंद की ओर ले जाती है। यह आनंद ही हमारा आनंदमय कोश है। आनंद के दो रूप हैं। वह आनंद जो भंग हो जाए, जिसके लिए कोई बहिर्मुखी आधार चाहिए, वह तो क्षणिक है और जो आनंद बिना किसी बहिर्मुखी आधार व सहयोग के स्वतः स्फुरित हो, वह शाश्वत है। इस शाश्वत आनंद को भंग नहीं किया जा सकता। यह शाश्वत आनंद ही हर व्यक्ति का वास्तविक स्वभाव है। इस वास्तविक स्वभाव की विस्मृति को जैसे ही हम तोड़ने की चेष्टा करते हैं, हम मोक्ष के प्रथम द्वार पर पहुँच जाते हैं। इस द्वार से होकर ही मोक्ष के केंद्र में प्रवेश मिलता है। भारतीय मनीषा की यह खोज बहुत ही गहरी और सूक्ष्म है। इस खोज से जो आनंद उपलब्ध होता है, वह अद्वैत है। लेकिन इसे भी मनीषा ने मोक्ष नहीं कहा, क्योंकि आनंद का अनुभवकर्ता यहाँ अभी भी मौजूद है। जिसे आनंद की भूख तथा आनंद की अनुभूति होती है, वह कम-से-कम इस आनंद से तो अवश्य ही बद्ध है। जो आनंद के इस बंधन का भी अतिक्रमण कर सके वही मोक्ष को उपलब्ध होता है। बात बहुत सीधी है और वह यह कि आनंद की अनुभूति एक बंधन नहीं है, अतः जो जिज्ञासु हैं उन्हें इस आनंद के भी पार जाना होगा। योग की भाषा में 'जीवात्मा' पंचकोशों से आवृत है—अन्नमय कोश, प्राणमय कोश, मनोमय कोश, विज्ञानमय कोश व आनंदमय कोश। यदि इन कोशों के बंधन से जीवात्मा को मुक्त कराया जा सके तो वह मुक्ति ही मोक्ष हे। पंचकोशों से मुक्त होते ही जीवात्मा और परमात्मा, दोनों एकाकार हो जाते हैं। लहर और सागर के सारे भेद टूट जाते हैं। पंचकोशों से भी मुक्त होने की विधि है। सतत अभ्यास से बंधनों से मुक्ति पाई जा सकती है। सामान्य व्यक्ति अन्नमय कोश व प्राणमय कोश के बंधनों का तो अतिक्रमण थोड़े अभ्यास से कर लेता है, पर मनोमय कोश व विज्ञानमय कोश के बंधनों से मुक्ति पाने के लिए, अर्थात् विचार व भावदशा का स्वामी बनने में बहुत कठिनाई आती है। यह कठिन कार्य विरले ही अथक प्रयास व प्रभुकृपा से कर पाते हैं। आनंदमय कोश का अतिक्रमण तो और भी कठिन व दुष्कर है। आनंदमय कोश के अतिक्रमण का अर्थ है द्वैत का अतिक्रमण व अद्वैत में प्रवेश। आनंद के अनुभव के भी पार जाना ही मोक्ष है। पर क्या है इसकी विधि, यह पुस्तकों से उपलब्ध नहीं हो सकती है। मोक्षप्राप्ति का ज्ञान शास्त्रों से या प्रवचनों से अथवा शब्दों से नहीं मिलता। कैसे मिलता है? यह तो वे ही बता सकते हैं जो इस मार्ग पर चले हों और जिन्होंने कम-से-कम विज्ञानमय कोश का अतिक्रमण करना सीख लिया हो। फिर भी, इतनी बात अवश्य समझ ली

जाए कि मोक्ष को न तो इंद्रियों से जाना जा सकता है, न बुद्धि से। मोक्ष के प्रति की जानेवाली जिज्ञासा कोई बौद्धिक जिज्ञासा नहीं है। जो लोग मोक्ष का समाधान बौद्धिक जिज्ञासा से करना चाहेंगे, उनके हाथ कुछ भी लगने वाला नहीं है। बौद्धिक जिज्ञासा से भटकाव बढ़ेगा। बौद्धिक जिज्ञासा न पूर्ण समर्पण है, न पूर्ण विसर्जन और न ही पूर्णरूप से स्वीकारोक्ति। बौद्धिक जिज्ञासा का आधार है स्वयं का अहंकार व स्वयं की अहंता—और अहंता के मार्ग से मोक्ष की प्राप्ति संभव नहीं है। अहंता के द्वारा की गई जिज्ञासा से मोक्ष उपलब्ध नहीं होता। चाहे मन हो या बुद्धि या हमारी ज्ञानेंद्रियाँ, ये बाहर की ओर ही उन्मुख होती हैं, उनकी ऐसी कोई स्थिति नहीं है कि वे भीतर की ओर स्वत: उन्मुख हो सकें।

भारतीय मनीषा की यह मान्यता है कि इंद्रियों के बिना भी बाहर की ओर देखा जा सकता है, बाहर विचरण किया जा सकता है और विचरण करके उनके संवेगों का निराकरण हो सकता है। बड़े-से-बड़ा अहंता जो इंद्रियों के द्वारा या बुद्धि के द्वारा स्वयं के मोक्ष से संबंधित जिज्ञासा को शांत करना चाहेगा, उसके हाथ असफलता ही लगेगी। इस ब्रह्मांड में ऐसा कोई भी स्थान नहीं है जहाँ पहुँचकर यह कहा जा सके कि मोक्ष प्राप्त हो गया या मोक्ष में प्रवेश हो गया। अत: यदि इंद्रियों के बंधन से तथा मन और बुद्धि के बंधन से मुक्त हुआ जा सके तो मोक्ष के विज्ञान में प्रवेश की संभावना बढ़ती है। वैसे केवल इतने मात्र से ही मोक्ष प्राप्त नहीं होता, और भी कुछ करना होगा, और भी कुछ जानना होगा तथा और भी कुछ भुला देना होगा, कुछ और भी विसर्जित करना होगा; तभी अहंता का अतिक्रमण संभव है, तभी अहंता का लोप संभव है। एक अर्थ में मोक्ष स्वयं के विसर्जन का विज्ञान है। यदि मुक्ति पानी है तो अहंता के भाव का लोप हो जाना अनिवार्य है। जबतक यह कामना नहीं जाती कि मोक्ष पाना है तबतक अहंता भाव रहेगा और जबतक अहंता भाव रहेगा तबतक कुछ उपलब्ध नहीं होगा। 'मैं' रूप नहीं हूँ, कर्म नहीं, केवल सच्चिदानंद ब्रह्म हूँ, मात्र इतना कह देने से व्यक्ति को मुक्ति नहीं मिलेगी। जीवन के गहन तत्त्व में प्रवेश करने के लिए धीरे-धीरे करके कुछ ऐसा करना होगा, कुछ ऐसा सोचना होगा, कुछ ऐसी भावदशा में आना होगा, जहाँ जिज्ञासु की यह जिज्ञासा भी समाप्त हो जाए कि बंधन क्या है, मोक्ष क्या है। तिल-तिल करके अपने को समग्र रूप में अस्तित्व के साथ जोड़ देना होगा और तब एक ऐसी स्थिति आएगी जब समस्त अस्तित्व स्वयं मुमुक्षु को स्वीकार कर लेगा; लेकिन यह स्वीकारोक्ति कोई बौद्धिक स्वीकारोक्ति नहीं होगी और न भावुकता प्रधान स्वीकारोक्ति होगी। यह कुछ ऐसी स्वीकारोक्ति होगी, जहाँ स्वीकारोक्ति के भाव का भी लोप हो जाए।

यह कुछ भावविहीन रूप की दशा है। यह एक ऐसी सत्य प्रतीति है, जिसका संबंध किसी शरीरगत या बुद्धिगत भाव या चेतना से नहीं है; इसका संबंध न जन्म से होता है और न मृत्यु से।

मोक्ष मृत्यु नहीं है और न मोक्ष का अर्थ मृत्यु के बाद का जीवन है। जो वास्तव में मोक्ष के जिज्ञासु हैं और थोड़ी दूर भी मोक्ष के पथ पर चलने निकले हैं, उनके लिए जन्म और मृत्यु दोनों का अर्थ नहीं रह जाता। वे इस मोक्ष के पथ पर चलते हुए जो प्रयोग कर रहे हैं, वे प्रयोग मन के अतिक्रमण के प्रयोग हैं, बुद्धि के अतिक्रमण के प्रयोग हैं और इसीलिए इन प्रयोगों को तर्क से नहीं जाना जा सकता, न प्रयोगों की निष्पत्ति से जाना जा सकता है। मोक्ष तो एक बहुत बड़ी बात है। जीवन और मृत्यु जिस 'महत्' अर्थात् विराट् पर घटित होते हैं, हम उसे नहीं जानते, विराट् का अर्थ है अज्ञेय। इस अज्ञेय को जानने का कोई उपाय नहीं है। तर्क से तो बहुत छोटी बात जानी जाती है। गंभीर बात तर्क से नहीं जानी जाती। जो अति गंभीर है, जो अति गुह्य है और जो इस जगत् की बात नहीं है, बल्कि तर्क के पार के जगत् की बात है, उसे कोई तर्क से कैसे जानेगा? तर्क तो हर बात को काटकर समझाता है, विश्लेषण करके समझाता है। तर्क की पद्धति तो निरंतर तोड़ते जाना है, जोड़ते जाना नहीं। तर्क का संबंध एकत्व से नहीं है, तर्क तो सदैव खंड-खंड करके ही जानेगा, तर्क के प्रयोग का अर्थ है कि खंड-खंड करके जानो; पर मोक्ष का मार्ग तो एकत्व और वह भी परम एकत्व का मार्ग है। अतः मोक्ष पाने के लिए और उसके रहस्य का उद्घाटन करने के लिए तर्क का कोई मूल्य नहीं है। वास्तव में जो रहस्यमय है वहाँ तर्क का प्रवेश हो ही नहीं सकता। जहाँ तर्क का प्रवेश किसी भी रूप में हो सकता है, उसे रहस्यमय माना ही नहीं जा सकता। खंड को जानना हो, अंश को जानना हो तो चिंतन और मनन दोनों उपयोगी हैं। तर्क भी उपयोगी है, हर विचार उपयोगी है; लेकिन जहाँ अखंड को जानना हो, विराट् को जानना हो, जहाँ उन प्रश्नों का समाधान खोजना है जो प्रश्न विराट् से जुड़े हों, अज्ञेयता से जुड़े हों, अहंता से जुड़े हों, समग्र अस्तित्व से जुड़े हों, वहाँ तर्क बिलकुल भी उपयोगी नहीं है। समग्र अर्थात् अखंड अर्थात् अस्तित्व को यदि जाना जा सकता है तो भारतीय मनीषा कहती है कि उसे केवल निर्विचार से ही जाना जा सकता है, समाधि से ही जाना जा सकता है। समाधि का अर्थ होता है—जहाँ प्राण, मन, बुद्धि और चेतना तक का अर्थात् विचार की सत्ता का भी अतिक्रमण हो जाए। ऐसी भावदशा है या नहीं, इस भाव का भी अतिक्रमण हो जाए।

एक विचार और एक धारणा भारतीय समाज में प्रचलित है कि मृत्यु के

बाद परमसंत या परमभक्त को मोक्ष प्राप्त होता है। इस विचार के अनुसार, मोक्ष की प्राप्ति का अर्थ यह है कि जीवात्मा आवागमन के चक्र से छूट जाता है। यह तो पहले ही विस्तार से लिखा जा चुका है कि समष्टि में कोई आवागमन नहीं है; लेकिन व्यष्टि के स्तर पर, संसार के स्तर पर, मन के स्तर पर आवागमन है; जिसे उपनिषदों में 'अध्यास' कहा गया है। यह एक बिलकुल पृथक् विषय है; लेकिन मन के स्तर पर जो आवागमन है; वह जिस शरीर का आवागमन है, उसके तीन रूप हैं। इसकी भी चर्चा पहले ही की जा चुकी है। पुनरावृत्ति को स्वीकार करते हुए यहाँ यह लिखना ठीक होगा कि जीवात्मा स्थूल, सूक्ष्म और कारण शरीर में निवास करता है। कारण शरीर और कुछ नहीं, स्वयं की वासनाएँ हैं। ये वासनाएँ वे कामनाएँ हैं, जो पूरी नहीं हुईं। सूक्ष्म शरीर हमारा मन है, जिसमें हमारी समस्त वासनाओं का वास है। स्थूल शरीर में ही सूक्ष्म और कारण शरीर का निवास रहता है। जब स्थूल शरीर गिरता है तब सूक्ष्म शरीर का उत्क्रमण होता है, अर्थात् सूक्ष्म शरीर बाहर आ जाता है। यह सूक्ष्म शरीर अपनी वासनाओं और कामनाओं के कारण नया शरीर धारण कर लेता है। अगर किसी तरह से वासनाओं और कामनाओं का लोप हो जाए तो फिर सूक्ष्म शरीर का भी अंत हो जाता है और कारण शरीर का भी। जब कारण ही नहीं होगा अर्थात् जब कामनाएँ व वासनाएँ ही नहीं होंगी तब समस्त कामनाओं का लोप हो चुका होगा, विसर्जन हो चुका होगा; तब फिर न कारण शरीर बचेगा, न सूक्ष्म शरीर। भारतीय मनीषा की यह मान्यता है कि समस्त कामनाओं और वासनाओं का लोप मनुष्य स्थूल शरीर के रहते हुए भी कर सकता है। यह एक अंतस प्रयोग है, यह एक यौगिक प्रयोग है, यह एक ऐसी भावदशा है जहाँ स्थूल शरीर अभेद्य दृष्टि को उपलब्ध्र हो जाता है। अभेद्य दृष्टि की यह उपलब्धि योगसूत्र के अनुसार समाधि में संभव है और मानव सतत समाधि में रहते हुए भी कर्म कर सकता है और जीवन के रहते हुए जीवन से मुक्त की तरह विचरण कर सकता है। समस्त गीता का सार ही यही है और यही है समस्त उपनिषदों का सार। जो इस रहस्य को जानते हैं, वे शरीर छूटने के रहस्य को भी जानते हैं, वे जन्म और मृत्यु के रहस्य को भी जानते हैं।

जो कहते हैं कि आत्मा जब शरीर छोड़ती है, तब वह स्वर्ग जाती है, नरक जाती है अथवा उसे मोक्ष मिलता है, वे बड़े रहस्य से भरी हुई भाषा का प्रयोग कर रहे हैं। रहस्य के स्तर की जो भाषा है, यदि उसका प्रयोग संसार के स्तर पर किया जाएगा तो विभ्रम उत्पन्न होगा। स्वर्ग, नरक तथा मोक्ष की जो कल्पनाएँ समाज में हैं वे विवादास्पद हैं, विभ्रम पर आधारित हैं। इनका वास्तव

में मोक्ष से कुछ भी लेना-देना नहीं है। वास्तविकता तो यह है कि आत्मा न कहीं जाती है और न आती है, न उसका कोई रूप है, न आकृति, न कर्म है। जब ऐसा है तब फिर कैसा बंधन और कैसा मोक्ष? लेकिन इस रहस्यमय परिभाषा को यदि संसार के स्तर पर बढ़ावा दिया जाएगा तो इससे विभ्रम बढ़ेगा। यह रहस्य की भाषा ध्यानातीत अनुभूति की भाषा है। यह ज्ञानातीत की भाषा है। अज्ञान के निवारण के बाद व्यक्ति को ज्ञान प्राप्त होता है; लेकिन ऐसी स्थिति तब आती है जब ज्ञान का भी अतिक्रमण हो जाता है। यही है वेदांत, अर्थात् जहाँ ज्ञान का भी अंत हो गया। यही है कैवल्य। ज्ञान के अंत के बाद क्या उपलब्ध होता है, इसे शब्दों से नहीं बाँधा जा सकता और इसे जो भी शब्द दिए जाएँगे वे समस्त शब्द अपर्याप्त होंगे तथा सांसारिक स्तर पर विभ्रम को ही उत्पन्न करेंगे।

सत्य यह है कि मोक्ष मृत्यु नहीं है। जो सतत विद्यमान सत्य है, मोक्ष उसका केवल सतत बोध है। मोक्ष तो जिया जाता है, मोक्ष में साँस ली जाती है। मोक्ष एक शब्दातीत आनंद का पुनः स्मरण हो जाना है। मोक्ष है अपनी विस्मृति को समाप्त कर स्मृति को प्राप्त कर लेना। चेतना का यह अतिक्रमण ऐसा है जहाँ स्वयं के बंधनों का भी अंत हो जाता है—शरीर भाव का अंत, जीवात्मा के भाव का भी अंत। यह कोई कल्पना नहीं है। यदि किसी कल्पना के आधार पर हम मोक्ष की कल्पना करें तो इससे अंधकार मिटेगा नहीं, बल्कि बढ़ेगा। मोक्ष में जो मृत्यु है, वह केवल बंधन की मृत्यु है और यह बंधन जिस स्तर पर भी हो, उससे छूटने की बात है। कोई भी स्तर हो, जिस स्तर पर किसी भी प्रकार का कोई बंधन है, उस समस्त बंधन से मुक्ति का नाम है मोक्ष। बंधन की इस मृत्यु को भी समझने की आवश्यकता है। यह भी अपने आपमें एक रहस्य है। इसे जानने के लिए निष्कपट हृदय चाहिए, एक बौद्धिक दृढ़ता चाहिए, जो इस आरंभिक प्रयोग में हमारे लिए सहायक बन सके।

जन्म और मृत्यु के संदर्भ में यदि हमें थोड़ा भी समझना है तो पहले इस सिद्धांत को समझना होगा कि जो 'है' उसे कोई नहीं मिटा सकता और जो 'नहीं' है उसे कोई जन्म नहीं दे सकता। इंद्रियों के माध्यम से, अथवा बुद्धि के माध्यम से और अनुभूति के माध्यम से जो कुछ भी जाना जाता है, वह ऐसा नहीं है जोकि शाश्वत हो; क्योंकि इंद्रियाँ, मन और बुद्धि—सबके सब किसी-न-किसी सापेक्ष तत्त्व के आधार पर कार्य करते हैं, वे स्वयं निरपेक्ष नहीं हैं। इस सापेक्षता के कारण ही प्राणिक ऊर्जा स्वयं को मन और बुद्धि के अधीन अर्पित करके रखती है। शरीरगत प्राणतत्त्व की भी अपनी एक भावदशा है और इस

भावदशा का निर्माण होता है उन संस्कारों से, उन संवेगों से जो हम बुद्धि और मन तथा इंद्रियों से प्राप्त करते हैं। शरीरगत प्राणतत्त्व सदैव अपने भाव में ही निवास करता है—ऐसी मान्यता है भारतीय मनीषा की। प्राणतत्त्व अर्थात् सूक्ष्म शरीर जब स्थूल को छोड़ता है तब इस स्थूल शरीर छोड़ने के अंतिम क्षण उसकी जो भावदशा होती है, उसी भावदशा के अनुरूप वह तत्काल ही अन्य शरीर धारण कर लेता है। अब यदि इस रहस्य को अच्छी तरह से समझ लिया जाए तो हर व्यक्ति स्वयं को बंधनकारी भावदशाओं से मुक्त कर सकता है; लेकिन यह एक कठिन साधना है और यह कठिन साधना एक दिन में उपलब्ध नहीं होती। यह उस सतत बोध का परिणाम है जो तब प्राप्त होता है जब व्यक्ति सत्य के प्रति पल-पल अभ्यास के द्वारा सचेतन होने लगता है। जीवन की जो वास्तविकता है उसके प्रति जिन्हें सचेतनबोध प्राप्त हो गया, वे मुक्त हो गए, वे मोक्ष को प्राप्त कर गए और जो सचेतनबोध से हीन रहे, वे बंधन में रहे। यह भी कहा जा सकता है, जिन्हें आत्मज्ञान प्राप्त हो गया, वे मुक्त हो गए और जो आत्मज्ञान से शून्य हैं, उन्हें सांसारिक बंधनों में ही रहना होगा।

□

योग

योगश्चित्तवृत्तिनिरोधः।

—योगसूत्र, १-२

(तृष्णा और वासना से रहित चित्त ही योग है।)

असंयतात्मना योगो दुष्प्राप।

—श्रीमद्भगवद्गीता, ६-३६

(बाह्य विषयों के प्रति चित्त आकर्षित न हो।)

भारतीय मनीषा का सर्वोत्कृष्ट लक्ष्य है सत्य की उपलब्धि। मानव सत्य को पाना चाहता है; पर सत्य के साक्षात्कार का वह साहस नहीं जुटा पाता और स्वयं के निर्मित कल्पनालोक में ही रहना चाहता है। ज्ञान की उपलब्धि के लिए उसके जो भी प्रयास हैं वे पूर्वग्रह से ग्रस्त हैं, वे सतही हैं, वे पदार्थगत हैं, सत्यगत नहीं। ऐसा नहीं है कि मानव सत्य की खोज के लिए प्रयास नहीं करता, प्रयास तो वह करता है, पर उसका प्रत्येक प्रयास स्वयं के स्वार्थ से ही कहीं-न-कहीं संयुक्त होता है। यह स्वार्थ ही उसके प्रयत्नों को संकीर्ण बना देता है। स्वार्थ, संकीर्णता और अहं की छाया व सान्निध्य में किए गए प्रयास हमें वास्तव में सत्यवादी नहीं होने देते। अहंकार और स्वार्थ तथा उसके साथ जुड़े हमारे पूर्वग्रह कुल मिलाकर हमारी बौद्धिक चेतना को कुछ इस प्रकार से सम्मोहित कर देते हैं कि हम सत्य के पास से गुजरते चले जाते हैं, पर उसे देख नहीं पाते; यद्यपि सत्य तो सतत उपलब्ध है, पर वह अनदेखा, अनछुआ, कुँवारा रह जाता है, उससे हम संयुक्त नहीं हो पाते। सत्य को देखने के लिए हमारे हृदय में बार-बार उद्‍गार उठते हैं, बार-बार आकांक्षा जाग्रत होती है। पर हमारे उद्‍गार व

आकांक्षाएँ हमें वर्तमान से वंचित कर देती हैं। हर कामना, हर आकांक्षा एक भविष्य ही तो है—एक स्वप्नवत् भविष्य। कामना और आकांक्षा का अर्थ है कि वर्तमान के क्षण में नहीं, भविष्य में, कल में जी रहे हैं। भविष्य में जीने का अर्थ है कल्पना में जीना, स्वप्न में जीना; और यहाँ यह बात स्पष्ट रूप से समझ ली जानी चाहिए कि कल्पनाएँ सत्य नहीं होतीं, स्वप्न का सत्य से कोई भी सीधा संबंध नहीं होता। स्वप्न हमें क्षणिक आनंद तो दे सकता है, पर जो सत्य है, उससे वंचित कर देता है। अतीत की स्मृतियाँ, अपूर्ण वासनाएँ व कामनाएँ और उनसे जुड़ी हमारी कल्पना से स्वप्न का निर्माण होता है, जो सत्य न होते हुए भी सत्य प्रतीत होता है। स्वप्न केवल सुप्तावस्था में ही नहीं आते, जाग्रत रहते हुए भी आते हैं। जब व्यक्ति वर्तमान के क्षण में रहना नहीं जानता तो एक प्रकार से वह कल्पना अर्थात् स्वप्न में ही रहता है। वासनाओं व कामनाओं के साथ जो राग है, उनसे जो आसक्ति है, वह हमें वास्तविकता में प्रवेश नहीं करने देती। राग जितना प्रगाढ़ होता है उतना ही विक्षेप और संभ्रम बढ़ता जाता है और सत्य से हम दूर होते जाते हैं। योग है कालातीत सत्य से साक्षात्कार की विधि। योग वह विज्ञान है जिसका प्रयोग करके व्यक्ति 'वर्तमान' में निवास करना जान सकता है। योग हमें यथार्थ और सत्य से जोड़ता है। योग है 'वर्तमान की ऊर्जा' में प्रवेश की विधि।

हम जितना ही विभ्रम में रहेंगे, कल्पनाओं में निवास करेंगे, अतीत या भविष्य के प्रति आसक्त व रागयुक्त होंगे, उतना ही हमारी ऊर्जा का क्षरण होगा। ऊर्जा के संरक्षण और संवर्धन के लिए यह अनिवार्य है कि हम 'जो है' उसके प्रति बोधयुक्त हों। 'जो है' वही सत्य है; जो 'नहीं है' उसे ही असत्य कहा जाएगा। व्यक्ति 'जो है' उसकी उपेक्षा करता है तथा वह अपने कल्पनालोक में रहता है; वह 'वर्तमान' का तो उपयोग नहीं करता, पर 'भविष्य' की चिंता करता है, और वह विगत की स्मृति से, अर्थात् भूत से, अपने को जोड़े रहता है। यह चिंता व्यक्तित्व को विखंडित कर देती है। श्रेष्ठ और सुदृढ़ व्यक्तित्व का निर्माण कभी भी स्मृतियों के द्वारा अथवा स्वप्न और कल्पनाओं से संभव ही नहीं है। यदि व्यक्तित्व को सुदृढ़ करना है तो वर्तमान के सत्य को हमें स्वीकार करना होगा, उसे सम्मान देना होगा, उसके प्रति सचेतनबोध जाग्रत करना होगा। वर्तमान के प्रति श्रद्धा और विश्वास के साथ सचेतनबोध से स्वयं को जोड़ना ही योग है। श्रद्धा के अभाव में योग उपलब्ध नहीं होता। संशय में रहनेवाला अश्रद्धालु किसी भी मार्ग पर चले, उसका व्यक्तित्व विखंडित रहेगा ही। इस विखंडित व्यक्तित्व को जोड़ने, उसे समग्र रूप में विकसित करने की विद्या है योग।

योग के यथार्थ को समझना है तो सर्वप्रथम 'मन' के यथार्थ को समझना होगा। क्या है मन? कहाँ से ऊर्जित है, कहाँ से पोषित और संवर्धित है, कितनी शक्ति है मन की, क्या प्रयोग हैं मन के? आदि अनेक प्रश्न हैं, जिनका उत्तर खोजना होगा; जो उत्तर मिले उसे जाँचना होगा, परखना होगा। मन को जाँचने और परखने की क्रिया में स्वयं को ही सर्वाधिक भाग लेना होगा। इस हेतु अंतस में स्वयं उतरना होगा और निरीक्षण व अवलोकन भी स्वयं ही करना होगा। इस कार्य में गुरु सहयोगी है, ग्रंथ सहयोगी हैं; पर एक सीमा तक। गुरु हमें योग का मार्ग दिखा सकता है, मन को समझने की विद्या, उसकी समस्त प्रक्रियाएँ बता सकता है; पर जो मार्ग है उसपर तो स्वयं ही चलना होगा। हमें अपने गुरु से सही मार्ग का पता चल जाए, बस यही गुरु की कृपा है। मन को जानने की प्रक्रिया में गुरु पग-पग पर हमारे साथ खड़ा हो जाए, यह तो गुरु की महान् कृपा है; पर इससे अधिक गुरु कुछ नहीं कर सकता, क्योंकि गुरु के अनुभव तो मात्र एक संकेत रहेंगे, सुझाव रहेंगे, इशारे रहेंगे। गुरु के अनुभव साधक के अनुभव नहीं बन सकते। किसी भी दूसरे के अनुभव से कोई भी साधक स्वयं सिद्ध नहीं बन सकता। योग तो केवल स्वयं के अनुभव से सिद्ध होगा। योग एक अनुशासित क्रिया है, योग संज्ञा नहीं है। योग कोई ग्रंथ, सिद्धांत, दर्शन या विश्वास अथवा श्रद्धा नहीं है। ग्रंथ, सिद्धांत, विश्वास, श्रद्धा, आसन, कर्मकांड ये सब योग में सहयोगी हो सकते हैं, पर स्वयं में ये सभी अथवा इनमें से कोई एक योग नहीं है। योग तो है स्वयं के अस्तित्व का, स्वयं के होने का अनुभव। स्वयं के अस्तित्व का यह अनुभव मन की प्रक्रियाओं का अनुभव किए बिना, उनके स्रोत को जाने बिना नहीं हो सकता। योग के संदर्भ में विचित्र बात यह है कि पहले मन का सहयोग लेना होगा। यह सहयोग मन की सत्ता व उसकी वास्तविकता को समझने के लिए लेना होगा। फिर, एक बार जब मन की सत्ता का रहस्य समझ में आ जाए तो मन को शांत करने, उसे निरुद्ध करने, उसे समाप्त करने का उपाय करना होगा; क्योंकि जबतक मन है तबतक योग हो ही नहीं सकता। योग को उपलब्ध होने में अंततः मन ही सबसे बड़ी बाधा है। मन के शेष रहते, मन की सत्ता के तनिक भी रहते हुए कोई भी साधक अपनी स्वयं की सत्ता को जान नहीं सकता।

मानव सदैव एक सतत विस्मृति में निवास करता है। वह यह नहीं जान पाता कि मैं कौन हूँ, कहाँ से आया हूँ, कहाँ जाना है, क्या है मेरा स्वरूप, क्या है यह शरीर अथवा शरीर में संचरित प्राण क्या हैं? और भी प्रश्न उठते हैं; जैसेकि अगर मैं चेतना हूँ तो चेतना का रहस्य क्या है, क्या है उसका वास्तविक

रूप, कहाँ से आती है यह चेतना, कहाँ जाती है, कौन है जो चेतना का अनुभव करता है, कौन है जो दुखी होता है, कौन है जो आनंदित होता है? इन सारे प्रश्नों का उत्तर जबतक मानव न जान ले, वह अपने को विस्मृति के बंधन से मुक्त नहीं कर सकता। स्थूल स्तर पर हर मानव स्वयं को शरीर से जोड़ता है। चेतना से तो अपने को आधा-अधूरा ही जोड़ पाता है। क्योंकि चेतना के रहस्यों को जानने की न तो उसे विधि बताई गई है और न उसे जान लेना उसके स्वभाव का अंग है। कोई भी व्यक्ति जब अपने को शरीर या चेतना से जोड़ता है तो जोड़ने के इस कार्य को वह मन के द्वारा ही संपादित करता है। यहाँ मन सहयोगी है, मित्र है, सहायक है; पर मन अपना यह सहयोग स्वयं अपनी सत्ता को मिटाकर तो नहीं ही देना चाहेगा, अतः मन के सहयोग से जो भी उत्तर प्राप्त किए जाते हैं, वे आधे-अधूरे, कमजोर, लचर व पूर्वग्रहों से भरे हुए होते हैं। जब व्यक्ति अपने समस्त उत्तर मन के कोषागार से ही प्राप्त करेगा तो जो मन के पास है वही तो उपलब्ध होगा। और जो मन स्वयं नहीं जानता, जो मन के पास है ही नहीं, उसे मन द्वारा उपलब्ध भी कैसे कराया जाएगा?

यदि मन की संरचना को समझना है तो इतना तो स्वीकार करना ही होगा कि मन की संरचना शून्य में नहीं हुई है। मन द्वारा किए जानेवाले विचार, उसके समस्त संकल्प-विकल्प दो स्तरों से प्रभावित होते हैं—एक स्तर आंतरिक है, दूसरा बाह्य। आंतरिक स्तर का अर्थ है, मन का वह भाग जिसकी संरचना पूर्व स्मृतियों के संग्रह के कारण हुई है; और बाह्य स्तर मन का वह भाग है जो इंद्रियों के माध्यम से बाह्य विषयों के संपर्क में आता है और संवेग प्राप्त करके नई-नई इच्छाओं, ऐषणाओं, कामनाओं व वासनाओं को जन्म देता है। मन का एक तीसरा भाग भी है, जिसका नाम है बुद्धि और जिसका कार्य है अंतस में संगृहीत विषयों, ऐषणाओं तथा इंद्रियों से प्राप्त संवेगों व ऐषणाओं के बीच परस्पर आदान-प्रदान एवं आवागमन हेतु एक सेतु का निर्माण करना और फिर यह निर्णय करना कि मन अपने कोषागार में किसे संगृहीत करे और किसे संगृहीत न करे, साथ ही संग्रह करने के उपरांत उस संवेग का तत्काल उपयोग करे या बाद में जब कभी आवश्यकता हो तब उसका उपयोग करे। सामान्यतः जब कभी भी इंद्रियों का कैसा भी संपर्क बाहर के विषयों से होता है अथवा अंतस में जो भी विचार उठते हैं, उनका भी सूक्ष्म संग्रह मन के कोषागार में किसी-न-किसी रूप में अवश्य हो जाता है, अर्थात् मानव के हर आचार, विचार, भाव व क्रिया का प्रभाव सूक्ष्म रूप से मन के कोषागार में संगृहीत होता रहता है। इस प्रभाव को ही हम मन की वासना कहते हैं। इन वासनाओं से ही

मनुष्य के सूक्ष्म और कारण शरीर का निर्माण होता है। जो वासनाएँ अत्यधिक प्रबल होती हैं वे कारण शरीर की संरचना करती हैं। इसका आशय यह नहीं है कि कारण शरीर से अन्य वासनाओं का संपर्क नहीं रहता। कारण शरीर में भी सभी वासनाएँ रहती हैं; पर वे वहाँ सुप्त हैं तथा जो वासना सर्वाधिक जाग्रत, सर्वाधिक उग्र व प्रबल है वह कारण शरीर का निर्माण करती है। यह विषय योग का अति सूक्ष्म विषय है; पर मन की सत्ता को समझने के लिए इसका संक्षेप में विवेचन यहाँ आवश्यक है।

सार रूप में इतना तो अवश्य ही समझना होगा कि 'मन' कोई पदार्थ नहीं है और शरीर के किसी एक हिस्से का नाम भी मन नहीं हो सकता। जो संगृहीत वासनाएँ हैं उनकी सत्ता को ही 'मन' कहा जाता है। ये संगृहीत वासनाएँ हैं हमारी स्वयं की समस्त ऐषणाएँ, आकांक्षाएँ, इच्छाएँ, कामनाएँ, आशाएँ, संकल्प-विकल्प, समस्त सूचनाएँ, समस्त ज्ञान, विज्ञान, आग्रह, शास्त्र, दर्शन, धर्म, व्यक्तित्व अर्थात् जो कुछ भी हमने सोचा है और जो कुछ भी हम सोचते हैं तथा जो भी संगृहीत वासनाओं की परिधि में है, वह मन ही है। जो कुछ भी जाना जा सकता है, जो कुछ भी ज्ञेय है, वह सब मन है। मन की एक सुंदर परिभाषा दी है सुप्रसिद्ध विचारक 'ओशो' ने। उनके अनुसार, "मन एक क्रिया है।" यह परिभाषा बहुत ही सटीक है और योग को समझने में सर्वाधिक सहयोगी हो सकती है। ओशो द्वारा दी गई यह परिभाषा महर्षि पतंजलि द्वार मन का जो विश्लेषण किया गया है उससे पूरी तरह मेल खाती है। मन क समस्त क्रियाएँ ही तो मन है। मन की समस्त वृत्तियाँ ही तो मन का आधार हैं ये वृत्तियाँ गिर जाएँ, ये क्रियाएँ लुप्त हो जाएँ तो मन का भी लोप हो जाएगा यहाँ इतना ध्यान में रखना होगा कि सोचना बंद कर देने से मन का निरोध नहीं होता। सोचना बंद करना भी तो स्वयं में मन की ही एक क्रिया है, वह भ मन की एक गति है, उसकी एक वृत्ति है। जबतक किसी भी रूप में मन की कोई भी गति है, कोई भी वृत्ति है, उसका कैसा भी प्रवाह है, कोई भी क्रिया है तबतक मन की सत्ता है; और जबतक मन की सत्ता है तबतक संसार है, व्यक्तित्व है, स्वयं के वास्तविक स्वरूप की विस्मृति है, शरीर से तादात्म्य है, बंधन है, अज्ञान है। योग है इस अज्ञान का व बंधन का निवारण। योग है चित्त की वृत्तियों का निरोध। योग है मन से मुक्त होने की प्रक्रिया। योग है 'अ-मन' होने की विधि। योग है मन की समाप्ति। जिस क्षण चित्त की वृत्तियों का लोप होता है, उसी क्षण चित्त अपने वास्तविक परम चैतन्य के स्वरूप को पा लेता है और वह 'स्व' में स्थित हो जाता है। यह कुछ वैसी ही स्थिति है जैसे

लहर का महासागर में विलीन हो जाना या यह कहा जाए कि लहर का महासागर बन जाना।

योग की अनेक परिभाषाएँ हैं। परम ब्रह्म से मिलन को योग कहा जाता है। योग का अर्थ है, दो का जुड़ना। मान्यता यह है कि जब जीवात्मा को परमात्मा का साक्षात्कार हो जाता है तो उसे योग कहते हैं। एक अन्य परिभाषा के अनुसार, जब 'अहं' भाव अर्थात् अहंकार का लोप हो जाता है तब व्यक्ति योग में स्थित हो जाता है। यह भी एक परिभाषा है कि जब राग व द्वेष से चित्त मुक्त होता है तब योग अर्थात् परम मिलन संपन्न होता है। कुछ कहते हैं कि मानव को अपने वास्तविक स्वरूप की विस्मृति है। यथार्थ में समस्त नाम, रूप व कर्म ब्रह्म ही हैं; पर इस सत्य की विस्मृति है तथा जिस विधि से, जिस विद्या से यह विस्मृति टूटे, स्मृति जागे, वह विधि व विद्या ही योग है।

भारतीय मनीषा ने योग को अनेक नाम दिए हैं और योग की अनेक शाखाएँ विकसित की हैं; पर सभी का उद्‌देश्य है मन को वश में करने की विधि खोजना, क्योंकि इसीसे वास्तविक सुख, संतोष, शांति और आनंद प्राप्त हो सकता है। कोई कर्मयोग की विधि को अपनाता है तो कोई ज्ञानयोग की तो कोई भक्तियोग अथवा हठयोग और राजयोग की। अनेक स्थानों पर भारतीय मनीषा ने अष्टांग योग की बात की है और कई मनीषी ऐसा मानते हैं कि ज्ञानयोग और सांख्ययोग एक ही हैं। अष्टांग योग में ही यम, नियम, आसन, प्रत्याहार, प्राणायाम, धारणा, ध्यान और समाधि आते हैं। पतंजलि ने 'योगसूत्र' ग्रंथ में इनकी विस्तार से व्याख्या की है। योग के संदर्भ में जिन ग्रंथों को भारतीय संस्कृति में सर्वाधिक सम्मान प्राप्त है, उनमें से एक है 'गीता' और दूसरा है पतंजलि का 'योगसूत्र'। भारतीय मनीषा ने 'भक्ति' को भी मानव संस्कृति के विकास और योग का एक प्रमुख आधार माना है, अत: भारतीय जीवन में भक्तियोग का महत्त्व तनिक भी कम नहीं है; पर इतनी बात स्पष्ट है कि 'योग' की कोई भी विद्या हो, कोई भी शाखा हो, वह मन की प्रक्रिया से ही जुड़ी है। योग का प्रमुख विषय मन ही है। मन का कोई भी रूप हो, वह योग की परिधि में आ जाएगा।

गीता के दूसरे अध्याय में योग की विशेष चर्चा है, जो कर्मयोग की आधारशिला है।

योगस्थः कुरु कर्माणि संगं त्यक्त्वा धनंजय।
सिद्ध्य सिद्ध्योः समो भूत्वा समत्वं योग उच्यते॥

—श्रीमद्‌भगवद्‌गीता, २-४८

हे धनंजय! आसक्ति को त्यागकर सिद्धि और असिद्धि में समान दृष्टि रखकर, योग में स्थित होकर तू कर्म कर। इस समान दृष्टि से समत्व भाव उत्पन्न होगा और इसे ही समत्व योग कहा जाता है।

सिद्धि और असिद्धि में समान रहने का भाव निश्चित रूप से एक अत्यधिक असाधारण मन:स्थिति है। जीवन में सभी सिद्धि अर्थात् सफलता और ऐश्वर्य चाहते हैं। असिद्धि से व्यक्ति का विचलित हो जाना, प्रभावित हो जाना अत्यंत स्वाभाविक माना जाता है। इस स्थिति के निराकरण हेतु गीता का उपदेश है कि 'कर्म' में आसक्ति न आने दो। फलाकांक्षा से राग और आसक्ति उत्पन्न होती है और यह राग ही द्वेष भी उत्पन्न करता है। मन के समस्त संकल्प-विकल्प राग और द्वेष के कारण ही तो उत्पन्न होते हैं। भगवान् महावीर ने राग और द्वेष को मन रूपी रथ के दो पहिए माना है। अगर राग और द्वेष से बचा जा सके तो व्यक्ति योगस्थ हो सकता है और जीवन में समत्व प्रधान आचरण कर सकता है। ध्यान रहे, समत्व का अर्थ अकर्म नहीं है, और न समत्व का अर्थ है चुनाव की जो व्यवस्था उपलब्ध है, उसका परित्याग। समत्व स्वयं में एक अंतर्दृष्टि है। समत्व का अर्थ है समाधि में रहते हुए कर्म करना। यह सचेतन-बोध है, यह सचेतन समता है। यह सतत जागकर बोधपूर्वक जीवन में रहने की बात है। यह साक्षीभाव की स्थिति है। न तो 'मैं' सफलता हूँ और न 'मैं' असफलता हूँ। 'मैं' सफलता और असफलता के स्पर्श से भी परे हूँ, दोनों से पृथक्, एक विशेष हूँ। सफलता और असफलता दोनों ही मेरे ऊपर से बिना मुझे प्रभावित किए निकल जाएँगी। समत्व योग से मुक्त पुरुष पाप-पुण्य व अन्य सभी द्वंद्वों से परे होता है, वह किसी भी द्वंद्व से प्रभावित नहीं होता, वह द्वंद्वातीत होता है, समस्त द्वंद्वों का अतिक्रमण करके सदैव परम शांति और परम आनंद के स्वरूप में अपने को स्थित रखता है। ऐसे पुरुष का मन किसी भी स्थिति में चलायमान नहीं होता, वह सदैव अकेले रहता है। ऐसा व्यक्ति अस्तित्व को खंड-खंड करके नहीं देखता, उसका जीवन समन्वय का जीवंत प्रतीक बन जाता है। अस्तित्व के साथ यह समन्वय अंतस की साधना के द्वारा आता है और यह साधना ही योग है।

पतंजलि अपने ग्रंथ 'योगसूत्र' में कहते हैं कि तुम मन की प्रत्येक वृत्ति को अपने स्वयं में स्थित होकर देखो। बस तुम देखो, द्रष्टा बनो; मन का तो स्वभाव ही है चलना, मन है तो वह रुक ही नहीं सकता, वह तो निर्विचार हो ही नहीं सकता, अत: मन को जो करना है वह करने दो। जो अंतस में हो रहा है वह होने दो; तुम बस केवल जो हो रहा है उसे निहारो, बहुत ही सतर्कता से,

गहराई से, बोध से उसे निहारो। तुम यह जानते हुए निहारो कि मन की जो वृत्ति है वह 'तुम' नहीं हो, तुम स्वयं इस वृत्ति से पृथक् हो, उसके 'साक्षी' हो। पतंजलि कहते हैं, व्यक्ति जीवन में साक्षीभाव प्राप्त करे, वृत्तियों का दर्शक बने, कुछ ऐसा भाव रखे कि मन की किसी भी वृत्ति से उसका कुछ भी लेना-देना नहीं है, उससे उसका कोई नाता नहीं है, वह उससे लिप्त हो ही नहीं सकता। बस देखते रहो, देखते रहो, स्वयं को असंबद्ध करते रहो। वृत्ति को मात्र देखना है, उसके साथ इंद्रिय के स्तर पर शरीर पर कतई भी सहयोगी नहीं बनना है। बिना किसी संबद्धता के बस मात्र वृत्ति को देखते रहने से ही साक्षीभाव प्राप्त होता है और जीवन में समत्व आता है तथा साधक योगस्थ हो जाता है। भारतीय मनीषा का मानना है कि मन को चुपचाप साक्षीभाव से देखते रहने से, कुछ ही देर बाद मन शिथिल पड़ जाता है, वह फिर ठहर जाता है। जब साधक केवल देखता रहता है, बिना मन की वृत्ति के साथ कोई सहयोग करे, बिना कोई तादात्म्य बनाए, बिना कोई निर्णय किए, बिना आलोचना के, बिना प्रशंसा के, बिना हानि-लाभ के, बिना जय-पराजय के, बिना सफलता-असफलता की चर्चा के, तब कुछ ही काल की साधना और अभ्यास के बाद एक ऐसा क्षण आता है कि मन ठहर जाता है, शांत हो जाता है और अपनी सत्ता का स्वयं विसर्जन कर देता है। जब मन ही नहीं रहता तब जो चेतना है, वह तत्काल साक्षीभाव में रूपांतरित हो जाती है और फिर केवल साक्षी ही बचता है। तत्पश्चात् धीरे-धीरे ऐसी स्थिति आती है कि यह साक्षीभाव भी गिर जाता है। योग की भाषा में, यह वह स्थिति है जब काल भी थम जाता है। पतंजलि कहते हैं कि साक्षीभाव के अतिरिक्त और सभी दूसरी अवस्थाओं में मन छूटता नहीं है, मन का लोप नहीं होता और व्यक्ति का तादात्म्य मन के साथ बना ही रहता है।

योग की बड़ी ही सुंदर परिभाषा 'ओशो' ने पतंजलि योगसूत्रों की व्याख्या करते हुए द्री है—

"योग मन की समाप्ति है। जब मन थमता है, समाप्त होता है, तुम अपनी साक्षी सत्ता में अवस्थित होते हो। इस अवस्था के अतिरिक्त बाकी सभी अवस्थाओं में तादात्म्य बना ही रहता है। ये तादात्म्य ही संसार बनाते रहते हैं। वे ही हैं संसार। यदि तुम इन तादात्म्यों में हो, तब तुम संसार में हो, दुःख में हो। और यदि तुम इन तादात्म्यों के परे हो गए, तब तुम मुक्त हुए, तब तुम सिद्ध हो गए, संबोधि को उपलब्ध हुए। तुमने निर्वाण पा लिया। तुम इस दुःख-भरे संसार के पार चले गए और आनंद के जगत् में प्रविष्ट हुए।

"और वह जगत् अभी और यहाँ है। बिलकुल अभी, इसी क्षण। तुम्हें

इसके लिए एक पल भी प्रतीक्षा करने की आवश्यकता नहीं है। मन के साक्षी-भर बन जाओ और तुम उस जगत् में प्रविष्ट कर जाओगे। मन के साथ तादात्म्य जोड़ लो तो उसे खो दोगे, यही है बुनियादी परिभाषा।''

ओशो कहते हैं, ''मन दासता का स्रोत हो सकता है और मुक्ति का भी। मन इस संसार का द्वार बन जाता है, प्रवेश बन जाता है; लेकिन वह बाहर निकलने का द्वार भी बन सकता है। मन तुम्हें नरक की ओर ले जाता है, लेकिन मन तुम्हें स्वर्ग की ओर भी ले जा सकता है। यह इसपर निर्भर करता है कि मन का उपयोग कैसे किया जाता है। मन का ठीक उपयोग ध्यान बन जाता है, मन का गलत उपयोग पागलपन बन जाता है।

''हर व्यक्ति में मन है। अंधकार और प्रकाश, दोनों संभावनाएँ इसमें निहित हैं। मन स्वयं न शत्रु है और न मित्र है। तुम इसे मित्र बना सकते हो और तुम इसे शत्रु बना सकते हो। यह तुमपर निर्भर करता है—तुम जो मन के पीछे छिपे हुए हो। यदि तुम अपने मन को अपना उपकरण बना सकते हो तो मन वह मार्ग बन जाता है, जिसके द्वारा तुम चरम साध्य तक पहुँच सकते हो। यदि तुम गुलाम बन जाते हो और मन को मालिक होने देते हो तब यह मन जो मालिक बन गया है, तुम्हें चरम मनोव्यथा और अंधकार तक ले जाएगा।'

''सारी तरकीबें, सारी विधियाँ, योग के सारे मार्ग वास्तव में गहरे रूप से एक ही समस्या से संबंधित हैं—मन का उपयोग कैसे करें। ठीक प्रकार से उपयोग किया हुआ मन उस बिंदु तक पहुँच जाता है जहाँ यह अ-मन बन जाता है। गलत प्रकार से उपयोग किया हुआ मन उस बिंदु तक पहुँच जाता है जहाँ यह मात्र अराजकता बना होता है। बहुत-सी आवाजें, परस्पर विरोधी, विरोधाभासी, भ्रम-भरी, विक्षिप्त।''

सुख-दुःख की समस्त अनुभूतियाँ मन से ही होती हैं, यथार्थ में इनका संबंध चैतन्य से नहीं है। चैतन्य तो केवल निर्विकार साक्षी है; लेकिन जब चैतन्य स्वयं को जीवात्मा मानकर 'अहं' भाव से भर जाता है, वह स्वयं के आनंद के लिए इंद्रिय, विषय व मन की संरचना करता है। यदि मन को निर्विकार चैतन्य में, जोकि साक्षी है, पुनः स्थापित किया जा सके तो फिर मन विषयों का ग्रहण नहीं करता और विषयों का ग्रहण न होने से सुख व दुःख दोनों का अभाव हो जाता है। यही है समाधि और यही है योग। वैशेषिक दर्शन में इसकी विस्तार से व्याख्या है।

योगविद्या का सारा लक्ष्य 'मन' पर है। मन शरीर से पृथक् नहीं है, वह शरीर का एक अति सूक्ष्म, पर सर्वाधिक सशक्त भाग है। मन को इंद्रियों से जाना

नहीं जा सकता; पर वह इंद्रियों को संचालित करने में समर्थ है, अत: वह इंद्रियों का स्वामी है। समस्त ज्ञान मन के द्वारा ही तथा मन के निमित्त ही जाना जाता है। ज्ञान के दो रूप हैं—एक है 'अज्ञान' और दूसरा है 'ज्ञान'। योग में ज्ञान को 'प्रमाण' कहा गया है और अज्ञान को 'विपर्यय'। 'ज्ञान' का अर्थ है 'सम्यक् ज्ञान' और 'अज्ञान' का अर्थ है 'मिथ्या ज्ञान'। मिथ्या ज्ञान से सदैव क्लेश प्राप्त होगा और ज्ञान से 'अक्लेश'। यह 'अक्लेश' शब्द महर्षि पतंजलि की खोज है। 'मिथ्या ज्ञान' भी मन की क्षमता है, मन का एक केंद्र है। यह केंद्र सर्वाधिक कल्पनाशील भी होता है। वैसे 'प्रमाण' अर्थात् ज्ञान का केंद्र भी कल्पनाशील हो सकता है; पर ऐसा कम होता है। कल्पना मन की शक्ति है। यदि हम उसका सही प्रयोग कर सकें; उसे स्वार्थ, आसक्ति व अहं से बचा सकें तो वह सृजन के अनंत द्वार खोल देती है। यह समझ लेना भी उचित होगा कि 'ध्यान' का प्रारंभ भी 'कल्पना' से ही होता है। मन का रहस्य ही यह है कि उसकी कोई भी वृत्ति सकारात्मक हो सकती है और नकारात्मक भी। कोई भी वृत्ति 'क्लेश प्रधान' हो सकती है और 'अ-क्लेश प्रधान'। पतंजलि इस 'अ-क्लेश प्रधान मन' को ही आनंद में प्रवेश का द्वार मानते हैं। पतंजलि के सूत्रों की समीक्षा से यह लगता है कि उनकी खोज बहुत गहरी है। सामान्य मान्यता यही है कि मन सदैव सुख और आनंद खोजता है; पर 'योग' का विचार है कि आनंद तो सतत विद्यमान है, उसे खोजना थोड़े ही है, उसके लिए न कहीं जाना है, न कोई क्रिया करनी है। आनंद के मिटने और हटने अथवा खोने का तो कोई प्रश्न ही नहीं; पर क्योंकि सामान्य व्यक्ति विस्मृति में जीता है, 'विपर्यय' में रहता है, अत: वह अपने 'आनंद प्रधान' स्वभाव का लाभ नहीं उठा पाता। एक अर्थ में मनुष्य जो वास्तव में पाना चाहता है वह तो सतत उपलब्ध है, पर विस्मृति और 'मूर्च्छा' के कारण वह अपनी वास्तविक सत्ता से, जो उसका स्वभाव है, अपरिचित-सा बना रहता है। योग इसी समस्या का समाधान है।

मन की आंतरिक स्थितियों का अध्ययन, परीक्षण, अन्वेषण व पर्यवेक्षण तथा नियमन करने की विधि को 'राजयोग' की संज्ञा दी गई है। राजयोग की साधना सत्य की साधना है, इसमें किसी पूर्वग्रह की आवश्यकता नहीं है। हाँ, इसमें अनुशासन व अभ्यास की आवश्यकता है। राजयोग में प्रतिष्ठित होने के लिए भी नित्य कुछ-न-कुछ शारीरिक व मानसिक क्रियाएँ तो करनी ही होंगी। इन क्रियाओं से ही मन शुद्ध होगा और उसे वास्तव में अंतर्मुखी बनाया जा सकेगा। यम, नियम, आसन, प्राणायाम, प्रत्याहार, धारणा, ध्यान और समाधि—ये राजयोग के आठ सोपान हैं, यही है अष्टांग योग। यम का अर्थ है—अहिंसा,

सत्य, अस्तेय, ब्रह्मचर्य और अपरिग्रह। यम से चित्त की शुद्धि होती है। अहिंसा का अर्थ है मन को ऐसी दशा में ले आना जब भेददृष्टि का अंत हो जाए। जब-तक भेददृष्टि है तबतक अहिंसा को कोई उपलब्ध नहीं हो सका। भेददृष्टि ही वास्तविक हिंसा है। सारी हिंसा के मूल में यह भेददृष्टि ही है। अतः योग में जब अहिंसा की बात की जाती है तो वह केवल बहिर्मुखी हिंसा के परित्याग की बात ही नहीं है, किसीको केवल कष्ट न पहुँचाने की ही बात नहीं है, बल्कि ऐसी चेतना में प्रवेश की बात है जहाँ हिंसा भाव का जन्म ही न हो सके और जहाँ मन पूर्ण समत्व में स्थित होकर आत्मज्ञान में रमकर कर्म करने की प्रेरणा दे। अहिंसा में हिंसा न करने का भाव मात्र नहीं है, बल्कि इसमें अति सूक्ष्म भाव है। हिंसा वृत्ति का ही लोप अथवा हिंसक भाव के नियमन या उसे निरुद्ध करने की बात ही केवल यहाँ नहीं है, बल्कि यहाँ कुछ ऐसी स्थिति का विवेचन है जहाँ सतत प्रेम और सतत एकात्म प्रवाहित होता रहता है। ऐसा प्रेम, ऐसा एकात्म, ऐसा आत्मभाव जहाँ जो कुछ भी दृश्य जगत् है, वह स्वयं का प्रतिरूप प्रतीत हो। अर्थात् जो 'मैं' वही जगत् और जो 'जगत्' वह 'मैं'। यहाँ भेददृष्टि का पूर्ण अभाव ही नहीं है, बल्कि 'भेददृष्टि' का संपूर्णता से अतिक्रमण है। भेददृष्टि के अभाव में भी द्वैत है—भले ही यह द्वैत सुप्तावस्था में ही क्यों न हो। जहाँ भेददृष्टि का पूर्ण अतिक्रमण है, जहाँ हिंसा का पूर्ण अतिक्रमण है, जहाँ 'हिंसा' के भाव तथा 'हिंसा न करने' के भाव का भी लोप है—वहाँ है अहिंसा। अहिंसा तो हिंसातीत अवस्था है—'हिंसा' व 'हिंसा न करने' के परे की अवस्था है।

अहिंसा की तरह सत्य, अस्तेय, ब्रह्मचर्य व अपरिग्रह भी बहुत ही गूढ़ व गंभीर विषय हैं; पर सामान्यतः हम इनके शाब्दिक अर्थ तथा स्थूल आचरण से ही इन्हें जानते हैं। भारतीय मनीषा के लिए 'कर्म' महत्त्वहीन हैं, कर्म अपने आपमें नपुंसक हैं, तटस्थ हैं; जो कुछ भी महत्त्वपूर्ण है वह है कर्म के पीछे छिपा भाव, कर्म विशेष का जो भी प्रेरक व जन्मदाता भाव है, उससे ही 'कर्म' अपना वास्तविक शरीर ग्रहण करता है।

शौच, संतोष, तप, स्वाध्याय और ईश्वर प्रणिधान को योगशास्त्र में नियम कहकर संबोधित किया गया है। नियम का अर्थ है, जिनका नियमित अभ्यास आवश्यक है। इनमें सभी महत्त्वपूर्ण व अनिवार्य हैं, लेकिन यदि किसी एक को अति महत्त्वपूर्ण बताना ही है तो भारतीय मनीषा ने ईश्वर प्रणिधान को अति महत्त्वपूर्ण बताया है। योग ने ईश्वर की सत्ता को न तो नकारा है और न उसे उस रूप में स्वीकारा है जिस रूप में कर्मकांडी पंडित अथवा 'भक्तियोग' के

उपासक स्वीकार करते हैं। भक्त के लिए ईश्वर एक वास्तविक 'अरूप रूप' है। वह 'सत्तावानों' में सर्वाधिक सक्षम व शक्तिशाली अद्वितीय सत्ता है। पर योगी ईश्वर को इस रूप में नहीं देखता, योगी के लिए स्वयं से पृथक् कोई सत्ता है ही नहीं। अतः सारी खोज अंतस की खोज है। यह अंतस मन की सत्ता से भिन्न है। मन की सत्ता तो अंतस की सत्ता के अंतर्गत ही है। मन की समाप्ति के उपरांत भी अंतस की यात्रा पूरी नहीं हो जाती। इसे कुछ इस तरह से भी व्यक्त किया जा सकता है कि मन समाप्त नहीं होता, वरन् मन का अतिक्रमण हो जाता है। मूल उद्देश्य है अंतस का रूपांतरण। अंतस के इस रूपांतरण में मन का भी रूपांतरण निहित है। जैसे ही अंतस का रूपांतरण हो जाता है, फिर अंतस की सत्ता का भी लोप हो जाता है। अतः अंतस की सत्ता के लोप का अर्थ है 'अज्ञान' का लोप, 'विपर्यय' का अंत।

एक प्रश्न यहाँ यह किया जा सकता है कि अंतस के 'रूपांतरण' अर्थात् 'जागरण' का उद्देश्य रहते हुए क्या यह नहीं कहा जाएगा कि 'अंतस जागरण' की प्रक्रिया से गुजरना भी किसी-न-किसी उद्देश्य की ओर संकेत तो करता ही है? इसका बड़ा सुंदर उत्तर भारतीय मनीषी देते हैं। उनका कहना है कि—"उद्देश्य को साथ लिये, कामना के साथ, और तो और, 'मोक्ष' की भी आशा के साथ आत्मज्ञान की प्राप्ति की इच्छा को लेकर कोई भी जिज्ञासु साधक योगमार्ग पर नहीं बढ़ सकता। वास्तव में योगमार्ग कोई गतिमयता नहीं है। जिस क्षण यह अनुभूति हो जाती है कि सभी इच्छाएँ, सभी वृत्तियाँ बंधन हैं, उसी क्षण योग का प्रकाश उपलब्ध होने लगता है। सभी वृत्तियाँ कुछ-न-कुछ दुःख और क्लेश तो उत्पन्न करेंगी ही, अतः योगमार्ग में उनकी कोई अनिवार्यता और उपयोगिता नहीं है, वरन् वे तो बंधन हैं। और योग है मिलन। बंधन मिलन नहीं हो सकता। मिलन तो तब होता है जब बंधन समाप्त होते हैं। योगी के लिए करने को कुछ है ही नहीं। वैसे भी तुम कुछ कर भी नहीं सकते, क्योंकि जो भी तुम करोगे वह वृत्ति रूपी बंधन से तुम्हें बाँधेगा, तुम्हें दुःख में ले जाएगा, तुम्हारे क्लेश को बढ़ा देगा; पर जब तुम कुछ नहीं करोगे, मात्र द्रष्टा रहोगे, बल्कि द्रष्टाभाव से भी रागग्रस्त नहीं रहोगे, तब सभी कामनाएँ, वासनाएँ व इच्छाएँ मिट चुकी होंगी; मन समाप्त हो चुका होगा, उसका रूपांतरण हो चुका होगा, उसका अतिक्रमण हो चुका होगा—और यही है योग। यहाँ पहुँचकर कोई गति नहीं है। योग गति नहीं है, यह तो स्थिरता है, परम मिलन का भाव है।" ऐसे विचार रहे हैं भारतीय मनीषा के।

ध्यान में कोई गति नहीं है, कोई कर्म नहीं है, यहाँ कुछ पाया और खोया

नहीं जाता; पर शब्दों की अपनी एक सीमा है, अतः हम कहते हैं कि ध्यान एक आंतरिक संतुलन है। जब हम संतुलन प्राप्त करते हैं तो कहीं कोई वृत्ति रूपी कंपन नहीं रहता, सबकुछ—मन, शरीर, प्राण—स्थिर हो जाते हैं। इस स्थिरता के होते ही अंतस का जो केंद्र है उसकी जागृति का बोध होता है, उसके प्रकाश से सब परिपूर्ण हो जाता है, जो परम आनंद विस्मृत था उसे स्वयं के आनंद रूपी स्वभाव के प्रति स्मृति जाग जाती है, तब द्वैत भाव का केंद्र में लय हो जाता है और तब सत्य का साक्षात्कार होता है, तब जो कुछ अनुभूति में आता है, वही सत्य है, वही ईश्वर है—हम कोई भी नाम दे दें। अतः हमें इस केंद्र के प्रति वास्तविक समझ प्राप्त करनी होगी, उसके प्रति वास्तविक समर्पण करना होगा। जब हम कहते हैं कि ईश्वर के प्रति पूर्ण समर्पण करना है तो उसका अर्थ है कि हमें अपने 'सम्यक् ज्ञान केंद्र' को सक्रिय करना है। राजयोग में उसकी विधियाँ हैं, उसका अनुशासन है। इस विधि का नाम है 'ध्यान'। इसके सतत अभ्यास से एकाग्रता, मनन, 'अ-क्लेश' व आनंद तथा परम संतुलन प्राप्त किया जा सकता है। सतत ध्यानाभ्यास से मन छूट जाता है, उसका अतिक्रमण हम कर सकने में समर्थ हो सकते हैं और तब 'ध्यान' अपनी समग्रता में पहुँच जाता है। यह समग्रता, यह परिपूर्णता ही 'समाधि' है। समाधि है ध्यान की समग्रता, उसकी परिपूर्णता। इस परिपूर्णता में द्वैत किसी भी रूप में बचता ही नहीं। द्वैत भाव के हटते ही जो फिर 'है' वह केवल शुद्ध परिपूर्णता ही है, परिपूर्णता का ही प्रवाह। परिपूर्णता का ऐसा प्रवाह जो अखंड है, स्थिर है, सतत है, वह अबाध है। यह जो पूर्ण और अखंड है, जो सतत है, उसका बोध ही है योग। वैसे है तो यह अनाम, अनंत, अनिर्वचनीय; पर फिर भी मानव बुद्धि इसका नामकरण करती है। इसे कोई भी नाम दे दो, ईश्वर कहो, परम चैतन्य कहो, परमब्रह्म कहो, भगवान् कहो, परम सत्ता कहो, सर्वात्मा कहो, आत्मा कहो, ऊर्जा कहो—कोई भी नाम दे दो; पर सारे नाम आधे-अधूरे हैं, अपर्याप्त हैं, और सभी नाम इसी सत्ता के ही नाम हैं तथा 'पूर्ण' में स्थित हैं। इस 'पूर्ण' के प्रति समर्पण का अर्थ है सर्वत्र 'पूर्णत्व' की उपस्थिति का सतत, निर्बाध व दृढ़ बोध। उसकी सतत सर्वव्यापी उपस्थिति के प्रति 'सजगता' और उसके विरुद्ध जो भी भाव है उसकी श्रद्धापूर्वक अस्वीकृति। यह तभी संभव होगा जब अहंकार का लोप होगा; अर्थात् 'अहं' का, 'मैं' की सत्ता का संपूर्णता से विसर्जन और समस्त भावों का अतिक्रमण होगा।

यह राजयोग ही अंततः ज्ञानयोग में रूपांतरित हो जाता है। सत्य की सतत उपस्थिति व सर्वव्यापकता एवं अखंडता का बोध ही 'ज्ञान' है। अहंकार के

प्रति सजग करते हुए 'पातंजल योगसूत्र' के भाष्य में दार्शनिक ओशो लिखते हैं कि "अहंकार ही हो तुम। तुम समर्पण की ओर नहीं बढ़ सकते; तुम ही हो बाधा, इसलिए जो कुछ तुम करते हो वह गलत होगा। तुम इस विषय में कुछ नहीं कर सकते। तुम्हें तो बस बिना कुछ किए ही सजग रहना है। यह है भीतरी संरचना—जो कुछ भी तुम करते हो वह अहंकार द्वारा ही किया जाता है; और जब कभी तुम कुछ नहीं करते और केवल साक्षी बने रहते हो तब तुम्हारा अहंकारशून्य हिस्सा काम करने लगता है। तुम्हारे भीतर साक्षी है निरहंकारिता और कर्ता है अहंकार। बिना कुछ किए अहंकार अस्तित्व नहीं रख सकता। यदि तुम समर्पण करने को भी कुछ करते हो तो उससे अहंकार ही मजबूत होगा। और तुम्हारा समर्पण फिर एक बहुत सूक्ष्म अहंकारयुक्त दृष्टिकोण बन जाएगा। तुम कहोगे, 'मैंने समर्पण कर दिया'। तुम दावा करोगे समर्पण का; और यदि कोई कहे कि यह बात सच नहीं है तो तुम क्रोध अनुभव करोगे, आघात अनुभव करोगे। अहंकार अब भी वहाँ मौजूद रहता है, समर्पण करने की कोशिश करता हुआ। अहंकार कुछ भी कर सकता है; केवल एक चीज जो अहंकार नहीं कर सकता वह है अक्रिया, साक्षीभाव।"

जो सत्ता है वह 'मैं' की ही सत्ता है और इसी सत्ता का दूसरा नाम है अहंकार और तीसरा नाम है मन; तीनों एक-दूसरे के पर्यायवाची हैं। इसीलिए जबतक मन है तबतक अहंकार है। जबतक यह विचार है कि यह 'मेरे विचार हैं' तबतक मन है। जबतक यह भाव है कि 'मेरा मन निर्विकार हो गया' तब उस समय भी मन की उपस्थिति है। समझने की बात यह है कि मन कोई वस्तु नहीं है, मन कोई एक भाव नहीं है, कोई एक स्थिति नहीं है, न वह कोई पृथक् प्राणतत्त्व या ऊर्जातत्त्व है। वह तो मात्र एक संयोग है, एक संघात है, एक घटना है; बस केवल एक क्रिया-प्रतिक्रिया मात्र। मन एक प्रक्रिया है ऊर्जा के अनंत महासागर की एक लहर की भाँति। जब यह लहर महासागर में विलीन होती है तब क्या बचता है, क्या चिह्न छोड़ जाती है? कुछ भी नहीं। लहर जब महासागर में विलीन होती है तब कोई चिह्न नहीं बचता, सागर के वक्षस्थल पर कोई लहर कभी थी, इसका कोई भी प्रमाण नहीं बचता। यही स्थिति चैतन्य के अनंत महासागर में उठी मन रूपी लहर की है। मन का कोई अपना स्वयंभू अस्तित्व ही नहीं है; मन का अर्थ है चेतना के वक्षस्थल पर उठे विचार—मात्र विचार। एक विचार आता है, फिर दूसरा आता है, फिर तीसरा और विचारों की एक सतत शृंखला बराबर आती रहती है तथा वह भी एक सातत्य के साथ आती है; दो विचारों के बीच कोई अंतराल नहीं होता। ये दो विचार इतने जुड़े हुए होते हैं कि

वे एक शक्ति, एक पदार्थ प्रतीत होते हैं। उनके बीच सातत्य है, उसके कारण ही यह प्रतीत होता है कि मन है। मन तो मात्र एक प्रतीति है। योग द्वारा मन को नियंत्रित करने की चेष्टा नहीं करते, क्योंकि मन को नियंत्रित करना असंभव है। मन नियंत्रित नहीं किया जा सकता, क्योंकि मन की कोई अपनी सत्ता है ही नहीं। जब मन की अपनी कोई वास्तविक सत्ता है ही नहीं तो जो 'है' नहीं उसे कोई कैसे नियंत्रित करेगा? जो कहता है कि वह मन को नियंत्रित कर रहा है वह 'अज्ञान' में है, भ्रम में है। कौन करेगा मन को नियंत्रित? यदि कोई कर रहा होता मन को नियंत्रित तो वह तो स्वयं मन का ही एक भाग होता; पर हाँ, भ्रमवश यह प्रतीत अवश्य होता है कि मन को नियंत्रित किया जा सकता है तथा यह भी प्रतीत होता है कि मन धीरे-धीरे प्रयासों से, अभ्यास से नियंत्रित हो रहा है। यह प्रतीति ही 'अहंकार' है, यही है 'मैं' भाव, यही है 'भेददृष्टि' और 'अहं'।

जिसे हम नियंत्रित करने की प्रक्रिया के रूप में जानते हैं, जिसे हम 'नियंत्रण' कहकर संबोधित करते हैं, ऐसी कोई भी स्थिति मन के साथ संभव नहीं। मन को नियंत्रित करने की कोई भी चेष्टा अंततः मन को नियंत्रित करने में ही सबसे बड़ी बाधा है। जब यह समझ में आ जाता है कि मन की सत्ता ही नहीं है, केवल विचार हैं, और वे भी ऐसे विचार जोकि महाकाल के समक्ष अति क्षणभंगुर व सतत परिवर्तनशील हैं तब एक आंतरिक रिक्तता की अनुभूति होती है। इस आंतरिक रिक्तता में ही ईश्वर प्रकट होता है, साक्षी प्रकट होता है, द्रष्टा प्रकट होता है। लौकिक भाषा में समझने की दृष्टि से हम कह सकते हैं कि मन को समझने के लिए केवल आने-जानेवाले विचारों के प्रति हमें बोध से भर जाना होगा। जिस क्षण हम विचारों के द्रष्टा, उनके साक्षी बन जाते हैं, मन का विसर्जन प्रारंभ हो जाता है। साक्षी की यह घटना ही मन का नियंत्रण बन जाती है। भारतीय मनीषा के अनुसार—

"मन चेतना की अशांति है, जैसेकि लहरों में सागर हो जाता है अशांत। कोई बाहरी चीज प्रवेश कर जाती है—हवा। कुछ बाहर का घट गया होता है सागर को, या कि घट गया होता है चेतना को—विचार होते हैं या कि हवा, और वहाँ चली आती है बेचैन अराजकता; लेकिन अराजकता सदा होती है सतह पर ही। लहरें होती हैं सदा सतह पर ही। गहराई में लहरें नहीं होतीं। वहाँ हो नहीं सकतीं, क्योंकि गहराई में हवा प्रवेश नहीं कर सकती। तो हर चीज केवल सतह पर ही होती है। यदि तुम भीतर की ओर बढ़ते हो तो नियंत्रण उपलब्ध हो जाता है। यदि तुम सतह से भीतर की ओर बढ़ते हो तो जा पहुँचते हो केंद्र तक तो अकस्मात् सतह हो जाती होगी अशांत, लेकिन तुम नहीं होते अशांत।

"सारा योग कुछ नहीं है सिवाय केंद्रस्थ होने के, केंद्र की ओर बढ़ने के, वहाँ बद्धमूल हो जाने के, वहीं अवस्थित हो जाने के। और वहाँ से सारा परिप्रेक्ष्य बदल जाता है। हो सकता है, लहरें वहाँ अब भी हों, लेकिन वे पहुँचती नहीं हैं तुम तक। और अब तुम देख सकते हो कि वे तुमसे संबंधित नहीं हैं; वह तो केवल सतह पर का संघर्ष होता है किसी बाहरी वस्तु के साथ। और जब तुम देखते हो केंद्र की ओर से, तो धीरे-धीरे तुम विश्राम करने लगते हो। धीरे-धीरे तुम स्वीकार लेते हो कि बेशक तेज हवा ही है, लहरें तो उठेंगी, लेकिन तुम्हें चिंता नहीं रहती।"

मन के इस लय व अतिक्रमण के बाद ही मानव के प्राकृत स्वरूप को, यथार्थ को, सत्य को जाना जा सकता है। इसका ज्ञान व बोध ही 'ज्ञानयोग' है। स्वामी विवेकानंद ने इस संदर्भ में जो विचार दिए हैं वे बड़े ही सरल और बोधगम्य हैं। विवेकानंद कहते हैं—

"संक्षेप में, जबतक द्वैत भाव है तबतक यह जगत् परिणामशील ही प्रतीत होगा। पर असल बात यह है कि यह जगत् परिणामी भी है और अपरिणामी भी। आत्मा, मन और शरीर—ये तीनों पृथक्-पृथक् वस्तुएँ नहीं हैं, बल्कि वे तो एक ही हैं। जो शरीर को देखते हैं, वे मन को नहीं देख पाते; जो मन को देखते हैं, वे आत्मा को नहीं देख पाते; और जो आत्मा को देखते हैं, उनके लिए शरीर और मन दोनों न जाने कहाँ चले जाते हैं। जो लोग केवल गति देखते हैं, वे संपूर्ण स्थिर भाव को नहीं देख पाते; और जो इस संपूर्ण स्थिर भाव को देख पाते हैं, उनके लिए गति न जाने कहाँ चली जाती है। जो व्यक्ति रज्जु में सर्प ही देखता है, उसके लिए रज्जु न जाने कहाँ चली जाती है, और जब भ्रांति दूर होने पर वह व्यक्ति रज्जु ही देखता है तो उसके लिए फिर सर्प नहीं रह जाता।

"तो हमने देखा कि वस्तु एक ही है, वह एक ही नाना रूपों में प्रतीत होती है। इसको चाहे आत्मा कहो या वस्तु कहो अथवा अन्य कुछ नाम दो, जगत् में एकमात्र इसीका अस्तित्व है। अद्वैतवादियों की भाषा में, यह आत्मा ही ब्रह्म है, जो नाम-रूप की उपाधि के कारण अनेक प्रतीत हो रहा है। समुद्र की तरंगों की ओर देखो; एक भी तरंग समुद्र से पृथक् नहीं है, फिर भी तरंग पृथक् क्यों प्रतीत होती है? नाम और रूप के कारण। तरंग की आकृति और उसे हमने जो 'तरंग' नाम दिया है, बस इन दोनों ने उसे समुद्र से पृथक् कर दिया है। नाम-रूप के नष्ट हो जाने पर वह समुद्र-की-समुद्र ही रह जाती है। तरंग और समुद्र के बीच भला कौन भेद कर सकता है! अतएव यह समस्त जगत् एकस्वरूप है। जो भी पार्थक्य दिखता है, वह सब नाम-रूप के ही कारण है।

जिस प्रकार सूर्य लाखों जलकणों पर प्रतिबिंबित होकर प्रत्येक जलकण में अपनी एक संपूर्ण प्रतिकृति सृष्ट कर देता है, उसी प्रकार वही एक आत्मा, वही एक सत्ता विभिन्न वस्तुओं में प्रतिबिंबित होकर नाना रूपों में दिखाई पड़ती है। किंतु वास्तव में वह एक ही है। वास्तव में 'मैं' अथवा 'तुम' नामक कुछ नहीं है—सब एक ही है। चाहे कह लो, 'सभी मैं हूँ', या कह लो, 'सभी तुम हो'। यह द्वैत ज्ञान बिलकुल मिथ्या है और सारा जगत् इसी द्वैत ज्ञान का फल है। जब विवेक का उदय होने पर मनुष्य देखता है कि दो वस्तुएँ नहीं हैं, एक ही वस्तु है, तब उसे यह बोध होता है कि वह स्वयं यह अनंत ब्रह्मांडस्वरूप हो गया है। मैं ही यह परिवर्तनशील जगत् हूँ और मैं ही अपरिणामी, निर्गुण, नित्यपूर्ण, नित्यानंदमय हूँ।

"अतएव नित्यशुद्ध, नित्यपूर्ण, अपरिणामी, अपरिवर्तनीय एक आत्मा है; उसका कभी परिणाम नहीं होता और ये सब विभिन्न परिणाम उस एक आत्मा में प्रतीत मात्र होते हैं। उसपर नाम-रूप ने विभिन्न स्वप्न चित्र अंकित कर दिए हैं। आकृति ने ही तरंग को समुद्र से पृथक् किया है। मान लो कि तरंग लीन हो गई, तो क्या यह रूप रहेगा? नहीं, वह बिलकुल चला जाएगा। तरंग का अस्तित्व पूर्णरूप से समुद्र के अस्तित्व पर निर्भर है; पर समुद्र का अस्तित्व तरंग के अस्तित्व पर निर्भर नहीं है। जबतक तरंग रहती है तबतक रूप भी रहता है; पर तरंग के लीन हो जाने पर वह रूप फिर नहीं रह सकता। इस नाम-रूप को ही माया कहते हैं। यह माया ही भिन्न-भिन्न व्यक्तियों का सृजन करके उनमें आपस में पार्थक्य का बोध करा रही है; पर वास्तव में इसका अस्तित्व नहीं है। माया का अस्तित्व है, यह नहीं कहा जा सकता। रूप या आकृति का अस्तित्व है, यह कहा जा सकता है, क्योंकि वह तो दूसरे के अस्तित्व पर निर्भर रहती है; और उसका अस्तित्व नहीं है, यह भी नहीं कहा जा सकता, क्योंकि उसीने तो यह सारा भेद उत्पन्न किया है। अद्वैतवादियों के मत से इस माया या अज्ञान या नाम-रूप अथवा योरोपीय लोगों की भाषा में इस देश-काल निमित्त के कारण यह एक अनंत सत्ता इस वैचित्र्यमय जगत् के रूप में दीख पड़ती है। परमार्थतः यह जगत् एक अखंडस्वरूप है। जबतक कोई दो वस्तुओं की कल्पना करता है तबतक वह भ्रम में है। जब वह जान जाता है कि सत्ता केवल एक है, तभी वह यथार्थ में जानता है।"

यह प्रतीति, यह ज्ञान, यह बोध कि 'सत्ता केवल एक है', वास्तविक योग है। यह अनुभूति हमें हठ से नहीं हो सकती। यह अनुभूति हम शरीर के प्रति, संसार के प्रति द्वेषभाव रखकर, घृणाभाव रखकर प्राप्त नहीं कर सकते।

'हठयोग' का तो बड़ा ही सीमित उपयोग है। उसका उपयोग है शरीर की सत्ता का सम्मान करते हुए प्राणिक ऊर्जा की शक्ति को और अधिक व्यक्त करने की क्षमता प्राप्त करना। यह प्राण सभी प्राणियों में जीवनीशक्ति के रूप में विद्यमान है। मन की वृत्तियाँ ही इस प्राणशक्ति की सूक्ष्मतम तथा उच्चतम अभिव्यक्ति का माध्यम हैं। किस प्रकार इस 'प्राण' पर विजय पाई जाए, यही प्राणायाम का उद्देश्य है। स्वामी विवेकानंद ने इसपर भी बड़े ही सुंदर ढंग से लिखा है—

"संसार की सारी वस्तुओं में देह हमारे सबसे निकट है; मन उससे भी निकटतर है। जो प्राण संसार में सर्वत्र क्रीड़ा कर रह रहा है, उसका जो अंश इस शरीर और मन को चलाता है, वही अंश हमारे सबसे निकट है। यह जो क्षुद्र प्राण-तरंग है, जिसे हम अपनी शारीरिक और मानसिक शक्तियों के रूप में जानते हैं, वह अनंत प्राण-समुद्र में हमारे सबसे पास की तरंग है। यदि हम उस क्षुद्र तरंग पर विजय पा लें, तभी हम समस्त प्राण-समुद्र को जीतने की आशा कर सकते हैं। जो योगी इस विषय में कृतकार्य होते हैं, वे सिद्धि पा लेते हैं, तब कोई भी शक्ति उनपर प्रभुत्व नहीं जमा सकती।"

स्थूल शरीर को सुंदर व बलिष्ठ बनाने में जहाँ प्राणायाम की महत्त्वपूर्ण भूमिका है, वहीं आसनों का भी विशेष महत्त्व है। मूलतः हठयोग का संबंध शरीर में स्थूल पक्ष से ही अधिक है। हठयोग की अनेक क्रियाएँ बहुत कठिन हैं और स्वामी विवेकानंद के अनुसार, दीर्घजीवी होना ही हठयोग का एकमात्र उद्देश्य है। शरीर किस प्रकार पूर्ण स्वस्थ रहे, यही है हठयोगियों का प्रमुख लक्ष्य और यही है उनका दृढ़ संकल्प। आसन के साथ-साथ हठयोग में नाड़ीशोधन का भी महत्त्व है। सफल हठयोगियों के अनुसार, नाड़ीशुद्धि के उपरांत प्राणायाम पर अधिकार पाना आसान हो जाता है।

गीता में मनोनिग्रह की चर्चा करते हुए एक स्थान पर आता है—

'अभ्यासेन तु कौन्तेय वैराग्येण च गृह्यते'—हे अर्जुन! तू इसे अभ्यास और वैराग्य से प्राप्त कर।

योग में अभ्यास और वैराग्य का महत्त्वपूर्ण स्थान है। गीता कहती है कि मन को वश में करना बहुत कठिन है, पर अभ्यास और वैराग्य से यह संभव है। पर यथार्थ तो यह है कि मन की कोई सत्ता ही नहीं है, अतः उसका नियंत्रण कैसे होगा? नियंत्रण तो उसका हो सकता है जिसकी कोई सत्ता हो। जिसका कोई वास्तविक अस्तित्व ही न हो, उसके नियमन और नियंत्रण का क्या अर्थ? लेकिन मन की सत्ता का अभाव तो सूक्ष्म के स्तर पर है। जो बहुत गहराई से मन का अनुसंधान करते हैं, अंतस में नीचे उतरकर देखना जानते हैं; वे ही मन की

वास्तविकता को तथा उसकी स्वरूपहीनता एवं अस्तित्वहीनता को जान पाते हैं। सामान्य व्यक्ति अंतस की गहराई में झाँकना ही नहीं चाहता और न वह गहराई में उतरकर केंद्र तक जाता है। सामान्य व्यक्ति तो सतह पर ही, अर्थात् बहिर्मुखी चेतना में, पदार्थ के जगत् में, संसार में निवास करता है। इस सतह पर जहाँ औसत व्यक्ति रहता है, जहाँ वह भेद की चेतना में विचरण करता है, वहाँ मन का स्वरूप है, वहाँ मन की सत्ता है; भले ही यह सत्ता मात्र अध्यास हो, आरोपित हो, विपर्यय हो। विपर्यय के स्तर पर तो मन की सत्ता है ही और सामान्य व्यक्ति विपर्यय में ही रहता है। मन का जन्म ही विपर्यय से होता है, अत: जो मन विपर्यय से सत्तावान् बनता है, उसका तो नियमन और नियंत्रण करना ही होगा। यह नियमन और नियंत्रण अभ्यास और वैराग्य के द्वारा ही संभव है।

अभ्यास वैराग्याभ्यां तन्निरोधः।

—योगदर्शन, १-१२

सतत आंतरिक अभ्यास और वैराग्य से मन की वृत्तियों का निरोध होता है।

योग में बिना किसी व्यवधान के श्रद्धा-भरी निष्ठा के साथ लगातार लंबे समय तक दृढ़तायुक्त अभ्यास से वैराग्य सिद्ध होता है और मन का निरोध एवं नियंत्रण होता है। मन के नियंत्रण का अर्थ है, मन का अतिक्रमण। स्थूल शरीर का जो इंद्रिय द्वारा संचालित चेतन भाग है वह तो मन के ही नियंत्रण में है। शरीर तो नितांत अचेतन है। शरीर तो केवल सतह पर ही ऐच्छिक है, उसका आंतरिक स्रोत तो अनैच्छिक है। शरीर की आंतरिक परतों को भेदना है तो केवल बौद्धिक समझ से ही, तर्क से ही काम नहीं चलेगा, तर्क के स्थान पर अनुभव व अनुभूति को प्रतिष्ठित करना होगा। इस अनुभव व अनुभूति के लिए अभ्यास का महत्त्व है। अभ्यास का मतलब है, आंतरिक अभ्यास और वैराग्य का अर्थ है, अनासक्ति। योग बौद्धिक समझ पर विश्वास नहीं करता, योग का विश्वास उस समझ में है जिसमें अस्तित्व की अखंडता अर्थात् समस्त व्यक्तित्व की अखंडता अंतर्निहित हो।

मन का सारा-का-सारा अस्तित्व इच्छा पर निर्भर है। व्यक्तित्व और कुछ नहीं, वह तो स्मृतियों तथा इच्छाओं का प्राणवंत समूह है। इसीलिए भारतीय मनीषा कहती है कि मोह का अतिक्रमण करो, अनासक्त बनो, राग को गिराओ, सारी कामनाएँ व सारी वासनाएँ छोड़ दो और उनसे जुड़ना बंद कर दो तथा इसका सतत अभ्यास करो। अनासक्त का अर्थ यह नहीं है कि जीवन में आनंद

लेना बंद कर दो तथा परपीड़क या आत्मपीड़क बनो। योग हमें न परपीड़क बनने को कहता है और न आत्मपीड़क बनाता है। योग कहता है कि सहज बनो, सम्यक् आचार-विचार धारण करो। योग का अर्थ यह नहीं है कि योगी किसी चीज की इच्छा ही न करे। इच्छाओं को गिराने का अर्थ यह नहीं है कि इच्छा ही न की जाए। इच्छा गिराने का अर्थ है, इच्छा के प्रति राग व आसक्ति से मत भरो। अनासक्ति का अर्थ है, किसी चीज पर निर्भर मत होओ। आनंद किसी बाहर की वस्तु पर, किसी भी भाव विशेष पर या विचार विशेष पर निर्भर न रहे। पसंद तो ठीक है, लेकिन मोह व राग ठीक नहीं, आशा ठीक नहीं। कर्मयोग में कर्म करने की प्रेरणा 'यज्ञार्थ' है। समत्व बुद्धि से, सर्वकल्याण भाव में सिद्धि तथा असिद्धि में समत्व रखते हुए, अहंता का परित्याग करके कर्म करने से ही परम आनंद के द्वार खुलते हैं। कर्मयोग का सिद्धांत ही है वर्तमान में 'योगस्थ' होकर कर्म करो और विषयों में कोई भी रस न लो। विषयों में रस लेने से मन सदा अशांत ही रहेगा और अशांत व्यक्ति कभी सुखी नहीं रह सकता। 'यज्ञार्थ' कर्म का तात्पर्य है स्वकेंद्र में निहारकर कर्तव्य कर्म करना।

यज्ञार्थात्कर्मणोऽन्यत्र लोकोऽयं कर्मबन्धनः।
तदर्थं कर्म कौन्तेय मुक्तसंगः समाचर॥

—श्रीमद्भगवद्गीता, ३-९

यज्ञ की भावना से किए हुए कर्म के अतिरिक्त अन्य सभी कर्मों में लगा हुआ यह मनुष्य समुदाय कर्मों से बँधता है। अतः, हे अर्जुन! अनासक्त भाव से उस यज्ञ के निमित्त कर्म कर।

कर्म तो होगा; पर कर्म के लिए प्रेरणा राग या द्वेष से नहीं प्राप्त होगी, कर्म का जन्म फलाकांक्षा से नहीं होगा। कर्मफल के हेतु हमारा जीवन नहीं होगा, हमारा जीवन सम्यक् अंतर्दृष्टि से प्रभावित व संचालित होगा—यही है कर्मयोग।

अभ्यास चाहे कर्मयोग का हो या राजयोग का या ज्ञानयोग का, सभी का संबंध आंतरिक रूपांतरण से है। आंतरिक रूपांतरण हेतु सतत सजग व बोधपूर्ण प्रयास करना ही 'अभ्यास' का अर्थ है। कार्य में बहने के पहले, कर्म में उतरने से पहले अपने अंतस के केंद्र में झाँककर, उसमें स्थित होकर निर्णय करने की क्षमता केवल अभ्यास के द्वारा ही आ सकती है। व्यक्ति को यंत्र-मानव या रोबोट नहीं बनना है, उसे सचेतनबोध से युक्त होकर जीवन जीना है। इसी प्रकार जब हम स्मृतियों के बंधन को काटकर राग का अतिक्रमण करते हैं, राग को गिरा देते हैं तो वैराग्य की स्थिति आती है। वैराग्य की स्थिति कर्म संन्यास

या 'अकर्म' अथवा 'कर्म का विरोध' नहीं है। वैराग्य का अर्थ है 'वीतराग' हो जाना। राग और द्वेष दोनों का अतिक्रमण हो जाना। वीतरागता में अंतस के जागरण के प्रति निष्ठा है, दृढ़ता है, श्रद्धा है। निष्ठा व श्रद्धा के बिना न तो अभ्यास फलित होता है और न वीतरागता ही फलित होती है। भारतीय मनीषा के अनुसार, निराकांक्षा की अंतिम अवस्था है वैराग्य। इच्छाओं के गिर जाने पर व्यक्ति आत्मस्थ हो जाता है और परम आत्मा के स्वभाव को जानने के कारण समस्त इच्छाओं का लोप हो जाता है—यही है वैराग्य।

पतंजलि योगसूत्र में कहते हैं—

दृष्टानुश्रविकविषयवितृष्णस्य वशीकारसंज्ञा वैराग्यम्।

—योगदर्शन, १-१५

वैराग्य, निराकांक्षा की 'वशीकारसंज्ञा' नामक पहली अवस्था है—ऐंद्रिक सुखों की तृष्णा में, सचेतन प्रयास द्वारा, भोगासक्ति की समाप्ति।

वैराग्यता अर्थात् वीतरागता कोई मत या नियम नहीं है, यह मन की वृत्ति नहीं है, बल्कि यह स्वयं में प्रतिष्ठित होने का विज्ञान है। यह विज्ञान है उस अभ्यास का, जिसका उद्देश्य है—जो कुछ भी बाहर से आया है, उसके सम्मोहन से स्वयं को मुक्त करने का। दो व्यक्तियों के अनुभव कभी भी समान नहीं हो सकते, अतः इच्छाशून्यता अर्थात् अनुभवशून्यता को जीवन में उतारने की विधि हर व्यक्ति के लिए पृथक्-पृथक् होती है। यह 'स्वयं' के सत्य के प्रति धीरे-धीरे उन्मुख होने, उसे धीरे-धीरे विकसित करने की बात है। हर व्यक्ति की ऊर्जा सतत किसी-न-किसी उत्तेजना में रहती है। अभ्यास और वैराग्य द्वारा हम इस ऊर्जा को शांति की ओर, आंतरिक जागरण व आनंद की ओर मोड़ देते हैं।

ऊर्जा में उत्तेजना के स्थान पर आनंद रहे, समत्व और शांति रहे तो मनुष्य जीवन के रहस्यों को तथा सफलता व उत्कर्ष के रहस्यों को जान सकता है। पर उत्तेजना शांत कैसे हो? परिधि पर तो उत्तेजना के शांत होने की संभावना लगभग असंभव-सी है। यदि आत्मस्थ हुआ जा सके, यदि केंद्र तक पहुँचा जा सके तो शांति और आनंद उपलब्ध होगा। केंद्र में एक दिव्य मौन है; साक्षी का मौन, द्रष्टा का मौन, केंद्र में तो परम एकत्व है। सतह पर परिधि में तो मन सदैव शोरगुल व अशांति से भरा हुआ ही रहेगा, वासनाओं व कामनाओं के प्रभाव से क्षुब्ध ही रहेगा; पर यदि अंतस की शांति को कोई उपलब्ध हो सके तो परिधि की शांति भी उपलब्ध हो जाएगी। तब परिधि पर जो शांति होगी वह कोई थोपी गई शांति या श्मशान की शांति नहीं होगी, वरन् वह तो अंतस की परम शांति का प्रक्षेपण होगा, जो स्वभावतः दिव्य है, आनंदमय है तथा सर्वकल्याणकारी है।

यह ध्यान में रखना होगा कि जो आनंद हमें कभी-कभी अनायास प्राप्त हो जाता है या हमारी अशांति अंततः मिट जाती है, वह भी विषयों से नहीं जुड़ी हुई है। कोई भी विषय स्वयं में न तो दुःख देने की क्षमता रखते हैं और न सुख देने की। हर सुख या दुःख स्वयं हमारे ही अंतस की स्थिति का प्रक्षेपण है।

इस विषय पर चर्चा करते हुए दार्शनिक 'ओशो' ने अपने एक व्याख्यान में कहा है—''किसी चीज का तुम्हें आकर्षण होता है, अगर वह तुम्हें झलक दे सकती हो। वह झलक बाहर से आ रही जान पड़ सकती है, लेकिन वह हमेशा भीतर से आती है। बाहरी हिस्सा तो केवल एक दर्पण हो सकता है। जब भीतर से प्रवाहित हो रही प्रसन्नता बाहर से प्रतिबिंबित होती है तो वह सुख कहलाती है। यह पतंजलि की परिभाषा है। भीतर से बहनेवाली प्रसन्नता बाहर से प्रतिबिंबित होती है, बाहरी हिस्सा दर्पण की तरह कार्य कर रहा है। यदि तुम सोचते हो कि यह प्रसन्नता बाहर से आ रही है तो यह ऐंद्रिक सुख कहलाती है। हम एक गहन प्रसन्नता की खोज में हैं, ऐंद्रिक सुख की खोज में नहीं। इसलिए जबतक तुम्हें इस प्रसन्नता की झलकियाँ न मिल सकें, तुम अपनी भोग-विलास को ढूँढ़नेवाली तलाश समाप्त नहीं कर सकते। आसक्ति का अर्थ है—ऐंद्रिक सुख, भोग-विलास की खोज।''''

''बोधपूर्ण प्रयास की आवश्यकता है। तो जब कभी तुम अनुभव करो कि एक ऐंद्रिक सुख का क्षण है, तो उसे ध्यानपूर्ण अवस्था में रूपांतरित कर दो। जब कभी तुम्हें प्रतीत हो कि तुम सुख का अनुभव कर रहे हो, तुम प्रसन्न, आनंदपूर्ण हो, तब अपनी आँखें बंद कर लेना, भीतर झाँकना और जानना कि यह कहाँ से आ रहा है। यह क्षण मत गँवाओ, यह कीमती है। अगर तुम सचेतन नहीं होते तो तुम शायद सोचना जारी रखो कि यह बाहर से आता है और यही संसार का भ्रम है।

''यदि तुम सचेतन और ध्यानपूर्ण होते हो, यदि तुम वास्तविक स्रोत की खोज करते हो तो कभी-न-कभी तुम जान जाओगे कि यह भीतर से प्रवाहित हो रहा है। एक बार तुम जान लो कि यह सदा भीतर से प्रवाहित होता है, कि यह वह कुछ है जो तुम्हारे पास पहले से ही है, तब भोग-विलास-लोलुपता गिर जाएगी; और यह पहला चरण होगा वैराग्य का। तब तुम खोज नहीं रहे, लालायित नहीं हो रहे हो तो तुम इच्छाओं को मार नहीं रहे हो, तुम इच्छाओं से लड़ नहीं रहे हो। तुमने एकदम कुछ ज्यादा बड़ा पा लिया है, इसलिए इच्छाएँ अब उतनी महत्त्वपूर्ण नहीं लगतीं। वे निस्तेज हो जाती हैं।

''यह ध्यान में लेना—उन्हें मारना और नष्ट करना नहीं है। वे मुरझा जाती

हैं। तुम उनमें रुचि नहीं रखते हो, क्योंकि तुम्हारे पास अब अधिक गहरा स्रोत है। तुम चुंबकीय ढंग से उसकी ओर आकर्षित होते हो। अब तुम्हारी सारी ऊर्जा भीतर की ओर सरक रही होती है। और इच्छाएँ बस उपेक्षित होती हैं।

"'सचेतन प्रयास' है मूल सूत्र। चेतना की आवश्यकता है और प्रयास की भी आवश्यकता होती है। और उस प्रयास को सचेतन होना चाहिए; क्योंकि प्रयास अचेतन भी हो सकता है। तुम इस ढंग से प्रशिक्षित हो सकते हो कि तुम निश्चित इच्छाएँ गिरा दो, यह जाने बिना कि उन्हें तुमने गिरा दिया है।

"उदाहरण के लिए, अगर तुम शाकाहारी घर में उत्पन्न हुए हो तो तुम शाकाहारी भोजन खाओगे। मांसाहारी भोजन का तो प्रश्न ही न उठेगा। तुम इसे कभी बोधपूर्वक नहीं गिराते। बस यह है कि तुम इस ढंग से पाले गए हो कि अनजाने ही यह स्वयं गिर गया है; लेकिन यह बात तुम्हें कोई सघनता नहीं देने वाली है। यह तुम्हें कोई आध्यात्मिक बल देने वाली नहीं है। जबतक कि तुम सचेतन रूप से कुछ न करो, तुमने उसकी प्राप्ति नहीं की होती है।

"यह परम नियमों में से एक है—कुछ उपलब्ध नहीं होता, बिना चैतन्य के। तुम श्रेष्ठ संत बन सकते हो, लेकिन यदि तुम चैतन्य द्वारा ऐसे नहीं बनते हो तो यह निरर्थक होता है, व्यर्थ होता है। तुम्हें इंच-इंच संघर्ष करना चाहिए, क्योंकि संघर्ष द्वारा अधिक बोध घटित होता है, तब और अधिक चेतना की आवश्यकता होगी। और जितना ज्यादा तुम अभ्यास करते हो, चेतना का, उतने ज्यादा सचेतन बनते हो तब इसी अभ्यास में वह क्षण भी आता है जब तुम यह पाते हो कि शुद्ध तो तुम हो ही, अतः शुद्ध क्या करना है? जब कभी तुम किसी ऐंद्रिक सुख की अवस्था में होते हो—सेक्स, भोजन, धन, सत्ता, कोई भी चीज जो तुम्हें सुख देती है, उसपर ध्यान करो। ठीक जानने की चेष्टा करो कि वह सुख कहाँ से आ रहा है। क्या तुम्हीं हो स्रोत या कहीं और है स्रोत? अगर स्रोत कहीं और होता है, तब किसी रूपांतरण की कोई संभावना नहीं होती, क्योंकि तुम उस स्रोत पर आश्रित बने रहोगे।

"लेकिन, सौभाग्यवश स्रोत कहीं और नहीं है, वह तुम्हारे भीतर ही है; यदि तुम ध्यान करते हो तो तुम उसे खोज लोगे। हर क्षण वह भीतर से खटखटा रहा है, कह रहा है, 'मैं यहाँ हूँ'। एक बार तुम्हें प्रतीति हो गई कि वह वहाँ है हर क्षण खटखटाता हुआ; यह प्रतीति कि तुम बाहरी हिस्से पर जहाँ यह घटित होता जान पड़ता था, वहाँ केवल स्थितियाँ निर्मित कर रहे थे, तो यह बिना परिस्थितियों के घटित हो सकता है। तब तुम्हें किसी व्यक्ति पर या किसी चीज पर निर्भर होने की आवश्यकता नहीं है—भोजन पर या कामवासना पर, सत्ता पर

या किसी चीज पर भी नहीं। तुम स्वयं में पर्याप्त हो। एक बार तुम इस अनुभूति तक पहुँच जाते हो, पर्याप्तता की अनुभूति तक, तब भोगासक्त वह मन जो आसक्त हो जाता है, लुप्त हो जाता है।

"इसका अर्थ यह नहीं है कि तुम भोजन में रस नहीं लोगे। तुम इसमें ज्यादा आनंद पाओगे। लेकिन अब भोजन तुम्हारी प्रसन्नता का स्रोत नहीं होगा, तुम्हीं स्रोत होगे। तुम भोजन पर निर्भर नहीं करोगे, तुम उससे ग्रसित नहीं होओगे।"

एक बात स्पष्ट रूप से समझ लेनी चाहिए कि समस्त आनंद का केंद्रबिंदु स्वयं का अंतस है। अत: प्रसन्नता, सुख और आनंद के लिए हमें आंतरिक स्रोत की तलाश करनी होगी तथा आदतों का जो पुराना ढाँचा है, जिसे समाज ने हमें दिया है, उसे आत्मस्थ होकर देखना सीखना होगा। इस साक्षीभाव से वैराग्य का अंतिम चरण प्राप्त होगा। निराकांक्षा की अंतिम अवस्था है स्वयं के प्रति बोध। पुरुष के तथा उस परम आत्मा के अंतर्मन व स्वभाव को जान लेने से समस्त कामनाओं व वासनाओं के प्रति राग भाव तथा आसक्ति भाव विलीन हो जाता है। कामनाओं के प्रति राग से पृथक् होते ही समस्त आनंद, उल्लास व प्रसन्नता का उद्‌गम प्राप्त हो जाता है। योगसूत्र में ओशो आगे लिखते हैं—

"एक बार तुम इस उद्‌गम को इसकी समग्रता में जान लेते हो, तो तुमने सब जान लिया होता है। तब केवल प्रसन्नता ही नहीं, सारा ब्रह्मांड भीतर ही होता है। केवल प्रसन्नता ही नहीं, तब वह सब जिसका अस्तित्व है, भीतर वास करता है। तब ईश्वर कहीं बादलों में नहीं बैठा हुआ होता है, वह भीतर विद्यमान होता है—तब तुम उद्‌गम होते हो और तुम ही मूल स्रोत होते हो, तब ही तुम केंद्र होते हो।

"और एक बार जब तुम अस्तित्व के केंद्र बन जाते हो, एक बार जब तुम जान लेते हो कि तुम अस्तित्व के केंद्र हो, तो सारे दु:ख मिट जाते हैं। अब इच्छारहितता सहज स्वभाव बन जाती है। किसी प्रयास, किसी मेहनत, किसी संपोषण की आवश्यकता नहीं है। यह बस है, यह स्वाभाविक बन गई है। तुम खींच या धकेल नहीं रहे हो। अब वहाँ कोई 'मैं' नहीं है, जो इसे खींच और धकेल सकता हो।

"इसे ध्यान में लेना—यह संघर्ष है, जो अहंकार निर्मित करता है। अगर तुम संसार में संघर्ष करते हो तो यह एक स्थूल अहंकार को निर्मित करता है। शायद तुम अनुभव करो, मैं कोई हूँ—धनी, मान-सम्मानवाला, सत्तावान्। और

अगर तुम भीतर संघर्ष करते हो, तो यह एक सूक्ष्म अहंकार को निर्मित करता है। हो सकता है, तुम अनुभव करो—मैं शुद्ध हूँ, मैं संत हूँ, मैं एक मनीषी हूँ; लेकिन इस संघर्ष के साथ 'मैं' तो बना ही रहता है। तो कुछ लोग पवित्र अहंकारी हैं, जिनका बड़ा सूक्ष्म अहंकार है। हो सकता है, वे सांसारिक व्यक्ति न हों। वे सांसारिक नहीं होते। वे पारलौकिक होते हैं। लेकिन संघर्ष उनमें भी होता है। उन्होंने कुछ प्राप्त कर लिया है, लेकिन वह 'प्राप्ति' अबतक 'मैं' की अंतिम छाया ढो रही है।

"पतंजलि के लिए वैराग्य की दूसरी और अंतिम सीढ़ी है अहंकार का पूर्ण विसर्जन। अब स्वभाव मात्र प्रवाहित हो रहा है। कोई 'मैं' नहीं है, कोई सचेतन प्रयास नहीं है। इसका यह मतलब नहीं है कि तुम बोधपूर्ण न होओगे। तुम परम चैतन्य होओगे। लेकिन बोधपूर्ण होने में कोई प्रयास निहित नहीं है। कोई अहं चेतना नहीं होगी, केवल शुद्ध चेतना। तुमने स्वयं को और अस्तित्व को जैसा वह है, स्वीकार कर लिया है।

"एक समग्र स्वीकृति। यही है, जिसे लाओत्सु कहता है, ताओ-सागर की ओर बहती हुई नदी। वह कोई प्रयास नहीं कर रही। उसे कोई जल्दी नहीं है सागर तक पहुँचने की। अगर वह नहीं भी पहुँचती है तो वह निराश नहीं होगी। अगर वह लाखों वर्ष बाद भी पहुँचे तो भी सब ठीक है। नदी तो बस बह रही है, क्योंकि बहना उसका स्वभाव है। कोई प्रसास नहीं। वह बहती ही जाएगी।

"जब इच्छाओं पर पहली बार ध्यान दिया जाता है और उन्हें जाना जाता है तो चेष्टाएँ उत्पन्न होती हैं—सूक्ष्म चेष्टा। पहला कदम भी एक सूक्ष्म चेष्टा है। तुम जाग्रत होने की कोशिश करने लगते हो कि तुम्हारी प्रसन्नता कहाँ से आ रही है। तुम्हें कुछ करना पड़ता है, और वह करना ही अहंकार निर्मित कर देगा। इसीलिए पतंजलि कहते हैं कि यह केवल प्रारंभ है और तुम्हें ध्यान रखना चाहिए कि यह अंत नहीं है। अंत में न केवल इच्छाएँ मिट चुकी होती हैं, तुम भी मिट जाते हो। केवल आंतरिक अस्तित्व अपने प्रवाह में बना रह जाता है।

"यह सहज प्रवाह परम आनंद है, क्योंकि इससे कोई दुःख संभव नहीं होता। दुःख अपेक्षाओं द्वारा आता है, माँग द्वारा आता है। अब कोई नहीं होता अपेक्षा करने को या माँग करने को, अतः जो कुछ घटित होता है, प्रिय है। जो कुछ भी घटता है, वह आशीष ही होता है। तुम इसकी किसी दूसरी चीज से तुलना नहीं कर सकते। बस, यह है और चूँकि अतीत के साथ या भविष्य के साथ तुलना नहीं करते हो, क्योंकि तुलना करने को कोई है नहीं, तुम्हें कोई

चीज दु:ख की भाँति, पीड़ा की भाँति नहीं लग सकती। अगर इस दशा में पीड़ा घटित होती भी है तो वह कष्टकर नहीं होगी। इसे समझने की कोशिश करना। यह कठिन है।''

योग का यहाँ उद्देश्य ही यह है कि किसी भी प्रकार से निराकांक्षा अपनी संपूर्णता से अंतस में जाग्रत हो जाए। सामान्य व्यक्ति निराकांक्षा की बात भी करता है और उसके उपाय खोजता है; पर उसकी बातें व उसके उपाय उसे वास्तव में आकांक्षाशून्य नहीं बनाते। यह समझ लेने की बात है कि 'निराकांक्षा की आकांक्षा' भी तो वास्तव में एक आकांक्षा ही है। जो निराकांक्षा की आकांक्षा करता है वह निराकांक्षाओं को प्राप्त नहीं कर सकता। निराकांक्षा का अर्थ है, समस्त आकांक्षाओं का अतिक्रमण। सभी प्रकार की आकांक्षाओं का जब अतिक्रमण संभव होता है तभी निराकांक्षा उपलब्ध होती है।

योग जब निराकांक्षा की बात करता है तथा आकांक्षाओं के अतिक्रमण की बात करता है तो वह यह नहीं चाहता कि व्यक्ति जड़ हो जाए, पाषाण हो जाए तथा जीवन के सौंदर्य से विमुख हो जाए। आकांक्षाओं के अतिक्रमण से यह आशय नहीं है कि जीवन में जो भोग है उसका परित्याग कर दिया जाए; बल्कि उसका आशय यह है कि 'जो करो, उसके स्वामी बनकर करो'। सोचो तो सोचना चाहो, तभी सोचो। बेकार की भीड़ को मस्तिष्क में मत भेजो। योग इस बात का पक्षधर नहीं है कि विचारों की भीड़, आकांक्षाओं की, कामनाओं की भीड़ में मनुष्य फँसा रहे तथा इस भीड़ के समक्ष पंगु हो जाए अथवा भीड़ के बहाव में फँसकर असहाय हो जाए। योग चाहता है कि जो विचार 'मैं चाहूँ' केवल वही विचार 'मेरे मन' में रहें। 'मेरे मन' का अर्थ है कि 'मैं' मन से पृथक् हूँ और 'मैं' मन का स्वामी हूँ, अत: मैं विचारों की भीड़ में कैद नहीं हो सकता। योग की चेष्टा है मन को, अर्थात् व्यक्ति को, विचारों के घेराव से बचाना। यह विचारों का स्वामी बनने की अवस्था है। सुप्रसिद्ध योगी स्वामी राम बराबर यह कहते रहे हैं, ''एक योगी ही सच्चा भोगी हो सकता है और भोगी कभी योगी हो ही नहीं सकता।''

जिसकी भोग में आसक्ति है, जो भोग से घिरा है और उसीसे बँधा है वह योग की स्थिति को प्राप्त नहीं कर सकता। योगी के पास मन को आदेश देने की क्षमता होती है, वह मन से आदेश लेकर कार्य नहीं करता, वह मन को आदेश देकर काम लेता है। मन को आदेश देने की क्षमता को प्राप्त करने के लिए अनुशासन का मूल्य है—शरीर का अनुशासन, इंद्रियों का अनुशासन, वृत्तियों का अनुशासन, श्वास-प्रश्वास का अनुशासन, प्राणशक्ति का अनुशासन।

इन सभी अनुशासनों की विधियाँ हैं। इन विधियों में कुछ तो सरल हैं, कुछ अत्यधिक जटिल, कठिन और रहस्यमय हैं। अनुशासन में अनेक बाधाएँ हैं; जैसे—अहंकार, रोग, निर्जीवता, संशय, प्रमाद, आलस्य, विषयासक्ति, भ्रांति, दुर्बलता, अस्थिरता। अनुशासनहीनता से मन के विक्षेप बढ़ते हैं और मन दुर्बल हो जाता है तथा दुःख, निराशा और अशांति के भँवर में फँसकर ऊर्जाविहीन हो जाता है। ध्यान रहे, मन के क्षीण होने का मूल कारण अहंकार है; जबकि लौकिक जीवन में हम अहंकार को बहुत महत्त्व देते हैं। समस्त दुःखों का कारण यह अहंकार ही है। आत्म जागरूकता की कमी ही अहंकार है। इन बाधाओं को दूर करने के लिए अनेक विधान हैं, जिनमें 'तप' का विशेष महत्त्व है।

'तप' शब्द को लेकर अनेक भ्रम हैं। वर्तमान में हम भारतीयों ने इस शब्द को बड़े गलत ढंग से समझा है। हम भारतीय भी तप के वास्तविक आशय को भूलते जा रहे हैं और 'तप' को शरीर के उत्पीड़न तथा इंद्रियों के दमन से जोड़ते जा रहे हैं। तप न तो शरीर का उत्पीड़न है और न इंद्रियों का दमन। जो इंद्रियों के दमन अथवा स्वयं के उत्पीड़न को तप कहते हैं, वे तो इस माध्यम से स्वयं के अहंकार को ही बढ़ा रहे हैं; जबकि योग है अहंकार का पूर्ण विसर्जन। प्राण ऊर्जा के संचय व वर्धन हेतु 'तप' की प्रक्रिया में सम्यक्ता है। ऊर्जा का संचय करने के लिए प्रथम आवश्यकता है मन की वास्तविक शांति। यह शांति तो तब आएगी जब हम मन को विषयमुक्त आनंद की ओर मोड़ेंगे और इसे धीरे-धीरे आत्मसात् करेंगे कि आनंद तो स्वयंभू है, हमारा गुण और स्वभाव है तथा वह सतत उपस्थित है। शरीर को पीड़ा देने और इंद्रियों का अप्राकृतिक दमन करने से आनंद की सतत उपस्थिति का वास्तविक बोध नहीं हो सकता। यह बोध तो तब होगा जब हम बहिर्मुखी चेतना को अंतर्मुखी बनाने का अभ्यास करेंगे। इस पद्धति को योग में 'ध्यान' कहा गया है। योग की मान्यता है कि व्यक्ति स्वयं के अनुशासन व अभ्यास से चलते-फिरते, बोलते और जीवन के हर कार्य को करते हुए सतत ध्यान में रह सकता है। 'ध्यान' का अर्थ है एक तत्त्व पर ध्यान, अपने स्वयं के केंद्र के प्रति सतत बोधपूर्ण रहना। सतत ध्यान में रहने से शरीर से ऊर्जा का अर्थात् प्राणतत्त्व का बहुत ही कम क्षय होता है। इसे हम जप से उपलब्ध कर सकते हैं। यह 'जप' जब अंतस में उतर जाता है और उसका स्वभाव बन जाता है तब वह 'ध्यान' बन जाता है। अंतस में 'नाद' का बड़ा महत्त्व है। जप भाव को नाद का ही रूप माना गया है। जप भाव अंततः अंतस की समस्त ऊर्जा-व्यवस्था को तथा उसकी रासायनिक संरचना तक को बदल सकता है।

योग की मान्यता है कि 'नाद' अर्थात् ध्वनि द्वारा प्राण ऊर्जा की तरंगों को परिवर्तित किया जा सकता है; पर इस परिवर्तन को उपलब्ध होने के लिए परपीड़क या आत्मपीड़क बनने की कतई आवश्यकता नहीं है। प्राण ऊर्जा और नाद के संबंध के विषय में भारतीय मनीषा के विचार हैं कि रोग का अर्थ है प्राण ऊर्जा के वर्तुल में व्यतिक्रम, उसमें कुछ गड़बड़ी। यदि हमें नाद ऊर्जा का सही उपयोग करना आ जाए तो समस्त रोगों का उपचार संभव है। भारतीय मनीषा की दृष्टि में नाद का जो श्रेष्ठतम रूप है उसे 'ओऽऽम्' कहा गया है। ओम् कोई मजहबी शब्द नहीं है, यह कर्मकांड नहीं है, यह तो आदि ध्वनि है। ओम् को अनहद नाद भी कहा गया है। यही वह ध्वनि है जिसके रहस्य को हम जान लें तथा उसका सही प्रयोग कर सकें तो प्राणिक ऊर्जा की तरंगों में मनचाहा परिवर्तन ला सकते हैं तथा तत्काल परम आनंद में प्रवेश कर सकते हैं। जिन्हें इसका संक्षिप्त अनुभव करना हो उन्हें किसी ऐसे गुंबज के नीचे जाना चाहिए जहाँ बहुत ही कम लोग जाते हों तथा जब वहाँ निर्जनता हो तब वृत्ताकार गुंबज के नीचे बैठकर 'ओऽऽम्' का अभ्यास करना चाहिए। 'ओऽऽम्' के अभ्यास में केवल 'ओऽऽ' का कंठ से उच्चारण हो, फिर धीरे-धीरे इस ध्वनि को स्वयं अज्ञात में, आकाश में विलीन होने दो। ध्यान रहे, केवल 'ओऽऽ' का उच्चारण हो। 'ओऽऽम्' की ध्वनि के अंतिम भाग 'म्' का उच्चारण न हो तथा चेष्टा करें कि 'म्' की ध्वनि स्वाभाविक रूप में, अनहद रूप में घटित हो। बस इस प्रकार 'ओऽऽम्' पर ध्यान करना है। इस ध्वनि पर ध्यान करने से शीघ्र ही अनुभव होगा कि एक ऊर्जा बरस रही है और सारा शरीर व मन शांत व स्थिर हो रहा है, एक दिव्य मौन अवतरित हो रहा है।

'ओम्' के आंतरिक जप और ध्यान द्वारा व्यक्ति की निम्न ऊर्जा का ऊर्ध्वारोहण प्रारंभ हो जाता है। 'ओम्' के अभ्यास के लिए आसन और मुद्राओं का भी बहुत महत्त्व है; क्योंकि ऊर्जा सदैव वर्तुल में ही रहती है। जहाँ से वर्तुल टूटता है, ऊर्जा का रिसना व क्षय होना प्रारंभ हो जाता है। इसीलिए हठयोग की अनेक मुद्राएँ व आसन हैं; जैसे—सिद्धासन, पद्मासन, सुखासन, रीढ़ सीधी किए, आँखें हलके से बंद किए। इन आसनों पर बैठने व अभ्यास करने से ऊर्जा का क्षय रुकता है। ऊर्जा का यह संचय ही 'तप' का उद्देश्य है। अच्छा यह होगा कि प्रारंभ में यह अभ्यास किसी योगी और गुरु की समीपता में किया जाए। इस प्रकार के ध्यान से अतींद्रिय संवेदनाएँ उत्पन्न होती हैं और मन को आत्मशक्ति व स्वयं के प्रति पूर्ण विश्वास प्राप्त होता है। यह 'ध्यान' ही धीरे-धीरे परम चैतन्य की सर्वव्यापकता और अहंशून्यता में प्रवेश के द्वार खोल देता

है तथा यहीं से 'समाधि' की साधना प्रारंभ होती है। सारा योग कुछ नहीं, सिवाय आत्मस्थ होने के। स्वयं का केंद्र जिसने ढूँढ़ लिया हो वही योगी है; शेष या तो योगमार्ग पर हैं या फिर अज्ञानवश पाखंड में हैं। आत्मस्थ होने का अर्थ है केंद्र की ओर बढ़ना। सारी ऊर्जा समग्रता से केंद्र की ओर बढ़ती चली जाती है, केंद्र से आबद्ध हो जाती है, केंद्र में लय हो जाती है, और लय होते ही सारा परिदृश्य बदल जाता है। यदि व्यक्ति एक क्षण के लिए भी स्वयं के केंद्र में स्थित हो सके तो उस क्षण में सतह पर होनेवाले सारे संघर्ष ऊर्जाविहीन हो जाते हैं। उस क्षण एक ऐसे विश्राम, एक ऐसे आनंद का अनुभव होता है जिसे शब्दों में बाँधा नहीं जा सकता। उस क्षण सतह पर, परिधि में भले ही ज्वार हो, अशांति हो, तूफान हो, आग बरस रही हो, बिजली टूट रही हो; पर अंतस परम शांति में प्रवेश कर चुका होता है। अंतस के शांत होते ही समस्त चिंताओं व विचारों का विसर्जन हो जाता है। योग की मान्यता है कि मन की क्रियाएँ नियंत्रण में आ जाती हैं, विचारों का विसर्जन हो जाता है, तब साधक अपने स्वयं के केंद्र में स्थित हो जाता है, साक्षी बन जाता है और यह साक्षी ही केंद्र में बैठा हुआ 'मन' को देखता है, स्वामी की भाँति, और मन बिलकुल शुद्ध दशा को प्राप्त हो जाता है, स्फटिक की भाँति। रूप, नाम, परिवार, देह, विचार, धन-संपदा, मान-अपमान, भय—सब छूट जाते हैं। हर वस्तु, हर विचार हट जाता है, गिर जाता है। उपनिषद् इसे कहते हैं 'तत्त्वमसि', 'नेति', 'नेति', यही है अस्तित्व का चरम स्रोत। यही है योग का लक्ष्य। यही है मिलन, अर्थात् परम मिलन की एक अवस्था। इसे 'समाधि' कहते हैं। समाधि दो प्रकार की होती है—एक है 'सविकल्प' और दूसरी है 'निर्विकल्प'। समाधि का पहला पड़ाव है 'सविकल्प'। यहाँ मन रहता है; पर रहता है स्फटिक की भाँति। साक्षी का साक्षीभाव, द्रष्टा का द्रष्टाभाव सूक्ष्म में शेष रहता है, गहरे में शुद्ध मन का अस्तित्व रहता है। कहीं-न-कहीं विचार व तर्क की सत्ता सूक्ष्म रूप में बनी रहती है; पर 'निर्विकल्प समाधि' में योगी पूर्ण सत्य को, परम आनंद को उपलब्ध नहीं होता, वह तो सत्य और आनंद ही हो जाता है। 'सविकल्प समाधि' में सत्य का ज्ञान होता है, बोध होता है; पर 'निर्विकल्प' में ज्ञाता, ज्ञान, ज्ञेयता के भेद समाप्त हो जाते हैं। न बोधकर्ता है, न बोध है और न बोध का विषय है। केंद्र पर पहुँचा व्यक्ति स्वयं ही प्रमाण बन जाता है। वह प्रमाण देता नहीं, वह 'स्वत: सिद्ध सत्य' हो जाता है। सारे तर्क तिरोहित हो जाते हैं, गिर जाते हैं। यहाँ कोई बौद्धिक निर्णय नहीं है। यहाँ तो अज्ञेय में, अव्यक्त में प्रवेश है। यह द्वैत नहीं है। यहाँ सोच-विचार नहीं है। यह संबोधि है। हर क्षण जाग्रत

होते-होते, सचेतनबोध से भरते-भरते, और अधिक जाग्रत होते-होते, और अधिक, फिर और अधिक जाग्रत होते-होते एक स्थिति ऐसी आती है जब सबकुछ गिर जाता है। कौन जाने संबोधि भी गिर जाती होगी; क्योंकि वह तो अनहद है, शब्दातीत है, निर्विचार है, अव्यक्त है; पर फिर भी है, उपस्थित है, सतत उपस्थित है।

चाहे ध्यान हो या समाधि योग, सभी कुछ सहज भाव से होना है। सदा विसर्जन पूर्ण सहजता से होगा, प्रेम व भक्तिभाव से होगा, आनंद से होगा। परम श्रद्धा से होनेवाला यह सहज विसर्जन, यह सहज समाधि, यह सहज योग ही वास्तविक योग है। सहज, संयम, ईश्वर के प्रति समर्पण यह सब अंतर्संबंधित हैं। सहज होने पर ही आत्मनिरीक्षण संभव है। इसे पतंजलि ने 'क्रियायोग' कहा है। यह 'क्रियायोग' संभव है। जब व्यक्ति स्वयं के प्रति सचेतनबोध से भर जाता है, जब वह 'स्वयं सिद्ध' हो जाता है, जब वह 'सत्य' हो जाता है, 'निर्भेद' हो जाता है तब इस संबोधि से द्वैतभाव का लोप हो जाता है। यह वह स्थिति है जिसमें रामकृष्ण परमहंस, नानक, कबीर रहते थे। कबीर गाया करते थे—

'साधो, सहज समाधि भली।'

पर सहज समाधि में प्रवेश सरल होते हुए भी कठिन इसलिए है, क्योंकि हम 'अहंभाव' व 'अहंकार' से मुक्ति नहीं प्राप्त कर पाते। अहंकार अनेक प्रकार की चालबाजियाँ करता है और व्यक्ति भ्रमित होकर 'सहज भाव' में प्रवेश न करके जो जटिल है उस ओर बढ़ता है। जटिल की चुनौती को स्वीकारना भी एक अर्थ में अहंकार की परितुष्टि है। प्रकृति तो जटिल है नहीं, वह अत्यंत सरल है, उसमें कोई छल-कपट नहीं। प्रकृति भेदभाव नहीं करती, वह जैसी है वैसी ही सदैव रहेगी—अपने स्वरूप में स्थित, अपने अस्तित्व के प्रति पूर्ण समर्पित। अस्तित्व के प्रति ऐसा ही पूर्ण समर्पण मानव सरल भाव से नहीं कर पाता। व्यक्ति तो प्रकृति पर विजय पाकर, अस्तित्व को चुनौती देकर, उसमें जटिलता खोजने का प्रयास करके अपने अहंकार की परितुष्टि करता है। 'सहजयोग' कहता है कि जटिलता से बचो। जो है, जैसा भी है, उसे प्रभु का प्रसाद मानो और उसके प्रति, अर्थात् प्रभु के प्रति, कृतज्ञता व श्रद्धा से भर जाओ। हर श्वास के लिए परमात्मा का उपकार मानो, उसे धन्यवाद दो। यही है 'भक्ति', यही है सहजयोग। जीवन तो अति पवित्र है, हर जीवन परम पवित्र है। इस जीवन पर कुछ भी लादने की आवश्यकता नहीं है। जिनका 'सहजयोग' पर विश्वास है, जो परम भक्त हैं, वे जीवन को अपनी ओर से कोई ढाँचा नहीं देते। जो

प्रभुप्रदत्त जीवन की व्यवस्था को सहज भाव से स्वीकार कर लेते हैं वे स्वयं के अहंकार से मुक्त हो जाते हैं। ऐसे भक्त का जीवन सच्चे संन्यासी का जीवन बन जाता है, परम योगी का जीवन बन जाता है। ऐसे सहज योगी शिशुवत् सरल हो जाते हैं।

'सहजयोग' के साधकों की तीन अवस्थाएँ होती हैं। पहली अवस्था में साधक स्वयं के अहंकार के प्रति बोध जाग्रत करता है, हर जगह अहंकार को खोजकर उसके प्रति बोधयुक्त होता है, द्रष्टाभाव जाग्रत करता है। दूसरी अवस्था में अहंकार तो तिरोहित हो गया, पर सच्ची सरलता, सच्ची सहजता अभी आई नहीं है, अत: साधक में एक सूक्ष्म अहंकार भरने की संभावनाएँ बढ़ जाती हैं। वह अपने को वास्तव में सहजयोगी, परम सरल मानने लग सकता है। यह बड़ी ही खतरनाक स्थिति है; क्योंकि यहाँ भारी भटकाव आ सकता है। एक पाखंड, एक अंधविश्वास, एक सूक्ष्म अहंकार प्रारंभ हो सकता है; जो साधक को पागलपन तक की स्थिति में पहुँचा सकता है। जो इस सूक्ष्म अहंकार से, इस खतरे से निकल गए और बच गए, वे ही वास्तविक सरलता व सहजता को उपलब्ध होते हैं—यह तीसरी अवस्था है। यह सत्य-असत्य के परे की अवस्था है, पूर्णता की अवस्था है। यह पूर्णता ही परम मुक्ति देती है, परम शांति देती है। इसमें ही समस्त विक्षेपों का अंत होता है। ऐसा व्यक्ति राग और द्वेष के पार हो जाता है।

योग का अंतिम लक्ष्य है 'संसार भाव' का त्याग करो। संसार-त्याग का अर्थ पाषाणवत् बैठ जाना या जंगलों में भाग जाना नहीं है। त्याग का अर्थ है सर्व में ब्रह्मदृष्टि। स्वामी विवेकानंद कहा करते थे कि संसार-त्याग का अर्थ है 'सब जगह ईश्वर दर्शन'। सब जगह ईश्वर दर्शन करने में, ईश्वर-बुद्धि कर लेने पर ही व्यक्ति वास्तव में योगस्थ हो पाता है तथा उसे अपने कर्तव्य कर्म का सही बोध हो पाता है। कर्तव्य कर्म का सही बोध ही योग का आदर्श है। स्वामी विवेकानंद ने ज्ञानयोग पर भाषण करते हुए कहा था—

"यदि चाहो तो सौ वर्ष जीने की इच्छा करो; जितनी भी सांसारिक वासनाएँ हैं, सबका भोग कर लो; पर हाँ, उन सबको ब्रह्ममय देखो, उनको स्वर्गीय भाव में परिणत कर लो। यदि जीना चाहो तो इस पृथ्वी पर दीर्घकाल तक सेवापूर्ण, आनंदपूर्ण और क्रियाशील जीवन बिताने की इच्छा करो। इस प्रकार कार्य करने पर तुम्हें वास्तविक मार्ग मिल जाएगा। इसको छोड़ अन्य कोई मार्ग नहीं है। जो व्यक्ति सत्य को न जानकर अबोध की भाँति संसार के भोग-विलास में निमग्न हो जाता है, समझ लो कि उसे ठीक मार्ग नहीं मिला, उसका

पैर फिसल गया है। दूसरी ओर, जो व्यक्ति संसार को कोसता हुआ वन में चला जाता है, अपने शरीर को कष्ट देता रहता है, धीरे-धीरे सुखाकर अपने को मार डालता है, अपने हृदय को शुष्क मरुभूमि बना डालता है, अपने सभी भावों को कुचल डालता है और कठोर, बीभत्स व रूखा हो जाता है, समझ लो कि वह भी मार्ग भूल गया है; ये दोनों दो छोर की बाते हैं—दोनों ही भ्रम में हैं—एक इस और दूसरा उस ओर, दोनों ही पथभ्रष्ट हैं—दोनों ही लक्ष्यभ्रष्ट हैं।

"वेदांत कहता है, इसी प्रकार कार्य करो—सभी वस्तुओं में ईश्वर-बुद्धि करो, समझो कि ईश्वर सबमें है, अपने जीवन को भी ईश्वर से अनुप्राणित—यहाँ तक कि ईश्वर रूप ही समझो। यह जान लो कि यही हमारा एकमात्र कर्तव्य है, यही हमारे लिए जानने की एकमात्र वस्तु है। ईश्वर सभी वस्तुओं में विद्यमान है, उसे प्राप्त करने के लिए और कहाँ जाओगे? प्रत्येक कार्य में, प्रत्येक भाव में, प्रत्येक विचार में वह पहले से ही अवस्थित है। इस प्रकार समझकर हमें कार्य करते जाना होगा। यही एकमात्र पथ है, अन्य नहीं।"

सत्य तो यह है कि योग को जीवन में खंड-खंड करके नहीं देखा जा सकता। योग तो जीवन को समग्रता से जानने की विधि है। इसे जीवन की कोई आंशिक क्रिया नहीं कहा जा सकता। यह तो अपने आपमें एक संपूर्ण जीवन है, एक समग्र जीवन-दर्शन है। और जो ऐसा सोचते हैं क्रि अपनी दिनचर्या के कुछ क्षणों में योग को प्राप्त कर सकते हैं, वे भ्रम में हैं। जो योग में प्रवेश करेगा, उसकी तो समस्त दिनचर्या ही रूपांतरित हो जाएगी। यह तो जीवन को समग्रता से जीने की ऐसी कला है जहाँ किसी भी कला का कोई आंशिक रूपांतरण नहीं होता। यह ऐसा कोई रूपांतरण नहीं है जिसमें बाद में बदलाव हो सके। जो एक बार योगस्थ हो गया, अर्थात् जो एक बार योग में प्रवेश करने में सफल हो गया, वह तो केंद्र से परिधि तक पूर्णरूप से रूपांतरित हो जाता है। उसका अणु-अणु नई दिव्यता से भर जाता है। योग कोई व्यायाम, कर्मकांड या उपासना-पद्धति नहीं है। यह कोई मानसिक प्रक्रिया या कोई बौद्धिक व्यायाम भी नहीं है। यह ठीक है कि योग में आहार-विहार का मूल्य है; लेकिन यह आहार-विहार योग की परिधि से केंद्र पर थोपे गए हैं। जिसे योग सिद्ध हो जाता है उसका तो एक बिलकुल नया जन्म हो जाता है। योग से अंततः समस्त शारीरिक, बौद्धिक और मानसिक संरचना ही बदल जाती है। यदि कोई यह समझ रहा है कि आज वह योग कर रहा है तथा कल योग नहीं करेगा और फिर परसों करेगा तो वह वास्तव में योगी नहीं बन सकता, भले ही उसने अनेक योग-केंद्रों का भ्रमण किया हो या उनमें दाखिला लिया हो। जो वास्तव में योगस्थ हो जाते हैं, अर्थात्

जो वास्तव में अपने केंद्र के प्रति सजग हो जाते हैं, वे वास्तव में समग्रता में लीन हो जाते हैं, उसके प्रति बोध से भर जाते हैं। उनका यह बोध अपरिवर्तित होता है। यह कुछ ऐसा है, यदि जीवन में एक बार कोई साक्षर बन जाए तो वह जीवनपर्यंत साक्षर ही रहेगा, वह निरक्षर नहीं हो सकता। ऐसे साक्षर व्यक्ति के निरक्षर बनने का कोई उपाय ही नहीं है। योग का अर्थ है संपूर्ण मानव रूप का रूपांतरण। साधक को जिस क्षण योग उत्पन्न हो जाता है, उसी क्षण उसे अपनी समस्त अपूर्णताओं का भान हो जाता है। वह समस्त अपूर्णताओं पर अपना अधिकार प्राप्त कर लेता है। और जिसे अपूर्णताओं पर अधिकार प्राप्त हो गया, वह विजेता बन जाता है।

□

यज्ञ

ओं आयुर्यज्ञेन कल्पतां प्राणो यज्ञेन कल्पतां चक्षुर्यज्ञेन कल्पताᳫं श्रोत्रं यज्ञेन कल्पतां वाग्यज्ञेन कल्पतां मनो यज्ञेन कल्पतामात्मा यज्ञेन कल्पतां ब्रह्मा यज्ञेन कल्पतां ज्योतिर्यज्ञेन कल्पताᳫं स्वर्यज्ञेन कल्पतां पृष्ठं यज्ञेन कल्पतां यज्ञो यज्ञेन कल्पताम्।

—यजुर्वेद, १८-२९

(हमारी आयु यज्ञ में बढ़े। इस यज्ञ से प्राण परिपुष्ट हो। यज्ञ से दृष्टि शक्तिमयी हो, यज्ञ श्रवणशक्ति को समर्थ बनाए, यज्ञ के द्वारा मन दृढ़ हो, यज्ञ से आत्मा पवित्र हो, यज्ञ से हम ईशत्व में स्थित हों, यज्ञ से दृष्टि प्रखर हो। जो प्रत्यक्ष है, जो व्यक्त है, यज्ञ से उसका निर्माण हो; यज्ञ से उसका भी निर्माण हो जो प्रत्यक्ष नहीं है, अदृश्य है। यज्ञ से ही यज्ञ की प्रेरणा प्राप्त होती है। यज्ञ ही सभी में परिपुष्ट हो।)

भारतीय मनीषा का समस्त जीवन यज्ञमय है, यज्ञ केंद्र है, यज्ञ आत्मा है, यज्ञ बीज है, यज्ञ प्राण है और यही यज्ञ आकाश है, ब्रह्म है। यज्ञ संज्ञा है और क्रिया भी। यज्ञ ही ब्रह्म विद्या है, यज्ञ ही मधु विद्या है, यज्ञ परा-अपरा दोनों ही है। यज्ञ में ही समष्टि है और व्यष्टि भी। जो यज्ञ के रहस्य को जान लेगा, वह भारतीय संस्कृति के रहस्य को भी जान लेगा। जिसने यज्ञ के रहस्य को नहीं जाना, वह कर्मकांड में तो प्रवेश कर सकता है, वह अग्नि में घृत की आहुतियाँ तो डाल सकता है, लेकिन वह यज्ञ के परिणामस्वरूप उत्पन्न आनंद से वंचित रहेगा। ऋषि जब 'आयु यज्ञ में बढ़े' की बात करता है तो वह शरीर की आयु की बात नहीं करता, उसकी आकांक्षा तो यह है कि सर्वकल्याण और सत्कर्म अनेक कल्पों तक होते रहें। 'आयु यज्ञ में बढ़े' का तात्पर्य है कि सारा जीवन

यज्ञमय हो जाए, सर्वकल्याण के भाव के अतिरिक्त और किसी भाव की काल में कोई गति न हो। जहाँ भी काल का प्रवेश हो, समय का प्रवेश हो, वह प्रवेश सर्वकल्याण के लिए हो; वहाँ न स्वार्थ हो, न राग, न द्वेष, न संकीर्णता, न अनुदारता, न 'मैं' और 'तुम' का भाव, न भेददृष्टि। वास्तविक यज्ञ को तो आत्मस्थ होकर ही संपन्न किया जा सकता है। आत्मस्थ होकर किए गए समस्त कर्म यज्ञकर्म ही हैं।

संसार में जो कुछ भी हो रहा है वह भी वैश्व यज्ञ ही है। यद्यपि लौकिक दृष्टि से तो जन्म भी है, मृत्यु भी है, निर्माण भी है तथा विध्वंस भी है; लेकिन यह समस्त सृजन और समस्त विध्वंस यज्ञ में स्थित है। यही है 'प्राणो यज्ञेन कल्पताम्' का भाव। प्राण ऊर्जा द्वारा अनंत कल्पों तक सर्वकल्याण होता रहे। जहाँ भी प्राण का प्रवेश हो, वह ऊर्जावान् बने, सृजन व उत्कर्ष को प्राप्त हो। जब प्राण यज्ञमय हो जाते हैं तब वे दिव्य आनंद के रूप में अपने को अभिव्यक्त करते हैं। यज्ञमय प्राण ही भारतीय मनीषा का लक्ष्य रहा है। भारतीय मनीषा ऐसे प्राण की उपासक नहीं है, जहाँ अधोगति हो, पशुत्व हो, तमस व कलुष हो। जो ऊर्जा को ऊर्ध्वगामी बनाने में हमारा सहयोगी हो, उसकी उपासना भारतीय मनीषा ने की है। प्राण की यह उपासना ही 'बृहदारण्यक उपनिषद्' में उद्गीत की उपासना है।

जहाँ अहंकार है, वहाँ यज्ञ नहीं है। जहाँ 'मैं' और 'तुम' की भेददृष्टि है, वहाँ यज्ञ नहीं है। भेद की दृष्टि से प्राण पापविद्ध हो जाते हैं और अपने स्वरूप का परित्याग कर देते हैं। स्वार्थ और अहंकार जहाँ कहीं भी होंगे, वहाँ भेद की दृष्टि की रचना करेंगे ही। प्राण, जो मूलतः यज्ञ का रूप है, यज्ञमय है, वह जिस क्षण स्वार्थ और अहंकार के संपर्क में आता है, उसके तेज का क्षय हो जाता है, उसका ओज नष्ट हो जाता है, वह पराक्रमशून्य होकर क्षुद्रता में प्रवेश कर जाता है। क्षुद्रता में प्राणों का यह प्रवेश ही अंततः प्राण के यश को नष्ट कर देता है। यश और कीर्ति का नाश ही मृत्यु है, मृत्यु का कारक है। यही है नरक, यही है अशांति, यही है कलह, यही है राग। जब ऋषि यह प्रार्थना करता है कि 'मनो यज्ञेन कल्पताम्' तब वह मन को अंतर्मुखी बनाकर तमस से शून्य, पशुता से शून्य करना चाहता है। यजुर्वेद में यह बड़ी सुंदर प्रार्थना है। साधक स्वयं को तो यज्ञ को अर्पित करता ही है, वह स्वयं यज्ञमय भी हो जाना चाहता है। यज्ञ याज्ञिक में प्रवेश कर जाए, याज्ञिक यज्ञ में प्रवेश कर जाए, कुछ ऐसा ही भाव है इस मंत्र का—

यज्ञ यज्ञं गच्छ यज्ञपतिं गच्छ स्वां योनिं गच्छ।

—यजुर्वेद, ८-२२

यज्ञ यज्ञ को प्राप्त हो, यज्ञपति यज्ञ को प्राप्त हो और यज्ञ अपने तंत्र को परिपुष्ट करे। यज्ञ यज्ञपति बने और यज्ञपति यज्ञ बन जाए।

जब इस भाव में प्रवेश होता है तब सर्वकल्याण के निमित्त समस्त ऋद्धि-सिद्धि प्रवेश के समस्त द्वारों को खोल देती है। यही भारतीय ऋषि की प्रार्थना है और यही है भारतीय यजमान की भी प्रार्थना।

ओं इष्टो यज्ञो भृगुभिराशीर्दा वसुभिः।

—यजुर्वेद, १८-५६

अभीष्ट की प्राप्ति हेतु ही यज्ञ का आयोजन है और अभीष्ट है सत्य, अभीष्ट है आनंद, अभीष्ट है उत्कर्ष, अभीष्ट है सभी बंधनों से मुक्ति, अभीष्ट है सबका परित्याग और शुभ मिलन, अभीष्ट है शिवत्व। यह शिवत्व ही यज्ञ है।

मान्यता यही है कि यज्ञ के दो रूप हैं। एक तो कर्मकांड प्रधान और दूसरा भाव प्रधान। कर्मकांड यज्ञ का बाहरी तत्त्व है, इसीलिए उसमें आडंबर है; लेकिन जहाँ भाव है वहाँ आडंबर नहीं है। भाव का संबंध अंतस की प्रक्रिया से है। भाव अंतस के केंद्र से जुड़ा हुआ है। कर्मकांड अंतस के केंद्र से जुड़ भी सकता है और नहीं भी जुड़ सकता है। इसीलिए भाव श्रेष्ठ है। कर्मकांड का उद्देश्य ही है अंततः श्रेष्ठ भावनाओं, विचारों और चिंतन को जाग्रत करना। जहाँ भाव हैं, जहाँ विचार हैं, वहीं श्रेष्ठ कर्म का जन्मदाता है। श्रेय के प्रति व्यक्ति आस्थावान् बने, यही यज्ञ का उद्देश्य है। श्रेय के प्रति आस्थावान् बनना जहाँ यज्ञ का उद्देश्य है, वहीं कर्मकांड का लक्ष्य भी। श्रेय के प्रति आस्थावान् बन करके ही समस्त यज्ञ शिवत्व को समर्पित होते हैं। यह शिवत्व ही यज्ञ की आत्मा है और शिवत्व की उपलब्धि तभी होती है जब आत्मस्थ होकर स्वयं के केंद्र के प्रति व्यक्ति सचेतनबोध से भर जाए। जहाँ सर्वकल्याणकारी भाव न हो, जहाँ शिवत्व न हो, वहाँ कर्मकांड तो हो सकता है, पर वास्तविक यज्ञ नहीं हो सकता।

यज्ञ भारतीय अस्मिता का रस है, यह 'क्रतु' है। 'क्रतु' का अर्थ होता है, 'कर्म'; यह क्रिया है, जिसका लक्ष्य है सर्वव्यापी चैतन्य से एकाकार होने के लिए किए जानेवाले कर्म। अंतस के अंधकार पर विजय प्राप्त करने के लिए जो भी 'कर्म' किए जाते हैं, जो भी 'क्रिया' होती है, वह 'क्रतु' है और यह 'क्रतु' ही यज्ञ है। 'क्रतु' से ही आध्यात्मिक चेतना जाग्रत होती है और उसका सतत ऊर्ध्वारोहण होता है। यही है दिव्यता का प्रस्फुटन। वेदों में इसे 'नित्यः क्रतुः नः' कहा गया है, अर्थात् सदैव अंतस के श्रेष्ठतम संकल्पों के रूप में जाना है। श्रेय प्रधान संकल्प 'यज्ञ' है। ये 'यज्ञ' हम 'देवों' का, अर्थात् संसार में व्याप्त दिव्य शक्तियों का नमन करके संपन्न करते हैं।

हो सकता है कि प्रारंभ में यज्ञ के निमित्त भौतिक जगत् की शक्तियों की; जैसे—सूर्य, चंद्र, द्यौ, पृथ्वी, वायु, अग्नि आदि की पूजा होती रही हो; पर कालांतर में निश्चित रूप से भारतीय मनीषा ने यज्ञ कर्म का विकास किया, उसे आध्यात्मिक चेतना से जोड़ा और आत्मस्थ होकर किए जानेवाले समस्त कर्मों को 'संकल्प' व 'प्रेरक तत्त्व' के रूप में स्थापित किया। आत्मस्थ होकर किए जानेवाले समस्त कर्म ही मानव का श्रेष्ठतम संकल्प हैं और यही है 'वैश्वयज्ञ', यही है 'दिव्य यज्ञ'। यही नहीं, 'यज्ञ' को ही अंत:स्फुरित ज्ञान और सत्य के प्रकाश से भी जोड़ दिया गया। भारतीय मनीषा की दृष्टि में यज्ञ ऊर्ध्वारोहित मानव का दृढ़ संकल्प है, इसे 'कविक्रतु' तथा 'क्रतुर्हृदि' (हृदय का संकल्प) भी कहा गया है। महर्षि अरविंद ने 'वेद रहस्य' में यज्ञ का इसी रूप में भाष्य किया है।

समस्त यज्ञों का केंद्र है सत्य, प्रकाश और अमरत्व की खोज। जो सत्य से नहीं जुड़ता, जो अंतस को प्रकाशित नहीं करता, जो बंधनों से मुक्ति नहीं देता, वह यज्ञ हो ही नहीं सकता। मात्र कर्मकांड यज्ञ नहीं है, कर्मकांड की पृष्ठभूमि में छिपा संकल्प, उसका सर्व पर प्रभाव, उसकी परिशोधनशक्ति अर्थात् कुविचारों को ध्वस्त कर सकने की शक्ति ही उसे 'यज्ञ' के पद पर प्रतिष्ठित कर सकने में समर्थ हो सकती है। यदि अंतस के अंधकार को नष्ट करने की शक्ति कर्मकांड में नहीं है तो मात्र आहुतियाँ डालने से 'यज्ञ' नहीं बन जाएगा। यज्ञ की कसौटी ही यह है कि उसे अंधकार की शक्तियों को संकल्प के साथ पराजित करना है। बड़ी ही काव्यात्मक भाषा में 'ऋग्वेद' में कहा गया है कि "अंधकार की शक्तियाँ सत्य की धाराओं के बहने में बाधा डालती हैं, अत: हमें इनका विरोध करना है।" यह विरोध ही यज्ञ है।

'यज्ञ' के साथ देवताओं को जोड़ा जाता है। वैदिककाल से ही यज्ञ के माध्यम से देवताओं का यजन होता रहा है। पर ये वैदिक देवता हैं कौन? ये स्वयं से पृथक् कोई शक्ति नहीं हैं। जो अंतस को प्रकाशित कर सके, जो अंतस के अंधकार का क्षय करने में, उसे परास्त करने में सहायक हो, वही 'देव' है। वैदिक यज्ञ और देवताओं के रूपक की व्याख्या करते हुए महर्षि अरविंद ने 'वेद रहस्य' में लिखा है, "वैदिक देवता विश्वव्यापी देवता के नाम, शक्तियाँ और व्यक्तित्व हैं और वे दिव्य सत्ता के किसी विशेष सारभूत बल का प्रतिनिधित्व करते हैं। ये देव विश्व को अभिव्यक्त करते हैं और इसमें अभिव्यक्त हुए हैं। प्रकाश की संतान और असीमता के पुत्र ये मनुष्य की आत्मा के अंदर अपने बंधुत्व और सख्य को पहचानते हैं और उसे सहायता पहुँचाना और उसके अंदर अपने आपको

बढ़ाने के द्वारा उसे बढ़ाना चाहते हैं, जिससे कि उसके जगत् को वे अपने प्रकाश, बल और सौंदर्य के द्वारा अभिव्याप्त कर सकें। देवता मनुष्य को पुकारते हैं एक दिव्य सख्य और साथीपन के लिए, वे उसे अपने प्रकाशमय भ्रातृत्व के लिए आकृष्ट करते और ऊपर उठाते हैं, वे अंधकार और विभाजन के पुत्रों के विरोध में उसकी सहायता आमंत्रित करते और अपनी सहायता उसे प्रदान करते हैं। बदले में मनुष्य देवताओं को अपने यज्ञ में आहूत करता है, उन्हें अपनी तीव्रताओं और अपने बलों की, अपनी निर्मलताओं और अपनी मधुरताओं की हवि भेंट करता है—प्रकाशमय गौ के दूध और घी की, आनंद के पौधे के निचोड़े हुए रसों की, यज्ञ के अश्व की, अपूप और सुरा की, दिव्य मन के चमकीले हरिओं (घोड़ों) के लिए अन्न की भेंट चढ़ाता है। वह उन्हें (देवों को) अपनी सत्ता में ग्रहण करता है और उनकी देनों को अपने जीवन में; वह उन्हें मंत्रों और सोमरसों से बढ़ाता है और उनके महान् तथा प्रकाशमय देवत्वों को पूर्णतया रचता है। वेद कहता है कि वह उन्हें ऐसे रचता है जैसे लोहार लोहे को गढ़ता है।

"इस सब वैदिक रूपक को समझना हमारे लिए सुगम है, यदि एक बार हमें इसकी कुंजी मिल जाए; परंतु इसे केवल रूपक मात्र मान लेना गलती होगी। देवता निर्विशेष भावों के या प्रकृति के मनोवैज्ञानिक और भौतिक व्यापारों के केवल कविकृत मानवीकरण नहीं हैं। वैदिक ऋषियों के लिए वे सजीव सद्वस्तुएँ हैं। मानव आत्मा के उलट-फेर, अवस्थांतर एक वैश्व संघर्ष के निदर्शक होते हैं, न केवल सिद्धांतों और प्रवृत्तियों के संघर्ष के अपितु उनको आश्रय देनेवाली तथा उन्हें मूर्त करनेवाली वैश्व शक्तियों के संघर्ष के भी। वे वैश्व शक्तियाँ ही हैं देव और दैत्य। वैश्व रंगमंच पर और वैयक्तिक आत्मा में, दोनों जगह एक ही वास्तविक नाटक उन्हीं पात्रों के द्वारा खेला जा रहा है।

"वे देव कौन से हैं जिनका यजन करना है? वे कौन हैं जिनका यज्ञ में आवाहन करना है; जिससे कि यह वर्धनशील देवत्व मानव सत्ता के अंदर अभिव्यक्त हो सके और रक्षित रह सके?

"सबसे पहला है अग्नि, क्योंकि उसके बिना यज्ञिय ज्वाला आत्मा की वेदी पर प्रदीप्त ही नहीं हो सकती। अग्नि की वह ज्वाला है संकल्प की सप्तजिह्व शक्ति; परमेश्वर की एक ज्ञान-प्रेरित शक्ति। यह सचेतन (जाग्रत) तथा बलशाली संकल्प हमारी मर्त्य सत्ता के अंदर अमर्त्य अतिथि है, एक पवित्र पुरोहित और दिव्य कार्यकर्ता है, पृथ्वी और द्यौ के बीच मध्यस्थता करनेवाला है। जो कुछ हम हवि प्रदान करते हैं, उसे यह उच्चतर शक्तियों तक ले जाता है

और बदले में उनकी शक्ति, प्रकाश और आनंद हमारी मानवता के अंदर ले आता है।

"दूसरा देव है शक्तिशाली इंद्र। वह शुद्ध सत् की शक्ति है, जो भागवत मन के रूप में स्वत: अभिव्यक्त है। जैसे अग्नि एक ध्रुव है, ज्ञान से आविष्ट शक्ति का ध्रुव, जो अपनी धारा को ऊपर पृथ्वी से द्यौ की तरफ भेजता है, वैसे ही इंद्र दूसरा ध्रुव है, शक्ति से आविष्ट प्रकाश का ध्रुव, जो द्यौ से पृथ्वी पर उतरता है। वह हमारे इस जगत् में एक पराक्रमी वीर योद्धा के रूप में अपने चमकीले घोड़ों के साथ उतरता है और अपनी विद्युतों, वज्रों के द्वारा अंधकार तथा विभाजन का विनाश करता है, जीवनदायक दिव्य जलों की वर्षा करता है, शुनी (अंतर्ज्ञान) की खोज के द्वारा खोई या छिपी हुई ज्योतियों को ढूँढ़ निकालता है, हमारी मनोमय सत्ता के द्युलोक में सत्य के सूर्य को ऊँचा चढ़ा देता है।

"तीसरा सूर्य देवता है—सत्ता के सत्य, ज्ञान के सत्य, क्रिया और प्रक्रिया के, गति और व्यापार के सत्य का स्वामी। इसलिए सूर्य है सब वस्तुओं का स्रष्टा, बल्कि अभिव्यंजक (क्योंकि सर्जन का अर्थ है बाहर ले आना, सत्य और संकल्प के द्वारा प्रकट कर देना), और यह हमारी आत्माओं का पिता, पोषक तथा प्रकाशप्रदाता है। जिन ज्योतियों को हम चाहते हैं वे इसी सूर्य के गोयूथ हैं, गौएँ हैं। यह सूर्य हमारे पास दिव्य उषाओं के पथ से आता है और हमारे अंदर रात्रि में छिपे पड़े जगतों को एक के बाद एक खोलता तथा प्रकाशित करता जाता है, जबतक कि हमारे लिए सर्वोच्च परम आनंद को नहीं खोल देता।

"इस आनंद का प्रतिनिधिभूत देवता है सोम। उसके आनंद का रस (सुरा) छिपा हुआ है पृथ्वी के प्ररोहों में, पौधों में और सत्ता के जलों में। यहाँ हमारी भौतिक सत्ता तक में उसका अमरतादायक रस है और उन्हें निकालना है, उनका सेवन करना है और उन्हें सब देवताओं को हवि रूप में प्रदान करना है; क्योंकि सोमरस के बल से ही ये देव बढ़ेंगे और विजयशाली होंगे।

"इन प्राथमिक देवों में से प्रत्येक के साथ अन्य देव जुड़े हैं जो उसके अपने व्यापार से उद्‌गत व्यापारों को पूरा करते हैं। क्योंकि यदि सूर्य के सत्य को हमारी मर्त्य प्रकृति में दृढ़तया स्थापित होना है तो कुछ पूर्ववर्ती अवस्थाएँ हैं, जिनका स्थापित हो जाना अनिवार्य है; एक बृहत् पवित्रता और स्वच्छ विशालता, जो समस्त पाप और कुटिल मिथ्यात्व की विनाशक है, यह है वरुण देव—प्रेम और समग्रबोध की एक प्रकाशमय शक्ति, जो हमारे विचारों, कर्मों और आवेगों को आगे ले जाती और उन्हें सामंजस्ययुक्त कर देती है; यह है मित्र

देव; सुस्पष्ट-विवेचनशील अभीप्सा तथा प्रयत्न की एक अमर शक्ति, पराक्रम—यह है अर्यमा; सब वस्तुओं का समुचित उपभोग करने की एक सुखमय सहज अवस्था, जो पाप, भ्रांति और पीड़ा के दुःस्वप्न का निवारण करती है—यह है भग। ये चारों सूर्य के सत्य की शक्तियाँ हैं।''

देवों के संदर्भ में महर्षि अरविंद द्वारा दी गई व्याख्या ही एक सही दृष्टि है। यह बड़ी स्पष्ट बात है कि 'यज्ञ' के द्वारा स्वार्थ सिद्धि करने के प्रयास वैदिक ऋषि को मान्य नहीं थे। 'यज्ञ' तो दिव्य प्रेरणा के, सर्वकल्याणकारी प्रेरणा के तथा सर्व उत्कर्ष के प्रतीक थे और हैं। यदि 'यज्ञ' को स्वार्थ अथवा अहंकार से जोड़ा गया तो यह पथभ्रष्टता है। कालांतर में यह पथभ्रष्टता भारत में आई अवश्य, पर अब तो इसका निराकरण खोजना होगा। 'यज्ञ' के रूप में ऐसे किसी भी कार्य को मान्यता दी ही नहीं जा सकती जो 'सर्वे भवन्तु सुखिनः' की भावना से तथा सर्व उत्कर्ष के भाव से प्रतिबद्ध न हो। जो 'देव' है वह पक्षपात कर ही नहीं सकता; कोई भी दिव्यशक्ति पक्षपात नहीं करती, वह सदैव सत्य की रक्षा करती है, वह सदैव सर्वकल्याण के लिए प्रेरित करती है, वह सर्व प्रकाशक है, सर्व हितकारी है और सर्वकल्याण के लिए प्रतिबद्ध है। स्वार्थ व अहंकार प्रेरित कर्मकांडों से ही भारत का बौद्धिक व सामाजिक पतन हुआ। अतः इन कर्मकांडों से भारतीय संस्कृति को बचाना होगा। वैदिक देवताओं को स्वार्थ व अहंकार के पोषक के रूप में देखना वैदिक मनीषा के साथ अन्याय है। यह स्थिति अंग्रेजियत प्रधान विचारकों के कारण अथवा प्रभाव के कारण और हमारे स्वयं के अज्ञान के कारण उत्पन्न हुई है। पश्चिम के विद्वानों ने वेदों का सही भाष्य किया ही नहीं। पश्चिम का विचारक वेद रहस्य को, देव रहस्य को जान ही नहीं सका। उसने तो वैदिक देवताओं का मूल्यांकन उसी दृष्टि से किया जो उसे ईसाइयत प्रधान चिंतन से प्राप्त हुई थी और उसने देवताओं के प्रतीकों की तुलना ग्रीक और रोमन देवताओं से करनी प्रारंभ कर दी। दुर्भाग्य से अनेक भारतीय विचारक भी इससे प्रभावित हो गए। पश्चिम के ये पंडित वेदों का सही भाष्य करने में इसलिए भी असमर्थ रहे हैं, क्योंकि उन्होंने अतिमानस के स्तर पर पहुँचने की चेष्टा ही नहीं की। लौकिक मानसिकता व सांसारिक बुद्धि को आधार बनाकर वैदिक रहस्यों को तथा 'यज्ञ विधान' को समझा ही नहीं जा सकता।

वैदिक साहित्य में प्रतीकों और रूपकों के प्रयोग ने सारे-के-सारे साहित्य को रहस्य प्रधान बना दिया है। यह ठीक है कि वेदों में ज्ञानकांड भी है और कर्मकांड भी; पर समस्त कर्मकांडों में अंतस की पवित्रता को ही प्रधानता

दी गई है। वेद मूलतः ज्ञान प्रधान दिव्य ग्रंथ हैं। ये दिव्य ग्रंथ इसलिए हैं, क्योंकि ये अतिमानस की चेतना व सर्वकल्याण के भाव से निःसृत हैं। पर संस्कृत भाषा को सही ढंग से समझने की शक्ति खो बैठने के कारण भारतीय विद्वानों से भी भूल हुई है और उन्होंने भी स्वार्थ व अहंकार प्रधान कर्मकांडों को वैदिक कर्मकांडों का एक अंग मान लिया। सर्वहित से टकरानेवाले व्यक्तिगत स्वार्थों के लिए वैदिक कर्मकांडों में कोई स्थान नहीं है और न ही ये व्यक्तिगत अहंकार की पूर्ति के साधन हैं। भारतीय संस्कृति का यदि पुनरुत्थान करना है, उसे पुनः दिव्यता में प्रतिष्ठित करना है तो यज्ञ की आड़ में सर्वहित से टकरानेवाले 'स्वार्थ' तथा तमस प्रधान 'अहंकार' का पूर्णरूप से परित्याग करना होगा। स्वार्थ व अहंकार तो राग और द्वेष प्रधान चेतना से प्रसूत होते हैं और जहाँ कहीं भी राग और द्वेष है वहाँ सर्वकल्याण का भाव आ ही नहीं सकता; जबकि यज्ञ का लक्ष्य एवं अर्थ है सर्वकल्याण।

एक बात विचारणीय है कि वास्तविक यज्ञभाव से भारतीय चेतना को पुनः कैसे जोड़ा जाए? दुर्भाग्य यह है कि अज्ञान व प्रमादवश हम भारतीय भी वैदिक शब्दों का सही भाष्य करने तथा अतिमानस की चेतना में समझने के लिए तैयार नहीं हैं। हमारे शंकराचार्य, जिन्हें वैदिक संस्कृति का प्रतिपादक माना जाता है, भी कर्मकांड के भौतिक पक्ष को ही समर्थन दे रहे हैं तथा यज्ञ को स्वार्थ और अहंकार की पूर्ति का साधन भी बता रहे हैं। वेदवर्णित यज्ञ-परंपरा को, अर्थात् वेद मंत्रों को सही रूप में परिभाषित करने की आज सर्वाधिक आवश्यकता है। इस संदर्भ में महर्षि अरविंद ने 'वेद रहस्य' के प्राक्कथन में बड़ी स्पष्टता से लिखा है—

"यह ठीक है कि बहुत पुरानी भाषा और लुप्तप्राय शब्दों के कारण महर्षि यास्क ने वेदों में चार सौ से ऊपर ऐसे शब्द गिनाए हैं, जिनके अर्थ अब लुप्त हो चुके हैं और वे अज्ञात हैं तथा एक कठिन और अप्रचलित भाषा-शैली के कारण वेद का अभिप्राय अंधकार में पड़ गया है। वैदिक प्रतीकों के अर्थों के (जिनका कोष उन्हींके पास रहता था) खो जाने से ये आनेवाली संततियों के लिए दुर्बोध हो गए; जबकि उपनिषदों के काल में भी उस युग के आध्यात्मिक जिज्ञासुओं को वेद के गुप्त ज्ञान में प्रवेश पाने के लिए दीक्षा तथा ध्यान (योगाभ्यास) की शरण लेनी पड़ती थी तो बाद के विद्वान् तो किंकर्तव्यविमूढ़ ही हो गए और उन्हें शरण लेनी पड़ी अटकल की तथा वेदों की बौद्धिक व्याख्या पर ही अपना ध्यान केंद्रित करने की या इन्हें गाथाओं तथा ब्राह्मण ग्रंथों के कथानकों (जो स्वयं प्रायः प्रतीकात्मक तथा अस्पष्ट हैं) द्वारा समझने-समझाने की। किंतु फिर भी

वेद के उस रहस्य को उपलब्ध करना ही एकमात्र उपाय है, जिससे हम वेद के सच्चे अर्थ और सच्चे मूल्य को पा सकेंगे। हमें यास्क मुनि के दिए संकेतों को गंभीरतापूर्वक ग्रहण करना चाहिए। वेद के अंदर क्या है, इस विषय में हमें ऋषि के इस वर्णन को कि 'यह द्रष्टा का ज्ञान है, कवि-द्रष्टा के वचन हैं', स्वीकार करना चाहिए और इस प्राचीन धर्मग्रंथ के अर्थों में प्रवेश पाने के लिए हम जो कोई भी सूत्र प्राप्त कर सकें, उसे खोजकर पकड़ना चाहिए। यदि हम ऐसा न करेंगे तो वेद सदा के लिए मुहरबंद पुस्तक ही बने रहेंगे; व्याकरण-विशारद, व्युत्पत्तिशास्त्री या विद्वानों की अटकलें हमारे लिए इन मुहरबंद कमरों को कभी खोल नहीं सकेंगी।''

वेद के अनेक सूक्त रहस्यवादी अर्थ प्रकट करते हैं; पर हमारी चेतना अभी भी उन रहस्यों को तोड़ सकने में सक्षम नहीं हो पा रही है। वेद मंत्रों का एक आंतरिक अर्थ है, इस अर्थ को हमें बार-बार प्रयास करके समझना ही होगा तथा उसे सर्वकल्याणकारी अतिमानस की चेतना से जोड़ने के सूत्र खोजने होंगे। वैदिक मंत्र लौकिक चेतना के प्रभाव में आकर नहीं लिखे गए, वे तो समाधि में उपलब्ध प्रकाश और आत्मज्ञान पर आधारित, आश्रित और उसीसे प्रणीत हैं। हर मंत्र में परम सत्य का स्पर्श है; पर ऐसा कहीं प्रत्यक्ष व कहीं परोक्ष रूप से है। यह वह 'परम सत्य' है जो 'लौकिक सत्य' से भिन्न है और अरविंद के शब्दों में, ''यह वह सत्य है जो बाह्य सत्ता के सत्य से गंभीर और उच्चतर है; एक प्रकाश है जो मानवीय समझ के प्रकाश से बृहत्तर और उच्चतर है एवं जो (समाधि में) अंत:प्रेरणा व स्वत:स्फुरण एवं प्रकाशन द्वारा आता है।''

वेदों में यज्ञ को अनेक प्रकार से निरूपित किया गया है। यह निरूपण कभी-कभी यात्रा के रूप में, कभी ऊर्ध्वारोहण के रूप में, कभी पर्वतारोहण के रूप में, कभी जलावतरण के रूप में, कभी जलप्रवाह और समुद्र-यात्रा के रूप में किया गया है। इस निरूपण का उद्देश्य है एक ऐसी वैश्व चेतना में प्रवेश, जहाँ भेद की सत्ता नहीं है, जहाँ अद्वैत है, जहाँ परम आनंद है—ऐसा आनंद जो स्वयंभू हो। जब वैदिक ऋषि वेगवती धाराओं के अतिक्रमण की बात करता है तो वह अज्ञान, स्वार्थ और अहंकार की वेगवती धारा के अतिक्रमण की बात करता है। इस ऋषि को तो तमस के दैत्य पर विजय प्राप्त करनी ही है—यही है उसका यज्ञ।

वैदिक यज्ञ के रहस्य को यदि वास्तव में हमें समझना है तो सर्वप्रथम अतिमानस की चेतना में पहुँचने का अभ्यास करना होगा, ध्यान अथवा समाधि के क्षणों में स्वयं की गुत्थियों को सुलझाना होगा तथा समस्त अन्वेषण अंतस के

केंद्र से करने होंगे। यदि यज्ञ के स्थूल अर्थ को भी समझना है तो यह जान लेना होगा कि कर्मकांड में यज्ञ तो अग्निहोत्र से जुड़ा हुआ है, अत: क्या है 'अग्नि' से आशय, इसे भलीभाँति जान लेना होगा। वेदों में जिस 'अग्नि' की चर्चा की गई है वह भौतिक अग्नि नहीं है। महर्षि अरविंद के अनुसार, यह भागवत संकल्प-शक्ति है। 'अग्नि' का अर्थ हमारी स्वयं की अंतश्चेतना भी है या प्राणिमात्र का भौतिक, आध्यात्मिक, प्राणिक व बौद्धिक बल भी है। यह सर्वप्रवाहित प्राणशक्ति और ऊर्जा भी है। यह वह 'ज्ञानबल' है जिससे अंतस का अंधकार दूर होता है। यह सर्वप्रकाशक शक्ति है। 'अग्नि' के द्वारा हम अपनी चेतना को सत्य की ओर, सर्वकल्याण की ओर उन्मुख करने में समर्थ होते हैं। एक अर्थ में 'अग्नि' तो हमारी स्वयं की राग-द्वेषविहीन अंतरात्मा ही है, क्योंकि वह ही वास्तविक प्रकाशक और वास्तविक प्रदर्शक है। इस 'अग्नि' के बिना तो कोई भी यज्ञ संभव ही नहीं है। यह 'अग्नि' कालजयी भाषा में यज्ञ की ज्वाला है और कभी आहुति देनेवाला होता तथा कभी आहुति वहन करनेवाला पुरोहित। जब व्यक्ति अपने तमस का परित्याग कर अंतर्मुखी होता है और चेतना को ऊर्ध्वमुखी करता है तो वह इस 'ज्वाला' को ही नमन करता है और हवि रूप में स्वयं को अर्पित करता है।

ओं अग्ने नय सुपथा रायेऽअस्मान् विश्वानि देव वयुनानि विद्वान्।
युयोध्यस्मज्जुहुराणमेनो भूयिष्ठां ते नमऽउक्तिं विधेम॥

—यजुर्वेद, ५-३६

हे दिव्य संकल्प-शक्ति, हे मेरे पथ-प्रदर्शक! तुम हमारे समस्त कर्मों को जानते हो। तुम हम सबके ऐश्वर्य के लिए हमें सन्मार्ग से ले चलो, हमारी कुटिलता व पापकर्मों को बलपूर्वक दूर करो। हम तुम्हें साक्षात् दंडवत् करके प्रणाम करते हैं।

इस मंत्र के पीछे जो मूल भाव है वह है अपनी अंतरात्मा के प्रति मन, वचन और कर्म से समर्पण; क्योंकि शुद्ध अंतरात्मा ही वास्तविक पथ-प्रदर्शक है।

ऐसा ही एक अन्य सुंदर मंत्र है। जब अपनी संकल्प-शक्ति और अंतरात्मा की ओर उन्मुख होकर प्रार्थना की जाती है—

यां मेधां देवगणा: पितरश्चोपासते।
तथा मामद्य मेधयाग्ने मेधाविनं कुरु॥

—यजुर्वेद, ३२-१४

जिस मेधा की उपासना दिव्य शक्तियाँ व विद्वज्जन करते हैं, उसी मेधा को हम संकल्प बल से प्राप्त करें।

वेदों में ऊर्ध्वारोहण की इस दिव्य ज्वाला का अत्यंत भव्य और समृद्ध काव्यमय रूपकों के द्वारा वर्णन है। महर्षि अरविंद के शब्दों में—

"यज्ञ का हर्षोल्लसित पुरोहित, अपने आनंद से मदोन्मत्त भगवत्संकल्प, युवा ऋषि, निद्रारहित दूत, इस घर में सदा जागरूक ज्वाला, हमारे द्वारयुक्त वास-स्थान का स्वामी, प्रिय अतिथि, प्राणी के अंदर विराजमान प्रभु, ज्वालामय शिखाओं का द्रष्टा, दिव्य शिशु, पवित्र और निष्कलंक देव, अजेय योद्धा, मार्ग का ऐसा नेता जो यात्रा में प्रजाओं के आगे-आगे चलता है, मर्त्यों में अमर, मनुष्य में देवों द्वारा स्थापित कर्मकर्त्ता, ज्ञान में अप्रतिहत, सत्ता में अनंत, सत्य का विशाल और जाज्वल्यमान सूर्य, यज्ञ का धारक और उसके सोपानों का द्रष्टा, दिव्य प्रत्यक्षबोध, प्रकाश अंतर्दर्शन और दृढ़ आधार। संपूर्ण वेद में इस शक्तिशाली और तेजोमय देवता का स्तुति-सत्कार करनेवाले सूक्तों में ही हमें ऐसे सूक्त मिलते हैं जो काव्यमय रंगत में अतीव भव्य हैं, मनोवैज्ञानिक सुझाव में गंभीर हैं एवं अपने रहस्यमय उन्माद में उदात्त। यह ऐसा है मानो उसकी अपनी ज्वाला, पुकार एवं ज्योति ने उसके कवियों की कल्पना-शक्ति को अपने अधिकार में करके उसमें धधकता हुआ हर्षोन्माद पैदा कर दिया है।

"काव्यमय रूपकों के इस अंबार में से कुछ एक का स्वरूप प्रतीकात्मक है और वे दिव्य ज्वाला के अनेक जन्मों का वर्णन करते हैं। उनका असाधारण विविधता के साथ विस्तृत वर्णन किया गया है। उनमें कहीं-कहीं वह पिता, कहीं-कहीं वह इन दोनों अरणियों से उत्पन्न ज्वाला है। कहीं-कहीं द्यौ और पृथ्वी को द्यौ का—मन या आत्मा का—और माता पृथ्वी का—शरीर या जड़ प्रकृति का शिशु है। उसकी दो माताएँ कही गई हैं, जहाँ कि रूपक अधिक प्रत्यक्ष रूप से शुद्ध मानसिक, चैत्य तथा भौतिक चेतना का प्रतीक है। उसकी स्तुति सात माताओं के शिशु के रूप में भी की गई है, क्योंकि उसका पूर्ण जन्म उन सात तत्त्वों की अभिव्यक्ति का परिणाम है जो हमारी चेतन सत्ता का गठन करते हैं और जो क्रमशः सात लोकों के आधार हैं। उनमें से तीन तो हैं अनंत सत्ता के आध्यात्मिक तत्त्व, तीन सांत सत्ता के कालगत तत्त्व और एक इन दोनों के बीच का। अन्य देवों की तरह उसे भी सत्य से उत्पन्न कहा गया है। सत्य एक साथ ही उसका जन्मस्थान और धाम है।"

पता नहीं हमारे शंकराचार्य व अन्य कर्मकांडी नेता वैदिक मंत्रों का भाष्य परम चैतन्य, भागवत संकल्प व भागवत शक्ति के संदर्भों में क्यों नहीं करना चाहते और उन्होंने यज्ञ को सांसारिक भोग तथा अग्निहोत्र मात्र का भाग मानकर उसे व्यक्तिगत स्वार्थों व अहंकार से जोड़े रखना क्यों स्वीकार कर लिया है! यह भारतीय

मनीषा के साथ बहुत बड़ा अन्याय है तथा वर्तमान के कर्मकांडियों का बहुत ही अधिक अज्ञान। इस अज्ञान को दूर किए बिना भारतीय संस्कृति का उत्थान संभव ही नहीं है। ये समस्त मंत्र आत्मप्रकाश के संरक्षक हैं। यज्ञ हमारे अस्तित्व, सत्ता, संकल्प और ज्ञान को कलुषित तथा क्षीण करनेवाली वृत्तियों को नाश करनेवाले और मानव को अंतर्मुखी बनाकर 'सत्य' की ओर उन्मुख करनेवाले हैं।

समस्त सृष्टि एक बृहत् यज्ञस्वरूप है। सृष्टि का पोषण व प्रवर्तन चक्र यज्ञ के द्वारा ही संपन्न हो रहा है। यज्ञ मूलतः प्रकृति की क्रीड़ा ही है। वह इसीलिए 'क्रतु' है। यह यज्ञ प्रकृति में सतत, अखंड रूप से हो रहा है। इस यज्ञ से ही समस्त पदार्थों की सृष्टि और रक्षा होती है। सौरमंडल में ही नहीं, समस्त ब्रह्मांड का निर्माण यज्ञभाव से ही हुआ है और उसका विस्तार भी यज्ञभाव से ही हो रहा है। ब्रह्म के इस विस्तार और उसकी अभिव्यक्ति का साधन यह यज्ञ ही है। ऋग्वेद के दशम् मंडल के पुरुषसूक्त में सृष्टि के यज्ञभाव का बड़ा ही काव्यात्मक निरूपण है। इस पुरुषसूक्त में परमात्मा, जीवात्मा और प्रकृति का वर्णन है और समस्त ब्रह्मांड इस 'विराट् पुरुष' से ही उत्पन्न व पोषित होता है।

यत्पुरुषेण हविषा देवा यज्ञमतन्वत।
वसन्तो अस्यासीदाज्यं ग्रीष्मः इध्म शरद्धविः॥

—ऋग्वेद, १०-९०-६

इस मंत्र का भावार्थ है कि जब विश्व की दिव्य शक्तियाँ परमेश्वरप्रदत्त 'हविषा' अर्थात् सामग्री से 'यज्ञ' अर्थात् सृष्टि की रचना करती हैं तब इस यज्ञ का 'आज्यम्' अर्थात् ऊर्जा वसंत ऋतु होती है और ग्रीष्म ऋतु इसकी 'समिधा' तथा शरत् ऋतु इसकी 'हवि' होती है।

इस पुरुषसूक्त का अंतिम मंत्र तो बहुत ही सुंदर है और यज्ञ की महिमा को द्विगुणित करता है—

यज्ञेन यज्ञमयजन्त देवास्तानि धर्माणि प्रथमान्यासन्।

—ऋग्वेद १-१६४-५०

दिव्य शक्तियाँ अपनी संकल्प की ऊर्जा से सृष्टि रूपी यज्ञ को सर्वकल्याण, अभ्युदय व निःश्रेयस की कामना से करती हैं।

इस संदर्भ में सुप्रसिद्ध विद्वान् आद्यादत्त ठाकुर ने अपने ग्रंथ 'वेदों में भारतीय संस्कृति' में यज्ञ विज्ञान पर जो चर्चा की है, उसमें उन्होंने पुरुषसूक्त का उल्लेख करते हुए लिखा है—

"यज्ञ के जो अनेक भेद हो सकते हैं उनमें सर्वप्रथम स्वयंभू यज्ञ आता है। इस स्वयंभू यज्ञ से संबद्ध जो तीन वेद हैं, उन्हींमें इस चर और अचर संपूर्ण

जगत् की सत्ता है। इस यज्ञ में सतत हवन की क्रिया चलती रहती है। यह अपने को ही अपने में आहुत करता रहता है। इसके परिणाम से नए-नए ऋग्यजुः साम की निरंतर उत्पत्ति होती रहती है। त्रिवेदी के उत्पन्न होने पर उससे संसर्ग रखनेवाला जब नया यज्ञ उत्पन्न होता है तब नवीन वस्तु का निर्माण होता है। ये जो सूर्य, पृथ्वी, चंद्रमा आदि ग्रह-उपग्रह हैं, ये यज्ञ के द्वारा नवीन उत्पन्न किए वेदों के द्वारा संपादित किए हुए यज्ञस्वरूप ही हैं। तथापि इनका संबंध उस स्वयंभू यज्ञ से अवश्य है। यद्यपि इन समस्त यज्ञों का क्रम भी उसी स्वयंभू यज्ञ के क्रम से सर्वथा संबद्ध है, तथापि भेद यह है कि इनका आश्रय पृथक् है और स्वयंभू यज्ञ का आश्रय पृथक्। स्वयंभू यज्ञ का आश्रय परमेष्ठी है। इस परमेष्ठी का अधिष्ठाता ईश्वर है। उसके तीनों वेद भी ईश्वर हैं तथा उन तीनों से संपाद्यमान यज्ञ भी ईश्वर है। उसी वेद से, उसी यज्ञ से अथवा उसी प्रजापति से यह समस्त चराचरात्मक जगत् उत्पन्न हुआ है। यह सब विषय पुरुषसूक्त में संकेतित है। वहाँ विराट् रूप क्षर पुरुष की उत्पत्ति बताकर उसीके अवयवों से यज्ञ कहा है और उसी पुरुष के अवयव भूत देवताओं को यज्ञ का कर्ता बताया गया है। दूसरे मंत्र में उसी सर्वहुद् यज्ञ से वेदों की उत्पत्ति कहकर आगे सब पदार्थों की उत्पत्ति बताई गई है। उसका विवरण ब्राह्मणों में भी मिलता है।

"हमारे दृष्टिपथ में जो कुछ आता है वह सब प्राण है। इस प्राण का प्रकाशक मन है और तेज स्वरूप में दिखाई देनेवाली वाक् इन प्राणों के आधार पर रहती है। इन प्राण, मन और वाक् का संकलन करने पर एक प्रजापति होता है। मन का प्राण में प्रविष्ट होना, उसका मन में आना और वही क्रिया वाक् के साथ होना—इस प्रकार परस्पर गमनागमन क्रिया ही यज्ञ है। ऐतरेय ब्राह्मण में मिलता है—'वाचश्चित्तस्य उत्तरोत्तर क्रमो यज्ञः'—अर्थात् मन का प्राण में आकर वाक् बनना तथा वाक् का फिर मन में परिवर्तित होना; इस क्रम को यज्ञ कहते हैं। मन और वाक् के इस प्रकार एक-दूसरे के रूप में परिवर्तन होने की क्रिया में प्राण ही कारण है। क्रियाशीलता प्राण में ही है। मन और वाक् स्वतः अक्रिय हैं। जहाँ कहीं मन या वाक् में क्रियाशीलता देखी जाती है वहाँ भी प्राण का सहयोग ही कारण है, क्योंकि ये तीनों सर्वदा एक साथ रहते हैं। तीनों एक साथ मिलकर ही प्रजापति का स्वरूप बनते हैं। प्राधान्य की दृष्टि से पृथक् कहे जाते हैं। इस प्राण के द्वारा ही क्रिया होती है, अतः इसे ही यज्ञ कहना चाहिए। 'मनश्च वाक् च वर्तनी' यह श्रुति में मिलता है। मन और वाक् वर्तनी है, उसके आधार हैं।

''इसी प्रकार सोम को अमृत कहा जाता है, क्योंकि वह कभी नष्ट नहीं होता। उसीके परस्पर आघात-प्रत्याघात से बल विशेष की उत्पत्ति होती है, जिसे 'सहः' कहा जाता है। इस 'सहः' नामक बल से अग्नि की उत्पत्ति होती है, जैसाकि ऋग्वेद में मिलता है। सोम में सहः के द्वारा अग्नि की उत्पत्ति क्रिया यज्ञ शब्द से कही जाती है। सोम अमृत है, सोम के अंश से अग्नि की उत्पत्ति होती है और सोम के योग से ही अग्नि के स्वरूप की रक्षता है। सोम का जो अंश अग्नि में आहुत होता है वह अग्नि रूप में परिणत होता है। अग्नि विकासधर्मा है। विकसित होते हुए जब वह चरम सीमा में पहुँचता है तब अपने उद्‌भव सोम में परिणत हो जाता है। सोम अग्नि बनता है और अग्नि फिर सोम हो जाता है। यह प्रक्रिया यज्ञ है। सोम की अवस्था मात्र का परिवर्तन होता है, इसलिए उसे अमृत कहा गया है। यही सोम संसार के समस्त पदार्थों का उपादान कारण है। जब सोम संपूर्ण आकाश में व्याप्त रहता है तब उसमें रूप, रस, गंध आदि कुछ भी नहीं रहते; परंतु उसी सोम के संयोग से रूप, रस, गंध आदि से युक्त पदार्थों का निर्माण यज्ञ प्रक्रिया से होता रहता है।

''सर्वादि प्रजापति का विस्तृत होना यज्ञ बताया गया हैं और संपूर्ण प्रजा की उत्पत्ति उस यज्ञ से निर्दिष्ट की गई है। उसी प्रकार प्रजाओं का निरंतर प्रजनन जो अबाध गति से चल रहा है वह यज्ञ के द्वारा ही चल रहा है। यज्ञ से जिस प्रकार वस्तु के स्वरूप की रक्षा होती है, उसी प्रकार वस्तु का समुत्पादन भी यज्ञ के ही द्वारा होता है। यज्ञ प्रक्रिया से ही वस्तु का उद्‌भव होता है, उस यज्ञ के निरंतर चलते रहने पर वस्तु अपने स्वरूप में स्थित रहती है। यज्ञ के उच्छिन्न हो जाने पर वस्तु का नाश हो जाता है। प्रत्येक वस्तु का कुछ अंश प्रतिक्षण क्षीण होता रहता है। यह विशकलन अग्नि का धर्म है। बाहर से सोम आकर अग्नि रूप में परिणत होकर उस क्षीणता की पूर्ति करता है। बाल्यकाल में क्षीणता कम और सोम की आय अधिक होने से शरीर आदि का उपचय होता है। युवावस्था में आय-व्यय समान होने से स्थिरता प्रतीत होती है। पश्चात् व्यय अधिक और आय कम होने पर वार्द्धक्य में क्रमशः क्षीणता बढ़ती जाती है और अंत में यज्ञ उच्छिन्न होने से शरीर का नाश हो जाता है। इस प्रकार वस्तु का उत्पादन और रक्षण यज्ञ प्रक्रिया पर ही निर्भर है।''

इस यज्ञ क्रिया से ही समस्त प्राणियों का जन्म व पोषण होता है, यज्ञ में ही सृष्टि का लय हो जाता है। माता के गर्भ स्थित अग्नि में जब पिता पुरुष द्वारा शुक्र रूपी सोम की आहुति डाली जाती है, तब गर्भाधान होता है और इस यज्ञ प्रक्रिया से नवीन प्राणी की उत्पत्ति होती है, यही है सृष्टि की संरचना। यज्ञ

प्रक्रिया से मानव का ही नहीं, समस्त प्राणियों का, जीवों का, पदार्थों का शरीर परिपुष्ट होता है; क्योंकि उदर स्थित वैश्वानर अग्नि पर 'भोजन' रूपी या 'कारण' रूपी सोम की आहुति दी जाती है। यदि यह आहुति न दी जाए तो शरीर परिपुष्ट होगा ही नहीं—यह मान्यता है याज्ञिक ऋषि की। यह यज्ञ सृष्टि के प्रारंभ में था; उसे प्रजापति ने प्रजाओं के निमित्त, उनके साथ ही उत्पन्न किया था। काव्यमय भाषा में इसका संकेत भगवद्गीता में भी मिलता है—

सहयज्ञाः प्रजाः सृष्ट्वा पुरोवाच प्रजापतिः।
अनेन प्रसविष्यध्वमेष वोऽस्त्विष्टकामधुक्॥

—श्रीमद्‌भगवद्गीता, ३-१०

सृष्टि के प्रारंभ में समस्त प्राणियों के स्वामी परमात्मा ने यज्ञ सहित समस्त प्राणियों को रचा और कहा कि तुम इस यज्ञ से समृद्धि को प्राप्त हो; यह तुम्हारी समस्त कामनाओं का प्रदाता है।

समस्त प्राणियों के साथ ही 'यज्ञ' की संरचना—और वह भी इसलिए कि सभी को अभीष्ट पदार्थ व समृद्धि प्राप्त हो—अपने आपमें अत्यंत गूढ़ भाव से ओतप्रोत है। इसका सीधा अर्थ है कि समृद्धि तभी आएगी, अभीष्ट तभी सिद्ध होगा जब 'यज्ञकर्म' किया जाएगा। जिन कारणों से समृद्धि में बाधा पड़ती है और अभीष्ट सिद्ध नहीं होते, वे कारण व कर्म 'यज्ञ' की श्रेणी में नहीं आते। इस एक सत्य से तो सभी सहमत होंगे कि जब तक समाज व जीवन में अशांति, कलह, हिंसा, उपद्रव, अन्याय है तबतक समृद्धि नहीं आ सकती। समृद्धि चाहिए तो अशांति, संघर्ष, कलह, हिंसा, अन्याय व उपद्रव दूर करने के उपाय करने होंगे—और ये उपाय यज्ञकर्म हैं। यही है गीता के इस श्लोक का भाव। मानव की उत्पत्ति के साथ ही उसमें यह चेतना जाग्रत कर दी गई कि अन्याय मत करो, अशांति व अकारण के संघर्ष से बचो, कलह व हिंसा से दूर रहो। मानव चेतना के इन भावों को गीता ने यज्ञ भाव कहकर संबोधित किया है।

यह एक बात तो निश्चित है कि शोषण व अन्याय के रहते, कलह व अशांति के रहते, अकारण के विग्रहों के रहते हुए तथा कर्तव्य कर्म की उपेक्षा से न तो मानव का विकास हो सकता है, न समाज का और न राष्ट्र का। और तो और, सृष्टि चक्र प्रवर्तन के लिए भी सृष्टि के अंगों को अपना-अपना कर्तव्य करना ही होगा। चूँकि प्रकृति के सभी अवयव अपना-अपना दायित्व भलीभाँति निभा रहे हैं, प्रकृति का हर अंग अपने कर्तव्यबोध के प्रति सक्रिय है, अपने-अपने धर्म का वह पालन कर रहा है, अतः सृष्टि में अर्थात् प्रकृति में संतुलन है, विकास है, संवर्धन है। यह कर्तव्य कर्म ही धर्म है और इसे ही गीता में यज्ञ

कहकर संबोधित किया गया है। पृथ्वी का परम अंत और इस जगत् का केंद्र कहाँ है, इस प्रश्न के संदर्भ में यजुर्वेद में एक ऋषि बड़ा सुंदर उत्तर देते हुए कहता है कि—

इयं वेदिः परोऽअन्तः पृथिव्याऽअयं यज्ञो भुवनस्य नाभिः।

—यजुर्वेद, २३-६२

यह (यज्ञ) वेदिका पृथ्वी का परम अंत है और यज्ञ ही समस्त संसार का केंद्रबिंदु (नाभि) अर्थात् परम आश्रय है।

'यज्ञ' समस्त संसार का केंद्रबिंदु है, इस भाव का भी अर्थ अत्यंत गूढ़ है। 'यज्ञ' का यहाँ अर्थ है परस्पर एक-दूसरे की रक्षा व समृद्धि के लिए किए जानेवाले कर्म। संसार का हर अंश एक-दूसरे का कहीं-न-कहीं, किसी-न-किसी अर्थ में सहायक होता है। संसार का प्रत्येक अंश अंततः एक-दूसरे पर निर्भर है; एक-दूसरे के हित के लिए किए जानेवाले समस्त कार्य 'यज्ञ' हैं। परमार्थ भावना ही 'यज्ञ' को संसार का केंद्र बना देती है। श्रुति वाक्य है—'यज्ञो वै विष्णु', अर्थात् जो संसार का पोषण करता है वही यज्ञ है। श्रुति में परमात्मा को 'यज्ञपुरुष' भी कहा गया है। यज्ञ के संदर्भ में गीता ने बड़े ही क्रांतिकारी विचार समाज को दिए हैं। पर दुर्भाग्य से भारतीय समाज अभी भी 'यज्ञ' को कर्मकांड से ही जोड़ रहा है और वह भी ऐसे कर्मकांड से, जहाँ 'निहित स्वार्थ' हैं, संकीर्णता है और अहंकार की तृप्ति का भाव है। और भी बड़ा दुर्भाग्य यह है कि इस विकृत कर्मकांड को वर्तमान में अधिकांश साधुओं, संन्यासियों, योगियों व मठाधीशों का समर्थन मिल रहा है। यह तो पाखंड है—शुद्ध पाखंड और अंधविश्वास। यज्ञार्थ कर्म का बड़ा सुंदर विवेचन संतपुरुष शिवानंद ने अपने ग्रंथ 'गीतारसामृत' में किया है। उनके अनुसार—

"यज्ञार्थ कर्म का अर्थ है, यज्ञ के लिए किया हुआ कर्म, अर्थात् स्वार्थ छोड़कर, पर परमात्मा की प्रसन्नता के लिए किया हुआ कर्म, जनता रूपी जनार्दन की सेवा के लिए पवित्र भावना से किया हुआ उत्तम कर्म। वास्तव में यज्ञ की भावना का अर्थ है आत्मसमर्पण, परमार्थ, त्याग एवं बलिदान की भावना तथा 'यज्ञ' का अर्थ है, उदात्त भावना से परमार्थ हेतु किया हुआ कर्म। परमार्थ भावना ही कर्म को यज्ञ बना देती है। मनुष्य जब परमात्मा को अपना जीवन, अपना तन, मन, धन, अपना सर्वस्व समर्पित कर देता है तब वह प्राणिमात्र में उसी परमपिता परमात्मा का दर्शन करता है, उसका प्रत्येक कर्म परमात्मा की प्रसन्नता तथा प्राणिमात्र की सेवा के लिए ही होता है। समस्त सृष्टि के साथ समरस व्यक्ति अपने संकीर्ण 'मैं' और 'मेरा' (अहं तथा मम) का विस्तार करके

प्राणिमात्र के साथ तादात्म्य स्थापित कर लेता है। कौन मित्र, कौन शत्रु? सभी में मैं हूँ और सभी मुझमें हैं। सर्वत्र परमात्मा व्याप्त है, सबके भीतर वही अंतर्यामी परमात्मा है, सर्वत्र वही तो है। द्वैत (पृथक् दो होने का भेद) कहीं नहीं है, सर्वत्र अद्वैत (दो में एक ही) है। यह परमोच्च भावना है। ऐसी अवस्था में मनुष्य जनकल्याण को आत्मकल्याण का साधन मानता है, परोपकार को अपना ही उपकार मानता है तथा परमार्थ को स्वार्थ मानता है।

''यज्ञ की भावना से भावित होकर अथवा प्रभु भावना-भावित होकर किया हुआ कर्म पवित्र होता है तथा कदापि बंधनकारक नहीं होता; क्योंकि यज्ञार्थ कर्म निष्काम होकर अनासक्त भाव से ही किया जाता है। यज्ञ-भावना के अतिरिक्त अन्य भावना से किया हुआ कर्म बंधनकारक होता है। यद्यपि पुण्यकर्म पापकर्म की अपेक्षा उत्तम होता है, दोनों बंधनकारक होते हैं। कर्मयोगी दोनों से ऊपर उठकर निर्बंध हो जाता है। उसके समस्त कर्म सहज पवित्र होते हैं। भगवान् के साथ तन्मयता होने के कारण उसका प्रत्येक कर्म प्रभु की पूजा हो जाता है। वह प्रभु का यंत्र (उपकरण) अथवा दास होता है।''

यज्ञ की भावना से भावित कर्मयोगी का जीवन एक यज्ञ हो जाता है तथा उसका प्रत्येक कर्म यज्ञ में आहुति होता है। वह यज्ञ-भावना से ही स्वधर्म-पालन करता है। श्रीकृष्ण अर्जुन को आदेश करते हैं, ''हे अर्जुन, संकीर्ण ममता और मोह छोड़कर, स्वार्थ छोड़कर, अनासक्ति में स्थिर होकर, जनकल्याण के द्वारा आत्मकल्याण के लिए भली प्रकार कर्म कर, कर्म में पूर्ण रुचि एवं रस लेकर कर्म कर।''

यहाँ एक बात बहुत स्पष्ट रूप से समझ ली जानी चाहिए कि लोक-कल्याण की भावना से ओतप्रोत तथा राग-द्वेषरहित, आसक्तिरहित, अहंकाररहित कर्तव्य कर्म ही 'सत्कर्म यज्ञ' है। यही है 'स्वधर्म', यही है 'यज्ञार्थ कर्म' और यही है सच्चा अग्निहोत्र। पर इस अग्निहोत्र के लिए आज के भारत में बहुत कम व्यक्ति तैयार दिखाई देते हैं। लाखों रुपए का घी, चंदन, केसर हवि रूप में अग्नि को समर्पित करने में आज का भारतीय अपना अहोभाग्य मानता है और सोचता है कि ऐसा करने से उसे यश, कीर्ति व समृद्धि मिलेगी तथा मोक्ष प्राप्त होगा; पर वह वास्तव में जो दीन-दुखी हैं उनकी सेवा निस्स्वार्थ भाव से, परमार्थ भाव से, यज्ञार्थ भाव से नहीं करना चाहता। यह तो अज्ञान है, अंधेर है और स्वार्थ की पराकाष्ठा भी। अग्निहोत्र का महत्त्व है या नहीं है, प्रश्न यहाँ यह नहीं है, प्रश्न यह है कि आज का 'युगधर्म' क्या है? मानव के विकास व ऊर्ध्वारोहण हेतु आज की क्या आवश्यकताएँ हैं? आज का मानव परस्पर एक-दूसरे का सहयोगी उदार

भाव से बनने के लिए तैयार क्यों नहीं है? हमारे मनोभाव वास्तव में सुंदर व सर्वकल्याणकारी क्यों नहीं हो पा रहे हैं? यह है वह समस्या, जिसका समाधान वर्तमान में भारतीय संस्कृति के कर्णधारों को खोजना होगा। ऐसा नहीं है कि 'यज्ञ-भावना' का वैयक्तिक सुख से या वैयक्तिक कल्याण से अथवा वैयक्तिक अभीष्ट से कोई वैर या विरोध है। यज्ञ कर्म तो वैयक्तिक व सामूहिक हित के लिए ही किए जाते रहे हैं और आगे भी किए जाएँगे; पर जब वैयक्तिक हित और सामूहिक हित में टकराव हो तो वैयक्तिक हितों का बलिदान ही करना होगा। तभी होगी यज्ञ-भावना की रक्षा। केवल स्वार्थपूर्ति, अहंकारपूर्ति अथवा भोगपूर्ति के लिए किए जानेवाले कर्म 'यज्ञकर्म' नहीं बन सकते। प्रकृति ने कर्म और धर्म द्वारा परस्पर सहयोग की व्यवस्था की है। प्रकृति की इस व्यवस्था में ईर्ष्या या द्वेष नहीं है, उसमें प्रतिद्वंद्विता नहीं है; उसमें तो केवल सर्व उत्कर्ष, सर्वकल्याण और सहयोग की सुगंध है। यही स्थिति मानव जीवन में भी होनी चाहिए। मानव के व्यक्तिगत व सामाजिक आचरणों से यदि यही दिव्य सुगंध प्रवाहित हो तो ऐसा मानव सच्चा 'याज्ञिक', सच्चा 'होता', सच्चा धार्मिक कहलाएगा।

गीता में 'यज्ञ' की जो क्रांतिकारी व्याख्या की गई है उसका पोषण आज अनेक महात्माओं व संतों द्वारा किया जा रहा है और यह एक शुभ लक्षण है। गीता के तीसरे व चौथे अध्याय में यज्ञ के संदर्भ में जो भी क्रांतिकारी श्लोक हैं, उनकी सही व्याख्या जिन संतों व महर्षियों ने की है उनमें महर्षि अरविंद, ब्रह्मलीन स्वामी चिन्मयानंद व ब्रह्मलीन स्वामी आत्मानंद प्रमुख हैं। इनके विचार व भाष्य अनुकरणीय है। इन्हीं विचारों का प्रतिपादन स्वामी राम व संत शिवानंद द्वारा भी किया गया है। सुप्रसिद्ध चिंतक व दार्शनिक रजनीश द्वारा भी यज्ञकर्म की बड़ी सुंदर व व्यावहारिक व्याख्या गीता के विभिन्न प्रवचनों में की गई है; पर हमारे धर्मगुरुओं और विशेष रूप से शंकराचार्यों ने अभी भी यज्ञ को कर्मकांडी संकीर्णता से बाँधकर रखा हुआ है। यह तो 'युगधर्म' के विरुद्ध है। ब्रह्मलीन स्वामी आत्मानंद ने अपने ग्रंथ 'गीतातत्त्व चिंतन' में यज्ञ को ही संसार-चक्र की धुरी बताते हुए यजुर्वेद के तेईसवें मंडल के मंत्रभावों का ही समर्थन और प्रतिपादन किया है। स्वामी आत्मानंद ने अपने ग्रंथ में लिखा है—

"यह यज्ञ क्या है? सामान्य रूप से यज्ञ कहने से अग्निहोत्र आदि होम-हवनरूप कर्मों का स्मरण हो आता है; पर यहाँ पर यज्ञ का वैसा अर्थ लेना उचित नहीं होगा। कारण यह कि अर्जुन तो युद्धभूमि पर खड़ा है और वहाँ पर भगवान् कृष्ण का वैसा कहना नहीं बन सकता कि अर्जुन, तुझे अग्निहोत्रादि यज्ञ करने चाहिए।

"यज्ञ का एक दूसरा अर्थ 'विष्णु' किया जाता है। 'तैत्तिरीय संहिता' में (१/७/४) कहा है—'यज्ञो वै विष्णुः'। इस आधार पर यज्ञार्थ का अर्थ हुआ विष्णु अर्थ—विष्णु प्रीत्यर्थ, ईश्वर प्रीत्यर्थ। अर्थात्, हमारा कर्म ईश्वर प्रीत्यर्थ हो, हम ईश्वर समर्पित बुद्धि से कर्म करें। परंतु जब हम इसके बाद आनेवाले श्लोकों पर विचार करते हैं, तो यज्ञ का अर्थ उस संदर्भ में समीचीन नहीं मालूम पड़ता। उन सब श्लोकों का एक साथ विचार करने पर 'यज्ञ' शब्द का जो व्यापक अर्थ है, उसीका यहाँ पर प्रयोग करना होगा। 'यज्ञ' शब्द 'यज्' धातु से व्युत्पन्न हुआ है, जिसका अर्थ होता है देवपूजा या एक साथ इकट्ठा करना या दान। जिस कर्म में ये तीनों बातें होती हों, उसे यज्ञ कहा जा सकता है।

"यज्ञ में त्याग और ग्रहण की क्रिया सतत चला करती है। हम समाज से जब लेते हैं तब हमें समाज को देना भी चाहिए। जीवन का संतुलन आदान-प्रदान के नियम के सुरक्षित रहने में है। मेघ सागर से जल लेते हैं तो पृथ्वी को देते भी हैं, जो अंततोगत्वा नदियों के माध्यम से सागर को ही पहुँच जाता है। सागर नदियों से जल लेता है तो मेघ के रूप में देता भी है। वनस्पतियाँ पृथ्वी से जल और वायु आदि लेती हैं तो फल-फूल-पत्तों के रूप में देती भी हैं। यदि सूक्ष्म विचार करके देखा जाए तो इस विश्व में मनुष्य को छोड़कर समस्त प्राणी प्रकृति से यदि लेते हैं तो देते भी हैं। एक बीज धरती से जल और वायु खींचकर धीरे-धीरे विशाल वृक्ष बनता है और बदले में धरती को असंख्य बीज और फल-फूल आदि प्रदान करता है। एक मनुष्येतर प्राणी अपने जीवन के लिए पृथ्वी से जो कुछ भी ग्रहण करता है, उसके बदले स्वाभाविक रूप से वह पृथ्वी को कुछ देता भी है—मरने पर अपना शरीर छोड़ जाता है, जो अन्य प्राणियों के भोजन के काम आता है, हड्डियाँ छोड़ जाता है, जो खाद आदि के काम आती हैं। केवल मनुष्य ही ऐसा कृतघ्न है जो प्रकृति से लेता तो सबकुछ है, पर देते समय बड़ी कृपणता बरतता है। हम प्रकृति से दबा-दबाकर लेते ही रहते हैं और आजकल विज्ञान के साधनों के बल पर प्रकृति का और भी शोषण कर रहे हैं। इसीलिए प्रकृति में इतना असंतुलन पैदा हो गया है। वर्षा समय पर नहीं होती, होती है तो कम होती है या फिर एकदम इतनी होती है कि बाढ़ आ जाती है। असमय ही कभी वर्षा हो जाती है। ये सब प्रकृति में असंतुलन के लक्षण हैं। पूर्वकाल में जब यज्ञादि की परंपरा बहुत प्रचलित थी, तब भी प्रकृति में यह असंतुलन तो था, पर उसकी मात्रा अपेक्षाकृत कम थी; किंतु पुराकाल में जब यज्ञादि का स्वर्णकाल था, अर्थात् जब यज्ञ सही भावना से किए जाते थे और उनके द्वारा शोषण नहीं होता था तब प्रकृति में जो संतुलन था वह आदर्श था।

भगवान् कृष्ण का संकेत उसी आदर्श संतुलन की ओर है, जब वे अर्जुन को यज्ञार्थ कर्म करने का निर्देश देते हैं।

''कर्म जब यज्ञ बन जाता है तब उसका बंधन नहीं लग पाता; पर यहाँ पर एक दूसरा कारण यह बताते हैं कि यह संसार-चक्र ही एक विराट् यज्ञ है; जिसमें सूर्य, चंद्रमा, तारे, वायु, अग्नि, वरुण, पृथ्वी, ओषधियाँ, वनस्पतियाँ, पशु-पक्षी सभी अपनी आहुतियाँ दे रहे हैं, अतः मनुष्य का भी यह कर्तव्य हो जाता है कि वह इस विराट् यज्ञ में अपनी भी आहुति दे। यज्ञ का तात्पर्य होता है समर्पण। अग्नि में आहुति डालना समर्पण का ही प्रतीक है।''

सत्य तो यह है कि यज्ञ मानव धर्म है। मानव धर्म इसलिए क्योंकि मानव का कर्तव्य केवल अपने परिवार के प्रति ही नहीं है या स्वयं के प्रति ही नहीं है, उसे इस बात का पूरा-पूरा ध्यान देना ही होगा कि उसके व्यक्तिगत अस्तित्व की रक्षा तभी संभव है जब समस्त संसार उसकी रक्षा करने के लिए तैयार हो जाए, जब पूरा-का-पूरा अस्तित्व सहयोगी बने, तभी व्यक्ति की रक्षा हो सकती है और उसका विकास तथा उत्कर्ष हो सकता है। इसके लिए उसपर पाँच प्रकार के ऋण हैं। सबसे पहला ऋण है पितृऋण, फिर देवऋण और इसके बाद गुरुऋण अर्थात् सारे पशु-पक्षियों का ऋण। अंत में मानव समाज का ऋण आता है, जिसे नृऋण कहते हैं। इन पाँच प्रकार के ऋणों से उऋण होने के लिए पंचमहायज्ञ करने का विधान रहा है। पहले तो भारतवर्ष में लगभग हर परिवार पंचमहायज्ञ किया करता था; लेकिन यह प्रथा धीरे-धीरे लुप्त हो गई। अब तो जहाँ कहीं भी यज्ञ होते हैं, वहाँ मात्र अग्नि में आहुतियाँ ही डाली जाती हैं और समझ लिया जाता है कि यही यज्ञ का मुख्य उद्देश्य है।

आदि शंकराचार्य ने पंचमहायज्ञ पर बल दिया था। उनके बाद महर्षि दयानंद ने पंचमहायज्ञ पर बल दिया, उसके बाद यज्ञ हर भारतीय का अंग बन गया। महर्षि दयानंद ने यज्ञ अर्थात् हवनकार्य को तो जातिप्रथा से मुक्त कर दिया, लेकिन उनकी यह इच्छा अधिक दिनों तक फलीभूत न रह सकी। आज आर्यसमाज में यज्ञ तो होते हैं, पर यज्ञ भाव बहुत ही कम परिवारों में दिखाई देता है। इसका मूल कारण है—स्वार्थ, अहंकार और आसक्ति का बढ़ते चले जाना। अंग्रेजियत के प्रभाव में आकर पंचमहायज्ञ का प्रभाव कम हुआ। औसत भारतीय को यह मालूम ही नहीं है कि जो सांस्कृतिक अनुष्ठान हैं, उनका वास्तविक उद्देश्य क्या है? काश, वर्तमान भारतीय यह समझ सकते कि संसार चलने के लिए यज्ञ अनुष्ठान कितने आवश्यक हैं! सत्य तो यह है कि मानव चाहे न चाहे, यह यज्ञ भाव ही संसार-चक्र की धुरी है। यज्ञ भाव का अर्थ है

सर्वकल्याणकारी भाव, एक-दूसरे के पोषण का भाव, परस्पर एक-दूसरे के हितों की रक्षा का भाव। प्रकृति का यज्ञ तो सर्वत्र चल रहा है। प्रकृति के इस यज्ञ के कारण ही प्राणों को धारण कर पाना संभव हो पाता है।

यज्ञ में भावना की प्रधानता होती है और यह भावना कर्म के बिना प्रभावी नहीं हो पाती। यज्ञ का भावना भाग और क्रिया-भाग समस्त शक्तियों का प्रदाता है। तथा और भी कटु सत्य यह है कि मनुष्य चाहे न चाहे, उसे अंततः यज्ञचक्र को अनिवार्य अंग बनाना ही पड़ेगा।

आचार्य शंकर ने मनुस्मृति के आधार पर जिन पंचमहायज्ञों को करने का परामर्श दिया उनमें सर्वाधिक महत्त्व आज 'देवयज्ञ' अर्थात् अग्निहोत्र को दिया जाता है; जबकि दिया जाना चाहिए 'ब्रह्मयज्ञ' को। मान्यता यह है कि देवगण अभीष्ट पदार्थ प्रदान करते हैं तथा कामनाओं की पूर्ति में सहायक होते हैं। देवताओं के बारे में सर्वाधिक अतिशयोक्तिपूर्ण, भ्रमपूर्ण अज्ञान कर्मकांडियों द्वारा फैलाया गया; क्योंकि ऐसा करने में उनका आर्थिक, सामाजिक स्वार्थ रहा। 'अग्निहोत्र कर्म' को यज्ञ कहना वर्तमान युगधर्म में बहुत उचित प्रतीत नहीं होता। यदि हवन व अग्निहोत्र को कर्मकांडीय रूप में हम देखेंगे व करेंगे तो उससे अंधविश्वास ही बढ़ेगा। यज्ञ तो अंधविश्वास के विरुद्ध है, उसके बिलकुल विपरीत है। महर्षि दयानंद ने अपने सुप्रसिद्ध ग्रंथ 'ऋग्वेदादिभाष्यभूमिका' व 'संस्कार-विधि' में 'पंचमहायज्ञ' विषय पर विस्तार से चर्चा की है और अग्निहोत्र के संदर्भ में अनेक विधि-विधान बताए हैं। महर्षि दयानंद ने यहाँ तक बताया है कि यज्ञमंडप व 'यज्ञकुंड' कैसे बनाया जाए। यज्ञ के लिए समिधाएँ किस प्रकार की हों, होम में क्या-क्या डाला जाए। अगर ये सारी बातें मानी जाएँ तो यह 'यज्ञ' सामान्य गृहस्थ की आर्थिक सामर्थ्य के बाहर होगा। होम में यदि कस्तूरी, केसर, अगर, तगर, श्वेत चंदन, इलायची, घृत, दूध, शहद सरीखी मूल्यवान् सामग्री डाली जाएगी तो क्या आज के युग में यह उचित होगा? यदि यह मान भी लिया जाए कि यह उचित है तो भी यह देखना होगा कि इस सामग्री की आहुतियाँ देने से कौन-सा 'ब्रह्मज्ञान' प्राप्त होगा? अग्नि में कस्तूरी, केसर, चंदन को भस्म कर देने से अंतस का कलुष कैसे मिट जाएगा और श्रेय मार्ग पर चलने की प्रेरणा यजमान को कैसे मिलेगी? इस कर्मकांड में महर्षि ने यज्ञपात्र की चर्चा करते हुए लिखा है कि विशेषकर चाँदी, स्वर्ण अथवा काष्ठ के पात्र होने चाहिए। अगर यह सब हो भी जाए तो जिस स्तर के ऋत्विज् चाहिए वे आज कहाँ उपलब्ध हैं? ऋत्विज् सामान्य व्यक्ति नहीं है, उसे विद्वान् तथा धार्मिक, जितेंद्रिय, कर्मठ, निर्भीक, परोपकारी, कुलीन व सुशील होना चाहिए। इसके अतिरिक्त और भी

अनेक गुण उसमें हों। किसी व्यक्ति में इतने सारे गुण वास्तव में हैं, इसका पता कैसे चलेगा? क्या उपाय है ऋत्विज् के गुणों का पता लगाने का? और फिर ऋत्विज् के यजन से यजमान को लाभ पहुँचेगा, इसकी क्या गारंटी? भोजन एक व्यक्ति करे और इस भोजन से स्वास्थ्य-लाभ दूसरे व्यक्ति का हो, यह तो नितांत असंभव-सी बात है। स्वास्थ्यवर्धक भोजन से तो भोजन करनेवाले व्यक्ति का ही स्वास्थ्य ठीक होगा, किसी दूसरे का नहीं। अंतस के कलुष निवारण में, ब्रह्मज्ञान की साधना में किसी दूसरे व्यक्ति के यजन, मंत्रोच्चारण व हवन से काम नहीं चलेगा; और फिर अब तो मंत्रों का शुद्ध उच्चारण करनेवाले भी दुर्लभ हैं। मंत्रों का सही भाव समझने व समझानेवाले तो अति दुर्लभ हैं। आजकल जैसे अग्निहोत्र व हवन हो रहे हैं उससे तो पाखंड, अंधविश्वास और अज्ञान ही बढ़ रहा है। कुल मिलाकर ऐसे कर्म को 'क्रतु' नहीं कहा जा सकता और न उसे 'धर्म' की ही संज्ञा दी जा सकती है। ऐसी स्थिति में 'पंचमहायज्ञों' का एक नया सुविचारित भाष्य करना ही युक्ति-संगत होगा। 'ब्रह्मयज्ञ' के निमित्त यदि उपनिषद् ज्ञान का पठन-पाठन व मनन हो तो यह उचित है। 'देवयज्ञ' के निमित्त यज्ञकुंड में अग्नि प्रज्वलित करके उसमें घृतादि की आहुतियाँ डालंने के स्थान पर यदि मनुष्य अपने श्रेय प्रधान कर्मों व मनन से बुद्धि की सेवा करे और अनासक्त, स्वार्थहीन व न्यायपूर्ण बुद्धि से श्रेष्ठ कर्म करे तो यह अधिक उचित होगा। 'शतपथ ब्राह्मण' में लिखा है, 'विद्वांं सो देवा:', अर्थात् जो विद्वान् हैं, उन्हींको देव कहते हैं। स्वामी आत्मानंद ने अपने ग्रंथ 'गीतातत्त्व चिंतन' में 'देव' शब्द की व्याख्या करते हुए लिखा है, " 'देव' का एक अर्थ ज्ञानेंद्रियों की सूक्ष्म शक्ति भी होता है तथा प्रकृति की सूक्ष्म शक्तियों को भी 'देव' कहा जाता है।" महर्षि अरविंद के अनुसार, 'देवता' वह है जो दिव्यसत्ता के किसी सारभूत तत्त्व का प्रतिनिधित्व करता है तथा जिसमें अंतस को प्रकाशित कर सकने की सामर्थ्य हो। अरविंद कहते हैं कि पवित्र संकल्प भी 'देव' ही है। 'देव' सत्य का स्वामी है। स्वयं की वास्तविकता का सचेतनबोध करनेवाली शक्ति ही 'देव' है। वेदों में उच्चतर चेतना को भी 'देव' कहकर संबोधित किया गया है। दैवीय प्रकृति का लक्षण है आत्मबल, तेजस्विता, दृढ़ संकल्प, आत्मसंयम, त्याग, पवित्रता, सरलता, निर्भयता, अहिंसा, करुणा, निरासक्ति, वीतरागता, स्थिरता व अन्य सात्त्विक गुणों का चरम उत्कर्ष। गीता के मर्मज्ञ ब्रह्मलीन स्वामी चिन्मयानंदजी प्रकृति की व्यक्त और अव्यक्त शक्तियों को देवता कहकर संबोधित करते थे। अत: सात्त्विक गुणों के विकास तथा प्रकृति की जो शक्तियाँ हैं, उनके साथ समन्वय व संतुलन रखनेवाले कर्मों को 'देवयज्ञ' कहा जा सकता है।

भारतीय मनीषा ने अग्निहोत्र के निमित्त 'अग्नि' को एक प्रतीक के रूप में चुना। लौकिक जीवन में हम जो अग्नि देखते हैं वह एक बहुत ही गूढ़ प्रतीक है।

'अग्नि' हमारे ऋषियों की यज्ञस्थली व आश्रमों में निरंतर जला करती थी और उसकी ज्वालाएँ निरंतर आकाश की ओर उठा करती थीं; ताकि जो व्यक्ति या साधक उसके समक्ष जाए तो उसे स्वयं की अंतश्चेतना के ऊर्ध्वारोहण का सतत स्मरण बना रहे। अग्नि प्रतीक है ऊर्ध्वारोहित चेतना का। वह प्रतीक है अंतस के प्रकाश का। अग्नि में जो भी डालो उसे वह शुद्ध करने में सक्षम है, अतः वह प्रतीक है परिष्करण का, शुद्धिकरण का, शोधन एवं अनावरण का। कष्ट सहकर भी प्रयत्नपूर्वक व संकल्पपूर्वक उत्पीड़न व आसुरी शक्तियों पर विजय पाना है, उन्हें संकल्प की अग्नि में ध्वस्त कर देना है। अग्नि हमें स्वयं के तेज व ताप से निखारती है, अतः अग्नि के ताप को घृत डालकर बढ़ाना स्वयं की तेजस्विता को बढ़ाने का प्रतीक है। 'घृत' को केवल संकल्प और बुद्धिबल से ही प्राप्त किया जा सकता है। जिनके पास संकल्प और बुद्धिबल नहीं है वे दुग्ध से घृत नहीं निकाल सकते। 'घृत' प्रतीक है हमारे संकल्पवान्, स्निग्ध व श्रेष्ठ कर्मों के प्रतिफल का। और जब व्यक्ति अपने श्रेष्ठ कर्म से जीवन की त्वरा को, आत्मज्योति को बढ़ाता है तो वह मनुष्यों में श्रेष्ठ बन जाता है। जीवन की जो ज्योति है उसके दो उद्‌देश्य हैं—एक तो है तमस का प्रतिकार करना, अंतस को प्रकाशित करना और बुराइयों को दग्ध करना; तथा दूसरा उद्‌देश्य है स्व अर्जित स्निग्धता व सत्कर्मों से उसे और तेज प्रज्वलित करना। अग्नि में जितना घी डालेंगे उतनी ही ऊँची ज्वाला उठेगी, अग्नि का तेज बढ़ेगा। 'घी' के अतिरिक्त अन्य कोई भी पदार्थ अग्नि में डालेंगे तो उस पदार्थ को भस्म करने अथवा उसे शुद्ध करने में अग्नि की ऊर्जा क्षय होती है; पर यदि हम 'घृत' की हवि दें तो अग्नि की ऊर्जा का क्षय नहीं होता, बल्कि 'घृत' तो अग्नि की ऊर्जा व उसके तेज को बढ़ाता है। अतः अंतस ज्योति को यदि बढ़ाना है तो हमें अपने शुभ कर्म, जिसका प्रतीक है घृत, अंतस ज्वाला को अर्पित करने चाहिए। इसी प्रकार हवन में गेहूँ डालते हैं। यह प्रतीक है इस बात का कि अहंकार जब बीज रूप में हो तभी उसे भस्म कर देना चाहिए। अहंकार के बीज में अंकुर न निकलने पाएँ। अतः समझने की बात यह है कि हवन करना एक प्रतीक है। ये प्रतीक इसलिए चुने गए, क्योंकि हम अपनी चेतना को सतत ऊर्ध्वारोहित कर सकें, ये प्रतीक संप्रदाय बनाने के लिए नहीं चुने गए, वरन् व्यक्ति को संकल्पवान् और चरित्रवान् बनाने के लिए चुने गए। इन प्रतीकों में गहरा राज छिपा है; पर आज इन गूढ़ तत्त्वों को जानकर हम कुछ भी नहीं करते। हम तो बस प्रतीक

की लकीर पीटते हैं, दुराग्रही हो गए हैं और नए प्रतीक चुनने तथा जीवन में उत्कर्ष लाने की सामर्थ्य खोते जा रहे हैं। जो प्रतीक आज अनावश्यक व अप्रासंगिक हो गए हैं, जो प्रतीक 'युगधर्म' के अनुकूल नहीं हैं उनका परित्याग करना, उनका पुन: शोधन करना हमें सीखना ही होगा; तभी बचेगी भारतीय संस्कृति और तभी बढ़ेगा उसका सम्मान। प्रतीकों से चिपके रहना तो अंधविश्वास है। और जहाँ अंधविश्वास है वहाँ ज्ञान का उदय नहीं हो सकता, वहाँ व्यक्तित्व का वास्तविक विकास नहीं हो सकता। मात्र प्रतीकों से अंधतापूर्वक जुड़े रहने से न तो अभ्युदय संभव है और न नि:श्रेयस।

पंचमहायज्ञों में एक यज्ञ 'पितृयज्ञ' है। पितृयज्ञ का बड़ा ही सुंदर भाष्य महर्षि दयानंद ने 'ऋग्वेदादिभाष्यभूमिका' व 'सत्यार्थप्रकाश' में किया है। उन्होंने लिखा है कि माता, पिता, परम योगियों व वृद्ध ज्ञानी जनों की सेवा ही 'पितृयज्ञ' है। उन्होंने लिखा है कि 'पितृयज्ञ' के दो भेद हैं—एक श्राद्ध और दूसरा तर्पण। जिस क्रिया से सत्य ग्रहण किया जाए उसे श्रद्धा कहते हैं, और श्रद्धा से किया गया कर्म 'श्राद्ध' है। जिस कर्म से श्रेष्ठ विद्वान्, योगी, महात्माजन, माता-पिता व परिवार के वयोवृद्ध 'तृप्त' अर्थात् प्रसन्न हों, उसे 'तर्पण' कहते हैं।

पंचमहायज्ञ में चौथा यज्ञ 'बलिवैश्वयज्ञ' है। इसका सीधा अर्थ है कि हमारे पास जो भी है उसे हम प्रसन्नतापूर्वक समस्त प्राणियों के हित में लगाएँ। चाहे वे पशु, पक्षी या कृमि ही क्यों न हों। इसे मनुस्मृति में 'भूतयज्ञ' कहा गया है। जीवमात्र के प्रति दयाभाव रखना ही 'भूतयज्ञ' है। और पाँचवाँ यज्ञ है 'अतिथियज्ञ', जिसे मनुस्मृति में 'नृयज्ञ' कहा गया है। मनुष्य समाज में रहता है, अत: समाज के प्रति भी उसका दायित्व है, जिसे उसे अपनी सामर्थ्य-भर पूरा करना है। यही हैं संक्षेप में 'पंचमहायज्ञ', जिनका मूल उद्देश्य है—मानव अपने परिवार के साथ-साथ संसार के सभी प्राणियों के प्रति भी अपने कर्तव्य व दायित्व का पालन करे। 'यज्ञ' की जबतक यह उदार परिभाषा नहीं की जाती तबतक भारतीय संस्कृति को पाखंड और अंधविश्वास से मुक्त नहीं किया जा सकता।

यदि वास्तव में भारतीय संस्कृति के रहस्य को समझना है तो 'ब्रह्मयज्ञ' के रहस्य को समझना होगा और उसे जीवन में उतारना होगा। उच्चतर चेतना में निवास करके, अर्थात् आत्मस्थ होकर कर्म करना ही 'ब्रह्मयज्ञ' है। यह 'ब्रह्मयज्ञ' ही योग है और यही है कठोपनिषद् में वर्णित 'श्रेयकर्म'।

गीता में 'ब्रह्मयज्ञ' का ऐसा विस्तृत वर्णन है कि यदि उसके अनुरूप

मानव चल सके तो समाज का पूर्ण अभ्युदय और निःश्रेयस संभव है। गीता में स्पष्ट घोषणा की गई कि यज्ञ की क्रिया, यज्ञ की अग्नि, यज्ञ की हवि, यज्ञ का होता, यज्ञ का भोक्ता, उसका ध्येय और उद्देश्य सभी कुछ ब्रह्म ही है—

ब्रह्मार्पणं ब्रह्म हविर्ब्रह्माग्नौ ब्रह्मणा हुतम्।
ब्रह्मैव तेन गन्तव्यं ब्रह्मकर्मसमाधिना॥

—श्रीमद्भगवद्गीता, ४-२४

अर्पण अर्थात् स्रुवादि भी ब्रह्म है और हवि अर्थात् हवन करने योग्य द्रव्य भी ब्रह्म है तथा ब्रह्मरूप अग्नि में ब्रह्मरूप कर्ता के द्वारा जो हवन किया गया है, वह भी ब्रह्म ही है। इसलिए ब्रह्मरूप कर्म में समाधिस्थ हुए उस पुरुष द्वारा जो प्राप्त होने योग्य है, वह भी ब्रह्म ही है।

गीता का यह उद्घोष समाधि की चेतना का, अहंकार के पूर्ण विसर्जन का तथा 'मैं' भाव के पूर्णरूपेण लुप्त हो जाने का उद्घोष है। बस एकमात्र अद्वैत सर्व ही है। पूर्ण समग्रता—न कर्ता भाव, न कर्म भाव, न फलासक्ति भाव, न फल के त्याग का भाव—अर्थात् संसार भाव का अतिक्रमण, मन का अतिक्रमण और परम चैतन्य में प्रवेश। जबतक 'मैं' भाव है तबतक ब्रह्म भाव का उद्भव हो ही नहीं सकता। यज्ञ भाव का जन्म ही तब होगा जब 'मैं' भाव अर्थात् स्वार्थ, अहंकार व आसक्ति का क्षरण होगा। अहंकेंद्रित जीवन में ब्रह्म भाव नहीं आ सकता। अहंकार के कारण, 'मैं' के कारण ब्रह्म जो सतत सर्वत्र व्याप्त है, वह अनुभूति के बाहर रहता है। यह अहंकार ही हमारी अंधता है। ब्रह्म रूपी अंतरज्योति तब दिखाई देगी जब अहंकार टूटेगा, गिरेगा, नष्ट होगा। अहंकेंद्रित व्यक्तित्व के लिए 'ब्रह्म' शब्दजाल है, अतः 'मैं' को तोड़ने का जब यज्ञ संपन्न होगा तब ब्रह्म में प्रवेश के द्वार खुलेंगे। ब्रह्म का अनुभव कर्मकांडों के अभ्यास से नहीं मिलता। यह तो अहंकार के विसर्जन से मिलता है, अतः अहंकार विसर्जन हेतु किए गए समस्त प्रयास ही 'ब्रह्मयज्ञ' हैं। 'मैं' भी हूँ और सबमें 'ब्रह्म' है—ऐसा अभ्यास व्यर्थ है, यह अभ्यास हमारे कर्म और चेतना को 'यज्ञ' में परिवर्तित करने में समर्थ नहीं है। 'यज्ञ' का मूलतत्त्व है 'ज्ञान'। जैसे ही 'ज्ञानाग्नि' प्रज्वलित होती है, सारा अंधकार गिर जाता है। इसीलिए गीता में श्रीकृष्ण कहते हैं—

'ज्ञानाग्निः सर्वकर्माणि भस्मसात्कुरुते तथा।'

—श्रीमद्भगवद्गीता, ४-३७

ज्ञान रूपी अग्नि संपूर्ण कर्मों को भस्मसात् कर देती है।

गीता पाप-पुण्य की बात नहीं करती; अच्छे या बुरे कर्म की बात नहीं करती। भारतीय मनीषा के अनुसार, पाप को पुण्य से नहीं काटा जा सकता,

क्योंकि हर पुण्य में सूक्ष्म रूप से कम-से-कम अहंकार रूपी पाप तो छिपा ही हुआ है। पाप तो सिर्फ 'ज्ञान' से ही काटा जा सकता है—'ब्रह्मज्ञान' से। ज्ञान कोई कर्म नहीं है। ज्ञान तो अनुभूति है, अनुभव है। कर्म तो 'बाहर' है और 'ज्ञान' है अंतस में, वह भीतर है। ज्ञान तो ज्योति जलने जैसा, अग्नि की ज्वाला जैसा है। जब जला तब सब अंधकार, सब तमस और सब भेद दूर हुआ। ज्ञान की किरण है, ज्ञान की ज्वाला है, 'बोध' की ज्वाला है, 'होश' की किरण है—यही है 'होश' का क्षण। और यही है सचेतनबोध, यही ज्ञान है; और है सत्य का सतत स्मरण। जहाँ सत्य का विस्मरण हुआ, अज्ञान आया और अंधकार बढ़ा। ज्ञान है हमारी वास्तविक अंतश्चेतना का जागरण और आत्मतत्त्व का साक्षात्कार। इस ज्ञान को प्राप्त करने की हर चेष्टा, हर कर्म 'यज्ञ' है।

मनुस्मृति में जिस प्रकार से 'पंचमहायज्ञ' की चर्चा है वैसे ही गीता में भी युगधर्म के अनुकूल यज्ञकर्म को पाँच नए नाम दिए गए। चौथे अध्याय में यह चर्चा करते हुए अर्जुन से कृष्ण कहते हैं—

द्रव्ययज्ञास्तपोयज्ञा योगयज्ञास्तथापरे।
स्वाध्यायज्ञानयज्ञाश्च यतयः संशितव्रताः॥

—श्रीमद्‌भगवद्‌गीता, ४-२८

गीता द्वारा प्रतिपादित इन पाँच प्रकार के यज्ञों में ज्ञानयज्ञ को सर्वश्रेष्ठ 'यज्ञ' बताया गया है। कृष्ण कहते हैं, "हे परंतप! द्रव्यों से संपन्न होनेवाले यज्ञ की अपेक्षा ज्ञानयज्ञ श्रेष्ठ है, क्योंकि संपूर्ण कर्म ज्ञान में ही समाप्त होते हैं।"

वैसे यही सत्य भी है, क्योंकि ज्ञान के प्रभाव व प्रकाश में 'भेददृष्टि' समाप्त हो जाती है और अहंकार गिर जाता है। जिस क्षण कर्ता भाव, फलाकांक्षा, आसक्ति, स्वार्थ तथा अहंकार समाप्त हो जाते हैं, उसी क्षण व्यक्ति में दिव्य उदारता का उदय होता है तथा अंतस कलुषविहीन हो जाता है और 'मैं'-'तुम' के भाव का लोप होकर एक ऐसी सम्यक् दृष्टि उपलब्ध हो जाती है जहाँ ज्ञाता, ज्ञान व ज्ञेय का भी अतिक्रमण हो जाता है। 'ज्ञानयज्ञ' निश्चित रूप से यज्ञ के उत्कर्ष की चरम अवस्था है। निस्संदेह ज्ञान से अधिक पवित्र करनेवाला और कुछ भी नहीं है; और ज्ञान यही है कि एक ईशत्व अर्थात् एक ही चैतन्य सर्वत्र व्याप्त है तथा भेद की सत्ता अज्ञान है, अध्यास है; लेकिन यह ज्ञान श्रद्धावानों को ही प्राप्त हो सकता है। जो ज्ञानयज्ञ के साधक हैं उनके लिए यह आवश्यक है कि वे अपने संकल्प के प्रति दृढ़ हों तथा इंद्रियों का अतिक्रमण करके परम श्रद्धा से अहंकार का संपूर्णता से विसर्जन करें। ऐसा करने से परम शांति प्राप्त होगी।

यज्ञ का मूल लक्ष्य परम शांति है। विषयसुख में परम शांति नहीं है, अत: विषयसुख के प्रति न राग रखना है और न द्वेष। विषयों के प्रति सम्यक् भाव रखते हुए अंतस के प्रकाश के उपलब्ध होने से ही कभी न क्षीण होनेवाली शांति उपलब्ध होगी। ज्ञान से समस्त ऊर्जा अपनी संपूर्णता से जाग्रत होती है। यह ऊर्जा ही 'होता' है, यही यज्ञकुंड है और यही यज्ञकुंड की वह अग्नि भी है जिसमें समस्त वासनाएँ भस्म होती हैं और जिसके द्वारा चेतना का शुद्धिकरण होता है। हमारी जो भी ऊर्जा वासनाओं व कामनाओं में निवास करती है, वह इस यज्ञाग्नि में अर्पित होनेवाली हवि है। ज्ञानाग्नि को और अधिक तीव्रता से प्रज्वलित करने के निमित्त हम अपने समस्त शुभ संकल्प, शुभ कर्म जो 'घृत' हैं, उनकी आहुति देते हैं।

भारतीय मनीषा ने कठिन साधना और आत्मज्ञान से यह खोज की है कि मानव शरीर में ऊर्जा के सात विशेष केंद्र हैं। इन केंद्रों को 'योग' में चक्र कहा जाता है। सबसे नीचे का ऊर्जा (शक्ति) केंद्र 'मूलाधार' है और अंतिम चक्र 'सहस्रार' है। मूलाधार और सहस्रार के बीच ही हमारी चेतना का संचरण होता है। मूलाधार चक्र में जो शक्ति कुंडली मारकर सुप्तावस्था में है उसे 'कुंडलिनी' कहा जाता है। जैसे ही यह शक्ति जाग्रत होती है, वह सर्प की भाँति अत्यंत वेग से 'सुषुम्ना' नाड़ी के मार्ग से ऊर्ध्वारोहण करती है। यह सुषुम्नाभेदन अर्थात् कुंडलिनी जागरण ही योगियों के यज्ञ का अभीष्ट है। यह कुंडलिनी रूपी 'सर्पिणी' (सर्प भी गतिमान ऊर्जा का प्रतीक है) जिन-जिन ऊर्जा केंद्रों में प्रवेश करती हुई ऊपर उठती है वे हैं—'मूलाधार', 'स्वाधिष्ठान', 'मणिपूर', 'अनाहत', 'विशुद्ध' और 'आज्ञा'। आज्ञाचक्र में जैसे ही ऊर्जा का प्रवेश होता है वैसे ही व्यक्ति का समस्त अहंकार, उसका स्वयं का स्वार्थ, राग, द्वेष, आसक्ति आदि सभी विकार गिर जाते हैं। सच तो यह है कि राग-द्वेष और आसक्ति रूपी विकारों तथा सभी नकारात्मक वृत्तियों का क्षय तो आज्ञा चक्रकुंड में हवन करने के पहले ही हो चुका होता है। मूलाधार चक्र से अनहद चक्र की यात्रा में ही ऊर्जा रूपी अग्नि में सभी नकारात्मक भाव-विचार भस्म हो चुके होते हैं और अनहद चक्र में पहुँचते ही ऊर्जा शांति, सकारात्मकता और सृजनता की ओर बढ़ने लगती है। यही है चेतना का ऊर्ध्वारोहण, यही है कुंडलिनी का जागरण और है ऊर्जाचक्रों का भेदन तथा इसे ही 'नृमेध' कहा गया है। जब 'मैं' भाव पूरी तरह से गिर जाए, जिस क्षण व्यक्ति पूरी तरह आत्मस्थ हो जाता है तभी 'नृमेध यज्ञ' (नरमेध यज्ञ) संपन्न होता है। यह यज्ञ विरले ही संपन्न कर पाते हैं। इसमें समष्टि के और अस्तित्व के प्रति पूर्ण समर्पण है। इसे ही अद्वैत चेतना में प्रवेश कहा

जाता है और यही है मन का अतिक्रमण। जब 'सप्तहोता' एक साथ मन के यज्ञकुंड में 'मैं' की हवि देकर यज्ञ संपन्न करते हैं तब 'अग्निष्टोम यज्ञ' संपन्न होता है। मानव शरीर में ऊर्जा के जो सप्त केंद्रबिंदु हैं, जिन्हें योग में 'सप्तचक्र' कहा गया है वे ही यज्ञ में 'सप्तहोता' हैं। अग्निष्टोम यज्ञ का एक अर्थ यह भी है कि जब पाँच 'प्राण' तथा छठा जीवात्मा और अव्यक्त सातवाँ (परमात्मा) जिस यज्ञ में लेने-देनेवाले हों वह यज्ञ अग्निष्टोम यज्ञ है। पाँच प्राण हैं—प्राण, अपान, प्रदान, समान और व्यान। ये सातों होता इस संसार में परस्पर आदान-प्रदान द्वारा जीवन-यात्रा रूपी यज्ञ को संपन्न कर रहे हैं।

यज्ञ में 'अग्नि' का विशेष महत्त्व है। 'अग्निष्टोम' यज्ञ का उद्‌देश्य ही 'अग्नि' को बलवान बनाना, उसकी कृपा प्राप्त करना तथा उसका साक्षात् करना है। जैसाकि पहले लिखा जा चुका है, 'अग्नि' का अर्थ लौकिक अग्नि से नहीं है; लौकिक अग्नि तो प्रतीक है—एक काव्यमय प्रतीक। प्रतीकों को सत्य मानकर यदि उसे ही पकड़कर बैठ जाया जाएगा तो 'यज्ञ' कभी संपन्न हो ही नहीं सकता। सामवेद के प्रथम मंत्र में 'अग्नि' का आह्वान किया गया है—

अग्न आ याहि वीतये गृणानो हव्यदातये।

हे अग्नि, आइए हमारी प्रगति (अभ्युदय व निःश्रेयस) के लिए आइए। हमें कर्तव्यों का उपदेश दें। हम आपको हव्य अर्थात् अपना मन, वचन, कर्म अर्पित करते हैं।

यहाँ अग्नि प्रतीक है अंतरात्मा की, संकल्पशक्ति की।

'अग्नि' का वास्तविक अर्थ क्या है, इसे भारतीय संस्कृति के आदि ग्रंथ में बड़ी सरलता से स्पष्ट किया गया है। ऋग्वेद के प्रथम मंडल में ही ऋषि कहता है—

इन्द्रं मित्रं वरुणमग्निमाहुरथो दिव्यः स सुपर्णो गरुत्मान्।
एकं सद्विप्रा बहुधा वदन्त्यग्निं यमं मातरिश्वानमाहुः॥

—ऋग्वेद, १-१६४-४६

सत्य एक है। विद्वान् जन उसीको इंद्र, मित्र, वरुण, अग्नि, यम, मातरिश्वा आदि नामों से पुकारते हैं।

शतपथ ब्राह्मण में कहा गया है कि आत्मा ही अग्नि है, मन ही अग्नि है, प्राण ही अग्नि है, वाणी ही अग्नि है।

शतपथ ब्राह्मण का प्रसिद्ध मंत्र है—

ब्रह्मह्यग्निः।

—शतपथ ब्राह्मण, १/४/२/११

ब्रह्म ही अग्नि है, अंतरात्मा है, संकल्प है।

वैदिक ज्ञान के सुप्रसिद्ध ऋषि व विद्वान् यास्काचार्य ने अपने ग्रंथ 'निरुक्त' में अग्नि की व्याख्या करते हुए सिद्ध किया है कि अग्नि शब्द से परमात्मा का बोध होता है। अब यदि इस स्पष्टीकरण व भाष्य के उपरांत भी वर्तमान भारतीय 'अग्नि' शब्द का सही अर्थ नहीं समझना चाहते तो इसे मूढ़ता ही कहा जाएगा। वर्तमान भारतीय मनीषा को इस अज्ञान से बाहर निकालना ही होगा, तभी राष्ट्र का तथा मानव संस्कृति का कल्याण हो सकेगा। आखिर और कब तक पश्चिमी विद्वानों द्वारा दिए गए भाष्यों व अवधारणाओं तथा निष्पत्तियों के आधार पर हम भारतीय अपने आदि ऋषियों को लौकिक 'अग्नि' का उपासक मानते रहेंगे। पश्चिम के विचारकों ने भारतीय संस्कृति को जो क्षति पहुँचाई है, उसका निवारण तभी होगा जब हम 'यज्ञ' शब्द का सही अर्थ समझें तथा अपनी रूढ़िवादिता का परित्याग कर समस्त पुरानी भूलों को सुधारें। 'यज्ञ' को यदि पुरातन गौरव में हमें स्थापित करना है तो पाखंड, अंधविश्वास व अवैज्ञानिक मान्यताओं, रूढ़ियों का परित्याग करना ही होगा। प्रकृति के साथ हमारा कैसा तालमेल व संतुलन बने, आंतरिक शक्तियों का भी कैसे उत्कर्ष हो तथा सर्वकल्याणकारी बुद्धि व विवेक बल हमें कैसे प्राप्त हो, इसपर आज बहुत गंभीरता से विचार की आवश्यकता है। यदि हमने चिंतन व मनन न करके 'यज्ञ' को स्वार्थ व व्यापार का साधन बनने दिया तो यह भारतीय मनीषा के साथ अन्याय तो होगा ही, साथ ही हम स्वयं को भी पाखंड व अंधविश्वास से मुक्त नहीं कर सकेंगे। यह कोई छिपी बात नहीं है कि आजकल 'यज्ञ' को कभी राजनीतिक स्वार्थ सिद्धि और कभी स्वयं के स्वार्थों के निमित्त साधन के रूप में और अनेक बार तो 'व्यापार' के रूप में प्रयोग किया जा रहा है। 'यज्ञ' को मात्र कर्मकांड व चमक-दमक तथा भीड़ एवं जलसों से बाँधकर भारतीय ऋषि तथा आध्यात्मिक ज्ञान के प्रति जो अनादर दिखाया जा रहा है वह स्थिति कैसे सुधरे, यह चिंता का विषय है। दुर्भाग्य यह है कि भारतीय समाज जिन्हें 'धर्मगुरु' और 'स्वामी' तथा 'संन्यासी' मान रहा है उन्होंने 'यज्ञ' को सही रूप में प्रतिष्ठित करने के निमित्त अभी तक कोई संकल्पबद्ध कार्य किया ही नहीं।

'यज्ञ' के नाम पर भारत में आज 'देवताओं' को प्रसन्न करने तथा इच्छित फल प्राप्त कराने के निमित्त अनुष्ठान करने व कराने का व्यापार-सा चल निकला है। इस व्यापार के कारण भारत में अंधविश्वास में भारी वृद्धि हुई है। आज तो यज्ञ के नाम पर लाखों की भीड़वाले आयोजन होते हैं; कभी 'सिद्धपीठ' को पवित्र करने और ऊर्जावान् बनाने के नाम पर, कभी 'विश्वशांति'

के निमित्त और कभी राष्ट्रीय संकट को टालने के नाम पर बड़े-बड़े 'यज्ञों' का आयोजन एक सामान्य-सी बात बन गई है। इन यज्ञों में लाखों रुपए ही नहीं, कभी-कभी तो करोड़ों रुपए खर्च होते हैं और करोड़ों रुपए चढ़ावे के रूप में भी आते हैं। ऐसे आयोजन वास्तव में समाज का कोई ठोस उत्कर्ष नहीं कर सकते। यह ठीक है कि इन आयोजनों से 'यज्ञ' में भाग लेनेवालों के मन में सद्‌वृत्तियों के प्रति तात्कालिक रूप से आस्था जाग्रत होती है, पर मानव के वास्तविक रूपांतरण, विकास व अभ्युदय हेतु ये आयोजन कुछ भी नहीं कर सकते हैं और न भविष्य में ही कुछ कर सकेंगे।

जिन यज्ञों का इधर बहुत प्रचार बढ़ा है उनमें से 'अश्वमेध' यज्ञ की विशेष चर्चा है। दुर्भाग्य यह है कि 'अश्वमेध यज्ञ' के बारे में भारतीय मनीषा का जो मंतव्य रहा, उससे अश्वमेध यज्ञ के आयोजक न तो परिचित हैं और न उसके प्रति उन्हें कोई चिंता ही है। अश्वमेध यज्ञ में पाखंड व अंधविश्वास के लिए कोई स्थान है ही नहीं। यह एक ऐसी दिव्य प्रक्रिया है, जिसका लक्ष्य है मानव को सतत ऊर्जावान् बनाना। मानवता के उत्कर्ष और कल्याण के निमित्त की जानेवाली यह 'यज्ञ साधना' बड़ी ही गूढ़ है। लोग अज्ञानवश ऐसा सोचते हैं कि पुरातन काल में जब अश्वमेध यज्ञ संपन्न हुआ करता था तो घोड़े की बलि दी जाती थी और यह यज्ञ सम्राटों द्वारा अपने साम्राज्यों के विस्तार अथवा शांति-स्थापना के लिए किए जाते थे। पौराणिक कथाओं में भी अश्वमेध यज्ञ का विवरण मिलता है; लेकिन यह भी सत्य है कि ये सभी पौराणिक कथाएँ उस युग में लिखी गईं जब भारत में पाखंड, अंधविश्वास, रूढ़िवाद व पुरोहितवाद का पूरी तरह से प्रचार व प्रसार हो चुका था। भारतीय मनीषा ने कभी भी कर्मकांड को अति महत्त्व नहीं दिया; पर पौराणिक कथाओं में कर्मकांड को ही सर्वाधिक महत्त्व दिया गया है। चूँकि कर्मकांडों व पुरोहितवाद को समाज से अज्ञानवश मान्यता मिलती चली गई, अत: इन कर्मकांडों, पाखंडों व अंधविश्वास के समर्थन में बड़े-बड़े ग्रंथ भी रच डाले गए। अत: समझने की बात यह है कि इन कर्मकांडों के उपरांत भी भारतीय समाज का निरंतर पतन क्यों होता चला गया? कम-से-कम अब एक बात तो स्वत:सिद्ध है कि कर्मकांडों पर अंधआस्था मानवता के विकास व उत्कर्ष में कभी भी सहायक नहीं हो सकती। विधि-विधान की आड़ में 'यज्ञों' के निमित्त जिस प्रकार के कर्मकांडों को प्रतिपादित व पोषित किया गया, वे पहले भी मूल्यहीन व पाखंडपूर्ण थे और आज तो वे भारतीय संस्कृति तथा वर्तमान भारतीय चेतना पर भारी बोझ हैं।

'अश्वमेध यज्ञ' को समझने के लिए हमें अपने उपनिषदों, आरण्यकों व

वैदिक साहित्य की ओर पूर्वग्रहरहित बुद्धि से देखना ही होगा, तभी हम 'अश्वमेध' के सत्य को जान सकेंगे। निश्चित रूप से यह कोई अग्निहोत्र कर्म नहीं है, न इसे यज्ञकुंड में अग्नि जलाकर तथा अग्नि की ज्वालाओं में घोड़े के रक्त व मांस की हवि देकर अथवा प्रतीकात्मक रूप से आटे का अश्व बनाकर उसकी आहुति देकर संपन्न किया जाना चाहिए। भारतीय मनीषा ने तो यज्ञों में पशुबलि का सर्वथा निषेध किया है। पशुबलि या नरबलि चढ़ाकर यज्ञ करना सर्वथा अमानुषिक तो है ही, साथ ही अपराध भी है। यह तो अंधविश्वास, पाखंड व धूर्तता की पराकाष्ठा है। इस धूर्तता व अंधविश्वास के साथ भारतीय ऋषि को जोड़ना भारतीय संस्कृति के मूलतत्त्वों के प्रति किया जानेवाला विश्वासघात है। 'अश्वमेध' की चर्चा 'बृहदारण्यक उपनिषद्' में मिलती है। इस उपनिषद् में आसुरी वृत्तियों को नष्ट करने का तथा सर्व उत्कर्ष का विधान बताया गया है। कैसे हो तामसिक आसुरी वृत्तियों का पराभव तथा कैसे हो ऊर्जा का ऊर्ध्वारोहण व आत्मज्ञान की प्राप्ति, सारे-के-सारे बृहदारण्यक उपनिषद् का लक्ष्य ही यह है। ऊर्जा के इस ऊर्ध्वारोहण में 'अश्व' अर्थात् घोड़े की बलि कैसे सहायक बन सकती है, इतनी छोटी-सी बात को भी कर्मकांडियों ने समझने का प्रयास नहीं किया। आत्मज्ञान के संदर्भ में इस उपनिषद् का विशेष महत्त्व है। यह वेदांत में सबसे बड़ा उपनिषद् है। इसमें छः अध्याय हैं तथा हर अध्याय में अनेक ब्राह्मण अर्थात् उप-अध्याय हैं। अश्वमेध यज्ञ की चर्चा इस उपनिषद् के प्रथम अध्याय के प्रथम व द्वितीय ब्राह्मण में विस्तार से की गई है और इस यज्ञ पर आदि शंकराचार्य ने भी वेदांत सिद्धांतों से अपना भाष्य किया है। यदि आदि शंकर के भाष्य को भी पूर्वग्रहरहित होकर समझने की चेष्टा की जाती तो 'अश्वमेध यज्ञ' से क्या अभिप्राय है, इसकी बहुत कुछ जानकारी भारत के रूढ़िवादी कर्मकांडियों को मिल सकती थी और मिल सकती है; पर चिंता की बात यह है कि इस दिशा में भी संभवतः पूर्वग्रहरहित प्रयास नहीं किए गए और परिणामस्वरूप भटकाव व अज्ञान बढ़ता चला गया।

बृहदारण्यक उपनिषद् 'अश्वमेध विद्या' के वर्णन से प्रारंभ होता है। अश्वमेध विद्या उनके लिए हैं जिनके मन में अध्यात्म जिज्ञासा उत्पन्न हो चुकी है और जो वास्तव में आत्मज्ञान को प्राप्त करने के लिए श्रद्धा व विश्वास के साथ अति उत्सुक हैं। यह जिज्ञासु के आध्यात्मिक ज्ञान का 'उषाकाल' है, अर्थात् अभी ज्ञान का सूर्योदय नहीं हुआ है, पर तमस प्रधान रात्रि का क्षय हो चुका है तथा ज्ञान की उषावेला आ गई है एवं सूर्योदय होना ही चाहता है। पहला मंत्र है—

ओं उषा वा अश्वस्य मेध्यस्य शिरः।

ज्ञान के सूर्योदय के पहले की स्थिति की यह बड़ी ही सुंदर काव्यात्मक प्रतीक प्रधान भाषा है। 'अश्व' प्रतीक है 'ऊर्जा' का, 'उषा' प्रतीक है ज्ञानोदय के पहले की स्थिति का। ज्ञान के सूर्योदय के पहले ऊर्जा की जो स्थिति है, उसकी ओर मंत्र के इस भाग में संकेत है। शिर शरीर का सर्वप्रधान अंग है; 'मेधा' का वास भी शिर में ही माना गया है। यह 'मेधा' ही ऊर्जा का केंद्र है और शिर उसका स्थूल प्रतीक। यह 'मेधा' सात्त्विक भी हो सकती है और तामसिक भी। यह देवत्व प्रधान भी हो सकती है और पशुत्व प्रधान भी। काव्यात्मक भाषा में ऋषि कहता है कि यद्यपि आत्मज्ञान के सूर्य का, सात्त्विकता के सूर्य का उदय होने ही वाला है, पर अभी भी पशुत्व प्रधान मेधाशक्ति बाकी है। इस पशुत्व प्रधान ऊर्जा के कारण शरीर अभी भी अपवित्र है, अतः इसे गिराना है, संकल्प बल से ज्ञानाग्नि में इसकी आहुति देनी है। ऋषि की दृष्टि में पशुओं में सर्वाधिक ऊर्जावान् पशु अश्व है, अतः वह ऊर्जा का प्रतीक है। ऊर्जा का शिर 'उषा' है, अर्थात् ज्ञानोदय के पहले की स्थिति उत्पन्न हो चुकी है। यह 'उषा' अभी भी पशुत्व से ग्रस्त है। जैसे ही देवत्व के सूर्य का उदय होगा, यह ऊर्जा ऊर्ध्वगामी हो जाएगी और जिज्ञासु साधक को आत्मज्ञान प्राप्त हो सकेगा।

आत्मज्ञान की प्राप्ति करने की आकांक्षा व प्रयत्नों के उपरांत भी प्रजापति की ऊर्जा पशुत्व के बंधन में कैसे पड़ गई, यह ऊर्जा अश्व (पशु) क्यों हो गई—इसका उत्तर भी इसी उपनिषद् के द्वितीय ब्राह्मण में है। 'ऊर्जा' के पशु होने का कारण है उसका स्वयं का स्वार्थ और शरीर के प्रति आसक्तिवान् हो जाना। ऋषि का आशय है कि जब व्यक्ति स्वार्थ, मोह व राग और आसक्ति में लीन हो जाता है, उसका अंतस अपवित्र होकर तमस व पशुता से भर जाता है तो ऐसा तमस प्रधान व्यक्ति तमस के रहते आत्मज्ञान प्राप्त नहीं कर सकता है और इस पशुता के रहते वह परम आनंद से भी वंचित हो जाता है। ऐसा व्यक्ति यदि पुनः आत्मवान् बनना चाहता है तो उसे अपनी पशुता का त्याग करना ही होगा। यही है 'अश्वमेध यज्ञ'। आदि शंकराचार्य ने भी लगभग इसी भाव में 'अश्वमेध' संबंधी बृहदारण्यक उपनिषद् के मंत्रों का भाष्य किया है। उन्होंने 'मेधा' को संस्कारित करने की चर्चा अपने भाष्य में की है। कर्म के अंगभूत पशु का संस्कार किया ही जाना चाहिए। असंस्कारित मेधा ही पशु है। यह असंस्कारित बुद्धिबल आत्मविनाशक भी होता है और राष्ट्रविनाशक भी। कुसंस्कार से पशु वृत्तियों का ही वर्धन होता है। मानव स्वयं को संस्कारित करके ही 'प्रजापति' के पद तक पहुँच सकता है। जो सर्वभूतों के कल्याण हेतु सतत प्रयत्नशील है वही वास्तव में

'प्रजापति' कहलाने के योग्य है।

अश्वमेध यज्ञ की, अर्थात् अश्वमेध संकल्प की आत्मा है संवत्सर। 'संवत्सर आत्मा अश्वस्य मेध्यस्य' (बृहदारण्यक उपनिषद्, १/१)। इसका आशय यह है कि स्वयं के पशुत्व का हनन निरंतरता से हर क्षण करते रहना चाहिए। जिस क्षण भी साधक के द्वारा सर्वहित का विस्मरण कर दिया जाएगा, उसी क्षण यज्ञ शरीर निष्प्राण होकर गिर जाएगा। सर्वहित के विस्मरण से ही 'यज्ञ' और 'वीर्य' का निष्क्रमण हो जाता है। अश्वमेध प्रकरण में इसका भी सुंदर काव्यात्मक प्रतीकों के रूप में उल्लेख है। 'यज्ञ' और 'वीर्य' ही प्रजापति के प्राण हैं। सर्वहित के स्थान पर जो स्वार्थ और अहंकार को स्थान देते हैं, उनका यश क्षीण होकर समाप्त हो जाता है और उनके 'वीर्य' अर्थात् 'पराक्रम' का भी क्षय हो जाता है। संस्कृत भाषा में 'वीर्य' का अर्थ पराक्रम व तेज भी होता है। जो सर्वकल्याण से विमुख होकर अपने उत्पादन का स्वयं ही भक्षण करने लगते हैं और स्वार्थ प्रधान चेतना में जीते हैं, वे जीवित रहते हुए भी मृत हैं। अतः अश्वमेध यज्ञ द्वारा इस मृत्यु से बचा जा सकता है। यही है उद्देश्य 'अश्वमेध यज्ञ' का—'यश' और 'वीर्य' पुनः प्राप्त करना ही इस यज्ञ का 'अश्वमेधत्व' है। ऋषि कहता है, जो अश्वमेध को इस प्रकार जानता है वही पुनर्मृत्यु को जीत लेता है और उसे मृत्यु नहीं पा सकती—

पुनर्मृत्युं जयति नैनं मृत्युराप्नोति।

—बृहदारण्यक उपनिषद्, १-२-७

क्या यह आश्चर्य की बात नहीं कि बृहदारण्यक उपनिषद् में लिखे इन श्रेष्ठ मंत्रों व आदि शंकर के भाष्य के उपरांत भी हम 'अश्वमेध यज्ञ' को रूढ़िवाद, कर्मकांड, अंधविश्वास व पाखंड से बाँधे हुए हैं तथा आज भी यही कहा जाता है कि अश्वमेध यज्ञ में अश्व की बलि दी जाती है? आज भी प्रतीक रूप में अश्व की बलि यज्ञकुंड में अग्नि ज्वालाओं को अर्पित की जाती है। निश्चित रूप से भारतीय मनीषा इस अंधविश्वास और पाखंड की समर्थक कभी नहीं रही; पर वर्तमान में भारतीय संस्कृति के रहस्यों को बताए कौन? जिनपर रहस्य भेद का दायित्व है वे स्वयं रूढ़िवादी व कर्मकांडी बनकर पाखंड व अंधविश्वास को बढ़ावा दे रहे हैं तथा औसत भारतीय अज्ञानवश इन रूढ़िवादियों के हाथों कठपुतली बना हुआ है।

'यज्ञ' को लेकर वर्तमान में असंख्य भ्रांतियाँ व अंधविश्वास पल रहे हैं। इन भ्रांतियों से मुक्ति पाना अत्यंत जटिल समस्या है। सामान्य मान्यता यही है कि यज्ञकुंड में जल रही अग्नि की ज्वालाओं में हवि और समिधाएँ डालना, साथ में

कुछ मंत्रों का उलटा-सीधा उच्चारण करना ही यज्ञ है; पर यथार्थ में यह यज्ञ नहीं है। जैसाकि स्पष्ट किया जा चुका है, ऊपर उठती अग्नि की ज्वालाओं में हवि डालना तो मात्र प्रतीक है और प्रतीक देश, काल व परिस्थिति के अनुसार बदल भी सकते हैं। प्रतीक में उलझकर रह जाना घोर अज्ञान व अंधविश्वास है। यज्ञ का तो उद्देश्य इस अज्ञान और अंधविश्वास से मुक्ति पाना और दिलाना है। अज्ञान और अंधविश्वास तो सारे समाज को अनुदार, संकीर्ण तथा पाखंडी बना देगा। यहाँ लिखने का आशय यह नहीं है कि प्रतीक का अनादर किया जाए या उनका उपहास उड़ाया जाए। प्रतीकों का अनादर तथा उनका उपहास तो और भी बड़ा अज्ञान और अहंकार प्रेरित अंधविश्वास व पाखंड है। यथास्थिति व वास्तविकता लिखने का उद्देश्य यहाँ यही है कि मनुष्य में, साधक में सचेतनबोध जाग्रत हो। साधक अंतर्मुखी होकर वास्तविकता को समझे और आत्मज्ञान को उपलब्ध हो, यही यज्ञ है, यही है श्रेष्ठ संकल्प। कोई भी 'संकल्प' सात्त्विक हो सकता है और वह राजसिक तथा तामसिक भी हो सकता है। गीता में इसका बहुत स्पष्टता से वर्णन है। पर इस विवेचन को जीवन में जबतक उतारा नहीं जाएगा तबतक उससे कुछ भी लाभ नहीं होगा। सत्य जानने की वास्तविक इच्छा व अभिलाषा कम-से-कम अब तो समाज में जाग्रत करनी ही होगी। सत्य को जानने में और अधिक प्रमाद करना राष्ट्र की व भारतीय संस्कृति की भारी भूल होगी।

सत्त्वात्संजायते ज्ञानं रजसो लोभ एव च।
प्रमादमोहौ तमसो भवतोऽज्ञानमेव च॥

—श्रीमद्भगवद्गीता, १४-१७

सत्त्वगुण से ज्ञान उत्पन्न होता है, रजोगुण से लोभ तथा तमोगुण से अज्ञान, असावधानी और मोह ही उत्पन्न होता है।

गीता के सत्रहवें अध्याय में पुनः स्पष्ट व्यवस्था दी गई है कि यज्ञ तो तभी सार्थक है जब वह सात्त्विक हो। वैसे यह राजसिक व तामसिक भी हो सकता है। आज के समाज व युगधर्म के अनुकूल क्या है, सात्त्विक क्या है, राजसिक या तामसिक क्या है, कोई तो इसकी व्याख्या करेगा। अगर राष्ट्र ने आलस्य या प्रमादवश इसकी स्पष्ट व सर्वहितकारी व्याख्या न की तो अंततः भारतीय संस्कृति और अधिक अवनति को प्राप्त होगी।

यज्ञ है सत्य की खोज और इस खोज के लिए स्वयं का संपूर्णता से समर्पण। जो सत्य की खोज नहीं करता वह मानव शरीरधारी पशु है। मानव व पशु में यही भेद है। पशु तो तृप्त हैं—जी रहे हैं; न चिंता, न फिक्र, न

आकांक्षा, न सत्य को जानने की कोई अभीप्सा। पशुओं में जीवन तो है, पर चैतन्य का आविर्भाव नहीं है। चैतन्य का आविर्भाव ही यह घोषणा करता है, संकेत करता है कि "जागो, उठो, चलो, आगे बढ़ो, रुको मत।" जीवन ने एक अवसर दिया है सत्य को जानने का। मानव जीवन के प्रारंभ से ही सत्य की खोज प्रारंभ हो चुकी है। यह खोज ही यज्ञ है। सारी खोज भीतर है, बाहर तो कुछ भी नहीं है, मात्र प्रतीक है। प्रतीक में मत उलझो, बोध और विवेक जाग्रत करो, यही यज्ञ है।

तामसी व्यक्ति भाग्य की बात करेगा, भगवान् की बात करेगा, स्वयं पर भरोसा न करके हाथ-पर-हाथ रखे बैठा रहेगा। कर्मकांड भी वह पुरोहितों से कराएगा; वह ज्ञान की बात करेगा, पर कर्मक्षेत्र में स्वयं नहीं उतरेगा, वह तो कहेगा, 'सब प्रभु की इच्छा से हो जाएगा'। लेकिन उसके इस वाक्य के पीछे प्रभु के प्रति पूर्ण समर्पण नहीं है; उसके पीछे तो पाखंड छिपा है, आलस्य व भय छिपा है—असफलता और अपयश का भय। यह तो यज्ञ नहीं है। जहाँ पराक्रम नहीं, वहाँ यज्ञ नहीं। सात्त्विक यज्ञ के लिए संकल्प चाहिए, पराक्रम चाहिए, श्रद्धा चाहिए और इसके साथ ही अगर मनन शक्ति भी प्राप्त हो जाए तो यह तो सोने में सुहागा हुआ। यह मनन शक्ति ही मंत्रों द्वारा प्रेरित ऊर्ध्वारोहण है। मंत्रज्ञान हर व्यक्ति को उपलब्ध नहीं होता। इसके लिए असाधारण बौद्धिक क्षमता, मनन शक्ति व प्रखर संकल्प शक्ति चाहिए। मंत्र तो ध्वनिशास्त्र है, यह तो जीवन को बदल देने में समर्थ पारस पत्थर है। मंत्र के भीतर एक बड़ा विज्ञान छिपा है। जो सही मंत्र पर सही मनन कर सके, सही ध्यान कर सके, उसका तो जीवन ही रूपांतरित हो जाएगा। ऐसे मनीषी का तो सारा-का सारा जीवन यज्ञमय हो जाएगा। मंत्र में प्रवेश की साधना अत्यंत कठिन साधना है—है तो यह भी यज्ञ; पर है बहुत कठिन और है अज्ञात में छलाँग। यह सहज मार्ग नहीं है। सहज मार्ग है अपनी पशुता को, अपनी कमजोरियों को अंतःस्थ होकर निहारने की शक्ति अर्जित करना तथा स्वार्थ, अहंकार व मोह का परित्याग करना। सहज मार्ग है आसक्ति व फलाकांक्षा का परित्याग और स्वयं पर संपूर्णता से विश्वास।

□

वर्णव्यवस्था

चातुर्वर्ण्यं मया सृष्टं गुणकर्मविभागशः।

—श्रीमद्भगवद्गीता, ४-१३

(सृष्टि की संरचना गुण और कर्म के आधार पर चार वर्णों में है।)

सृष्टि का मूल कारण एकमात्र 'सत्' है, जो सदैव सर्वत्र विद्यमान रहता है। यह 'सत्' ही आत्मतत्त्व है, इसे कोई भी अन्य नाम दिया जा सकता है; इसे 'ब्रह्म' कहें, 'चैतन्य' कहें, 'ऊर्जा' कहें, 'प्राण' कहें। वैसे 'ऊर्जा' और 'प्राण' शब्दों का भारतीय मनीषा ने 'सत्' से भिन्न अर्थ में प्रयोग किया है। यह समस्त ब्रह्मांड केवल ऊर्जा का ही परिवर्तित रूप है, उससे ही निर्मित है—ऐसा मत आधुनिक विज्ञान का भी है। 'सत्' और 'चैतन्य' एक ही रूप में प्रयुक्त होते हैं। 'सत्' तत्त्व अनिर्वचनीय है, अनंत है, अव्यय है, सर्वत्र परिव्याप्त है, वह कालबद्ध नहीं है; वह तो अज्ञेय और अविभाजित है, पर विभाजित प्रतीत होता है तथा यही इसका गुण है। इस 'सत्' की ऊर्जा ही प्राण है। 'सत्' का अभाव नहीं हो सकता, चातुर्वर्णों में भी नहीं हो सकता। अर्थात् सृष्टि के सभी गुणों व कर्मों में 'सत्' निरंतर उपस्थित रहता है। यही है समस्त शक्तियों का उत्स और इसे ही आत्मतत्त्व कहा जाता है। यह 'सत्' स्वयंभू है और 'पुरुष' एवं प्रकृति का आधार भी। सभी पदार्थ इसीसे जन्म लेते हैं और इसीमें पर्यवसित होते हैं। अतः तात्त्विक दृष्टि से चातुर्वर्ण प्रधान सृष्टि में कहीं कोई वास्तविक भेद नहीं है, क्योंकि सभी 'सत्' की अभिव्यक्ति हैं, सभी में एक ही प्राणतत्त्व विराजमान है, सभी परम चैतन्य से ही शक्तिवान् व ऊर्जित हैं। गुण, कर्म और स्वभाव के कारण लौकिक दृष्टि से जो भेद हैं वे अनादि होते हुए भी क्षण-क्षण परिवर्तित

होते रहते हैं तथा उनके रूप अनंत व असंख्य हैं। गुण, कर्म व स्वभाव की उत्पत्ति 'क्षर' पुरुष से मानी गई है। परम पुरुष जो स्वयं 'सत्' है वह वास्तव में 'अक्षर' है। यह 'अक्षर' ही 'ब्रह्म' पर अपनी इच्छा, अहंकार के कारण 'क्षर' रूप को भी धारण करता है; क्योंकि स्वयं के सतत परिवर्तन में क्रीड़ा करना, उसमें आनंद लेना उसका स्वभाव है। 'प्रकृति' भी वास्तव में ब्रह्म का स्वयं एक 'कार्य' ही है।

एतस्माज्जायते प्राणो मनः सर्वेन्द्रियाणि च।
खं वायुर्ज्योतिरापः पृथिवी विश्वस्य धारिणी॥

—मुंडकोपनिषद्, २-१-३

इस परमपुरुष (ब्रह्म) से प्राण, सब इंद्रियाँ, आकाश, वायु, अग्नि, जल और सकल विश्व को धारण करनेवाली पृथ्वी—ये सब उत्पन्न होते हैं।

यह परमपुरुष ब्रह्म है तो 'अक्षर', पर स्वयं की माया के कारण 'क्षर' रूप धारण करता है और लौकिक चेतना में हम केवल 'क्षर' रूप अर्थात् सतत परिवर्तित रूप से ही संपर्क में आते हैं। इस 'क्षर' रूप के पीछे जो सतत विद्यमान सत्ता है वह 'अक्षर' है। इसलिए 'क्षर' से प्रसूत वर्णव्यवस्था जिस सत्ता पर स्थापित है वह अक्षर है, सत् है तथा भेदहीन है। चारों वर्णों में जो साम्य है, एकता है, उनका जो आधारभूत तत्त्व है उसे हम अहंकार, स्वार्थ, आसक्ति व अज्ञानप्रसूत लौकिक चेतना के कारण देख नहीं पाते तथा भेदभावपूर्ण राग-द्वेष प्रधान आचरण करने लगते हैं। इस भेदभावपूर्ण और राग-द्वेष प्रधान आचरण का समर्थन वैदिक ऋषियों ने कभी नहीं किया और श्रेष्ठतम ज्ञान उसे ही बताया जो एक ही आत्मा का विस्तार सभी में देख सके और लौकिक दृष्टि से भेद प्रधान सत्ता से प्रभावित न हो। यह भेद प्रधान सत्ता एक ओर जहाँ अहंकार से प्रसूत होती है वहीं वह अहंकार का संवर्धन भी करती है। अपने अहंकार व स्वार्थ के कारण मानव 'सत्' रूपी आत्मतत्त्व से अनभिज्ञ रहता है और 'वर्ण' की वैसी ही मनमानी व्याख्या करता है जिससे उसका अहंकार व स्वार्थ सिद्ध हो। इस अज्ञानजनित व अहंकारपूर्ण वर्ण व्याख्या को भारतीय मनीषा ने कभी स्वीकार नहीं किया।

भारतीय मनीषा यह तो कहती है कि सारी सृष्टि चार वर्णों में विभाजित है, पर वह यह भी कहती है कि कौन किस वर्ण का है, इसका निर्धारण गुण, कर्म व स्वभाव पर आश्रित होगा। प्रकृति की जो भी अभिव्यक्तियाँ हैं, उनमें हर एक के पृथक्-पृथक् गुण, कर्म व स्वभाव हैं; हर अभिव्यक्ति की अनेक व अनंत उप अभिव्यक्तियाँ हैं, और उनके भी पृथक्-पृथक् गुण, कर्म व स्वभाव

हैं। इन अभिव्यक्तियों में सर्वश्रेष्ठ चेतन अभिव्यक्ति के रूप में मानव की रचना हुई है, अतः मानव भी अपने गुण, कर्म व स्वभाव से विभाजित होगा तथा उसी आधार पर उसका 'वर्ण' बदलता रहेगा। आज जो व्यक्ति श्रेष्ठ गुणों के कारण एक 'वर्ण' विशेष का है, कल जब उसके गुण, कर्म व स्वभाव में परिवर्तन हो जाता है तो उसका 'वर्ण' भी बदल जाएगा। इसके अनेक उदाहरण भारतीय संस्कृति के इतिहास में भरे पड़े हैं। चैतन्यप्रसूत मानव के पास यह शक्ति है कि वह अभ्यास के द्वारा अपनी चेतना का ऊर्ध्वारोहण कर सकता है तथा गुण, कर्म व स्वभाव में मौलिक परिवर्तन ला सकता है। चेतना के ऊर्ध्वारोहण हेतु जिन प्रक्रियाओं को महत्त्व प्रदान किया गया है वे सभी प्रक्रियाएँ 'योग' व 'यज्ञ' की श्रेणी में आती हैं। हर व्यक्ति 'योग' व 'यज्ञ' का अधिकारी है। जिसके भी मन में ऊर्ध्वारोहण की प्यास जाग्रत हो जाए, जो सत्य की खोज के लिए व्याकुल हो उठे, जो स्वयं के अंतस को निहारने के लिए वास्तव में तैयार हो, जो ज्ञान प्राप्त करने में आलस्य व प्रमाद न करे, जो ज्ञान की उपलब्धि व उसके रक्षण के लिए कष्ट सहने को तैयार हो, वह अपने गुण, कर्म व स्वभाव में इच्छानुसार परिवर्तन ला सकता है। इसमें किसी पर भी न कोई रोक है, न कोई रोक संभव ही है। ज्ञान के मार्ग पर तो अकेले ही चलना होगा तथा उसे स्वयं अपने पुरुषार्थ से उपार्जित करना होगा। यज्ञ भाव से किया गया हर कर्म पुरुषार्थ है। आत्मज्ञान की उपलब्धि के लिए किया गया हर अंतसप्रसूत कर्म, चिंतन, मनन व सतत अभ्यास 'योग' है। 'योग' और 'यज्ञ' दोनों ही मार्ग मानवमात्र के लिए उपलब्ध हैं। यद्यपि यह ठीक है कि कालांतर में इसमें व्यतिक्रम हुआ, पथभ्रष्टता आई और निहित स्वार्थ व अहंकार ने 'यज्ञ' के क्षेत्र में भेदभाव किया; पर 'योग' के क्षेत्र में कहीं कोई भेदभाव न था और न है तथा न हो सकता है। सत्य तो यह हैं कि 'यज्ञ' में भी जो भी भेदभाव रचा गया वह रूढ़िवादी कर्मकांडियों की देन है; पर यह रूढ़िवाद किसीकी वैयक्तिक साधना पर अंकुश कैसे लगा सकता है? 'यज्ञ' तो वास्तव में आत्म ऊर्ध्वारोहण की प्रक्रिया है, यह आत्मशोधन का मार्ग है, यह जीवन में सर्वकल्याण का भाव है; यज्ञ एक मानसिक, वैचारिक व भावनात्मक रूपांतरण है, और यह कार्य तो नितांत वैयक्तिक रूप से स्वयं ही अपने अंतस में करना होगा तथा इसमें बाहरी हस्तक्षेप हो ही नहीं सकता। हाँ, यदि 'यज्ञ' का अर्थ हवनकुंड में अग्नि प्रज्वलित करके पुरोहित व ऋत्विज् को बुलाकर उससे मंत्रोच्चार करवाकर आहुति दिलवाना है तो इसमें दूसरे व्यक्तियों का सहयोग चाहिए। पर वास्तव में इस कर्मकांड के रूप में 'यज्ञ' को स्थापित करना संकीर्णता तो है ही, साथ ही 'यज्ञ' शब्द के साथ अन्याय भी है। जहाँ

सर्वकल्याण का भाव है, अंतस के उत्कर्ष व कलुषशोधन का भाव है, वहीं यज्ञ है। यज्ञ के इस रहस्य को गीता में भलीभाँति स्पष्ट कर दिया गया है। अत: हमें उन रूढ़िवादियों की उपेक्षा करनी होगी जो 'यज्ञ' का गलत भाष्य कर रहे हैं और जो इसे कुछ वर्णों तक ही सीमित कर रहे हैं। 'यज्ञ' व्यवस्था व यज्ञोचित आचरण पर सभी मानवों का समान अधिकार है और स्वयं के अंतस को प्रकाशित करने का प्रयास करना सभी मानवों का कर्तव्य है। यज्ञ के संदर्भ में भेदभाव करना स्वयं यज्ञ-भावना के विरुद्ध है, वह प्राणिमात्र के साथ अन्याय है।

'वर्ण' के संदर्भ में अनेक भारतीय विचारकों ने इतना बड़ा खिलवाड़ किया, इसपर आश्चर्य होता है। अनेक भारतीय ऋषि 'वर्ण' शब्द का भाष्य करते समय भटक कैसे गए? उनके इस भटकाव ने जातिप्रथा सरीखी घृणित व अपमानजनक व्यवस्था को जन्म दिया और भारतीय मनीषा के उच्चतम आदर्शों के साथ घोर अन्याय किया। 'वर्ण' को जन्म के साथ जोड़कर जो अन्याय किया गया, उसके कारण ही भारत का पतन हुआ और आज भी यह महान् राष्ट्र घोर कलह, अशांति व सांस्कृतिक अवनति से ग्रस्त है। हमारे वैदिक ऋषियों व आदि मनीषा ने 'वर्ण' को जन्म के साथ नहीं जोड़ा, उसे तो उन्होंने 'गुण' और 'कर्म' के साथ जोड़ा। 'वर्ण' का शाब्दिक अर्थ है रंग। 'आवृणोति आश्रयमिति वर्ण:'—जो आश्रय का आवरण करता है, वह वर्ण है। वर्ण के और भी अर्थ हैं; जैसे—सौंदर्य, गुण, आकृति, आवरण इत्यादि। सृष्टि के संदर्भ में जिस 'चातुर्वर्ण' की बात की गई है उसका सीधा-सीधा संबंध गुण और कर्म से है तथा गुण और कर्म स्वयं के पुरुषार्थ की देन हैं। इनका मात्र जन्म विशेष से कोई भी संबंध नहीं है। भारतीय मनीषा की मान्यता है कि प्रकृति के तीन गुण हैं—सत, रज और तम। प्रकृति में मानव सहित ऐसा कुछ भी नहीं है जोकि इन तीन गुणों का सम्मिश्रण न हो। किसीमें सतोगुण का आधिक्य है तथा रज व तम कम, किसीमें रजोगुण की प्रधानता है, सत व तम की कम और किसीमें तमोगुण की प्रधानता है, सत व रज की कम; और किसीमें ये गुण लगभग समान अनुपात में हैं। सत्य यह है कि किस व्यक्ति में किस अनुपात में कौन-सा गुण है, इसका निर्णय कर पाना बहुत ही जटिल और लगभग असंभव-सा है; क्योंकि समय, ज्ञान, अनुभव व विवेक के उदय अथवा पतन के साथ-साथ विभिन्न गुणों का अनुपात भी व्यक्ति में घटता-बढ़ता रहता है। एक व्यक्ति आज तामसिक वृत्तियोंवाला है, कल वही व्यक्ति श्रेष्ठ कोटि का संत बन सकता है। भारतीय संस्कृति में ऐसे अनेक उदाहरण हैं; जैसेकि कल तक जो भयंकर दस्यु था वह

बाद में स्वयं के प्रयास से महर्षि वाल्मीकि बना। किस परिवार में व्यक्ति का जन्म हुआ है, मात्र उसी आधार पर उसकी जाति अर्थात् वर्ण का निर्धारण मानवता के साथ अन्याय है। दुर्भाग्य यह है कि यह अन्याय भारत में हुआ है और आज भी हो रहा है तथा इसके प्रतिकार के लिए जैसी संकल्प-शक्ति राष्ट्र और समाज के पास होनी चाहिए वह नहीं है।

जो लोग 'वर्णव्यवस्था' को कर्म और गुणों से न जोड़कर जन्म से जोड़ते हैं, वे बड़े विचित्र तर्क देते हैं और अपने इन तर्कों की पुष्टि में भारतीय मनीषा के आर्ष वचनों का गलत भाष्य भी करते हैं। इनसे हमें बचना होगा तथा भारतीय मनीषा के वास्तविक मंतव्य को समझना होगा। जन्मना वर्णव्यवस्था के समर्थन में कुछ लोग ऋग्वेद के पुरुषसूक्त का उद्धरण प्रमाण रूप में देते हैं। यह तो सरासर असत्य व अन्याय है। पुरुषसूक्त में सोलह मंत्र हैं। इसमें परमात्मा के स्वरूप का वर्णन है। इसमें कोई भी भौतिक, सामाजिक व सांसारिक मूल्यांकन नहीं है और न ही यह बौद्धिक मूल्यांकन है; इसमें केवल आलंकारिक भाषा में परमात्मा, जोकि 'परमपुरुष' है, का काव्यात्मक वर्णन है। पुरुषसूक्त में संसार व ब्रह्मांड की समता भी दिखाई गई है। पुरुषसूक्त के पहले मंत्र में आलंकारिक भाषा में 'परमपुरुष' को सहस्र शिरोंवाला, सहस्र नेत्रोंवाला व सहस्र पैरोंवाला मानकर एक काव्यमय कल्पना की गई है और दूसरे मंत्र में यह कहा गया है कि सहस्रों शिर, नेत्रों व पैरोंवाला यह पुरुष ही भूत है, भविष्य है और वही वर्तमान में भी उपस्थित है तथा वह मोक्ष का स्वामी भी है। इसी परमपुरुष से समस्त ब्रह्मांड उत्पन्न हुआ है और यही समस्त प्रकृति का निमित्त और अधिष्ठान है। इसीसे समस्त ऊर्जा उत्पन्न हुई और इसीसे समस्त भौतिक प्रपंच उपजा। इसीसे समस्त भोग्य पदार्थ और सौर तेज उत्पन्न हुआ और यही सृष्टि का कारण बना। पुरुषसूत्र के ग्यारहवें मंत्र में आलंकारिक काव्यभावना से प्रेरित ऋषि प्रश्न करते हुए कहते हैं, "जब दिव्य शक्तियाँ परमपुरुष की कल्पना करती हैं तब यह कल्पना कितने प्रकार से की जाती है? किसको इस विराट् परमपुरुष का मुख कहा जाए, कौन है जो इस विराट् सहस्रशीर्षा पुरुष का बाहु है? किसके सहारे यह पुरुष चलता है, अर्थात् कौन है इसका पैर?"

पुरुषसूक्त के इस मंत्र का उत्तर भी ऋषि काव्यात्मक भाषा में स्वयं अगले मंत्र में देता है और कहता है—

"जो ब्रह्मज्ञानी है, समस्त चराचर में एक ही ईशत्व देखता है वह इस विराट् पुरुष का मुख अर्थात् वही समाज का श्रेष्ठतम अंग है। जो समाज का

रक्षण करता है, कर्मयोगी है, वह विराट् पुरुष का बाहु है तथा उर भाग अर्थात् उदर भाग वैश्य है। जो सारे समाज का पोषण करने के निमित्त समृद्धि का संग्रह व वितरणकर्ता है और जो गति देने में समर्थ हो, जिसपर विराट् पुरुष आश्रित है, वही है उसके पाद अर्थात् पैर—और ब्रह्म को गति देने में जो समर्थ हैं उन्हें ही शूद्र वर्ण कहा गया। इस विराट् पुरुष का मन चंद्रमा है, अर्थात् वह शांति व शीतलता देनेवाला है। इसके नेत्र सूर्य के समान तेजस्वी हैं और इसके मुख से दिव्य गुण व श्रेष्ठ संकल्प उत्पन्न होते हैं। जो प्राण है वह सर्वत्र वायु के समान संचरण करता है। इस सूक्त के अंतिम मंत्र का भाव यह है कि सर्वकल्याणकारी संकल्प व कर्म दिव्य चेतना से प्रसूत होते हैं। ये श्रेष्ठ व दिव्य कर्म ही संसार के धारक हैं। पूरा पुरुषसूक्त निम्न है—

सहस्रशीर्षा पुरुषः सहस्राक्षः सहस्रपात्।
स भूमिं विश्वतो वृत्वात्यतिष्ठद्दशाङ्गुलम्॥

—ऋग्वेद, १०-९०-१

असंख्य शिरों, नेत्रों व पैरोंवाला विराट् पुरुष (परमेश्वर) समस्त भूमि (ब्रह्मांड) में पूरी तरह व्याप्त होकर भी उससे भी अधिक शक्तिमान है, क्योंकि वह इस समस्त भूमि आदि का अतिक्रमण करके उससे भी दस गुना अधिक ऊपर है। अर्थात् वह ब्रह्मांड के बाहर भी व्याप्त है। इसका और सुंदर अर्थ यह है कि यद्यपि इस सहस्र शिरों, नेत्रों व पादोंवाले विराट् पुरुष से सारी भूमि (ब्रह्मांड) पूरी तरह व्याप्त है, फिर भी उसे दस इंद्रियों में से किसीसे भी नहीं जाना जा सकता, वह मन के भी परे अज्ञेय है।

पुरुष एवेदं सर्वं यद्भूतं यच्च भाव्यम्।
उतामृतत्वस्येशानो यदन्नेनातिरोहति॥

—ऋग्वेद, १०-९०-२

यह विराट् पुरुष ही वर्तमान में व्याप्त है, यह पुरुष ही भूतकाल में व्याप्त था और यही भविष्य में भी व्याप्त रहेगा। यह 'पुरुष' ही अमृततत्त्व का स्वामी है और यही कारणभूत 'अन्न' बनकर समस्त ब्रह्मांड का रचयिता है, अर्थात् इससे ही समस्त जगत् उत्पन्न होता है।

एतावानस्य महिमातो ज्यायाँश्च पूरुषः।
पादोऽस्य विश्वा भूतानि त्रिपादस्यामृतं दिवि॥

—ऋग्वेद, १०-९०-३

ब्रह्मांड में विराट् पुरुष की जो भी महिमा दिखाई दे रही है, उससे यह पुरुष कहीं अधिक बड़ा है। उसके तीन अंश अत्यंत दिव्य, सर्वप्रकाशक व अविनाशी

हैं। मात्र एक अंश से ही समस्त ब्रह्मांड उत्पन्न हुआ है। शेष अज्ञेय है।

त्रिपादूर्ध्व उदैत्पुरुषः पादोऽस्येहाभवत्पुनः।
ततो विष्वङ् व्यक्रामत्साशनानशने अभि॥

—ऋग्वेद, १०-९०-४

तीन पादों (अंशों) वाला यह अविनाशी विराट् पुरुष समस्त ब्रह्मांड के ऊपर विराजमान है (अर्थात् सबका स्वामी है)। इसका एक पाद (अंश) ही जगत् में बार-बार प्रकट होता है तथा उससे ही समस्त जड़, चेतन व अचेतन जगत् अभिव्याप्त है।

तस्माद्विराळजायत विराजो अधि पूरुषः।
स जातो अत्यरिच्यत पश्चाद्भूमिमथो पुरः॥

—ऋग्वेद, १०-९०-५

समष्टि रूप प्रकृति उसीसे उत्पन्न है और इस प्रकृति के ऊपर यह विराट् पुरुष विराजमान है। यह विराट् पुरुष उसके अतिरिक्त है जो उत्पन्न हुआ है और जिससे भूमि और नाना शरीर उत्पन्न हुए हैं।

यत्पुरुषेण हविषा देवा यज्ञमतन्वत।
वसन्तो अस्यासीदाज्यं ग्रीष्मः इध्म शरद्धविः॥

—ऋग्वेद, १०-९०-६

जब विराट् पुरुष से उत्पन्न सर्व जो प्रकाशित व ऊर्जित करनेवाली दिव्य शक्तियाँ इस विराट् पुरुष से प्राप्त सामग्री (हविषा) से 'सृष्टि-यज्ञ' करती हैं अर्थात् सृष्टि की रचना करती हैं तब वसंत ऋतु पोषण प्रदान करती है, ग्रीष्म समिधा बनती है और शरद् ऋतु हवि होती है।

तं यज्ञं बर्हिषि प्रौक्षन्पुरुषं जातमग्रतः।
तेन देवा अयजन्त साध्या ऋषयश्च ये॥

—ऋग्वेद, १०-९०-७

जगत् के समस्त पदार्थों की संगति व सर्वकल्याण करनेवाली जो भी शक्तियाँ हैं, विराट् पुरुष उनसे ऊपर है और उनका अधिष्ठाता है। ये शक्तियाँ ही अनंत में स्वयं का विस्तार करके विराट् पुरुष का अभिषेक करती हैं और इस विराट् पुरुष से प्रेरित होकर ही वे समस्त सृष्टि का सृजन करती हैं।

तस्माद्यज्ञात्सर्वहुतः सम्भृतं पृषदाज्यम्।
पशून्ताँश्चक्रे वायव्यानारण्यान्ग्राम्याश्च ये॥

—ऋग्वेद, १०-९०-८

इस सृष्टि यज्ञ में आहूत करनेवाले विराट् पुरुष से ही सर्व अन्न (सृष्टि के

कारणभूत) व आज्य (सारतत्त्व) उत्पन्न होते हैं और जो भी ऊर्जा ग्रामों में, जंगलों में तथा व्योम (आकाश) में है वह उससे ही उत्पन्न है।

तस्माद्यज्ञात्सर्वहुत ऋचः सामानि जज्ञिरे।
छन्दांसि जज्ञिरे तस्माद्यजुस्तस्मादजायत॥

—ऋग्वेद, १०-९०-९

सर्वहित व सर्वकल्याण के लिए समस्त ज्ञान इस विराट् पुरुष (परमेश्वर) ने ही उत्पन्न किया है।

तस्मादश्वा अजायन्त ये के चोभयादतः।
गावो ह जज्ञिरे तस्मात्तस्माज्जाता अजावयः॥

—ऋग्वेद, १०-९०-१०

इस विराट् से ही समस्त पशु—घोड़े, गाय, बकरी, भेड़ आदि उत्पन्न हुए हैं। इस सामान्य भावार्थ के अतिरिक्त एक सही और साथ ही सुंदर अर्थ यह भी है कि विराट् पुरुष जोकि भोक्ता है, उसने सर्वव्यापी प्राणतत्त्व से सृष्टि के सभी भोग्य पदार्थ उत्पन्न किए हैं। (जिन्हें इस अर्थ पर आपत्ति हो, उन्हें शतपथ ब्राह्मण को पढ़ना चाहिए; शतपथ ब्राह्मण व अन्य ब्राह्मण ग्रंथों के अनुसार, अश्व सौर तेज का प्रतीक है, 'गौ तत्त्व' पर संपूर्ण भौतिक प्रपंच प्रतिष्ठित है, 'अविपशु' बृष्ठि का मूलतत्त्व 'दिक्सोम' है, 'अजपशु' सृष्टि का पृथ्वी भाग है। वह तत्त्व, जो आत्मनिर्भरता रखने में समर्थ न हो उसे 'पशु' कहा जाता है।) देखें शतपथ ब्राह्मण भाष्य, द्वितीय अध्याय, प्रथम कांड व तृतीय ब्राह्मण।

यत्पुरुषं व्यदधुः कतिधा व्यकल्पयन्।
मुखं किमस्य कौ बाहू का ऊरू पादा उच्येते॥

—ऋग्वेद, १०-९०-११

इस विराट् पुरुष की परिकल्पना में कौन-सी दिव्य शक्ति उसका मुख है, कौन-सी दिव्य शक्ति उसके बाहु हैं और कौन है उसका उदर तथा किस दिव्य शक्ति को उसका पाद (पैर) माना जाए?

ब्राह्मणोऽस्य मुखमासीद् ब्राहू राजन्यः कृतः।
ऊरू तदस्य यद्वैश्यः पद्भ्यां शूद्रो अजायत॥

—ऋग्वेद, १०-९०-१२

जो ब्रह्मज्ञानी विराट् पुरुष का मुख है, समाज का रक्षक उसके बाहु हैं, समृद्धि का संग्रह व वितरण उसका उदर है तथा शरीरबल द्वारा सर्व सेवाभाव उसके पाद हैं।

इस मंत्र का कर्मकांडियों तथा मानव को ब्राह्मण, क्षत्रिय, वैश्य व शूद्र में विभाजित करनेवालों ने जो अर्थ किया है वह इस प्रकार है—

"विराट् पुरुष का मुख ब्राह्मण के सदृश है, उसके बाहु क्षत्रियों के सदृश हैं और ऊरु भाग वैश्य के सदृश है तथा 'पद' अर्थात् पैर शूद्र के सदृश हैं।"

इस मंत्र में 'कृतः' शब्द का प्रयोग यह सूचना दे रहा है कि समाज में सभी शूद्रवत् उत्पन्न होते हैं। ब्राह्मण, क्षत्रिय ,श्य व शूद्र कौन हैं और कौन नहीं, इसका निर्धारण गुण-कर्म से होता है।

चन्द्रमा मनसो जातश्चक्षोः सूर्यो अजायत।
मुखादिन्द्रश्चाग्निश्च प्राणाद्वायुरजायत॥

—ऋग्वेद, १०-९०-१३

इस विराट् परमात्मा के शरीर में चंद्रमा उसका मन है, सूर्य उसके नेत्र हैं, उसका मुख इंद्र और अग्नि रूप है तथा प्राण वायु है।

नाभ्या आसीदन्तरिक्षं शीर्ष्णो द्यौः समवर्तत।
पद्भ्यां भूमिर्दिशः श्रोत्रात्तथा लोकाँ अकल्पयन्॥

—ऋग्वेद, १०-९०-१४

अंतरिक्ष इस विराट् पुरुष की नाभि है। उसका सिर ब्रह्मांड का द्युलोक है। पैर पृथ्वी (भूमि) है, श्रोत (कान) दिशाएँ हैं और इसी प्रकार अन्य लोक भी इस विराट् पुरुष के शरीर में स्थित हैं।

सप्तास्यासन्परिधयस्त्रिः सप्त समिधः कृताः।
देवा यद्यज्ञं तन्वाना अबध्नन्पुरुषं पशुम्॥

—ऋग्वेद, १०-९०-१५

विद्वान् जिस विराट् पुरुष को सर्वकल्याण के भाव व सर्वद्रष्टा रूप से ध्यान करते हैं, उसकी सात परिधियाँ हैं। उसके इक्कीस प्रकाशक हैं। ये सात परिधियाँ सात शीर्षक प्राण हैं और इक्कीस प्रकाशक के रूप में पाँच तन्मात्राएँ, पंचमहाभूत, पाँच ज्ञानेंद्रियाँ, पाँच कर्मेंद्रियाँ व मन की गणना है।

यज्ञेन यज्ञमयजन्त देवास्तानि धर्माणि प्रथमान्यासन्।
ते ह नाकं महिमानः सचन्त यत्र पूर्वे साध्याः सन्ति देवाः॥

—ऋग्वेद, १०-९०-१६

अपने दृढ़ संकल्प से योगिजन (विद्वान्) विराट् पुरुष परमेश्वर की उपासना करते हैं। अभ्युदय व निःश्रेयस के मार्ग पर चलते हुए ये महान् सामर्थ्यवाले ज्ञानीजन उस परमात्मा को पाते हैं, जिसे दिव्य ज्ञानवाले ब्रह्मज्ञानियों ने पाया है।

ऋग्वेद के इस पुरुषसूक्त का वास्तविक अर्थ क्या होगा, यह तो इस सूक्त के मौलिक रचयिताओं को ही मालूम होगा, क्योंकि संस्कृत भाषा में एक ही शब्द के अनेक अर्थ होते हैं; पर निश्चित रूप से रचयिता ने इस दिव्य पुरुषसूक्त की रचना किसी संकीर्णता को प्रतिपादित करने हेतु नहीं की। पुरुषसूक्त के जो अर्थ यहाँ किए गए हैं, हो सकता है, जन्म आधारित वर्णव्यवस्था के समर्थकों को अथवा ऊर्ध्वारोहित चेतना से हीन, आत्मज्ञान से अपरिचित मनीषियों को ये अर्थ स्वीकार न हों; पर यह स्वयं भारतीय मनीषा के तथा पुरुषसूक्त के रचयिता के साथ अन्याय होगा। इस सूक्त के बारहवें मंत्र का अनर्थ करके जन्म आधारित जाति-व्यवस्था का प्रतिपादन घोर अज्ञान है। यह पुरुषसूक्त तो दिव्य आध्यात्मिक चेतना से ही प्रसूत हुआ है, इससे कौन इनकार करेगा। सर्व-कल्याणकारी व अनासक्त ऊर्ध्वारोहित चेतना से किसी भी विभाजक व अविवेकपूर्ण भावों का जन्म नहीं हो सकता। पुरुषसूक्त से भी जीवन के वे आधारतत्त्व ही सामने आने चाहिए जो सार्वकालिक व सर्वव्यापी हों। समय बदल सकता है, परिस्थिति बदल सकती है; पर जीवन के आधारभूत तत्त्व और विशेष रूप से आत्मज्ञान से प्रसूत तत्त्वों को कोई बदल कैसे सकेगा? अत: पुरुषसूक्त का या भारतीय उपनिषदों का कोई भी ऐसा भाष्य, जो जीवन के आधारभूत मौलिक तत्त्वों व आध्यात्मिक चेतना (आत्मतत्त्व) के विपरीत है, वह पूर्वग्रहजनित माना जाएगा तथा उचित यह होगा कि उसे अस्वीकार करके वेदांत में आधारभूत आत्मज्ञान को ही खोजा जाए।

पुरुषसूक्त से वर्णव्यवस्था का जिस तरह से प्रतिपादन अनेक पूर्वग्रहियों ने किया है, उसका खंडन करना ही अभीष्ट है। यह सूक्त अथवा इस सूक्त के बारहवें मंत्र से जन्म आधारित व्यवस्था का प्रतिपादन हो ही नहीं सकता। यह सूक्त किसी समाज विशेष अथवा किसी परिस्थिति विशेष का मंडन करने के निमित्त नहीं रचा गया। ऊँच-नीच का भेद, मानव-मानव में मात्र जन्म के आधार पर किए गए भेद 'आत्मज्ञान' के दर्शन से मेल नहीं खाते। शूद्र ब्राह्मण से नीचा है अथवा क्षत्रिय और वैश्य शूद्र से ऊँचे हैं, यह एक बहुत ही खतरनाक अवधारणा है। किसी परिवार विशेष में जन्म लेने के कारण किसी भी व्यक्ति को हेय दृष्टि से देखना या यह निष्कर्ष निकाल लेना कि उसमें श्रेष्ठ प्रतिभा हो ही नहीं सकती, निश्चित रूप से किसी वैदिक ऋषि को कभी भी स्वीकार नहीं हुआ होगा। परिवार विशेष में जन्म लेने के कारण न कोई ऊँचा होता है, न नीचा; न किसीमें प्रतिभा आ जाती है और न वह प्रतिभाविहीन ही हो जाता है। प्रतिभा तथा वैचारिक व भावनात्मक क्षमता का जन्म से संबंध तो है, पर उस

तरह से नहीं जैसाकि आज भारत में जन्म व जाति आधारित वर्णव्यवस्था के पोषकों द्वारा प्रतिपादित किया जा रहा है। यहाँ यह स्वीकार करना उचित होगा कि भारतीय मनीषा ने मानव प्रतिभा को चार भागों में बाँटा है—पहली है ज्ञान प्रधान बौद्धिक प्रतिभा, जिसे ब्राह्मण कहकर संबोधित किया गया है; दूसरी है क्षत्र प्रधान राजसिक वृत्तियों से युक्त प्रतिभा, जिसे क्षत्रिय कहा गया। मनोवैज्ञानिक दृष्टि से प्रतिभा का तीसरा वैविध्य 'वैश्य' रूप में वर्णित हुआ और चौथा वर्ण 'शूद्र' माना गया। जब प्रतिभा की समस्त ऊर्जा सेवाभाव में ही लगने के लिए व्याकुल हो उठती है, तो सेवाभाव प्रधान यह प्रतिभा अत्यंत विनम्र, शांत व सहिष्णु होती है; वह संघर्ष से बचती है। यह जो 'शूद्र' प्रतिभा है उसे भारतीय मनीषा ने 'पूषा' कहकर संबोधित किया है, अर्थात् ऐसी प्रतिभा जो प्राणिमात्र का सेवाभाव से पोषण करने के लिए व्याकुल हो। जिसकी मनोवृत्ति पूर्णत: सेवाभाव में अनुरक्त हो, उसे जीवन के अन्य रंग उतने सुरुचिपूर्ण नहीं लगेंगे जितना कि परिचर भाव।

भारतीय मनीषा ने मानव की ही नहीं, सृष्टि की समस्त प्रतिभा व शक्ति का वर्गीकरण चार भागों में किया और इसीलिए उसका उद्घोष हुआ—

चातुर्वर्ण्यं मया सृष्टं गुणकर्मविभागशः।

—श्रीमद्भगवद्गीता, ४-१३

यह विभाजन किसीको ऊँचा या नीचा करने की दृष्टि से नहीं किया गया। यह कोई प्रतिभा का मूल्यांकन नहीं है, वरन् उसका समांतर वर्गीकरण है। यह वर्गीकरण चेतना के ही नियमों पर आश्रित है। मानव के संदर्भ में यह मानव व्यक्तित्व का वर्गीकरण है। इसका संबंध इस बात से नहीं है कि किसका किस परिवार में जन्म हुआ। यह वर्गीकरण मात्र इस भिन्नता की स्वीकृति है कि व्यक्तित्व का मनोवैज्ञानिक आकलन उसके गुण, कर्म व स्वभाव पर आश्रित रहेगा। यह वर्गीकरण मानव व्यक्तित्व के मनोविज्ञान के प्रति अति गंभीर समझदारी है। भारत में वर्णव्यवस्था के नाम पर जो चल रहा है वह मानव व्यक्तित्व का मनोवैज्ञानिक वर्गीकरण नहीं है; वह तो सामाजिक अज्ञान, सामाजिक विकृति और एक गंभीर बीमारी है। जन्म आधारित जातिप्रथा के रूप में मान्यता प्राप्त भारतीय समाज का यह वर्गीकरण मनोवैज्ञानिक वैविध्य की स्वीकारोक्ति न होकर सामाजिक शोषण व अत्याचार को दी जानेवाली स्वीकारोक्ति है। हर व्यक्ति का अपना एक पृथक् स्पष्ट व्यक्तित्व होता है, जो वह स्वयं के पूर्वजन्म के संस्कारों तथा वर्तमान कर्मों व संस्कारों से अर्जित करता है। वर्तमान में जिस व्यक्ति का जैसा भी व्यक्तित्व है उसे

स्वभाव के अनुसार कार्य करने तथा स्वयं को पूर्णरूप से विकसित करने की पूरी-पूरी स्वतंत्रता व सुविधा मिलनी ही चाहिए। इस व्यक्तित्व का निर्धारण परिवार विशेष में जन्म लेने मात्र से नहीं किया जा सकता। जिसे आज ब्राह्मण जाति का परिवार माना जाता है उसमें जन्म लेने से ही किसी भी व्यक्ति की मानसिक संरचना ब्रह्मज्ञान की उपलब्धि के अनुकूल नहीं हो जाएगी। आज तो ब्राह्मण परिवार में जन्म लेनेवाले अधिकांश व्यक्ति 'सेवाकर्मों' में लगना चाहते हैं। उपनिषदों के अनुसार, सभी सेवाकर्म 'शूद्र' वर्ण में वर्गीकृत होंगे। यह व्याख्या स्वयं आदि शंकराचार्य ने भी 'बृहदारण्यक उपनिषद्' का भाष्य करते हुए की है। आदि शंकर अपने भाष्य में लिखते हैं—

क: पुनरसौ शूद्रो वर्णो य: सृष्ट:? पूषणं पुष्यतीति पूषा।
क: पुनरसौ पूषेति विशेषतस्तन्निर्दिशति—इयं पृथिवी पूषा।

—बृहदारण्यकोपनिषद्

यह जो उत्पन्न किया गया वह शूद्र वर्ण कौन था? पूषण—जो पोषण करता है, इसलिए पूषा है।

पोषण करना ही सबसे बड़ी सेवा है, यही सर्वश्रेष्ठ कर्म है; इसीलिए पृथ्वी को पूषा कहा गया है। पर आश्चर्य है कि रूढ़िवादियों ने 'शूद्र' शब्द का अपमान करके उसका गलत भाष्य किया और इस शब्द को हेयवाचक बना दिया।

वर्णव्यवस्था के संदर्भ में 'मनुस्मृति' के उद्धरण बहुत दिए जाते हैं और यह प्रचार किया गया है कि मनुस्मृति जन्म आधारित वर्णव्यवस्था की समर्थक है; पर वास्तव में ऐसा नहीं है। मनुस्मृति के ही दसवें अध्याय में इसकी पुष्टि की गई है।

शूद्रो ब्राह्मणतामेति ब्राह्मणश्चति शूद्रताम्।
क्षत्रियाज्जातमेवं तु विद्याद्वैश्यात्तथैव च॥

—मनुस्मृति, १०-६५

श्रेष्ठ, अश्रेष्ठ कर्मों के अनुसार ही जो शूद्र है वह ब्राह्मण हो जाता है और ब्राह्मण शूद्र हो जाता है; ऐसे ही क्षत्रिय एवं वैश्य के विषय में भी जान लिया जाना चाहिए।

जिन्हें मनुस्मृति पर भी विश्वास न हो उन्हें ऐतरेय ब्राह्मण (२/१९) के उस प्रसंग को देखना चाहिए जो 'महर्षि कवष एलूष' से संबद्ध है। महर्षि कवष दासीपुत्र थे। उन्होंने स्वयं के मनन व निदिध्यासन से ब्रह्मज्ञान प्राप्त किया था; पर इसकी जानकारी अन्य ऋषियों को नहीं थी, क्योंकि उन्होंने किसी वैदिक

सूक्त की रचना नहीं की थी। अतः जब दासीपुत्र कवष सरस्वती के तट पर हो रहे एक ज्ञानयज्ञ में भाग लेने गए तो उन्हें उपस्थित विद्वानों ने अपने समकक्ष नहीं माना और अब्राह्मण घोषित कर दिया। इससे महर्षि कवष दुखी हुए और उन्होंने मनन के द्वारा सूक्त-रचना का संकल्प लिया और वनों में जाकर 'अपोनप्त्र देवता सूक्त' की रचना की। जैसे ही ऋषियों को पता चला कि कवष ने ब्रह्मज्ञान से 'अपोनप्त्र सूक्त' की रचना की है, उन्होंने आदर सहित महर्षि कवष को अपने बीच बुलाया और ब्राह्मण पद प्रदान किया। यह सूक्त ऋग्वेद के दशम मंडल में तीसवाँ है। महर्षि कवष ने और भी सूक्त लिखे हैं, जोकि ऋग्वेद के दशम मंडल में हैं।

ऐतरेय ब्राह्मण और ऋग्वेद की ही तरह 'आपस्तंब धर्मसूत्र' (१/५/१०) में भी कर्म आधारित वर्णव्यवस्था को मान्यता दी गई है। इसकी चर्चा महर्षि दयानंद ने अपने सुप्रसिद्ध व क्रांतिकारी ग्रंथ 'सत्यार्थप्रकाश' में की है।

धर्मचर्य्यया जघन्यो वर्णः पूर्वं पूर्वं वर्णमापद्यते जातिपरिवृत्तौ।
अधर्मचर्य्यया पूर्वो वर्णो जघन्यं जघन्यं वर्णमापद्यते जातिपरिवृत्तौ॥

—आपस्तंब सूत्र

धर्माचरण से निकृष्ट वर्ण अपने से उत्तम-उत्तम वर्ण को प्राप्त होता है और वह उसी वर्ण में गिना जावे कि जिस-जिसके योग्य होवे। वैसे अधर्माचरण से पूर्व अर्थात् उत्तम वर्णवाला मनुष्य अपने से नीचे-नीचेवाले वर्ण को प्राप्त होता है और उसी वर्ण में गिना जावे।

ऐतरेय ब्राह्मण और ऋग्वेद के अनेक मंत्रों से यह प्रमाणित होता है कि वर्णव्यवस्था जन्मना नहीं थी तथा यह भी प्रमाणित हो जाता है कि जिन्हें कर्म के आधार पर 'शूद्र' माना जाता था उन्हें भी यज्ञ करने का अधिकार था और सेवा भाव को छोड़कर अन्य कर्म करके वे भी समाज में अन्य पद—जैसे ब्राह्मण का पद, क्षत्रिय का पद—पाने के अधिकारी थे। भारतीय मनीषा ने यह माना है कि कर्म न तो श्रेष्ठ होता है, न अश्रेष्ठ; सभी कर्म अर्थात् सेवाकर्म भी अन्य कर्मों की भाँति एक श्रेष्ठ कर्म ही माना गया है और इसीलिए सेवाकर्म करनेवालों को भी यज्ञ का अधिकार दिया गया। ऋग्वेद के दशम मंडल के तिरपनवें सूक्त के पाँचवें मंत्र से इस बात की पुष्टि होती है कि सभी को यज्ञ का अधिकार प्राप्त था।

पञ्च जना मम होत्रं जुषन्तां गोजाता उत ये यज्ञियासः।

—ऋग्वेद, १०-५३-५

अर्थात्, पंचजन यज्ञ करें। ये पंचजन कौन हैं? इसका भाष्य महर्षि यास्क ने

किया है। यास्क के अनुसार (३-२-७) 'पंचजना' का अर्थ है ब्राह्मण, क्षत्रिय, वैश्य व शूद्र तथा निरामिष भोजी अनार्य।

शुद्र ही नहीं, कोई भी व्यक्ति स्वयं अपने कर्म व पराक्रम से किसी भी 'वर्ण' को प्राप्त कर सकता है। शतपथ ब्राह्मण में ऐसी व्यवस्था प्रतिपादित है—

तस्मादपि (दीक्षितम्) राजन्यं वा वैश्यं वा ब्राह्मण
इत्येव। ब्रूयात् ब्राह्मणो हि जायते यो यज्ञाज् जायते॥

—शतपथ ब्राह्मण, ३/२/१/४०

चाहे कोई क्षत्रियपुत्र हो या वैश्यपुत्र, यज्ञ में दीक्षा ग्रहण करके वह ब्राह्मण ही कहलाता है। बाद में कर्मानुसार क्षत्रिय व वैश्य बनते हैं।

ब्राह्मण ग्रंथों में ही नहीं, उपनिषदों में भी कर्म के अनुसार वर्णव्यवस्था का प्रतिपादन है। छांदोग्य उपनिषद् में शूद्रपुत्र जाबाल का प्रसंग है। जाबाल दीक्षा लेने महर्षि हरिद्रुमत गौतम के पास पहुँचता है। जाबाल से उसका गोत्र पूछा जाता है। जाबाल बिना झिझक बता देता है कि वह दासीपुत्र है तथा उसे अपने पिता का नाम नहीं मालूम। सत्य बोलने के कारण महर्षि गौतम द्वारा जाबाल को ब्रह्मविद्या का अधिकारी मान लिया जाता है और बाद में यह बालक महर्षि सत्यकाम जाबाल के रूप में आचार्य पद पर प्रतिष्ठित होता है।

सुप्रसिद्ध विद्वान् आद्यादत्त ठाकुर ने 'वेदों में भारतीय संस्कृति' नामक ग्रंथ में वर्णव्यवस्था की विशद् चर्चा की है और प्रतिपादित किया है कि वर्णव्यवस्था प्रकृति का धर्म है। चारों वर्ण आत्मा के ही धर्म हैं। आत्मा सर्वत्र है। उन्होंने लिखा है—

''मन: प्राण वाक् की समष्टि ही सत्ता है, यही अस्तित्व है, यही अव्यय ब्रह्म का अमृत रूप है। मन से उत्पन्न रूपों का, प्राण से उत्पन्न कर्मों का, वाक् से उत्पन्न नामों का समुच्चय ही उसका मर्त्यभाग है। मर्त्यभाग अमृत से आविर्भूत है। अमृत भाग वर्ण रूप है। स्वयं अव्यय अवर्ण है, उसीकी शक्ति के योग से वर्ण सृष्टि का उद्भव है, जैसाकि श्वेताश्वतर श्रुति कहती है—

य एकोऽवर्णो बहुधा शक्तियोगाद् वर्णाननेकान्निहितार्थो दधाति।
वि चैति चान्ते विश्वमादौ स देव: स नो बुद्ध्या शुभया संयुनक्तु॥

—श्वेताश्वतरोपनिषद्, ४/१

''इससे यह सिद्ध है कि वर्ण आत्मा ही धर्म है। आत्मा सर्वत्र है। प्रजापति प्रकरण में कहा गया है कि प्रत्येक सृष्ट पदार्थ एक-एक प्रजापति है। आत्मा ही प्रजापति है, इसलिए वर्ण भी प्रत्येक पदार्थ में अनिवार्य रूप से सिद्ध है। चारों वर्णों की स्थिति आत्मधर्म है। चारों वर्णों की स्थिति प्रत्येक पदार्थ में है। आत्मा

के वीर्य रूप ही ये वर्ण हैं; आत्मा कभी निर्वीर्य नहीं है। जहाँ ब्राह्मण आदि वर्णों का पार्थक्य बताया गया है वहाँ प्रधानता के कारण है, यह कहा जा चुका है। इसी प्रकार शुद्ध को निर्वीर्य कहा गया है, वहाँ भी अभिप्राय अल्प वीर्य से है। अंत्यज आदि में भी इन वीर्यों का अस्तित्व अनिवार्य है, परंतु तम के आधिक्य के कारण वीर्य अभिभूत रहते हैं। इसी दृष्टि से श्रुतियों में देवताओं में तो वर्ण विभाग कहा ही है, चेतन-अचेतन सभी में उनके अस्तित्व का उल्लेख किया गया है। यहाँ दो-चार उदाहरण देने से स्पष्ट हो जाएगा कि किस प्रकार वर्ण विभाग की व्यापकता है—

(१) ब्राह्मण—वृक्षों में पलाश को ब्राह्मण कहा गया है—'ब्रह्म वै पलाशः' (शत., ५/३/५/१३। नक्षत्रों में रोहिणी को ब्राह्मण कहा गया है—'यद् ब्राह्मण एवं रोहिणी' (तै. ब्रा., २/७/९/४)। पशुओं में अज ब्राह्मण है—'ब्रह्म व अजः' (शत., ६/४/४/१५)। दिन और रात में दिन ब्राह्मण है—'ब्राह्मणो वा एतद्रूपं यदहः' (शत., १३/१/५४) इत्यादि और अनेक प्रमाण हैं। यहाँ इतना निदर्शन पर्याप्त है।

(२) क्षत्रिय—अश्‍व क्षत्रिय है—'क्षत्रं वा अश्‍वः' (तै. ब्रा., ३/९/७/१)। धातुओं में हिरण्य क्षत्रिय है—'क्षत्रस्यैतद्रूपं यद्धिरण्यम्' (शत.,१२/२/२/१७)। आरण्य पशुओं में व्याघ्र क्षत्रिय है—'क्षत्रं वा एतदाण्यानां पशूनां यद् व्याघ्रः' (ऐत. ब्रा., ८/६)। प्रस्तर (कुश मुष्टि) क्षत्रिय है—'क्षत्रं वै प्रस्तरः विश इतरं बर्हिः' (शत., १/३/४/१०)।

''इसी प्रकार वैश्य और शूद्र के संबंध में भी श्रुतियों में अनेक वचन मिलते हैं, उनका विस्तार यहाँ अभीष्ट नहीं है। सारांश यह है कि चातुर्वर्ण आत्मा का धर्म है और जहाँ आत्मा है वहाँ ये चारों वर्ण विद्यमान हैं; परंतु इन चारों में कहीं कोई विशेष रूप से उद्भूत रहता है, अन्य तीन अंतर्हित रहते हैं तथा जिसकी प्रधानता होती है, उसके अनुसार उसका व्यपदेश होता है। इसी प्रधान वर्ण के अनुरोध से उस-उस वर्ण का प्रतिरिवक (निजी) धर्म भी पृथक् माना गया है।

''जिसके द्वारा आत्मा में दिव्य भाव संपन्न होता है, उस आत्मा में मन के संबंध से ज्ञानस्वरूप के उदय में प्रतिबंध करनेवाले दोष को हटानेवाला ब्रह्मवीर्य है। इसके द्वारा ब्रह्मवर्चस तेज, आकार, तप, विद्या, बुद्धि—ये बल संभव होते हैं। ब्रह्मवीर्य से दिव्य भावयुक्त यह आत्मा, प्रशांत वृत्ति, धृतिमान्, ज्ञानशील संपन्न होता है।

''जिसके द्वारा आत्मा में वीर भाव होता है; प्राण के संबंध से क्रिया में

प्रतिबंध करनेवाले दोष का निराकरण होता है, वह क्षत्र वीर्य है। उसमें ओज:, वाज नाम का तेज आकार, ऐश्वर्य, पराक्रम, उत्साह, प्रताप आदि बल उत्पन्न होते हैं। वीर भाव के कारण आत्मा स्वतंत्र वृत्ति महोत्साह, क्षोभ प्रधान पराक्रमशील संपन्न होता है।

''विड्वीर्य से पशु भाव, वागवच्छे से धर्म के उदय का अप्रतिबंध होता है। इसमें द्युम्न नाम का तेज, आकार, वाणिज्य, धन—ये बल उत्पन्न होते हैं। पशु भाव के कारण अन्य का अनुरोध रखनेवाला परतंत्र वृत्ति, पराश्रय, सापेक्ष तथा परार्थ व्यवसाय करनेवाला होता है। वास्तव में समाज के भरण-पोषण आदि का भार मुख्यतया वैश्य वर्ग पर ही निर्भर है।

''ये तीनों सवीर्य के स्वरूप हुए। शूद्र (अर्थात् जो भी व्यक्ति पराक्रम-शून्य हो वह 'शूद्र' है; और जो पराक्रमी हो वह या तो ब्रह्मज्ञानी है या फिर शौर्यवान् या व्यापार व समृद्धि उपार्जन में कुशल। निर्वीर्य का अर्थ पराक्रम-शून्यता से है।—*यह भाष्य इस पुस्तक के लेखक का है।*) निर्वीर्य माना जाता है। यहाँ निर्वीर्य से वीर्य का सर्वथा अभाव अभिप्रेत नहीं है, क्योंकि वीर्य तो आत्मा का धर्म है; परंतु यह वीर्य तिरोहित होता है। विरोधी तत्त्वों से आक्रांत होकर उद्भूत नहीं हो पाता, अत: वह दूसरे अभिनव करने योग्य, शीघ्र द्रवणशील होता है। शूद्र की आत्मा में शारीरिक बल मात्र उत्पन्न होता है। आत्मबलों में से एक की भी सिद्धि नहीं होती। यह आत्मा शीघ्र ही द्रवित हो जाता है, क्लांत हो जाता है, विषादयुक्त होता है; अत्यंत निद्राशील होता है। निष्कर्म और आलस्य धारण करता है।

''चंद्र का आत्मा ब्राह्मण है, इसीलिए चंद्र का प्रकाश शांत और आह्लादक है। सूर्य का आत्मा क्षत्रिय है। उसके प्रकाश में प्रखरता और असह्यता है। पृथ्वी मंडल का मध्य प्राण विड्वीर्य है। संपद रूप अन्नादि की इसीमें प्रचुरता से उत्पत्ति होती है। इन मंडलों में जो पशु, तृण, ओषधि आदि अर्धेंद्र उत्पन्न होते हैं, इनके अधिष्ठाता प्राण शूद्र कहे जाते हैं। उदाहरण के लिए; पृथ्वी में उत्पन्न होनेवाले पदार्थ (चेतन-अचेतन) प्राण सभी शूद्र कोटि में होंगे और निर्वीर्य कहे जाएँगे; परंतु पृथ्वी की अपेक्षा से इनमें वीर्य अत्यंत कम है, यही इसका अभिप्राय है। अपेक्षाकृत ब्राह्मणत्वादि जड़ रत्नादि में, अर्धचेतन ओषधि, वनस्पति में तथा सचेतन प्राणियों में चातुर्वर्ण है ही।

''सर्वत्र सब वर्णों का न्यूनाधिक रूप से समावेश है। इसका एक निदर्शन यहाँ किया जाता है। ब्रह्मभाव संपन्न मनुष्य ब्राह्मण है। इसके शरीर में भी ज्ञानशक्ति युक्त मस्तक ब्राह्मण भाग है, क्रियाशक्ति युक्त वक्ष:स्थल तथा दोनों

बाहु क्षत्रिय हैं। भुक्तशक्ति का अधिष्ठाता समस्त शरीर का संचार करके पोषण करनेवाला अर्थशक्ति युक्त उदर भाग वैश्य है। सबकी सेवा करनेवाला पाद भाग शूद्र है। अब शरीर में ब्राह्मण स्थानीय मस्तक पर भी विचार किया जाए। अग्निमय वागिंद्रिय ब्राह्मण है; वायुमय प्राणेंद्रिय (नासिका) क्षत्रिय है। आदित्यमय चक्षुरिंद्रिय वैश्य है। सोममय श्रोत्रेंद्रिय शूद्र है।''

वेद, स्मृति, ब्राह्मण व उपनिषदों में ही नहीं, महाभारत तक में यह प्रतिपादित किया गया है कि वर्णव्यवस्था जन्मना नहीं है।

महाभारत के वनपर्व में युधिष्ठिर-नहुष संवाद प्रकरण में युधिष्ठिर कहते हैं कि हे नागेंद्र (सर्पराज)! सत्य, ज्ञान, क्षमा, शील, आनृशंस्य, तपः, दया जिसमें दिखे वही ब्राह्मण कहा जाता है। स्पष्ट ही यहाँ गुण-कर्म का ही महत्त्व है।

सत्यं ज्ञानं क्षमाशीलमानृशंस्यं तपो घृणा।
दृश्यन्ते यत्र नागेन्द्र स ब्राह्मण इति स्मृतः॥

—महाभारत, वनपर्व

वनपर्व में ही यक्ष को उत्तर देते हुए युधिष्ठिर कहते हैं कि हे यक्ष! कुल, स्वाध्याय या श्रुत द्विजत्व में कारण नहीं है। वृत्त (आचरण, कर्म) ही कारण है।

शृणु यक्ष कुलं तात न स्वाध्यायो न च श्रुतम्।
कारणं हि द्विजत्वे च वृत्तमेव न संशयः॥

—महाभारत, वनपर्व

स्वाध्यायेन जपैर्होमै स्त्रैवेद्येनेज्यया सुतैः।
महा यज्ञैश्च यज्ञैश्च ब्राह्मीय क्रियते तनुः॥

—मनुस्मृति, २/२८

यहाँ महाभारत का वचन वृत्त अर्थात् आचरण को महत्त्व देता ही है। तीसरे स्मृति के अनुसार वचनों में स्पष्ट ही उल्लेख है कि ब्राह्मणत्व अथवा शूद्रता का निर्णय कर्म से होगा। स्वाध्याय, यज्ञ आदि के द्वारा शरीर को ब्राह्म संपत्ति से युक्त बनाना स्पष्ट ही कर्म की महत्ता का द्योतक है।

सच तो यह है कि महाभारत में एक नहीं, अनेक ऐसे कथानक हैं जो यह सिद्ध करते हैं कि वर्णव्यवस्था जन्मना न होकर कर्मानुसार ही थी; हाँ, यह भी ठीक है कि महाभारतकाल में भारतीय समाज में भ्रष्टता आने लगी थी तथा यह प्रयास होने लगा था कि जन्मना ही वर्णव्यवस्था को स्वीकार कर लिया जाए। इस भ्रष्टता और विकृति का मूल कारण था भारतीय समाज का अर्थलोलुप, स्वार्थी, संकीर्ण व अहंकारी होते चले जाना। पारिवारिक मोह और पुत्र मोह ने

भी धीरे-धीरे हमारे ऋषियों (गुरुकुलों) तक को संकीर्ण, अनुदार व विकृत करना प्रारंभ कर दिया था और राजाओं का (सत्ता का) तो पारिवारिक स्वार्थ जन्मना व्यवस्था से जुड़ता ही था।

द्रोणाचार्य द्वारा योग्यता होते हुए भी भीलकुमार एकलव्य को धनुर्विद्या की शिक्षा न देना, बल्कि जब उसने स्वयं के पराक्रम व अभ्यास से धनुर्विद्या प्राप्त कर ली तो उसके अँगूठे को दक्षिणा के रूप में प्राप्त करना, जन्म आधारित जातीयता के पोषण का एक विकृत उदाहरण है। इसी प्रकार महर्षि परशुराम का 'सूतपुत्र' कर्ण को विद्या देने के उपरांत वास्तविकता की जानकारी मिलते ही उसे श्राप देना भी रूढ़िवादी व्यवस्था की ओर ही संकेत है। द्रोणाचार्य व परशुराम दोनों ही गुरुकुल चलाते थे, वे शिक्षण-कार्य करते थे, अतः समाज में वे ब्राह्मण के रूप में प्रतिष्ठित थे। इन दोनों के 'जन्म आधारित व्यवस्था' के पोषण हेतु किए गए दुराग्रह महाभारत के प्रमुख प्रसंग हैं। ऐसा प्रतीत होता है कि महाभारतकालीन भारतवर्ष में छोटी-छोटी राजनीतिक इकाइयाँ बहुत थीं और हर राजनीतिक इकाई (राज्यक्षेत्र) अपने-अपने क्षेत्र में भिन्न-भिन्न सामाजिक नियमों को मान्यता देती थी। एक ओर जहाँ महाभारत में रूढ़िवादी व जन्म आधारित वर्णव्यवस्था के पोषण के प्रसंग मिलते हैं वहीं दूसरी ओर महाभारत में ही अनेक ऐसे प्रसंग भी हैं जहाँ जन्म आधारित व्यवस्था का विरोध है और कर्म आधारित व्यवस्था को खुला पोषण दिया गया। उदाहरणस्वरूप; सूतपुत्र कर्ण का राज्याभिषेक और उसे क्षत्रिय होने की मान्यता देना यह बताता है कि कर्म के अनुसार भी वर्णव्यवस्था कुछ-न-कुछ जीवित थी। इसी प्रकार महर्षि वेदव्यास स्वयं निषाद कन्या से जनमे थे तथा निषाद परिवार में ही उनका पालन-पोषण हुआ, पर उन्हें ऋषि की मान्यता दी गई। महात्मा विदुर दासीपुत्र थे।

महाभारत में वनपर्व में सर्परूपधारी नहुष और युधिष्ठिर का संवाद है। विशाल सर्प द्वारा पकड़े जाने के कारण भीमसेन मृत्यु के द्वार तक पहुँच जाते हैं और उनके बचने का एक ही उपाय रहता है कि युधिष्ठिर इस सर्प द्वारा पूछे गए प्रश्नों का सही-सही उत्तर दें। सर्परूपधारी नहुष युधिष्ठिर से प्रश्न करता है कि राजा युधिष्ठिर! यह बताओ कि ब्राह्मण कौन और उसके लिए जानने योग्य तत्त्व क्या है? युधिष्ठिर उत्तर देते हैं—नागराज! जिसमें सत्य, दान, क्षमा, सुशीलता, क्रूरता का अभाव, तपस्या और दया—ये सद्गुण दिखाई देते हों, वही ब्राह्मण कहा गया है। सर्परूपधारी नहुष पुनः प्रश्न करता है कि युधिष्ठिर! बताओ कि सत्य एवं प्रमाणभूत ब्रह्म तो चारों वर्णों के लिए हितकर है। सत्य, दान, अक्रोध, क्रूरता का अभाव, अहिंसा और दया आदि सद्गुण तो शूद्रों में भी रहते हैं, तो

फिर तुम्हारा अर्थ क्या हुआ? युधिष्ठिर सर्परूपधारी नहुष के दूसरे प्रश्न का उत्तर देते हुए कहते हैं कि—

शूद्रे तु यद् भवेल्लक्ष्म द्विजे तच्च न विद्यते।
न वै शूद्रो भवेच्छूद्रो ब्राह्मणो न च ब्राह्मण॥

—महाभारत, वनपर्व, २५

यदि शूद्र में सत्य आदि लक्षण हैं और ब्राह्मण में नहीं हैं तो वह शूद्र शूद्र नहीं है और वह ब्राह्मण ब्राह्मण नहीं है। जिसमें सत्य आदि लक्षण मौजूद हों वह ब्राह्मण माना गया है और जिसमें इन लक्षणों का अभाव हो, उसे शूद्र कहना चाहिए।

यही नहीं, एक और प्रश्न सर्परूपधारी नहुष द्वारा युधिष्ठिर से किया जाता है। वह पूछता है कि—जाति का निश्चय कैसे किया जाए? इसका उत्तर देते हुए युधिष्ठिर कहते हैं कि—हर बालक का जबतक संस्कार करके उसे वेद का स्वाध्याय न कराया जाए, तबतक वह शूद्र ही के समान है।

इस संदर्भ में महाभारत का यह श्लोक भी अत्यंत महत्त्वपूर्ण है—

न विशेषोऽस्ति वर्णानां सर्व ब्रह्मविदं जगत्।
ब्रह्मणा पूर्वसृष्टं हि कर्मभिर्वर्णतां गतम्॥

—महाभारत, शांतिपर्व

यहाँ बात केवल इतनी है कि शूद्र वर्ण जन्मना नहीं है, बल्कि कर्मणा है। लेकिन अब तो जो स्थिति बन गई है, उसमें तो वर्णव्यवस्था का उन्मूलन आवश्यक हो चुका है। कौन किसकी सेवा करे, न करे; किसके क्या अधिकार होंगे, किसके क्या दायित्व होंगे, इसकी सारी-की-सारी व्याख्या भारतीय संविधान में है और भारतीय संविधान की यह स्थिति चूँकि सारे राष्ट्र को मान्य है, अतः उसपर ही सारे राष्ट्र को आस्था रखनी होगी—यही उचित भी है तथा धर्म भी। ध्यान रहे, महाभारतकाल में भी बड़े-बड़े ऋषियों ने ऐसे व्यक्तियों से अध्यात्म ज्ञान प्राप्त किया है जो अपने भरण-पोषण के लिए मांस बेचा करते थे। तात्पर्य यह है कि मांस बेचनेवाला व्यक्ति भी परम ज्ञानी हो सकता है, अर्थात् ब्राह्मण हो सकता है। यह व्यवस्था महाभारतकाल व उसके पहले भी थी।

जो भी वैदिक उपनिषद्कालीन व पौराणिक साहित्य उपलब्ध है, उससे यह स्पष्ट होता है कि वर्णव्यवस्था मूलतः जन्म प्रधान न होकर कर्म प्रधान थी। इस संदर्भ में बृहदारण्यक उपनिषद् के प्रथम अध्याय के चतुर्थ ब्राह्मण में एक बड़ी सुंदर काव्यमय व प्रतीकात्मक कथा है। ऋषि काव्यात्मक भाषा में कहता

है कि आरंभ में 'ब्रह्म' एक था। अकेले होने के कारण वह विभूतियुक्त कर्म करने में समर्थ नहीं हुआ, अत: उसने विचार किया कि मैं तो ब्रह्म हूँ, मैं कुछ कर्तव्य करूँ और तब कर्म करने की इच्छा से 'कर्मकर्तृत्वस्वरूप' विभूति को प्रकट करने के लिए उसने अपने ही अनेक रूप रचे और अपने ही जिस रूप से उसने जो कर्म किया, उसे उसने कर्मानुसार नामकरण करते हुए पृथक् वर्ण प्रदान कर दिया। और फिर भी उसकी जो 'ब्रह्म' विभूति थी उसकी पूरी रक्षा नहीं हो सकी और न वह पूरी तरह प्रकट ही हो सकी; तब 'धर्म' की रचना की गई, अत: धर्म ही परम विभूति की अभिव्यक्ति का माध्यम बना। 'धर्म' से ही विभूतियुक्त कर्म करने की सामर्थ्य आ सकती है। धर्म वही है जो 'आत्मतत्त्व' भाव से प्रसूत हो और अधर्म वह है जो स्वार्थ से प्रसूत हो। इंद्रियों की जो स्वाभाविक इच्छा है, यदि उसके अनुसार कर्म होंगे तो यह 'धर्म' नहीं होगा; क्योंकि इंद्रियों के स्वाभाविक कर्मों का संबंध इंद्रियों के स्वार्थ से है। वर्णव्यवस्था होते हुए भी कल्याण तभी होगा, ज्ञान तभी प्राप्त होगा, सत्य तभी उपलब्ध होगा जब व्यक्ति 'आत्मा की उपासना' के मार्ग पर चलेगा। बृहदारण्यक उपनिषद् की स्पष्ट घोषणा है कि उस ऊर्जा को ही ब्राह्मण कहकर संबोधित किया जा सकेगा, जो आत्मा की उपासना में सतत रत है।

अथो अयं वा आत्मा सर्वेषां भूतानां लोक:।

—बृहदारण्यकोपनिषद्, १।४।१६

यह आत्मा ही समस्त प्राणियों का लोक है।

आश्चर्य है कि कालांतर में भारतवर्ष में ही 'सेवाभाव' को हीन दृष्टि से देखा गया। 'सेवाकर्म' भी दिव्य ब्रह्माग्नि से प्रसूत है, वह भी आत्मज्ञान में परम सहायक है, वह भी एक दिव्य वृत्ति है; पर 'सेवाकर्म' को रूढ़िवादियों व पाखंडियों ने स्वयं के स्वार्थवश उपेक्षा भाव तथा नीच भाव से देखा और उसके दुष्परिणामस्वरूप महान् संस्कृति का पतन प्रारंभ हो गया। अहंशून्य सेवा ही गीता के अनुसार श्रेष्ठतम यज्ञ है और यह जो संपन्न करता है वह 'शूद्र' है। सेवाभाव से संपन्न शूद्र वास्तव में महामानव है और आज के युग की सबसे बड़ी आवश्यकता। पर भारत का दुर्भाग्य यह है कि आज 'शूद्र' शब्द मूल्यविहीनता, तिरस्कार व अपमान का द्योतक हो गया है। वर्ण के नाम पर और विशेष रूप से 'शूद्र' के नाम पर भारत में पिछले लगभग दो हजार वर्षों में इतनी बेहूदगी हुई, इतना अन्याय व शोषण हुआ कि यह श्रेष्ठ शब्द दुर्भावना का प्रतीक बन गया। शूद्र शब्द का जो अर्थ था उसका अनर्थ हुआ और वह वर्णव्यवस्था की सर्वाधिक घृणित विकृति के रूप में उभर आया। भारतीय

मनीषा ने तो वर्ण का अत्यंत वैज्ञानिक चिंतन किया और उसे ऊँच-नीच का मापदंड कभी नहीं माना; पर कर्मकांडियों व रूढ़िवादी पाखंडियों ने सबकुछ चौपट कर दिया।

ध्यान रहे कि 'गुण' और 'कर्म' मानव के व्यक्तित्व के स्वाभाविक अंग हैं। हम आर्थिक व सामाजिक स्तर पर कितनी ही समानता ला दें, पर 'गुण' का अंतर, 'प्रतिभा' का अंतर, 'स्वभाव' का अंतर कभी भी नहीं मिटाया जा सकता। 'गुण' और 'स्वभाव' तो आत्मा का अविभाज्य अंग है। दो व्यक्ति कभी भी समान गुणोंवाले हो ही नहीं सकते। दो व्यक्तियों की प्रतिभाएँ, दोनों के स्वभाव कभी भी एक समान हो ही नहीं सकते। हर व्यक्ति का अपना वैशिष्ट्य है, अपना एक पृथक् व्यक्तित्व है। हर व्यक्ति की शारीरिक, मानसिक व बौद्धिक संरचना भिन्न-भिन्न है। सभी व्यक्तियों को एक ही साँचे में ढालने का कोई उपाय नहीं है। व्यक्ति मशीन नहीं है, वह जड़ पदार्थ नहीं है। वह तो जीवंत चैतन्य है। कुछ लोग हैं जिनके जीवन की ऊर्जा सदैव ज्ञान की ओर बढ़ती है और कुछ की ऊर्जा सदैव शक्ति की ओर और कुछ की व्यापार व सृजन की ओर तथा कुछ की ऊर्जा प्राणिमात्र की सेवा में लगी रहती है। जो व्यक्ति शक्ति के क्षेत्र में अपनी ऊर्जा विकसित करना चाहता है, यदि उसे अपनी ऊर्जा ज्ञान की खोज में लगाने को कहा जाए या प्राणिमात्र की सेवा में लगाने को कहा जाए तो वह बेचैन हो उठेगा; वह अपनी प्रतिभा का सही विकास न कर सकेगा। जब भारतीय मनीषा ने यह कहा कि 'चातुर्वर्ण्यं मया सृष्टं गुणकर्मविभागशः', तब उसका आशय इस गुण-कर्म प्रधान ऊर्जा से रहा है। पर दुर्भाग्य से विकृति आई और वैज्ञानिक चिंतन पथभ्रष्ट हुआ। अभी भी समय है, हम भारतवासियों को 'चातुर्वर्ण' को सही रूप में परिभाषित करना ही होगा तथा इसकी पृष्ठभूमि में जो अन्याय हुआ है उसके प्रति शर्मिंदगी जाहिर करनी ही होगी।

इस पृथ्वी पर मोटे तौर से चार प्रकार के व्यक्ति हैं। मानवता का बँटवारा जो चार वर्णों में किया गया वह सांकेतिक है। यह देश, काल और परिस्थिति के अनुकूल बदल भी सकता है। हो सकता है कि कोई अन्य समाजशास्त्री अथवा मनोवैज्ञानिक मानवों को चार वर्णों में न बाँटकर पाँच, छः अथवा आठ वर्णों में बाँटना पसंद करे, अतः चार की कोई बाध्यता नहीं है। ये तो चार मोटे तौर पर किए गए विभाजन हैं और इनकी समाज को सदैव आवश्यकता थी और रहेगी। अगर समस्त समाज ज्ञान या अध्यात्म की खोज में लग जाए तो समृद्धि कहाँ से आएगी और फिर ऐसे समाज को अराजक तत्त्वों से बचाएगा कौन अथवा ऐसे समाज में दीन-दुखियों की सेवा कौन करेगा? यदि सारे लोग

शक्ति खोजेंगे तो फिर हिंसा और अराजकता तथा युद्ध ही विश्व में दिखाई देगा। और यदि सारे लोग श्रम करें, सेवा करें तो संस्कृति और सभ्यता का विकास कैसे होगा? सच तो यह है कि ये चारों-के-चारों वर्ण एक-दूसरे के पूरक हैं, सहयोगी हैं और एक-दूसरे पर आश्रित भी। इसे रजनीश ने बड़ी ही काव्यात्मक भाषा में समझाया है—

''एक फूल गुलाब बनने को हुआ है, एक फूल कमल बनने को हुआ है। एक फूल जूही बना है, एक फूल चमेली बना है। दुनिया सुंदर है। जितने ज्यादा फूल हैं, उतनी ही सुंदर है; लेकिन गुलाब गुलाब होने की मजबूरी में है। कमल कमल होने की मजबूरी में है। कमल का कमल होना कमल का गौरव नहीं है, वह कमल की नियति है। गुलाब का गुलाब होना गुलाब की नियति है। और एक घास के फूल का घास का फूल होना भी उसकी अपनी नियति है। और मजे की बात यह है कि घास का फूल अपने पूरे सौंदर्य में खिलता है तो किसी गुलाब के फूल के पीछे नहीं होता। आपके लिए होगा, क्योंकि बाजार में बेचेंगे तो घास के फूल का दाम नहीं मिलेगा; लेकिन घास का फूल जब पूरी तरह खिलता है तो उतने ही हर्षोन्माद में होता है, जितना कि जब गुलाब का फूल अपनी पूरी पंखुड़ियों को खिलाकर नाचता है, सूरज की रोशनी में। दोनों अपने आनंद में होते हैं। और सूरज घास के फूल से यह नहीं कहता कि 'शूद्र! हट। मैं सिर्फ गुलाब के फूलों के लिए आया हूँ।' नहीं, सूरज उतने ही आनंद से बरसता है। घास के फूल पर चाँद उतने ही आनंद से अमृत बरसाता है। हवाएँ उतने ही आनंद से घास के फूल को भी नृत्य और थपकी देती हैं, जितनी गुलाब के फूल को देती हैं। इसमें कोई भेदभाव नहीं है।

''जगत् के अस्तित्व के भीतर कोई भेदभाव नहीं है। गुणभेद है, भेदभाव नहीं है। कोई नीचे-ऊपर नहीं है। विभाजन है, शत्रुता नहीं है। एक-दूसरे में कोई संघर्ष नहीं है, सहयोग है।....

''ध्यान रहे, गुण जब कर्म बनता है तभी दूसरों को पता चलता है। जब तक गुण गुण रहता है, तबतक किसीको पता नहीं चलता। दूसरों को ही नहीं, खुद को भी पता नहीं चलता। खुद को भी तभी पता चलता है जब गुण कर्म बनता है। जब एक व्यक्ति अपने को प्रकट करता है—अपने कर्मों को, तभी आपको भी पता चलता है और उसको भी पता चलता है कि वह क्या है।

''गुण बीज की तरह छिपा हुआ अस्तित्व है। कर्म वृक्ष की तरह प्रकट अस्तित्व है। गुण और कर्म के अनुसार विभाजित मनुष्य है। इस विभाजन को कभी भी तोड़ा नहीं जा सकता। इस विभाजन से इनकार किया जा सकता है।

कानून बनाया जा सकता है कि ऐसा कोई विभाजन नहीं है। विधान बनाया जा सकता है कि ऐसा कोई विभाजन नहीं है; लेकिन विभाजन जारी रहेगा।''

आदि भारतीय मनीषा ने कर्मणा वर्णव्यवस्था के जिस वैज्ञानिक सिद्धांत का प्रतिपादन और पोषण किया उसे हम भारतीयों ने अपने स्वार्थ व संकीर्णता के कारण कालांतर में छोड़ दिया। महात्मा बुद्ध ने चेष्टा की, महावीर और नानक ने चेष्टा की कि जन्मना वर्णव्यवस्था समाप्त हो सके। उन्हें आंशिक सफलता मिली; पर भारतीय समाज की तत्कालीन जन्म प्रधान विचारधारा को वे नहीं बदल सके। महाराष्ट्र के अनेक संतों ने भी चेष्टा की कि समाज से वर्णभेद समाप्त हो जाए; पर वे भी अपने प्रयासों में पूर्ण सफल नहीं हो सके। राजस्थान में महर्षि जंभेश्वर ने चेष्टा की और सभी वर्णों को मिलाकर उन्होंने 'विश्नोई पंथ' चलाया; पर वे भी सीमित ही होकर रह गए। महर्षि दयानंद ने बहुत बार चेष्टा की कि जो अपने को हिंदू मानते हैं, अर्थात् भारतीय संस्कृति का पोषक मानते हैं वे पुनः कर्मणा वर्णव्यवस्था को स्वीकार कर लें; लेकिन वे भी सफल नहीं हो सके। भारतीय संस्कृति के स्वघोषित संरक्षकों, शंकराचार्यों व अन्य 'धर्माचार्यों' से उन्हें सहयोग नहीं मिला और अंततः मनुष्य पर मनुष्य के अत्याचार की कहानी यथावत् चलती रही। वर्णव्यवस्था आज निकृष्ट कोटि की जन्मना जाति व उपजाति व्यवस्था के रूप में भारतीय संस्कृति के लिए कलंक बनी हुई है। इस कलंक को हमें धोना ही होगा। हमारे संविधान निर्माताओं और राजनीतिज्ञों ने शाब्दिक रूप से तो इस निकृष्ट जातिप्रथा को वैधानिक रूप से समाप्त कर दिया, पर वे अभी तक एक नए जातिविहीन समाज का गठन नहीं कर सके हैं। दुर्भाग्य यह है कि हर राजनीतिक सार्वजनिक मंच से ज़ातिप्रथा के विरुद्ध बात करता है, पर उसका स्वयं का निजी जीवन आज भी जातिप्रथा से ही संचालित है। सारे भारतीय समाज में आज भी एक पाखंड पल रहा है और जातिगत विषमताएँ भी बढ़ती जा रही हैं। संविधान निर्माताओं का सोचना था कि भारत ने पूर्व में जो भूल की थी वह कुछ ही वर्षों में ठीक हो जाएगी; पर जाति के आधार पर विशेषाधिकार की भावना आज भी बढ़ रही है। आज जातिगत विषमताओं व विशेषाधिकारों का राजनीतिक प्रयोग हो रहा है। जाति-व्यवस्था समाप्त करने व सामाजिक न्याय के नाम पर जातीय आधार अब और अधिक सुदृढ़ बनाए जा रहे हैं। सरकारी नौकरियों, संसद् व विधानसभाओं में आरक्षण के नाम पर जाति-व्यवस्था की बुराई को एक नया जीवन प्रदान कर दिया गया है और इस नई जातिगत रूढ़िवादिता के कारण समाज में आक्रोश, द्वेष और कुंठा बढ़ रही है। इस आक्रोश और कुंठा से राष्ट्रीय एकता व सामाजिक

सद्भाव के लिए भारी संकट उत्पन्न हो गया है; पर राजनीतिज्ञ इस संकट को सही संदर्भ में न समझकर, इस अग्नि में अपनी राजनीति की रोटियाँ सेंकने में लगे हुए हैं। उचित तो यह था कि जातिप्रथा की आड़ में जो द्वेषजन्य प्रतियोगिता थी उसे समाप्त किया जाता तथा गुण, कर्म, स्वभाव, विद्वत्ता, प्रतिभा और संस्कारों को मान्यता देकर व्यक्ति द्वारा व्यक्ति का आदर किया जाता; पर सबकुछ राजनीतिक संकीर्णता का अंग बनकर रह गया। भारतीय राजनीति ने भारतीय संस्कृति के मूलभूत आधारों को समझने और उनके अनुरूप सामाजिक व्यवस्था के निर्माण हेतु कोई ठोस दबाव बनाया ही नहीं। जन्म आधारित जातिप्रथा के कलंक को मिटाने के लिए न तो सशक्त कानून बनाए गए और न इसको बढ़ावा देने के लिए कोई प्रोत्साहन की व्यवस्था ही की गई।

□

****

प्रतीक

****

स ब्रह्मा स शिवः सेन्द्र सोऽक्षर परमः विराट्।
स एव विष्णुः स प्राणः स कालोऽग्नि स चन्द्रमाः ॥

—कैवल्य उपनिषद्, ८

(उसीको ब्रह्मा, शिव, इंद्र, अक्षर, परम विराट्, विष्णु, प्राण, कालाग्नि व चंद्रमा कहते हैं।)

भारतीय मनीषा की मान्यता है कि यह संसार सत्य का ही विकास है। यह संसार ही नहीं, समस्त सृष्टि सत्य की ही एक आकृति है। सत्य अपनी शुद्धता में अज्ञेय है, अनिर्वचनीय, निराकार है और उसकी प्रथम अभिव्यक्ति है चैतन्य। सत्य का अर्थ है, जिसका सार्वकालिक अस्तित्व हो। जो सार्वकालिक होगा, अर्थात् कालातीत होगा, वह अनंत और अज्ञेय भी होगा। यह सत्य ही केंद्र है हमारी प्रत्येक चेतना का; चाहे वह रूपगत हो या अरूप। इसे ईशत्व कहें, चैतन्य कहें, आत्मा कहें, ऊर्जा कहें—नाम से कोई अंतर नहीं पड़ता। इस एक अर्थ में ये सारे शब्द परस्पर पर्यायवाची हैं। ऊर्जा अपने हर रूप में अंततः चैतन्य का ही प्रतीक है, वह चैतन्य के ही समस्त गुणों से महिमामंडित व विभूषित है। इस चैतन्य के प्रति बोध और वह भी श्रद्धापूर्ण बोध जाग्रत करना ही प्रतीक का उद्देश्य है। प्रतीक अंधविश्वास नहीं है और न रूढ़िवादिता का प्रतीक से कोई संबंध है। रूढ़िवादिता तो अज्ञान है—वैचारिक अंधता है। सत्य को जानने की जो मानवीय जिज्ञासा है, प्रतीक उसकी प्रथम सीढ़ी है। प्रतीक भले ही स्वयं में सत्य न हो, पर सत्य में प्रवेश करने का द्वार हमें प्रतीक से ही प्राप्त होता है।

जीवन का कोई भी क्षेत्र ऐसा नहीं है जहाँ प्रतीक का प्रयोग सत्य के

साक्षात्कार हेतु न किया गया हो। और तो और, वैज्ञानिक निष्पत्तियों का प्रतिपादन करने में भी हम प्रतीक का ही आश्रय लेने के लिए बाध्य हैं। निश्चित रूप से प्रतीक एक कल्पना है; पर यह एक जीवंत कल्पना है। यह सत्य की खोज के निमित्त की गई कल्पना है। यह ऐसी कल्पना है जो सत्य का संकेत करने में समर्थ है। इस कल्पना में अद्‌भुत शक्ति और ब्रह्मांड के समस्त रहस्य खोजने की सामर्थ्य है। हमारा गणित, बीजगणित और ज्यामिती भी इसी कल्पना पर आश्रित है। उदाहरणस्वरूप; बिंदु तो वह है जिसमें न मोटाई हो, न चौड़ाई हो, न लंबाई हो; पर इसे जाना कैसे जाए? अत: कल्पना के लिए जो शून्याकृति गणितज्ञ बनाता है वह प्रतीक ही तो है। यथार्थ में शून्य को अंकित नहीं किया जा सकता; पर उसका प्रतीकात्मक अंकन होता है और वह अनंत का भी प्रतीक है। बीजगणित में तो पहले कल्पना की जाती है, फिर उससे ही सत्य सिद्ध करते हैं।

यदि गहराई में जाया जाए तो मिलेगा कि मानव जीवन में ऐसा कुछ भी नहीं है, जो प्रतीक से शून्य हो। हमारे समस्त संस्कार प्रतीक आश्रित हैं। हमारे समस्त कर्म कहीं-न-कहीं किसी-न-किसी महत्त्वपूर्ण प्रतीक का प्रतिनिधित्व कर सकने में समर्थ हैं। महाराष्ट्र में एक बड़े प्रखर विचारक हुए हैं, उनका नाम है 'सानेगुरुजी'। उन्होंने 'प्रतीक' की व्याख्या करते हुए लिखा है—"प्रतीक मानो संस्कृति के सूत्र हैं। वास्तव में देखा जाए तो प्रत्येक बाह्य क्रिया आंतरिक विचारों की ही प्रतीक है। हमारा मन ही सैकड़ों कृतियों से प्रकट होता है।" मनोविज्ञान जानता है कि मानव की कर्मेंद्रियों से जो भी प्रकट होता है, वह मन में उठे विचारों व भावों का अत्यंत सूक्ष्म भाग है। सत्य तो यह है कि 'शब्द' और 'कर्म' के रूप में जो भी अभिव्यक्त होता है वह तो आंतरिक वास्तविकता का एक अपर्याप्त प्रतीक है। मान्यता यह है कि हर 'शब्द' मनोभावों का प्रतिनिधित्व तो करता है, पर यह प्रतिनिधित्व केवल प्रतीकात्मक होता है और बहुत ही आधा-अधूरा। मनोभावों को अभिव्यक्त करने के लिए मानव द्वारा 'शब्दों' को प्रतीक रूप में ही चुना जाता है। मानव ही क्यों, पशु-पक्षी और वनस्पति भी अपने मनोभावों को विभिन्न उपायों से केवल प्रतीकात्मक रूप में ही प्रकट कर पाते हैं। अत: प्रतीक कैसा भी हो, वह सदैव आधा-अधूरा ही रहेगा। लेकिन इसके बाद भी 'प्रतीक' वह माध्यम है जिससे सत्य तक पहुँचने में और सत्य को जानने में सहायता मिलती है। स्वयं सत्य न होते हुए भी हर प्रतीक बड़े ही रहस्यात्मक रूप से सत्यान्वेषण में सदैव सहायक बनने की शक्ति रखता है। पर 'प्रतीक' अपना रहस्य केवल विषय के जानकार को ही खोलते हैं;

यदि कोई अज्ञानी प्रतीकों से कुछ पाने की चेष्टा करेगा तो उसके हाथ असफलता ही लगेगी। प्रतीकों का अज्ञानपूर्वक प्रयोग असफलता तो देगा ही, उससे अंधविश्वास भी बढ़ेगा तथा रूढ़िवादिता का भी जन्म होगा।

मानव की सभ्यता व संस्कृति की विकास-यात्रा में प्रतीकों का बहुत महत्त्व रहा है और यह महत्त्व सदैव रहेगा। मानव सभ्यता का कोई भी ऐसा काल नहीं है जब मानव ने अपने विकास व सहयोग के निमित्त प्रतीकों को न चुना हो और उन्हें महत्त्व न प्रदान किया हो। व्यक्ति चाहे आस्तिक हो या नास्तिक, सभ्यता चाहे आधुनिक हो या पुरातन, सभी ने किसी-न-किसी रूप में प्रतीक का उपयोग किया है और उन्हें सम्मान दिया है। जब हम किसी शूरवीर को वीरपदक प्रदान करके महिमामंडित करते हैं तो यह 'पदक' भी शौर्य का, राष्ट्रभक्ति का प्रतीक ही माना जाता है। राष्ट्रध्वज को प्रणाम करना, उसके समक्ष नतमस्तक होना भी राष्ट्र के प्रति हमारी निष्ठा और भक्ति का ही सूचक है। 'ध्वज' स्वयं में राष्ट्र नहीं है, पर ध्वज राष्ट्र की अस्मिता का एक श्रेष्ठतम प्रतीक तो है ही। हर राष्ट्र ने अपने पूर्वजों, वीरों व महान् क्रांतिकारियों तथा विद्वानों का स्मरण करने के लिए विभिन्न प्रकार के प्रतीकों को चुना है, उनकी प्रतिमाओं को स्थापित किया है, उनके चित्र सजाए हैं, उनकी समाधियाँ बनाई हैं, उनके अवशेषों को श्रद्धापूर्वक सजाकर रखा है—यह सब 'प्रतीकों' के प्रति आस्था नहीं है तो है क्या? प्रत्येक राष्ट्र द्वारा अपने महान् पूर्वजों का स्मरण करने के निमित्त उनके अवशेषों की रक्षा करना, उन्हें महिमामंडित करना, राष्ट्र के उन महान् पुत्रों के प्रति प्रतीकात्मक श्रद्धांजलि ही तो है। यह प्रतीकात्मक श्रद्धांजलि मूर्तियों के माध्यम से भी हो सकती है और गौरव-गाथाओं के माध्यम से भी।

ध्वनि और अक्षर के रूप में जो प्रतीक हैं वे तो शाश्वत होते हैं, उन्हें कोई नष्ट नहीं कर सकता। अनेक ऐसी ध्वनियाँ हैं, शब्द हैं, अक्षर हैं, आकृतियाँ हैं तथा अनेक ऐसे नाम हैं जो प्रेरणा प्रदान करने में सक्षम हैं और जो अनुभूति के द्वार खोल देते हैं। ये सब प्रतीक ही हैं। इन प्रतीकों के प्रति श्रद्धा रखनेवाला मात्र उनके स्मरण से ही अपूर्व तेज, ओज और आनंद से भर जाता है; उसकी संकल्प-शक्ति जाग्रत हो उठती है। वह इन प्रतीकों से प्रेरणा लेकर बड़े-से-बड़ा त्याग करने में समर्थ होता है। भारतीय मनीषा ने भी मानव को प्रेरणा देने व सत्यान्वेषण के लिए अनेक प्रतीक चुने हैं। इनमें से कुछ अत्यंत सरल हैं और कुछ अत्यंत रहस्यमय; पर ये सारे प्रतीक श्रेष्ठतम संकल्प जाग्रत करने में तो समर्थ हैं ही, साथ ही हर स्तर पर प्रेरणास्पद भी हैं। भारतीय ऋषियों

ने प्रतीक के रूप में या रूपकों के रूप में जिनका प्रयोग किया वे रहस्यमय इसलिए हैं, क्योंकि इन प्रतीकों का प्रयोग विराट् और अज्ञेय को व्यक्त करने के लिए किया गया। प्रतीकों के माध्यम से की गई यह ज्ञानयात्रा स्थूल से सूक्ष्म की ओर जानेवाली यात्रा है। भारतीय ऋषि ने प्रतीकों का प्रयोग संकेत रूप में ही किया। भारतीय मनीषा प्रतीक के रूप में प्रथमत: व्यक्तिपूजा को तो अपनाती है, पर तत्काल ही धीरे-धीरे ऊर्ध्वारोहित होकर सत्य की ओर, जो विराट् होते हुए भी अति सूक्ष्म है, उसकी ओर बढ़ जाती है। जो 'व्यक्तिपूजा' के रूप में आरंभ है, उसका पर्यवसान 'तत्त्वपूजा' के रूप में होता है।

भारतीय ऋषि परम चैतन्य के प्रति सचेतनबोध जाग्रत करने के निमित्त पहला पाठ पढ़ाता है—

मातृ देवो भव पितृ देवो भव,
आचार्य देवो भव अतिथि देवो भव।

इस पाठ के उपरांत उसका अगला पाठ होता है—

त्वमेव माता च पिता त्वमेव त्वमेव बंधुश्च सखा त्वमेव।
त्वमेव विद्या द्रविणं त्वमेव त्वमेव सर्वं मम देवदेव॥

इस आराधना से वह अपनी माँ, पिता व आचार्य तथा अतिथि में परम ब्रह्म को ही साक्षात् देखने लगता है और इस परम ब्रह्म में ही अपने समस्त भौतिक व सांसारिक संबंधों को स्थापित करने में समर्थ हो जाता है। प्रतीक रूप में प्रारंभ हुई यह आराधना निर्विकार अज्ञेय परम चैतन्य की आराधना बन जाती है। भारतीय मनीषा द्वारा अपनाए गए प्रतीकों का रहस्य यही है कि पहले हम प्रतीक के प्रति श्रद्धावनत होते हैं और फिर प्रतीक में परम दिव्यता व विराट् चैतन्य को प्रतिष्ठित करके हम प्रतीक का ही अतिक्रमण कर जाते हैं तथा अज्ञेय से एकाकार होकर 'सर्वत्र एक ही सत्य है' ऐसे भाव में प्रवेश कर जाते हैं; और यही है ब्रह्म का साक्षात्कार।

भारतीय मनीषा ने जिस काल में प्रतीक चुने उस समय संस्कृत भाषा का ही सारे देश में प्रचलन था। संस्कृत का एक विशेष गुण यह है कि शब्द का अर्थ संदर्भ के साथ ही समझा जा सकता है। अत: किसी भी शब्द के अर्थ को 'शब्दकोश' के माध्यम से समझना बहुत ही नासमझी होगी। संस्कृत में एक-एक शब्द के अनेक अर्थ हैं और कई बार तो विपरीत अर्थ हैं तथा कई अर्थ ऐसे हैं जो अन्वय के थोड़े से परिवर्तन से बिलकुल नवीन दृष्टि देने में समर्थ हो जाते हैं। बहुअर्थवादी शब्दों का बौद्धिक ग्रंथों, आरण्यकों, उपनिषदों व पुराण साहित्य में प्राचुर्य है। संस्कृत में प्रयुक्त इन प्रतीकों व रूपकों को समझने में

आज एक बड़ी कठिनाई यह भी है कि अनेक शब्दों के मूल अर्थ ही हमें ज्ञात नहीं रहे। विदेशी आक्रमणकारियों ने नालंदा, तक्षशिला व अन्य गुरुकुलों में जो विध्वंस किया और लाखों भारतीय ग्रंथों व साहित्य को आग में जलाकर राख कर दिया, उसके कारण दुर्लभ साहित्य तो नष्ट हुआ ही, साथ ही अनेक ग्रंथ, टीकाएँ व भाष्य भी सदैव-सदैव के लिए लुप्त हो गए। मध्य एशिया व पश्चिम से आए इन आक्रमणकारियों ने केवल यही नहीं किया, वरन् इसके साथ-साथ देश के चुने विद्वानों का भी सामूहिक रूप से वध करा दिया। इन विद्वानों ने प्राण देना तो स्वीकार किया, पर अपनी मान्यताओं में परिवर्तन करना स्वीकार नहीं किया। इस बर्बरता के कारण सबसे बड़ी क्षति यह हुई कि जहाँ कहीं ग्रंथ बच भी गए तो उनका श्रेष्ठ भाष्य करनेवाले लुप्त हो गए। सबसे अधिक कठिनाई उन ग्रंथों व प्रतीकों के संदर्भ में आई है जो अति चेतना में प्रवेश करके, अर्थात् लगभग समाधि की अवस्था में आकर, लिखे गए थे। अत: वेदमंत्रों व पौराणिक साहित्य का भाष्य एक नितांत कठिन व दुष्कर कार्य हो गया है। इस संदर्भ में महर्षि अरविंद ने अपने ग्रंथ 'वेद रहस्य' में लिखा है कि—

"भारत के ये ऋषि एक महान् आध्यात्मिक और गुह्यज्ञान युक्त थे, जिस तक साधारण मानव-प्राणियों की गति नहीं होती उन्होंने इस ज्ञान को और अपनी शक्ति को एक गुप्त दीक्षा के द्वारा अपने वंशजों तथा चुने हुए शिष्यों तक पहुँचाया था। यह मान लेना निरी कपोलकल्पना होगा कि भारत में चली आ रही यह उपर्युक्त परंपरा सर्वथा निराधार है एवं एक अंधविश्वास है जो एकदम या धीरे-धीरे एक शून्य में से बिना कुछ भी आधार के बन गया है। इस परंपरा का कुछ-न-कुछ आधार अवश्य होना चाहिए, वह चाहे कितना थोड़ा क्यों न हो या वह गाथा द्वारा तथा शताब्दियों के उपचय द्वारा चाहे कितना बढ़ा-चढ़ा क्यों न दिया गया हो। और यदि वह ठीक है तो इन कविद्रष्टाओं ने अवश्य ही वेद में अपने गुह्यज्ञान की, अपनी रहस्यमय विद्या की कुछ-न-कुछ बातें व्यक्त की होंगी और वेदमंत्रों में ऐसी कुछ वस्तु अवश्य विद्यमान होगी, चाहे वह गुह्यभाषा के द्वारा या प्रतीकों के कौशल के पीछे कितनी सुगुप्त क्यों न रखी हुई हो; और यदि वह वहाँ विद्यमान है तो वह कुछ हद तक उपलभ्य भी होनी चाहिए। यह ठीक है कि बहुत पुरानी भाषा और लुप्तप्राय शब्दों के कारण (यास्क ने चार सौ से ऊपर ऐसे शब्द गिनाए हैं जिनके अर्थ उन्हें ज्ञात नहीं थे) तथा एक कठिन और अप्रचलित भाषा-शैली के कारण वेद का अभिप्राय अंधकार में पड़ गया है, वैदिक प्रतीकों के अर्थों को (जिनका कोष उन्हींके पास रहता था) खो जाने से वे आनेवाली संततियों के लिए दुर्बोध हो गए। जब उपनिषदों के काल में भी

उस युग के आध्यात्मिक जिज्ञासुओं को वेद के गुप्त ज्ञान में प्रवेश पाने के लिए दीक्षा तथा ध्यान (योगाभ्यास) की शरण लेनी पड़ती थी तो बाद के विद्वान् तो किंकर्तव्यविमूढ़ ही हो गए और उन्हें शरण लेनी पड़ी अटकल की तथा वेदों की बौद्धिक व्याख्या पर ही अपना ध्यान केंद्रित करने की या इन्हें गाथाओं तथा ब्राह्मण ग्रंथों के कथानकों (जो स्वयं प्रायः प्रतीकात्मक तथा अस्पष्ट थे) द्वारा समझने-समझाने की। फिर भी वेद के उस रहस्य को उपलब्ध करना ही एकमात्र उपाय है, जिससे हम वेद के सच्चे अर्थ और सच्चे मूल्य को पा सकेंगे। हमें यास्क मुनि के दिए संकेत को गंभीरतापूर्वक ग्रहण करना चाहिए। वेद के अंदर क्या है, इस विषय में हमें ऋषि के इस वर्णन को कि ये 'द्रष्टा का ज्ञान हैं, कवि-द्रष्टा के वचन हैं', स्वीकार करना चाहिए और इस प्राचीन धर्मग्रंथ के अर्थों में प्रवेश पाने के लिए हम जो कोई भी सूत्र प्राप्त कर सकें, उसे खोजकर पकड़ना चाहिए। यदि हम ऐसा न करेंगे तो वेद सदा के लिए मुहरबंद पुस्तक ही बने रहेंगे; व्याकरण विशारद, व्युत्पत्तिशास्त्री या विद्वानों की अटकलें हमारे लिए इन मुहरबंद कमरों को कभी खोल नहीं सकेंगी।''

भारतीय मनीषा ने अतिमानस में प्राप्त अपनी अवधारणाओं व निष्पत्तियों को प्रकट करने के लिए जिन बहुअर्थवादी रूपकों व प्रतीकों का प्रयोग किया, सारी स्थिति उससे ही अत्यंत जटिल व रहस्यमय हो गई और दूसरी कठिनाई तब उत्पन्न हुई जब रूढ़िवादियों और कर्मकांडियों ने अपने-अपने निहित स्वार्थों के कारण प्रतीकों के अत्यंत संकीर्ण व मनमाने अर्थ लगाने प्रारंभ कर दिए। इसके कारण वैदिक साहित्य के प्रति अरुचि भी बढ़ी तथा उसमें अनचाही विकृति आ गई। विदेशी आक्रमणकारियों के प्रभाव तथा स्वयं की अकर्मण्यता व बुद्धिहीनता के कारण रूढ़िवादियों ने यहाँ तक प्रचार करा दिया कि हमारे वैदिक साहित्य का अपहरण कर राक्षस उन्हें पाताल में ले गए तथा समुद्र में डुबोकर उसे सदैव-सदैव के लिए नष्ट कर दिया।

वैदिक साहित्य के लुप्त होने के पहले ही भारत में किन्हीं कारणों से वैचारिक जड़ता व अंधविश्वास बढ़ने लगा था। संभवतः यह महाभारत के युद्ध के बाद का काल था। महाभारत के युद्ध से भारतीय संस्कृति की बहुत ही अधिक क्षति हुई और हमारा समाज बुरी तरह क्षत-विक्षत हो गया। महायुद्ध के उपरांत समाज में जो विकृतियाँ व दुर्बलताएँ आती हैं तथा जैसी अज्ञानता व अराजकता बढ़ जाती है, उससे भारतवर्ष भी बच नहीं सका और उन्हीं दिनों भारत की प्रतिभा, ज्ञान व प्रबुद्धता का सर्वाधिक ह्रास हुआ होगा। सत्य की रक्षा व उसके साक्षात्कार के लिए आत्मोत्सर्ग करनेवाले परम ज्ञानी पुरुषार्थी जहाँ इस

युद्ध के पहले समाज में हर जगह दिखाई देते थे, वहाँ युद्ध के उपरांत उनका लोप-सा हो गया तथा उनका स्थान अज्ञानियों ने ले लिया होगा; और उसके साथ ही युग आया होगा कपोलकल्पित कथाओं का, पाखंड व अंधविश्वास का। बढ़ते अज्ञान के कारण मान्यताएँ बदलीं, परिभाषाएँ बदलीं और समाज पतन में डूबा; संस्कृति, भाषा व व्याकरण का ह्रास हुआ। सही भाष्य व जानकारी लगभग लुप्त होने से वैदिक ज्ञान भी क्षत-विक्षत व लुप्त-सा हो गया, और उसके साथ ही भयानक आत्मघाती महायुद्ध के उपरांत सारे देश में युद्ध और रक्तपात के विरुद्ध एक विशेष वातावरण भी बना होगा, जिसने भारतीय संस्कृति को एक नई धारा दे दी; यही धारा 'श्रमण संस्कृति' की धारा है। इस 'श्रमण संस्कृति' ने अपने प्रतीक चुने, नए आदर्श स्थापित किए और नई मान्यताएँ दीं तथा नए भाष्य किए। समाज ने इन नए आदर्शों, प्रतीकों व भाष्यों को स्वीकार तो कर लिया; पर ये नए भाष्य इतने गूढ़ थे कि इनके कारण समाज पलायनवाद की ओर बढ़ गया। जहाँ कहीं भी जीवन में बड़ी चुनौती आई, तत्काल व्यक्ति ने वनों, कंदराओं या मठों में जाकर शरण ली तथा संन्यासी के वस्त्र धारण करके स्वयं को भी भ्रमित किया और समाज को भी। परिणामतः पाखंड व अंधविश्वास बढ़ता ही चला गया और हमारे श्रेष्ठतम बौद्धिक प्रतीक अंधकार में डूब गए।

संभवतः यही वह काल भी रहा होगा जब भारत में मूर्तिपूजा का प्रादुर्भाव हुआ। मूर्तिपूजा का उद्देश्य किसी-न-किसी प्रकार श्रेष्ठ भाव को रहस्यात्मक रूप से जीवित रखना था और विराट् तत्त्व को सामान्य जन तक ले जाना था; पर स्थिति सुधर नहीं सकी। देश का भाग्य अच्छा था कि पहले आदि शंकराचार्य ने और बाद में महर्षि दयानंद सरीखे आत्मविश्वास से भरे क्रांतिकारी संन्यासी ने देश को इस बौद्धिक हीनभावना व नैराश्य से मुक्त किया और चारों वेदों व अन्य वैदिक साहित्य का उद्धार किया एवं दुर्लभ ग्रंथों को खोज-खोजकर उपलब्ध करके उन्हें मानवता को अर्पित किया। महर्षि दयानंद के उपरांत इस कार्य को महर्षि अरविंद ने जिस निष्ठा से किया उससे भी स्थिति में बहुत सुधार हुआ और अंधकार दूर हुआ। बीसवीं शताब्दी में तो भारत के पौराणिक व वेदकालीन साहित्य के उद्धार की बाढ़-सी आई। अनेक महान् संन्यासियों ने इन ग्रंथों का भाष्य सही संदर्भ में करने की चेष्टा की; पर दुर्भाग्यवश अभी भी देश में अज्ञानग्रस्त कर्मकांडियों व रूढ़िवादियों का ही बोलबाला रहा और हम स्वयं के बौद्धिक क्लैव्य के कारण वैदिक ग्रंथों, प्रतीकों व रूपकों के सही अर्थ व संदर्भ निष्ठापूर्वक समझने के लिए तैयार नहीं हैं। भारतीय संस्कृति अभी भी

बौद्धिक क्लैव्य व नैराश्य से ग्रस्त है। अत: प्रतीकों को सही अर्थ में प्रस्तुत करने के निमित्त बहुत कुछ करना अभी शेष है एवं निहित स्वार्थों के रक्षक रूढ़िवादी कर्मकांडियों को तो बौद्धिक स्तर पर बार-बार परास्त करना ही होगा। प्रतीक जिस रहस्य की ओर संकेत करते हैं उस तक सामान्य मनुष्य पहुँच नहीं सकता। साधारण प्रतीकों के बारे में तो एक बार हो सकता है कि कुछ स्पष्ट संकेत मिल जाएँ; पर तंत्र व योग में प्रतीकों का जिस तरह से प्रयोग व रेखांकन किया गया, जिस प्रकार त्रिकोण, चतुष्कोण व षट्कोण बनाए गए अथवा संकेतों के रूप में जिस प्रकार चक्रों की रचना की गई, उसके कारण प्रतीकविद्या अत्यंत गूढ़ विद्या हो गई। आज इन सभी प्रतीकों के जानकार उपलब्ध हों और जो प्रतीकों, यंत्रों का सही भाष्य करने में समर्थ हों, ऐसा दावा करना कठिन है। अत: जो कुछ उपलब्ध है, उसे सँभालकर रखने की आवश्यकता है। वैसे भी सारे प्रतीक उस अद्वैत की ओर संकेत हैं जहाँ मात्र इंद्रियों के माध्यम से पहुँचा नहीं जा सकता।

सत्य तो यह है कि अद्वैत न तो स्वयं से पृथक् कोई वस्तु है, न स्वयं से पृथक् कोई तत्त्व। अत: जानने अथवा न जानने जैसे भाव इस संदर्भ में बिलकुल निरर्थक हैं। सत्य के साक्षात्कार के संदर्भ में समन्वयवाद से काम नहीं चलेगा। सत्य को तो जैसा है, ठीक वैसा ही उसे स्वीकार कर लेना होगा। सत्य कोई काव्य नहीं है कि मनचाहा अर्थ निकाल लिया जाए। सत्य तो शुद्ध गणित है; सत्य तो बस ज्ञान है, शुद्ध ज्ञान। सत्य को किसीकी सहानुभूति नहीं चाहिए। उसे किसीका आश्रय नहीं चाहिए। वह तो शाश्वत है और स्वयं में सर्वशक्तिमान् भी। वह नष्ट भी नहीं हो सकता। जो नष्ट हो सकता है, जो परिवर्तित हो सकता है वह 'शुद्ध सत्य' है ही नहीं। पर सत्य को आत्मसात् करने के लिए एक अंतर्दृष्टि चाहिए, जोकि केवल साधना से ही आ सकती है। साधना के निमित्त प्रतीकों की आवश्यकता है, क्योंकि प्रतीक ही ऊर्ध्वारोहण की प्रथम सीढ़ी है। कोई भी प्रतीक स्वयं में सत्य नहीं है। अत: जैसे ऊपर चढ़ने के लिए हम प्रथम सीढ़ी का प्रयोग करके उसे छोड़ देते हैं, वैसे ही जो सत्यान्वेषी और परम जिज्ञासु हैं, उन्हें प्रतीक रूपी प्रथम सीढ़ी का परित्याग करना होगा। जो निराकार ब्रह्म की बात करते हैं, उनके लिए भी प्रतीक आवश्यक हैं। उन्होंने भी प्रतीक का उपयोग सत्य को जानने, आत्मतत्त्व को उपलब्ध होने के निमित्त किया है। निराकार के उपासकों ने 'यज्ञ' को प्रतीक के रूप में स्वीकार किया है। 'यज्ञ' आध्यात्मिक ऊर्ध्वारोहण का प्रथम द्वार है। निराकार का बड़ा महत्त्व है और यह 'प्रणव' जोकि 'ओम्' के नाम से जाना जाता है, वह परमब्रह्म का श्रेष्ठतम

प्रतीक है। जो साकार में निराकार देखते हैं उनके लिए 'मूर्तिपूजा' एक अनिवार्य प्रतीक है। मूर्ति का अर्थ होता है 'आकार'। भक्त अपनी भावनाओं के अनुरूप 'आकार' का निर्णय और निर्माण करता है, उसमें भावना के द्वारा प्राण-प्रतिष्ठा करता है और फिर व्यक्त से अव्यक्त की ओर, मूर्त से अमूर्त की ओर की एक यात्रा प्रारंभ होती है। जिस मूर्ति का प्रयोग उसने ब्रह्म के प्रतीक के रूप में किया उसी मूर्ति का भक्त द्वारा ही अतिक्रमण किया जाता है, वही भक्त जोकि मूर्ति का निर्माता है, वही मूर्ति को तोड़ देता है, उसे गंगा में प्रवाहित कर देता है, सरोवर में अपने ही हाथों विसर्जित कर देता है। भक्त 'दुर्गा' की मूर्ति बनाता है। आठ दिन तक आदि शक्ति और परम शक्ति के रूप में उसकी पूजा करता है और नवरात्र समाप्त होते ही उसे जल में प्रवाहित कर देता है। यही हम 'गणेश' की प्रतिमा के साथ गणेश चतुर्थी के दिन करते हैं। इसका सीधा अर्थ है कि भारतीय मनीषा के लिए मूर्तिपूजा कोई स्थायी लक्ष्य नहीं है। व्यक्ति मूर्ति के माध्यम से अव्यक्त आत्मभाव को, अर्थात् परम चैतन्य को, अपने अंतस व अपने जीवन से जोड़ता है और जैसे ही आत्मतत्त्व के प्रति जागृति आ जाती है, वह मूर्ति को छोड़ देता है। बस इतना ही महत्त्व है मूर्तिपूजा का; पर कर्मकांडियों व रूढ़िवादियों ने मूर्तिपूजा को पाखंड व अंधविश्वास का अंग बना दिया और इसी से भारतीय संस्कृति का बौद्धिक पतन प्रारंभ हो गया। मूर्तियाँ, जो आध्यात्मिक चेतना की प्रतीक हैं और जो आत्मतत्त्व के ज्ञान हेतु प्रवेश द्वार हैं, उन्हें पुजारियों व कर्मकांडियों ने निहित स्वार्थवश अपना बंधक बना लिया तथा इन प्रतीकों की आड़ में भोलीभाली जनता का शोषण प्रारंभ हो गया। मंदिरों में स्थापित मूर्तियों को परमब्रह्म का एक प्रतीक मानकर, यदि पुजारियों व पुरोहितों द्वारा जो यथार्थ है, वह जनता को बताया जाता और इन प्रतीकों का जो वास्तविक आशय है वह समझाया जाता तो आज न तो पाखंड पलता और न अंधविश्वास बढ़ता। पर पुजारियों व रूढ़िवादी कर्मकांडियों ने अपने स्वार्थ की रक्षा हेतु सत्य की बलि चढ़ा दी तथा मूर्तियाँ, जो आध्यात्मिक विकास में सहायक बन सकती थीं, हमारी ही भूल से अंधविश्वास की पोषक बन गईं। यदि भारतीय संस्कृति को अपनी समस्याओं का समाधान खोजना है तो मूर्तिपूजा व विभिन्न प्रतीकों के प्रति जो अन्याय हुआ है, उसका निराकरण करना ही होगा। इसमें दोष न तो 'प्रतीकों' का है और न हमारे आत्मज्ञानी ऋषियों का; पर सारा दोष रूढ़िवादी कर्मकांडियों और मंदिरों में पलनेवाले पुजारियों का है; जो आज भी जिज्ञासुओं, भक्तों व सामान्य जनता का भावनात्मक शोषण कर रहे हैं।

भारतीय मनीषा ने प्रतीकों का चयन जिस अतिमानस की चेतना में प्रवेश

करके किया है, आज उसपर गंभीर चिंतन, मनन व शोध अनिवार्य हो चुकी है। हर प्रतीक अपने आपमें एक रहस्यमय कृति है या रहस्य प्रधान कर्म। एक अर्थ में हर प्रतीक अपने आपमें एक ऐसे द्वार को खोलने में समर्थ है जो लौकिक रूप से अदृश्य प्रतीत होता है; पर है एक ऐसा द्वार जो चेतना को दिव्यलोक में प्रवेश दिला सकने में समर्थ है। यह द्वार वे ही देख सकेंगे जो समाधि में उतरकर अतिमानस की चेतना में प्रवेश करना जानते हैं। सामान्य व्यक्ति के लिए तो हर प्रतीक और विशेष रूप से मूर्ति एक जड़ तत्त्व है। पर हर मूर्ति ब्रह्म का एक अति जीवंत प्रतिनिधि उसी क्षण बन जाती है जब हम उसमें परम दिव्यता को देखने में समर्थ हो जाते हैं और उसके सहारे स्वयं के अंतस का रूपांतरण करने के लिए सहमत हो जाते हैं। प्रतीक का उद्देश्य ही है अंतस का सात्त्विक रूपांतरण। कोई भी प्रतीक धनोपार्जन अथवा व्यवसाय चलाने का जरिया नहीं है। जो भी वर्ग या व्यक्ति प्रतीकों का प्रयोग करके उससे धनोपार्जन करना चाहता है अथवा अपनी जीविका चलाना चाहता है वह भारतीय मनीषा के साथ घोर अन्याय तो करता ही है, साथ ही वह अपनी सांस्कृतिक अस्मिता का सौदा भी करता है। दुर्भाग्य से भारत में प्रतीकों का दुरुपयोग पिछले लगभग डेढ़ हजार वर्षों में बहुत बढ़ा और आज के भौतिकवादी युग में तो लगभग हर प्रतीक शोषण में ही सहायक बनता जा रहा है। कुल मिलाकर यह स्थिति भारतीय संस्कृति के लिए आत्मघातक है, इससे यह राष्ट्र पतन की ही ओर बढ़ता जाएगा तथा अंधविश्वास की जड़ें और गहरी होती जाएँगी।

भारतीय मनीषा ने 'प्रतीक' और 'रूपकों' का प्रयोग अंतश्चेतना को जाग्रत करने के उद्देश्य से किया था। ये ऋषि यह नहीं चाहते थे कि आत्मज्ञान का रहस्य अयोग्य व्यक्तियों व पाखंडियों के हाथों पड़कर बौद्धिक तमाशा बनकर रह जाए। भारतीय ऋषि इस बात को जानते थे कि यदि मनुष्य बिना कठोरतापूर्वक परखे गए और बिना प्रशिक्षण पाए हुए प्रकृति के गंभीर सत्य को जानने की चेष्टा करेगा तो वह भटक जाएगा और उसका यह भटकाव अंततः बहुत ही हानिकारक सिद्ध होगा। यह भटकाव व्यक्ति को सत्य से असत्य की ओर ले जाएगा और अपेक्षाकृत और भी गहन अंधकार में ढकेल देगा। इसीलिए प्रतीकों का सहारा लेकर कठोर गुप्तता बरती गई और इन प्रतीकों की ओट में ज्ञान को गुह्य द्वारा अपने शिष्यों तक पहुँचाया गया। भारतीय मनीषा ने आत्मतत्त्व के लिए जिन रहस्यों का पता लगाया है उनतक साधारण मानव की और वह भी भौतिकवादी मानव की गति हो ही नहीं सकती।

दिव्य आत्मतत्त्व को, अर्थात् समग्रता को, प्रकट करने के लिए जो भी

कुछ मानव कल्पना में आ सकता है, उस सबका प्रयोग भारतीय मन ने प्रतीकों के रूप में किया है और इस स्थिति ने प्रतीकों को और भी अधिक रहस्यमय बना दिया है। छोटी-से-छोटी नदी-घाटी में मिलनेवाले पत्थर भी परमब्रह्म के प्रतीक हैं। उन्हें भारतीय मनीषा ने 'शालग्राम' कहकर संबोधित किया है। जब इस शालग्राम की बटिया में प्राण-प्रतिष्ठा हो जाती है तब जिज्ञासु साधक इस प्रतीक से समस्त दिव्य चेतना को ग्रहण करते हैं, अपनी समस्त प्रेरणाओं को प्राप्त करते हैं—और यह प्रेरणा प्राप्त करते हैं अपने को सर्वव्यापी ब्रह्म के प्रति पूर्णरूप से समर्पित करके। अंग्रेजियत प्रधान मानसिकता के लिए 'शालग्राम' अंधविश्वास है। यह एक अलग बात है कि अनेक भारतीय ऋषियों ने भी इसे 'पत्थर की पूजा' कहकर संबोधित किया है। पर प्रतीक रूप में जो शालग्राम की पूजा है वह कोई पत्थर की पूजा नहीं है। वह पूजा है परम चैतन्य की; लेकिन परम चैतन्य की यह आराधना रहस्यमय है, अंतःप्रेरित है; इसे सांसारिक चेतना में निवास करते हुए न कोई जान सकता है, न समझ सकता है। विडंबना यह है कि आज भारतवर्ष में हम स्वयं अपने प्रतीकों को अपने अज्ञान के कारण या तो नष्ट कर रहे हैं या उनकी उपेक्षा कर रहे हैं या उन्हें सही रूप में समझ सकने में समर्थ नहीं हैं। जैसे शालग्राम की बटिया एक प्रतीक है वैसे ही दूसरा प्रतीक है अग्नि। भारतीय ऋषि जब अग्नि को प्रतीक के रूप में मान्यता देता है तब वह भौतिक अग्नि की बात नहीं करता। तब वह उस ब्रह्म ऊर्जा की बात करता है, वह उस सर्वव्यापी चैतन्य की ओर संकेत करता है, अग्नि जिसका प्रतिनिधि है। भारत का सबसे बड़ा प्राचीन ग्रंथ है ऋग्वेद और इस ऋग्वेद का प्रथम मंत्र, जिसे मधुच्छंदा ऋषि द्वारा लिखा गया है, का देवता 'अग्नि' है।

'ओम् अग्निमीळे पुरोहितं यज्ञस्य देवमृत्विजम्। होतारं रत्नधातमम्॥

हे अग्निदेव! हम तुम्हारी स्तुति करते हैं। हे सर्वकाल के पुरोहित! तुम्हीं सर्वप्रकाशक हो, तुम्हीं ऋत्विज् हो, अर्थात् सर्वकल्याणकारी कार्य तुम्हारे माध्यम से ही होते हैं। तुम्हीं 'होता' हो; अर्थात् तुम्हीं समस्त दिव्य शक्तियों का आवाहन करनेवाले हो और तुम्हारे जो याजक हैं उन्हें श्रेष्ठतम ज्ञान से विभूत करनेवाले हो।

ऋग्वेद के प्रथम सूक्त में केवल नौ मंत्र हैं और ये सभी नौ मंत्र चैतन्य का प्रतिनिधित्व करनेवाली दिव्य ऊर्जा को समर्पित हैं। सृष्टि में ऐसा कोई स्थान नहीं है जहाँ अग्नि का वास न हो, अर्थात् जहाँ यह दिव्य ऊर्जा अपने को अभिव्यक्त न कर रही हो। इसी प्रकार ऐसा कुछ भी नहीं है जो इस दिव्य ऊर्जा अर्थात् अग्नि से विहीन हो। यह अग्नि कभी बुझती नहीं है, समाप्त नहीं होती

है; इसका अंत नहीं होता। कहीं यह व्यक्त रूप में है और कहीं अव्यक्त रूप में। समस्त आकाश, समस्त ब्रह्मांड और उसका कण-कण और अणु-अणु इस अग्नि से परिव्याप्त है। यह अग्नि ही आदि शक्ति है। यही प्रथम देवता है। यह ईश्वर का रूप है। यह आत्मा की वेदी पर प्रदीप्त हो रही अज्ञेय ज्वाला है। यह ज्ञानप्रेरित शक्ति है। यह भागवत संकल्प है। यह समस्त सृष्टि का रस है। इस अग्नि के प्रतीक का देवता रूप में भाष्य करते हुए महर्षि अरविंद ने लिखा है—

"इस जाज्वल्यमान देवता का नाम अग्नि एक ऐसी धातु से बना है जिसके अर्थ का विशेष गुण है, प्रमुख शक्ति या तीव्रता, वह चाहे अवस्था, क्रिया एवं संवेदन में हो या गति में। परंतु इस सारभूत अर्थ के गुणों में तारतम्य होता रहता है। इसका अर्थ है ज्वाला में उज्ज्वलता, जिसके कारण इसका प्रयोग आग के लिए होता है। इसका अर्थ है गति, विशेषकर वक्र या सर्पिल गति। इसका अर्थ है बल एवं शक्ति, सौंदर्य एवं शोभा, नेतृत्व एवं प्रधानत्व।"

यह वह अग्नि है जो अंधकार में भी निवास करती है, यह वह अग्नि है जिसके अभाव में सृष्टि का कोई भी कार्य संभव ही नहीं है, यह वह अग्नि है जो मानव के तमस पर अधिकार कर सकने में समर्थ है। यह तमस में भी छिपी हुई है। जिस क्षण हम तमस की ओर निहार सकने में समर्थ हो जाते हैं, उसी क्षण यह अग्नि ज्वाला प्रज्वलित हो उठती है और प्रकाश हो जाता है। यह मूल रूप में सदैव शुद्ध है, दिव्य है, अनिर्वचनीय है; यह सदैव पवित्र है और ऋग्वेद के अनुसार यह एक श्वेत अश्व है जो उषाओं के आगे-आगे दौड़ता चलता है। सृष्टि में जो कारणभूत तत्त्व हैं, यह अग्नि उनकी रक्षा करती है। यह सशक्त तेजस्विता है, यह शुक्र वर्चस है। यह समस्त ब्रह्मांड को धारण करती है। इसका न आदि है और न अंत। जब इस अग्नि के प्रतीक को हम भौतिक अग्नि के रूप में प्रस्तुत करेंगे तो यह भारतीय मनीषा के साथ अन्याय होगा और भारतीय मनीषा अपने रहस्य किसीको बताने के लिए तैयार नहीं होगी।

भारतीय मनीषा ने कितने प्रतीक चुने हैं, उनकी कितनी संख्या है, ये प्रतीक क्यों चुने गए, यह व्याख्या अपने आपमें एक अनंत व्याख्या है। इस व्याख्या को ग्रंथों के माध्यम से नहीं बाँधा जा सकता। सामान्य व्यक्ति के समझने के लिए एक कल्पना कर ली गई कि भारतीय मनीषा ने चौंसठ करोड़ देवताओं की रचना कर ली; चौंसठ करोड़ देवताओं की बात जब किसी अंग्रेजियत प्रधान विचारक के पास जाती है तब पश्चिमी संस्कृति और पश्चिमी दर्शन से सराबोर ये विद्वान् चौंसठ करोड़ देवताओं के सत्य को नहीं जान पाते और न समझ पाते हैं। वे अपने पूर्वग्रह के कारण अज्ञानवश चौंसठ करोड़

देवताओं का उपहास उड़ाते हैं और उन्हें अंधविश्वास का प्रतीक ठहराकर उनके प्रति उपेक्षा भाव और हेय भाव प्रदर्शित करते हैं। भारतीय मनीषा के लिए 'देव' शब्द बड़ा अद्‌भुत है। इसके अनेक अर्थ हैं। 'देव' शब्द के अर्थ पर तो अनेक ग्रंथ लिखे जा सकते हैं। ''जहाँ कहीं भी, जिस किसी भी प्रकार से, मानव को प्रकाश या ज्ञान प्राप्त होता है, वह देवता है''। 'देव' का अर्थ दाता है, प्रदीपक है, द्योतक है, ज्ञान है, दृष्टि है, विद्वान् है, महात्मा है, सूर्य है, राजा है; इसके और भी अनेक अर्थ हैं। समस्त ज्ञानेंद्रियाँ देव हैं। समस्त कर्मेंद्रियाँ देव हैं, बुद्धि देव है, प्रज्ञा देव है, विवेक देव है, आत्मा देव है, शरीर देव है। संक्षेप में यदि समझें तो इतना समझ लेना ही पर्याप्त होगा कि ब्रह्मांड में जो भी शक्तियाँ हैं वे समस्त शक्तियाँ देवताओं की श्रेणी में आती हैं। इन देवताओं के अनेक नाम हैं; जैसे—अग्नि देवता।

ऐसे ही ऋग्वेद में जो दूसरा देवता है वह है वायु। ऋग्वेद के दूसरे सूक्त में चार देवताओं के नाम हैं। पहला है वायु, दूसरा है इंद्र, तीसरा है मित्र और चौथा है वरुण। ध्वनि वायु का प्रथम स्थूल प्रतीक है। वाणी वायु का एक दूसरा रूप है। यह वह वायु है जो अनादि और अज्ञेय है तथा इसीसे वह वायु भी उत्पन्न हुई है जिसे हम पृथ्वी पर पवन के रूप में जानते हैं एवं जो हमारा स्पर्श करके कभी हमें आनंदित करती है और कभी पीड़ित भी। जिस वायु की आराधना भारतीय मनीषा ने की है वह वायु समस्त प्राणतत्त्व का आधार है। समस्त प्राणतत्त्व और वायुतत्त्व एक-दूसरे के पर्यायवाची हैं। यह वायु भी अग्नि का ही रूप है, अर्थात् ऊर्जा का ही रूप है। यह वायु चैतन्य की अभिव्यक्ति है, यही वायु मित्र है, यही वायु वरुण है। जो इस वायु को जानते हैं वे प्राणतत्त्व को जानते हैं। जो इस वायु को जानते हैं, वे उस अनहद नाद को जान लेते हैं जो उद्‌गीत है और जिसे भारतीय मनीषा ने ओंकार के प्रतीक के रूप में जाना है। यह वायु आदिध्वनि है और ऐसी आदिध्वनि है जो शाश्वत है, अनहद है, सार्वकालिक है; जिसे पूर्णरूप से व्यक्त कर सकने की कोई सामर्थ्य किसीके पास भी नहीं है। ओम् से केवल उसका संकेत-भर मिलता है। ओम् की ध्वनि से केवल उसका सूक्ष्म संकेत मिलता है। जो इस ध्वनि रूपी 'ओम्' का रहस्य जानते हैं, वे अंततः सत्य को जान सकने में समर्थ हो जाते हैं। पश्चिमी विचारक ध्वनि को और वह भी अनहद रूप में ध्वनि को जब प्रतीक रूप में सुनते हैं तब वे या तो आश्चर्यचकित हो जाते हैं या फिर वे केवल एक बौद्धिक लफ्फाजी के कारण जानने का प्रयास नहीं करते।

ऋग्वेद का तीसरा देवता है इंद्र। इंद्र प्रतीक है उस समन्वय शक्ति का,

उस संगठन शक्ति का, जो समस्त ब्रह्मांड का रस है और इसीलिए भारतीय मनीषा यह कहती है कि 'आपका दिया हुआ यह सोमरस आपके लिए ही है'। इंद्र उस शक्ति का प्रतीक है जिससे समस्त अंधकार को समाप्त किया जा सकता है। इंद्र के बारे में महर्षि अरविंद ने बड़े सुंदर ढंग से लिखा है—

"जो शक्तिशाली इंद्र है वह शुद्ध सत् की शक्ति है जो भागवत मन के रूप में स्वत: अभिव्यक्त है। जैसे अग्नि एक ध्रुव है, ज्ञान से आविष्ट शक्ति का ध्रुव, जो अपनी धारा को ऊपर पृथ्वी से द्यौ की तरफ भेजता है वैसे ही इंद्र दूसरा ध्रुव है, शक्ति से आविष्ट प्रकाश का ध्रुव, जो द्यौ से पृथ्वी पर उतरता है। वह हमारे इस जगत् में एक पराक्रमी वीर योद्धा के रूप में अपने चमकीले घोड़ों के साथ उतरता है और अपनी विद्युतों, वज्रों के द्वारा अंधकार तथा विभाजन का विनाश करता है, जीवनदायक दिव्य जलों की वर्षा करता है, शुनी (अंतर्ज्ञान) की खोज के द्वारा खोई या छिपी हुई ज्योतियों को ढूँढ़ निकालता है, हमारी मनोगत सत्ता के द्युलोक में सत्य के सूर्य को ऊँचा चढ़ा देता है।"

वह शक्ति जिससे अन्न अंकुरित होता है, वैदिक ऋषियों ने उसे 'इंद्र' कहा है। वह शक्ति जिससे अन्न अपने अन्नत्व को धारण करता है, उसे वैदिक ऋषि ने 'इंद्र' कहा है। वह शक्ति जो मेघों को विदीर्ण करके वर्षा का कारक बनती है, उसे भारतीय मनीषा ने इंद्र कहा है; वह शक्ति जो शत्रुओं को पराजित करती है, वह भी इंद्र है। इंद्र के अनेक अर्थ हैं; जैसे—राजा, विद्वान्, सर्वशक्तिमान, परमेश्वर, परम ऐश्वर्य; और तो और, भूमि को हल से जोतनेवाले कृषक को भी 'इंद्र' कहकर संबोधित किया गया है। कृषक इंद्र है, क्योंकि वह हमें अन्न देता है। ऐसे ही जितनी भी शक्तियाँ हैं उन्हें अनेक नाम दे दिए गए हैं, उन्हें अनेक प्रकार के रूप दे दिए गए हैं; पर ये समस्त नाम-रूप मात्र प्रतीक हैं।

हो सकता है, भारतवर्ष में कभी प्राकृतिक शक्तियों की पूजा होती हो; लेकिन इन प्राकृतिक शक्तियों की पूजा करते-करते तथा उनके प्रति नमन करते-करते अंतत: भारतीय मनीषा ने एक अंतर्दृष्टि प्राप्त कर ली और उस अंतर्दृष्टि का प्रयोग करके उन रहस्यों को जाना जिन्हें हम वेदों, उपनिषदों, आरण्यकों और ब्राह्मण ग्रंथों में पाते हैं। भारतीय मनीषा ने आत्ममंथन, मनन, निदिध्यासन तथा ध्यान और समाधि से जो प्राप्त किया है वैसी ही उपलब्धि पाने की चेष्टा पश्चिम ने नहीं की। पश्चिम का मन भौतिक जगत् की पूजा में लीन रहा तथा उसी रूप में उसने अपनी चेतना को जाना और समझा। भारतीय मनीषा इससे बहुत आगे निकलकर गई और धीरे-धीरे करके अतिमानस की चेतना की ओर मुड़ जाने के कारण वह रहस्यवादी हो गई। भारत के ये रहस्यवादी ऋषि

गंभीरतम विषयज्ञान पाने में इतना लीन रहे कि उन्होंने सत्य को जानना अपने जीवन का परम लक्ष्य बना लिया और उसके प्रति पूर्णरूप से समर्पित हो गए। इस समर्पण के बाद ही उन्होंने उन रहस्यों को खोज निकाला जो आदि रहस्य हैं। ये समस्त रहस्य जिन प्रतीकों के माध्यम से भारतीय संस्कृति में विद्यमान हैं, उनकी एक बहुत लंबी सूची बनाई जा सकती है; लेकिन इस सूची से कोई लाभ नहीं होगा। मुख्य बात यह है कि इस सत्य को आत्मसात् कर लिया जाए कि प्रतीक केवल सत्य का आंशिक प्रतिनिधित्व करते हैं। वे स्वयं सत्य नहीं हैं। वे सत्य की ओर किए जानेवाले संकेत हैं।

भारतीय मनीषा ने हर क्षेत्र में प्रतीक चुने हैं। ध्वनि के क्षेत्र में, आकृतियों के क्षेत्र में, वनस्पतियों के क्षेत्र में, पर्वतमालाओं, नदियों और सरोवरों के क्षेत्र में—और कहीं-कहीं तो प्रतीकों को एक-दूसरे के साथ इस तरह से मिला दिया गया है कि पश्चिम का तर्कवादी मन उसे किसी भी रूप में स्वीकार करने के लिए तैयार नहीं होगा; जैसेकि मानव के धड़ पर हाथी का सिर। पर भारतीय मनीषा के लिए गणेश के नाम से जाना जानेवाला यह प्रतीक उसे दिव्य आध्यात्मिक चेतना से भर देता है। इसी प्रकार 'अर्द्धनारीश्वर' का प्रतीक तर्कवादियों की समझ में नहीं आएगा और न विष्णु, दुर्गा और सरस्वती के प्रतीक ही उनकी समझ में आएँगे। ब्रह्मा के चार मुख हैं। तर्कवादियों के लिए यह तो एक शारीरिक विकृति है; पर भारत के लिए ब्रह्मा जगत्पिता और ज्ञान के अखंड भंडार हैं। प्रतीकों का परदा इसलिए रचा गया जिससे रहस्यमय बातें केवल उन लोगों की समझ में आ सकें जो दीक्षित हों, वास्तव में परम जिज्ञासु हों और जो सत्य की खोज के लिए ऋषियों के समीप बैठने के लिए तैयार हों। प्रतीक उस महान् आध्यात्मिक ज्ञान के द्वार हैं, जहाँ साधारण मानव की पहुँच संभव नहीं। यही कारण है कि वैदिक ऋचाएँ सामान्य व्यक्ति की समझ में नहीं आतीं। इन्हें किसी शब्दकोश की सहायता से भी नहीं समझा जा सकता। प्रत्येक वैदिक ऋचा में एक उच्च कोटि का आध्यात्मिक ज्ञान छिपा हुआ है और ऋचा का भाष्य कर सकने में वही व्यक्ति समर्थ हो सकता है, जो अतिमानस की चेतना में पहुँचने की सामर्थ्य जुटा सके, जिस अतिमानस की चेतना में पहुँचकर ऋचाओं की अर्थात् मंत्र विशेष की रचना की गई। वेदमंत्रों के अर्थ तो बड़े दोहरे और प्रतीकात्मक हैं। वैदिक ऋचाओं में जो शब्द प्रयोग किए गए हैं, उनके बड़े गुह्य अर्थ मिलेंगे। कहाँ है उनकी कुंजी, इसपर आज स्पष्ट रूप से कुछ भी नहीं कहा जा सकता। बस, इसका एक उत्तर हो सकता है कि इसकी कुंजी केवल वही तेजस्वी व्यक्ति प्राप्त कर सकते हैं जो अतिमानस की चेतना में जाना स्वीकार कर लें। यह

दुर्भाग्य की बात है कि भारत में भी इन ऋचाओं के साथ अनर्थ किया गया है। यह अनर्थ रूढ़िवादियों और कर्मकांडियों द्वारा किया गया है।

यहाँ यह पुनः स्मरण रखना उचित होगा कि भारतीय मनीषा द्वारा रचे गए प्रतीक अत्यंत ऊर्ध्वारोहित अतिचेतना से प्रसूत हैं। वैदिक ऋचाओं में प्रयुक्त शब्दावली, वाक्य-विन्यास व व्याकरण स्वयं में अत्यंत गूढ़ और रहस्यमयी है। ऋचाओं में प्रयुक्त शब्द तो निश्चित रूप से सामान्य हैं; पर जिन अर्थों में ये प्रतीकात्मक शब्द प्रयुक्त हुए हैं, जिस उद्देश्य को लेकर शब्द का चयन हुआ है, उनका सामान्य जगत् से कोई संबंध नहीं है। पारलौकिक चेतना को व्यक्त करने के लिए प्रयुक्त शब्द तो लौकिक जगत् के ही हैं, पर उनका अर्थ बहुत ही गंभीर और गहरा है। अतः ऋचा का वास्तविक अर्थ तभी जाना जा सकेगा जब शब्द के रहस्य को तथा उस भाव को जाना जा सके जिसमें रहकर शब्द का उपयोग किया गया। यहीं समस्या आती है। सामान्यतः लौकिक प्रतीक से तो केवल लौकिक अर्थ ही लिया जाएगा। शब्द के अर्थ को तो औसत व्यक्ति उसी रूप में जानेगा जिसके अर्थ में वह शब्द सामान्य जीवन में प्रयुक्त होता चला आ रहा है और जिस क्षण यह असावधानी हो जाती है, वहीं तत्क्षण ऋचाओं में प्रयुक्त प्रतीक में प्रवेश के समस्त द्वार बंद हो जाते हैं। अतः एक-एक ऋचा व उसमें प्रयुक्त प्रतीकात्मक शब्दों को समझने के लिए बहुत कुछ करना होगा।

सबसे पहले ऋचा का लेखक कौन ऋषि है, उसे जानना होगा और उसके व्यक्तित्व के बारे में पता लगाना होगा। दुर्भाग्य से यहाँ भी बहुत कठिनाई है। क्योंकि ऋचाओं के रचयिताओं के बारे में आज हम बहुत ही कम जानते हैं; बल्कि यह कहा जाए कि हम लगभग नहीं ही जानते हैं। अब क्या यह मान लिया जाए कि ऋचाओं का वास्तविक भाष्य असंभव है? ऐसा तो नहीं कहा जा सकता, क्योंकि 'ऋचा' में प्रवेश के और भी द्वार हैं। हर वैदिक ऋचा किसी-न-किसी देवता को समर्पित है। ये देवता प्रतीकात्मक देवता हैं, ये कोई 'अति मानव शरीरधारी' नहीं हैं। ये कोई अज्ञात जगत् में रहनेवाला अति मानवीय शक्तियों से संपन्न ऐसा प्राणी नहीं है जो पृथ्वी पर यदा-कदा प्रकट होता हो या विचरण करने आता हो। ये देवता संकेत रूप में ऊर्जा की सत्ता के किसी एक रूप का प्रतिनिधित्व करते हैं। ऊर्जा की सत्ता का अर्थ है, चैतन्य की सत्ता है; जो सतत है, सर्वव्यापक है, अनादि व अनंत है तथा बहुरूपवान् है; ठीक वैसे ही जैसे महासागर की सत्ता के बहुत रूप हैं। तट के शिलाखंड पर खड़े होकर यदि महासागर की सत्ता का अध्ययन किया जाए तो महासागर की बहुआयामी व बहुरूपवान् सत्ता का किसीको भी पता चल सकता है—अनंत आकृतियोंवाली

लहरें, असंख्य आकृतियोंवाले जलकण, भँवर, फेन, न जाने कितने स्वर, न जाने कितना वेग, न जाने कितने प्रसार की गति। कुछ ऐसी ही स्थिति चेतना के अनंत महासागर की भी है। 'देव' शब्द इस अनंत चैतन्य के किसी-न-किसी रूप का ही प्रतिनिधित्व करता है। अतः ऋषि ने अपनी ऋचा को रचकर उसे किस देवता को अर्पित किया है और वह देवता चैतन्य के किस रूप का, ऊर्जा के किस रूप का प्रतिनिधित्व करता है, इसकी खोज करनी होगी। इस खोज में हमें आदि ग्रंथों अर्थात् वैदिक ग्रंथों का ही सहारा लेना होगा; जैसेकि—उपनिषद्, ब्राह्मण आदि। इसमें व्याकरण ग्रंथ भी सहायक हो सकते हैं; पर व्याकरण ग्रंथों का प्रयोग भी बहुत सावधानी से करना होगा, क्योंकि जो ऋचाएँ हैं वे अतिमानस में प्रवेश करके लिखी गई हैं और जहाँ मन का अतिक्रमण है वहाँ व्याकरण की सत्ता का भी कोई बहुत महत्त्व नहीं रह जाता। अतिमानस में शब्द तो हैं, पर यहाँ पर शब्द निश्शब्द का प्रतिरूप है। यह कुछ 'अनहद नाद' की-सी रहस्यमय स्थिति है। जैसे कोई कहे, 'अरूप-रूप', अर्थात् रूप तो है पर है वह अरूप। सत्य तो यह है कि अतिमानस में शब्द की कोई गति नहीं है, समस्त शब्द तो मन की सत्ता के अधीन होते हैं; लेकिन फिर भी अतिमानस में शब्द हैं, अतः अतिमानस के इन शब्दों को पकड़ पाना, उनसे सान्निध्य जोड़ पाना एक अत्यंत जटिल बात है।

यदि हमने भ्रम, अज्ञान अथवा प्रमादवश 'देवता' को उसी रूप में जानने या समझने की चेष्टा की, जैसाकि भौतिकवादी लौकिक चेतना में होता है, तब फिर भटकाव निश्चित है। भटकाव का अंत तभी होगा जब हम यह स्वीकार करेंगे कि चैतन्य का हर रूप एक देवता ही है। चैतन्य का प्रत्येक गुण एक देवता ही है; पर यह कोई ऐसा 'रूपधारी' या 'अतिरूपधारी' देवता नहीं है जो स्वयं से या अन्य से पृथक् हो। यह एक ही सत्ता के विभिन्न नाम हैं—'एकं सद्विप्रा बहुधा वदन्ति'। इस आशय की पुष्टि 'ऋग्वेद' के प्रथम मंडल के एक सौ चौंसठवें सूक्त के छियालीसवें मंत्र से होती है—

इन्द्रं मित्रं वरुणमग्निमाहुरथो दिव्यः स सुपर्णो गरुत्मान्।
एकं सद्विप्रा बहुधा वदन्त्यग्निं यमं मांतरिश्वानमाहुः॥

—ऋग्वेद, १६४-४६

इंद्र, मित्र, वरुण, अग्नि इत्यादि जो दिव्य और सुंदर महान् कर्म करनेवाले हैं, वे सब आत्मा के ही नाम हैं। यह आत्मा ही यम है और यही 'मातरिश्वा' है; सत्य तो एक है, पर विद्वान् उसे अनेक नामों से पुकारते हैं।

ऋग्वेद के इस मंत्र के संदर्भ में ही इसे आधार बनाकर यदि ऋचाओं का रहस्य खोजा जाए तथा प्रतीकों के रहस्य को जानने की चेष्टा की जाए तो

सफलता मिलने की संभावना है। उदाहरणस्वरूप, यदि यजुर्वेद के निम्न उद्धृत मंत्र का वास्तविक अर्थ खोजना है तो ऋग्वेद की ओर देखना ही उचित है। यजुर्वेद का यह मंत्र है—

अग्निर्देवता वातो देवता सूर्यो देवता चन्द्रमा देवता वसवो
देवता रुद्रा देवताऽऽदित्या देवता मरुतो देवता विश्वे देवा
देवता बृहस्पतिर्देवतेन्द्रो देवता वरुणो देवता॥

—यजुर्वेद, १४-२०

जैसाकि पहले लिखा जा चुका है, चैतन्य अनादि है, अज्ञेय है और अखंड भी। उसके अनंत गुण हैं। इनमें से जितने गुणों को भी भारतीय ऋषि जान सका, जो भी गुण उसके अनुभव या अनुभूति के क्षेत्र में आ सके, उन सभी को उसने आत्मप्रकाश माना और 'देव' कहकर संबोधित किया। इन देवों की उपासना का अर्थ है चैतन्य के उस गुण विशेष की उपासना करते हुए परमब्रह्म में प्रवेश की चेष्टा। यही परम चैतन्य, परमेश्वर है। इस परमेश्वर के प्रकाश से ही उसके सभी गुण, अर्थात् सभी 'देवता' प्रकाशित होते हैं। भारतीय मनीषा ने 'देवताओं' में भेद किया। एक मूर्तिमान और दूसरा अमूर्तिमान। जैसे माता, पिता, आचार्य, अतिथि, विद्वान्—ये सभी मूर्तिमान देवता हैं और परमब्रह्म अमूर्तिमान है। हमारी इंद्रियाँ दोनों श्रेणियों में आती हैं। ज्ञानेंद्रियों को मूर्तिमान और अमूर्तिमान दोनों रूपों में जाना गया है। इस संदर्भ में यदि किसीको विशेष अध्ययन करना हो तो उसे उपनिषदों, ब्राह्मण ग्रंथों का और विशेष रूप से 'शतपथ ब्राह्मण' का अध्ययन करना चाहिए। 'शतपथ ब्राह्मण' में बहुत से 'देव प्रतीकों' की व्याख्या की गई है तथा उनका वास्तविक अर्थ भी बताया गया है। महर्षि यास्क के व्याकरण ग्रंथ से भी अनेक शंकाओं का समाधान संभव है। महर्षि दयानंद ने 'ऋग्वेदादिभाष्यभूमिका' ग्रंथ में इस विषय पर विस्तार से प्रकाश डाला है; पर दुर्भाग्य यह है कि सत्य को जानने व समझने की जैसी जिज्ञासा होनी चाहिए, वह अब लुप्त होती जा रही है। परिणामत: अज्ञान भी बढ़ रहा है तथा भटकाव भी। इस अज्ञान ने भारतीय संस्कृति को गंभीर क्षति पहुँचाई है। भारतीय संस्कृति का आज विश्व में जो उपहास उड़ाया जाता है, उसका मूल कारण हमारी स्वयं की अज्ञानता है। आज की पीढ़ी को तो सांस्कृतिक आदर्शों, मान्यताओं व प्रतीकों के बारे में विस्तार से न कोई बताना चाहता है और न बताने की कोई व्यवस्था ही है। आत्मविस्मृति ने भारतीय संस्कृति को ऊर्जाशून्य व पंगु कर दिया है और दुष्परिणामस्वरूप चारों ओर पाखंड ही बढ़ता चला जा रहा है। इस पाखंड को बढ़ाने में एक ओर जहाँ हमारी शिक्षानीति व स्वयं का अवसाद

उत्तरदायी है वहीं वह मानसिकता भी उत्तरदायी है जिसे हमने विदेशी विचारकों द्वारा लिखे गए ग्रंथों से प्राप्त किया है। विदेशी विचारकों ने भारतीय ऋषियों को उसी दृष्टि से देखा, जो दृष्टि उन्होंने पश्चिम में प्रचलित भौतिक अथवा आध्यात्मिक दर्शन से प्राप्त की थी। उनकी दृष्टि ईसाई मजहब से बहुत प्रभावित रही। और तो और, मैक्समूलर सरीखे विद्वान् भी भारतीय मनीषा के मूल तत्त्वों को सही ढंग से समझ नहीं सके तथा वे स्वेच्छा से मिशनरियों व चर्च के प्रभाव में रहे, सदैव उसके सहयोगी ही रहे। वे भारतीय सिद्धांतों को आत्मसात् नहीं कर सके और न उन्हें सही रूप में समझ ही सके। मैक्समूलर का अवचेतन मन सदैव मिशनरियों की विचारधारा का पक्षधर रहा। उन्होंने भारतीय मनीषा को 'ईसाई दर्शन' से श्रेष्ठ नहीं माना तथा वैदिक साहित्य का भाष्य भी 'विराट् चैतन्य' और 'स्वराज' की अवधारणा से प्रभावित होकर नहीं किया; जबकि भारतीय मनीषा की उत्कृष्टतम उपलब्धि ही यह है कि सर्वत्र एक ही ईशत्व व्याप्त है और सभी उसका ही स्वरूप हैं।

मैक्समूलर सरीखे विद्वान् की परम एकात्म विरोधी निष्पत्तियाँ व भाष्य उनके स्वयं के पूर्वग्रह से तो प्रभावित रहे ही, इसके साथ ही उन्हें अनेक ऐसे भारतीय भाष्यकारों का भी सहयोग मिला जो वैदिक ऋचाओं का मनमाना भाष्य करके अपने संकीर्ण स्वार्थों को सिद्ध करने के लिए प्रयत्नशील रहे। जिन भारतीय विद्वानों व भाष्यकारों ने आदि भारतीय मनीषा के साथ विशेष अन्याय किया, उनमें सायणाचार्य व महीधर का नाम विशेष रूप से लिया जा सकता है। महीधर ने तो वैदिक ऋचाओं के अर्थ का ऐसा अनर्थ किया कि यदि कहीं उनके भाष्य को स्वीकारोक्ति मिल जाती तो वैदिक साहित्य का जो प्राणतत्त्व है वह सदैव-सदैव के लिए लुप्त हो जाता और मैक्समूलर सरीखे पश्चिमी विद्वानों की यह धारणा सिद्ध हो जाती कि वैदिक साहित्य तो देवतावादी है तथा 'परमब्रह्म' अर्थात् 'विराट् चैतन्य' का ज्ञान तो भारतीयों को बहुत बाद में ही हुआ होगा। सायणाचार्य ने वैदिक ऋचाओं व प्रतीकों को रूढ़िवादी कर्मकांड से जोड़कर ऐंद्रिक सुख प्राप्त करने का साधन बताने की जो भूल की, उसका पश्चिम के विचारकों ने भारतीय मनीषा को अपमानित करने के लिए बहुत लाभ उठाया। सायणाचार्य ने तो बहुत से मंत्रों के अर्थ ही उलटे कर दिए तथा जो अतिमानस से प्रसूत चेतना से जुड़े थे उन्हें भौतिक कर्मकांड व सामान्य जीवन से जोड़ दिया। महीधर द्वारा वैदिक ऋचाओं के साथ जो अनर्थ किया गया, उसका सप्रमाण उल्लेख महर्षि दयानंद ने अपनी पुस्तक 'ऋग्वेदादिभाष्यभूमिका' के 'भाष्यकरण शंका समाधान' प्रकरण में किया है। महीधर ने तो ऋचाओं में

उपयोग किए गए प्रतीकों के इतने गंदे, घृणित व अश्लील अर्थ किए हैं कि उन्हें पढ़कर लज्जा से मस्तक नीचा तो हो ही जाता है, साथ ही भारी क्षोभ भी होता है। उदाहरणस्वरूप यजुर्वेद का एक मंत्र है—

'गणानां त्वा गणपतिँ हवामहे प्रियाणां त्वा प्रियपतिँ हवामहे
निधीनां त्वा निधिपतिँ हवामहे वसो मम आहमजानि गर्भधमा
त्वमजासि गर्भधम्॥'

—यजुर्वेद, २३-१९

इसका सीधा अर्थ है कि "हे गणों के अधिपति परमेश्वर! हम आपका आह्वान करते हैं। हे निधियों में सर्वश्रेष्ठ निधिपति! हम आपका आह्वान करते हैं। हे समस्त जगत् के निर्माता! आप हमारे समर्पण को स्वीकार करें। हे जगत् के सृजनकर्ता! आप समस्त जगत् को धारण करते हैं, आपकी इस क्षमता को हम भलीभाँति जानते हैं।"

यजुर्वेद के इस मंत्र का जो अर्थ महीधर ने किया वह कितना अश्लील है, इसे सामान्य व्यक्ति भी आसानी से समझ लेगा। महीधर ने इस मंत्र का जो अर्थ किया वह है—

"सभी ऋत्विजों के सामने यजमान की पत्नी घोड़े के पास सोवे और सोते समय अश्व से यह प्रार्थना करे कि हे अश्व! जिससे गर्भधारण होता है ऐसा जो तेरा वीर्य है उसको मैं खींचकर अपनी योनि में डालूँ तथा तू इस वीर्य को मुझमें स्थापित करनेवाला बन।"

महीधर जैसे रूढ़िवादी कर्मकांडी पंडितों से भारी भूल यह हुई कि उन्होंने प्रतीकात्मक शब्दों के प्रचलित लौकिक अर्थ किए। इस मंत्र में उन्होंने 'गणपति' शब्द से घोड़े का अर्थ ग्रहण किया और 'गर्भ' शब्द से 'योनि' का 'प्रियाणां' से यजमान की पत्नी का अर्थ ग्रहण किया। जबकि 'गणानां गणपति' जैसे शब्दों का वास्तविक आशय है, सर्वव्यापी परमात्मा, जोकि सभी गणनीय पदार्थों का पति अर्थात् पालनकर्ता है। यही अर्थ 'ऐतरेय ब्राह्मण' ग्रंथ में है और यही 'शतपथ ब्राह्मण' में भी।

यजुर्वेद के दूसरे मंत्र का तो और भी अश्लील अर्थ महीधर ने किया। यह दूसरा मंत्र है—

'ताऽउभौ चतुरः पदः सम्प्रसारयाव स्वर्गे लोके प्रोर्णुवाथां वृषा वाजी
रेतोधा रेतो दधातु॥'

—यजुर्वेद, २३-२०

महीधर ने इस मंत्र का अर्थ किया—"यजमान की पत्नी घोड़े के लिंग

को पकड़कर अपने ही हाथों की सहायता से अपनी ही योनि में डाले।" जबकि वास्तव में इस मंत्र के द्वारा ऋषि द्वारा यह कामना की गई है कि मानवीय शक्ति और देवशक्तियाँ, अर्थात् यज्ञीय ऊर्जा व परमात्मा दोनों आनंदपूर्वक एक-दूसरे का संरक्षण करें; दोनों मिलकर धर्म, अर्थ, काम, मोक्ष रूपी चारों चरणों का अर्थात् पुरुषार्थ का संसार में विस्तार करें और परमात्मा से प्रार्थना करते हुए कहा गया है कि हे परम ऊर्जावान्, हे श्रेष्ठ पराक्रम को धारण करनेवाले! आप हमें पराक्रम प्रदान करें, आप हमें शक्तिवान् बनाएँ।

महीधर सरीखे रूढ़िवादियों ने कुछ शब्दों के अर्थ व भाष्य इतने अधिक अश्लील किए हैं कि यदि उन्हें आंशिक रूप से भी स्वीकार कर लिया जाए तो फिर यही लगेगा कि अधिकांश वैदिक ऋचाएँ 'कामक्रीड़ा' व 'भोग प्रधान' जीवन को मान्यता प्रदान करने के लिए ही रची गईं; जबकि ऐसा बिलकुल भी नहीं है। अर्थ का यह अनर्थ या तो स्वार्थ और संकीर्णतावश किया गया या फिर अज्ञानवश। समय आ गया है कि जो सत्य है उसे प्रबलता से सारे विश्व को बताया जाए। रूढ़िवादियों का सार्वजनिक खंडन किया जाए तथा भारतीय मनीषा और संस्कृति के साथ जो अन्याय हो रहा है उसे दूर किया जाए।

प्रतीक, चाहे वह शब्द के रूप में हो या आकृति के रूप में अथवा मूर्ति के रूप में, का लक्ष्य ही है संकेत करना। जो 'अति गोपनीय' है, उसकी ओर संकेत करने के निमित्त ही प्रतीक रचे और प्रयुक्त किए गए। अतिमानस की अनुभूतियाँ अति गोपनीय भी हैं और रहस्यमय भी तथा उन्हें सामान्य संभाषण और वार्त्तालाप द्वारा व्यक्त किया जाना असंभव है। अतिमानस की अनुभूतियाँ नितांत वैयक्तिक होती हैं तथा उन्हें पूर्णरूप से किसी दूसरे को हस्तांतरित कर पाना या दूसरे के समक्ष प्रकट कर पाना किसी भी तरह से संभव नहीं है। अतः भारतीय मनीषा ने 'प्रतीक' का प्रयोग किया, ताकि जो 'अज्ञेय' है तथा जो इंद्रियों के परे है, उस ओर संकेत किया जा सके। 'संकेत' के निमित्त तो लौकिक शब्दों का ही प्रयोग करना होगा, पर सामान्य रूप में प्रचलित लौकिक शब्दों का 'वास्तविक अर्थ' निश्चित रूप से 'लौकिक अर्थ' से भिन्न है; इसीलिए 'शतपथ ब्राह्मण', 'ऐतरेय ब्राह्मण' व अन्य वैदिक ग्रंथों में प्रतीकात्मक रूप से प्रयुक्त शब्दों पर भाष्य किया गया तथा उन शब्दों से क्या आशय हो सकता है, इसे बार-बार विस्तारपूर्वक समझाया गया। वैदिक ग्रंथों व उपनिषदों में अनेक बार पशुओं को प्रतीक के रूप में प्रयोग किया गया है; जैसे 'गौ', 'अश्व', 'अज' आदि। अब यदि 'गौ' या 'अश्व' से अर्थ पृथ्वी पर विचरनेवाले घोड़ों व गायों या बकरियों से लगाया जाएगा तो इससे अर्थ का अनर्थ हो जाएगा। 'शतपथ ब्राह्मण' में बड़े स्पष्ट रूप से लिखा गया है कि जो तत्त्व

आत्मनिर्भरता रखने में समर्थ न हो वह 'पशु' है और इस अर्थ में हर जीवधारी पशु ही है; पर साथ ही, किस पशु से किस भाव या किस अर्थ की ओर संकेत है, यह भी इस ग्रंथ में तथा इसी प्रकार के अन्य ग्रंथों में दिया गया है। वैदिक मंत्रों में जब 'अश्व' या 'वाजी' शब्द का प्रयोग होता है तो उसका अर्थ घोड़ा नहीं, वरन् उसका अर्थ कहीं 'सौर ऊर्जा' है, कहीं शक्ति है, कहीं पराक्रम है। कहीं सूर्य की रश्मियों की ओर इंगित करने के लिए 'अश्व' शब्द का प्रयोग किया गया और कहीं 'अश्व' शब्द का प्रयोग करके 'निहित स्वार्थ' की ओर संकेत किया गया। 'स्वार्थ' (अश्व) का ही वध करने के लिए 'अश्वमेध' यज्ञ की परिकल्पना की गई। दुर्भाग्य यह रहा कि वैदिक मंत्रों में प्रयुक्त शब्दों को हमने जानवर माना और जानवरों की बलि देने की सामाजिक कुरीति में हम फँस गए।

वेदों में आत्मा को पशुपति माना गया है। पशु सदैव भोग्य है और 'पशुपति' भोक्ता है। जिस तत्त्व पर आत्मा की, अर्थात् परमेश्वर की 'भोग्य' रूप में दृष्टि हो, उसकी स्वतंत्र सत्ता नहीं हो सकती और जिसकी स्वतंत्र सत्ता नहीं, जो बंधन में है, जो पाशबद्ध है, वह 'पशु' ही है। बंधन के कारण ही इस परतंत्र तत्त्व (पशु) में हीनता व दुर्बलता है। समस्त बंधनों, समस्त हीनता व दुर्बलता का परित्याग ही भारतीय मनीषा का अभीष्ट है। इस उद्देश्य व लक्ष्य को काव्यमय व रहस्यमय भाषा में वैदिक साहित्य में प्राप्त करने की बात कही गई; पर कालांतर में प्रतीकात्मक शब्दों को मात्र लौकिक अर्थ देकर हम भटक गए।

भारतीय मनीषा ने एक ओर जहाँ लौकिक व भौतिक शब्दों का रहस्यमय प्रयोग प्रतीक रूप में किया, वहीं अतिमानस की स्थिति व विराट् की ओर संकेत करने के लिए अनेक नए शब्द भी उसने गढ़े। उदाहरणस्वरूप ब्रह्मा, विष्णु, महेश ऐसे ही शब्द हैं। अतिमानस की सर्वकल्याणकारी चेतना को अभिव्यक्त करने के लिए 'शिव' व 'नीलकंठ' सरीखे शब्द बड़े ही रहस्यमय रूप में प्रयोग किए गए। ये नए शब्द ही भारतीय ऋषि ने नहीं गढ़े, वरन् इन्हें और भी 'जीवंत रहस्य' बनाने के निमित्त इन शब्दों को आकृतियाँ भी दे दी गईं। ब्रह्मा के चार मुख बना दिए गए। उन्हें वृद्ध शरीर दिया गया तथा वेदपाठी संन्यासी की वेशभूषा में दिखाया गया। विष्णु को नीलवर्ण, चतुर्भुज व शेषशायी बनाया गया। महेश में तो व्यक्तित्व की समस्त शक्तियों को, जो परस्पर विरोधी भी हैं, स्थापित कर दिया गया। शिव अर्थात् महेश मृत्युंजय हैं, अमृत हैं; पर वे विष पीते हैं, उनके कंठ में हलाहल है। इसका भाव यह हुआ कि मृत्यु को वही जीत सकता है, अर्थात् परम कीर्तिवान् वही बन सकता है जो समाज के हलाहल को अर्थात् आलोचनाओं को धारण करने की शक्ति रखता हो। जो भलाई और बुराई

दोनों का संतुलन हो, वह शिव है। जो भलाई-बुराई व शुभ-अशुभ दोनों का अतिक्रमण कर गया हो, वह शिव है अर्थात् समाज के लिए परम कल्याणकारी है। शिव प्रतीक हैं 'ध्यान' और 'समाधि' के। शिव महाकाल हैं, अतः प्राण हर लेते हैं और परमपिता हैं, अतः इच्छित वर देते हैं। वे मनोवांछित योनि में जन्म देते हैं। वे जन्मदाता और प्राणहर्ता, दोनों हैं।

पर अज्ञान व स्वार्थ में डूबे भारतीय कर्मकांडी इन दिव्य प्रतीकों के अर्थ को और इनके द्वारा दिए जा रहे संकेतों को सही रूप में समझ नहीं सके तथा उन्होंने इन प्रतीकों को 'शरीरधारी' अति मानवीय रूप मानकर, इनसे जो वास्तविक आशय था, उसे छोड़ दिया। इन रूढ़िवादियों ने इस रहस्यमय सूत्र को भी विस्मृत कर दिया कि एक ही चैतन्य सर्वव्यापी है तथा हर 'रूप' वास्तव में 'स्व-रूप' ही है। इस विस्मृति से भटकाव बढ़ता गया और अर्थ का अनर्थ होता गया। ऐसा नहीं है कि भारतीय मनीषा ने इस भूल के प्रति सावधान नहीं किया, भूल न होने पाए इसके लिए समुचित भाष्य भी दिए, पर इन भाष्यों के समुचित संकेतों और चेतावनियों के उपरांत भी रूढ़िवादियों ने 'शरीरधारी' 'बहुदेवत्व-वाद' को सामाजिक व धार्मिक जीवन में मान्यता देनी प्रारंभ कर दी तथा यह राष्ट्र पथभ्रष्ट हो गया। सभी कुछ परम विराट् ही है, यह संकेत, यह भाव बार-बार अनेक ग्रंथों में भारतीय ऋषि ने व्यक्त किया; पर अज्ञानियों ने स्वयं के स्वार्थ की रक्षा के लिए उसपर कोई ध्यान नहीं दिया।

अतिमानस के भावों को प्रकट करने के लिए भारतीय मनीषा ने ब्रह्मा, विष्णु, शिव, इंद्र, अग्नि, नीलकंठ आदि शब्दों का जो प्रयोग किया है वे एक ही सत्ता के भिन्न-भिन्न नाम हैं। इसे केवल ऋग्वेद में ही नहीं, अनेक ग्रंथों में स्पष्ट किया गया है। 'कैवल्य उपनिषद्' में इसे बड़े ही सुंदर तथा काव्यात्मक ढंग से अभिव्यक्त किया गया है—

उमासहायं परमेश्वरं प्रभुं त्रिलोचनं नीलकण्ठं प्रशान्तम्।
ध्यात्वा मुनिर्गच्छति भूतयोनिं समस्त साक्षिं तमसः परस्तात्॥ ७॥
स ब्रह्मा स शिवः सेन्द्र सोऽक्षर परमः विराट्।
स एव विष्णुः स प्राणः स कालोऽग्नि स चन्द्रमाः॥ ८॥
स एव यद्भूतं यच्च भव्यं सनातनम्।
ज्ञात्वा तं मृत्युमत्येति नान्यः पन्था विमुक्तये॥ ९॥
सर्व भूतस्थमात्मानं सर्वभूतानि चात्मनि।
सम्पश्यन् ब्रह्म परमं यानि नान्येन हेतुना॥ १०॥

—कैवल्य उपनिषद्, ७-१०

जिसे उमासहाय, परमेश्वर, नीलकंठ और त्रिलोचन के नामों से पुकारा जाता है, जो समस्त चराचर का स्वामी है और शांतिस्वरूप है, जो समस्त भूतों का मूल कारण और साक्षी है, जो अविद्या (तमस) से दूर है—उसको मुनिजन ध्यान से प्राप्त करते हैं। (७)

उसीको ब्रह्मा, शिव, इंद्र, अक्षर, परम विराट्, विष्णु, प्राण, काल-अग्नि व चंद्रमा कहते हैं। (८)

वह व्यक्ति जन्म-मृत्यु के चक्कर से छूट जाता है, जो इस तत्त्व को समझ लेता है कि जो पहले हो चुका है अथवा आगे होगा वह सब वही है। इसको छोड़कर मोक्ष का अन्य कोई रास्ता नहीं है। (९)

वह मनुष्य परमात्मा को पा लेता है जो आत्मा को समस्त भूतों में और समस्त भूतों को आत्मा में व्याप्त देखता है। इसके अतिरिक्त और कोई दूसरा उपाय नहीं है। (१०)

अब यदि इन मंत्रों का अर्थ स्वयं के अज्ञानवश 'बहुदेवतावाद' के पोषण के लिए करें तो भूल हो जाएगी। वैसे भी 'ब्रह्मा-विष्णु-महेश' को तो त्रिमूर्ति के भाव को व्यक्त करने के लिए एक मूर्ति (आकृति) भी गढ़ी गई। ब्रह्मा, विष्णु और महेश के भावों को लेकर निर्मित की गई त्रिमूर्ति अत्यंत ही दिव्य व प्रेरणादायी कल्पना है; पर इस त्रिमूर्ति रूपी प्रतीक को भी रूढ़िवादियों ने सही ढंग से नहीं समझा। वे अपने दुराग्रह तथा अज्ञान से ग्रस्त रहे। अज्ञानवश व भ्रमवश अभी भी इन भारतीय प्रतीकों को 'नामधारी व शरीरधारी देवता' के रूप में जाना जा रहा है। इस भूल का निराकरण करना ही होगा। इस भ्रम को सप्रयास मिटा दिया जाना चाहिए। परमात्मा का कोई नाम नहीं होता। हम परमात्मा की ओर संकेत करने के लिए किसी-न-किसी नाम का प्रयोग अवश्य करते हैं, क्योंकि इसके अतिरिक्त कोई और दूसरा उपाय ही नहीं है; लेकिन हम किसी भी नाम का प्रयोग करें तो उसमें खतरा है। जिस क्षण हम यह विस्मृत कर देंगे कि अनाम का, अज्ञेय का नाम हो ही नहीं सकता, हम भटक जाएँगे। नाम के अधिक प्रयोग से और नाम पर आवश्यकता से अधिक आश्रित रहने से वह तत्त्व जो अज्ञेय, विराट् व अनाम है, वह तो लुप्त हो जाता है और जो 'नाम' है वही रह जाता है, वही महत्त्व बन जाता है तथा हम भटक जाते हैं। ध्यान रहे और सदैव इस बात का ध्यान रहे कि सारा अस्तित्व अनाम है और सारे नाम मनुष्य द्वारा दिए गए नाम हैं। सारे नाम तो ऊपर से ही इस 'अस्तित्व' पर थोप दिए गए हैं। जबतक हमें सत्य उपलब्ध न हो जाए, परमात्मा उपलब्ध न हो जाए, हम नाम का उपयोग करें; पर यह उपयोग एक सत्य को जानने के लिए,

एक काल्पनिक साधन के रूप में करें, यह तो उचित है; पर यदि हम 'नाम' को ही सत्य मान लें, 'प्रतीक' को ही परमात्मा मान लें तो निश्‍चित रूप से बहुत बड़ी भूल हो जाएगी। प्रतीक स्वयं में केवल एक संकेत है, वह वह नहीं है जो अज्ञेय व विराट् है। कैवल्य उपनिषद् के इन चार मंत्रों का (जिनका पूर्व में उल्लेख है) रजनीश ने बहुत ही सुंदर भाष्य किया है। उन्होंने लिखा है—

''जैसे व्यक्ति के लिए नाम की जरूरत पड़ जाती है, उसके बिना जीवन को चलाना कठिन है, वह एक उपयोगिता है, अनिवार्य उपयोगिता है, वैसे ही जब भी उस परम सत्य की खोज में कोई लगता है तो उसे लगता है कि कोई नाम हो। इन नामों के भी फायदे हैं, इन नामों के भी खतरे हैं।

''इसलिए पहले सूत्र में कैवल्य उपनिषद् के ऋषि ने शिव की चर्चा की है, वह उसका प्यारा नाम है। लेकिन तत्काल दूसरे सूत्र में वह कहता है—और सब नाम भी उसीके हैं। यह भ्रांति न हो जाए कि वही एक नाम महत्त्वपूर्ण है। इसलिए ऋषि कहता है उसीको—जिसकी उसने चर्चा की है पहले सूत्र में—ब्रह्मा भी कहा है, शिव भी कहा है, इंद्र भी कहा है, अक्षरब्रह्म भी कहा है, परम विराट् भी कहा है, विष्णु भी कहा है, प्राण भी कहा है, काल-अग्नि भी कहा है, चंद्रमा भी कहा है। यह सभी नाम उसके हैं। और भी हजार नाम हैं। लेकिन इन नामों में जो मौलिक कोटियाँ हो सकती हैं, वे सब सम्मिलित कर ली गई हैं। जैसे ब्रह्मा, विष्णु, महेश—ये तीन हिंदूचिंतन की कोटियाँ हैं। फिर हिंदू जितने भी नाम हैं, वह उन तीन में से किसी एक से संबंधित होंगे।

''तो यह तीन मूल कोटियाँ हैं। और इन तीन मूल कोटियों का कारण है। हिंदूचिंतन कई अर्थों में बहुत वैज्ञानिक है। मनोवैज्ञानिक है। और उसने जो कुछ भी निर्धारित किया है, वह किसी गहरी जरूरत को सोचकर निर्धारित किया है। मनुष्य के भीतर भी तीन प्रकार के मन हैं। और मनुष्य भी तीन तरह के मनुष्य हैं। और अगर हम मनुष्यों को बाँटें तो उसमें तीन तरह के मनुष्य हमें मिलेंगे।

''तीन की संख्या हिंदूचिंतन में बड़ी महत्त्वपूर्ण है। और पहले तो ऐसा सोचा जाता था कि यह सिर्फ सांकेतिक है; लेकिन विज्ञान जितने गहरे गया वस्तुओं में उतना ही विज्ञान को भी लगा कि तीन की इकाई महत्त्वपूर्ण मालूम पड़ती है। क्योंकि जब अणु का विस्फोट किया तो पता चला कि अणु के जो घटक अंग हैं वे तीन हैं—'इलेक्ट्रॉन', 'न्यूट्रॉन', 'प्रोटॉन'। वह अणु के घटक अंग हैं। तीन से मिलकर ही इस जगत् की मौलिक इकाई निर्मित हुई है। और फिर उसी मौलिक इकाई पर सारा जगत् निर्मित है। अगर इस जगत् को हम तोड़ते जाएँ नीचे, तो तीन की संख्या उपलब्ध होती है और तीन के बाद तोड़ें तो

कुछ भी उपलब्ध नहीं होता, शून्य हो जाता है। उस शून्य को हमने परम सत्य कहा है। अनाम। उस शून्य से जो पहली इकाई निर्मित होती है, तीन की, उसको हमने ब्रह्मा, विष्णु, महेश कहा है।

''और ब्रह्मा, विष्णु, महेश कहना और भी अर्थों में गहरा है; यह तीन की संख्या की बात नहीं है। इलेक्ट्रॉन, प्रोटॉन और न्यूट्रॉन जिन चीजों की सूचना देते हैं, ये तीन शब्द भी उन्हींकी सूचना देते हैं। इन तीन विद्युत् कण में, जिनसे जगत् का मौलिक आधार बना हुआ है, विज्ञान की दृष्टि में एक तत्त्व विधायक है, एक निषेधक है और एक तटस्थ। एक 'पॉजिटिव' है, एक निगेटिव है, एक न्यूट्रल है। और इन तीन—ब्रह्मा, विष्णु, महेश में भी एक 'पॉजिटिव' है, एक 'निगेटिव' है और एक 'न्यूट्रल' है। इसमें ब्रह्मा पॉजिटिव है, विधायक है। ब्रह्मा को हिंदूचिंतन मानता है कि वह सृष्टि का आधार है। उससे ही सृष्टि निर्मित होती है। वह निर्माता है। वह विधान करता है, वह विधायक है। शिव विध्वंसक है। निषेधक है। वह तत्त्व इस सृष्टि को लीन करता है, विलीन करता है, समाप्त करता है—निगेटिव है। विष्णु इन दोनों के मध्य में तटस्थ है, वह सँभालता है। न वह निर्माण करता है, न वह विध्वंस करता है। वह केवल बीच का सहारा है। जितनी देर सृष्टि होती है, वह तटस्थ भाव से उसे सँभालता है।

''न तो न्यूट्रॉन, प्रोटॉन शब्दों का कोई मूल्य है। क्योंकि वे भी दिए गए नाम हैं। न ब्रह्मा, विष्णु, महेश का कोई मूल्य है। वे भी दिए गए नाम हैं। लेकिन धर्म जब नाम देता है और विज्ञान जब नाम देता है, तो एक फर्क होता है। वह फर्क यह होता है कि विज्ञान जब नाम देता है तो वह नाम जो होते हैं, अवैयक्तिक होते हैं और धर्म जब कोई नाम देता है तो नाम वैयक्तिक होते हैं। क्योंकि धर्म का प्रयोजन इससे कम होता है कि नाम जिसके संबंध में इशारा कर रहा है उसको बताए, इससे ज्यादा होता है कि इस इशारे पर जो चलेगा उसका उससे संबंध हो जाए, जिसके प्रति इशारा किया गया है। संबंध बनाने के लिए व्यक्ति निर्मित करना होता है।

''जैसे न्यूट्रॉन से कोई संबंध निर्मित नहीं हो सकता। आप प्रयोगशाला में उसका उपयोग कर सकते हैं, हिला-डुला सकते हैं, काट-पीट सकते हैं, गतिमान कर सकते हैं, आप उपयोग कर सकते हैं उसका; लेकिन न्यूट्रॉन से आपका कोई संबंध निर्मित नहीं होता। क्योंकि न्यूट्रॉन कोई व्यक्ति नहीं है। लेकिन शिव से आपका संबंध निर्मित हो सकता है, क्योंकि वह व्यक्ति है। धर्म और विज्ञान जो शब्दावली का प्रयोग करते हैं, उसमें यह बुनियादी फर्क है।

''विज्ञान के शब्द अवैयक्तिक होंगे। धर्म के शब्द वैयक्तिक होंगे। एक

व्यक्ति निर्मित होना चाहिए शब्द से। लेकिन कहीं यह भ्रांति न हो जाए कि यह तीन हैं, इसलिए हमने त्रिमूर्ति निर्मित की। ब्रह्मा, विष्णु, महेश के तीन चेहरे एक ही मूर्ति में बनाए। ये तीन, तीन तरह के 'फंक्शन' हैं। लेकिन जिससे यह, जिसका यह काम कर रहे हैं, वह इन तीनों के भीतर एक है। उसका कोई चेहरा नहीं है। ये तीन चेहरे तीन प्रक्रियाओं के हैं। स्वयं अस्तित्व का कोई चेहरा नहीं है।

''इसलिए अगर ब्रह्मा, विष्णु, महेश की त्रिमूर्ति आपको मिले, तीनों चेहरे अलग कर दें, फिर जो बच जाए वह अस्तित्व का सूचक है। और ये तीनों चेहरे अस्तित्व की तीन अभिव्यक्तियाँ हैं। और विज्ञान स्वीकार करता है कि अस्तित्व निर्मित नहीं हो सकता, इन तीन शक्तियों के बिना। विधायक न हो तो अस्तित्व का जन्म नहीं होता। विध्वंसक न हो तो जो चीज जन्म हो जाए वह फिर कभी रूपांतरित नहीं हो सकती। और अगर स्थापक न हो तो जन्म भी हो जाए तो कोई चीज स्थिति को उपलब्ध नहीं हो सकती। ये तीन तो अनिवार्य हैं किसी भी वस्तु के होने के लिए।

''तो धर्म के, विज्ञान के ये तीन मौलिक अणु हैं--ब्रह्मा, विष्णु, महेश। ये तीन उसके नाम हैं। फिर जगत् में जितने भी देवी-देवता निर्मित हुए हैं, नाम निर्मित हुए हैं, उन तीन में से किसी एक से संबंधित होंगे। इसलिए हिंदू कहते हैं कि फलाँ अवतार विष्णु का अवतार है। उसका मतलब यह है कि वह विष्णु की कोटि में आता है। फलाँ शिव का अवतार है; तो वह शिव की कोटि में आता है। फलाँ अवतार ब्रह्मा का अवतार है; तो वह ब्रह्मा की कोटि में आता है। लेकिन आप देखें—सभी अवतार विष्णु के हैं। क्योंकि ब्रह्मा का काम निर्माण के साथ समाप्त हो जाता है। अवतरण की कोई जरूरत नहीं है। शिव का काम विध्वंस में पड़ेगा। अवतरण की कोई जरूरत नहीं है। विष्णु ही अवतरित होता चला जाता है, जबतक सृष्टि है।

''तो चाहे राम हों, चाहे कृष्ण हों, चाहे कोई भी हो, विष्णु ही अवतरित होता चला जाता है। यह विष्णु के अवतार की जो शृंखला है, कहती है कि स्थापक जो है उसको ही आना पड़ेगा बार-बार। निर्माता एक बार इशारा करेगा, निर्माण हो जाएगा। विध्वंसक एक बार विध्वंस करेगा, समाप्त हो जाएगा। लेकिन जो सँभालेगा पूरे समय, उसे ही बार-बार आना पड़ेगा। इसलिए अवतरण सिर्फ विष्णु का है।

''ये तीन हिंदू-दृष्टि में ऋषि ने विचार में ले लिये हैं। लेकिन औरों की भी गणना की है। इंद्र को भी गिना है। इंद्र परम शक्ति का नाम नहीं है। ब्रह्मा, विष्णु, महेश की कोटि का नाम नहीं है। लेकिन व्यक्तियों पर अगर हम ध्यान दें

तो इन परम कोटि तक पहुँचनेवाले व्यक्तियों की दृष्टि....ऐसे व्यक्ति खोजना जिनकी इतनी गहराई तक दृष्टि पहुँचती हो कि वह ब्रह्मा, विष्णु, महेश के प्रति प्रेम से भर जाएँ, कठिन है। क्योंकि इन तीनों का जो उपयोग है, वह अत्यंत वैज्ञानिक है। ब्रह्मा से आप क्या माँग सकते हैं? इनका जो उपयोग है वह अस्तित्व के मूल आधार में है; लेकिन आदमी कमजोर है, बहुत कमजोर है। उसकी कमजोरी इतनी गहन है कि वह इतने मौलिक आधारों तक तो उसका कोई संबंध निर्मित नहीं हो पाएगा।

"इसलिए सारे जगत् के धर्मों ने ईश्वर की भी धारणा की और देवताओं की भी धारणा की। देवता की धारणा उनके लिए है जो ईश्वर की धारणा तक न जा सकें।

"तो हम तीन बातें समझ लें।

"एक तो परम अस्तित्व है निराकार। बुद्ध जैसे लोग उससे संबंधित होते हैं। इसलिए वह ईश्वर, ब्रह्मा, विष्णु, महेश, सबको कह देते हैं बेकार। यह जानकर मजा होगा कि जब बुद्ध को निर्वाण, समाधि उपलब्ध हुई, जब पहली बार वह ज्ञान को उपलब्ध हुए तो बौद्ध कथाएँ बड़ी मधुर हैं। हिंदुओं को उससे चोट भी बहुत पहुँची। उन सबको चोट पहुँची जो ब्रह्मा, विष्णु, महेश को परम मानते थे। जब बुद्ध को ज्ञान हुआ तो ब्रह्मा, विष्णु, महेश सभी हाथ जोड़कर बुद्ध के चरणों में सिर रखकर उपस्थित हुए। यह कथा बड़ी मधुर है। यह कथा यह कहती है कि परम अस्तित्व ब्रह्मा, विष्णु, महेश से भी पार है। और जब किसीको परम अस्तित्व में प्रवेश मिले तो ब्रह्मा, विष्णु, महेश भी उसे नमस्कार करेंगे ही।"

रजनीश ने कैवल्य उपनिषद् में प्रयुक्त अन्य प्रतीकों की भी बड़ी वैज्ञानिक व सुंदर व्याख्या की है। 'शिव' त्रिलोचन हैं—इसकी व्याख्या करते हुए रजनीश कहते हैं—

"शिव राग और वैराग्य दोनों का संयुक्त जोड़ है। और तब एक अर्थों में जीवन के समस्त द्वैत को संगृहीत कर लेते हैं। तीसरे शब्द का प्रयोग किया है—'त्रिलोचन'। तीन आँखवाले। दो आँखें हम सबको हैं। तीसरी भी हम सबको है, उसका हमें कुछ पता नहीं है। और जब तक तीसरी भी हमारी सक्रिय न हो जाए और तीसरी आँख भी हमारी देखने न लगे, तबतक हम परमात्म सत्ता का कोई भी अनुभव नहीं कर सकते। इसलिए उस तीसरी आँख का एक नाम शिवनेत्र भी है।

"यह भी थोड़ा समझ लें। क्योंकि सब द्वैत के भीतर ही तीसरे को खोजने

की तलाश है। आपकी दो आँखें द्वैत की सूचक हैं। इन दोनों आँखों के बीच में, ठीक संतुलित मध्य में तीसरी आँख की धारणा है। इन दोनों आँखों के पार है वह, फिर दोनों आँखें उस आँख के मुकाबले संतुलित हो जाती हैं। दायाँ-बायाँ दोनों खो जाता है। अँधेरा, प्रकाश दोनों खो जाता है। दो आँखें समस्त द्वैत की प्रतीक हैं। ये दोनों खो जाती हैं। और फिर एक आँख ही देखनेवाली रह जाती है। उस एक आँख से जो देखा जाता है, वह अद्वैत; और दो आँखों से जो देखा जाता है, वह द्वैत है।

"दो आँख से जो हम देखेंगे वह संसार है। और वहाँ विभाजन होगा। और उस एक आँख से जो हम देखेंगे वही सत्य है, और अविभाज्य है। इसलिए शिव का तीसरा नाम है—त्रिलोचन। उनकी तीसरी आँख पूर्ण सक्रिय है। और तीसरी आँख पूर्ण सक्रिय होते ही कोई भी व्यक्ति परमात्म सत्ता से सीधा संबंधित हो जाता है।"

भारतीय मनीषा ने परमात्मा को, जो परम चैतन्य का ही नाम है, उसे साक्षी माना है, शांतिस्वरूप माना है। पर पश्चिम के दार्शनिक व अध्यात्मवादी परमात्मा (गॉड) को नियंता मानते हैं; सबका वैसा ही स्वामी मानते हैं जैसेकि अधिनायकवादी व्यवस्था में राजा या तानाशाह स्वयं को जनता का स्वामी मानता है। भारतीय मनीषा ऐसा नहीं मानती। उसके अनुसार, आत्मतत्त्व स्वयं से पृथक् और कुछ भी है ही नहीं और इसकी प्रतीति हम स्वयं के साक्षीभाव को जाग्रत करके प्राप्त कर सकते हैं। परमात्मा तो अज्ञेय व सर्वव्यापी आत्मतत्त्व है, वह तानाशाह या स्वामी नहीं है। वह न तो दुःख देता है, न सुख; वह 'साक्षी' भाव है, सुख व दुःख दोनों ही उसमें समाहित हैं। जहाँ भी स्वामित्व है वहाँ अशांति होगी। स्वामित्व से ही अशांति का प्रारंभ होता है। जिसे 'दास' बनाया जा रहा है, जिसकी स्वतंत्रता खंडित की गई है, जिसे बंधन में रखा जाएगा, वह बंधन से अर्थात् दासत्व से मुक्ति पाने के लिए संघर्ष तो करेगा ही और जहाँ संघर्ष है वहाँ अशांति है तथा परमात्मा अर्थात् जो 'आत्मतत्त्व' है वह तो शांतिस्वरूप है। परमात्मा जगत् का स्वामी है, यह वक्तव्य परमात्मा की तरफ से नहीं आया, जैसाकि पश्चिम के विचारक मानते हैं। परमात्मा स्वामी है, यह तो एक ऐसे परम श्रद्धालु भक्त का वक्तव्य है जो विराट् के चरणों में पूर्णरूप से समर्पित है, जिसने 'अहं' को विसर्जित कर दिया हो वही यह कह सकता है कि अब 'मैं' नहीं हूँ, केवल तुम हो, केवल तुम ही हो। व्यक्ति जब अपने 'अहं' का स्वेच्छा से विसर्जन करता है तभी उसे अज्ञेय व विराट् स्वामी के दर्शन होते हैं। प्रतीक रूप में 'स्वामी' शब्द के प्रयोग का यही अर्थ है।

रजनीश ने कुछ अन्य शब्दों का भी बड़ा ही सुंदर भाष्य किया है। ये शब्द हैं—काल, अग्नि, चंद्रमा, प्राण, विराट् व अक्षरब्रह्म। अपनी व्याख्या में वे कहते हैं—

"अक्षरब्रह्म वह आत्यंतिक ऊर्जा है जो कभी क्षय को उपलब्ध नहीं होती। जो सदा बनी रहती है। जो सभी परिवर्तनों के बीच शाश्वत है। विनाश-सृजन के बीच जो ऊर्जा बनी रहती है वह अक्षरब्रह्म है। अक्षरब्रह्म में उस ऊर्जा का संकेत है जो सदा बनी रहती है, लेकिन विस्तार का कोई संकेत नहीं है। उसकी विराट्ता का कोई संकेत नहीं है।"

विराट् की व्याख्या करते हुए रजनीश कहते हैं—

"कुछ लोग हैं जिनके लिए परमात्मा विराट् की तरह अवतरित होता है। जहाँ भी विराट् होता है वहाँ उन्हें परमात्मा की झलक मिलती है। विराट् सागर को देखकर, विराट् आकाश को देखकर जहाँ भी फैलाव है—अंतहीन फैलाव। शाश्वत ऊर्जा में एक तरह का फैलाव है। विराट् आकाश में दूसरे तरह का फैलाव है। शाश्वत ऊर्जा में जो फैलाव है, वह समग्र की धारा का है। जो पहले थी, अभी भी है और आगे भी होगी। यह फैलाव काल का, समय का फैलाव है।

"कुछ लोग हैं जो काल के फैलाव का अनुभव कर पाते हैं और कुछ लोग हैं, जो स्थान के फैलाव का अनुभव करते हैं।....यह व्यक्तियों के स्वभाव पर निर्भर है। जो विचारक है वह 'काल-फैलाव' का अनुभव कर सकेगा। जो ध्यानमग्न होता है वह अभी इसी क्षण आकाश के फैलाव का अनुभव कर सकेगा। जो 'अक्षरब्रह्म' कहा है वह विचारकों के लिए, जो 'विराट्' कहा वह ध्यानियों के लिए।"

'प्राण' की व्याख्या करते हुए रजनीश कहते हैं—

"लेकिन इतने से ही बात समाप्त नहीं होती। कुछ और धाराएँ भी मनुष्य की चेतना में उतरती हैं। जैसे प्राण। योगियों ने उसे प्राण की तरह जाना है। योग की जो परमात्मा के लिए शब्दावली है, उसमें महाप्राण, विराट् प्राण, प्राण, इस शब्द का प्रयोग है। क्योंकि योगी का जो मार्ग है, वह अपने शरीर के भीतर छिपे हुए प्राण के अनुभव का है। वह अनुभव जब गहन होने लगता है तो वही प्राण अपने बाहर भी सब तरफ अनुभव होने लगता है। एक घड़ी आती है कि सारा जगत् प्राण ऊर्जा से भर जाता है।

"बर्गसों ने अभी-अभी इसी सदी में जो शब्द उपयोग किया है, वह है 'इलान वाइटल'। उसका मतलब है प्राण। परमात्मा के लिए। योगी प्राण पर ही सारा काम कर रहा है। इसलिए योग की मौलिक प्रक्रिया प्राणायाम है।

प्राणायाम का अर्थ है, प्राण का विस्तार। प्राण का फैलाव, प्राण का अंतहीन फैलाव। ऐसी अवस्था ले आनी है जब मेरा प्राण सारे जगत् के प्राण में फैल जाए। तब जिसका अनुभव होगा, उसे महाप्राण कहो, प्राण कहो, कोई भी नाम दो। योग को ईश्वर के दूसरे नाम कभी प्रीतिकर नहीं रहे हैं, क्योंकि योग तो एक बड़ी वैज्ञानिक प्रक्रिया है, प्राण के संशोधन की।

''यह प्राण शब्द एक अर्थ में वैज्ञानिक है। जैसे मैं कहूँ कि हमेशा ऐसा होता है, जिस दिशा में आदमी खोजता है उसी दिशा का शब्द अंततः....जैसेकि विज्ञान ने खोज की, तो विद्युत् कण या विद्युत् ऊर्जा आखिरी शक्ति मिली। क्योंकि सारी खोज ही विद्युत् की थी। धीरे-धीरे, धीरे-धीरे वही शब्द मौलिक हो गया और जो अंत में पाया गया उसका नाम विद्युत् ऊर्जा हो गया। ठीक इसी तरह योग ने भी शरीर के भीतर छिपी हुई विद्युत् की खोज शुरू की। उसका नाम प्राण है। और खोजते-खोजते जितनी गहराई बढ़ी, उतना ही योग को अनुभव हुआ कि सभी कुछ प्राण का ही रूपांतरण है। यह वृक्ष भी प्राण का एक रूप है, पत्थर भी प्राण का एक रूप है, मनुष्य भी प्राण का एक रूप है। इस जगत् में जो भी घटित हो रहा है, उसकी मौलिक इकाई प्राण है। एक कोटि यह है, इसलिए 'प्राण' को ऋषि ने जगह दी।

''दो शब्द और रह जाते हैं—'काल-अग्नि' और 'चंद्रमा'। 'काल-अग्नि', यह जानकर आप चकित होंगे कि सिर्फ महावीर ने आत्मा को जो नाम दिया है, वह हैरान करनेवाला है। महावीर ने आत्मा को समय कहा। सिर्फ एक ही आदमी ने, सिर्फ एक जैनों की परंपरा ने विराट् को जो नाम दिया है, जीवन के आत्यंतिक को जो नाम दिया है, वह है समय। इसलिए जैन ध्यान को 'सामायिक' कहते हैं। समय में प्रवेश कर जाना। उनका शब्द बड़ा कीमती है। ध्यान से भी ज्यादा कीमती है। क्योंकि ध्यान में फिर भी कहीं भ्रांति बनी रहती है कि किसीका ध्यान। सामायिक में वह भी बात समाप्त हो गई, सिर्फ समय में प्रवेश कर जाना ही ध्यान है। स्वयं में प्रवेश कर जाना ही ध्यान है। और स्वयं का नाम समय है।''

भारतीय मनीषा के प्रत्येक प्रतीक का उद्देश्य ही यह है कि इन संकेतों को समझकर मानव अपनी आत्मा को ही सर्वत्र समान रूप से देखने में समर्थ हो जाए। 'मैं' और 'तू' की भाषा ही समाप्त हो जाए। वह मनुष्य ही परमात्मा को पा सकेगा जो स्वयं की आत्मा को सर्वभूतों में और सर्वभूतों को स्वयं की आत्मा में व्याप्त देखता है। 'प्रतीक' का महत्त्व इसके बाद समाप्त हो जाता है। इसके बाद जो जगत् है, यदि है तो उसमें दो हैं ही नहीं, केवल स्वयंभू अद्वैत है।

विराट् और परम चैतन्य की उपासना में भारतीय मनीषा की दृष्टि में भिन्न-भिन्न प्रतीक होते हुए भी सभी तात्त्विक रूप से एक ही हैं। कभी किसी ऋषि ने प्रतीक रूप में पुरुष देवता का आह्वान किया है और किसी ऋषि ने प्रतीक रूप में परम शक्तिमयी देवी की आराधना की है। यह देवी अथवा देवता अस्तित्व की अनादि व अनंत शक्ति अर्थात् ऊर्जा से पृथक् नहीं है। यह विराट् का ही रूप है, यह ऊर्जा की ही अभिव्यक्ति है। भारतीय मनीषा ने तीन प्रतीक चुने हैं—दुर्गा, सरस्वती और लक्ष्मी। दुर्गा महिषासुरमर्दिनी हैं, अर्थात् जो चारों ओर समस्त आसुरी शक्तियों का मर्दन करती है। दुर्गा प्रतीक हैं ब्रह्मशक्ति का। दुर्गा से अन्य सभी शक्तियाँ प्रसूत हुई हैं, यह एक भाव है। दुर्गा प्रतीक हैं रहस्य की। दुर्गा के दस हाथ हैं और वह महिषासुर नाम के असुर का वध कर रही हैं और जब दुर्गा में आसुरी शक्तियों को विध्वंस करनेवाली चेतना अत्यंत उग्र हो जाती है, तब वह काली का रूप ले लेती हैं। भारतीय ऋषि कहता है कि तमस का वध करने के लिए किसी भी प्रकार से कोई भी संकोच नहीं होना चाहिए। तमस का शिरोच्छेदन ही उचित होगा और यह तमस, आसुरी शक्तियाँ मनुष्य के मस्तिष्क में ही निवास करती हैं, अत: मस्तिष्क में आनेवाले हर विकार को नष्ट करना ही मानव का परम कर्तव्य है। विकारों को नष्ट करने से ही अंतत: सत्य की उपलब्धि होगी। इसी प्रकार लक्ष्मी का जो प्रतीक है वह भी अत्यंत काव्यमय है। लक्ष्मी को विष्णु की पत्नी के रूप में माना गया है और विष्णु, जो शेषशायी हैं, अर्थात् वह मानव जो अत्यंत कठिनाइयों में भी विचलित न हो और संयम बनाए रखे। जो व्यक्ति उत्तेजना और कठिनाइयों से विचलित हो जाता है, संयम को खो देता है, उसे लक्ष्मी उपलब्ध नहीं होती। लक्ष्मी का वाहन उलूक है, अर्थात् वह पक्षी जो रात्रि में भी देख सकने में समर्थ है। लक्ष्मी को प्राप्त करना है तो जहाँ घोर अंधकार की स्थिति हो, जहाँ कुछ समझ न आ रहा हो कि किस मार्ग पर चला जाए, वहाँ मार्ग खोज सकने की सामर्थ्य होनी चाहिए। ऐसा सामर्थ्यवान् ही लक्ष्मी को प्राप्त कर अंधकार में भी प्रकाश को खोज सकने में समर्थ होता है और लक्ष्मी सहायक बनती हैं, अंधकार में मार्ग खोजने में। ऐसे ही सरस्वती की परिकल्पना है। सरस्वती परम सात्त्विकता का प्रतीक हैं। सरस्वती अंत:करण की दिव्य शक्तियों से भरी हुई होती हैं। मान्यता यह है कि सरस्वती कभी भी प्रकट नहीं होतीं, वह गुप्त ही रहती हैं। अंत:करण को देखा नहीं जा सकता। अंत:करण को व्यक्त भी नहीं किया जा सकता। उसे व्यक्त करने का कोई उपाय भी नहीं है, वह तो सदैव गोपनीय ही रहा है; लेकिन गोपनीय रहते हुए भी अंत:करण में यह क्षमता है

कि वह व्यक्ति को सत्य का मार्ग दिखा सके और वह सत्य उसे सही प्रेरणा दे। भारतीय मनीषा जब अंत:करण की बात करती है तब उसका अर्थ लौकिक अंत:करण से नहीं होता। उसका अर्थ अहंकारविहीन, स्वार्थविहीन, तमसविहीन अंत:करण से है। जहाँ कहीं भी स्वार्थ आ जाते हैं, वहाँ अंत:करण भ्रष्ट और अशुद्ध हो जाता है। सरस्वती को इसीलिए श्वेतवसना कहा गया है। सरस्वती का आसन है श्वेत कमल। ऐसा श्वेत कमल जहाँ कोई कालिमा न हो, अर्थात् ऐसा अंत:करण जहाँ किसी भी प्रकार का कोई विकार न हो। श्वेत रंग प्रतीक है परम सात्त्विकता का और कमल प्रतीक है वीतरागता का। सरस्वती संकेत करती हैं कि अंत:करण का संबंध किसी भी पूर्वग्रह से नहीं हो सकता, चाहे वे पूर्वग्रह समाज से जुड़े हों या राष्ट्र से या रीति-रिवाज से अथवा किसी ग्रंथ से। जहाँ कहीं भी किसी भी प्रकार का पूर्वग्रह हो वहाँ अंत:करण जाग्रत नहीं हो सकता। भारतीय मनीषा जिस अंत:करण की बात करती है वह अंत:करण न हिंदुओं का अंत:करण है, न सिखों का, न ईसाइयों का, न मुसलमानों का। अंत:करण के संबंध में वर्तमान समाज की मान्यता यह है कि वह तो भौगोलिक और सांस्कृतिक अवधारणाओं पर निर्भर करता है; पर जो बाह्य परिस्थितियों पर निर्भर हो या उनसे प्रेरित हो, उसे शुद्ध अंत:करण नहीं माना जा सकता। सरस्वती को पाने के लिए समाज ने जो अंत:करण दिया है, उसका अतिक्रमण करना होगा। समाज ने जो नियम-कानून प्रदान किए हैं, जो अंत:करण प्रदान किया है, जो उसका अतिक्रमण कर सके, उसी साधक को सरस्वती उपलब्ध हो सकेगी। इसीलिए सरस्वती गुप्त है, इसीलिए सरस्वती में कहीं कोई आग्रह नहीं है। वह तेजस्विता की देवी हैं, और साथ-ही-साथ वीतरागता की भी। इसीलिए वह ब्रह्मवादिनी हैं। वह एक हाथ में माला लिये हुए हैं और दो हाथों से वीणा सँभाले हुए हैं और वे वीणा सँभाले ही नहीं हैं, उसे बजा भी रही हैं। भारतीय मनीषा ने उन्हें वीणावादिनी कहा है। वीणावादन से जो मधुर संगीत उत्पन्न होता है, जो समस्वरता आती है, जो आनंद की रसधार बहती है, मन की जो अशांति दूर होती है, वही उद्देश्य है सरस्वती का। सरस्वती ऐसी शक्ति हैं जो केवल सत्य का ही पक्ष लेंगी। एक अर्थ में सरस्वती ही वह साक्षीभाव है जिसका प्रयोग करके व्यक्ति आध्यात्मिक चेतना के श्रेष्ठतम उत्कर्ष को उपलब्ध हो सकता है। सरस्वती का अर्थ है, ध्यान और साधना से प्राप्त चेतना। जो चेतना ध्यान और समाधि से उपलब्ध होती है वही चेतना सरस्वती है।

भारतीय मनीषा ने प्रतीक और रूपक के रूप में जो प्रयोग किए हैं, वे

इतने गहन, गंभीर और गूढ़ हैं कि उन्हें भौतिकवादी बहिर्मुखी चेतना से समझा नहीं जा सकता। इन प्रतीकों का रहस्य केवल उन्हीं व्यक्तियों को उपलब्ध हो सकता है जो यज्ञ में अपनी आहुति देने के लिए तैयार हो जाएँ। आत्मतत्त्व में स्वयं की आहुति देने का अर्थ है अहं का पूर्णरूप से विसर्जन, अहंकार का लोप, द्वैतभाव का लोप, सर्वत्र एकत्व दर्शन। यही नरमेध यज्ञ है। हम सब नरमेध यज्ञ के लिए तत्पर हों, विश्व में एक ऐसी संस्कृति चारों ओर व्याप्त हो कि न कहीं शोषण हो, न अन्याय; केवल सर्वकल्याण हो।

□

भारतीय संस्कृति और राजनीति

भारत की संस्कृति विश्व की प्राचीनतम संस्कृति होने के बावजूद आज भी जीवंत है और मानवता के विकास में सहायक—इससे संभवतः कोई इनकार न कर सकेगा। प्राचीनतम संस्कृति होने के कारण इसका इतिहास मानवता के हर पग से जुड़ा हुआ है। विश्व के इतिहास का कोई भी प्रमुख पृष्ठ ऐसा नहीं है जो भारतीय संस्कृति से प्रत्यक्ष या परोक्ष रूप से प्रभावित न रहा हो। मेसोपोटामिया, मिस्र, रोम, यूनान तथा और तो और, 'इन्का' और 'एजटेक' सरीखी लुप्त संस्कृतियाँ भी भारतीय संस्कृति से प्रभावित रही हैं तथा इनके प्रमाण भी हैं। यह एक पृथक् बात है कि विश्व के सभी इतिहासकारों से उसे मान्यता न मिली हो; पर जो भी इतिहासकार भारतीय संस्कृति के प्रभाव को खोजने मैक्सिको या दक्षिणी अमेरिका के सुदूर क्षेत्रों में गए हैं, वे वहाँ की लुप्त संस्कृतियों पर भारतीयता की छाप को जान सकने में समर्थ रहे हैं।

यद्यपि योरोप के बर्बर आक्रमणकारियों ने, विशेष रूप से स्पेन से गए हुए आक्रमणकारियों ने, 'एजटेक' और 'इन्का' सभ्यता को नष्ट करने के लिए भारी अत्याचार किए। एक-एक कलाकृति, पांडुलिपि, मूर्ति, भवन आदि सभी कुछ नष्ट कर दिया और उन्हें अग्नि को समर्पित कर दिया; ताकि सदैव-सदैव के लिए इन संस्कृतियों का नामोनिशान मिट जाए। पर फिर भी अनेक स्थानों पर खंडहर मिलते हैं, जहाँ मिलती हैं भग्न मूर्तियाँ, सर्पाकार स्तंभ, जंगले, मेहराबदार दीर्घाएँ, पत्थर की जालियाँ, कमल पर आसीन मनुष्याकृतियाँ, कमल के फूलों से अंकित प्रस्तर फलक और इसी प्रकार के अन्य प्रमाण; जिनसे यह सिद्ध होता है कि विश्व के इन भागों का संबंध किसी-न-किसी प्रकार से भारत से रहा है।

प्राचीन अमेरिका और भारतीय सभ्यता, कला एवं संस्कृति की समानताओं के संदर्भ में डॉ. दामोदर सिंहल ने अपने ग्रंथ 'भारतीय संस्कृति और विश्व संपर्क' में बहुत विस्तार से लिखा है। अपनी इस विश्व-व्यापकता के उपरांत भी वर्तमान में भारतीय संस्कृति अनेक कारणों से दुर्दशाग्रस्त है। और इसका प्रमुख कारण है हम भारतीयों द्वारा ही अपनी संस्कृति के मूलतत्त्वों की उपेक्षा करना। इन मूलतत्त्वों की उपेक्षा का इतिहास अत्यधिक चिंताजनक है। यह उपेक्षा अनेक स्तरों पर प्रमादवश हुई है और अनेक बार विदेशी आक्रमणकारियों के दबाव व प्रभाव में आकर। स्वार्थ, अहंकार व प्रमाद ने समय-समय पर भारतीय संस्कृति के संरक्षकों व अनुयायियों को इतना अधिक क्लैव्यग्रस्त व संकीर्ण बना दिया कि श्रेष्ठ आदर्शों व आधारों के होते हुए भी आचरणविहीनता हर क्षेत्र में बढ़ती चली गई। यह आचरणविहीनता पहले राजनीति व शिक्षा-व्यवस्था से जुड़े वर्ग में आई, बाद में सारा समाज इससे आक्रांत हो गया। इस आचरणविहीनता का एक अन्य प्रमुख कारण अज्ञान भी रहा। प्रमाद ने मानवीय दुर्बलताओं को बढ़ावा दिया और मानवीय दुर्बलताओं ने अज्ञान व विभ्रम को। वर्तमान में तो स्वयं के प्रति यह अज्ञान इतना अधिक बढ़ चुका है कि सत्य क्या है, इसकी समीक्षा करने व पहचान सकने की सामर्थ्य तक यह राष्ट्र खोता चला जा रहा है।

राष्ट्रीय अज्ञान व विभ्रम की यह स्थिति आज हर स्तर पर है और सर्वाधिक उस वर्ग में है जो राजनीति से जुड़ा हुआ है। राजनीति से जुड़ा यह वर्ग भारतीय संस्कृति के आधारभूत तत्त्वों से न केवल अनभिज्ञ है, वरन् वह भारत के सांस्कृतिक व्यक्तित्व को पश्चिमी विचारकों की दृष्टि से ही देखना चाहता है। भारतीय संस्कृति के बारे में जैसी धारणाएँ पश्चिम के विचारकों की, और वह भी योरोपीय विचारकों की, रही हैं, उन्हीं धारणाओं को आज हठपूर्वक मान्यता दी जा रही है तथा हर दिन यह राष्ट्र अपनी संस्कृति के मौलिक आदर्शों के प्रति उदासीन होता जा रहा है। अधिकांश वर्तमान राजनीतिज्ञों व विचारकों की दृष्टि में भारतीय संस्कृति में ऐसा कुछ भी नहीं है जो मानवता की प्रगति में सहायक हो और विश्व में अग्रणी बन सके। धारणा अब यह है कि यदि भारत को विश्व का नेतृत्व करना है और स्वयं को समृद्ध बनाना है तो उसे पश्चिमी मान्यताओं का अनुकरण करना ही होगा। पश्चिमी संस्कृति की चकाचौंध और शब्दजालों में फँसा भारत अब तो अपना व्यक्तित्व तक भूलने-सा लगा है। क्या है भारत की विशिष्टता, क्या हैं भारत के आदर्श, वह क्या है जिसके कारण भारत आज भी भारत है ? इन प्रश्नों का उत्तर खोजने के लिए आज का भारतीय समाज तैयार नहीं तथा इस विभ्रमग्रस्त भारतीय समाज से जो भी राजनीति में आ रहे हैं वे तो और

भी गए-गुजरे हैं। इस निराशाजनक स्थिति की झलक स्वतंत्र भारत के राजनीतिक इतिहास में अनेक स्थलों पर मिलती है।

निस्संदेह भारतीय संस्कृति के संदर्भ में सर्वाधिक विभ्रम अंग्रेज इतिहासकारों व विचारकों ने फैलाया। ऐसा इसलिए किया गया जिससे भारतीय जनमानस हमेशा-हमेशा के लिए अंग्रेजियत की दासता स्वीकार कर ले तथा भारत पर अंग्रेजी सत्ता का प्रभुत्व बना रह सके। भारतीय एकता और अखंडता को आज सबसे बड़ा खतरा उस अंग्रेजियत से है जिसका एकमात्र लक्ष्य भारतीय संस्कृति को लांछित करना और भारत को मानसिक स्तर पर विभाजित रखना रहा। अंग्रेजों ने भारत को पहले आर्य और द्रविड़ों में विभाजित किया, फिर उनका यह प्रचार रहा कि भारत में अनेक संस्कृतियाँ हैं और भारत न तो एक सांस्कृतिक इकाई है और न राजनीतिक इकाई। उनका यह भी प्रचार रहा कि भारत कभी भी एक संगठित राष्ट्र के रूप में रहा ही नहीं, अत: यह मान्यता भी सही नहीं है कि भारत एक राष्ट्र है। उन्नीसवीं शताब्दी के प्रारंभ से ही भारत की राजनीति अंग्रेजों के दुष्प्रचार से प्रभावित होने लगी थी और शताब्दी के अंत तक तो यह दुष्प्रचार अपने पूरे रंग में आ गया। परिणाम यह हुआ कि भारत की राजनीतिक व सांस्कृतिक एकता के पक्षधर अंग्रेजी सत्ता के दबाव के कारण दुर्बल होते चले गए और स्थिति यह आ गई कि महर्षि दयानंद, स्वामी विवेकानंद जैसे प्रसिद्ध समाज सुधारक भी भारत को मूर्च्छा से पूरी तरह न जगा सके। इस मूर्च्छा में ही 'भारतीय राष्ट्रीय कांग्रेस' का जन्म हुआ और इसके अधिकांश नेता भी अंग्रेजी सत्ता और ईसाई पादरियों द्वारा प्रस्थापित अवधारणाओं को सत्य अथवा लगभग सत्य मानकर स्वीकार करते रहे। बीसवीं शताब्दी में भारतीय राजनीति का प्रवेश भी अर्धमूर्च्छित स्थिति में ही हुआ। यद्यपि रानडे, लोकमान्य बाल गंगाधर तिलक, मदनमोहन मालवीय, महर्षि अरविंद, केशवराम बलिराम हेडगेवार और महात्मा गांधी सरीखे नेताओं ने अंग्रेजों की कुटिलता की कड़ी-से-कड़ी भर्त्सना की; पर कुल मिलाकर भारतीय राजनीति का मन संशयग्रस्त ही रहा और रह-रहकर यह विचार ज्वार-भाटे की तरह उठता और गिरता रहा कि भारत की अपनी एक विशिष्ट संस्कृति है भी या नहीं? और तो और, सुभाषचंद्र बोस और मौलाना अबुल कलाम आजाद सरीखे व्यक्ति भी यही मानते रहे कि भारत में अनेक संस्कृतियाँ रही हैं और इस राष्ट्र की अपनी कोई एक संस्कृति नहीं है। कांग्रेस अध्यक्ष की हैसियत से सुभाषचंद्र बोस ने हरिपुरा में जो भाषण दिया था, उसमें उन्होंने ही प्रतिपादित किया कि भारत में अनेक संस्कृतियाँ हैं। सुभाष ही क्यों, कुल मिलाकर भारत की संविधान सभा भी भारत की संस्कृति के

संदर्भ में संशयग्रस्त ही रही। भारत की अपनी एक विशिष्ट संस्कृति है और उसमें सभी आस्थाओं, पंथों, मजहबों, भाषाओं, लिपियों और रीति-रिवाजों के लिए सम्मानपूर्वक स्थान है—यह अटल विश्वास भारत की संविधान सभा को नहीं रह सका। भारतीय संविधान सभा का मन संशयग्रस्त इसलिए रहा, क्योंकि उसके अधिकांश सदस्य मानसिक रूप से योरोपीय विचारकों द्वारा दी गई सांस्कृतिक अवधारणाओं व परिभाषाओं तथा भाष्य से प्रभावित थे।

भारत की अपनी एक संस्कृति है, इसका सबसे प्रबल विरोध उस समय प्रारंभ हुआ जब मुसलिम लीग की स्थापना की गई। उन्नीसवीं व बीसवीं शताब्दी के भारतीय राजनीतिज्ञों से सबसे बड़ी भूल यह हुई कि उन्होंने 'हिंदू' के संदर्भ में उस परिभाषा को ग्रहण कर लिया, जो अंग्रेजों द्वारा बनाई गई थी। 'हिंदू' शब्द एक भू-सांस्कृतिक अवधारणा की उपज है, यह यथार्थ पता नहीं कैसे भारत में निरंतर उपेक्षित होता चला गया और यह मान्यता प्रगाढ़ता से भारतीय मन पर छा गई कि 'हिंदू' एक वैसा ही मजहब है जैसेकि इस्लाम या ईसाइयत। वैसे तो भारत में रहनेवालों के मत-मतांतरों, संप्रदाय, आस्थाओं, पंथों व आध्यात्मिक विकास संबंधी विभिन्न (और कई अर्थ में एक-दूसरे से विपरीत) अवधारणाओं को भ्रांति व अज्ञान के कारण जबरन एक ही श्रेणी में रखकर उस श्रेणी का नामकरण करके उसे 'हिंदू' कहकर संबोधित करने की प्रथा इस्लामी आक्रमणकारियों की देन रही; लेकिन इस्लामी आक्रमणकारियों की भूल को अंग्रेजों ने एक बहुत ही मजबूत सैद्धांतिक ढाँचा प्रदान कर दिया। आश्चर्य की बात यह है कि जो भूल इस्लामी आक्रमणकारियों ने भ्रमवश की थी और जिस भूल को अपने निहित स्वार्थों के कारण अंग्रेजों ने सैद्धांतिक व वैचारिक जामा पहना दिया, उसे हम भारतीयों ने भी धीरे-धीरे बिना प्रतिरोध के स्वीकार कर लिया और परिणामत: सांस्कृतिक स्तर पर नए विभ्रम को जन्म दे दिया।

भारतीय मनीषा ने उपासना-पद्धति व संप्रदायों के आधार पर या भाषा अथवा लिपि के कारण संस्कृति को न तो कभी विभाजित किया और न उसका नामकरण ही भाषा, आस्था, संप्रदाय, लिपि, जाति, क्षेत्र या उपासना-पद्धति से जोड़कर किया। भारतीय मनीषा के लिए संस्कृति का संबंध राजनीतिक संकीर्णता से हो ही नहीं सकता। मतवाद की विभिन्नता को मान्यता देना ही भारत की राजनीतिक सत्ता का 'धर्म' था और हर व्यक्ति को अपनी आस्थाएँ चुनने का पूरा-पूरा नैसर्गिक अधिकार था। यद्यपि भारत के राजनीतिक इतिहास में कुछ ऐसे स्थल हैं जहाँ मजहबी उन्माद और सांप्रदायिक संकीर्णता के कारण सत्ता ने उपासना-पद्धति में तथा मानव की आध्यात्मिक आस्था में हस्तक्षेप किया है; पर

कुल मिलाकर भारत में ऐसे प्रसंग बहुत ही कम हैं। लगभग छः हजार वर्षों का जो इतिहास आज उपलब्ध है, उसमें कुल मिलाकर बहुत ही थोड़े से ऐसे सत्ताधीश हुए हैं जिन्होंने सांस्कृतिक और आध्यात्मिक मान्यताओं में सीधा हस्तक्षेप किया हो।

भारतीय मन और संस्कृति की उदारता व विशालता का परिचय इस एक दृष्टांत से मिलेगा कि इस्लामी आक्रमणकारियों के प्रवेश के पहले जब एक सभ्य व एकेश्वरवाद के रूप में दक्षिण में इस्लाम आया था तो उन्हीं दिनों मलाबार के 'हिंदू' राजा पेरूमल ने स्वेच्छा से इस्लाम को स्वीकार कर लिया था। भारतीय संस्कृति ने प्रारंभ में 'इस्लाम' को सदैव आत्मीय मानकर अपने गले से लगाया और उससे सांस्कृतिक स्तर पर बहुत कुछ सीखने की चेष्टा की। परिस्थिति तब बिगड़ी जब इस्लामी आक्रमणकारियों ने भारत की स्वतंत्रता का अपहरण करके अपना साम्राज्य व राजनीतिक दबदबा बढ़ाने की चेष्टा की तथा इस हेतु भारतवासियों पर भयंकर अत्याचार किए। जाहिर है कि जब इस्लामी आक्रमणकारियों ने भारतीय संस्कृति से घृणा की और उसे नष्ट करने के हर संभव वैसे ही प्रयास किए जैसेकि बाद में सोलहवीं व सत्रहवीं शताब्दी में स्पेन के आक्रमणकारियों ने 'एजटेक' व 'इन्का' सभ्यताओं व संस्कृति को नष्ट करने के लिए मैक्सिको, पेरू व दक्षिणी अमेरिका के अन्य राष्ट्रों में किए तो इसकी तीव्र प्रतिक्रिया हुई तथा इस्लामी आक्रमणकारियों को म्लेच्छ व बर्बर तक कहकर संबोधित किया गया।

इस्लामी आक्रमणकारियों ने भारतीय संस्कृति के साथ जैसा बर्बरतापूर्ण व्यवहार किया, यदि उसका इतिहास लिखा जाए तो वह दिल दहलानेवाला होगा। इन आक्रमणकारियों ने राजनीतिक सत्ता हथियाने के उपरांत एक ओर तो भारतीय संस्कृति को पूरी तरह से विनष्ट करने की दुष्चेष्टा की और दूसरी ओर इस्लामी संस्कृति को भारत पर थोपने की चेष्टा की। जाहिर है कि इस्लाम के इस रूप ने भारतीय संस्कृति को मजहब के आधार पर पहली बार विभाजित किया; जबकि इसके पहले भारत में ऐसा कभी नहीं था। इस्लाम के आगमन के बाद पहली बार संस्कृति पर राजनीति हावी हो गई और सांस्कृतिक मूल्यों को सत्तारूढ़ राजनीतिज्ञों की पराधीनता स्वीकार करनी पड़ी। इस स्थिति का बाद में पूरा लाभ अंग्रेजी सत्ता ने उठाया तथा भारतीय संस्कृति को बुरी तरह विभाजित करके समाज में ऐसा विष घोला कि आज तक उसके दुष्प्रभाव को मिटाने में भारतवासी सफल नहीं हो पा रहे हैं। अंग्रेजों की दासता के दौरान भारतीय संस्कृति की इतनी अधिक दुर्दशा कर दी गई कि उसकी सांस्कृतिक व आध्यात्मिक शब्दावली तक

को भ्रष्ट किया गया और इस शब्दावली के राजनीतिक अर्थ निकाले गए। उदाहरणस्वरूप, 'धर्म' शब्द का जैसा मनमाना अर्थ अंग्रेजों ने किया, उसके पीछे उनके स्वयं के निहित स्वार्थ थे। धर्म 'रिलीजन' का पर्यायवाची नहीं है और 'गॉड' शब्द को 'ईश्वर' के समानार्थी नहीं बनाया जा सकता; पर यह सब किया गया और योरोपीय परिभाषाओं को भारत की शब्दावली पर थोप दिया गया। 'संस्कृति' शब्द से जो आशय भारत के मनीषियों का था, वह आशय 'कल्चर' शब्द से अभिव्यक्त नहीं होता है; फिर भी 'संस्कृति' और 'कल्चर' पर्यायवाची शब्द हैं, इसे अंग्रेजों ने दोहराया और उनके प्रभाव में आकर हम भारतवासियों ने भी इसे स्वीकार कर लिया।

सांस्कृतिक स्तर पर अंग्रेजी सत्ता ने जानबूझकर अथवा अनजाने में जो भी विभ्रम फैलाया, उससे अंततः भारतीय राजनीति बहुत अधिक प्रभावित होती रही और उसकी काली छाया स्वतंत्र भारत के संविधान पर भी पड़ गई। अंग्रेजी सत्ता की इस कुटिलता की चर्चा भारत के भूतपूर्व गृहमंत्री डॉ. मुरली मनोहर जोशी ने अपने ग्रंथ 'विकल्प' में बड़े स्पष्ट रूप से की है। उनका मत है कि—

''भारत बहुरंगी विविधता, विस्तृत भूगोल एवं अति प्राचीन इतिहास से उत्पन्न देश और काल के व्याप का प्रतिफल है; पर अंग्रेजों ने बड़ी चालाकी से इस विविधता को पृथक्ता और विभेद में रूपांतरित करने का कौशल दिखाया। भाषा, क्षेत्र, पंथ, संप्रदाय एवं जाति के आधार पर देश में बहुराष्ट्रवाद को प्रचारित करने का षड्यंत्र रचा गया। भारतीय जीवन-मूल्यों, श्रद्धा-केंद्रों एवं मनन-बिंदुओं के प्रति आस्था खंडित करने का प्रयास किया गया। आर्य-द्रविड़, उत्तर-दक्षिण, हिंदू-मुसलमान को आपस में लड़ाए रखने एवं राज्य करते रहने की नीति को योजनापूर्वक चलाया गया। उन दिनों यह भी स्थापित किया गया कि भारत कभी भी एक राष्ट्र था ही नहीं, वह तो अंग्रेज ने आकर इसे राजनीतिक एकता प्रदान कर दी। प्राचीन भारत की साहित्यिक, दार्शनिक एवं वैज्ञानिक उपलब्धियों को पश्चिम का उच्छिष्ट सिद्ध करने के प्रयत्न किए गए और समूचे भारतीय जीवन को आत्मगौरवशून्य एवं आत्मविस्मृत बनाने की दुरभिसंधि रची गई। एक राष्ट्र के नाते हमारे पहचान के जितने भी तत्त्व हो सकते थे, अंग्रेज उन्हें पूर्णतः नष्ट करने या विकृत करने के प्रयत्न निरंतर करता रहा। अंततः उसकी इन कुचेष्टाओं के परिणामस्वरूप भाषावाद, क्षेत्रवाद, पंथवाद, जातिवाद एवं संप्रदायवाद की शक्तियाँ राष्ट्रीय एकता के लिए प्रबल चुनौती के रूप में उभर कर खड़ी हो गईं। इसके साथ-साथ अर्थलोलुप ब्रिटिश साम्राज्यवादियों ने भारतीय सामाजिक-आर्थिक संस्थाओं को भी नष्ट-भ्रष्ट कर दिया। उन्होंने न

केवल देश का आर्थिक शोषण किया, अपितु भारत की सारी अर्थव्यवस्था में विषमता के भयानक विषाणुओं का प्रवेश भी करा दिया। बेरोजगारी और दरिद्रता जैसी भयानक समस्याएँ इसीमें से उपजीं। राष्ट्रीय एकात्मता को दुर्बल बनाने में आर्थिक विषमता का योगदान कम नहीं हुआ करता। भूखा और दरिद्र एकात्मता को नहीं, शरीर को बचाए रखने के लिए एक रोटी के सवाल को महत्त्वपूर्ण मानने लगता है।''

जब भारत का संविधान रचा गया तब न तो भारतीय संस्कृति के मूलभूत तत्त्वों की ओर ही गंभीरता से निहारा गया और न भारतीय मूल्यों, आदर्शों व श्रेष्ठ परंपराओं व भारतीय मन की अभीप्साओं को ही समझने की चेष्टा की गई। भारतीय संविधान को बनाया तो गया भारत की जनता के लिए, लेकिन भारत की इस जनता के मन में क्या है, कहाँ बसती हैं उसकी आस्थाएँ, किसपर है उसका विश्वास, क्या रहा है उसका सपना, किन मूल्यों की रक्षा के लिए लगभग डेढ़ हजार वर्षों तक उसने विदेशी आक्रमणकारियों से संघर्ष किया? यह सब जानने की चेष्टा ही नहीं की गई। अंग्रेजी शिक्षा-दीक्षा व योरोपीय संस्कृति का कुछ इतना अधिक प्रभाव भारत के अधिकांश संविधान निर्माताओं के मन पर रहा कि सिद्धांत रूप में इस धारणा को स्वीकार-सा कर लिया गया कि राजनीतिक, प्रशासनिक रूप में जो कुछ योरोप की देन है और विशेष रूप से अंग्रेजों की, वही श्रेष्ठ है। परिणाम यह हुआ कि भारत के संविधान निर्माताओं ने अंग्रेजों द्वारा प्रतिपादित राजनीतिक व प्रशासनिक व्यवस्था तथा उनके आधारभूत सिद्धांतों व मान्यताओं को लगभग ज्यों-का-त्यों स्वीकार कर लिया और सीधे-सीधे लार्ड मैकाले का वह स्वप्न साकार कर दिया गया, जिसकी घोषणा उसने ब्रिटिश संसद् में सन् १८३३ में की थी। ब्रिटिश संसद् में जब जुलाई १८३३ को 'इंडिया बिल' पर बहस हो रही थी तब सामान्य सभा (हाउस ऑफ कामंस) में बोलते हुए मैकाले ने कहा था—

''(आज तो) हमारे भारतीय साम्राज्य का भविष्य गहन अंधकार से घिरा हुआ है; पर (कल) यह संभव है कि भारतीय जनमानस हमारे तंत्र के अंतर्गत इतना अधिक विकसित हो जाए कि हमारा तंत्र ही पिछड़ जाए, संभव है कि अच्छे शासन द्वारा हम उनसे बेहतर सरकार चलाने की क्षमता पैदा कर सकें और यह भी संभव है कि योरोपीय ज्ञान में भलीभाँति प्रशिक्षण हो जाने के बाद वे कभी भविष्य में स्वयं ही योरोपीय संस्थाओं को स्थापित करने की माँग करने लग जाएँ। मैं नहीं जानता, ऐसा दिन कभी आएगा भी या नहीं; पर मैं हरगिज ऐसा कुछ नहीं करूँगा कि इस दिन के आने में विलंब हो या कोई रुकावट पहुँचे।

मगर जब भी कभी ऐसा दिन आएगा, वह अंग्रेजी इतिहास का सर्वाधिक गौरवशाली दिन होगा।''

ब्रिटिश साम्राज्यवाद को स्थायित्व प्रदान करने के निमित्त मैकाले ने तत्कालीन गवर्नर जनरल लार्ड विलियम वेंटिक के सहयोग से संस्कृति पर प्रहार करने में जो सफलता प्राप्त कर ली, उस आघात से भारत आज भी नहीं उबर पा रहा है। संस्कृति को प्रभावित करने में भाषा का भी प्रथम स्थान होता है तथा यह स्थिति तब और अधिक आक्रामक व प्रभावशाली हो जाती है जब भाषा को लादने के पीछे साम्राज्यवादी इरादे हों तथा लक्ष्य यह हो कि भाषा के द्वारा सारे का सारा सांस्कृतिक रूपांतरण ही हो जाए। मैकाले का यही इरादा था और अंततः वह अपनी योजना में बहुत सफल भी हो गया। वर्तमान भारत के प्रबुद्ध और शिक्षित वर्ग में गौरवशाली भारतीय संस्कृति के प्रति जैसी अनभिज्ञता और अज्ञानता आज चारों ओर दिखाई दे रही है और सांस्कृतिक स्वाभिमान का जो अभाव दिखाई दे रहा है, उसकी पृष्ठभूमि में ब्रिटिश शासकों की कुटिलता और लार्ड मैकाले का मस्तिष्क है। भारत के इस सांस्कृतिक रूपांतरण अभियान में वर्तमान राजनीति तथा वे सभी संस्थाएँ बहुत कुछ सहायक सिद्ध हो रही हैं जो अंग्रेजियत की देन हैं।

भारत, जो ऋग्वेद काल से एक राष्ट्र रहा है, जिसके अभिनंदन में वैदिक ऋचाएँ रची गईं और जिसकी समृद्धि के लिए भारतीय ऋषियों ने बार-बार प्रार्थनाएँ कीं, उन सबको जाने-अनजाने हमारे संविधान निर्माताओं ने भुला दिया—यह एक ऐसी वास्तविकता है जिसका स्मरण आज भी दुःखदायी है।

'इदं राष्ट्रं पिपृहि सौभगाय'

—अथर्व., ७-३५-१

'इस राष्ट्र की श्रीवृद्धि हो।

'बृहद् राष्ट्रं संवेश्यं दधातु'

—अथर्व., ३-८-१

हमें एक महान् राष्ट्र प्राप्त हो।

राष्ट्र उत्थान और श्रीवृद्धि की ऐसी कामनाएँ भारतीय संविधान में विभाजित और आंशिक रूप में भले ही हों, पर भारत एक अखंड राष्ट्र है, ऐसा कोई भी भाव भारतीय संविधान में नहीं है। भारतीयतापूर्ण दृष्टि के अनुसार तो राष्ट्र एक सांस्कृतिक इकाई है और राज्य मात्र प्रशासनिक। भारतीय मनीषा ने कभी यह नहीं माना कि राज्य कोई पृथक् मौलिक तथा स्थायी इकाई है। राज्य के स्थायित्व की कोई भी कल्पना वैदिक साहित्य में नहीं है। पर भारत के

संविधान निर्माताओं ने भारत का निर्माण उस मौलिक इकाई से किया जिसका नाम है 'राज्य'। और यही भूल हो गई। इस संविधान के अनुसार, 'राज्य' की अपनी एक पृथक् सत्ता है, उसका अपना एक स्थायी अस्तित्व है तथा किन्हीं कारणों से विभिन्न 'राज्यों' ने मिलकर एक संघ बना लिया है, जिसका नाम है 'भारत'। जब हर राज्य की अपनी स्वायत्तता और अस्मिता है तब फिर उसकी अपनी एक पृथक् पहचान व संस्कृति भी होगी ही। संविधान निर्माताओं की लगभग यही दृष्टि रही जो उस अंग्रेजियत प्रधान चिंतन की देन थी, जिसके बीज लार्ड मैकाले ने बोए थे। यह विडंबना है कि एक ओर तो यूनानी व इस्लामी आक्रमणकारियों ने संपूर्ण भारत को एक राष्ट्र माना और उसपर विजय प्राप्त करने के लिए अभियान चलाया; पर अंग्रेजों ने इस स्थिति को अपनी कुटिलता से बदल दिया। अंग्रेजों ने प्रारंभ में तो संपूर्ण भारत को एक राष्ट्रीय इकाई के रूप में अवश्य देखा; पर पूर्णरूपेण सत्तारूढ़ होते ही उसे अनेक खंडों व राज्यों में बाँटकर यह प्रचार किया कि विश्व का यह भूभाग एक राष्ट्र न होकर एक उपमहाद्वीप है तथा यहाँ अनेक राज्य और संस्कृतियाँ हैं, उनका अपना-अपना पृथक् अस्तित्व है और उन्हें इस अस्तित्व की रक्षा का अधिकार है। अंग्रेजों द्वारा प्रतिपादित व पोषित इस घातक व विभाजक अवधारणा को भारत के संविधान निर्माताओं ने स्वीकार किया और इसीलिए संविधान के प्रथम अनुच्छेद में यह लिखा गया कि—

'भारत—अर्थात् इंडिया—राज्यों का संघ होगा।'

दूसरे अनुच्छेद में कहा गया—

'राज्य और उनके राज्यक्षेत्र होंगे।'

संविधान निर्माताओं द्वारा की गई इस भूल तथा राष्ट्र की इस दुर्दशा पर डॉ. मुरली मनोहर जोशी द्वारा अपनी पुस्तक 'विकल्प' में की गई यह टिप्पणी बड़ी ही प्रखर व सत्य के अनुरूप है कि—

''संसार का सबसे पुराना राष्ट्र इतिहास के थपेड़ों से राज्य में रूपांतरित हो गया। हाँ, हम हजारों साल से एक राष्ट्र चले आ रहे हैं, वेदों के समय में भी एक राष्ट्र थे, रामायण में भी और महाभारत में भी हमारा राष्ट्रीय रूप जगजाहिर है। हम पुराणों में भी राष्ट्र हैं। और अशोक के समय भी राष्ट्र ही थे। शंकराचार्य के दिनों में भी भारत राष्ट्र ही था। जब सेल्यूकस ने भारत पर आक्रमण किया था तब पटना से चंद्रगुप्त चला था झेलम के पार तक, अपने राष्ट्र की रक्षा के लिए, राज्य को बचाने नहीं। और खारवेल ने कहा था कि मेरी लड़ाई मगध से तो हो सकती है, उससे हमारे आपसी मतभेद हैं, यूनानियों की मदद लेना तो राष्ट्रघात होगा, उन

जीवन-मूल्यों पर चोट करना होगा, जिन्हें कलिंग और मगध दोनों ही पूजते हैं। इस देश में राज्य अनेक थे, पर राष्ट्र एक था। १८५७ का युद्ध राष्ट्रीय संग्राम था; बहुतेरे राजे-रजवाड़े मिलकर लड़े थे फिरंगी से अपने जीवन-मूल्यों की रक्षा के लिए। लेकिन आज, आज भले ही हम एक राज्य बन जाने का अभिमान करते हों, पर राष्ट्र के नाते प्रतिदिन टूट रहे हैं, बिखर रहे हैं। हमने जब अपना संविधान रचा तब अपने ही हाथों स्वयं को राज्य बना लिया। इसीलिए कहना पड़ता है कि २६ जनवरी, १९५० को भारत हारा और मैकाले जीता। भारतीय दृष्टि में राष्ट्र एक सांस्कृतिक इकाई है और राज्य प्रशासनिक। पाश्चात्य दृष्टि इस अंतर को नहीं पहचान पाती, वहाँ है नेशन स्टेट। किसी जाति का एक राष्ट्र से मात्र राज्य बन जाना उसका अवमूल्यन है। यही हमने किया। भारत एक राष्ट्र के नाते हार गया २६ जनवरी, १९५० को। उसी दिन भारत के संवैधानिक शरीर में मैकाले का प्रेत घुस बैठा।''

आप कहेंगे, यह क्या बात हुई, भारत के संविधान में राष्ट्र का उल्लेख तो कई बार हुआ है। हाँ, हुआ है, उद्देशिका में इसका उल्लेख हुआ है; पर इन शब्दों में हुआ है—'राष्ट्रपति', 'राष्ट्रध्वज', 'राष्ट्रीय प्रयोगशाला', 'राष्ट्रीय मार्ग' और इसी तरह के अन्य प्रसंगों में। आपातकाल में किए गए बयालीसवें अनुच्छेद में संशोधन के बाद अनुच्छेद ५१-ए में भी राष्ट्रगान आदि शब्दों में इसका उल्लेख हुआ है। पर राष्ट्र का तात्पर्य क्या है, यह तो कहीं पता ही नहीं चलता। हमारे संविधान के कई पहलू बड़े चमत्कारपूर्ण हैं। मूल संविधान बना था अंग्रेजी में। कैसा आश्चर्य है, जिस देश ने संकल्प किया था अंग्रेजी हुकूमत से कोई रिश्ता न रखने का, उसने संविधान रचा अंग्रेजी में। देश का नाम रखा अंग्रेजी में। लिखा गया, "India, that is Bharat, shall be a union of states."

''इंडिया—अर्थात् भारत—राज्यों का संघ होगा।'' जब संविधान का अधिकृत हिंदी पाठ आया तो उसमें लिखा गया—''भारत—अर्थात् इंडिया—राज्यों का संघ होगा।'' देखा आपने कमाल! बँटा हुआ हिंदुस्तान भी एक नहीं है। वह तो है इंडिया, जो मूल पाठ (Original text) में है। और दूसरा है भारत, यह हिंदीवाला है, देहाती है। एक मैकाले की कृति है, वह सिर पर चढ़ी हुई है और एक देश की परंपरा है, जो पददलित है।

एक पूतना है और एक यशोदा। और भी देखिए, भारत राज्यों का संघ होगा; अर्थात् भारत एक राष्ट्र नहीं है, यह टुकड़े-टुकड़े जोड़कर बनाया गया राज्य है। मानो यू.पी. माता, तमिल माता, बंग माता, पंजाब माता जोड़कर भारत

माता बनी हो। सारा संविधान ढूँढ़ लीजिए, आपको भारत माता कहीं नहीं मिलेगी।

जीवन की विश्वात्म धारणा को प्रतिपादित करनेवाला भारत, जिसका कभी विश्वास रहा 'वसुधैव कुटुंबकम्'; पर वह दुष्प्रचार का शिकार होकर स्वयं ही अपने मूल्य छोड़ बैठा और सांस्कृतिक रूप से बिखर गया। यह सांस्कृतिक बिखराव आज भी राजनीति में हर स्तर पर दिखाई दे रहा है। लेकिन फिर भी न तो इस राष्ट्र के कर्णधारों को इसकी चिंता है और न उस भूल का एहसास है जो कि जाने-अनजाने संविधान निर्माताओं से हो गई। भारत एक सांस्कृतिक इकाई है—भले ही यह बात इस राष्ट्र के अनेक महान् नेताओं ने बार-बार विभिन्न संदर्भों में तथा विभिन्न स्तरों पर कही हो; पर उनकी इस अवधारणा की छाया तक भारतीय संविधान में नहीं है। यह सब इसलिए हुआ, क्योंकि संविधान का निर्माण करते समय जो राष्ट्रीय चेतना व भारतीयता सतत उपलब्ध थी, उसका कहीं भी प्रयोग न करके सारी सामग्री योरोप और अमेरिका में खोजी गई। पश्चिम का राजनीतिक व सांस्कृतिक चिंतन तथा दर्शन भारत से मौलिक रूप से भिन्न है, यह सब जानते हुए भी संविधान निर्माण में अनुच्छेदों के लेखन के समय विदेशी मूल्यों, आदर्शों, परिपाटियों एवं व्यवस्थाओं का ही प्रयोग किया गया।

ऐसा नहीं है कि भारत की संविधान सभा में भारतीय संस्कृति, एकात्म भाव तथा राष्ट्रीयता के पक्षधर नहीं थे; पर वे कुल मिलाकर मौन ही रहे। जब ७ व ८ दिसंबर, १९४८ को संस्कृति से जुड़े अनुच्छेद पर संविधान सभा में चर्चा हो रही थी तब केवल लोकनाथ मिश्र ने भारत की सांस्कृतिक धरोहर को मान्यता देने का सुझाव दिया था; पर उसका उग्र विरोध मुसलिम सदस्यों के द्वारा हुआ और अंततः भारत एक सांस्कृतिक इकाई है तथा उसे अपनी सांस्कृतिक धरोहर की रक्षा करनी है—यह भाव इस विरोध के कारण भारतीय संविधान का अंग न बन सका। भारतीय संस्कृति के ये विरोधी निश्चित रूप से विदेशी नहीं थे; पर वे ही लोग थे जिन्होंने मानसिक रूप से अंग्रेजी सत्ता के इस दृष्टिकोण को आत्मसात् किया हुआ था कि भारत के नाम से जाने जा रहे पृथ्वी के इस भूभाग में अनेक 'राष्ट्र' और अनेक संस्कृतियाँ हैं। अंग्रेजी सत्ता ने लगभग पहले दिन से ही भारत को एक 'बहुराष्ट्रवादी' भूभाग माना और उसीके अनुरूप अपनी प्रशासनिक रणनीति का गठन किया। अंग्रेजी सत्ता ने भारत के लिए जो शिक्षा-व्यवस्था दी और जो पाठ्यक्रम दिया, उसमें यही सिखाया गया कि भारत में अनेक संस्कृतियाँ हैं और मोटे तौर पर इस भूभाग में दो विशेष संस्कृतियाँ हैं जिन्हें 'हिंदू संस्कृति' और 'मुसलिम संस्कृति' कहकर संबोधित किया जा सकता है। भारत ने अपनी

स्वतंत्रता की समस्त लड़ाई द्विराष्ट्रवाद के सिद्धांत के विरुद्ध लड़ी। पर अंग्रेजों की कुटिलता के परिणामस्वरूप मुसलिम लीग व अधिकांश मुसलिम चेतना को यह सिद्धांत स्वीकार ही नहीं था कि भारत एक सांस्कृतिक इकाई है। मुसलिम लीग के प्रमुख नेताओं का पहले दिन से यह अभिमत रहा कि 'इस्लामी संस्कृति' तो 'भारतीय संस्कृति' से बिलकुल भिन्न है और दोनों में न कोई समझौता हो सकता है और न एका ही हो सकता है। इसी आधार पर अंग्रेज शासकों ने १९०९ में 'इंडिया काउंसिल अधिनियम' बनाकर भारत को हिंदू और मुसलमान की मतदाता सूची और निर्वाचन क्षेत्रों में बाँटा और बाद में इस राष्ट्र को 'हिंदू भारत' और 'मुसलमान भारत' में बाँटने का षड्यंत्र रचा; जो सफल हुआ और इसी कारण भारत का विभाजन हुआ। अंग्रेजों व मुसलिम लीग द्वारा प्रतिपादित द्विराष्ट्रवाद के विरुद्ध लड़नेवाले हमारे स्वतंत्रता सेनानी अपने संविधान का निर्माण करते समय भारी भूल कर बैठेंगे तथा भारत एक सांस्कृतिक इकाई है, इस मान्यता का विस्मरण कर देंगे, यह कोई सोच भी नहीं सकता था। पर विधि की विडंबना, ऐसा हो गया; क्योंकि शिक्षित भारत मानसिक रूप से अंग्रेजियत से इतना सराबोर हो चुका था कि भारतीय संस्कृति के जो मूलतत्त्व हैं, उनकी ओर उसका ध्यान पूरी तरह जा ही नहीं सका। राष्ट्र दर्शन और मातृभूमि की भारतीय परिकल्पना अथवा सांस्कृतिक यथार्थ की जो उपेक्षा हुई, उसका बहुत बड़ा मूल्य आज भारत चुका रहा है। बाह्य स्तर पर भारतीय संस्कृति का प्रतीक किसे माना जाए, इसपर आज भी मतभेद हैं; जबकि कम-से-कम इस संदर्भ में भारतीय संविधान मौन नहीं है।

भारत के संविधान निर्माताओं ने भारत की संस्कृति के प्रतीक चुनने में तो कोई भूल नहीं की और प्रतीकों के माध्यम से भारत के सांस्कृतिक एकत्व को स्पष्ट भी कर दिया; पर पता नहीं क्यों, यह भाव लिखित रूप से नहीं आया। अगर ये संविधान निर्माता सांस्कृतिक एकात्मता का भाव शब्दों के माध्यम से भी व्यक्त कर देते तो आज जो विभ्रम फैल रहा है, वह स्थिति न बन पाती। संविधान की यह दुर्बलता निस्संदेह बहुत ही कष्टदायक है और यह सोचने को विवश कर देती है कि हमारे संविधान निर्माता संस्कृति की व्याख्या करने तथा उसके स्वरूप को स्पष्ट करने के मामले में बहुत अधिक दुविधाग्रस्त रहे होंगे। अगर यह दुविधा न होती तो राष्ट्र की सांस्कृतिक चेतना को जहाँ भारत के मूल संविधान में चित्रों के माध्यम से व्यक्त किया गया है वहीं उसे अनुच्छेदों में लिख भी दिया गया होता। जिस सांस्कृतिक धरोहर की रक्षा की बात संविधान सभा में लोकनाथ मिश्र द्वारा की गई थी, यद्यपि उसे चित्रों के माध्यम से संविधान के हर भाग के

प्रारंभ में प्रस्तुत कर दिया गया है—पर जिन्हें भारतीय संस्कृति को खंड-खंड करके देखने की आदत हो चुकी है अथवा जिनके मन में यह बात गहराई से बैठ चुकी है कि भारत में अनेक संस्कृतियाँ हैं, वे इन चित्रों को क्यों महत्त्व प्रदान करेंगे? बहुसंस्कृतिवाद के इन समर्थकों के लिए ये चित्र तो मात्र सजावट व शोभा की वस्तु हैं और वे उन्हें भारत की सांस्कृतिक एकात्मता का प्रस्तुतीकरण मानने से हठपूर्वक इनकार करते रहेंगे। निश्चित रूप से यह हठ अनुचित है; क्योंकि संविधान के मूल पाठ के विभिन्न भागों के प्रारंभ में जो चित्र दिए गए हैं उनके पीछे एक सातत्य व प्रयोजन है—भले ही इस सातत्य व प्रयोजन को वर्तमान राजनीतिज्ञ अथवा अंग्रेजियतपरस्त जन स्वीकार करें या न करें!

संविधान का भाग एक 'संघ और उसके राज्यक्षेत्र' से संबंधित है और इस भाग के प्रारंभ में मोहन जोदड़ो के वृषभ को अंकित किया गया है और चित्र सूची में यह स्पष्ट कर दिया गया है कि यह अंकन मात्र सजावट के लिए किया गया है। पर इसके उपरांत संविधान के विभिन्न भागों के प्रारंभ में जो भी चित्र हैं, उनमें ऐसा कहीं कोई भी संकेत नहीं है कि उन चित्रों का प्रयोग सजावट के लिए किया गया है; बल्कि यह प्रतिपादित किया जा सकता है कि बाद में जो भी चित्र मूल संविधान में अंकित किए गए, उनके पीछे एक स्पष्ट प्रयोजन था और इन चित्रों के माध्यम से भारत की संस्कृति को स्पष्ट करने की पूरी चेष्टा की गई है। यह संविधान किस संस्कृति से अपने को जोड़ता है, किस संस्कृति को मान्यता और सम्मान देता है—बाद के चित्रों से यह तथ्य भलीभाँति स्पष्ट होता है। इन चित्रों के भाष्य में न कहीं संदेह की गुंजाइश है और न उनके कोई अन्य अर्थ ही निकाले जा सकते हैं। ये सभी चित्र एक ओर जहाँ भारत की संस्कृति का प्रतिनिधित्व करते हैं, वहीं उसके सांस्कृतिक व राजनीतिक इतिहास की ओर भी संकेत करते हैं।

संविधान के दूसरे भाग में 'नागरिकता' का उल्लेख है। इस अध्याय के प्रारंभ में वैदिककाल के गुरुकुल का चित्र अंकित करके संविधान निर्माताओं ने आखिर क्या संकेत दिया है? क्या वैदिककाल के गुरुकुल का चित्रण यह नहीं दर्शाता कि इस देश की सांस्कृतिक नागरिकता वैदिककाल से जुड़ी है? चित्र में ऋषिगण हवन कर रहे हैं, विद्यार्थियों को उपदेश दिया जा रहा है, आत्म-जिज्ञासु साधना में रत हैं—ये सब चित्रण भारत की नागरिकता को एक ऐसे युग में ले जाते हैं जहाँ से भारतीय संस्कृति का उद्‌गम हुआ है। यज्ञ, हवन, पठन-पाठन, ध्यान-साधना जिस विधि से चित्रित हैं वह निश्चित रूप से भारतीय संस्कृति का एक ऐसा बाह्य पक्ष है जो हमें आज भी अनुप्राणित कर सकने में सक्षम है। यह

चित्रांकन भलीभाँति यह स्पष्ट करता है कि भारतीय संस्कृति की जड़ें कहाँ हैं? यह वैदिककाल पाँच हजार वर्ष पुराना है या पच्चीस हजार वर्ष पुराना, इसपर बहस हो सकती है; पर यह तथ्य तो निर्विवाद है कि भारत की अस्मिता की जड़ें वैदिककाल के गुरुकुलों में हैं, उन गुरुकुलों में जहाँ ऋग्वेद सरीखा महाग्रंथ रचा गया और जहाँ हमारे उपनिषद् ज्ञान का जन्म हुआ। अत: हर भारतीय नागरिक को अपनी अस्मिता की खोज के लिए इन जड़ों की ओर, अर्थात् वैदिक युग की ओर, निहारना ही होगा और स्वयं को उससे जोड़ना ही होगा। भारत में रहनेवाला कोई भी नागरिक यदि अस्मिता को वैदिककाल से जोड़ने को तैयार नहीं है तो ऐसे नागरिक को भारत का सच्चा सपूत कैसे माना जा सकता है? जो अपने पूर्वजों को ही नकार दे वह राष्ट्रभक्त कैसे हो सकता है?

संविधान के तीसरे भाग का संबंध 'मौलिक अधिकारों' से है और इस भाग के प्रारंभ में एक ऐसा चित्र है जिसके साथ भारत की आस्था, मर्यादा और आत्मा जुड़ी हुई है। राम भारत के जन-जन के लिए मर्यादा पुरुषोत्तम हैं—भारत की संस्कृति के एक सजीव प्रतीक। 'मूल अधिकार' के इस अध्याय के पहले राम, सीता और लक्ष्मण का वह चित्रण है जब लंका-विजय के उपरांत वे तीनों पुष्पक विमान से अयोध्या की ओर लौट रहे हैं। देश के नागरिकों के सभी मूल अधिकार जिस मर्यादा से जुड़े हैं, राम उसी मर्यादा के प्रतीक हैं। जो राज्य-व्यवस्था इन 'मूल अधिकारों' के लिए प्रतिबद्ध होगी, उसी 'रामराज्य' को भारत में लाने की बात महात्मा गांधी कहा करते थे। 'रामराज्य' तो आएगा ही तब जब देश के सभी नागरिकों को विधि के समक्ष समता प्राप्त हो और आस्था, मूलवंश, जाति, लिंग या जन्म-स्थान के आधार पर विभेद का प्रतिषेध हो, अस्पृश्यता का अंत हो, सभी को अवसर की समता हो, सभी को स्वतंत्रता मिले तथा किसीका भी किसी भी तरह से शोषण न हो। जिस व्यवस्था में यह नहीं है वहाँ रामराज्य हो हीं नहीं सकता। अत: 'मूल अधिकार' के अध्याय के ऊपर 'राम' को चित्रित करके संविधान निर्माताओं ने राष्ट्र को यह श्रेष्ठ संकेत दिया है कि राम न केवल मर्यादा पुरुषोत्तम हैं बल्कि वे भारत की संस्कृति के श्रेष्ठतम प्रतीक भी हैं।

संविधान के चौथे भाग में 'राज्य की नीति के निदेशक तत्त्व' दिए गए हैं और इस भाग के ऊपर भारत के जिस महान् नीतिज्ञ को चित्रित किया गया है उसे यह देश भगवान् कृष्ण के रूप में संबोधित करता है। महाभारत का युद्ध प्रारंभ होने को है और अर्जुन क्लीवता व अज्ञान से ग्रस्त हो जाते हैं—ऐसे संकट के अवसर पर जो नीति उपदेश कृष्ण द्वारा अर्जुन को दिया गया—उसका ही चित्रण इस अध्याय के प्रारंभ में है। 'गीता' भारतीय संस्कृति से जुड़ा एक ऐसा श्रेष्ठतम

ग्रंथ है, जो नीति से जुड़े सभी निदेशक तत्त्वों को भलीभाँति परिभाषित करता है। लोक-कल्याण के लिए क्या करना होगा, क्या हैं भारतीय नागरिक के मूल कर्तव्य—इसकी जैसी विशद् व्याख्या श्रीमद्भगवद्गीता में है, वैसी व्याख्या तो किसी अन्य ग्रंथ में है ही नहीं। नीति के निदेशक तत्त्व और मूल कर्तव्य से जुड़े इस अध्याय के प्रारंभ में अर्जुन को उपदेश देते हुए कृष्ण का चित्रांकन ऐसे अनायास ही नहीं कर दिया गया है, इसके पीछे संविधान निर्माताओं का कोई-न-कोई उद्देश्य तो रहा ही होगा। अच्छा यह होगा कि हम इस वास्तविकता को समझें और भारतीय संस्कृति के प्रतीक 'गीता उपदेश' को राष्ट्रीय जीवन में स्थान दें।

भारतीय संविधान में केवल कर्मकांड और गुरुकुल का ही चित्रांकन नहीं है और न केवल राम और कृष्ण को ही चित्रित किया गया है, वरन् इनके साथ ही इसी श्रृंखला में भगवान् बुद्ध, भगवान् महावीर, भगवान् शंकर (नटराज) हैं और इनके चित्रों के माध्यम से भारतीय संस्कृति की विशिष्टता को बड़ी ही स्पष्टता से अंकित किया गया है। भारतीय मन आदिकाल से ही अध्यात्म से जुड़ा रहा है और उसकी संस्कृति का हर पक्ष अध्यात्म से विभूषित और प्रेरित है। ये सभी चित्र इसी यथार्थ का बड़ी स्पष्टता से उद्घाटन कर रहे हैं। यह एक अलग बात है कि इस यथार्थ को वर्तमान अंग्रेजियतपरस्त लोग स्वीकार करें या न करें। निस्संदेह भारत के संविधान निर्माताओं ने इस राष्ट्र के सांस्कृतिक पक्ष को अनुच्छेदों में नहीं लिखा; पर इस पक्ष को चित्रों के माध्यम से जिस तरह उजागर कर दिया है, उससे कौन इनकार कर सकेगा? इन संविधान निर्माताओं ने स्वयं को केवल हजारों वर्ष पुरानी भारत की संस्कृति मात्र और अध्यात्म से ही नहीं जोड़ा, वरन् साथ-ही-साथ सम्राट् अशोक, सम्राट् विक्रमादित्य, नालंदा और 'गंगा अवतरण' से जोड़ा है। संविधान निर्माताओं ने जिनसे प्रेरणा ली है उनमें सम्राट् अकबर अवश्य हैं, जिन्होंने मुल्लाओं और मौलवियों से परेशान होकर 'दीन-ए-इलाही' मजहब को चलाने की चेष्टा की थी। अकबर के साथ ही संविधान निर्माताओं ने शिवाजी महाराज और गुरु गोविंद सिंह को भी अपनी सांस्कृतिक व राजनीतिक प्रेरणा हेतु जोड़ा है। इनके भी चित्र संविधान के विभिन्न भागों में हैं। ये सारे चित्र एक ही संदेश देते हैं कि भारत की हजारों वर्ष पुरानी संस्कृति और उसके प्रतीकों से राष्ट्र को जोड़ा जाना अनिवार्य है, और तभी इस राष्ट्र को अपना वैशिष्ट्य प्राप्त होगा। भारत की अपनी एक विशिष्ट संस्कृति है, जिसका आधार है आध्यात्मिकता और लक्ष्य है मानवमात्र का कल्याण। इस संस्कृति के जो भी शत्रु और विनाशक रहे हैं वे इस राष्ट्र के प्रेरणास्रोत नहीं बन सकते। इसीलिए जिसने

भी भारत की संस्कृति को पदाक्रांत करने की चेष्टा की, उसके विरुद्ध युद्ध का आह्वान करनेवाले वीर शिवाजी और गुरु गोविंद सिंह तथा नेताजी सुभाषचंद्र बोस एवं महात्मा गांधी के चित्र राष्ट्र को प्रेरणा देने तथा राष्ट्रीय चेतना को दिशा देने के निमित्त संविधान में अंकित किए गए।

राष्ट्र को प्रेरणा और दिशा देने के उद्देश्य से भारत के मूल संविधान में जो चित्र अंकित किए गए, उन्हें बाद के वर्षों में राष्ट्र से क्यों छिपाया गया, यह अपने आपमें एक रहस्य है। कम-से-कम भारत सरकार के विधि मंत्रालय से तो यह आशा की जाती थी कि उसके द्वारा भारत का जो संविधान प्रकाशित किया जाएगा उसमें कोई उलट-फेर नहीं किया जाएगा और संविधान के जिस प्रारूप पर भारत के संविधान निर्माताओं ने हस्ताक्षर किए थे, उसे अक्षुण्ण रखा जाएगा। पर ऐसा नहीं किया गया। भारत सरकार ने भी संविधान का जो पाठ देश की जनता के लिए प्रकाशित किया, उसमें से वे सारे चित्र गायब कर दिए गए जोकि इस राष्ट्र को प्रेरणा व दिशा देने के निमित्त अंकित किए गए थे। किसी भी राष्ट्र की राजनीति इतनी स्वार्थी, अंधी और निकृष्ट हो सकती है—ऐसा भारत के संविधान निर्माताओं ने कभी सोचा भी नहीं होगा। समझ में नहीं आता कि यह दुष्कर्म भारत के राजनीतिज्ञों ने क्यों किया? यदि इस दुष्कर्म को विश्वासघात भी कहा जाए तो भी यह बहुत बड़ी आलोचना न होगी। जिनकी यह धारणा है कि राम, कृष्ण, नटराज, बुद्ध, महावीर आदि के जो चित्र हैं वे सभी सजावट के इरादे से संविधान के विभिन्न पृष्ठों पर अंकित किए गए, वे भूल रहे हैं। सजावट के लिए तो कलात्मक ढंग से फूल-पत्तियों के चित्रांकन द्वारा पूरे पृष्ठ को ही सजाया गया है। इन फूल-पत्तियों से पूरे-के-पूरे पृष्ठ के चारों ओर बार्डर बनाकर उसे सजाना एक बात है और भारत की आध्यात्मिक और सांस्कृतिक मर्यादा व जीवन से जुड़े चित्रों को हर भाग के प्रारंभ में चित्रित करना बिलकुल दूसरी बात। सारे चित्र मात्र सजावट के ही लिए थे तथा इनके पीछे कोई उद्देश्य नहीं था, ऐसा विचार कपटपूर्ण मिथ्या आचरण ही है। संभवत: यह कपटपूर्ण आचरण वोट की राजनीति के कारण किया गया।

स्वतंत्रता के उपरांत सत्ता हथियाने अथवा सत्ता में बने रहने के लिए देश के राजनीतिज्ञों ने मुसलिम तुष्टीकरण पर विशेष जोर दिया और इसीलिए उन्होंने एक नहीं, अनेक ऐसे कार्य किए, जिनका कोई तार्किक उत्तर आज उपलब्ध नहीं है। उदाहरणस्वरूप, भारत की सांस्कृतिक धरोहर की रक्षा का जो प्रस्ताव संविधान सभा में रद्द किया गया उसका कोई भी तर्कपूर्ण उत्तर संविधान सभा के विवरण में नहीं है। बात होनी थी भारत की संस्कृति पर, चर्चा होनी थी संस्कृति और

शिक्षा संबंधी अधिकार पर; लेकिन चर्चा हुई केवल शिक्षा संबंधी मामलों की। यह सारी चर्चा एकांगी होकर रह गई और सारा समय शिक्षा, भाषा, लिपि और शिक्षण संस्थाओं पर ही नष्ट कर दिया गया। ऐसा लगता है कि संविधान सभा ने राष्ट्र के संदर्भ में संस्कृति की उपयोगिता को बड़े ही चलताऊ ढंग से लिया और दो-चार सदस्यों ने जब आवाज उठानी चाही तो उसे न केवल अनसुना कर दिया गया, वरन् उनके द्वारा उठाए गए प्रश्नों का कोई उचित उत्तर तक संविधान का प्रारूप तैयार करनेवालों ने नहीं दिया। आशा की जाती थी कि डॉ. भीमराव आंबेडकर संस्कृति से जुड़ी आपत्तियों पर अपना कोई स्पष्टीकरण और उत्तर देंगे; पर संस्कृति के संदर्भ में तो आंबेडकर ने कुछ कहा ही नहीं तथा भारत की अपनी एक विशिष्ट संस्कृति है, इसपर संविधान सभा स्वयं को स्पष्ट न कर सकी और बाद में जब संविधान सभा के निर्णयों का लेखन हुआ तब संभवतः इस भूल का एहसास संविधान समिति को एवं तत्कालीन भारत सरकार को हुआ होगा और उन्होंने राष्ट्रीय मनोभाव प्रकट करने के लिए शब्दों के स्थान पर चित्रों का सहारा लिया तथा जब संविधान के अंतिम प्रारूप पर हस्ताक्षर किए, जिसके हर भाग को विशिष्टता प्रदान करने के लिए उसके प्रारंभ में किसी-न-किसी प्रेरणास्रोत को चित्रित कर दिया गया था। ये सभी प्रेरणास्रोत वे विभूतियाँ हैं जिन्होंने भारत को अपनी मातृभूमि मानकर उसकी सांस्कृतिक अवधारणाओं के साथ स्वयं को जोड़ा है। ये वे प्रेरणास्रोत हैं, जिनके लिए भारत की संस्कृति पूजनीय थी और जो उसकी रक्षा के लिए अपने प्राणों को भी न्योछावर करने के लिए तैयार थे।

कुछ लोग सम्राट् अकबर पर उँगलियाँ उठा सकते हैं और वे बहुत गलत भी नहीं हैं, क्योंकि अपने प्रारंभिक दिनों में अकबर बैरम खाँ सरीखे विदेशी कठमुल्लाओं के हाथों की कठपुतली था; पर बाद में जब उसका विवेक जाग्रत हुआ तो उसने भारतीय संस्कृति के हर पक्ष को श्रद्धापूर्वक अपनाया तथा अंतिम दिनों में तो उसने इस्लाम के कट्टरवादी मुल्लाओं व मौलवियों से टक्कर तक ली। दीन-ए-इलाही के प्रतिपादन के पीछे अकबर का यही उद्देश्य तो था। विदेशी आक्रमणकारी पिता की संतान हो करके भी अंततः भारत में रहते हुए अकबर का जो हृदय-परिवर्तन हुआ और उसने जिस तरह भारतीय संस्कृति को संपूर्णता से अपनाया, यदि उसका शतांश भी मुसलिम लीग के नेता अपना पाते तो बात दूसरी होती।

भारत की अपनी एक विशिष्ट संस्कृति है तथा इस संस्कृति के अंतर्गत इस्लाम का वैसा ही स्थान है जैसेकि वैष्णव अथवा शैव मत का, बौद्ध या जैन

मत का—अकबर का यह विश्वास रहा। इस सम्राट् ने बाद के वर्षों में इस्लामी आक्रमणकारी विजेताओं की भूलों को समझा और उनके द्वारा भारतीय संस्कृति को कुचलने की जो चेष्टा की गई थी, उसका अपने समय में अंततः सफलतापूर्वक प्रतिकार किया—इस इतिहास को कौन झुठला सकता है ? भारतीय संस्कृति तो अपने को देश और काल तथा उपासना-पद्धति से नहीं बाँधती, अतः जो भी उसे निष्ठा व श्रद्धापूर्वक स्वीकार करने और जीवन के किसी भी क्षण में उसका हो करके ही रह जाए वह भारतीय संस्कृति का पुजारी ही तो कहलाएगा। आश्चर्य की बात यह है कि डॉ. राजेंद्र प्रसाद व पं. जवाहरलाल नेहरू के साथ ही डॉ. भीमराव आंबेडकर भी इस बात को समझ नहीं सके। यह बात समझ में आती है कि आंबेडकर अंग्रेजी सत्ता और अंग्रेजियत के पक्षधर थे और उनका भारतीय मूल्यों, आदर्शों और सिद्धांतों से कोई खास संबंध नहीं था और संभवतः इसीलिए उन्होंने भारत को आजादी दिए जाने का भी विरोध किया था तथा महात्मा गांधी की कड़ी-से-कड़ी आलोचना की थी। लेकिन डॉ. राजेंद्र प्रसाद भारतीय संस्कृति के पक्षधर थे। संविधान सभा के अध्यक्ष वही थे, अतः उनका यह कर्तव्य हो जाता था कि वे महत्त्वपूर्ण प्रश्नों पर चर्चा करते और करवाते। पर ऐसा उन्होंने नहीं किया। कभी-न-कभी इतिहास इस पक्ष पर विचार तो करेगा ही, भले ही आज इसपर कोई विचार करे या न करे।

आश्चर्य की बात यह है कि जिन लोगों ने भी भारतीय संविधान का प्रथम प्रारूप संविधान सभा के विचारार्थ लिखा, उन्होंने भारतीय संस्कृति के वैशिष्ट्य को न तो जानने की चेष्टा की और न समझने की और जाने-अनजाने वे मैकालेवाद के पोषक बन गए तथा ब्रिटिश साम्राज्यवादियों द्वारा रचे गए षड्यंत्र के शिकार हो गए। भारतीय संविधान का अनुच्छेद उनतीस व तीस इन मैकालेपरस्तों की देन है। ये दोनों अनुच्छेद भारतीयं नागरिकों के संस्कृति और शिक्षा संबंधी अधिकार की चर्चा तो करते हैं, पर कहीं भी यह नहीं बताते कि क्या है संस्कृति। अनुच्छेद उनतीस में अल्पसंख्यक वर्गों के सांस्कृतिक हितों के संरक्षण की बात तो है; पर राष्ट्र की भी अपनी कोई संस्कृति होती है, इसका कहीं कोई भी उल्लेख नहीं है। इस अनुच्छेद ने तो राष्ट्र की संस्कृति को पूरी तरह खंडित और विभाजित करने की चेष्टा की है। संविधान में लिखित रूप में ऐसा कुछ भी नहीं है जहाँ संस्कृति के उस महत्त्व को समझा गया हो, जिससे राष्ट्रीय अस्मिता जाग्रत होती है। हर नागरिक की अपनी पृथक् संस्कृति है और उसे उसकी रक्षा करने का अधिकार है, भारत के संविधान का यह प्रतिपादन निश्चित रूप से एक मनोवैज्ञानिक सत्य है; पर क्या किसी भी नागरिक को यह अधिकार

भी मिल जाएगा कि वह अपनी सांस्कृतिक पृथक्ता की आड़ लेकर राष्ट्र को खंडित करने अथवा उसे ही अपमानित करने का षड्यंत्र रचने लगे और इस विध्वंस चेष्टा में पूरी तरह लग जाए? राष्ट्र केवल भौगोलिक इकाई ही नहीं होता। भौगोलिक इकाई के पहले राष्ट्र की परिकल्पना का जन्म व्यक्ति की चेतना में होता है। चेतना के इस तप से ही राष्ट्रीय बल और ओज प्रकट होता है और इस ढाल से ही राष्ट्र का निर्माण होता है। अथर्ववेद का एक मंत्र है—

भद्रमिच्छन्त ऋषयः स्वर्विदस्तपो दीक्षामुपनिषेदुरग्रे।
ततो राष्ट्रं बलमोजश्च जातं तदस्मै देवा उपसंनमन्तु॥

—अथर्ववेद, १९-४१-१

समस्त मानवों का कल्याण करने की इच्छा से ऋषियों ने सृष्टि के प्रारंभ में दीक्षा लेकर तप किया और उससे राष्ट्रीय बल तथा ओज प्रकट हुआ; जिससे राष्ट्र का निर्माण हुआ। इसलिए सभी बुद्धिमान इस राष्ट्र का नमन करें तथा उसकी सेवा करें।

प्राकृतिक अनेकता में भी मानसिक एकता के जो सूत्र विद्यमान रहते हैं उनसे ही राष्ट्र का और उसकी संस्कृति का निर्माण होता है। इस मानसिक एकता से ही अंततः राष्ट्रीय चरित्र का भी निर्माण होता है और इस राष्ट्रीय चरित्र में विभिन्न मूलवंशों के लोग सहभागी और सहयोगी होते हैं। इस सामूहिक अस्मिता के अभाव में राष्ट्र की परिकल्पना भी नहीं की जा सकती। इस सामूहिक अस्मिता का जन्म भारत में कहाँ से हुआ, यह अस्मिता किन प्रतीकों व आदर्शों से जुड़ी है, कौन हैं इस सामूहिक अस्मिता के प्रेरणास्रोत, आज इसपर गंभीर चिंतन की आवश्यकता है। यह आवश्यकता इसलिए और भी महत्त्वपूर्ण तथा तात्कालिक हो चुकी है, क्योंकि संविधान के अनुच्छेद उनतीस में यह प्रतिपादित करके कि हर व्यक्ति की अपनी एक पृथक् वैयक्तिक संस्कृति है—एक प्रकार से बिखराव व विखंडन के बीज बो दिए गए हैं। सिद्धांततः किसी भी व्यक्ति का कोई भी अधिकार राष्ट्र से ऊपर नहीं हो सकता। हर नागरिक को अंततः राष्ट्रीय हितों को ही सर्वोच्चता प्रदान करनी होगी।

क्या है राष्ट्रीय हित और क्या नहीं है राष्ट्रीय हित, इसकी परिभाषा करने का अधिकार केवल राजनीतिज्ञों को ही नहीं दिया जा सकता है। राष्ट्रीय हित की परिभाषा करने के पहले राष्ट्रीय मूल्यों, आदर्शों व परंपराओं के स्रोत को समझना होगा, और भारत के संदर्भ में ये स्रोत हैं वैदिक ऋचाएँ, उपनिषद्, वैदिककाल के गुरुकुल; जिन्हें संविधान निर्माताओं ने अपनी विवेचना लिखने के पूर्व संविधान के पहले पृष्ठ पर चित्रित कर दिया। इस संविधान में अरब अथवा ईरान के

मदरसे नहीं चित्रित किए गए। इसमें ईसाई मिशनरियों को चित्रांकित नहीं किया गया। इसमें चित्रित है वैदिककाल की वह आत्मा जो अजर है, अखंड है, सनातन है और आज भी इस राष्ट्र की धमनियों में प्रवाहित हो रही है। इस राष्ट्र का एक-एक अणु उपनिषद् ज्ञान से अनुप्राणित है और यहीं से होता है उस अनुभूति का जन्म, जिससे यह राष्ट्र निर्मित हुआ। इस ज्ञान को समझे बिना न तो भारत के रहस्य को समझा जा सकता है और न भारतीय संस्कृति के रहस्य को। इस संस्कृति का समस्त रहस्य इस सार्वकालिक व सार्वभौमिक उपनिषद् ज्ञान में ही निहित है। यह ज्ञान ही बहिर्जगत् की विविधता और अनेकता में एकत्व के सूत्र खोज सकने और उसकी ओर संकेत कर सकने में समर्थ है। इस ज्ञान में ही भारत की उस एकात्मता की जड़ें हैं जिनसे इस राष्ट्र का निर्माण हुआ है। जो इसे जानेगा, वही इस संस्कृति के रहस्य का अनावरण करने में समर्थ हो सकेगा। और इसके जानने का एक ही मार्ग है कि जिज्ञासु उसी साधना में प्रवेश करे जिसमें भारतभूमि के आदि ऋषियों ने प्रवेश किया था। यह ज्ञान किसी भी बाह्य उपकरण से संभव नहीं है; क्योंकि उसका संबंध है वैयक्तिक अनुभूति से। चूँकि यह ज्ञान अनुभूतिजन्य है, अत: इसे हस्तांतरित करने या लिपिबद्ध अथवा शब्दबद्ध करने का भी कोई उपाय नहीं है। शब्द कितने ही सक्षम और सशक्त हों, पर वे किसी भी अनुभूति को संपूर्णता से व्यक्त कर सकने में समर्थ नहीं हो सकते। अत: अनुभूति के सागर में जबतक जिज्ञासु स्वयं न उतरे, वह स्वयं गोता न लगाए, उसे सत्य उपलब्ध ही नहीं होगा।

यही कारण है कि भारतीय मनीषा का मानना है, संस्कृति का संबंध आंतरिक रूपांतरण से है। यह रूपांतरण वैयक्तिक अनुभूति से ही संभव है। इस रूपांतरण से ही परम एकत्व के मूल की खोज संभव है। विविधता तथा अनेकता में जो एकत्व है, उसे जिसने एक बार पकड़ लिया, देख लिया, उसका समस्त व्यक्तित्व ही रूपांतरित हो गया और फिर इस रूपांतरित व्यक्तित्व के द्वारा जो भी आचरण होंगे, जो भी कर्म होंगे, वे केवल सर्वकल्याण के लिए ही होंगे। ऐसे रूपांतरित व्यक्तित्व की एक-एक श्वास तक से सर्व उत्कर्ष और कल्याण का भाव नि:सृत होगा—यही लक्ष्य है भारतीय संस्कृति का। इस संस्कृति के लिए बाह्य आचार-विचार, भाषा, लिपि, रीति-रिवाज, कर्मकांड आदि का कोई विशेष मूल्य नहीं है। मूल्य यदि है तो केवल इस बात का कि व्यक्ति के समस्त कार्यकलापों का प्रेरक तत्त्व क्या है, उसका संचालन और उद्गम कहाँ से है? बाह्य स्तर पर, पग-पग पर, क्षण-क्षण में जो विविधता और अनेकता रहेगी, उसे तो कभी भी एक साँचे में ढाला ही नहीं जा सकता। अत: इस विविधता को

मान्यता और सम्मान देना ही होगा। पर इस विविधता का जो नियामक तत्त्व है, इस अनेकता में जो आंतरिक एकता है, उसे भी समझना होगा।

भारतीय मनीषा की अनुभूति यही रही है कि अंतस की गहराई में जो केंद्र बिंदु है वहाँ कहीं कोई विविधता है ही नहीं। सारी अनेकता या विविधता अथवा प्रकृतिजन्य चंचलता केवल परिधि पर है। केंद्र से परिधि की इस यात्रा में क्षण-क्षण परिवर्तन है, चंचलता है, अनेकता है। परिधि से केंद्र की जो यात्रा है, वही है दिव्यारोहण, वही है मन का अतिक्रमण। और इस अतिक्रमण के उपरांत ही वास्तविक एकत्व की अनुभूति हो सकती है। परिधि से केंद्र की यह यात्रा पग-पग पर व्यक्ति को संस्कारित करती है, रूपांतरित करती जाती है और फिर एक क्षण ऐसा आता है कि परम एकत्व के, दिव्य प्रेम के, परम आनंद के द्वार खुल जाते हैं। इस यात्रा में ही भारतीय संस्कृति का रहस्य छिपा हुआ है। दुर्भाग्य यह है कि भारत के मनीषियों ने इसे जाना और समझा तो, पर काल के प्रचंड प्रभाव व प्रमादवश वर्तमान में यह ज्ञान भारत से कुछ लुप्त-सा हो गया। यदि हमें स्वयं की अस्मिता और संस्कृति को पुनः समझना है तो इस ज्ञान के लिए 'तप' करना ही होगा और जब तप करेगा कोई भगीरथ तभी गंगा का पुनः पृथ्वी पर अवतरण होगा। संभवतः इस स्थिति व भाव को ही संविधान के तेरहवें भाग के प्रारंभ में चित्रित किया गया है। महाबलीपुरम् के शिलाखंडों पर उत्कीर्ण 'गंगा के अवतरण' को भारत के संविधान से जोड़ने का एक यह आशय भी हो सकता है कि भारतीय संस्कृति की इस गंगा में जो स्नान करेगा, वह पवित्र हो जाएगा तथा बिना किसी भेदभाव के परम आनंद को उपलब्ध होगा। यह गंगा हमारे समस्त अंतस कलुष को धोने में समर्थ होगी, यह प्राणिमात्र के लिए जीवनदायिनी सिद्ध होगी। इस सांस्कृतिक गंगा में जो श्रद्धाभाव से उतरेगा, उसके अंतस का संस्कारित और रूपांतरित हो जाना अनिवार्य है। यही है वह चरम सत्य, जिसकी अनुभूति तब होगी जब कोई भी जिज्ञासु भारत की संस्कृति के रहस्य को उद्घाटित करने के लिए एकनिष्ठ भाव से पूर्वग्रहरहित हो अज्ञात में छलाँग लगाने को तैयार हो जाए।

अपने राष्ट्र की संस्कृति के रहस्य को भारत के राजनीतिज्ञ इसलिए नहीं समझ सके, क्योंकि वैयक्तिक स्तर पर वे न तो अज्ञात में छलाँग लगाने के लिए तैयार थे और न अपने उन राजनीतिक स्वार्थों व पूर्वग्रहों को छोड़ने के लिए तैयार थे, जो उन्होंने योरोपीय प्रभाव के कारण प्राप्त किए थे। स्वतंत्रता के उपरांत भी स्थिति में कोई बड़ा बदलाव आया हो, यह नहीं कहा जा सकता। यह बदलाव आ सकता था, यदि संस्कृति के प्रश्न को गंभीरता से लिया जाता अथवा इस

मुद्दे को सर्वोच्च न्यायालय की कोई आख्या प्राप्त होती। सर्वोच्च न्यायालय ने संस्कृति और उससे जुड़े प्रश्नों पर अभी तक न तो कोई व्यवस्था दी है और न व्यवस्था देने के लिए कोई मुद्दा ही उसके समक्ष आया है। यदि ऐसा कोई मुद्दा सर्वोच्च न्यायालय के समक्ष आएगा तब न्यायपालिका का जो भी दृष्टिकोण होगा, उसका अंततः राष्ट्र की मानसिकता और राजनीति पर प्रभाव अवश्य पड़ेगा। वर्तमान में तो भारत की अपनी कोई विशिष्ट संस्कृति है, इसपर इतनी मतविभिन्नता है कि विभिन्न मत-मतांतरवाले एक-दूसरे के शत्रु तक बनने को तैयार हैं। संस्कृति की रक्षा के नाम पर जो झगड़ा है, वह तो बहुत आश्चर्यजनक है। वह संस्कृति ही क्या जो परस्पर शत्रुता और वैर भाव तथा घृणा उत्पन्न करे? वैयक्तिक संस्कृति का तो अर्थ ही होता है, वह कृति जो अति सुंदर है, जिससे आंतरिक सौंदर्य का बोध हो, जिससे अंतस कलुषविहीन हो जाए। जो संस्कृति के नाम पर लड़ते हैं या लड़वाते हैं, वे संस्कृति का यह अर्थ ही नहीं जानते। उनके लिए तो संस्कृति का अर्थ है रीति-रिवाज, रूढ़िवाद, आस्थाएँ, अहंकार प्रेरित कर्मकांड और स्वार्थ प्रधान जीवन-पद्धति। अब संस्कृति का वास्तविक अर्थ इन अज्ञानियों को कोई कैसे समझाए? और फिर यदि कोई अज्ञानी सत्ता की कुरसी पर बैठ जाए तो उसे सत्य समझा पाना और कठिन हो जाता है। राजनीति से अथवा सत्ता से जो भी जुड़ जाता है वह एक विशेष प्रकार के अहंकार से भर जाता है और यह अहंकार व्यक्ति को संस्कारवान् बनाने के स्थान पर और अधिक संस्कारविहीन कर देता है। अतः संस्कृति की सही परिभाषा राजनीतिज्ञों की समझ में शीघ्रता से आ जाएगी, इसकी बहुत ही कम संभावना है। और जो संस्कृति की परिभाषा ही नहीं जानता, वह उसके रहस्य को कैसे समझ सकेगा?

यही कारण है कि हर सामान्य व्यक्ति संस्कृति को केवल परिधि पर खोजता है। परिधि पर तो विविधता है, अहंकार है, पूर्वग्रह हैं, स्वार्थ और निजता है; परिधि पर तो भिन्नता होगी ही। परिधि पर तो टकराव व विरोध से बचने की केवल तभी कुछ संभावना है जब केंद्र के सत्य को पहचान लिया गया हो। केंद्र के सत्य की खोज ही तो व्यक्ति को संस्कारवान् बनाती है। सत्य की यह अनुभूति ही तो संस्कृति का लक्ष्य है। चूँकि राजनीति का संबंध मात्र परिधि पर के जीवन से ही अधिक है, अतः वह संस्कृति के रहस्य को परिधि पर ही अर्थात् बाह्य जीवन-स्तर पर पर ही खोजना चाहती है। भारत के संविधान निर्माताओं ने भी यही किया और आज भी हमारे राजनीतिज्ञ, संसद् सदस्य, विधायक आदि यही कर रहे हैं। उनके सोच में तबतक कोई बदलाव नहीं आएगा, जबतक वे अपने अंतस में गहरे उतरने की विधि नहीं जान लेते।

राजनीति तो व्यक्ति को संकीर्ण बनाती है। अतः यदि संस्कृति के मर्म को जानना है तो संकीर्णता व स्वार्थपरता का परित्याग करना ही होगा। स्वार्थी व पदलोलुप राजनीतिज्ञों के लिए तो भारत की संस्कृति एक प्रकार से अज्ञेय ही रहेगी; लेकिन फिर भी संस्कृति पर भाषण देने का अधिकार उन्हें इसलिए मिला रहेगा क्योंकि बाहर से चकाचौंधवाली जीवन-पद्धति ने सामान्य व्यक्ति को अपनी ओर आकर्षित करने में सफलता पा ली है और उसके लिए सत्ता में बैठा हुआ राजनीतिज्ञ ही सर्वगुणसंपन्न होता है।

भारतीय राजनीति संस्कृति के संदर्भ में आज के दिन बहुत अधिक भटकावग्रस्त है; क्योंकि जब सत्ता द्वारा हर व्यक्ति को एक पृथक् संस्कृति अपनाने की मान्यता मिलती है तो उससे अहं की परितुष्टि होती है। यह अहं ही व्यक्ति को सत्यद्रष्टा नहीं बनने देता। राजनीतिज्ञ यह बात अच्छी तरह से जानता है कि अहं की परितुष्टि करके वह अपना प्रभाव-क्षेत्र तो बढ़ा ही सकता है, साथ ही सस्ती वाहवाही भी लूट सकता है। स्वयं के अज्ञान तथा विदेशी दासता एवं संस्कृति के कुप्रभाव के अतिरिक्त यह भी एक कारण है, जिसके प्रभाव में आकर संविधान निर्माता भी भटक गए और स्वतंत्र भारत के सत्तारूढ़ नेता भी। इन वरिष्ठ राजनीतिज्ञों में जो भी थोड़ा-बहुत सोच सकते थे अथवा जिन्हें विचारक की कोटि में रखा जा सकता है, उन्होंने अवश्य अपनी इस कमजोरी को अनेक स्तरों पर समझा और उससे उबरने का प्रयास किया; फिर भी वे इस राष्ट्र का सांस्कृतिक पुनर्जागरण इसलिए नहीं कर सके, क्योंकि उन्होंने अंततः तात्कालिक राजनीतिक स्वार्थ को ही अपेक्षाकृत अधिक महत्त्व दिया। उदाहरणस्वरूप, जब भारत स्वतंत्र हुआ था तो उस समय यदि पं. नेहरू चाहते तो भारतीय संस्कृति को स्पष्ट रूप से परिभाषित कर सकते थे और भारत की जो गौरवशाली सांस्कृतिक परंपरा है, उसकी रक्षा भी कर सकते थे; पर वे स्वयं के राजनीतिक स्वार्थों और योरोपीय प्रभाव से इतने अधिक जुड़े रहे कि अगर यह कहा जाए कि वे इसके दुष्प्रभाव से भटक गए तो अतिशयोक्ति नहीं होगी।

जवाहरलाल नेहरू भारत के सांस्कृतिक वैशिष्ट्य से परिचित अवश्य थे; लेकिन उनकी राजनीतिक परिस्थितियों ने उन्हें इस वैशिष्ट्य पर चिंतन करने और उसे उजागर करने का समय ही नहीं दिया। भारतीय संस्कृति के संबंध में प्रधानमंत्री के रूप में नेहरू ने १९५० में एक महत्त्वपूर्ण भाषण उस समय दिया था जब वे 'इंडियन काउंसिल फॉर कल्चरल रिलेशन्स' का उद्घाटन कर रहे थे। भारतीय संस्कृति परिषद् के इस उद्घाटन के अवसर पर उन्होंने 'संस्कृति' शब्द की व्याख्या करने का पहले प्रयास अवश्य किया, फिर अंततः यही कहा कि इस

शब्द की परिभाषा कर सकने में वे असमर्थ हैं। नेहरू की यह ईमानदारी प्रशंसनीय है। यह सच है कि बाह्य जीवन के स्तर पर अर्थात् परिधि के स्तर पर संस्कृति की कोई सर्वमान्य परिभाषा नहीं दी जा सकती। परिधि पर तो इतनी विभिन्नता और अनेकता है कि संस्कृति की परिभाषा हो पाना असंभव है; पर नेहरू ने इसी अवसर पर यह अवश्य कहा कि हर राष्ट्र की संस्कृति में अपना वैशिष्ट्य होता है और उसके अपने कुछ मूलभूत तत्त्व होते हैं। नेहरू का यह भी विचार था कि संस्कृति का संबंध व्यक्ति के आंतरिक विकास से है। वे यह मानते थे कि जीवन में आध्यात्मिकता का महत्त्व है, पर आध्यात्मिकता की आड़ लेकर धरातल के यथार्थ को झुठलाया नहीं जा सकता। नेहरू के इन विचारों से न तो डॉ. राजेंद्र प्रसाद प्रभावित हुए और न डॉ. राधाकृष्णन ही। डॉ. राधाकृष्णन के अनुसार तो संस्कृति का सीधा संबंध अंतस के रूपांतरण से है और भारतीय संस्कृति का आधार वह आध्यात्मिकता है जिसका उद्देश्य है आंतरिक विकास, अर्थात् आंतरिक रूपांतरण। डॉ. राधाकृष्णन के विचार हर राष्ट्रपति ने अपना लिये हों, ऐसा नहीं कहा जा सकता। डॉ. जाकिर हुसैन और फखरुद्दीन अली अहमद के विचार डॉ. राधाकृष्णन से मेल नहीं खाते। उनके अनुसार, भारत की संस्कृति में कोई स्थायी तत्त्व नहीं है तथा अधिक-से-अधिक वह एक 'साझा संस्कृति' अर्थात् अनेक संस्कृतियों के घालमेल से उपजी एक संस्कृति है। प्रधानमंत्री के रूप में इंदिरा गांधी और राजीव गांधी भी कुछ ऐसा ही सोचते थे और उनका मत था कि भारत में अनेक संस्कृतियाँ हैं। भारत की अपनी कोई विशिष्ट संस्कृति नहीं है तथा वह एक 'साझा संस्कृति' ही अधिक है—इस मान्यता पर इंदिरा गांधी इतना दृढ़ थीं कि उन्होंने आपातकाल के दिनों में अपने विचारों को संवैधानिक मान्यता तक दिलवा दी। १९७६ में जब बयालीसवाँ संविधान संशोधन अधिनियम पारित किया गया तब अनुच्छेद ५१ (क) के अंतर्गत 'मूल कर्तव्य' की व्याख्या करते हुए कहा गया कि—भारत के प्रत्येक नागरिक का यह कर्तव्य होगा कि वह हमारी सामासिक संस्कृति की गौरवशाली परंपरा का महत्त्व समझे और उसका परीक्षण करे। जिसे संविधान में 'सामासिक संस्कृति' कहा गया, उसे ही आम बोलचाल में 'गंगा-जमुनी संस्कृति' अथवा 'साझा संस्कृति' कहा जाता है, जिसका अर्थ है इस्लामी संस्कृति और पुरानी भारतीय संस्कृति का एक मिला-जुला रूप। यदि परिधि के स्तर पर अर्थात् सामान्य नागरिक जीवन के बाह्य स्तर पर देखा जाए तो भारत में जो भी संस्कृति है वह एक मिली-जुली संस्कृति ही है। पर क्या संस्कृति का मूल्यांकन मात्र परिधि पर किया जाना उचित है? संस्कृति का संबंध जब अंतस के कलुष के निवारण से है, जब वह आंतरिक रूपांतरण से

जुड़ी हुई है, जब उसका उद्देश्य है मानव के मन को और अधिक सुंदर और आनंदपूर्ण एवं उदार बनाना, तब फिर मात्र परिधि के आधार पर किया जानेवाला मूल्यांकन अथवा परिधि को ही आधार मानकर दी जानेवाली परिभाषा एक बौद्धिक पाखंड के अतिरिक्त कुछ भी नहीं है।

यदि भारतीय संस्कृति का संबंध सत्य की खोज और अंतस के कलुष के निवारण से है तब फिर उसे न तो इस्लामी संस्कृति के समकक्ष रखा जा सकता है और न किसी अन्य योरोपीय संस्कृति के समकक्ष ही। भारत के अतिरिक्त विश्व के हर राष्ट्र ने अपनी सांस्कृतिक अस्मिता को शुद्ध भौतिक प्रगति अर्थात् भौतिकवाद और भोगवाद से जोड़ा है; जबकि भारत ने भौतिक विकास व प्रगति का मूल्यांकन भी आध्यात्मिक चेतना से जोड़कर किया है। केंद्र के स्तर पर जो परम एकत्व है, जो आत्मतत्त्व है वही समस्त ब्रह्मांड में है। संसार का हर रूप और उसके हर संस्कार इस आत्मतत्त्व का विकास मात्र हैं। 'एकोऽहं बहुस्यामि'—यही है भारतीय संस्कृति की आधारशिला और इसी सूत्र में छिपा है भारतीय संस्कृति का रहस्य। भारतीय संस्कृति को लेकर बहुत से राजनीतिज्ञों ने विभिन्न प्रकार की परिभाषाएँ दी हैं और इनमें एक श्रेष्ठ परिभाषा भूतपूर्व प्रधानमंत्री नरसिंह राव की दी हुई भी है। यद्यपि अपने राजनीतिक जीवन के अंतिम दिनों में नरसिंह राव को उनकी ही अनेक भूलों के कारण भारी अपयश मिला, पर फिर भी उन्हें एक श्रेष्ठ कोटि का विद्वान् तो माना ही जाएगा। देश की राजधानी दिल्ली में भारतीय संस्कृति पर आयोजित एक परिसंवाद के अवसर पर १२ मार्च, १९९४ को प्रधानमंत्री के रूप में नरसिंह राव ने यह संदेश दिया था—

"संस्कृति राष्ट्र की आत्मा होती है और वही उसकी सर्वाधिक मूल्यवान् सृजनात्मक शक्ति भी है। संस्कृति वह चेतन ऊर्जा है जो राष्ट्र के एकत्व के लिए अनिवार्य है। अतः राष्ट्र की अखंडता, संप्रभुता व बंधुता बनाए रखने के लिए इस ऊर्जा को हमें सतत संपुष्ट करना होगा। भारतीय संस्कृति कोई जड़ पदार्थ नहीं है और न वह चंद रूढ़ियों का अनुकरण मात्र है। भारतीय संस्कृति का आधार है इसका अध्यात्म, इसका दर्शन जो सत्य की खोज में सतत प्रयासरत है। इसीलिए हमारा वर्तमान राष्ट्रीय उद्घोष है 'सत्यमेव जयते'। भारतीय मन ने सत्य की सतत खोज करते हुए एक ऐसी सर्वव्यापी दिव्य चेतना को स्वीकार किया है, जो प्राणिमात्र के निःश्रेयस व अभ्युदय के लिए सतत प्रवाहित हो रही है। यह सर्वकल्याणकारी चेतना ही भारतीय संस्कृति का मूलाधार है और उसका अंतर्मुखी ज्ञान पक्ष भी।

सत्य अपने अव्यक्त रूप में अखंड है; पर जब वह अपने इस स्वरूप को

स्वयं के स्वभाववश व्यक्त करना चाहता है तब ऐसा प्रतीत होता है जैसेकि उसके अनंत रूप हो गए हों। इस दृष्टि से भारतीय संस्कृति का बाह्य स्वरूप अनंत रूपा है; पर इस विभिन्नता में एकरूपता का मूलतत्त्व निहित है। इस संस्कृति की मान्यता से ही भारत माता की परिकल्पना का जन्म हुआ। हमारे आचार-विचार, वेशभूषा, मजहब-कर्मकांड, भाषा, रीति-रिवाज कितने ही भिन्न और पृथक्-पृथक् क्यों न हों, पर हम सब हैं एक माँ की ही संतान—यही है भारतीय संस्कृति की विशेषता और राष्ट्रीय एकत्व की ऊर्जा का मूल स्रोत। विविधता में एकता का जो प्राणतत्त्व है वही भारतीय संस्कृति की आत्मा है।'' इसी संदेश में नरसिंह राव ने आगे कहा—

''प्रत्येक समाज की अपनी एक मूल प्रकृति होती है और भारत की मूल प्रकृति सहिष्णुता प्रधान व समन्वयात्मक है, इसीलिए उसका उद्देश्य है—'सर्वे भवन्तु सुखिनः'। सभी सुखी हों, सभी का कल्याण हो—इसी भाव को लेकर भारत में जीवन-मूल्यों को विकसित किया गया। ये जीवन-मूल्य जितने उदार व उच्च होंगे, उनसे जुड़ी संस्कृति भी उतनी ही उदार व उच्च होगी। अतः हमें अपने श्रेय प्रधान जीवन-मूल्यों को उन भोगवादी मूल्यों तथा रूढ़िवादिता के प्रहार से बचाना होगा, जो इधर समाज में बढ़े हैं।''

यह एक अलग बात है कि नरसिंह राव ने संस्कृति के संदर्भ में अपने विचारों से न तो अपनी सरकार के सांस्कृतिक कार्य मंत्रालय को प्रभावित करने की चेष्टा की और न कांग्रेस अध्यक्ष की हैसियत से उन्हें अपने राजनीतिक दल को ही प्रभावित करने में कोई सफलता मिली; पर फिर भी भारतीय संस्कृति पर उनके विचार अपने आपमें इतनी शक्ति तो रखते ही हैं कि यदि उनपर मनन किया जाए तो भारतीय संस्कृति के रहस्य की परतें खुल सकती हैं।

यह एक बात बहुत स्पष्ट रूप से समझ ली जानी चाहिए कि भारत एक राष्ट्र है और इस राष्ट्र की अपनी एक संस्कृति है। अगर भारत के राजनीतिज्ञ इस सत्य का साक्षात्कार करने से इनकार करेंगे तो राष्ट्र की प्रभुसत्ता और अखंडता संकट में पड़ सकती है। संकट में इसलिए पड़ सकती है, क्योंकि फिर वे समस्त तत्त्व हीन और श्रीहीन हो जाएँगे, जिनपर इस राष्ट्र का एकत्व आश्रित होता है। राजनीति का पहला कर्तव्य यह है कि वह राष्ट्रीय एकत्व के प्रति समर्पित हो। यदि राजनीति राष्ट्रीय एकत्व के प्रति समर्पित नहीं है और उसे राष्ट्र की प्रभुसत्ता और अखंडता तथा एकता की चिंता नहीं है तब फिर ऐसी राजनीति कलह को ही जन्म देगी। भारत की सांस्कृतिक एकता का अर्थ यह नहीं है कि भारत में अनेक संस्कृतियाँ हैं; बल्कि इसका अर्थ यह है कि इस राष्ट्र की अपनी एक संस्कृति है

और यह एक ऐसी संस्कृति है जोकि अनेकता को प्रश्रय देती है। यह अनेकता आचार-विचार में हो सकती है, खान-पान में भी हो सकती है, रहन-सहन में भी हो सकती है, जीवन-पद्धति में भी हो सकती है। यह अनेकता कर्मकांड के स्तर पर भी हो सकती है, भाषा के स्तर पर भी हो सकती है; लेकिन यह अनेकता इन तमाम स्तरों पर होने के बाद भी एक ऐसे सूक्ष्म तत्त्व से जुड़ी हुई है कि उस स्तर पर जाकर यदि उसे कोई देख सके और पहचान सके तो उससे यही प्रतीत होगा कि भारत एक राष्ट्र है। आवश्यकता इस बात की है कि यह दृष्टि विकसित की जाए कि भारत को बहुसंख्यकों और अल्पसंख्यकों या भाषा, क्षेत्र या रीति-रिवाज अथवा मजहब के आधार पर बाँटना एक भूल थी। मजहब की अनेकता भारतीय संस्कृति का गुण है। कर्मकांड की विविधता भारतीय संस्कृति की शक्ति है। भाषा की विभिन्नता भारतीय संस्कृति का गौरव है। रीति-रिवाजों और सामाजिक मर्यादाओं की विभिन्नता से भारतीय संस्कृति पोषित होती है। यदि हम इसे स्वीकार कर लें तब फिर जो भी कठिनाइयाँ हमारे समक्ष हैं, वे कम हो जाएँगी। कठिनाइयाँ तब बढ़ेंगी जब कोई एक भाषा, कोई एक रीति-रिवाज, कोई एक कर्मकांड, कोई एक सामाजिक आचार-विचार थोपने की चेष्टा की जाएगी। अतः यह नहीं होना चाहिए; लेकिन यह भी नहीं होना चाहिए कि रीति-रिवाज अथवा कर्मकांडों की विभिन्नता से यह निष्कर्ष निकाला जाए कि भारत में अनेक संस्कृतियाँ हैं। सच तो यह है कि इस बिखराव से ऊपर उठने की आवश्यकता है। बिखराव से ऊपर उठने का अर्थ यह नहीं है कि अनेकता समाप्त हो जाए; बल्कि इसका अर्थ है कि इस अनेकता का अतिक्रमण हो सके। अनेकता का अतिक्रमण करने की जो शक्ति भारतीय संस्कृति के पास है, यदि वह पहचान ली जाए, तब फिर भारत अपना गौरव पुनः प्राप्त कर सकेगा।

भारत को अल्पसंख्यक और बहुसंख्यक में उन दिनों बाँट दिया गया जब यह देश गुलाम था; लेकिन दासता का यह प्रभाव स्वतंत्रता मिलने के बाद भी बना रहे, इसका क्या औचित्य? दासता के समय की मान्यताओं के आधार पर स्वतंत्रता मिलने के उपरांत भी इस राष्ट्र को चलाया जाए, इसका क्या अर्थ है? सोचिए, एक व्यक्ति जिसने वेदांत को अपने जीवन की आधारशिला बनाया है और उसे हिंदू कहकर संबोधित किया गया है, यदि आज वह इस्लाम को कबूल कर ले तो क्या इस्लाम के कबूल करते ही जो व्यक्ति कभी बहुसंख्यक था वह अल्पसंख्यक बन जाता है? यह कौन-सा तर्क है कि इस्लाम कबूल करने के पहले तक जो व्यक्ति बहुसंख्यक था वह इस्लाम कबूल करते ही अल्पसंख्यक बन गया? क्या इस्लाम कबूल करते ही उसकी संस्कृति, उसका इतिहास, उसके

पूर्वज सभी कुछ बदल गए? ऐसा तो दुनिया के किसी देश में नहीं है, फिर भारत में क्यों होता है? सच बात तो यह है कि भारत में रहनेवालों का कोई समुदाय, कोई वर्ग, कोई संप्रदाय मात्र उपासना-पद्धति के आधार पर न तो बहुसंख्यक है और न अल्पसंख्यक। अंग्रेजों ने इस झूठ को सौ बार दोहराया कि मजहब के आधार पर देश को अल्पसंख्यक और बहुसंख्यक बनाया जा सकता है; लेकिन अंग्रेजों ने अपने देश में ऐसा नहीं किया। इंग्लैंड में तो ईसाइयों के अनेक पंथ हैं; लेकिन इन विभिन्न पंथों को माननेवाले अंग्रेजों को अल्पसंख्यक और बहुसंख्यक के बीच विभाजित नहीं किया गया। सच बात तो यह है कि राष्ट्रीयता का संबंध उपासना-पद्धति की विभिन्नता से नहीं ही होना चाहिए। राष्ट्रीयता उपासना-पद्धति से कहीं अधिक विशाल, उदात्त और श्रेष्ठ है। राष्ट्रीयता से जो व्यक्तित्व और स्वरूप प्राप्त होता है वह व्यक्तित्व किसी भी उपासना-पद्धति से प्राप्त नहीं हो सकता। व्यक्ति की पहचान राष्ट्रीयता के आधार पर होनी चाहिए और जब राष्ट्रीयता के आधार पर व्यक्ति की पहचान बनाई जानी है, तब फिर उस राष्ट्रीयता को संस्कृति के साथ जोड़ना अनिवार्य है; क्योंकि संस्कृति ही राष्ट्र की आत्मा होती है और संस्कृति से ही राष्ट्र की परिकल्पना का जन्म हुआ है। भारतीय मनीषा ने सदैव संस्कृति के इस पक्ष को ही मान्यता दी है और उचित यही होगा कि भेदभाव भुलाकर राष्ट्र के सांस्कृतिक एकत्व की जो अवधारणा है, उसे ही परिपुष्ट किया जाए।

□□□